Torkil Lauesen

# Die globale Perspektive



UNRAST

Torkil Lauesen lebt in Kopenhagen und ist seit Ende der 1960er-Jahre in internationalistischen Bewegungen aktiv. Er war Mitglied der sogenannten Blekingegade-Gruppe, die 20 Jahre lang Befreiungsbewegungen im Globalen Süden durch Raubüberfälle unterstützte.

Torkil Lauesen

# Die globale Perspektive

## Imperialismus und Widerstand

übersetzt
von Gabriel Kuhn

UNRAST

Bibliografische Information der Deutschen Bibliothek
Die Deutsche Bibliothek verzeichnet diese Publikation in der Deutschen Nationalbibliografie; detaillierte bibliografische Daten sind im Internet über https://dnb.de abrufbar.

Torkil Lauesen: Die globale Perspektive
1. Auflage, Oktober 2022
ISBN 978-3-89771-187-7


www.unrast-verlag.de | kontakt@unrast-verlag.de
Mitglied in der assoziation Linker Verlage (aLiVe)

Titel der Originalausgaben
Det globale perspektiv, Nemo, Kopenhagen 2016
The Global Perspective, Kersplebedeb Publishing, Montreal 2018


Umschlag: Unrast Verlag
Satz: Unrast Verlag
Druck: Multiprint, Kostinbrod

# Inhalt

# Weltarbeiterklasse und Imperialismus – Für eine globale Perspektive!

## Vorwort der Herausgeber:innen

Am 24. Februar 2022 marschierten Streitkräfte Russlands in der Ukraine ein. Die »Spezialoperation«, wie der Kreml den Krieg nennt, belebte auch in den westlichen Konzern- und Staatsmedien die Debatte um einen Begriff, der zumindest in der bürgerlichen Öffentlichkeit zuvor als ein Ding des 20. Jahrhunderts erschien. »Imperialismus«, allerdings fast ausschließlich in Gestalt des »russischen Imperialismus«, ist nun wieder in aller Munde. Die FDP-nahe *Friedrich Naumann Stiftung für Freiheit* veranstaltete ein Online-Panel mit »Expert:innen« zum Thema »Russian Imperialism for Dummies«, die US-Regierung versammelte Diskutant:innen zur Frage der »Dekolonialisierung Russlands« und der als Jugendlicher im Stamokap-Flügel der SPD geschulte Bundeskanzler erklärte in einem Gastbeitrag für die FAZ: »Der Imperialismus ist zurück in Europa.«

War er denn je weg? Das kommt darauf an, was man darunter versteht. Olaf Scholz lässt es uns wissen: Die EU sei die »gelebte Antithese zu Imperialismus und Autokratie«. Imperialismus betreiben in dieser Weltsicht zufällig immer die geopolitischen Gegner des Westens. China und Russland agieren »imperialistisch«, die USA und ihre stets willigen Partner dagegen »verteidigen ihre Freiheit« – und sei es Tausende Kilometer entfernt am Hindukusch. Oder sie »helfen« – wie im Jemen, in Mali oder in Libyen. Ob diese »Hilfe« Millionen Tote mit sich bringt und die von ihr beglückten Nationen in Schutt und Asche zurücklässt, spielt dabei keine Rolle. Imperialisten sind immer die anderen.

Das war schon zu Beginn des Ersten Weltkriegs nicht anders. »Mitten im Frieden überfällt uns der Feind«, klagte Kaiser Wilhelm II. in seiner Thronrede am 6. August 1914. Und die SPD sprang ihm bei: »Uns drohen die Schrecknisse feindlicher Invasionen. Nicht für oder gegen den Krieg haben wir heute zu entscheiden, sondern über die Frage der für die Verteidigung des Landes erforderlichen Mittel. (...) Unsere heißen Wünsche begleiten unsere zu den Fahnen gerufenen Brüder ohne Unterschied der Partei«, schwor der Fraktionsvorsitzende der Partei, Hugo Haase, die »Volksgenossen« auf den heiligen Verteidigungskrieg ein. Das Parteiblatt *Vorwärts* legte nach: »Wenn die verhängnisvolle Stunde schlägt, werden die vaterlandslosen Gesellen ihre Pflicht erfüllen und sich darin von den Patrioten in keiner Weise übertreffen lassen.« Natürlich musste dieser Burgfrieden mit der eigenen Bourgeoisie gerechtfertigt werden und man fand die Beschönigung des eigenen »sozialistischen« Bellizismus im selben moralisierenden Begriff des Gegners, den noch der heutige SPD-Kanzler nutzt: Der russische Despotismus und Imperialismus sei das wesentlich größere Übel als Deutschland und zudem sei man ja aus heiterem Himmel angegriffen worden.

Ganz anders Lenin. Zwei Jahre und Hunderttausende Tote später verfasste der russische Revolutionär in Zürich seine Schrift *Der Imperialismus als höchstes Stadium des Kapitalismus*, die 1917 zum ersten Mal erschien. Lenin hatte für die durchaus theoretische Schrift klare praktische Interessen. Es ging darum, die Arbeiterbewegung aus der Krise zu befreien, in die sie geraten war, weil die sozialdemokratischen Parteien der II. Internationale ein Klassenbündnis mit »ihren« nationalen Herren geschlossen hatten und in den Krieg gezogen waren.

Lenin führte den Begriff »Imperialismus« auf Veränderungen in der ökonomischen Basis des Kapitalismus zurück und entwickelte Kriterien für seine Verwendung. Imperialismus ist Kapitalismus in seinem »monopolistischen« Stadium, also einer, in dem die Konzentrations- und Zentralisationstendenz des Kapitalismus zur Herausbildung marktbeherrschender Großkonzerne geführt hat. Er arbeitet die veränderte Rolle der Banken (Verschmelzung von Industrie- und Bankkapital zu Finanzkapital) und die Rolle von Kapitalexporten bei der Aufteilung der Welt in Interessensphären heraus.

Die ökonomische Analyse ist ihm aber zugleich kein Selbstzweck. Der Imperialismus-Schrift voran gingen bereits mehrere kleinere Arbeiten zur Stellung der revolutionären Arbeiterbewegung zum Weltkrieg (z.B. *Über die Niederlage der eigenen Regierung im imperialistischen Kriege* von 1914, *Sozialismus und Krieg* von 1915, *Der Opportunismus und der Zusammenbruch der II. Internationale* von 1916).

Lenin will auf eine Position hinaus, die er im 1921 beigefügten Vorwort zur deutschen Ausgabe der Imperialismus-Schrift so umreißt: »In der Schrift wird der Beweis erbracht, dass der Krieg von 1914 – 1918 auf beiden Seiten ein imperialistischer Krieg (d.h. ein Eroberungskrieg, ein Raub- und Plünderungskrieg) war, ein Krieg um die Aufteilung der Welt, um die Verteilung und Neuverteilung der Kolonien, der ›Einflußsphären‹ des Finanzkapitals usw.«

Und er will die Frage klären, warum die vor Kriegsbeginn noch auf Solidarität des Proletariats gegen den Bellizismus der Herrschenden setzenden Parteien der II. Internationale das Bündnis mit ihren nationalen Bourgeoisien eingegangen waren, um Arbeiter:innen anderer Nationen abzuschlachten.

Im Zentrum seiner Erklärung steht der »Parasitismus« der imperialistischen Nationen, die zu Vehikeln der Ausplünderung des Rests der Welt werden. Er zitiert eine erstaunlich prophetische Passage des englischen Ökonomen John Atkinson Hobson: »Der größte Teil Westeuropas könnte dann das Aussehen und den Charakter annehmen, die einige Gegenden in Süd-England, an der Riviera sowie in den von Touristen am meisten besuchten und von den reichen Leuten bewohnten Teilen Italiens und der Schweiz bereits haben: ein Häuflein reicher Aristokraten, die Dividenden und Pensionen aus dem Fernen Osten beziehen, mit einer etwas größeren Gruppe von Angestellten und Händlern und einer noch größeren Anzahl von Dienstboten und Arbeitern im Transportgewerbe und in den letzten Stadien der Produktion leicht verderblicher Waren; die wichtigsten Industrien wären verschwunden. Die Lebensmittel und Industriefabrikate für den Massenkonsum würden als Tribut aus Asien und Afrika kommen. (…) Mögen diejenigen, die eine solche Theorie als nicht der Erwägung wert verächtlich abtun, die heutigen wirtschaftlichen und sozialen Verhältnisse in jenen Bezirken Südenglands untersuchen, die schon jetzt in eine solche Lage versetzt sind, und mögen sie darüber nachdenken, welch gewaltiges Ausmaß ein derartiges System annehmen würde, wenn China der ökonomischen Herrschaft ähnlicher Gruppen von Finanziers, Investoren, von Beamten in Staat und Wirtschaft unterworfen würde, die das größte potentielle Profitreservoir, das die Welt je gekannt hat, ausschöpfen würden, um diesen Profit in Europa zu verzehren.«

Die in den imperialistischen Zentren beheimateten Monopolkonzerne eignen sich über – so würde man heute sagen – Global Value Chains den Mehrwert aus der ganzen Welt an. Und damit sind sie in der Lage, einen kleinen Teil der Beute an die privilegiertesten Arbeiterschichten der eigenen Nation weiterzugeben, um sich sozialen Frieden zu erkaufen. Diese »Arbeitearistokratie« bildet die Klassenbasis des sozialdemokratischen Opportunismus und Sozialchauvinismus.

Der politische Inhalt des Opportunismus und Sozialchauvinismus ist für Lenin stets das Klassenbündnis mit der »eignen Bourgeoisie«, auf Deutsch: die »Sozialpartnerschaft«: »Das Bündnis einer kleinen bevorrechteten Arbeiterschicht mit ›ihrer‹ nationalen Bourgeoisie gegen die Masse der Arbeiterklasse, das Bündnis der Lakaien der Bourgeoisie mit ihr gegen die von ihr ausgebeutete Klasse«, wie er in »Der Opportunismus und der Zusammenbruch der II. Internationale« formuliert.

Nun ist aber die Arbeiteraristokratie für Lenin noch eine selbst in den entwickelten kapitalistischen Ländern stets kleine Schicht des Proletariats. Mit dieser Einschränkung brach der dänische Kommunistische Arbeitskreis (KAK) in den 1960er-Jahren und entwickelte die Theorie vom »Parasitenstaat«, die nachzuweisen suchte, dass ohne den Wegfall der globalen Abhängigkeiten die Arbeiterklasse im Westen zu keiner Revolution fähig sei. »Die Arbeiterklasse hat keine Chance, die Kapitalistenklasse zu stürzen und den Sozialismus aufzubauen, bevor das Fundament der Kapitalistenklasse durch den Kampf und zumindest teilweisen Sieg der Völker Asiens, Afrikas und Lateinamerikas erschüttert wurde«, schrieb der Gründer der Parasitenstaat-Theorie, Gotfred Appel 1966. Die Gruppe, aus der später die sogenannte Blekingegade-Bande hervorging, der auch der Autor des vorliegenden Bandes angehörte, setzte die Theorie konsequent in die Praxis um: Auf Agitation für den »heimischen« Klassenkampf wurde zugunsten von Umverteilungsaktionen in den Globalen Süden verzichtet. Die der Theorie entsprechende Praxis war der Bankraub für Befreiungsbewegungen.

1989/1990 endete diese Praxis mit der Verhaftung mehrerer Genossen, darunter Torkil Lauesen, und mehrjährigen Haftstrafen. 2016 erschien »Die globale Perspektive« zunächst auf Dänisch, ein Jahr später auf Englisch. Der Band liefert nicht nur historisch interessante Passagen zur kolonialen Frage in der Arbeiterbewegung sowie zur Geschichte der Imperialismus-Theorie und des Antiimperialismus. Er knüpft auch inhaltlich an die früheren Arbeiten der Parasitenstaat-Theorie an, wenngleich er deren Spitze, revolutionärer Klassenkampf sei in den Metropolen quasi unmöglich, abschwächt.

Wichtiger ist aber: Er bleibt bei der »globalen Perspektive«, also einer Sicht auf die Klasse, die nicht beim jeweils »nationalen« Proletariat stehen bleibt, sondern Imperialismus als weltumspannendes System begreift, in welchem auch die Klasse nur als Weltarbeiterklasse zu fassen ist. Wertschöpfung hat hier auch immer mit der Unterordnung der Mehrheit der Nationen unter die imperialistischen Big Player zu tun. Und die »nationalen« Arbeiterklassen sind nicht mehr als Sektionen der einen Weltarbeiterklasse. Wer sich dieser Sicht sperrt – etwa in der Frage der Rolle von Migrationsregimen bei der Aufrechterhaltung der Preisdifferenzen der Ware Arbeitskraft – driftet in den Sozialchauvinismus ab.

Daraus ergeben sich weitreichende Fragen: Mit welchen Mechanismen vollzieht sich der Surplus-Transfer aus der Peripherie in die Metropolen? Welche Auswirkungen hat das auf die Lebensrealitäten der Klasse dort wie hier? Und auf welchen gemeinsamen Nenner sind die Interessen der in sich gespaltenen Weltarbeiterklasse zu bringen, um sie als kämpfendes politisches Subjekt zu konstituieren? Wie überhaupt kann das in Ermangelung einer Kommunistischen Internationale und einer global vernetzten revolutionären Gewerkschaftsbewegung geschehen?

Die so aufgeworfenen Fragen sind keine bloß theoretischen Spielereien. Eine revolutionäre Linke, die sich in Deutschland neu aufstellt, wird das nur auf Grundlage einer ausgearbeiteten Imperialismustheorie können. Und dazu kann sie den Input aus internationalen Debatten ganz gut gebrauchen. Schriften wie *Die globale Perspektive* gibt es auf deutsch sicherlich zu wenige. Im englischsprachigen Raum sind mit Intan Suwandis Arbeiten zu Arbeitsarbitrage und globalen Wertschöpfungsketten, John Smith's *Imperialism in the 21st Century* oder Zak Copes *The wealth of (some) nations* neben den Werken Lauesens zahlreiche Bücher vorhanden, die geeignet sind, eine Imperialismustheorie auf der Höhe der Zeit zu formulieren. In Deutschland sieht es da magerer aus. Wir hoffen, mit der in diesem Band vorliegenden Übersetzung anzufangen, diese Lücke zu schließen.

*Lower Class Magazine*, Berlin, August 2022

»Würde die Theorie vom Parasitenstaat
in unserem Teil der Welt akzeptiert werden,
wäre sie falsch.«

Kommunistischer Arbeitskreis (KAK), 1975

# Vorwort zur deutschen Ausgabe

Seit der Publikation der englischen Ausgabe dieses Buches im Jahr 2018 hat sich die Welt in einer Form verändert, die die Bedeutung einer globalen Perspektive noch deutlicher macht. Wir müssen den Hauptwiderspruch im Weltsystem identifizieren, um diese Veränderungen zu verstehen und effektive Widerstandsstrategien zu entwickeln.

Der globale, neoliberale Kapitalismus wurde durch die Finanzkrise 2007 in eine tiefe Krise gestürzt. Die transnationalen Institutionen, die ihn verwalten (Weltbank, Welthandelsorganisation usw.), sehen sich im Globalen Norden einem konservativen und rechtsgerichteten Nationalismus gegenüber. Auch im Globalen Süden gibt es neue Formen des Nationalismus, die von linkem bis zu rechtem Populismus reichen und den ›Sozialismus chinesischer Prägung‹ inkludieren.

In jüngster Zeit wurde freilich alles von der Corona-Pandemie (COVID 19) überschattet.

## Die Pandemie

Seit Jahrzehnten warnen Wissenschaftler vor ›Zoonosen‹, das heißt, vor der Übertragung von Viren auf den Menschen durch Tiere. Mit Corona wird die Liste dieser Viren immer länger: HIV, Ebola, SARS, MERS, Zika – alle gehören dieser Kategorie an.

Das Risiko, dass sich Zoonosen entwickeln, wird durch Entwaldung und Urbanisierung erhöht. Wilde Tiere kommen menschlichen Siedlungsgebieten immer näher. Auch die industrielle Tierhaltung, die Tausende Tiere in enge Räume pfercht, lässt Krankheitserreger auf den Menschen überspringen. Zwischen der kapitalistischen Sichtweise auf die Natur und Pandemien besteht ein deutlicher Zusammenhang. Corona wird vorübergehen. Doch wann kommt die nächste Pandemie? Wenn wir die Natur weiter so behandeln wie jetzt, wird es nicht lange dauern.

Corona deckte die Schwäche globaler Institutionen auf. Als sich das Virus zu verbreiten begann, trachteten die Nationalstaaten in erster Linie danach, ihre eigenen Bevölkerungen zu schützen, egal ob es um Masken oder Impfstoff ging. Die Bedürfnisse anderer waren zweitrangig.

## Die Widersprüche zwischen dem transnationalen Kapital und der Nation

Corona verschärfte die Widersprüche im kapitalistischen Weltsystem. Jetzt, wo die Pandemie am Abklingen ist, wird das deutlicher denn je. Der Hauptwiderspruch besteht zwischen dem transnationalen Kapital und der Nation, im Globalen Norden wie im Süden.

Der Neoliberalismus bescherte dem Kapitalismus 30 goldene Jahre. Aber im Untergrund wuchs der Widerstand. Die neoliberale Krise spaltet sowohl die Arbeiterklasse als auch das Kapital. Die einen wollen zu einem nationalen Kapitalismus zurückkehren, die anderen mit der Globalisierung fortsetzen. Die größten Unternehmen der Welt (Apple, Google, Amazon, Microsoft, die Elektronikindustrie und die Automobilindustrie) wollen Letzteres. Sie haben globale Produktionsketten, logistische Netzwerke und transnationale Organisationen etabliert, die sie nicht so einfach aufgeben wollen. Doch nationalistische Kräfte fordern einen stärkeren Staat, der als Bollwerk gegen den Neoliberalismus und seine Auswirkungen dienen soll.

Obwohl die Arbeiterbewegung im Neoliberalismus drastisch geschwächt wurde, hat sie noch eine Waffe: die parlamentarische Demokratie. Trotz der vielen transnationalen Institutionen, die in der neoliberalen Ära geschaffen wurden, blieben die nationalen Parlamente immer der grundlegende Rahmen politischer Entscheidungsfindung. Sinkende Reallöhne, der Abbau des Wohlfahrtsstaats und die Migration mit ihrer ›Integrationsproblematik‹ trugen alle zur Sehnsucht nach einem starken Nationalstaat bei. In vielen Ländern sind mittlerweile nationalistische Kräfte an der Macht. Sie übernahmen diese oft in Bündnissen mit den nationalkonservativen Fraktionen des Kapitals. Die nationalistischen Kräfte versuchen, die transnationalen Institutionen der neoliberalen Ära aufzulösen. Diese Institutionen kontrollieren die Produktionsverhältnisse; die ökonomische Macht liegt in ihren Händen. Doch die politische Macht ist im Nationalstaat konzentriert. Das stellt ein großes Problem für die Zukunft der kapitalistischen Produktionsweise dar.

Politisch hat sich der Widerspruch zwischen dem Neoliberalismus und dem Nationalismus mehrfach ausgedrückt: in der Wahl Donald Trumps zum Präsidenten der USA, im Brexit-Referendum und im Erfolg von Politiker:innen[1] wie Marine Le Pen (Frankreich), Matteo Salvini (Italien),

---

1 Anmerkung des Übersetzers: Gegendert wird in der Übersetzung selektiv. Vielfältige soziale Gruppen wie Politiker:innen, Arbeiter:innen und andere werden mit dem

Viktor Orbán (Ungarn) und Scott Morrison (Australien). In Deutschland kann die AfD als Beispiel dienen. Die Klassenbasis für den nationalistischen Kapitalismus findet sich in der alten industriellen Arbeiterklasse und der unteren Mittelschicht – dort, wo die Arbeitsplätze verlagert und Sozialleistungen abgebaut wurden. Diese Klassen fühlen sich von den sozialdemokratischen Zugeständnissen an den Neoliberalismus verraten. Sie erliegen den Versprechungen des nationalistischen Populismus.

30 Jahre Neoliberalismus haben die globalen Machtverhältnisse durcheinandergebracht. Die US-Hegemonie, die durch den Zusammenbruch der Sowjetunion und die Öffnung Chinas gestärkt wurde, lässt sich heute kaum noch aufrechterhalten. Die Industrialisierung des Globalen Südens, vor allem Chinas, hat das Zentrum der Industrieproduktion verschoben. China dient heute als Schaltstelle der globalen Produktionsketten.

Die USA hatten gehofft, dass Neoliberalismus und Globalisierung denselben Effekt auf China haben würden wie auf die ehemalige Sowjetunion. Man träumte davon, dass sich die Kommunistische Partei Chinas auflösen und sich im Land ein kapitalistisches, prowestliches Regime etabliert würde. Aber China begegnete dem Neoliberalismus auf seine Weise. Es öffnete sich für den Weltmarkt, behielt jedoch die Kontrolle über die Zukunft der Nation.

Die Sowjetunion wurde durch eine liberale Schocktherapie wirtschaftlich zugrunde gerichtet, was nicht nur den Niedergang ihrer Produktion zur Folge hatte, sondern auch den Kollaps des Gesundheitssystems. China hingegen nutzte die neoliberale Globalisierung, um seine Produktivkräfte zu stärken. Die ökonomische Wachstumsrate in China ist hoch. Wie ein Kampfsportmeister nahm China die Kräfte des globalen Kapitals auf, um sie gegen dieses selbst zu richten. Indem sie die politische Macht über die ›neuen Kommandohöhen der Wirtschaft‹ behielt, gelang es der chinesischen Regierung, die polarisierenden Tendenzen des globalen Kapitalismus abzuschwächen. Der Niedergang der US-Hegemonie und der Aufstieg Chinas zur ökonomischen und politischen Weltmacht führen dazu, dass sich zum ökonomischen Wettbewerb nun auch der klassische Kampf um territoriale Kontrolle gesellt.

---

Gender-Doppelpunkt wiedergegeben, Funktionsträger wie Kapitalisten oder Unternehmer oder auch funktionale Begriffe wie ›Anhänger‹ oder ›Befürworter‹ werden nicht gegendert. Die Unterscheidung ist ein der Lesbarkeit des Textes geschuldeter Kompromiss, und die Grenzen sind nicht immer deutlich.

## Ökonomischer Wettbewerb und territoriale Kontrolle

Wie verhalten sich die politischen Parteien zu den wachsenden Spannungen zwischen neoliberaler Globalisierung und Nation? Die traditionellen Großparteien versuchen, zwischen den Forderungen transnationaler Unternehmen nach weiterer Globalisierung und dem Ruf eines großen Teils der Wählerschaft nach einem stärkeren Nationalstaat zu vermitteln – eine sehr schwierige Aufgabe. In Europa hatten linkspopulistische Parteien mit der Übernahme alter sozialdemokratischer Positionen einen gewissen Erfolg. Doch auch sie können den Keynesianismus nicht zurückbringen. Jahrzehnte des Neoliberalismus haben die ökonomischen Werkzeuge des Nationalstaats stumpf gemacht.

Die rechtsnationalistischen Strömungen wollen einen neuen Sozialvertrag zwischen Kapital und Arbeit formulieren. Dabei handelt es sich nicht um einen Kompromiss zwischen Gewerkschaft und Arbeitgeberverband, sondern um ein Bündnis zwischen nationalkonservativen Kapitalfraktionen und dem autoritären Staat. Letzterer wird auch unter Verweis auf die globale Aufrüstung gefordert. Verteidigungshaushalte steigen überall. Territoriale Kontrolle und militärische Macht haben wieder Bedeutung für den Imperialismus, der sich in der neoliberalen Ära auf die Kräfte des Marktes verlassen konnte. Die NATO spielt mit ihren Muskeln, die USA wollen ihre Kontrolle über Europa behaupten, und gegen China wird AUKUS in Stellung gebracht (ein Militärbündnis Australiens, des Vereinigten Königreichs und der USA). Auch die Ökonomie wird zur Waffe, und zwar in der Form von Sanktionen, Wirtschaftsblockaden und Handelskriegen. Großen Teilen der Welt – China, Russland, Iran, Kuba und Venezuela – wird der uneingeschränkte Zugang zum Weltmarkt verwehrt. Wir werden in den kommenden Jahren zahlreiche (›kalte‹ und ›heiße‹) Stellvertreterkriege erleben und mit der Bedrohung eines Atomkriegs leben müssen.

## Ökonomische Krise

Wir befinden uns in einer globalen ökonomischen Krise. Die Pandemie ist nicht der Grund. Sie hat die Probleme, die mit der Finanzkrise 2007 deutlich wurden, nur verschärft. Die von den Regierungen verschriebene Medizin hilft nicht. Es handelt sich nur um Schmerzmittel zur Symptombekämpfung. Die Corona-Hilfspakete, die notwendig waren, um den Kapitalismus trotz Lockdowns am Leben zu halten, ließen die Schulden auf dieser Welt auf astronomische 300 Trillionen US-Dollar steigen. Das entspricht ungefähr 370 Prozent des globalen Bruttoinlandprodukts. Die Schulden lassen sich nicht durch das Wachstum der Realökonomie, also durch Warenproduktion und Dienstleistungen, decken. Diese nahmen während der Pandemie ab. Geld fließt überhaupt nur, weil die Banken ihre Notendruckereien angeworfen und Staatsanleihen vergeben haben. Die riesige Schuldenblase droht, auf eine Weise zu explodieren, die die Weltwirtschaft zum Stillstand bringen kann.

Die ökonomische Krise und die zunehmenden nationalstaatlichen Rivalitäten bestärken einander. Sie führen zu einer Spirale politischer und militärischer Gewalt, die allen Versuchen im Wege steht, die ökologischen Herausforderungen zu lösen oder zumindest abzuschwächen. Politische, ökonomische und ökologische Probleme verschmelzen und leiten den dramatischen Todeskampf der kapitalistischen Produktionsweise ein. Dies birgt große Gefahren für die Menschheit: Naturkatastrophen ebenso wie einen möglichen Atomkrieg.

Ein Krieg zwischen imperialistischen Mächten kann der nächste globale Hauptwiderspruch sein. Zwar sind Atomwaffen primär defensive Waffen, da das Risiko eines Vergeltungsschlags mit enormen Konsequenzen so groß ist, dass ihre Anwendung unwahrscheinlich wird. Gleichzeitig obliegt diese Entscheidung Individuen, die nicht immer rational handeln. Wenn die herrschenden Klassen Krieg fordern, eröffnet der Kampf um Frieden eine revolutionäre Perspektive.

Wir dürfen uns vor der Krise nicht fürchten. Wir dürfen es auch nicht als unsere Aufgabe betrachten, die Probleme des Kapitalismus zu lösen. Das könnten wir auch gar nicht. Die strukturelle Krise des Kapitalismus ist die objektive Bedingung für radikale gesellschaftliche Veränderung. Unsere Aufgabe (die Aufgabe der subjektiven Kräfte) ist es, zu vermeiden, dass der Zusammenbruch des Kapitalismus zu Brutalität und Chaos führt. Wir müssen uns für eine Transformation des Systems und eine demokratischere, gerechtere und nachhaltigere Weltordnung einsetzen.

Wir befinden uns in einer unsicheren, ja gefährlichen Zeit. Die Bedingungen des Kampfes und die politischen Allianzen können sich rasch ändern. Darauf müssen wir vorbereitet sein. Wir müssen unsere Organisationen, Methoden und Strategien entsprechend anpassen. Die globale Perspektive ist dafür wesentlich. Die Identifikation des Hauptwiderspruchs ist ein analytisches Werkzeug, dem eine erfolgversprechende Strategie folgt. Nur so können wir wissen, was morgen zu tun ist. Unsere zukünftige Praxis baut darauf auf.

## Zum Buch und Danksagung

Die deutsche Ausgabe dieses Buches beruht auf der englischen Ausgabe von 2018. Diese unterscheidet sich leicht von der 2016 erschienenen dänischen Originalausgabe. Für die englische Ausgabe strich ich Passagen, die auf ein dänisches Lesepublikum zugeschnitten waren, und fügte Passagen hinzu, die für eine internationale Leserschaft relevant schienen.

Ich möchte mich bei allen bedanken, die die Arbeit an dem Buch begleitet und mir wertvolle Hinweise gegeben haben, allen voran Zak Cope. Karl Kersplebedeb, der Herausgeber der englischen Übersetzung, half bei der Aktualisierung der Originalausgabe. Gabriel Kuhn übersetzte die Originalausgabe ins Englische und zeichnet nun auch für die deutsche Übersetzung verantwortlich. Diese wäre ohne die Unterstützung von *Lower Class Magazine* und Paul Winter nicht möglich gewesen.

Torkil Lauesen, Kopenhagen, Mai 2022

# Einleitung: Warum dieses Buch?

## Kind des Kalten Krieges

Ich wurde im Jahr 1952 geboren. Meine Mutter arbeitete als Krankenschwester, mein Vater im Fährdienst. Ich wuchs im dänischen Wohlfahrtsstaat auf und erlebte als Kind den Aufbruch in die Konsumgesellschaft. 1956 kauften wir einen Fernseher, ein Telefon und einen Kühlschrank. 1959 kauften wir einen Renault 4CV. 1962 übersiedelten wir von unserer sozialen Wohnbausiedlung in ein Eigenheim. Das Motto der regierenden Sozialdemokraten war: ›Macht gute Zeiten besser!‹

Meine erste politische Erinnerung stammt von der sogenannten Kubakrise 1962. Im Jahr zuvor hatte die US-Regierung die Invasion der Schweinebucht unterstützt. Außerdem hatte sie in der Türkei Atomwaffen stationiert. Nun wollte die Sowjetunion atomare Sprengköpfe auf Kuba stationieren. Die sowjetischen Schiffe, die zu diesem Zweck auf dem Weg in die Karibik waren, wurden vom US-Militär gesichtet. Die amerikanische Kriegsflotte blockierte daraufhin die Seewege zur ›kommunistischen Insel‹. Niemand wusste, was passieren würde, sollten die sowjetischen Schiffe auf die amerikanischen treffen. Ein Atomkrieg zwischen den beiden Supermächten schien möglich.

Obwohl ich erst zehn Jahre alt war, verstand ich den Ernst der Lage. Nur wenige Monate zuvor hatte die dänische Regierung an alle Haushalte eine Broschüre mit dem Titel »Wenn der Krieg kommt« geschickt. In der Broschüre wurde erklärt, dass du unter einen Tisch kriechen sollst, wenn du eine Explosion wahrnimmst. Danach solltest du dich so rasch wie möglich in den Keller begeben, wo du Wasser und Nahrungsmittel aufbewahren musstest. In unserem neuen Fernseher hatte ich Bilder von Atompilzen gesehen. Jeden Mittwoch wurden die Sirenen in unserem Wohnviertel getestet. Viele Menschen bewahrten tatsächlich Wasser und Nahrungsmittel in ihren Kellern auf. Aber alles, woran ich denken konnte, war: »Was tut man, wenn die Nahrungsmittel alle sind?«

Die Kubakrise endete ohne Atomkrieg. Meine Generation durfte sich anderem zuwenden. Wir begeisterten uns für Elvis, die Beatles, die Rolling Stones und lange Haare. Manche wandten sich der Politik zu. Darunter auch ich. Die erste politische Organisation, der ich angehörte, hieß ›Nie wieder Krieg‹. Ich wurde Kriegsdienstverweigerer.

Der Krieg in Vietnam nahm bald meine ganze Aufmerksamkeit in Anspruch, nicht zuletzt, weil täglich über ihn im Fernsehen berichtet wurde. Die Bilder hatten einen enormen Einfluss auf die antiimperialistischen Aktivist:innen meiner Generation. Es war einer der brutalsten Kriege der modernen Geschichte. Von der Operation Rolling Thunder 1965 bis zum Waffenstillstand 1973 warfen amerikanische B-52s pausenlos Bomben über Vietnam ab. Bombardierungen dieser Art hatte es in der Geschichte der Menschheit noch nie gegeben. In Tonnen gemessen wurden dreimal so viele Bomben über Nordvietnam abgeworfen, wie während des gesamten Zweiten Weltkriegs über Europa, Asien und Afrika zusammen. Nordvietnam ist in etwa so groß wie die ehemalige DDR. In absoluten Zahlen sprechen wir von sieben Millionen Tonnen Sprengmitteln. Die gesamte Sprengkraft war 400-mal so stark wie jene der über Hiroshima abgeworfenen Atombombe. Dazu kam der Einsatz von chemischen Waffen. Zivilist:innen wurden terrorisiert und mehr als 80.000 mutmaßliche Vietcong-Sympathisant:innen getötet. Insgesamt verloren 1,5 Millionen Menschen in Vietnam während des Krieges ihr Leben. Die amerikanische Regierung wurde mehrfach des Völkermords angeklagt, unter anderem vom Stockholmer Russell-Tribunal, das 1967 unter dem Vorsitz von Jean-Paul Sartre tagte. Internationalem Recht zufolge hätten US-Präsident Richard Nixon und US-Innenminister Henry Kissinger als Kriegsverbrecher vor Gericht gestellt werden müssen.

1969 kaufte ich mein erstes politisches Buch. Es hieß *War Crimes in Vietnam*. Der Autor war bezeichnenderweise der Philosoph und Nobelpreisträger Bertrand Russell. Bevor ich mich an das Schreiben dieser Einleitung machte, las ich das Buch noch einmal. Ich fand eine Stelle, die ich dick unterstrichen hatte: »Manche können mit dem Begriff ›US-Imperialismus‹ wenig anfangen, weil er nicht Teil ihrer Erfahrung ist. Im Westen profitieren wir vom Imperialismus. Das korrumpiert unsere Wahrnehmung.«[2] Diese Worte machten damals offensichtlich starken Eindruck auf mich. Sie sollten für meine politische Biografie richtungsweisend werden.

Am Anfang meines politischen Engagements standen Emotionen: Empörung über die Napalmbomben der USA und Hoffnung auf Gerechtigkeit für die Menschen in Vietnam. Wahrscheinlich hatte ich auch ein schlechtes Ge-

---

2 Bertrand Russell, *War Crimes in Vietnam* (London: George Allen & Unwin, 1967), 94. Anmerkung des Übersetzers: Wenn nicht anders angegeben, stammen alle Übersetzungen aus englischsprachigen Quellen von mir. Sollten deutsche Ausgaben der Texte existieren und mir bekannt sein, wird auf diese in Klammer verwiesen.

wissen. Ich hatte ein bequemes Leben. Menschen in der Dritten Welt hatten das nicht.[3] Ich habe immer noch ein bequemes Leben. Ich schreibe diesen Text auf einem der zwei Computer in unserer Wohnung. Diese ist geräumig und hat drei Zimmer. Wir haben ein Tablet, zwei Mobiltelefone und einen Flachbildschirm-Fernseher. In der Küche und im Badezimmer findest du jedes technische Gerät, das man sich dort wünschen kann. Wenn wir Urlaub machen, fliegen wir in Länder, in denen Menschen sich keinen Urlaub leisten können. Dort genießen wir das Klima, die Kultur und das Essen. Mein Gehalt erlaubt es mir, alles zu kaufen, was ich brauche, und vieles, was ich nicht brauche.

Die Tatsache, dass die Lebensbedingungen auf der Welt so unterschiedlich sind, war ein wichtiger Antrieb für mein politisches Engagement. Ich begann, mir Fragen zu stellen, die mich Jahrzehnte lang begleiten sollten: Warum gibt es diese Unterschiede? Wie haben sie sich historisch entwickelt? Durch welche ökonomischen und politischen Maßnahmen werden sie aufrechterhalten? Und warum ist es so verdammt schwierig, sie zu überwinden?

Als Teenager besuchte ich ein Internat in der kleinen dänischen Stadt Holbæk. Dort erlebte ich die Protestwelle von 1968. Diese war so stark, dass wir sie sogar in der dänischen Provinz zu spüren bekamen. Wir kritisierten die Internatsleitung, gaben eine kritische Schülerzeitung heraus und organisierten Diskussionsveranstaltungen zum Vietnamkrieg. Ich besuchte auch einen Lesekreis, in dem wir versuchten, die Ungerechtigkeit in der Welt theoretisch zu fassen und eine effektive politische Praxis zu entwickeln.

Durch einen meiner Freunde kam ich mit dem Kommunistischen Arbeitskreis (KAK) in Kontakt. Dadurch veränderte sich mein Leben. Das theoretische Fundament des KAK war die Theorie vom ›Parasitenstaat‹. Sie stimmte mit meiner Sichtweise überein. Die Theorie vom Parasitenstaat besagt, dass der Reichtum in dem Teil der Welt, in dem ich aufwuchs, direkt mit der Armut in anderen Teilen der Welt zusammenhängt. Verantwortlich dafür

---

3 Anm. d. Verlags zur Begrifflichkeit: Torkil Lauesen erklärt zu Beginn von »Teil zwei« des Buches: »Mit der Publikation von *North-South: A Program for Survival*, dem ersten Bericht der sogenannten Brandt-Kommission, wurden 1980 die Begriffe ›Erste Welt‹ und ›Dritte Welt‹ in der politischen Debatte durch die Begriffe ›Nord‹ und ›Süd‹ ersetzt. Auch diese werden nicht in erster Linie als geografische, sondern eher als politisch-ökonomische Begriffe verwendet. ... In diesem Buch verwende ich die Begriffe ›Erste Welt‹/›Globaler Norden‹ und ›Dritte Welt‹/›Globaler Süden‹ synonym, wobei ich im Kontext der Debatten bis 1989 eher von ›Erster Welt‹ und ›Dritter Welt‹ spreche, und im Kontext danach von ›Globalem Norden‹ und ›Globalem Süden‹«.

ist der Imperialismus. Die Theorie vom Parasitenstaat erklärte für mich auch, warum die Arbeiterklasse in unserem Teil der Welt nicht an einer Revolution interessiert schien. Die Arbeiter:innen waren höchstens an Änderungen innerhalb des herrschenden Systems interessiert, die ihnen einen größeren Teil des imperialistischen Kuchens zugutekommen ließen.

Als ich im KAK aktiv wurde, wich mein individueller und emotionaler politischer Zugang einem organisierten und strategischen. Ich war zunächst KAK-Sympathisant, dann begeistertes Mitglied. Ich machte mich auf Studienreisen in die Dritte Welt auf und half dabei, Befreiungsbewegungen dort materiell zu unterstützen. Das geschah durch legale ebenso wie illegale Mittel. Meine Reisen in den Nahen Osten und nach Afrika sowie die Zusammenarbeit mit revolutionären Kräften in der Dritten Welt befeuerten die Emotionen, die mich ursprünglich zur Politik gebracht hatten, aber sie gaben mir auch ein Gefühl persönlicher Verantwortung. Befreiungsbewegungen in der Dritten Welt waren jetzt keine abstrakten politischen Größen mehr, sondern sie bestanden aus wirklichen Menschen, aus Genoss:innen, denen ich mich verpflichtet fühlte. Im KAK wollten wir ein kleines Rad in der großen Maschine sein, die für eine andere Weltordnung kämpfte. Unsere Erfahrungen führten zu einem ständigen Hinterfragen von uns selbst und unserer Politik. Es war wichtig, motiviert und engagiert zu bleiben – und andere zu motivieren, sich zu engagieren.

Theorie war für uns immer von großer Bedeutung. Unsere politische Praxis beruhte auf theoretischen, strategischen und taktischen Reflexionen. Das prägte auch unsere Zusammenarbeit mit den Befreiungsbewegungen. Zuerst führten wir immer politische Diskussionen – erst danach entschieden wir, welche Form unsere Unterstützung annehmen sollte. Emotion, Theorie, Organisierung, Praxis – alles hing zusammen. Die Emotion war die Antriebskraft, die Theorie zeigte uns die Richtung an, die Organisierung gab uns eine Struktur und die Praxis brachte konkrete Resultate. Dies sollte in meinem persönlichen Fall 50 Jahre politischen Engagements prägen. Das vorliegende Buch ist der Versuch, die entsprechenden Erfahrungen zusammenzufassen.

## Der Parasitenstaat

Ich erwähnte bereits, wie wichtig die Empörung über den US-Krieg in Vietnam für meine politische Entwicklung war. Ebenso wichtig war jedoch die Inspiration durch den vietnamesischen Widerstand. Der Vietnamkrieg bewies, dass ein menschliches Element – der Widerstand des Volkes, ein *Volkskrieg* – in der Lage war, die größte Supermacht der Welt zu besiegen.

In Dänemark wurde die Solidaritätsbewegung mit Vietnam von Jugendlichen und Student:innen getragen. Die Arbeiterklasse und ihre Organisationen waren größtenteils abwesend. Ihre Sorgen waren andere als jene der Arbeiterklasse in der Dritten Welt. Arbeiter:innen in Dänemark forderten mehr Urlaubstage, eine höhere Pension und einen Lohanstieg von einem US-Dollar pro Stunde. Arbeiter:innen in der Dritten Welt waren am Verhungern, hatten keinen einzigen freien Tag und schätzten sich glücklich, wenn sie einen US-Dollar pro Tag verdienten.

Viele Linke verstehen, dass die Sorgen der Arbeiter:innen in der Dritten Welt andere sind als die Sorgen der Arbeiter:innen in Ländern wie Dänemark. Sie verstehen auch, dass der Grund dafür eine Ungerechtigkeit ist, die unweigerlich Empörung und Forderungen nach einer neuen Weltordnung hervorbringt. Aber sie vermögen es nicht, ihre Politik dieser Realität anzupassen. Sie wagen nicht, offen zu erklären, dass die Arbeiterklasse im Globalen Norden von der gegenwärtigen Weltordnung profitiert und kein wirkliches Interesse daran hat, sie zu ändern (zumindest nicht grundlegend). Der Mangel an internationaler Solidarität, den die Arbeiterklasse in den imperialistischen Ländern zeigt, bestätigt dies. Ein berühmtes Zitat des US-Autors Upton Sinclair fasst das Problem treffend zusammen: »Es ist schwierig, einen Menschen dazu zu bringen, etwas zu verstehen, wenn sein Gehalt davon abhängt, es nicht zu verstehen.«[4]

Die Theorie vom Parasitenstaat beruhte auf solchen Einsichten. Aber es war nicht nur die Theorie des KAK, die mich ansprach. Es waren auch die Entschlossenheit und die Integrität der Mitglieder und die politische Praxis. Im KAK bestand Solidarität nicht nur aus Worten, sondern aus Handlungen. Sie war etwas, das man, wie wir zu sagen pflegten, ›in der Hand halten konnte‹. Im KAK gab es eine starke Korrelation zwischen dem, was man sagte, und dem, was man tat.

---

4 Upton Sinclair, *I, Candidate for Governor: And How I Got Licked* (Berkeley: University of California Press, 1994 [1935]), 109.

Die Theorie vom Parasitenstaat stammte von der Führungsfigur des KAK, Gotfred Appel. Er entwickelte sie in einer Reihe von Artikeln, die von 1966 bis zur Spaltung des KAK 1978 in der Zeitung der Organisation, *Kommunistisk Orientering*, erschienen.[5] Von den drei Gruppen, die zunächst aus dem KAK hervorgingen, überlebte nur ›Manifest – Kommunistische Arbeitsgruppe‹ (M-KA) mehr als zwei Jahre. *Manifest* war der Name der Zeitung, die die Gruppe herausgab. Bei M-KA verblieben auch die ehemaligen KAK-Mitglieder, die am unmittelbarsten in die illegale Praxis der Organisation involviert waren: die sogenannte Blekingegade-Gruppe.[6]

Einer der Gründe für das Ende des KAK war der leninistische Dogmatismus, der die Organisation prägte. Unter anderem hemmte dieser die theoretische Entwicklung. M-KA bot neue Möglichkeiten. Wir überarbeiteten die ökonomische Grundlage der Theorie vom Parasitenstaat, indem wir ihr Arghiri Emmanuels Konzept des ›ungleichen Tauschs‹ hinzufügten. Emmanuel betonte die Wichtigkeit der Handelsbeziehungen zwischen Ländern mit hohen bzw. niedrigen Löhnen für die Ausbeutung der Arbeiter:innen Asiens, Afrikas und Lateinamerikas. Wir studierten auch Immanuel Wallersteins Weltsystem-Theorie, die die Geschichte des Kapitalismus vom Mittelalter bis in die Gegenwart verfolgte. Eine der zentralen Thesen Wallersteins war die Unterscheidung eines ›Zentrums‹ oder ›Kerns‹ im kapitalistischen Weltsystem von einer ausgebeuteten ›Peripherie‹.

1983 veröffentlichte M-KA das Buch *Imperialismen i dag: Det ulige bytte og mulighederne for socialisme i en delt verden* (Imperialismus heute: Der ungleiche Tausch und die Möglichkeiten des Sozialismus in einer geteilten Welt). Eine englische Ausgabe erschien drei Jahre später unter dem Titel *Unequal Exchange and the Prospects of Socialism*.[7] In dem Buch fassten wir die Theorie vom Parasitenstaat erstmals systematisch zusammen. Wir skizzierten die ökonomischen Grundlagen, die Konsequenzen für die Klassenpolitik und die Implikationen für eine antiimperialistische Praxis in den imperialistischen Ländern.

Das Ende von M-KA kam im April 1989, als mehrere Mitglieder verhaftet und der Zugehörigkeit zur Blekingegade-Gruppe angeklagt wurden.

---

5 Viele dieser Texte sind abrufbar auf www.snylterstaten.dk.

6 Siehe Gabriel Kuhn (Hg.), *Bankraub für Befreiungsbewegungen. Die Geschichte der Blekingegade-Gruppe* (Münster: Unrast, 2013).

7 Beide Ausgaben finden sich auf www.snylterstaten.dk.

Sechs Genossen und ich wurden schließlich für mehrere Raubüberfälle und andere kriminelle Aktivitäten zu mehrjährigen Haftstrafen verurteilt.[8]

Während meiner Jahre im Gefängnis beschäftigte ich mich vor allem mit der Globalisierung und dem Neoliberalismus. Außerhalb der Gefängnismauern kam es zu wesentlichen Veränderungen. Die Sowjetunion und der europäische Staatssozialismus brachen zusammen. Die Nachfolgestaaten wurden vom kapitalistischen Weltmarkt aufgesaugt. Antiimperialistische Kämpfe in der Dritten Welt verloren an Bedeutung. Die Befreiungsbewegungen, die an die Macht gekommen waren, hatten ihre sozialistischen Prinzipien aufgegeben. Das Weltsystem selbst blieb jedoch unverändert. Die Welt war immer noch in reiche und arme Länder geteilt, und es gab keinerlei Anzeichen, dass sich dies in naher Zukunft ändern würde.

Das Verschwinden der Sowjetunion und sozialistischer Befreiungskämpfe in der Dritten Welt erforderten eine neue Orientierung der Linken. Wie ließ sich eine sozialistische Ökonomie aufbauen? Wie konnten Sozialist:innen wieder an die Macht kommen? Welche Strategien und Praxen waren dazu erforderlich?

Nachdem ich 1996 aus dem Gefängnis entlassen worden war, engagierte ich mich in der sogenannten Antiglobalisierungsbewegung. Diese war stark vom Aufstand der Zapatistas in Chiapas, Mexiko, inspiriert sowie vom Widerstand gegen die Welthandelsorganisation. Wenige Monate nach meiner Entlassung besuchte ich das erste von den Zapatistas organisierte ›Interkontinentale Treffen‹ sowie Tagungen, aus denen das Weltsozialforum hervorgehen sollte.

Angesichts der neoliberalen Globalisierung mussten bestimmte Aspekte der Theorie vom Parasitenstaat aktualisiert werden. Es gab nun transnationale Produktionsformen und eine neue globale Arbeitsteilung. Die Grundfesten der Theorie blieben jedoch aufrecht. Das sah nicht nur ich so. Eine andere Neuerung der 1990er-Jahre, das Internet, machte deutlich, dass es weltweit eine Reihe von Individuen und Gruppen gab, die die imperialistischen Formen des Tauschs studierten. Ich freute mich, nicht zu einer vom Aussterben bedrohten Art zu gehören, sondern zu einem aktiven Netzwerk von Menschen, die versuchten, das globale ökonomische System zu verstehen und Strategien für dessen Umsturz zu entwickeln. Notwendig dafür ist eine globale Perspektive.

8 Siehe Kuhn, *Bankraub für Befreiungsbewegungen*, a.a.O.

Die Stärke des Marxismus liegt in der Analyse konkreter Zusammenhänge. Heute gibt es keine Zusammenhänge, die sich auf einzelne Länder oder Klassen beschränken lassen. Der Kapitalismus ist ein Weltsystem, dem jedes Land und jede Klasse angehören. Wir dürfen nicht der Frosch im Brunnen sein, der in Maos Anekdote sagt: »Der Himmel ist nicht größer als die Öffnung des Brunnens.«[9] Der Himmel *ist* größer als der Teil von ihm, den wir sehen können. Wenn wir uns nicht die Mühe machen, auch die anderen Teile zu sehen, können wir die Umstände unseres eigenen Lebens nicht hinreichend begreifen.

## Die Universität und die Politik

Ich hoffe, dass dieses Buch die Mischung aus Emotion, Theorie, Organisierung und Praxis zum Ausdruck bringen wird, die mein politisches Engagement seit jeher definiert. Das war zumindest beim Schreiben mein Ziel. Das Buch ist nicht akademischer Natur, weder in seiner Struktur noch in seinen Absichten. Ich habe mich jedoch vieler akademischer Quellen bedient.

Streng genommen ist dies auch kein politisches Buch. Es wurde von keiner Organisation autorisiert, sondern drückt einzig meine eigenen Ansichten aus. Es ist ein persönlicher Text, der ein Verständnis des Imperialismus präsentiert, das auf meinen eigenen Erfahrungen als marxistischer Militanter basiert. Freilich ist es ein politisches Buch in dem Sinne, dass ich meine Ansichten erklären und für sie argumentieren will, und dass ich Menschen anregen will, selbst politisch aktiv zu werden.

Im Laufe der Jahre habe ich viele akademische Studien über den Imperialismus gelesen, ebenso wie viele Berichte von Menschen, die in antiimperialistische Kämpfe involviert waren. Zwischen diesen Texten besteht ein wesentlicher Unterschied: Akademiker:innen betrachten praktische Erfahrungen als

---

9 »Bei der Annäherung an ein Problem sollte ein Marxist sowohl das Ganze als auch die Teile sehen. Ein Frosch in einem Brunnen sagt: ›Der Himmel ist nicht größer als die Mündung des Brunnens.‹ Das ist falsch, denn der Himmel hat nicht nur die Größe der Brunnenmündung. Wenn es heißt: ›Ein Teil des Himmels hat die Größe der Mündung eines Brunnens‹, wäre das wahr, denn es stimmt mit den Fakten überein.« (Mao Tse-tung, «Über den Sieg des langen Marsches», 1935) – Anmerkung des Übersetzers: Wenn nicht anders angegeben, sind alle Zitate von Karl Marx, Friedrich Engels, V.I. Lenin und Mao Tse-tung Online-Ausgaben Gesammelter Werke entnommen (im Falle Lenins und Maos in deutscher Übersetzung), die auf Websites wie www.marxists.org abrufbar sind. Die bibliografischen Angaben in den Fußnoten beschränken sich auf den Titel des zitierten Textes und das Erscheinungsjahr.

Material, das sie auswerten können. Sie wollen die Welt verstehen und erklären. Wenn es um die Frage geht, wie man die Welt verändert, haben sie wenig zu sagen. Sie wollen nicht mit bestimmten Ideologien, Organisationen oder Methoden assoziiert werden. Sie fürchten, dass sie dies als Akademiker:innen diskreditieren würde. Die Praxis ist nicht ihr Terrain, und sie überlassen diese gerne anderen. Für Aktivist:innen ist die Theorie jedoch in erster Linie ein Werkzeug. Sie solle ihnen helfen, auf effektivere Weise zu kämpfen. Dieser Zugang prägt die Werke von Lenin und Mao sowie aller einflussreichen Figuren in den Befreiungsbewegungen nach dem Zweiten Weltkrieg, ob Che Guevara oder Amílcar Cabral.

Die Beziehung zwischen Theorie und Praxis muss dialektisch sein. Eine Theorie, die keine Praxis inspiriert, ist keine gute Theorie. Wir können uns stundenlang über Politik unterhalten und kluge Analysen präsentieren, aber wenn wir am Ende des Tages keine Antwort auf die Frage haben, was zu tun ist, dann fehlt das Entscheidende. Gleichzeitig gibt es keine gute Praxis ohne gute Theorie. Wie sollen wir effektive Formen des Kampfes entwickeln, wenn wir die sozialen, politischen und ökonomischen Umstände nicht verstehen, unter denen wir kämpfen? Wie sollen wir unter solchen Voraussetzungen angemessene Visionen und Strategien entwickeln?

In den 1960er- und 70er-Jahren dominierten die Weltsystem-Theorie (Immanuel Wallerstein) und die Dependenztheorie (Samir Amin, Arghiri Emmanuel, Andre Gunder Frank) die Analyse des globalen ökonomischen und politischen Systems. Diese Theorien standen für die größte Innovation in der Imperialismusanalyse seit den 1920er-Jahren. Von großer Bedeutung waren auch die Ökonom:innen, die regelmäßig in der Zeitschrift *Monthly Review* publizierten, Leute wie Harry Magdoff, Paul A. Baran und Paul M. Sweezy.

Während die Befreiungsbewegungen in den Kolonien immer stärker wurden, bildeten sich auch immer mehr kommunistische Organisationen in der imperialistischen Welt. Leider blieben die akademischen Diskussionen von den politischen Kämpfen oft getrennt. Der gegenseitige Einfluss war gering. Beispielsweise trug die Kommunistische Partei Chinas (KPCh) kaum zur Imperialismusanalyse bei, während viele prominente Persönlichkeiten der Befreiungsbewegungen nur ein bescheidenes ökonomisches Verständnis hatten (die bereits erwähnten Che Guevara und Amílcar Cabral waren bedeutende Ausnahmen). Ich weiß, dass Marx' berühmte elfte Feuerbach-These unzählige Male zitiert worden ist, doch ich bin der Meinung, dass sie nicht oft genug zitiert werden kann: »Die Philosophen haben die Welt nur verschieden *interpretiert*; es kommt aber darauf an, sie zu *verändern*.«

Ich wende mich in diesem Buch großen Themen zu: der Geschichte des Imperialismus, der globalen Ökonomie, staatlichen Strukturen und Widerstandsstrategien. Es ist unmöglich, all das auf eine Weise zu beleuchten, die Akademiker:innen zufriedenstellen wird. Zudem vermische ich politische Reflexionen mit persönlichen Erinnerungen. Ich verwende theoretische Konzepte, ohne mich einer bestimmten Ideologie zu verpflichten. Ich folge keiner festgelegten politischen Linie. Mit Dogmatismus habe ich schlechte Erfahrungen gemacht. Der strikte Leninismus des KAK stand theoretischer Innovation im Wege, und unsere Feindseligkeit allen vermeintlichen ›Abweichlern‹ gegenüber verhinderte produktiven intellektuellen Austausch. Es gibt Aspekte der politischen Kultur der 1970er-Jahre, die ich nicht vermisse.

## Methodologie und Epistemologie

Sollte es ein akademisches Label für die Methode brauchen, derer ich mich in diesem Buch bediene, dann wäre wohl ›Eklektizismus‹ angebracht. Ich berufe mich auf verschiedene Theorien, manche scheinen sogar miteinander unvereinbar. Was sich als roter Faden durch das Buch zieht, sind meine politischen Überzeugungen.

Im KAK waren theoretische Studien von großer Bedeutung. Wir beschränkten uns nicht nur auf Politik und Ökonomie, wir studierten auch Wissenschaftstheorie und Philosophie. 1975 führten wir einen Lesekreis zum dialektischen Materialismus durch, den ich besonders wertvoll fand. Es ist ein berauschendes Gefühl, wenn du meinst, den Lauf der Welt zu verstehen. Die philosophischen Studien bildeten den Hintergrund für unsere politischen und ökonomischen Diskussionen und unsere Reisen. Am wichtigsten war immer die Entwicklung einer effektiven politischen Praxis.

Es gibt eine wichtige Unterscheidung zwischen der Welt *an sich* und der Welt *für uns*, also unserer Interpretation der Welt. Es gibt eine Welt, die existiert, egal, ob *wir* existieren oder nicht. Doch wir interpretieren die Welt auf je unterschiedliche Weise. Unsere Interpretationen ergeben keine Rangordnung. Es macht keinen Sinn, zu diskutieren, wer der Welt *an sich* am nächsten kommt. Die Welt *für uns* ist kein Spiegelbild der Welt *an sich*, sondern der Rahmen, in dem wir sie wahrnehmen. Es ist wie mit Brillen: Die Form und Farbe ihrer Gläser bestimmt, was wir sehen. Bestimmte Aspekte der Wirklichkeit treten stärker hervor als andere. Jede Form des Wissens beruht auf Interpretation. Das macht Kategorien wie ›wahr‹ und ›falsch‹ nicht bedeutungslos. Aber was ›wahr‹ und ›falsch‹ ist, hängt von der Perspektive ab, die wir einnehmen.

Man könnte meinen, dass, wenn man die Welt nur durch eine Brille wahrnehmen kann, ein Tunnelblick unvermeidlich ist. Aber dem ist nicht so, zumindest dann nicht, wenn wir uns der Brille bewusst sind und bereit sind, die Bilder, die sie uns vermittelt, kritisch zu prüfen. Auf diese Weise können wir sowohl einen unkritischen Universalismus als auch einen willkürlichen Relativismus vermeiden. Diskussion bleibt möglich.

Meine Perspektive ist eine materialistische. Das beinhaltet unter anderem die Überzeugung, dass die Art und Weise, wie wir Waren produzieren und verteilen, unsere Interpretation der Welt wesentlich beeinflusst. Die Bedingungen, unter denen Menschen leben und arbeiten, bestimmen, wie sie denken. Unsere Sozialisierung ist weder mechanisch noch deterministisch, sondern dialektisch.

Die Geschichte lässt sich meines Erachtens am besten mithilfe des historischen Materialismus verstehen. Den Kapitalismus gibt es seit 500 Jahren. Er hatte einen Anfang, und er wird ein Ende haben, wie jedes menschliche System. Wir neigen dazu, das zu vergessen, und können uns kaum vorstellen, dass die Institutionen, die heute unser Leben kontrollieren, eines Tages verschwunden sein werden.

Ein materialistisches Verständnis der Geschichte impliziert nicht nur ein Verständnis der ökonomischen Entwicklungen, sondern auch der Klassenbeziehungen. Die Klassenverhältnisse zwingen den Kapitalismus dazu, ständig seine Form zu ändern. Die Geschichte ist ein fortlaufender Prozess, der nie endet. Die Welt ändert sich nicht graduell, sondern in der Form von Brüchen. Allerdings dürfen wir den historischen Materialismus nicht mit Teleologie verwechseln. Es gibt keinen automatischen Übergang vom Kapitalismus zum Sozialismus. Gesellschaftliche Entwicklungen sind komplex und unvorhersehbar, und wir wissen nicht, wie die Gesellschaft in 50 Jahren aussehen wird. Unter gewissen Perioden sind Gesellschaftssysteme relativ stabil und behaupten sich, selbst wenn revolutionäre Bewegungen versuchen, sie aus dem Gleichgewicht zu bringen. Gleichzeitig verändern sie sich. Tritt eine strukturelle Krise ein, werden sie instabil und können sich nicht länger behaupten. Revolutionäre Bewegungen kommt in diesen Momenten eine besondere Bedeutung zu. Es sind diese Momente, in denen ein Schuhputzer, der sich aus Protest das Leben nimmt, zum Schmetterling wird, dessen Flügelschlag in einem anderen Teil der Welt einen Sturm auslöst. Die Beziehung zwischen gesellschaftlichen Strukturen, die Menschen formen, und Menschen, die gesellschaftliche Strukturen formen, ist komplex.

Wenn ich dies in eine kurze Beschreibung der Welt übersetze, in der wir leben, lässt sich Folgendes festhalten: Die Welt ist in reiche und arme Länder geteilt. Diese Teilung hat ökonomische Gründe und wird in den Klassenbeziehungen und politischen Strukturen reflektiert.

## An die Leser:innen

Das vorliegende Buch besteht aus drei Teilen. Teil eins skizziert die Geschichte des Imperialismus und der Imperialismustheorie bis 1989. Ich konzentriere mich dabei auf jene theoretischen Beiträge, die von besonderer Bedeutung für mich und den KAK waren. Das Jahr 1989 markierte nicht nur eine geopolitische, sondern auch eine persönliche Wende. Als die Berliner Mauer fiel, stand ich mit mehreren Genossen vor längeren Gefängnisstrafen. M-KA löste sich auf. Mein Rückblick auf die Theorien, die uns beeinflussten, besteht aus einer Mischung von Reflexionen, Anekdoten und Zitaten. Ich hoffe, dass Leser:innen, die sich in diese Theorien vertiefen wollen, auf genug Information stoßen, um dies zu tun.

Es sind vor allem zwei Gründe, die erklären, warum ich bei der Geschichtsbeschreibung des Imperialismus bis zu den Anfängen Mitte des 19. Jahrhunderts zurückgehe. Erstens ist es wichtig, die Kontinuität des Imperialismus zu betonen. Zweitens ist es wichtig, unterschiedliche Analysen des Imperialismus zu berücksichtigen, zumal diese mit unterschiedlichen Formen politischer Praxis verbunden sind. Das ist von besonderer Bedeutung in den imperialistischen Ländern, wo der Kampf gegen den Imperialismus nie ein zentraler Teil der Linken war. Linke in den imperialistischen Ländern leiden nicht unter dem Imperialismus. Der antiimperialistische Kampf richtet sich gegen Ungerechtigkeiten, die sie nicht selbst erfahren, und hat wenig mit den Konflikten vor Ort zu tun. Linke in den imperialistischen Ländern werden nicht zum Antiimperialismus gezwungen, sie wählen ihn. Dabei kommt es zu unterschiedlichen analytischen Einschätzungen.

Der zweite Teil des Buches widmet sich der gegenwärtigen Form des Imperialismus. Welche Rolle spielt er für den gegenwärtigen Kapitalismus? Wie wirkt er sich auf die weltweiten Klassenbeziehungen aus? Ich werfe dabei auch einen Blick auf die Beiträge zur Imperialismustheorie nach 1989.

Teil drei widmet sich den politischen Konsequenzen unserer Analysen des Imperialismus, sowohl im Globalen Norden als auch im Süden. Wie sehen die politischen Bedingungen aus? Wer sind die wichtigsten Akteure? Was sind mögliche Widerstandsformen? Wie kann antiimperialistische Praxis aussehen? Soll man versuchen, sich von der neoliberalen Globalisierung abzukoppeln und sich auf den eigenen Nationalstaat konzentrieren? Lässt sich dem globalen Kapitalismus mit globalem Widerstand beikommen? Sind nationale Befreiungsbewegungen noch ein Faktor? Was können internationale Gewerkschaftsorganisationen ausrichten? Lässt sich auf soziale Bewegungen setzen? Ist antiimperialistische Politik in imperialistischen Ländern möglich? Das sind einige der Fragen, mit denen ich die Diskussionen in Gang setzen will, die wir meines Erachtens führen müssen.

# Teil eins

## Die Geschichte des Imperialismus – eine persönliche Perspektive

»Ist die Konstruktion der Zukunft und das Fertigwerden für alle Zeiten nicht unsere Sache, so ist desto gewisser, was wir gegenwärtig zu vollbringen haben, ich meine die rücksichtslose Kritik alles Bestehenden, rücksichtslos sowohl in dem Sinne, dass die Kritik sich nicht vor ihren Resultaten fürchtet und ebensowenig vor dem Konflikte mit den vorhandenen Mächten. ... Wir treten dann nicht der Welt doktrinär mit einem neuen Prinzip entgegen: Hier ist die Wahrheit, hier kniee nieder! Wir entwickeln der Welt aus den Prinzipien der Welt neue Prinzipien. Wir sagen ihr nicht: Lass ab von deinen Kämpfen, sie sind dummes Zeug; wir wollen dir die wahre Parole des Kampfes zuschrein. Wir zeigen ihr nur, warum sie eigentlich kämpft, und das Bewusstsein ist eine Sache, die sie sich aneignen muss, wenn sie auch nicht will.« (Brief von Karl Marx an Arnold Ruge, September 1843)

# 1. Eine geteilte Welt

## Kolonialismus und Kapitalismus

Kolonialismus und Kapitalismus strukturierten die Welt, in der wir leben, und etablierten die Normen, denen wir folgen. Wenn wir ein Geburtsjahr für das kapitalistische Weltsystem angeben müssen, dann scheint 1492 die selbstverständliche Wahl zu sein. Als Resultat der fehlgeschlagenen Suche von Christopher Kolumbus nach einem neuen Seeweg nach Indien begann 1492 die militärische, ökonomische, politische und kulturelle Eroberung der Welt durch europäische Mächte. Gleichzeitig begann in Europa der Kapitalismus den Feudalismus abzulösen. Die Geschichte des Kapitalismus ist also untrennbar mit jener des Kolonialismus verbunden. Der Kapitalismus hat seit jeher eine globale Dimension.

Zwischen 1000 und 1500 war die Welt in drei Blöcke aufgeteilt: China und Indien waren ökonomisch und politisch am weitesten fortgeschritten, der Nahe Osten war der Nabel des Welthandels, und Europa war ein Teil der Peripherie. Die asiatische Produktionsweise war vielfältiger, effektiver und technologisch weiter entwickelt als alles, was Europa zu bieten hatte. Asien war bis ins 18. Jahrhundert die Heimat der fortgeschrittensten Zivilisationen und Staatssysteme. Es gab sogar rudimentäre Formen des Kapitalismus, zum Beispiel während der Song-Dynastie in China oder im arabisch-persischen Abbasiden-Kalifat. Mit der Ausdehnung des Welthandels wurde der Tauschwert von Waren zunehmend wichtiger als ihr Gebrauchswert.

In Europa entwickelten die italienischen Stadtstaaten im 15. Jahrhundert komplexe Finanzsysteme und Handelsbeziehungen. Der Kapitalismus, wie wir ihn heute kennen, entstand jedoch zwischen London, Paris und Amsterdam. Von dort dehnte er sich schließlich bis in den letzten Winkel der Erde aus. Die frühe Ausbreitung des Kapitalismus basierte wesentlich auf militärischer Macht, vor allem jener der europäischen Kriegsflotten. Von entscheidender Rolle waren die Seefahrernationen Spanien und Portugal. Die herrschenden Klassen Europas vermochten den Osten nicht politisch zu erobern, also konzentrierten sie sich darauf, die ökonomische Kontrolle an sich zu reißen und suchten nach neuen Handelsrouten (Kolumbus dachte bis zu seinem Tod, dass Amerika Teil des asiatischen Kontinents sei).

Die Eroberung der sogenannten Neuen Welt und die Ausbeutung ihrer Reichtümer gab dem europäischen Kapitalismus enormen Auftrieb. Die wichtigsten Produkte, die aus den spanischen Kolonien Lateinamerikas nach Europa gelangten, waren Gold und Silber. Die Zahlungsmittel waren bei den herrschenden Klassen heiß begehrt und stärkten ihre Position als Handelsleute. Die europäischen Könige, Prinzen, Adeligen und Kleriker waren unersättlich.[10] Es wuchs eine neue europäische Bourgeoisie heran, die, ebenso wie die immer zahlreicheren Staatsbeamten, nach Waren aus den Kolonien verlangten.

Gold und Silber kamen in enormen Mengen nach Europa, vor allem aus Mexiko und Peru. In Spanien wurden Gold- und Silbermünzen geprägt, die sich bald in ganz Europa wiederfanden. Sie befriedigten das Bedürfnis des Kapitalismus nach Wachstum, stärkten den innereuropäischen Handel und erlaubten es, Waren aus Asien zu importieren. Europa produzierte zu jener Zeit keine Waren, die für asiatische Handelsleute von Interesse gewesen wären. Leo Huberman, Mitbegründer des *Monthly Review*, schrieb:

> »Von 1500 bis 1520 verarbeitete die spanische Münzanstalt 45.000 Kilogramm Silber. In den 15 Jahren von 1545 bis 1560 versechsfachte sich die Produktion auf insgesamt 270.000 Kilogramm. Und in den 20 Jahren von 1580 bis 1600 lag sie bei 340.000 Kilogramm, beinahe das Achtfache der Produktion zu Beginn des Jahrhunderts. Blieb all das Silber, das aus den Amerikas gekommen war, in Spanien? Keineswegs. Sobald es die Münzanstalt verlassen hatte, zirkulierte es in ganz Europa.«[11]

In Anlehnung an Andre Gunder Frank können wir sagen, dass während der Anfänge des Kapitalismus nicht Europa die Welt formte, sondern die Welt Europa. Es war noch ein weiter Weg bis zur globalen Hegemonie des europäischen Kapitalismus.

Portugiesischer und – vor allem – spanischer Kolonialismus beruhte nicht auf starkem Handelskapital, sondern auf königlicher Macht. Das erklärt, warum die portugiesische und spanische Kolonialherrschaft von Gewalt und Unterdrückung geprägt war, nicht von Handel. Portugal und Spanien hatten

---

10 »Die Entdeckung Amerikas war dem Goldhunger geschuldet, der die Portugiesen vorher schon nach Afrika getrieben ..., weil die im 14. und 15. Jahrhundert so gewaltig ausgedehnte europäische Industrie und der ihr entsprechende Handel mehr Tauschmittel erforderten, die Deutschland – das große Silberland 1450-1550 – nicht liefern konnte.« (Friedrich Engels, Brief an Conrad Schmidt, 27. Oktober 1890)

11 Leo Huberman, *Man's Worldly Goods: The Story of the Wealth of Nations* (New York: Monthly Review Press, 1963), 73.

wenig, mit dem sie Handeln konnten. Die arabischen Handelsleute, auf die sie an der afrikanischen Ostküste trafen, hatten kein Interesse daran, mit ihnen ins Geschäft zu kommen, da sie bereits lukrative Beziehungen zum arabischen Golf, Indien und afrikanischen Küstengebieten unterhielten. Aber was Portugal und Spanien nicht mithilfe von Handelswaren bekamen, bekamen sie mithilfe von Kanonen. Mit diesen konnten die arabischen Handelsleute nicht konkurrieren. Es waren die Waffen, die den europäischen Mächten die Tore zum globalen Markt öffneten.

In der Kriegsführung war man in Europa erfahren. Der Feudalismus wurde von gewaltsamen Konflikten geprägt, und militärische Strategie und Technologie waren entsprechend weit fortgeschritten. Keine militärische Macht außerhalb Europas (eventuell mit Ausnahme des Osmanischen Reichs) konnte da mithalten. Artillerie etablierte die Herrschaft Portugals im Indischen Ozean, Rüstungen und Schwerter aus Spanien zerstörten die Kulturen der Inka und Maya.

Die kolonialen Expeditionen Portugals und Spaniens Anfang des 16. Jahrhunderts halfen dabei, das feudale Begehren nach Luxus zu befriedigen. Sie waren gut ausgerüstet, kehrten mit reicher Beute heim und brachten enorme Profite. Anfangs war der portugiesische und spanische Kolonialismus eher feudal als kapitalistisch. Doch bald zeigten auch die anderen europäischen Mächte Interesse am Handel mit Afrika, Indien und Amerika. Portugal und Spanien profitierten davon nicht. Die herrschenden Klassen der Länder hatten ihr Gold und ihr Silber dazu verwendet, Waren zu kaufen, die in England, Frankreich, Deutschland und den Niederlanden hergestellt wurden. Dadurch wurde die Warenproduktion in diesen Ländern gestärkt, nicht in Portugal und Spanien. Während die iberische Halbinsel im Feudalismus steckenblieb, dehnte sich der Kapitalismus in West- und Nordeuropa rasch aus. Es ist kein Zufall, dass die Paläste und Kirchen Portugals und Spaniens so prächtig sind. Adel, Rittertum, Staatsdiener und Kleriker standen an der Spitze der gesellschaftlichen Leiter, Bettler:innen an deren Ende. Als Portugal und Spanien vom Import von Konsumwaren und Nahrungsmitteln immer abhängiger wurden, und die Kolonien immer höhere Kosten verursachten, verloren sie ihre globale Führungsrolle. Eine neue Kraft hatte die Herrschaft übernommen: das niederländische Handelskapital.

Ideologisch drückte sich diese Transformation in einem religiösen Konflikt aus. Wir kennen alle Max Webers Behauptung, dass der Protestantismus der Wegbereiter des Kapitalismus gewesen sei. Aber die Behauptung ist falsch. Der Protestantismus war eine Folge des Kapitalismus. Als der frühe Kapitalismus die feudale Produktionsweise herausforderte, forderte er auch deren ideologische Grundlagen heraus. Die Metaphysik des Mittelalters wurde durch die moderne Wissenschaft ersetzt. Die ideologische Grundlage des Feudalismus war der Katholizismus. Daher mussten antifeudale Kräfte sich auch gegen diesen zur Wehr setzen. Das stärkte wiederum die protestantische Bewegung. 1517 nagelte Martin Luther seine antikatholischen Thesen an das Eingangstor der Kirche in Wittenberg. Nur wenige Jahre später tobten in Europa Religionskriege. Die Reformation in Deutschland war die erste ideologische Attacke des Bürgertums gegen den Feudalismus. In den Städten, aber auch unter der Bauernschaft und den niederen Schichten des Adels war es einfach, Anhänger zu finden. Alle hatten ihre Gründe, gegen die katholische Kirche zu rebellieren.

Die niederen Schichten des Adels waren während des ersten protestantischen Aufstands 1523 federführend. 1525 standen die Bauern an der Spitze. Beide Aufstände wurden niedergeschlagen, aber die protestantische Bewegung überlebte. Mit John Calvin als Anführer wurde sie stärker. Calvin war politischer als Luthers und unterstützte den Republikanismus. Die Werte, die er predigte, entsprachen den Zielen des Bürgertums. Er pries Unternehmergeist ebenso wie Sparsamkeit. Die Wissenschaft sah er als Quelle des Fortschritts, Regierung und Justiz von der Religion getrennt.

Besonders ausgeprägt war die politische Dimension des Calvinismus in den Niederlanden. Hier begeisterte er bürgerliche Handelsleute und erhielt eine deutlich nationalistische Prägung, da die niederländischen Provinzen Unabhängigkeit von Spanien verlangten. Die spanische Regierung versuchte, die Rebellion mithilfe des Militärs und der Inquisition niederzuschlagen; ganze Städte wurden belagert, die Bevölkerung massakriert. Aber der Kampfgeist der Niederländer:innen war nicht zu bändigen, außerdem kamen ihnen 6.000 englische Soldaten zu Hilfe. Dies wiederum weckte den Zorn des Papstes, der in Königin Elisabeth eine ›Häretikerin‹ sah. Als Spanien versuchte, England anzugreifen, wurde die spanische Marine von 130 Schiffen und 30.000 Soldaten im Ärmelkanal aufgerieben. Es war eine fürchterliche Niederlage, die das Ende Spaniens als globale Seemacht markierte. Die Niederlande hatten hingegen das Steuer in der globalen Ausdehnung des Kapitalismus übernommen. Mitte des 17. Jahrhunderts war die niederländische Handelsflotte größer als die Englands und Frankreichs zusammengenommen.

## Sklaverei

Der Aufstieg des Handelskapitalismus bedeutete nicht, dass sich die Warenproduktion verringerte. Die Institutionalisierung der Sklaverei bestätigt dies. Nachdem Portugal und Spanien die meisten der leicht zugänglichen Metalle in ihren amerikanischen Kolonien geplündert hatten, waren sie gezwungen, tiefer in die Erde zu graben. Sie zwangen Indigene in den Bergwerken und auf den Feldern zu arbeiten, aber diese waren schwierig zu disziplinieren. Viele von ihnen starben aufgrund der harten Arbeit und an aus Europa eingeschleppten Krankheiten wie den Pocken. Die indigenen Gesellschaften wurden dezimiert, ihre Kultur missachtet. Inka und Azteken hatten zentralisierte Gesellschaftssysteme geschaffen mit Bewässerungssystemen und einer effektiven Produktion und Distribution von Nahrungsmitteln. Nun herrschte Hunger. Innerhalb kurzer Zeit standen die indigenen Bevölkerungen in den portugiesischen und spanischen Kolonien vor der Auslöschung. 1492 lebten etwa 50 Millionen Menschen in Zentral- und Südamerika. Ende des 17. Jahrhunderts waren es vier Millionen Menschen. In Mexiko fiel die Bevölkerungszahl von 25 Millionen im Jahr 1519 auf 1,25 Millionen im Jahr 1605.[12] Für die Kolonialherren bedeutete dies einen Mangel an Arbeitskraft. Die Antwort darauf waren afrikanische Sklav:innen.

Anfangs nahmen die Portugiesen selbst Sklav:innen an der Westküste Afrikas gefangen. Später lagerten sie diese Arbeit aus. Die Sklavenjagd wurde nun von afrikanischen Herrschern übernommen, die Sklav:innen gegen europäische Waren eintauschten. Andere europäische Mächte folgten: England, Frankreich, die Niederlande und Dänemark. Von Senegal bis Angola wurden an der Küste Handelsposten etabliert. Bald wurde es notwendig, tiefer in den Kontinent vorzudringen, um die steigende Nachfrage nach afrikanischer Arbeitskraft zu befriedigen.

Der Sklavenhandel verursachte zahlreiche Konflikte zwischen afrikanischen Gesellschaften aufgrund der Waren, die er auf den Kontinent brachte: Kleider und, vor allem, Waffen. Was wir heute ›Tribalismus‹ nennen, ist

12 Die in diesem Buch angeführten Daten sind historischen und nationalökonomischen Studien entnommen sowie Publikationen nationaler Statistikbüros und internationaler Organisationen wie der Weltbank, der ILO (Internationale Arbeitsorganisation), UNCTAD (Konferenz der Vereinten Nationen für Handel und Entwicklung) u.a. Von besonderer Bedeutung für diesen Abschnitt ist die Arbeit von Leften Stavros Stavrianos, *Global Rift: The Third World Comes of Age* (New York: William Morrow & Co., 1981).

das Produkt des europäischen Kolonialismus. Die Jagd nach Gold und Silber hatte die Gesellschaften Amerikas zerstört, nun zerstörte die Jagd nach Sklav:innen die Gesellschaften Afrikas – und nicht nur aufgrund all jener Menschen, die verschleppt wurden und ihr Leben lassen mussten. Auch die europäischen Waren, die nun auf dem Kontinent zirkulierten, wirkten sich fatal auf afrikanische Gesellschaften aus. Sie unterminierten lokales Handwerk und Handel. Einige der afrikanischen Gesellschaften ließen sich auf der Flucht vor Sklavenjägern in völlig neuen Regionen nieder. Die menschlichen Kosten waren enorm: Zehn bis zwölf Millionen afrikanischer Sklav:innen kamen an den Küsten Amerikas an. Schätzungsweise starben dreimal so viele während der Passage. Auch die auf dem afrikanischen Kontinent verbliebenen Gesellschaften wurden dezimiert. Viele Afrikaner:innen fielen europäischen Krankheiten zum Opfer oder starben in Konflikten, die von den europäischen Kolonialmächten provoziert worden waren. Von 1450 bis 1870 gab es in Afrika kein Bevölkerungswachstum.

Im 16. und 17. Jahrhundert musstendie meisten Sklav:innen in Amerika in portugiesischen und spanischen Bergwerken arbeiten, vor allem in den Silberminen Brasiliens. Am Ende des 17. Jahrhunderts gewannen Plantagen immer mehr an wirtschaftlicher Bedeutung. England hatte um 1650 damit begonnen, Zuckerrohr auf Barbados anzubauen. Zuvor war Honig der einzige in Europa erhältliche Süßstoff gewesen. Zucker war anfangs so wertvoll, dass er in Gramm verkauft wurde. Es dauerte jedoch nur wenige Jahrzehnte, bevor er in europäischen Haushalten eine Selbstverständlichkeit und damit eine der wichtigsten Kolonialwaren wurde.

1643 gab es auf Barbados ungefähr 5.000 afrikanische Sklav:innen. 1664 waren es 40.000, die auf 800 Plantagen arbeiteten. Die frühere Subsistenzwirtschaft auf Barbados war praktisch ausgelöscht worden. Die Hälfte der ursprünglichen europäischen Siedler:innen hatte die Insel wieder verlassen. Ähnlich verhielt es sich auf den meisten der karibischen Inseln. Zur Hochzeit des Sklavenhandels im späten 18. Jahrhundert lag das Verhältnis von europäischen Siedler:innen und afrikanischen Sklav:innen in den englischen Kolonien Westindiens bei 1:10, in den französischen bei 1:14 und in den niederländischen bei 1:24. Neben Zuckerrohr pflanzten und ernteten Sklav:innen vor allem Tabak, Kaffee und Kakao. Diese galten als Luxusgüter, waren einfach zu produzieren und komplettierten den Dreieckshandel zwischen Europa, Afrika und Amerika. Aus Europa brachten die Schiffe Fertigerzeugnisse wie Kleider, Waffen, Munition und Alkohol nach Afrika, aus

Afrika Sklav:innen nach Amerika, und aus Amerika Zucker, Tabak, Kaffee, Indigo, Baumwolle und andere Kolonialwaren nach Europa. Es arbeiteten mindestens so viele Menschen auf den Plantagen in den Kolonien wie in den Fabriken auf dem europäischen Kontinent.

Afrika war zu jener Zeit noch nicht richtig kolonisiert. Es diente primär als Quelle für Arbeitskraft. Die europäische Präsenz beschränkte sich auf Handelsposten an der afrikanischen Küste. Die Kolonisierung setzte ein, als die Handelsposten ausgebaut wurden, um die immer zahlreicheren Handelsschiffe zu versorgen, die zwischen Europa und Asien verkehrten. Die Kapkolonie, ursprünglich in niederländischer Hand, war von besonderer Bedeutung – von so besonderer, dass England Anfang des 19. Jahrhunderts Besitz von ihr ergriff. Viele europäische Siedler:innen ließen sich im Süden Afrikas nieder und errichteten Werkstätten und Fabriken. Nach wie vor drangen jedoch wenige Europäer:innen in das Innere des Kontinents vor.

An der Westküste Afrikas Sklav:innen zu fangen, wurde im 18. Jahrhundert zunehmend schwieriger. Die Brutalität des Sklavenhandels hatte viele der lokalen Gesellschaften ausgelöscht oder vertrieben. Die britische Regierung zeigte nun mehr Interesse an Afrika als Teil eines Imperiums, das das Mutterland mit Rohstoffen und Bodenschätzen versorgen sollte. Auf die Initiative des britischen Bürgertums hin wurde der Sklavenhandel 1806 verboten. Die Sklaverei als solche war damit jedoch nicht zu Ende, da die Plantagenbesitzer sich nun bemühten, die Arbeitskraft der Sklav:innen mithilfe einer höheren Geburtenrate zu reproduzieren.[13]

Ein globaler Markt war entstanden, der die Teilung der Welt in ein Zentrum und eine Peripherie zur Folge hatte. Die fürchterlichen Konsequenzen dieser Teilung für die indigenen Völker Amerikas und Afrikas haben wir bereits skizziert. In Asien nahmen die Niederlande die indonesischen Inseln in Besitz, die britische Regierung machte sich Indien untertan. Nach wie vor gründete sich die Kolonisierung wesentlich auf militärische Gewalt. Doch der Widerstand war groß, und die europäischen Mächte zahlten einen hohen Preis. Sie begannen daher vermehrt auf Bündnisse mit lokalen Herrschern zurückgreifen, die einerseits bereit waren, europäischen Interessen zu dienen, andererseits jedoch die lokalen Gesellschaftsstrukturen und kulturellen Traditionen intakt ließen.

---

13 Das erwies sich als schwierig. Sklavinnen waren lange Zeit keine Ehefrauen gewesen, sondern schlicht die Arbeitskraft des Sklavenbesitzers. Sie widersetzten sich oft einer Familienstruktur, in der sie sich einem weiteren Mann unterordnen sollten.

## Der niederländische Handelskapitalismus

Das niederländische Handelsimperium gründete sich auf der historischen Rolle des Landes als Handelszentrum, der hoch entwickelten Warenproduktion und der Abwesenheit feudaler Strukturen. Im 14. Jahrhundert war Brügge die wichtigste Handelsstadt Mittel- und Nordeuropas. So richtig blühte das niederländische Handelskapital jedoch in Antwerpen auf. Dort gab es, anders als in Brügge, keine restriktiven Gilden. Beim Eingang zur Antwerpener Börse grüßten die Worte: »Offen für Händler aller Länder!« Antwerpen stand Spanien immer nahe, und von dort kam nach wie vor das meiste Geld. Erst als sich das niederländische Handelskapital über die ganze Welt verbreitet hatte, verschob sich sein Zentrum von Antwerpen nach Amsterdam.

Früh wurden in den Niederlanden Waren verarbeitet. Die Textilproduktion hat eine reiche Tradition in Flandern, das im 17. Jahrhundert einen starken ökonomischen Aufschwung erlebte. Die Papierproduktion war hoch entwickelt, und die Werften waren führend in der Welt. Diese Branchen verlangten eine hohe Konzentration von Kapital.

In erster Linie blieben die Niederlande jedoch eine Handelsnation. Wie in anderen bedeutenden Handelsnationen wurden Ende des 16. Jahrhunderts internationale Handelsgesellschaften gegründet. Die Niederlande waren besonders darauf bedacht, ihren Einfluss in der Karibik und in Indonesien zu stärken. Die beiden wichtigsten Handelsgesellschaften waren die Niederländische Westindien-Kompanie und die Niederländische Ostindien-Kompanie. Letztere entwickelte sich zu einer der wichtigsten kolonialen Handelsgesellschaften überhaupt. Sie sicherte nicht nur den niederländischen Zugriff auf wichtige ostasiatische Inseln wie die Molukken, Java und Sumatra, sondern etablierte die niederländische Kontrolle über Ceylon (Sri Lanka) und die Kapkolonie. Die Niederländische Ostindien-Kompanie war vor allem für zwei Dinge bekannt: ihre Brutalität und ihre enormen Profite.

Das Handelskapital vereinte einst isolierte Ökonomien und Kulturen in einem Weltsystem. Die Niederlande, England und Frankreich teilten die nicht-europäische Welt zwischen sich auf. Alle drei Länder verlangten ihre eigenen Gebiete, um sie ausbeuten und gleichzeitig als Absatzmärkte nutzen zu können. Immer mehr Handelsposten wurden errichtet, um Handelsrouten zu monopolisieren. Kriegsschiffe, Festungsanlagen und Abkommen mit lokalen Herrschern hielten die Handelsleute anderer Länder fern. Das verlief alles andere als reibungslos und der Prozess der Kolonisierung war von zahlreichen Handelskriegen zwischen den Kolonialmächten geprägt.

Die afrikanischen und asiatischen Kolonien waren charakteristische Handelskolonien. Die Kolonisierung Amerikas verlief anders. Hier entwickelten sich Siedlerkolonien. Europäer:innen kamen und blieben. Die Ökonomie der Siedlerkolonien basierte auf dem Plantagensystem und der Sklaverei. Der Zuckerrohranbauin der Karibik ist dafür ein Paradebeispiel. Es gab aber auch Ausnahmen. Die Ökonomie mancher Siedlerkolonien Nordamerikas basierten nicht auf Plantagen, sondern auf kleinen Farmen und bescheidener industrieller Produktion. Diese Kolonien waren für das Handelskapital nicht besonders interessant, da sie keine Profite abwarfen. Im Lauf der Zeit entwickelten sie sich zu Rivalen der europäischen Mächte.

Ein Schlüsselfaktor für das goldene Zeitalter des niederländischen Handelskapitalismus war die Etablierung nationaler Finanzsysteme. Mit der wachsenden Notwendigkeit, die internationalen Handelsrouten staatlich zu schützen, stiegen die Militärausgaben. Diese wurden von heimischen wie ausländischen Krediten gedeckt, die Steuern wurden angehoben. Private Banken machten hohe Profite. Die Amsterdamer Wechselbank wurde zu einem bedeutenden Symbol für die globale ökonomische Macht der Niederlande.

Der Handelskapitalismus machte durch den Handel mit Kolonialwaren Geld zu immer mehr Geld. Die Grundlage dieser ökonomischen Entwicklung war nicht die Warenproduktion. Der Handel verlief zwischen Regionen, in denen die kapitalistische Produktionsweise noch wenig entwickelt war. Wertgesetz und Preisformation waren nicht relevant für den Handelskapitalismus. Relevant war, billig zu kaufen und teuer zu verkaufen.

Doch je komplexer der Handelskapitalismus wurde, desto wichtiger wurden Wertgesetz und Preisformation. Regionen, die früher nur ›natürlichen Überschuss‹ getauscht hatten, wurden jetzt zu Produktionsstandorten. Der Tauschwert der Produkte wurde wichtiger als ihr Gebrauchswert. Karl Marx schrieb im *Kapital*:

> »Die Entwicklung des Handels und des Handelskapitals entwickelt überall die Richtung der Produktion auf Tauschwert, vergrößert ihren Umfang, vermannigfacht und kosmopolisiert sie, entwickelt das Geld zum Weltgeld. Der Handel wirkt deshalb überall mehr oder minder auflösend auf die vorgefundenen Organisationen der Produktion, die in allen ihren verschiednen Formen hauptsächlich auf den Gebrauchswert gerichtet sind.«[14]

14 Karl Marx, *Das Kapital, Band 3*, 1894.

Die Gesetze des Marktes galten nun sowohl für die industrielle als auch für die landwirtschaftliche Warenproduktion. Der Arbeitsmarkt wuchs. Im Handelskapitalismus war die Formel der Akkumulation: Geld – mehr Geld (M – M‘); im Industriekapitalismus wurde Geld zu Kapital und die Formel der Akkumulation lautete nun: Kapital – Produktion – mehr Kapital (K – P – K‘).

Mit einer hoch entwickelten Warenproduktion, kolonialen Besitztümern, starken Banken, Steuerabgaben, einem nationalen Finanzsystem, privaten Eigentumsrechten und der Trennung von Kirche und Staat schuf der niederländische Handelskapitalismus die notwendigen Voraussetzungen für den Siegeszug des Industriekapitalismus. Doch dieser begann nicht in den Niederlanden, denn das niederländische Bürgertum verpasste den Übergang vom Handel zur Industrie. Das Land wurde von einer Handelsoligarchie kontrolliert, die die für den Industriekapitalismus kennzeichnende Zentralisierung staatlicher Macht verhinderte. Die niederländischen Kaufleute waren stets darauf bedacht, die Unabhängigkeit ihrer Handelsstädte zu bewahren. Doch während ein dezentralisierter Staat den Handelskapitalismus begünstigt, ist er für die Entwicklung des Industriekapitalismus (des ›richtigen‹ Kapitalismus) ein Hindernis.

Ab Ende des 17. Jahrhunderts verlor der niederländische Handelskapitalismus an Einfluss; er hatte seinen Zenith überschritten. Obwohl schließlich auch in den Niederlanden eine industrielle Entwicklung einsetzte, war das Land nicht mehr in der Lage, den Kapitalismus global zu dominieren. Seine goldenen Jahre waren vorbei. Niederländische Kapitalisten investierten jetzt in englische Aktien und waren zu Spekulanten geworden.

## England als globale Macht

In England waren die Bedingungen für den Übergang vom Handelskapitalismus zum Industriekapitalismus im 18. Jahrhundert ideal. Die feudale Produktionsweise löste sich auf, landlose Bauern wurden zu Proletariern, die Warenproduktion war gut entwickelt und die industrielle Bourgeoisie mächtig. Die Konkurrenz mit dem niederländischen Handelskapital beflügelte die Entwicklung der kapitalistischen Produktionsweise nicht nur, sie machte diese notwendig.

Im Verlauf des 18. Jahrhunderts verschwanden die letzten Spuren des Feudalismus. Auch in der Landwirtschaft setzte sich die kapitalistische Produktionsweise durch. Kleine Farmen lösten sich auf. Die Produktion wurde mithilfe neuer Technologien konzentriert und intensiviert. Eine wachsende urbane Bevölkerung verlangte immer höhere Mengen an Nahrungsmitteln sowie Rohstoffen für die Warenproduktion.

Industrielle Produktion ersetze das Handwerk, nicht nur in den Städten, sondern auch auf dem Land. In den Fabriken wurde die Arbeit zunehmend spezialisiert, koordiniert und überwacht von zentralem Management. Aus vielen ehemaligen Kleinproduzenten wurden mächtige industrielle Unternehmen, deren politischer Einfluss immer stärker wurde. Die Warenproduktion und der heimische Markt florierten.

Der Durchbruch des Industriekapitalismus in England erforderte einen zentralisierten Staat. Für diesen sorgte zunächst die absolutistische Monarchie, später das bürgerliche Parlament. Der absolutistische Staat war notwendig, um den Feudalismus aufzulösen. Die bürgerlichen Kräfte brauchten Zeit, um sich zu sammeln und gegen die absolute Macht des Monarchen zu opponieren. Als es dazu kam, versuchte das Königshaus ein Bündnis mit den noch verbliebenen feudalen Lordschaften zu schmieden, doch der Absolutismus war mittlerweile zu einem Hindernis für die kapitalistische Entwicklung geworden. Die absolute Herrschaft des Königshauses wurde durch einen Bürgerkrieg beendet, und 1689 trat das erste bürgerliche Parlament zusammen. Die neue herrschende Klasse bestand aus reichen Kaufleuten, Großgrundbesitzern und der jungen industriellen Bourgeoisie. Der bürgerliche Staat war stark genug, um die niederländische Dominanz des Welthandels herauszufordern.

England musste jedoch mit Frankreich konkurrieren, das ebenfalls einen starken, zentralisierten Staat hatte und nach Kolonien trachtete. Aber das französische Handelskapital war schwächer als das englische. Zwar gab es französische Handelskolonien im Süden Indiens sowie französische Siedlerkolonien in Nordamerika und Westindien, doch die Anzahl französischer Siedler:innen war im Vergleich zu englischen bescheiden, und weder die landwirtschaftliche noch die industrielle Produktion waren in den französischen Kolonien ausreichend hoch entwickelt. Während die Niederlande ein starkes Handelskapital, aber eine schwache Staatsmacht hatten, hatte Frankreich eine starke Staatsmacht, aber ein schwaches Handelskapital. In England war beides stark.

Englische Handelsgesellschaften etablierten früh Außenposten in Asien (vor allem in Indien) und in Afrika (vor allem an der Westküste), aber ihr Fokus lag auf Amerika, wo sie drei Formen von Kolonien etablierten: Plantagenkolonien auf den Inseln Westindiens, wo in erster Linie Zucker gewonnen wurde; eine Plantagenkolonie in Nordamerika (Virginia), wo Tabak und Baumwolle produziert wurde; und eine Siedlerkolonie in Nordamerika (Neuengland). Das Motiv für die Plantagenkolonien war klar: Der Anbau tropischer Nutzpflanzen führte in Europa zu hohen Profiten. Das Motiv für die Siedlerkolonie war eher politischer Natur. Anfang des 17. Jahrhunderts herrschte in England große Angst vor Überbevölkerung. Die Lösung war Auswanderung. Der Bürgerkrieg, der Landverlust der Bauern und die dramatischen gesellschaftlichen Veränderungen hatten viele Menschen in Armut gestürzt. Dazu kam politische wie religiöse Verfolgung. Viele Engländer:innen waren bereit, sich in Amerika niederzulassen, wo sie uneingeschränkten Zugang zu etwas hatten, das in England zunehmend Mangelware wurde: Land.

England hatte nicht nur mehr Siedler:innen in den Kolonien als Frankreich, sondern auch aktivere Handelsgesellschaften. Die französischen Handelsgesellschaften wurden stärker vom Staat kontrolliert als die englischen. Das bedeutete auch, dass der französische Staat mehr Kontrolle über seine Kolonien ausübte. Kam es etwa in Nordamerika zu bewaffneten Konflikten, formten die englischen Siedler:innen eigene Armeen, während die französische Regierung Soldaten aus dem Mutterland schickte.

1651 wurden vom englischen Parlament die ›Navigationsakten‹ verabschiedet. Sie bestimmten unter anderem, dass keine fremden Mächte Handel mit den englischen Kolonien betreiben durften. Nachdem die englische Kriegsflotte stark genug war, um die Regel umzusetzen (nicht zuletzt gegen niederländische, französische und nordafrikanische Piraten), bedeuteten die Navigationsakten einen weiteren Schub für den englischen Handel. Englands Rolle als Seemacht war ein wichtiges Element seiner Kolonialpolitik.

Die zahlreichen militärischen Konflikte zwischen den Niederlanden, Frankreich und England Ende des 17. und Anfang des 18. Jahrhunderts bestätigen, wie stark der Kampf um Kolonien und Handelsmonopole zu jener Zeit war. Als 1713 der Frieden von Utrecht unterzeichnet wurde, war England der einzig wirkliche Gewinner. Spanien gab Gibraltar und das Monopol auf den Sklavenhandel in Lateinamerika auf, und Frankreich musste große Gebiete in Nordamerika abtreten (Nova Scotia, Neufundland und Hudson Bay).

## Die englische Kolonisierung Indiens

Nun begann England gen Osten zu blicken. Es würde noch Jahrhunderte dauern, bevor europäische Mächte es wagten, den Kaiser von China herauszufordern, doch Indien schien vergleichsweise leichte Beute zu sein. Zwar war Indien zu Beginn des 17. Jahrhunderts England ökonomisch und militärisch immer noch überlegen, doch politisch war es fragmentiert. Mit den Handelskolonien von Madras (gegründet 1639), Bombay/Mumbai (1662) und Kalkutta (1690) hatte die Englische Ostindien-Kompanie Ende des 17. Jahrhunderts eine starke Präsenz in Indien etabliert.

Indien war in mehrere Königreiche geteilt. Die Ökonomie beruhte auf Landwirtschaft und Handwerk. Die königlichen Herrscher lebten von den Abgaben ihrer Untertanen. Dafür boten sie militärischen Schutz und Infrastruktur wie Bewässerungssysteme. Indien war immer eine Nation des Handels. Lange bevor Europäer auftauchten, handelten indische Kaufleute in anderen asiatischen Ländern und an der Ostküste Afrikas. Es gab eine gut entwickelte Kleider- und Textilindustrie. Als im 17. Jahrhundert vermehrt Europäer nach Indien kamen, fanden sie alles andere als eine arme, unterentwickelte Gesellschaft vor.

Die englischen Handelskolonien in Indien wurden anfangs vor allem dazu verwendet, indische Waren nach Europa und Nordamerika zu exportieren. Von besonderem Interesse waren Fertigerzeugnisse aus Baumwolle und Seide. Die europäischen Kaufleute zahlten für diese in Gold und Silber. Waren, die für Indien von Interesse gewesen wären, hatten sie nicht anzubieten. Das führte zu einer Akkumulation von Gold und Silber in Indien, was sowohl das Handwerk als auch die industrielle Entwicklung antrieb.

1715 begannen europäische Händler, Tee aus China zu importieren. Damit begann ein neues Kapitel der Kolonisierung Asiens. Die Niederlande hatten ihre Besitztümer entlang der indischen Südküste verloren. England und Frankreich kämpften um den lukrativen Handel in der Region. Ein englischer Sieg stand dabei nie in Zweifel. Über die etablierten Handelskolonien in Madras, Bombay und Kalkutta war es ein Leichtes, die Seewege zu kontrollieren. Mit dem Frieden von Paris 1783 wurde klar, dass Frankreich bei der Kolonisierung des indischen Subkontinents keine Rolle mehr spielen würde.

Während des Konflikts mit Frankreich änderte England seine Indienpolitik. Die Kontrolle des Handels war nicht mehr genug. England wollte nun auch die Produktion kontrollieren. Um diese Entwicklung zu verstehen, müssen die Interessen der englischen Textilindustrie berücksichtigt werden. Für diese waren die zunehmenden Importe aus Indien eine ernste Bedrohung. Anfang des 18. Jahrhunderts verordnete die englische Regierung daher hohe Zölle auf indische Fertigerzeugnisse. Man wollte Indien zwingen, Rohstoffe statt Fertigerzeugnisse zu exportieren. Der Versuch schlug fehl, da den englischen Handelsgesellschaften in Indien der politische Einfluss fehlte. Es gab nur eine Lösung: England musste in Indien die Macht ergreifen.

Die Eroberung Indiens begann Mitte des 18. Jahrhunderts. In ihrer Unbarmherzigkeit lässt sie sich nur mit der spanischen Eroberung Südamerikas 250 Jahre zuvor vergleichen. Die Englische Ostindien-Kompanie erklärte den indischen Königreichen den Krieg. Bengal, das reichste von ihnen, wurde als erstes überrollt. Die englischen Truppen feierten einen entscheidenden Sieg in der Schlacht von Plassey 1757. Nun kontrollierte die Englische Ostindien-Kompanie den gesamten Nordosten des Landes.[15]

Bengal war nicht zuletzt aufgrund des Handels mit England reich geworden. Jetzt war die Region ruiniert.[16] Tonnen von Gold wurden aus den königlichen Schatzkammern geraubt und nach England verschifft, und viele Kostbarkeiten verschwanden in den Taschen der Angestellten der Ostindien-Kompanie. England legte der Bevölkerung hohe Steuern auf. Die Infrastruktur Bengals war innerhalb weniger Jahre zerstört, und die Bevölkerung befand sich am Rande der Auslöschung. Im Jahr 1770 verhungerte ein Drittel aller Einwohner:innen Bengals. Die Englische Ostindien-Kompanie häufte unterdessen Rekordgewinne an.

Das britische Parlament wurde in Indien von einem Kolonialrat in Kalkutta repräsentiert. 1773 wurde diesem die Kontrolle über die Ostindien-Kompanie zugesprochen. Es war der erste Schritt in der Übertragung der Macht der Handelsgesellschaften auf den Staat. Von nun an gab es eine Trennung zwischen politischer und militärischer Kontrolle (ausgeübt vom Staat) und ökonomischer Kontrolle (ausgeübt von privaten Unternehmen).

15 Das englische Wort *loot* (plündern) wurde zu jener Zeit aus dem Hindischen übernommen.

16 1757 meinte der Direktor der East India Company zur Stadt Murshidabad in Bengal: »Sie ist so groß, dicht bevölkert und reich wie London, mit dem Unterschied, dass die Reichsten dort um vieles reicher sind als in London« (zitiert nach: Jawaharlal Nehru, *Glimpses of World History*, Delhi: Oxford University Press, 2003 [1934], 417; deutsche Ausgabe: *Weltgeschichtliche Betrachtungen*, Göttingen: Vandenhoeck & Ruprecht, 2011).

Für die alte Großmacht Indien war die Schlacht von Plassey der Anfang vom Ende. Für die neue Großmacht England war sie der Beginn eines ökonomischen Triumphzugs. Die enormen Reichtümer, die nun aus Indien nach England kamen, trieben die industrielle Revolution voran. In den Worten Andre Gunder Franks: »Europa richtete sich selbst auf, indem es auf asiatische Schultern stieg.«[17]

Der Historiker Brooke Adams beschreibt diesen Prozess wie folgt:

> »Der Reichtum, der aus Indien kam, trug zum Geldkapital der Nation bei und befeuerte die industrielle Entwicklung, die immer schneller und flexibler wurde. Es dauerte nicht lange, bis nach der Schlacht von Plassey die Beute in London ankam. Die Folgen waren unmittelbar. Das Jahr 1770 wird allgemein als Geburtsstunde der industriellen Revolution anerkannt. ... Die Schlacht von Plassey fand nur 13 Jahren zuvor statt, und es ging in diesem Tempo weiter. Kaum eine historische Entwicklung lässt sich damit vergleichen. 1760 wurden die Schnellschusswebstühle in der Textilproduktion eingeführt, Kohle ersetzte Holz in den Schmelzhütten; 1764 erfand James Hargreaves das Spinnrad; 1776 Samuel Crompton die ›Spinning Mule‹; 1785 patentierte Edmund Cartwright mit dem Kraftstuhl die erste dampfbetriebene Webmaschine; und 1768 hatte James Watt die Dampfmaschine fertigentwickelt. ... Ohne diese Maschinen wäre die rasche industrielle Entwicklung nicht möglich gewesen, aber die Maschinen selbst waren nicht deren Ursache. ... Es bedurfte der Zirkulation großer Geldmengen, um sie entsprechend einzusetzen. Vor der Ankunft der Reichtümer aus Indien gab es dieses Geld nicht. ... Es ist gut möglich, dass keine Investition in der Geschichte der Menschheit je zu einem Profit führte, der sich mit der Plünderung Indiens vergleichen lässt. Ein halbes Jahrhundert lang sollte Großbritannien keinen ernstzunehmenden Konkurrenten in der Entwicklung des Kapitalismus haben.«[18]

## Der englische Industriekapitalismus

England etablierte sich also mithilfe von Siedler:innen (vor allem enteignete Bauern und Handwerker), Handelsgesellschaften und, vor allem, militärischer Macht als führende Kolonialmacht der Welt. Die herrschende Klasse war nun in allen ökonomisch und strategisch wichtigen Regionen fest verankert: auf den westindischen Inseln mit ihren Zuckerrohrplantagen; auf dem nordamerikanischen Festland mit seinen Siedlerkolonien; in Westafrika, wo Sklav:innen gehandelt wurden; und in Indien, wo England den Handel mit

17 Andre Gunder Frank, *ReORIENT: Global Economy in the Asian Age* (Berkeley: University of California Press, 1998), 277.

18 Zitiert nach: Jawaharlal Nehru, *The Discovery of India* (Oxford: Oxford University Press, 1946), 297f.

lukrativen Kolonialwaren kontrollierte. Zucker, Tee, Kaffee, Tabak und Rum brachten dem englischen Kapital enorme Profite. England hatte endgültig die globale Führungsrolle von den Niederlanden übernommen. Die europäische Herrschaft wurde rücksichtlos durchgesetzt und die Welt in zwei Teile geteilt: einen, der ausbeutet, und einen, der ausgebeutet wird.

Die Kolonien existierten, um dem Mutterland zu dienen. Das allerdings bedeutete, dass sich unter den Siedler:innen Unabhängigkeitsbestrebungen breitmachten. Die englischen Siedler:innen in den heutigen USA trennten sich 1776 vom Mutterland. Für die Entwicklung des kapitalistischen Weltsystems entscheidender war jedoch der zunehmend kapitalistische Charakter der Kolonisierung.

In England brachten einflussreiche Industrielle die Regierung dazu, den Import von Fertigerzeugnissen zu verbieten und ihre eigenen Produkte auf dem heimischen Markt zu schützen. Mitte des 18. Jahrhunderts wurde die Einfuhr indischer Kleider verboten. Aus den Kolonien sollten nunmehr ausschließlich Rohstoffe kommen. Kolonialwaren durften keine Konkurrenz zu Waren darstellen, die in England produziert wurden. Vielmehr sollten aus den Rohstoffen der Kolonien in England Fertigerzeugnisse hergestellt werden, die dann zum Verkauf in die Kolonien exportiert wurden. So wurden die Kolonien auch zu bedeutenden Absatzmärkten. Es waren ideale Bedingungen für eine rasante Entwicklung des Kapitalismus. Eine der umfassendsten Transformationen der Menschheitsgeschichte folgte. Karl Marx fasste diese im *Kapital* zusammen:

> »Die Entdeckung der Gold- und Silberländer in Amerika, die Ausrottung, Versklavung und Vergrabung der eingebornen Bevölkerung in die Bergwerke, die beginnende Eroberung und Ausplünderung von Ostindien, die Verwandlung von Afrika in ein Geheg zur Handelsjagd auf Schwarzhäute, bezeichnen die Morgenröte der kapitalistischen Produktionsära. Diese idyllischen Prozesse sind Hauptmomente der ursprünglichen Akkumulation. Auf dem Fuß folgt der Handelskrieg der europäischen Nationen, mit dem Erdrund als Schauplatz. ... Die verschiednen Momente der ursprünglichen Akkumulation verteilen sich nun, mehr oder minder in zeitlicher Reihenfolge, namentlich auf Spanien, Portugal, Holland, Frankreich und England. In England werden sie Ende des 17. Jahrhunderts systematisch zusammengefaßt im Kolonialsystem, Staatsschuldensystem, modernen Steuersystem und Protektionssystem. Diese Methoden beruhn zum Teil auf brutalster Gewalt, z.B. das Kolonialsystem. Alle aber benutzten die Staatsmacht, die konzentrierte und organisierte Gewalt der Gesellschaft, um den Verwandlungsprozeß der feudalen in die kapitalistische Produktionsweise treibhausmäßig zu fördern und die Übergänge abzukürzen. Die Gewalt ist der Geburtshelfer

jeder alten Gesellschaft, die mit einer neuen schwanger geht. Sie selbst ist eine ökonomische Potenz.«[19]

England wurde zur bedeutendsten Industrienation der Welt. Englische Waren wurden auf der ganzen Welt verkauft, immer unter dem Geleitschutz der britischen Marine. In der ersten Hälfte des 19. Jahrhunderts hatte England praktisch ein Monopol auf die Industrieproduktion und den internationalen Handel. Keine traditionellen Handwerker, weder in England noch sonst wo, konnten so billig produzieren wie die englischen Fabrikanten. Jahrzehntelang konnte England im Großen und Ganzen alles verkaufen, was es produzierte. Aber so blieb es nicht.

## Produktion und Nachfrage

Seine erste Krise erfuhr der englische Kapitalismus in den 1840er-Jahren. Die Konsumtion konnte mit der Produktion nicht Schritt halten. Einen Markt mit ausreichender Kaufkraft zu etablieren, ist die größte Herausforderung für den Kapitalismus. Um Profite zu maximieren, muss die Produktion steigen, neue Technologien müssen eingeführt werden, und der Markt ist mit immer mehr Waren zu versorgen. Wenn der Markt nicht wächst, kommt es zur Stagnation.

Liberale Wirtschaftstheorie setzt gerne ein Gleichgewicht von Produktion und Konsumtion voraus. Für sie haben die Krisen des Kapitalismus nie mit der Struktur des Kapitalismus zu tun. 1803 vertrat der französische Ökonom Jean-Baptiste Say in seinem *Traité d'économie politique* (Abhandlung über die politische Ökonomie) die These, dass die Produktion durch Löhne und Profite immer eine Kaufkraft schafft, die dem Gesamtpreis der produzierten Waren entspricht. Die historische Erfahrung zeigt jedoch, dass die Entwicklung von Märkten komplexer ist, auch wenn Says These auf den ersten Blick logisch erscheint.

Nehmen wir die Produktion eines profitablen Unternehmens als Beispiel. Die Ausgaben für Rohstoffe, Hilfsmaterialien, Maschinerie, Fabriksgebäude usw. sichern eine Kaufkraft für die von ihm produzierten Waren, bevor diese überhaupt produziert werden. Die Löhne der Arbeiter und die Profite der Zulieferer schaffen zudem Nachfrage. Es scheint also tatsächlich ein Gleichgewicht zwischen Produktion und Kaufkraft zu geben. Das Problem liegt je-

19 Karl Marx, *Das Kapital, Band 1*, 1867.

doch bei den Profiten der Kapitalisten. Diese materialisieren sich erst, wenn alle Waren verkauft sind. Das aber beeinflusst die Kaufkraft, die dem Angebot immer hinterherhinkt. Es gibt hier kein Gleichgewicht. Wir können das in einer einfachen Beobachtung zusammenfassen: Du bekommst immer Waren für dein Geld, aber nicht immer Geld für deine Waren.

Auch die Ausbeutung, die für das kapitalistische Wachstum notwendig ist, wirkt sich negativ auf die Kaufkraft aus. Auf der einen Seite müssen Kapitalisten die Löhne so niedrig wie möglich halten, um größtmögliche Profite zu erzielen. Auf der anderen Seite machen Löhne einen wesentlichen Teil der Kaufkraft aus, die notwendig ist, um Profite zu erzielen. Die kapitalistische Akkumulation hat die Tendenz, ihren eigenen Markt zu zerstören. Wenn Kapitalisten Löhne erhöhen, schrumpfen die Profite. Wenn sie Löhne senken, schrumpfen die Märkte. In beiden Fällen zögern Kapitalisten mit Investitionen. Mehr zu produzieren, ist kein Problem. Das Problem ist, das, was produziert wird, auch zu verkaufen.

Die strukturellen Probleme des Kapitalismus wurden in England während der ersten Hälfte des 19. Jahrhunderts deutlich. Die kapitalistische Klasse konnte den Forderungen der Arbeiter:innen nach höheren Löhnen und besseren Arbeitsbedingungen nicht nachkommen, ohne die Profitrate zu gefährden. Das englische Bürgertum konnte keine Gewerkschaften zulassen oder das allgemeine Wahlreicht einführen, ohne die gesamte Existenz des Kapitalismus aufs Spiel zu setzen. Deshalb eröffneten Marx und Engels ihr *Kommunistisches Manifest* 1848 mit den Worten: »Ein Gespenst geht um in Europa – das Gespenst des Kommunismus.«[20]

Doch der Kapitalismus fand eine Lösung für seine erste große Krise in der Revolution der Produktivkräfte mit der Einführung des Spinnrads, der Dampfmaschine und der Eisenbahn. Die Produktivität explodierte. Für die Lebensbedingungen der Arbeiterschaft galt das nicht. Im Gegenteil: Die 1840er-Jahre gingen als die ›Hungrigen 40er‹ in die Geschichte ein. Millionen Menschen in ganz Europa hungerten. Während der großen Hungersnot in Irland von 1845 bis 1852 starben rund eine Million Menschen. Der Grund für die Hungersnot war nicht die Kartoffelfäule. Kartoffeln machten nur 20 Prozent der landwirtschaftlichen Produktion Irlands aus. Irland exportierte während der Hungersnot genügend Mais, Weizen, Gerste und Hafer, um zwei Millionen Menschen zu ernähren. Irland war schlicht eine Kolonie, in der Nahrungsmittel für das

---

20 Karl Marx und Friedrich Engels, *Das Manifest der Kommunistischen Partei*, 1848.

englische Mutterland produziert wurden, so wie in Indien und in der Karibik. Die irische Bevölkerung hatte die Konsequenzen zu tragen.

Doch Elend gab es nicht nur in den Kolonien. 1845 erschien Friedrich Engels Buch *Die Lage der arbeitenden Klasse in England*, in dem er die furchtbaren Bedingungen beschrieb, unter denen Arbeiter:innen in den englischen Industriestädten lebten. Viele englische Arbeiter:innen emigrierten nach Nordamerika, Australien, Neuseeland oder in eine der anderen englischen Kolonien. Auch die Arbeiter:innen Irlands verließen die Insel – mehr als eine Million alleine während der großen Hungersnot.

In der ersten Hälfte des 19. Jahrhunderts reichten die Arbeitslöhne in England nur dazu, überleben zu können. Das schwächte den heimischen Markt. Außerdem gab es immer größere Konkurrenz durch die wachsende Industrialisierung Frankreichs und Nordamerikas. Das Handwerk war als Konkurrent der englischen Industrie verschwunden, doch nun traten andere Industrienationen auf den Plan. Das schuf nicht zuletzt verstärkte Konkurrenz unter englischen Kapitalisten, die sich auf neue Verhältnisse einzustellen hatten. Die Produktion wuchs weiterhin, doch immer wieder stagnierte die Konsumtion, was zum Fall der Profitrate führte.

Eine Möglichkeit, das Problem nationaler Überproduktion zu lösen, ist der Verkauf von Waren auf dem Weltmarkt. Eine positive Handelsbilanz ist für eine gesunde Volkswirtschaft entscheidend. Der Mehrwert, der durch den Export geschaffen wird, steigert die Kaufkraft auf dem heimischen Markt. Aber das kann nicht geschehen, ohne anderen Ländern zu schaden.

Im *Kommunistischen Manifest* beschreiben Marx und Engels diese frühe Form der Globalisierung:

> »Das Bedürfnis nach einem stets ausgedehnteren Absatz für ihre Produkte jagt die Bourgeoisie über die ganze Erdkugel. Überall muß sie sich einnisten, überall anbauen, überall Verbindungen herstellen. ... Die Bourgeoisie reißt durch die rasche Verbesserung aller Produktionsinstrumente, durch die unendlich erleichterte Kommunikation alle, auch die barbarischsten Nationen in die Zivilisation. Die wohlfeilen Preise ihrer Waren sind die schwere Artillerie, mit der sie alle chinesischen Mauern in den Grund schießt, mit der sie den hartnäckigsten Fremdenhaß der Barbaren zur Kapitulation zwingt. Sie zwingt alle Nationen, die Produktionsweise der Bourgeoisie sich anzueignen, wenn sie nicht zugrunde gehen wollen; sie zwingt sie, die sogenannte Zivilisation bei sich selbst einzuführen, d.h. Bourgeois zu werden. Mit einem Wort, sie schafft sich eine Welt nach ihrem eigenen Bilde.«[21]

21 ebda.

Marx sah die Entwicklung des Kapitalismus als zentrifugalen Prozess. Je geringer die Möglichkeiten für profitable Investitionen in den am meisten entwickelten kapitalistischen Ländern wurden, desto wichtiger wurden profitable Investitionen in den weniger entwickelten kapitalistischen Ländern und in den Kolonien. Marx wusste, dass sich der Kapitalismus schnell über die Erdkugel ausbreiten würde. Er wusste nicht, dass damit ein hochentwickeltes imperialistisches Zentrum auf der einen Seite und eine unterentwickelte Peripherie auf der anderen Seite entstehen würden. Als das *Kommunistische Manifest* erschien, erachtete er den Kolonialismus als progressiv. Er glaubte, dass sich durch die weltweite Verbreitung englischen Kapitals weltweit auch englische Lebensbedingungen durchsetzen würden. Noch im ersten Band des *Kapitals* schrieb er: »Das industriell entwickeltere Land zeigt dem minder entwickelten nur das Bild der eignen Zukunft.«[22]

Die erste Phase der Industrialisierung endete in England um 1830, zu einer Zeit, als die Industrialisierung auf dem europäischen Kontinent und in Nordamerika noch kaum begonnen hatte. Doch die europäischen und nordamerikanischen Länder wurden nie Teil der kapitalistischen Peripherie. Hier trug das englische Kapital tatsächlich zu einer eigenen industriellen Entwicklung bei. So weit hatte Marx recht. 1880 hatten die Industrienationen Deutschland und die USA das Vorbild England gar überholt. Marx dachte, dass ein ähnlicher Prozess in den Kolonien Asiens und Afrikas möglich sei. Er hielt dies nur für eine Frage der Zeit; sobald traditionelle Gesellschaftsstrukturen beseitigt seien und der Kapitalismus etabliert war, würden die Kolonien eine Entwicklung durchmachen, die an jene des Mutterlands erinnerte. Über Englands Rolle in Indien schrieb Marx 1853:

> »England hat in Indien eine doppelte Mission zu erfüllen: eine zerstörende und eine erneuernde – die Zerstörung der alten asiatischen Gesellschaftsordnung und die Schaffung der materiellen Grundlagen einer westlichen Gesellschaftsordnung in Asien. ... Ich weiß, daß die englische Millokratie ausschließlich deshalb beabsichtigt, Indien mit Eisenbahnen zu beglücken, um aus ihm mit verringerten Kosten Baumwolle und andere Rohstoffe für ihre Fabriken herauszuholen. Hat man aber erst einmal Maschinerie in das Verkehrswesen eines Landes eingeführt, das Eisen und Kohle besitzt, so ist man nicht mehr imstande, ihm die Fabrikation solcher Maschinen zu verwehren. Man kann nicht in einem riesigen Lande ein Eisenbahnnetz unterhalten, ohne alle die industriellen Verfahren einzuführen, die nötig sind, um die augenblicklichen wie die laufenden Bedürfnisse des Eisenbahnverkehrs zu befriedigen, woraus sich notwendig die Anwendung von

22 Karl Marx, *Das Kapital, Band 1*, a.a.O.

Maschinerie auch in solchen Industriezweigen ergibt, die nicht unmittelbar mit der Eisenbahn zusammenhängen. Daher wird das Eisenbahnwesen in Indien ganz naturgemäß zum Vorläufer einer modernen Industrie werden.«[23]

Dieser Sichtweise zufolge würde die Öffnung neuer Märkte in Afrika und Asien sowie der Export von Kapital nach Amerika den bevorstehenden Zusammenbruch des Kapitalismus verhindern und ihm etwas mehr Lebenszeit gönnen. Doch Marx und Engels sahen dies nicht als dauerhafte Lösung. Sie erwarteten sich letzten Endes noch mehr Akkumulation und eine noch größere Krise der Überproduktion. Friedrich Engels schrieb 1848:

»Selbst in ganz barbarischen Ländern macht die Bourgeoisie Fortschritte. ... Und all diese glorreichen Fortschritte der ›Zivilisation‹ in der Türkei, in Ägypten, in Tunis, in Persien und andern barbarischen Ländern, worin bestehen sie anders als in den Vorbereitungen für das Aufblühen einer zukünftigen Bourgeoisie? ... Wohin wir blicken, macht die Bourgeoisie gewaltige Fortschritte. Sie trägt das Haupt hoch und fordert ihre Feinde trotzig heraus. Sie erwartet entscheidende Siege, und ihre Hoffnung wird nicht getäuscht werden. Sie will die ganze Welt nach ihrem Maßstabe einrichten, und auf einem bedeutenden Teil der Erde wird ihr dies gelingen. Wir sind keine Freunde der Bourgeoisie, das ist bekannt. ... Wir können uns sogar eines ironischen Lächelns nicht erwehren, wenn wir sehen, mit welchem schrecklichen Ernst, mit welcher pathetischen Begeisterung fast überall die Bourgeois ihren Zwecken nachstreben. Die Herren glauben wirklich, sie arbeiteten für sich selbst. Sie sind beschränkt genug, zu glauben, daß mit ihrem Siege die Welt ihre definitive Gestaltung bekomme. Und doch ist nichts augenscheinlicher, als daß sie nur *uns*, den Demokraten und Kommunisten, überall den Weg bahnen, als daß sie höchstens einige Jahre unruhigen Genusses erobern werden, um alsdann sofort wieder gestürzt zu werden. Überall steht hinter ihnen das Proletariat, hier an ihren Bestrebungen und teilweise an ihren Illusionen teilnehmend, wie in Italien und der Schweiz, dort schweigsam und zurückhaltend, aber unterderhand den Sturz der Bourgeoisie vorbereitend, wie in Frankreich und Deutschland; dort endlich, in England und Amerika, in offner Rebellion gegen die herrschende Bourgeoisie. ... Kämpft also nur mutig fort, ihr gnädigen Herren vom Kapital! Wir haben euch vorderhand nötig, wir haben sogar hie und da eure Herrschaft nötig. Ihr müßt uns die Reste des Mittelalters und die absolute Monarchie aus dem Wege schaffen, ihr müßt den Patriarchalismus vernichten, ihr müßt zentralisieren, ihr müßt alle mehr oder weniger besitzlosen Klassen in wirkliche Proletarier, in Rekruten für uns, verwandeln, ihr müßt uns durch eure Fabriken und Handelsverbindungen die Grundlage der materiellen Mittel liefern, deren das Proletariat zu seiner Befreiung bedarf. Zum Lohn dafür sollt ihr eine kurze Zeit herrschen. Ihr sollt Gesetze diktieren, ihr sollt euch sonnen im Glanz der von euch geschaffnen Majestät, ihr sollt bankettieren im königlichen

23 Karl Marx, »Die künftigen Ergebnisse der britischen Herrschaft in Indien«, 1853.

> Saal und die schöne Königstochter freien, aber, vergeßt es nicht: ›Der Henker steht vor der Türe.‹ «[24]

Wie wir wissen, zeigte sich der Henker nie. Die Vorhersagen von Marx und Engels erwiesen sich als falsch. Doch das Problem war nicht ihre Analyse des Kapitalismus. Der Kapitalismus verlor Mitte des 19. Jahrhunderts tatsächlich an Kraft; immer größere Krisen hatten ihm übel mitgespielt. Außerdem wuchsen die Stärke und die Widerstandskraft des Proletariats. Das ›Gespenst des Kommunismus‹ materialisierte sich schließlich in der Pariser Kommune von 1871. Die Bourgeoisie fürchtete eine Ausdehnung der Revolte.

Marx und Engels vermochten jedoch nicht vorherzusehen, dass der Kampf des Proletariats für bessere Lebensbedingungen neue Formen imperialistischer Akkumulation zur Folge haben würde. Diese stärkten den globalen Kapitalismus. Jawaharlal Nehru, Indiens erster Ministerpräsident, beschrieb diesen Prozess folgendermaßen:

> »Es heißt, dass es dem Kapitalismus gelungen sei, bis heute zu überleben aufgrund eines Faktors, den Marx nicht ausreichend in Betracht gezogen hat: die Ausbeutung der Kolonien durch die westlichen Industrienationen. Diese hauchte dem Kapitalismus neues Leben auf Kosten der armen und ausgebeuteten Länder ein.«[25]

Der Kolonialismus war nicht nur ein zentrifugales Phänomen, er war auch ein polarisierendes. Die Teilung der Welt in reiche und arme Länder, in ein Zentrum und eine Peripherie, schuf die Grundlage für seine Ausdehnung und sein Fortbestehen.

In England verbesserten sich die Lebensbedingungen des Proletariats ab 1850 schrittweise. Zum ersten Mal wurden Löhne bezahlt, die über dem Existenzminimum lagen. Damals war das nicht das Resultat von Arbeitskämpfen. Die Arbeiterbewegung zu jener Zeit war schwach, fragmentiert und korrupt. Die Gründe für den Lohnanstieg lagen in den Widersprüchen innerhalb der herrschenden Klasse. Englische Großgrundbesitzer hatten im britischen Parlament starken Einfluss und setzten 1804 ein Einfuhrverbot für Getreide und andere landwirtschaftliche Produkte durch. Das erklärt, warum die Preise für Nahrungsmittel in England bis Mitte des 19. Jahrhunderts relativ hoch waren, was wiederum die Mindestlöhne nach oben trieb, die die

24 Friedrich Engels, »Die Bewegungen von 1847«, 1848. Anmerkung des Übersetzers: Das abschließende Zitat ist ein Verweis auf Heinrich Heines Ballade »Ritter Olaf« (1844).

25 Jawaharlal Nehru, *Glimpses of World History*, a.a.O, 548.

Industriellen zu zahlen hatten. Dies führte dazu, dass die Industriellen die Großgrundbesitzer anklagten, einen bedeutenden Teil der Extraprofite, für die die englischen Industriemonopole sorgten, in die eigene Tasche zu stecken. In den 1840er- Jahren traten die Industriellen vehement dafür ein, das Einfuhrverbot landwirtschaftlicher Produkte aufzuheben. Von der Arbeiterklasse unterstützt, waren sie 1846 erfolgreich. 25 Jahre später waren Brot und andere Grundnahrungsmittel in England bedeutend billiger. Getreide kam jetzt aus Preußen, Dänemark und den USA.

Als die Preise für Nahrungsmittel fielen, wollten die Industriellen Englands auch die Löhne senken. Nun war die Arbeiterbewegung jedoch gut genug organisiert, um das zu verhindern. Die Reallöhne stiegen und die Arbeiterbewegung setzte bessere Arbeitsbedingungen durch. 1847 wurde der 10-Stunden-Tag eingeführt, den die Arbeiter schon seit 30 Jahren forderten. Es war ein unerwartetes Bündnis zwischen der Arbeiterbewegung und den Großgrundbesitzern entstanden, da sich Letztere an den Industriellen rächen wollten.

Der Kapitalismus befindet sich selten im Gleichgewicht. Das Aufkommen des Industriekapitalismus kann mit einem Hochgeschwindigkeitszug verglichen werden, der auf U-Bahn-Spuren fährt. Der Staat musste ständig intervenieren, um katastrophale Unfälle zu verhindern. Die internen Widersprüche verunmöglichten eine ruhige Reise. Nach jeder Krise musste das System neu strukturiert und reguliert werden. Diese Aufgabe oblag dem Staat.

Politik ist das Ergebnis von Klassenkämpfen. Sie schafft die administrativen Rahmen, in denen ökonomische Gesetzmäßigkeiten ihren Ausdruck finden. Diese Rahmen werden von historischen und strukturellen Bedingungen bestimmt. In seiner Analyse der Klassenkämpfe in Frankreich 1848 schrieb Marx: »Die Menschen machen ihre eigene Geschichte, aber sie machen sie nicht aus freien Stücken, nicht unter selbstgewählten, sondern unter unmittelbar vorgefundenen, gegebenen und überlieferten Umständen.«[26]

Der Klassenkampf in Europa während der zweiten Hälfte des 19 Jahrhunderts (der Hochzeit des Kolonialismus) gab dem Kapitalismus einen neuen Rahmen. Der Weltmarkt dehnte sich aus, Nordamerika hatte starke Kaufkraft, und hohe Profitraten sicherten die weitere Akkumulation des Kapitals. Nichts davon war das Resultat eines Masterplans, sondern eines Kampfes zwischen höchstmöglichen Profiten und höchstmöglichen Löhnen.

---

26 Karl Marx, *Der achtzehnte Brumaire des Louis Bonaparte*, 1851-52.

## Koloniale Ausbeutung

Das britische Kolonialreich spielte für die Verbesserung des Lebensstandards in England eine wesentliche Rolle. Rohstoffe und Konsumwaren, die aus den Kolonien importiert wurden, waren für den Industriekapitalismus unentbehrlich. Zudem konnte in den Kolonien investiert werden, und sie boten Platz, um die von Marx so genannte ›industrielle Reservearmee‹ auszusiedeln (die Überbevölkerung aus Arbeitslosen).

Es scheint ein Gemeinplatz zu sein, dass die Verbesserung des Lebensstandards der englischen Arbeiterklasse das Resultat der industriellen Revolution und gesteigerter Produktivität war. In erster Linie beruhte sie jedoch auf den Abgaben und Steuern, die die britische Regierung den Kolonien auferlegte. Eine der wenigen zeitgenössischen Beschreibungen der kolonialen Ausbeutung stammt von Dadabhai Naoroji, Indiens ›großem alten Mann‹, der 1882 im britischen Parlament Gerechtigkeit für das indische Volk verlangte. Naoroji verwies unter anderem auf die ökonomischen Kosten der Kolonisierung. Er beschrieb, wie Handelsmonopole, koloniale Besteuerung und das Verschwinden traditioneller indischer Warenproduktion das Land in den Ruin getrieben hatten. Naorojis Kritik wurde später vom Indischen Nationalkongress, der das Land in die Unabhängigkeit führte, aufgegriffen.

Zur Bedeutung des Britischen Weltreichs für die Entwicklung des Kapitalismus schrieb der amerikanische Soziologe Richard Krooth Folgendes:

> »1914 nahm das Britische Weltreich eine Fläche von 12,7 Millionen Quadratmeilen ein. Die Fläche des Vereinigten Königreichs selbst betrug 121.000 Quadratmeilen, also ein Hundertstel des Kolonialreichs. Die 410 Millionen Menschen des Weltreichs machten ein Fünftel der Weltbevölkerung aus; nur 44 Millionen von ihnen wohnten im Vereinigten Königreich, also knapp 10 Prozent. Das Handelsvolumen des Weltreichs, das von einer kleinen Minderheit kontrolliert wurde, betrug 180 Millionen Pfund pro Jahr. Knapp 20 Millionen landeten in der britischen Staatskasse. Der Gesamtbetrag der Investitionen in den Kolonien lag 1913 bei etwa vier Milliarden Pfund. Die Einnahmen aus den Investitionen verdreifachten sich zwischen 1880 und 1910 von 58 Milliarden Pfund auf 170 Milliarden Pfund. Die Einnahmen aus Transportgeschäften, Versicherungen und Dienstleistungen stiegen um mehr als die Hälfte von 96,4 Milliarden auf 146,7. Das führte zu einem rasanten Anwachsen der Kapitalakkumulation. Zwischen 1812 und 1875 vergrößerte sich der Reichtum des Vereinigten Königreichs um 5,8 Milliarden Pfund. Zwischen 1875 und 1912 kamen weitere 7,9 Milliarden hinzu. Die hohe Akkumulationsrate beruhte auf der Ausdehnung der Kolonien nach 1875, vor allem nach 1882. Während aus den Kolonien Rohstoffe und Nahrungsmittel ins Vereinigte Königreich kamen, nutzte dieses die Kolonien als

> Absatzmärkte für Fertigerzeugnisse und als Investitionsmöglichkeit für britisches Kapital.«[27]

Ende des 19. Jahrhunderts war die britische Bevölkerung von einer Reihe von Waren abhängig geworden, die für den Massenkonsum aus den Kolonien importiert wurden, vor allem Zucker, Reis, Tee, Kaffee und Tabak. Der wichtigste Rohstoff, Baumwolle, wurde vor dem amerikanischen Bürgerkrieg von den Sklavenplantagen Nordamerikas importiert, danach aus Indien und Ägypten. Die britische Ökonomie war zur Gänze abhängig von den Kolonien und der Kontrolle des Welthandels. Die Verbesserung des Lebensstandards der britischen Arbeiterklasse beruhte im Wesentlichen auf kolonialen Profiten und dem relativ geringen Preis importierter Waren. Die Arbeiterklasse wurde in die Konsumgesellschaft integriert und spielte eine wichtige Rolle in der Aufrechterhaltung des Britischen Weltreichs. Ab Mitte des 19. Jahrhunderts konsumierten alle Klassen in Großbritannien Tee und Kaffee. Die Menge des importierten Zuckers wurde 1850 nur von der Menge importierter Baumwolle übertroffen. Tee lag auf Platz vier, Kaffee auf Platz sechs. Auch die ärmsten Klassen des Landes gaben 6 bis 7 Prozent ihres Einkommens für Kolonialwaren aus. Zwischen 1859 und 1875 steigerte sich die Pro-Kopf-Konsumtion dieser Waren weiter: Der Konsum von Tee stieg um 60 Prozent, der von Zucker um 75 Prozent, der von Tabak um 18 Prozent, der von Schnaps um 33 Prozent und der von Wein um 66 Prozent. Zum Frühstück nahmen Menschen nun Tee mit Zucker und Brot mit Marmelade (mit hohem Zuckergehalt) zu sich, nicht mehr, wie jahrhundertelang zuvor, Haferbrei. Zucker war nicht zuletzt wegen der Energieschübe, die er verursachte, populär. Während man ihn in England vor allem mit Tee konsumierte, mischte man ihn in Frankreich mit Kaffee und Milch. Im Jahr 1800 servierten mehr als 600 Cafés in Paris *café au lait*.

Während der 1870er-Jahre wuchsen die Reallöhne in England um 26 Prozent, während der 1880er-Jahre um 21 Prozent, und während der 1890er-Jahre um 11 Prozent. Die größten Nutznießer waren die Facharbeiter, die etwa doppelt so viel wie ihre ungelernten Kollegen verdienten. Letztere bekamen immer noch Löhne, die nur das Existenzminimum deckten. Die Arbeiterbewegung war stark genug, um die Verbesserung des Lebensstandards der

---

27 Richard Krooth, »Imperialism and the Sources of Surplus Value«, in: Immanuel Ness und Zak Cope (Hg.), *Palgrave Encyclopedia of Imperialism and Anti-Imperialism* (London: Palgrave Macmillan, 2015), 1134f.

Arbeiterklasse auch politisch abzusichern. Gewerkschaften waren zu einem politischen Faktor geworden und die Arbeiterklasse hatte Einfluss im Parlament gewonnen. Vor allem die Facharbeiter trieben den Kampf für höhere Löhne, bessere Arbeitsbedingungen und stärkere gewerkschaftliche Rechte voran, oft mit Erfolg.

In Frankreich, Deutschland und anderen westeuropäischen Staaten war die Situation ähnlich. Die Zugeständnisse, die den Kapitalisten abgerungen wurden, schadeten dem kapitalistischen System nicht. Im Gegenteil, vor allem die höheren Löhne halfen dabei, die Krise der Überproduktion zu überwinden, da sie den heimischen Markt stärkten. Gleichzeitig konnte man sich die Verbesserungen der Lebensbedingungen der europäischen Arbeiterklasse nur aufgrund der Ausbeutung der Kolonien leisten. Auch dort war die Ökonomie eine kapitalistische. Plantagen wurden zu Unternehmen, Bergwerke und Fabriken wurden eröffnet. Immer mehr Kapital wurde investiert. Die dadurch gewonnenen Profite kompensierten den Fall der Profitrate in Europa. Es schien, als gäbe es eine globale Lösung für den Widerspruch zwischen Produktion und Konsumtion. Immer mehr Kapital, und damit auch mehr Wert, floss von den Kolonien zurück in die imperialistischen Länder. Damit vertiefte sich der Graben zwischen Arm und Reich. Die Zeiten, in denen der Export von Kapital aus den imperialistischen Ländern in die Kolonien die ökonomische Ungleichheit etwas ausglich, waren vorbei. Die neuen Kapitalflüsse waren für die weitere Ausdehnung der kapitalistischen Produktionsweise notwendig. Der Kapitalismus verlangte die bestmöglichen Bedingungen für die Entwicklung seiner Produktivkräfte.

Im Gegensatz zu der Prophezeiung des jüngeren Marx wurde Indien niemals zu einem Spiegelbild Englands. Der ältere Marx verstand dies. Der Prozess der globalen Polarisierung war nicht mehr zu leugnen. In einem Brief an den russischen Übersetzer des *Kapitals*, Nikolai Danielson, schrieb Marx am 19. Februar 1881:

> »In Indien harren der britischen Regierung ernste Komplikationen, wenn nicht gar ein allgemeiner Aufruhr. Was die Engländer jährlich an Renten, an Dividenden für Eisenbahnen, die für die Hindus nutzlos sind, an Pensionen für Militärs und Zivilbeamte erhalten, was sie für afghanische und andere Kriege usw. usw. aus dem Land ziehen, was sie ohne jede Gegenleistung bekommen und ganz abgesehen von dem, was sie sich alljährlich innerhalb Indiens aneignen – ich spreche also nur von dem Wert der Waren, die Indien umsonst jedes Jahr nach England schicken muß – all das macht schon mehr als das gesamte Einkommen der 60 Millionen indischen landwirtschaftlichen und industriellen Arbeiter aus! Das ist

> ein Prozeß des Ausblutens, der sich rächen muß! Die Hungerjähre jagen einander und in einem Ausmaß, wie man es in Europa bisher nicht für möglich hielt!«[28]

Indien und andere Kolonien wurden nicht zu einem Spiegelbild Englands. Das wurden jedoch westeuropäische Länder und die aus Siedlerkolonien hervorgegangenen Staaten der USA, Kanadas, Australiens und Neuseelands. Dort verlangten europäische Einwander:innen Löhne, die denen Europas ähnlich waren. Die koloniale Machtstruktur (und im Fall der USA die Sklaverei) machte dies möglich. Für die Kolonien Lateinamerikas, Asiens und Afrikas galt dies nicht. Damit die europäischen Länder, inklusive der Siedlerstaaten, reich werden konnten, mussten sie die Kolonien ausbeuten. Marx schrieb dazu: »Die Akkumulation von Reichtum auf dem einen Pol ist also zugleich Akkumulation von Elend, Arbeitsqual, Sklaverei, Unwissenheit, Brutalisierung und moralischer Degradation auf dem Gegenpol, d.h. auf Seite der Klasse, die ihr eignes Produkt als Kapital produziert.«[29]

Je mehr sich der Kapitalismus globalisierte, desto wahrer wurde dies. Für die nicht-europäische Welt war der Kolonialismus eine Katastrophe. Der nicht-europäische Anteil der Weltbevölkerung fiel zwischen 1500 und 1900 von 83 auf 62 Prozent. Auch auf europäische Gesellschaften wirkte sich der Kapitalismus aus – allerdings auf andere Art.

## ›Gefährliche Klassen‹ als Teil der Nation

Die Wurzeln der politischen Organisierung der Arbeiterklasse liegen in den Gilden der Handwerker mit ihren strengen Regeln und Riten. Für die Arbeiterbewegung stellte es eine Herausforderung dar, Arbeiter:innen zu vereinen, die sich primär mit ihrer eigenen Branche identifizierten. Aber diese Probleme waren bei Weitem nicht die einzigen, denen sich die Arbeiterbewegung gegenübersah. Die Repression von Seiten des Staates und des Bürgertums war stark. Spätestens als Streik und Sabotage zu gängigen Aktionsformen wurden, bekamen die herrschenden Klassen Angst vor einer proletarischen Revolution. Sie erinnerten sich an die bürgerliche Revolution in Frankreich 1789 und die Welle revolutionärer Aufstände, die 1848 über Europa schwappte. Doch die herrschenden Klassen hatten darauf eine Antwort: Sie setzten verstärkt auf Reformen statt auf Repression. In Frankreich erlaubte Napo-

28 Karl Marx, Brief an N.F. Danielson, 19. Februar 1881.

29 Karl Marx, *Das Kapital, Band 1*, a.a.O.

leon III. gewerkschaftliche Organisierung (nicht zuletzt unter dem Eindruck der Pariser Kommune), im Vereinigten Königreich das konservative Parlament. Die Machthabenden hofften, dass die Integration der ›gefährlichen Klassen‹ in die politische Staatsmaschinerie mit ihren Bürgerrechten es einfacher machen würde, sie zu kontrollieren. Männliche Arbeiter erhielten das Wahlrecht, Sozialleistungen (Krankenversicherung u.a.) wurden schrittweise eingeführt. Das Proletariat wurde Teil der Nation.

Um dieser Entwicklung etwas entgegenzusetzen wurde 1864 die Internationale Arbeiter-Assoziation (IAA) gegründet, besser bekannt unter dem Namen ›Erste Internationale‹. Sie bestand zum größten Teil aus britischen und französischen Gewerkschafter:innen sowie aus einzelnen Sozialist:innen, Kommunist:innen und Anarchist:innen. Diese waren in dem Wunsch vereint, das Proletariat auf der Basis der Klassenidentität zu organisieren, ungeachtet aller nationalen Differenzen. Die Klasse war wichtiger als die Nation.

Der Hauptkonflikt in der Ersten Internationalen betraf die Rolle des Staates. Der Anarchist Mikhail Bakunin lehnte den Staat in jeder Form ab. Marx verfolgte eine andere Strategie: Um eine kommunistische Gesellschaft zu ermöglichen, müsse die Staatsmacht erobert werden; erst die Verwirklichung einer kommunistischen Gesellschaft erlaube das Absterben des Staates. Doch die Frage, wie die Staatsmacht zu erobern war, spaltete die marxistische Bewegung in Reformist:innen und Revolutionär:innen.

In den Jahrzehnten nach der Gründung der Ersten Internationalen wuchs die sozialistische Bewegung rasch an. In ganz Europa wurden sozialistische Parteien gegründet und die oft mit ihnen verbundenen Gewerkschaften wurden stärker. Die sozialistische Bewegung wurde schrittweise in das politische System integriert, wodurch sie an Radikalität verlor. Der russische Bolschewismus, am Rande Europas, zählte zu den Ausnahmen. In Westeuropa verließen die meisten Arbeiter:innen die Barrikaden, die sie 1848 und 1871 erklommen hatten, und zogen in die Parlamente ein. Ihren Arbeitgebern saßen sie nun am Verhandlungstisch gegenüber. Die Erste Internationale löste sich 1876 auf.

Die neuen ökonomischen Bedingungen hatten die politischen Dimensionen des Klassenkampfs verändert. In Europa und in den europäischen Siedlerkolonien konnten sich die Arbeitgeber Zugeständnisse an die Arbeiterbewegung leisten. Das stärkte den Glauben an den Reformismus. Für die Arbeitergeber war es weniger riskant, bestimmte Reformen zu akzeptieren, als revolutionäre Aufstände zu provozieren. Das half beiden Seiten. Auch wenn aus heutiger Sicht selbst die oberste Schicht der europäischen Arbeiterklasse, die aus industriellen Facharbeitern bestand, immer noch in Armut lebte, hatten sich die Lebensbedingungen der Arbeiterklasse in relativ kurzer Zeit deutlich verbessert. In jedem Fall waren sie um vieles besser als die der Arbeiterklasse in den Kolonien. Hunger, wie es ihn heute immer noch im Globalen Süden gibt, war in England und in den meisten anderen europäischen Ländern Anfang des 20. Jahrhunderts praktisch verschwunden.

Diese Änderungen waren nicht das Resultat eines kapitalistischen Komplotts oder Bestechungsversuchs. Ohne die Arbeiterbewegung und ihre Kämpfe wären sie in diesen Dimensionen nicht möglich gewesen. Vor allem jedoch wären sie nicht ohne den Imperialismus möglich gewesen. Auch der KAK sprach von ›Bestechungsgeldern‹ für die Arbeiterklasse, doch das war eine nicht angemessene Vereinfachung. Richtig ist allerdings, dass die revolutionären Teile der Arbeiterbewegung durch diese Entwicklung geschwächt und die reformistischen gestärkt wurden. Die Pariser Kommune war zerschlagen worden, reformistische Kampagnen erzielten Erfolge. In erster Linie schien also der Reformismus in der Lage zu sein, die Lebensbedingungen der Arbeiterklasse langfristig zu verändern.

1848, als sie das *Kommunistische Manifest* schrieben, erwarteten Marx und Engels noch, dass sich das internationale Proletariat vereinen und gemeinsam die Weltrevolution durchsetzen würde. Das fand Ausdruck in dem berühmten Slogan »Proletarier aller Länder, vereinigt euch!« Mit der Zeit wurden Marx und Engels vorsichtiger. Sie sahen den Zusammenhang zwischen Englands globaler Herrschaft, dem Kolonialismus und der Verbürgerlichung der Arbeiterklasse. In einem Brief an Marx vom 7. Oktober 1858 schrieb Engels…

> »…daß das englische Proletariat faktisch mehr und mehr verbürgert, so daß diese bürgerlichste aller Nationen es schließlich dahin bringen zu wollen scheint, eine bürgerliche Aristokratie und ein bürgerliches Proletariat neben der Bourgeoisie zu besitzen. Bei einer Nation, die die ganze Welt exploitiert, ist das allerdings gewissermaßen gerechtfertigt. Hier können nur ein paar grundschlechte Jahre helfen, und diese scheinen seit den Goldentdeckungen so leicht nicht mehr herzustellen.«[30]

In einem Brief an Karl Kautsky viele Jahre später drückte er Ähnliches aus:

> »Sie fragen mich, was die englischen Arbeiter von der Kolonialpolitik denken? Nun, genau dasselbe, was sie von der Politik überhaupt denken: dasselbe, was die Bourgeois davon denken. Es gibt hier ja keine Arbeiterpartei, es gibt nur Kon-

30 Friedrich Engels, Brief an Marx, 7. Oktober 1958.

servative und Liberal-Radikale, und die Arbeiter zehren flott mit von dem Weltmarkts- und Kolonialmonopol Englands.«[31]

Spätestens ab Mitte des 19. Jahrhunderts verfielen bedeutende Teile der englischen Arbeiterklasse dem Bann des nationalen Chauvinismus. In einem Brief an Sigfrid Meyer und August Voigt vom 9. April 1879 schreibt Marx über die Einstellungen der englischen Arbeiterklasse gegenüber der Bevölkerung Irlands:

»Und das Wichtigste! Alle industriellen und kommerziellen Zentren Englands besitzen jetzt eine Arbeiterklasse, die in zwei feindliche Lager gespalten ist, englische *proletarians* und irische *proletarians*. Der gewöhnliche englische Arbeiter haßt den irischen Arbeiter als einen Konkurrenten, welcher den *standard of life* herabdrückt. Er fühlt sich ihm gegenüber als Glied der herrschenden Nation und macht sich eben deswegen zum Werkzeug seiner Aristokraten und Kapitalisten gegen Irland, befestigt damit deren Herrschaft über sich selbst. Er hegt religiöse, soziale und nationale Vorurteile gegen ihn. Er verhält sich ungefähr zu ihm wie die *poor white* zu den *n------* in den ehemaligen Sklavenstaaten der amerikanischen Union. Der Irländer [zahlt ihm mit gleicher Münze zurück]. Er sieht zugleich in dem englischen Arbeiter den Mitschuldigen und das stupide Werkzeug der englischen Herrschaft in Irland.

Dieser Antagonismus wird künstlich wachgehalten und gesteigert durch die Presse, die Kanzel, die Witzblätter, kurz, alle den herrschenden Klassen zu Gebot stehenden Mittel. Dieser Antagonismus ist das Geheimnis der Ohnmacht der englischen Arbeiterklasse, trotz ihrer Organisation. Er ist das Geheimnis der Machterhaltung der Kapitalistenklasse. Letztre ist sich dessen völlig bewußt. ... Die soziale Revolution in England zu beschleunigen, [ist] daher der wichtigste Gegenstand der Internationalen Arbeiterassoziation. Das einzige Mittel, sie zu beschleunigen, ist die Unabhängigkeitmachung Irlands. Daher [die] Aufgabe der *International*, überall den Konflikt zwischen England und Irland in den Vordergrund zu stellen, überall für Irland offen Partei zu nehmen. Die spezielle Aufgabe des Zentralrats in London, das Bewußtsein in der englischen Arbeiterklasse wachzurufen, daß die nationale Emanzipation Irlands für sie keine [Frage des abstrakten Rechts oder menschenfreundlichen Gefühls] ist, sondern [die erste Bedingung für ihre eigene soziale Befreiung].«[32]

Der Zentralrat der Ersten Internationale war nicht besonders erfolgreich darin, in der englischen Arbeiterklasse ein Bewusstsein über die Bedingun-

31 Friedrich Engels, Brief an K. Kautsky, 12. September 1882.

32 Karl Marx, Brief an S. Meyer und A. Vogt, 9. April 1870.

gen in den Kolonien zu wecken, oder englische Arbeiter:innen gar davon zu überzeugen, dass die Befreiung der Kolonien eine Bedingung ihrer eigenen Befreiung war. Sozialistische Bewegungen machen gerne deutlich, wer in dem Land, in dem sie aktiv sind, für die Wertproduktion verantwortlich ist. Die Frage, wer global für die Wertproduktion verantwortlich ist, interessiert sie weniger. Das verhindert ein Verständnis des Kapitalismus als globales System. Die sozialistischen Bewegungen Englands trugen dazu bei, dass die Mehrheit der englischen Arbeiterklasse das Kolonialreich unterstützte und verteidigte.

Historische Forschung bestätigt den Zusammenhang zwischen Kolonialismus und der Entwicklung einer Arbeiteraristokratie in der Ersten Welt. In einer Studie, die Lohnstandards, Arbeitsbedingungen, Sozialleistungen und Klassenbeziehungen berücksichtigte, beschrieb der Historiker Eric Hobsbawm einen Prozess, der in den 1840er-Jahren begann:

> »Je weiter die imperialistische Ära voranschritt, desto weniger britische Arbeiter gab es, die nicht auf die eine oder andere Weise einen Vorteil aus der globalen Position Großbritanniens zogen. In jedem Fall lebten sie in Großbritannien besser als sie es in einem Land getan hätten, in dem die Bourgeoisie keine Profite aus Kolonien schöpfte und die globalen Handelsbedingungen diktieren konnte. Da keine direkte Relation zwischen Lebensstandard und politischer Orientierung besteht, gab es auch immer weniger britische Arbeiter, denen nicht eingebläut werden konnte, dass ihr eigenes Wohlergehen von der Fortsetzung des Imperialismus abhängt. Ja, manche britische Arbeiter profitierten mehr vom Imperialismus als andere, manche profitierten vor dem Ersten Weltkrieg nur geringfügig von ihm, und selbst in Großbritannien war der Kapitalismus nicht vor Krisen gefeit – und doch lassen sich die obigen Schlusssätze ziehen. ... Die Wurzeln des britischen Reformismus liegen zweifelsohne in einer hundertjährigen Weltherrschaft und dem Entstehen einer Arbeiteraristokratie – oder, um das zu verallgemeinern: einer nationalen Arbeiterklasse, die von dieser Weltherrschaft profitierte.«[33]

Die britische Ökonomin Joan Robinson hat diesen Prozess so beschrieben:

> »Es war nicht nur überlegene Produktivität, die immer mehr kapitalistischen Reichtum brachte. Die ganze Welt wurde ihrer Rohstoffe beraubt. Die Kolonien, um die die europäischen Mächte ... seit dem 16. Jahrhundert gekämpft hatten, waren von der Lieferung von Rohstoffen für die industrielle Entwicklung Europas abhängig.«[34]

Robinson zufolge profitierte die europäische Arbeiterklasse vom Imperialismus auf mehrere Weisen: Rohstoffe und Nahrungsmittel waren günstiger

33 Eric Hobsbwam, *Labouring Men* (London: Weidenfeld, 1964), 324 & 341.

34 Joan Robinson, *Freedom and Necessity: An Introduction to the Study of Society* (London: Routledge, 1970), 64.

als Fertigerzeugnisse, was ihre Kaufkraft stärkte; die Profite der Industrie, des Handels und das Finanzwesen kamen durch staatliche Besteuerung der gesamten Bevölkerung zugute; der Investitionsboom erhöhte die Nachfrage nach Arbeitskraft; und schließlich verlieh der Imperialismus der europäischen Arbeiterklasse ein Gefühl nationaler und rassischer Überlegenheit. Die europäische Arbeiterklasse wurde zu einem integralen Bestandteil kapitalistischer Nationen.

Es gibt mehrere Studien zur englischen Arbeiteraristokratie des 19. Jahrhunderts.[35] Ihren deutlichsten Ausdruck fand sie unter gewerkschaftlich organisierten Facharbeitern. Diese formten die oberste Schicht des Proletariats. Größe und Bedeutung dieser Schicht hingen von Konjunkturschwankungen ab. Insgesamt wuchs sie jedoch. Die Reallöhne in Großbritannien und Frankreich verdoppelten sich zwischen 1850 und 1900.

Diese Entwicklungen brachten Marx dazu, frühere Auffassungen zu revidieren. Im 1848 verfassten *Kommunistischen Manifest* und in Artikeln zu Indien, die er in den 1850er-Jahren für die *New-York Tribune* schrieb, sah Marx den Kapitalismus als progressive (wenn auch barbarische) Kraft. Er dachte, dass die Befreiung Asiens von der Revolution in Europa abhing. Doch nach Studien des Taiping-Aufstands, der Opiumkriege, der Aufstände in Indien und der Sklavenökonomie in den USA änderte er diese Sichtweise.

Marx unterstützte den Taiping-Aufstand, der von einem britischen Aggressionskrieg ausgelöst worden war und bis 1864 anhielt. Nun glaubte er, dass die Welle von Aufständen gegen die britische Herrschaft, die von China über Indien bis nach Persien reichte, die Bedingungen in Großbritannien, und damit auch auf dem europäischen Kontinent, ändern würden. Das, so Marx, würde die Krise des Kapitalismus vertiefen und womöglich eine revolutionäre Situation hervorrufen. Auch mit der Lage in Irland beschäftigte sich Marx zunehmend. Er war immer mehr davon überzeugt, dass der Kampf um Unabhängigkeit in den Kolonien zu revolutionären Entwicklungen in den imperialistischen Ländern führen könnte. In einem Brief an Friedrich Engels vom 10. Dezember 1869 schrieb er:

> »Ich habe lange geglaubt, es sei möglich, das irische Regime [mithilfe der englischen Arbeiterklasse] zu stürzen. Ich habe stets diese Ansicht in der *New-York*

35 Gute Überblicke finden sich in R.J. Morris, »The Labour Aristocracy in the British Class Struggle«, in: *Recent Findings of Research in Economic and Social History* (Fall 1988), und John Field, »British Historians and the Concept of the Labour Aristocracy«, in: *Radical History Review* (no. 19, 1978/79).

*Tribune* vertreten. Tieferes Studium hat mich nun vom Gegenteil überzeugt. Die englische *working class* wird nie was ausrichten, [bevor sie Irland verloren hat]. Der Hebel muß in Irland angelegt werden. Dadurch ist die irische [Frage] so wichtig für die soziale Bewegung überhaupt.«[36]

Die Befreiung Irlands hing also nicht vom Kampf der Arbeiterklasse in England ab – vielmehr hing die Befreiung der Arbeiterklasse in England vom Kampf um die Unabhängigkeit in Irland ab. Marx und Engels hofften, dass die zunehmende Konkurrenz, die die kapitalistischen Länder des europäischen Kontinents für Großbritannien darstellten, die Klassenbeziehungen in Großbritannien beeinflussen und Mitglieder der Arbeiteraristokratie möglicherweise wieder zu Revolutionären machen würde.

Doch das geschah nicht. Der Kapitalismus entwickelte sich nicht so wie von Marx und Engels erwartet. Als das imperialistische Zentrum in Großbritannien Probleme bekam, wurde es einfach ausgedehnt. Westeuropa und Nordamerika wurden nun ins Zentrum inkludiert. Die englische Arbeiteraristokratie behauptete sich, und von der Wiederbelebung einer revolutionären Arbeiterbewegung war nichts zu sehen. Stattdessen gab es nun auch Arbeiteraristokratien auf dem europäischen Kontinent und in Nordamerika. Die Entwicklung der Länder, die in das imperialistische Zentrum inkludiert worden waren, folgte jener Großbritanniens. Arbeiter:innen kämpften mit Erfolg um höhere Löhne, bessere Arbeitsbedingungen und politische Rechte. All das im Rahmen einer bürgerlich-parlamentarischen Grundordnung. Der Reformismus hatte gesiegt.

## Die Hausfrauisierung

Was die Transformation der ehemals gefährlichen Klassen zu einer staatstreuen Bevölkerung angeht, will ich zwei Aspekte genauer betrachten: die Geschlechterverhältnisse und den Rassismus.

Zu Beginn der Industrialisierung waren Frauen und Kinder in den Arbeitsalltag integriert. Weibliche Arbeitskraft war für die Textilindustrie, die bis 1850 eine zentrale Rolle in der industriellen Revolution spielte, von großer Bedeutung. Die Historikerin Maxine Berg hielt fest: »Es waren Arbeiterinnen, nicht Arbeiter, die in den produktivsten Industrien der Zeit dominierten. In der Textilindustrie kamen auf einen männlichen Arbeiter vier

36 Karl Marx, Brief an Friedrich Engels, 10. Dezember 1869.

Frauen – manchmal gar acht.«[37] Insgesamt dürften in der ersten Hälfte des 19. Jahrhunderts genauso viele Frauen in der industriellen Produktion angestellt gewesen sein wie Männer, vielleicht sogar mehr.

In Paris waren noch in den 1850er-Jahren rund 40 Prozent der industriellen Arbeiterschaft Frauen. Sie waren bei den Arbeitgebern gerne gesehen, weil ihr Lohn oft nur ein Drittel des Lohns ihrer männlichen Kollegen ausmachte. Aber das war nicht der einzige Grund. Frauen wurden auch als weniger widerspenstig gesehen. Nur Männer gehörten Gilden und modernen Arbeiterorganisationen an. Marx' Arbeitswerttheorie ging von Familien aus, in denen die Frau keinen Lohn bezog. Für Marx bedeutete die Integration von Frauen und Kindern in die industrielle Arbeiterschaft einen Wertverlust der Arbeitskraft. Im *Kapital* schrieb er:

> »Der Wert der Arbeitskraft war bestimmt nicht nur durch die zur Erhaltung des individuellen erwachsnen Arbeiters, sondern durch die zur Erhaltung der Arbeiterfamilie nötige Arbeitszeit. Indem die Maschinerie alle Glieder der Arbeiterfamilie auf den Arbeitsmarkt wirft, verteilt sie den Wert der Arbeitskraft des Mannes über seine ganze Familie. Sie entwertet daher seine Arbeitskraft. Der Ankauf der in 4 Arbeitskräfte z. B. parzellierten Familie kostet vielleicht mehr als früher der Ankauf der Arbeitskraft des Familienhaupts, aber dafür treten 4 Arbeitstage an die Stelle von einem, und ihr Preis fällt im Verhältnis zum Überschuß der Mehrarbeit der vier über die Mehrarbeit des einen. Vier müssen nun nicht nur Arbeit, sondern Mehrarbeit für das Kapital liefern, damit eine Familie lebe. ... Auf Grundlage des Warenaustausches war es erste Voraussetzung, daß sich Kapitalist und Arbeiter als freie Personen, als unabhängige Warenbesitzer, der eine Besitzer von Geld und Produktionsmitteln, der andre Besitzer von Arbeitskraft, gegenübertraten. Aber jetzt kauft das Kapital Unmündige oder Halbmündige. Der Arbeiter verkaufte früher seine eigne Arbeitskraft, worüber er als formell freie Person verfügte. Er verkauft jetzt Weib und Kind. Er wird Sklavenhändler.«[38]

Dass Marx den Wert, der von lohnarbeitenden Frauen geschaffen wurde, ihrem Ehemann eher als ihnen selbst zuschrieb, beruhte auf empirischen eher als auf moralischen Gründen. In einem Antrag von Marx beim ersten Kongress der IAA 1866 bezeichnete er die Präsenz von Frauen am Arbeitsmarkt als progressiv. Die Arbeiterbewegung als ganze teilte diese Ansicht nicht. Die mächtigen deutschen Arbeiterorganisationen sahen die Präsenz von Frauen auf dem Arbeitsmarkt als Bedrohung für die Arbeitsplätze und Löhne der Männer. Eine Mehrheit der deutschen Kongress-Delegation, angeführt von

37 Maxime Berg, »Women's Work and the Industrial Revolution«, in: *ReFresh* (12/1991), 39.

38 Karl Marx, *Das Kapital, Band 1*, a.a.O.

Ferdinand Lassalle, stellte sich gegen Marx' Antrag. Das taten auch die meisten der französischen Delegierten. Der Kongress verabschiedete folgende Resolution:

> »Die Anstellung von Frauen in der modernen Industrie ist einer der größten Skandale unserer Zeit. ... Aufgrund der Zerstörung der Familie endet die werktätige Bevölkerung in einer miserablen Lage, in der selbst die letzten kulturellen und ethischen Werte aufgegeben werden. Die weitere Öffnung des Arbeitsmarkts für Frauen ist zu verurteilen.«[39]

Tatsächlich war diese Resolution ein Kompromiss. Die deutschen Delegierten forderten ein komplettes Arbeitsverbot für Frauen in der Industrieproduktion. Diese schade ihrer Gesundheit. Letzten Endes forderte die Resolution kein absolutes Verbot, sondern kritisierte die Bedingungen, unter denen Frauen zu arbeiten hatten. Das grundlegende Problem war freilich, dass die Arbeiterbewegung für einen Familienlohn kämpfte, das heißt, für einen Lohn, der hoch genug war, damit der Mann seine Rolle als ›Ernährer‹ der Familie erfüllen konnte. Das Bild des Mannes als ›Ernährer‹ war in der Arbeiterbewegung des 19. Jahrhunderts zentral. Zuvor war es nur in bürgerlichen Familien die Regel, dass der Mann alleine für das Einkommen der Familie verantwortlich war, während die Frau sich um Haus und Kind kümmerte. In Handwerker-, Arbeiter- und Bauernfamilien trugen alle zum Einkommen bei.

Die Arbeiterbewegung forcierte also die ›Hausfrauisierung‹, vorgeblich um Frauen vor Ausbeutung zu schützen. Alles drehte sich jedoch um Löhne und Konkurrenz auf dem Arbeitsmarkt. Das bestimmte die Haltungen der männlichen Arbeiter, die sich als Familienernährer sahen. Zu einer wirklichen Veränderung in der Arbeiterbewegung, was Geschlechterverhältnisse anbelangt, kam es erst in den 1960er-Jahren.

Mit ihrem Widerstand gegen die Integration der Frauen in den Arbeitsmarkt trug die Arbeiterbewegung dazu bei, dass die Hausarbeit (›reproduktive Arbeit‹) als natürliche Ressource betrachtet wurde, vergleichbar mit Wasser und Luft. Die Arbeit der Frau stellte sicher, dass der Mann ›richtiger‹ Arbeit nachgehen konnte. Außerdem sollten die Frauen für die nächste Generation von Arbeitern (männlich) und Hausfrauen sorgen. Ökonomisch wurden sie von den Männern abhängig.

Einer der Gründe, warum sich das patriarchale Familienmodell in der Arbeiterklasse ausdehnen konnte, waren die kolonialen Profite. Die Änderung

39 Maria Mies, *Patriarchy and capital accumulation on a world scale: women in the international division of labour* (London: Zed, 1986), 107f.

proletarischer Geschlechterrollen ging Hand in Hand mit dem Aufkommen der Arbeiteraristokratie. In der zweiten Hälfte des 19. Jahrhunderts fiel das Verhältnis von Frauen zu Männern in der Industriearbeit durchschnittlich um 0,7 Prozent pro Jahr. In den 1780er-Jahren gingen in der Kleinstadt Cardington in England 67,5 Prozent aller verheirateten Frauen einer Lohnarbeit nach. 1911 lag die Prozentzahl lohnarbeitender Frauen in ganz England bei 10 Prozent. Dafür gab es mehrere Gründe: Fabrikgesetzgebungen, den 10-Stunden-Arbeitstag, höhere Löhne und die Verbreitung des bürgerlichen Familienmodells innerhalb der Arbeiterklasse. Maria Mies schreibt: »Ohne die Ausbeutung externer Kolonien (heute in der Form internationaler Arbeitsteilung) wäre die Etablierung einer ›inneren Kolonie‹, das heißt, der Kernfamilie mit strikter Arbeitsteilung, nicht möglich gewesen.«[40]

Weiße Männer in Europa und Nordamerika besaßen ihre eigenen Kolonien und waren Frau und Kindern übergeordnet. Das war ein zentraler Aspekt in der Transformation einst gefährlicher Proletarier zu loyalen Staatsbürgern.

Wie die Arbeiterbewegung ist auch die Frauenbewegung ein Produkt des 19. Jahrhunderts. Es gab Überlappungen, doch zum größten Teil entwickelten sich die Bewegungen unabhängig voneinander. Bündnisse waren selten. Einflussreiche Teile der Arbeiterbewegung sahen die Frauenbewegung als Konkurrenz, die vom Klassenkampf ablenkte. Zu den Ausnahmen zählte die französische Sozialistin Flora Tristan, die eine starke Befürworterin nicht nur des Internationalismus, sondern auch der Frauenrechte in der Arbeiterbewegung war. In ihrem wichtigsten Werk *Arbeiterunion*, veröffentlicht 1843, schrieb sie:

> »Alle Leiden der Arbeiterklasse lassen sich in diesen beiden Worten zusammenfassen: Elend und Unwissenheit, Unwissenheit und Elend. Um aber aus diesem Irrgarten herauszukommen, sehe ich nur ein Mittel: damit beginnen, die Frauen zu bilden, da die Frauen den Auftrag haben, die männlichen und weiblichen Kinder zu lehren.«[41]

Für Tristan waren Frauen das ›Proletariat des Proletariats‹. Arbeiterkampf und Frauenkampf waren für sie untrennbar miteinander verbunden. Doch nicht viele in der Arbeiterbewegung teilten diese Sichtweise, auch wenn es in Frankreich mehr Offenheit für sie gab als in anderen Ländern. Dafür war

40 Maria Mies, *Patriarchy and capital accumulation on a world scale*, a.a.O., 110.

41 Flora Tristan, *Arbeiterunion. Sozialismus und Feminismus im 19. Jahrhundert* (Frankfurt/Main: isp, 1988 [1843]), 126.

nicht zuletzt die prominente Rolle, die viele Frauen in der Pariser Kommune von 1871 gespielt hatten, ausschlaggebend. 1879 hielt Hubertine Auclert eine berühmte Rede auf dem dritten Nationalen Arbeiterkongress. Sie sagte, dass sie dort sei, »nicht weil ich Arbeiterin bin, sondern weil ich Frau bin … eine Sklavin, delegiert von neun Millionen anderen Sklavinnen.«[42] Auclert rief zu einem Bündnis zwischen Arbeiterbewegung und Frauenbewegung auf. Sie beendete ihre Rede mit den Worten: »Oh Proletarier und Proletarierinnen, wenn ihr frei sein wollt, hört auf, ungerecht zu sein. Mit moderner Wissenschaft, mit dem Bewusstsein, dass die Wissenschaft keine Vorurteile kennt, sagt: Gleichheit für alle, Gleichheit zwischen Männern und Frauen.«[43] Der Kongress verabschiedete eine Resolution, die die gemeinsamen Erfahrungen von Frauen und Männern in der Lohnarbeit sowie das Recht der Frau auf gleichen Lohn betonte (allerdings auch die Pflicht der Frau, sich um die Kinder zu kümmern).

Arbeiter:innen, die einem bürgerlichen Lebensstil nacheiferten, schien das patriarchale Familienmodell erstrebenswert. Das Kapital erachtete die entsprechenden Geschlechterrollen als stabilisierenden Faktor in der Arbeiterklasse und der Gesellschaft im Allgemeinen. Die Einzigen, die protestierten, waren frühe Feminist:innen. Die Wissenschaft hatten sie gegen sich. Das neue Feld der Humanwissenschaften legitimierte die patriarchalen Geschlechterrollen, betonte die physiologischen und psychologischen Unterschiede zwischen Mann und Frau und behauptete, dass die Rolle der Frau als Hausfrau ihrer Natur entspräche. Die einzige Aufgabe, die Frauen im öffentlichen Raum wahrnehmen durften, war es, Empathie auszudrücken, etwa in der Protestbewegung gegen die Sklaverei, in der viele Frauen, darunter prominente Feministinnen, ihre ersten politischen Erfahrungen sammelten.

## Rassismus und Biopolitik

Die europäische Arbeiterbewegung hielt sich nicht nur in der Solidarität mit der Frauenbewegung zurück, sie zeigte auch wenig Interesse für die Kämpfe unterdrückter indigener Völker in den Kolonien. In den USA spiegelte sich dies in den Einstellungen der weißen Arbeiterklasse den versklavten Afrikaner:innen gegenüber wider. Auch die Haltung der britischen Arbei-

42 Zitiert nach: Immanuel Wallerstein, *The Modern World-System IV: Centrist Liberalism Triumphant, 1789-1914* (Berkeley: University of California Press, 2011), 190.
43 ebda.

terklasse gegenüber irischen Migrant:innen kann als Beispiel gelten. Die irischen Migrant:innen wurden als Konkurrenz auf dem britischen Arbeitsmarkt wahrgenommen, und man begegnete ihnen mit Feindseligkeit.

Rassismus und die Idee einer europäischen Überlegenheit entstanden im Kontext des Kolonialismus. Die Arbeiterbewegung war diesen Ideologien gegenüber alles andere als immun. In *Die Verdammten dieser Erde* schrieb der Psychiater und antikoloniale Widerstandskämpfer Frantz Fanon:

> »Europa hat sich an dem Gold und den Rohstoffen der Kolonialländer unmäßig bereichert: aus Lateinamerika, China und Afrika, aus all diesen Kontinenten, denen Europa heute seinen Überfluss vor die Nase setzt, werden seit Jahrhunderten Gold und Erdöl, Seide und Baumwolle, Holz und exotische Produkte nach eben diesem Europa verfrachtet. Dieses Europa ist buchstäblich das Werk der Dritten Welt.«[44]

Wenn Fanon schreibt, dass Europa »das Werk der Dritten Welt« sei, so meint er das buchstäblich. Es geht dabei nicht nur um materielle und ökonomische Aspekte. Im kolonialen Diskurs bedeutete ›europäisch‹ so viel wie ›zivilisiert‹; andere Menschen waren ›barbarisch‹. Von dieser Begrifflichkeit machte man Gebrauch trotz des offensichtlichen Barbarismus der europäischen Zivilisation. Man mag angeregt über Demokratie und soziale Gerechtigkeit in Europa diskutiert haben, doch der weltweiten Unterdrückung und Ausbeutung durch europäische Mächte tat dies keinen Abbruch. Die Dehumanisierung der Anderen war notwendig, um diesen Widerspruch zu rechtfertigen. Der Rassismus spiegelt die hierarchische Aufteilung der Menschheit wider, wie sie vom Kolonialismus geschaffen wurde. Indigenen Völkern das Menschsein abzusprechen, war eine Voraussetzung dafür, die westliche Welt als Wiege der Zivilisation zu konstruieren.

Auch die historischen Verbindungen zwischen dem antiken Griechenland und dem ökonomischen und politischen System Europas des 19. Jahrhunderts wurden konstruiert. Man behauptete, dass die Grundlage der liberalen Märkte Europas in der griechischen Philosophie zu finden seien. Doch das antike Griechenland orientierte sich viel mehr Richtung Süden und Osten als Richtung Norden. Die hier konstruierte Verbindung hat keinerlei Verankerung in der Wirklichkeit. Auf dem Höhepunkt der antiken griechischen Kultur waren die europäischen Gesellschaften weit weniger entwickelt als die Gesellschaften vieler anderer Regionen. Europa war unbedeutend. Erst im 14. Jahrhundert, mit dem Beginn der Renaissance, entdeckte man

44 Frantz Fanon, *Die Verdammten dieser Erde* (Frankfurt/Main: Suhrkamp, 1966), 83.

das antike Griechenland als vermeintlichen Ursprung der europäischen Zivilisation. Doch noch immer war Europa alles andere als eine globale Großmacht, weder ökonomisch noch politisch oder kulturell. Nicht einmal das Christentum ist ein Erbe europäischer Kultur. Seine Gründer kamen nicht aus Paris, Rom oder Berlin, sondern aus dem Nahen Osten. Die ältesten Kirchenväter stammten aus Ägypten und Syrien. Sie wurden in der europäischen Geschichtsschreibung weißgewaschen, genauso wie die heilige Familie selbst. Jesus von Nazareth war plötzlich ein blonder, blauäugiger Europäer.

Auch der Rassismus wurde von der Wissenschaft gerechtfertigt. Eine ›arische Rasse‹ galt anderen als überlegen. Sie hatte das natürliche Recht, ja sogar die Pflicht, über die ›primitiven Rassen‹ zu herrschen. Die ›Rassenhygiene‹ war Anfang des 20. Jahrhunderts eine in weiten Teilen Europas akzeptierte Pseudowissenschaft. Die europäische Literatur ist voll von rassistischen Bildern, denken wir nur Rudyard Kiplings berühmtes Gedicht *Die Bürde des weißen Mannes*. Auf europäischen Jahrmärkten wurden nicht-europäische Menschen ausgestellt. Der weit verbreitete Glaube an eine ›Rassenhierarchie‹ legitimierte dies. Menschen aus Asien, denen ein gewisses Kulturniveau zugesprochen wurde, durften in kleinen Häuschen sitzen. Menschen aus Afrika und den europäischen Siedlerkolonien saßen in Käfigen.

Im späten 19. Jahrhundert formierten sich in Europa und Nordamerika antirassistische Bewegungen. Im Vergleich zur Arbeiterbewegung und zur Frauenbewegung waren sie schwach. Die Arbeiterbewegung ordnete den antirassistischen Kampf, ebenso wie den Kampf um die Frauenrechte, Klassenfragen unter. Wie Geschlechterverhältnisse, so wurde auch der Rassismus erst in den 1960er-Jahren wirklich ein Thema in der Linken. Erst theoretische Erneuerungen wie die *triple oppression* betrachteten Geschlecht, Ethnizität und Klasse als gleich wichtig.

Der Rassismus wurde institutionalisiert. Im Zuge der Transformation der gefährlichen Klassen zu loyalen Staatsbürgern interessierte sich der Staat zunehmend für die Sorgen und Hoffnungen seiner Untertanen, ihre Gesundheit, Ausbildung usw. Dies wurde als Quelle nationaler Stärke und nationalen Wohlergehens gesehen. Neue wissenschaftliche Disziplinen und Methoden dienten dazu, die Bevölkerung effektiv zu überwachen, zu kontrollieren und gefügig zu machen. Michel Foucault sprach von ›Biopolitik‹ und ›Biomacht‹.

Dass die herrschenden Klassen ein Interesse am Wohlergehen der Bevölkerung zeigten, war neu. Im Mittelalter und in der frühen Neuzeit existierte die ›Macht über das Leben‹ (Foucault) nicht. Macht war direkt und brutal, eine ›Macht über den Tod‹. Das Leben gewöhnlicher Menschen war von der Gnade der Herrschenden abhängig. Die Bevölkerung war willkürlicher Gewalt unterworfen, die sie einschüchtern sollte.

Biopolitik meint, dass der Staat die Bevölkerung kontrolliert, indem er Menschen im Namen der Wissenschaft überwacht und registriert. Eine gesunde Bevölkerung wird als Grundlage ökonomischer Produktivität und gesellschaftlicher Stabilität betrachtet. Dies ist eng verbunden mit der Idee des Wohlfahrtsstaats. Aber der Wohlfahrtsstaat war kein Projekt der Herrschenden. Er wurde ihnen von der Arbeiterbewegung abgerungen, die Krankenversicherung, Arbeitslosengeld und Pensionen verlangte. Der Wohlfahrtsstaat war ein Kompromiss zwischen dem Kapital und der Arbeit und besänftigte den Klassenkampf.

Das Kapital profitierte von gesunden und zufriedenen Arbeiter:innen. Aber das war nicht alles. Das Wohlfahrtssystem knüpfte die Arbeiter:innen eng an den Nationalstaat, der für sie sorgte. Die Biopolitik stärkte den Nationalismus, der wiederum den Kolonialismus stärkte. Gesundheit und Zufriedenheit für Menschen in manchen Ländern bedeutete Tod und Leid für Menschen in anderen. Mark G. E. Kelly hat dieses Phänomen als ›biopolitischen Imperialismus‹ beschrieben:

> »Mann könnte vielleicht meinen, dass biopolitischer Imperialismus die Ankunft der Biopolitik in der Peripherie bedeutet. ... Es mag solche Tendenzen geben, aber sie sind nicht das Hauptcharakteristikum des biopolitischen Imperialismus. Der Imperialismus ist eine Form von Macht, die sich wenig um das Leben seiner Opfer schert. Er ist in erster Linie *thanatopolitisch*, eine Politik des Todes, die im Gegensatz zur Biopolitik in der Metropole steht. ... Doch beide Phänomene stehen miteinander in Verbindung. In der systematischen Verunmöglichung der Biopolitik in der Peripherie durch die Biopolitik in der Metropole wird der Tod exportiert und das Leben importiert.«[45]

Wenn es um konkrete Beispiele eines biopolitischen Imperialismus geht, bezieht Kelly sich unter anderem auf die Arbeiten des Soziologen Mike Davis. Anhand von Fallstudien aus Indien, China und Brasilien zeigte Davis, wie imperialistische Mächte das öffentliche Gesundheitssystem in diesen Ländern zerstörten. Daraus resultierten Profite, die das öffentliche Gesundheitssystem in den imperialistischen Ländern finanzierten. Ein weiteres Beispiel, das Davis untersuchte, war der massive Export von Nahrungsmitteln aus Indien nach Großbritannien Ende des 19. Jahrhundert, zu einer Zeit, als Millionen von Inder:innen Hunger litten:

45 Mark G. E. Kelly, *Biopolitical Imperialism* (Winchester: Zero Books, 2015), 18.

> »Zwischen 1875 und 1900 erlebte Indien die schlimmsten Hungersnöte seiner Geschichte. Gleichzeitig stiegen in diesem Zeitraum die Getreideexporte pro Jahr von drei auf zehn Millionen Tonnen, was dem Lebensmittelbedarf von 25 Millionen Menschen entspricht. Zur Jahrhundertwende kam ein Fünftel des in Großbritannien konsumierten Weizens aus Indien, auf Kosten der Ernährungssicherheit in Indien selbst.«[46]

Die britische Umstrukturierung der indischen Wirtschaft nahm keine Rücksicht auf die Bedürfnisse der Bevölkerung. Alleine in der Provinz Berar starben 143.000 Menschen während der Hungersnot von 1899/1900. Gleichzeitig, so Mike Davis, »exportierte Berar nicht nur Tausende Säcke Baumwolle, sondern unglaubliche 747.000 Bushel [36,4 Liter] Getreide.«[47] Er fügt hinzu:

> »Indien finanzierte auch die militärischen Eroberungszüge der britischen Kolonialherren in anderen Teilen Asiens. Der Stellvertreterkrieg mit Russland an der afghanischen Grenze zog sich ewig hin. Indische Soldaten wurden nach Ägypten, Äthiopien und den Sudan geschickt, um für die britische Krone zu kämpfen. Militärausgaben machten 25 Prozent des Jahreshaushalts Indiens aus – 34 Prozent, wenn man die Polizei dazuzählt.«[48]

Die zwei sehr verschiedenen Gesellschaftsformen, die die Biopolitik schuf, waren nicht notwendigerweise geografisch voneinander getrennt. In den Siedlerkolonien existierten sie nebeneinander. Hier wurde besonders deutlich, dass das Wohlergehen mancher sozialen Gruppen die Sklaverei, Ausbeutung und den Tod anderer bedeutete.

## Siedlerkolonien

Wir haben gesehen, wie Arbeiterbewegung und Imperialismus höhere Löhne und bessere Lebensbedingungen für die Werktätigen Europas ermöglichten. Doch es gab einen weiteren Faktor, der nicht unberücksichtigt bleiben darf: die Auswanderung in die Kolonien. Diese reduzierte die industrielle Reservearmee in Europa und stärkte die Position derjenigen, die blieben.

Bis zum Ersten Weltkrieg gab es kaum Beschränkungen der Bewegungsfreiheit.[49] Reisepässe waren kaum in Gebrauch, und Immigrant:innen erhiel-

---

46 Mike Davis, »The Origin of the Third World«, in: *Antipode* (no. 1, 2000), 59.

47 ebda., 66. Das entspricht etwa 20.330 Tonnen Mais.

48 ebda., 60f.

49 1905 verabschiedete die britische Regierung ein Gesetz, das es Juden und Jüdinnen, die aus Russland flohen, verbot, ins Land zu kommen. Es war das erste Mal, dass das Land die Immigration rechtlich begrenzte.

ten rasch die Staatsbürgerschaft. Etwa 70 Millionen Menschen emigrierten im späten 19. und frühen 20. Jahrhundert aus Europa. Wenn man bedenkt, dass zu jener Zeit etwa 400 Millionen Menschen in Europa lebten, dann sprechen wir von 17 Prozent der europäischen Bevölkerung. 36 Millionen gingen in die USA, 6,6 Millionen nach Kanada, 5,7 Millionen nach Argentinien, 5,6 Millionen nach Brasilien und kleinere Gruppen nach Australien, Neuseeland, Rhodesien, Südafrika, Algerien und in andere Kolonien. Heute ist die Gesamtbevölkerung europäischer Nachkommen in den alten Siedlerkolonien größer als in Europa selbst.[50]

Die Emigration diente auch als Sicherheitsventil, um gesellschaftlichen Spannungen vorzubeugen. Cecil Rhodes, eine führende Figur in der Kolonisierung Afrikas, machte dies 1895 deutlich:

> »Ich war gestern im East End von London und ging zu einem Treffen der Arbeitslosen. Ich hörte mir die wilden Reden an, die nur ein Ruf nach ›Brot! Brot!‹ waren, und auf meinem Weg nachhause dachte ich darüber nach und war mehr denn je von der Bedeutung des Imperialismus überzeugt. ... Die meines Erachtens beste Lösung der sozialen Frage ist, dass koloniale Staatsmänner neue Regionen erobern, um die Überschussbevölkerung dort anzusiedeln und Märkte für die Waren unserer Fabriken und Bergwerke öffnen. Das wird die 40 Millionen Einwohner des Vereinigten Königreichs vor einem blutigen Bürgerkrieg bewahren. Ich habe immer gesagt, dass die zentrale Frage unseres Weltreichs die von Brot und Butter ist. Wenn du keinen Bürgerkrieg haben willst, musst du Imperialist sein.«[51]

Die Massenemigration aus Europa stärkte die Arbeiteraristokratie in Europa und in den Kolonien gleichzeitig. Die Arbeiteraristokratie in den Kolonien bestand aus den europäischen Einwander:innen. Sie waren nicht die einzigen. Viele kamen aus nicht-europäischen Ländern, vor allem aus China und Indien. Für sie galten andere Voraussetzungen. Die meisten waren Kontraktarbeiter:innen, sogenannte ›Kulis‹. Gemeinsam mit afrikanischen Sklav:innen und der indigenen Bevölkerung mussten sie die härtesten Arbeiten übernehmen. Der Lohn war miserabel. Sie bauten Eisenbahnlinien und arbeiteten in Bergwerken und auf Plantagen. Sobald sie versuchten, ihren Status zu verbessern, wurden sie von europäischen Siedler:innen als Rivalen auf dem Arbeitsmarkt wahrgenommen. In den 1880er-Jahren wurde die Einwanderung aus Asien erstmals rechtlich begrenzt. In Australien wurden Eng-

---

50 Von »Siedlerkolonien« (*settler colonies*) spricht man erst in jüngerer Zeit. Karl Kautsky sprach von »Arbeiterkolonien«.

51 Zitiert nach: V.I. Lenin, *Der Imperialismus als höchstes Stadium des Kapitalismus*, 1917.

lischtests für Einwander:innen eingeführt. Wenig später erließ Australien ein Einwanderungsverbot für Menschen aus China. Die Situation war ähnlich in den USA, Kanada und Neuseeland. Nach dem Ersten Weltkrieg wurde die Einwanderung aus nicht-europäischen Ländern in allen englischsprachigen Siedlerkolonien stark begrenzt.

Siedlerkolonien können aufgeteilt werden in Kolonien, in denen die indigene Bevölkerung in erster Linie vertrieben wurde (zum Beispiel in Nordamerika, Australien, Neuseeland, später auch in Israel), und in Kolonien, in denen die indigene Bevölkerung in erster Linie ausgebeutet wurde (zum Beispiel in Südafrika, Rhodesien und Algerien). In der ersten Kategorie der Siedlerkolonien suchten europäische Siedler:innen nach Land. Die indigene Bevölkerung wurde nicht um Erlaubnis gefragt. Als die Kolonisierung Amerikas begann, lebten rund zehn Millionen Menschen auf dem Kontinent. Im Jahr 1900 war die Zahl der indigenen Bevölkerung auf 300.000 Menschen gesunken. Die meisten lebten in Reservaten. Die indigenen Gesellschaften hatten ihr Land, ihre natürlichen Ressourcen und ihre Kultur nicht ohne Widerstand aufgegeben, doch der Widerstand wurde mit brutaler Gewalt niedergeschlagen. Für die europäischen Siedler:innen waren die Indigenen Parasiten, die man auslöschen musste. Marx schrieb im *Kapital*:

> »Jene nüchternen Virtuosen des Protestantismus, die Puritaner Neu-Englands, setzten 1703 durch Beschlüsse ihrer Assembly eine Prämie von 40 Pfd. St. auf jedes indianische Skalp und jede gefangne Rothaut, 1720 Prämie von 100 Pfd. St. auf jedes Skalp, 1744, nachdem Massachusetts-Bay einen gewissen Stamm zum Rebellen erklärt hatte, folgende Preise: für männliches Skalp, 12 Jahre und darüber, 100 Pfd.St. neuer Währung, für männliche Gefangne 105 Pfd. St., für gefangne Weiber und Kinder 50 Pfd. St., für Skalps von Weibern und Kindern 50 Pfd. St.!«[52]

Es ist erstaunlich, dass es dem weißen Amerika mithilfe von Groschenromanen und Hollywood-Filmen gelang, das Skalpieren als indigene Praxis darzustellen. In Wahrheit wurde es von Siedler:innen betrieben. Anfang des 18. Jahrhunderts bezahlte die Kolonialregierung großzügige Belohnungen für die Skalps Indigener. Der genaue Betrag hing von Geschlecht, Alter und anderen Kriterien ab. Ziel war eine effektive, gewaltsame Unterdrückung der indigenen Völker.

Die Kolonialherren griffen auch auf biologische Kriegsführung zurück. 1763 wurde Fort Pitt (der Ursprung der heutigen Stadt Pittsburgh) während des sogenannten Pontiac-Aufstands von Kriegern der Delaware belagert. Als

52 Karl Marx, *Das Kapital, Band 1*, a.a.O.

die Delaware den eingekreisten Soldaten freies Geleit versprachen, wollten die Offiziere der Siedlerarmee in Verhandlungen treten. Als Zeichen ihres ›guten Willens‹ boten sie den Delaware Decken, Seidenschals und Leintücher an – von denen alle mit Pocken infiziert waren. Captain William Trent, der an den Verhandlungen teilnahm, notierte in seinem Tagebuch: »Wir gaben ihnen zwei Decken und ein Taschentuch aus der Pocken-Abteilung des Krankenhauses. Ich hoffe, dass sie den erhofften Effekt haben werden.«[53] Später schickte Trent der britischen Regierung eine Rechnung: »Ersetzt bitte die Gegenstände, die aus dem Krankenhaus entfernt wurden, um die Indianer mit Pocken zu infizieren.«[54]

Dieses Beispiel ist gut dokumentiert. Dem Historiker David Dixon zufolge war es »eine bewusste britische Strategie, die Indianer mit Pocken zu infizieren«.[55] Der an den indigenen Gesellschaften Amerikas begangene Völkermord war kein Unfall, sondern der rationale Plan der europäischen Siedlergemeinde und ihrer politischen Repräsentanten. Er entsprach einer Ideologie, die Freiheit mit Privateigentum gleichsetzte. Unter der Führung von Thomas Jefferson wurde ein ›Reich der Freiheit‹ aufgebaut, indem die Commons der indigenen Gesellschaften zerstört wurden. Wenn diese ihr Land nicht freiwillig aufgaben, war Krieg die Lösung. 1790 beorderte der Kriegsminister der USA Henry Knox der US-Armee, ein indigenes Treffen in Ohio »vollständig auszurotten«, nachdem sich die dort Versammelten geweigert hatten, ihr Land aufzugeben.[56] Zum Widerstand indigener Völker in Michigan schrieb Präsident Jefferson 1807 in einem Brief: »Wenn wir gezwungen sind, gegen einen Stamm das Kriegsbeil zu erheben, legen wir es nicht zur Seite, bis dieser Stamm über den Mississippi getrieben oder ausgelöscht wurde. ... Wenn sie einen von uns töten, töten wir alle von ihnen.«[57]

Diejenigen, die diese Befehle auszuführen hatten, schienen die gleiche Einstellung zu haben. Berüchtigt ist die Aussage von General Philip Henry

53 Zitiert nach: John W. Harpster (Hg.), *Pen Pictures of Early Western Pennsylvania. Journal of William Trent 1763* (Pittsburgh: University of Pittsburgh Press, 1938), 99.

54 Zitiert nach: Elizabeth A. Fenn, »Biological Warfare in Eighteenth-Century North America: Beyond Jeffery Amherst«, in: *The Journal of American History* (no. 4, March 2000).

55 David Dixon, *Never Come to Peace Again: Pontiac's Uprising and the Fate of the British Empire in North America* (Norman: University of Oklahoma Press, 2005), 152.

56 Zitiert nach: *American State Papers: Indian Affairs*, 1832, 97.

57 Thomas Jefferson, »Letter to Henry Dearborn«, 28. August 1807, founders.archives.org.

Sheridan, der zufolge »der einzige gute Indianer«, den er je sah, »ein toter Indianer« war.[58] Die Privatisierung der indigenen Commons, die darauf folgende Landspekulation und die massiven Infrastruktur-Projekte wie der Bau von Eisenbahnlinien und Häfen gehörten zur primitiven Akkumulation, die dem Triumphzug des amerikanischen Kapitalismus zugrunde lag.

Auch in den Siedlerkolonien von Rhodesien, Südafrika und Algerien war die Inbesitznahme von Land zentral. Doch wurde die Lokalbevölkerung nicht zwangsläufig von den Ländereien vertrieben. Vielmehr wurden sie gezwungen, auf den Feldern und in den Bergwerken der Siedler:innen zu arbeiten. Die Wohnviertel der Siedlergemeinde und der Lokalbevölkerung waren streng getrennt. Der offensichtliche Unterschied in den Lebensbedingungen schuf starke gesellschaftliche Spannungen. Der bewaffnete Konflikt, der in den 1960er-Jahren zur Befreiung Algeriens führte, kostete einer Million Menschen das Leben.

Während europäische Siedler:innen der indigenen Bevölkerung ihre Kultur aufzwangen, verlangten viele von ihnen gleichzeitig Unabhängigkeit von ihren Mutterländern. Sie wollten die Früchte der kolonialen Ausbeutung selbst ernten.

## Die USA: Von Kolonie zu imperialistischer Supermacht

Die Kolonien in Asien und Afrika etablierten keine starken kapitalistischen Ökonomien. Sie lieferten in erster Linie Rohstoffe und landwirtschaftliche Produkte und bildeten die Peripherie des kapitalistischen Weltsystems. In den Siedlerkolonien Nordamerikas (und später in Australien und Neuseeland) sah es anders aus. Hier erlangten die Siedler:innen frühe politische Unabhängigkeit (wenn auch in unterschiedlicher Form). Die USA wurden 1776 eine unabhängige Republik. Das bedeutete, dass die Profite der ausbeuterischen Siedlerökonomie jetzt zum größten Teil im Land selbst blieben, was zur Akkumulation heimischen Kapitals beitrug. In knapp 100 Jahren wurde aus dieser Kolonie eine der führenden kapitalistischen Mächte der Welt. Was machte diese Entwicklung möglich, und warum wurden andere Kolonien zu Teilen der Peripherie, auch wenn sie, wie Indien, reich an natürlichen Ressourcen sind?

58 Zitiert nach: Dee Brown, *Bury My Heart at Wounded Knee: An Indian History of the American West* (New York: Henry Holt and Company, 1970), 147.

Lasst uns die Kolonisierung Nordamerikas im 17. Jahrhundert mit der Kolonisierung Südamerikas im 16. Jahrhundert vergleichen. Portugal und Spanien waren feudale Gesellschaften. Sie brachten ihr gesamtes Waffenarsenal mit, in der Absicht, sich jede Gesellschaft, auf die sie trafen, zu unterwerfen und deren Ressourcen auszubeuten. Sie bauten koloniale Wirtschaftssysteme nach dem Vorbild des Feudalismus auf, mit großen Ländereien und Plantagen. Die Arbeitskraft bestand primär aus Sklav:innen. In Nordamerika waren die ersten Siedler:innen Handelsleute und Plantagenbesitzer. Sie wollten, dass in die Kolonien investiert wird, und hatten langfristige Pläne.

Anfangs kauften die Handelsleute Pelze und landwirtschaftliche Produkte von Kleinfarmern für den Export. Tabak war eine der am meisten gehandelten Waren. Die Plantagen, die schrittweise etabliert wurden, waren von Anfang an exportorientiert. Sie produzierten Zucker, Reis und Baumwolle. Land zu bekommen (*viel* Land), war kein Problem, aber die Arbeitskosten waren hoch. Man versuchte, billige Arbeitskraft aus Großbritannien zu importieren, beispielsweise zur Zwangsarbeit verurteilte Gefangenen und verarmte Bauern und Handwerker, die man als Vertragsarbeiter engagierte. Doch diese Versuche schlugen fehl. Die meisten der Arbeitskräfte flohen bei der erstbesten Gelegenheit von den Plantagen und suchten nach eigenem Land. Was die Plantagen wirklich zu einer Profitquelle machte, war die Sklaverei.

Die Kaufleute und Plantagenbesitzer Nordamerikas unterhielten enge Beziehungen zum britischen Handelskapital. Die große Mehrheit der Siedler:innen Nordamerikas hatte jedoch keine solchen Verbindungen. Sie waren nach Amerika gekommen, um der Armut zu entfliehen und Land und Arbeit zu finden. Viele hatten in Europa unter politischer oder religiöser Verfolgung gelitten und sie schickten nichts dorthin zurück. Ihre Überzeugungen waren wichtiger für sie als das Land ihrer Herkunft. Dies war ein wichtiger Faktor für die Unabhängigkeitsbestrebungen.

Für das Handelskapital waren diese Siedler:innen von wenig Nutzen. Sie produzierten nichts, das man für Profit nach Europa hätte exportieren können, und sie kauften kaum etwas aus Europa. Sie waren großteils selbstversorgend. Die Industriellen Großbritanniens drückten schon früh Sorge über die Entwicklung in Nordamerika aus, da sie einen mächtigen Rivalen entstehen sahen. Anfang des 18. Jahrhunderts erhob die britische Regierung erstmals Zollgebühren für Importe, was die Spannungen mit den nordamerikanischen Siedler:innen nur verschärfte.

Im Allgemeinen war die Beziehung zwischen der Siedlergemeinde und den europäischen Mächten ambivalent. Einerseits waren die Siedler:innen die Agenten der Kolonialmächte vor Ort. Sie verwalteten die Kolonien und schlugen jede Form des Widerstands mit rücksichtsloser Brutalität nieder. Andererseits strebten sie nach Unabhängigkeit. Sie entwickelten eine eigene nationale Identität und sahen die europäischen Staaten als Besatzungsmächte, die sie ihres Reichtums bestahlen. Es mag zu den großen Ironien der Geschichte gehören, dass die Siedler:innen antikolonial wurden. Das war nicht auf Nordamerika beschränkt. In Südafrika führten die Buren, die aus den Niederlanden gekommen waren, erbitterte Kriege mit dem britischen Militär über die Kontrolle der Region und ihrer Reichtümer. Die Buren beriefen sich dabei auf einen revolutionären Republikanismus.

Bis Ende des 19. Jahrhunderts war die Ökonomie Nordamerikas vor allem von zwei Aspekten gekennzeichnet: einem Überschuss an Land und einem Mangel an Arbeitskraft. Diese Aspekte waren eng miteinander verbunden. Die Arbeitskraft war teuer, weil das Land billig war. Marx schrieb 1865: »Daher der relativ hohe Lohnstandard in den Vereinigten Staaten. Das Kapital kann dort sein Äußerstes versuchen. Es kann nicht verhindern, daß der Arbeitsmarkt ständig entvölkert wird durch die ständige Verwandlung von Lohnarbeitern in unabhängige, selbstwirtschaftende Bauern.«[59] 1759 klagte der Gouverneur von Virginia, Francis Fauquier, über die Schwierigkeit, Soldaten zu rekrutieren: »Jeder Mann in dieser Kolonie hat Land, und niemand außer den N---- arbeitet.«[60]

Während der frühen Kolonisierung Nordamerikas bildete die Landwirtschaft das Rückgrat der Ökonomie. Die landwirtschaftlichen Produkte Neuenglands wurden primär für den lokalen Konsum genutzt, Weizen und Fisch jedoch in die englischen Kolonien Westindiens exportiert. Die Landwirtschaft des Südens war fast ausschließlich exportorientiert. In Virginia und Maryland gab es eine enorme Menge an Tabakplantagen. Die Blätter wurden exklusiv nach England verschifft, von wo aus sie, zur großen Frustration der Tabakfarmer, steuerfrei an die Länder des europäischen Kontinents verkauft wurden. Auch der Reis aus den Sümpfen South Carolinas wurde exklusiv nach England exportiert und von dort nach Deutschland und Italien weiterverkauft, zu einem billigeren Preis, als ihn die Konkurrenz in Ägypten anbie-

59 Karl Marx, *Lohn, Preis und Profit*, 1865.

60 Richard Hofstadter, *America at 1750: A Social Portrait* (New York: Vintage, 1973), 161.

ten konnte. South Carolina exportierte auch Indigo, das für die Färbung von Textilwaren von großer Bedeutung war. Ein Problem für die Plantagen im Süden war der Mangel an Arbeitskraft; das Problem wurde schließlich durch die Sklaverei behoben. Zwischen 1700 und 1781 kamen 256.000 Sklav:innen in den Häfen Nordamerikas an. Im Vergleich mit den westindischen Inseln war diese Zahl bescheiden, denn es gab einen wichtigen Unterschied: In Westindien wurden Sklav:innen gezwungen, sich buchstäblich zu Tode zu arbeiten und durch neue ersetzt; in Nordamerika versuchten Plantagenbesitzer, die Sklavenbevölkerung zu reproduzieren.

Die Plantagenkolonien Nordamerikas waren eng mit dem britischen Handelskapital verknüpft, wurden aber im Gegensatz zu den Kolonien Westindiens nicht von den britischen Handelsgesellschaften regiert. Die Siedler:innen Nordamerikas verlangten, von der britischen Regierung mit Respekt behandelt zu werden.

### *Frankreich in Nordamerika*

Die politische Situation in Nordamerika war nicht nur von Spannungen zwischen Siedler:innen und der britischen Krone gekennzeichnet. Es gab auch Konflikte zwischen rivalisierenden europäischen Mächten. Die Niederlande hatten in den 1660er-Jahren Nieuw Amsterdam (das heutige New York) an England verloren. Sie waren von diesem Zeitpunkt an kein Faktor mehr in der Kolonisierung des Kontinents. Frankreich hatte eine weit stärkere Präsenz. Die meisten französischen Siedler:innen lebten als Jäger und Kaufleute in Kanada. 1608 gründeten sie die Stadt Quebec. Viele ließen sich entlang des Sankt-Lorenz-Stroms und rund um die Großen Seen nieder. Von dort folgten einige dem Mississippi Richtung Süden und gründeten an dessen Delta New Orleans.

Die Kolonialpolitik Frankreichs in Nordamerika unterschied sich von der englischen. Religiöse Konflikte spielten in beiden Ländern eine Rolle. Protestanten kämpften gegen Katholiken. Doch in Frankreich behielten die Katholiken die Oberhand. Als der Hugenotte Henry IV. zum König gekrönt wurde, konvertierte er mit dem berühmten Spruch »Paris ist eine Messe wert« zum Katholizismus. Kardinal Richelieu, die rechte Hand des Königs, etablierte ein absolutistisches Regime, in dem die feudalen Kräfte die noch relativ schwache Bourgeoisie im Zaum hielten. Für die französischen Kolonien bedeutete dies, dass sie von Frankreich aus mit eiserner Hand regiert wurden.

Die französischen Kolonien in Nordamerika erstreckten sich über ein enormes Gebiet, waren aber dünn besiedelt. Es bedurfte vieler Soldaten, um sie zu schützen. Ökonomisch waren sie eher unbedeutend. Die Siedler:innen gingen zur Jagd, handelten mit Pelzen und Holz und fingen Fische im Sankt-Lorenz-Golf. Im Vergleich mit den englischen Siedler:innen waren die französischen eindeutig in der Minderheit. Im Jahr 1700 standen 15.000 von ihnen 360.000 englischstämmigen gegenüber. Aber die französischen Besitztümer umringten die englischen und verhinderten deren Ausdehnung in westlicher, nördlicher und (zum Teil) südlicher Richtung. England und Frankreich waren es gewohnt, in Europa gegeneinander in den Krieg zu ziehen. Jetzt war es an der Zeit, dies auch in Nordamerika zu tun.

Im Frieden von Utrecht, der 1713 den Spanischen Erbfolgekrieg beendete, verpflichtete sich Frankreich Neufundland und Nova Scotia der englischen Krone zu überlassen. Beide Länder erhoben jedoch Anspruch auf Ohio. 1752 brach ein Krieg um das Gebiet aus, der sich fast ein Jahrzehnt lang hinziehen sollte. Anfangs hatte die englische Siedlerarmee keine Chance gegen die französischen Truppen, aber 1757, als England seine Kriegsflotte schickte, um die Seewege der französischen Marine zu blockieren, wendete sich das Blatt. Außerdem kämpften nun auch ausgebildete Soldaten auf englischer Seite. Mit der vernichtenden Niederlage der französischen Truppen in der Schlacht auf der Abraham-Ebene bei Quebec 1759 war der Krieg zugunsten Englands entschieden. Frankreich musste weitere Gebiete in Kanada sowie Louisiana östlich des Mississippi abtreten. Spanien, das Frankreich unterstützt hatte, verlor mit Florida sein einziges Besitztum in Nordamerika. England kontrollierte nun ein Gebiet von der Hudson Bay im Norden bis zur Halbinsel Florida im Süden, und vom Atlantik im Osten bis zum Mississippi im Westen. Frankreich war nie mehr in der Lage, die englische Vorherrschaft in Nordamerika infrage zu stellen.

### *England in Nordamerika*

Als es gegen den gemeinsamen Feind Frankreich ging, kämpften englische Siedler:innen und englische Regierungstruppen Seite an Seite. Doch es handelte sich um ein reines Zweckbündnis. Die ökonomischen Interessen der Siedler:innen und der englischen Regierung waren sehr unterschiedlich. Das englische Handelskapital versuchte, in Nordamerika Monopole durchzusetzen. Damit zogen sie den Zorn der Siedler:innen auf sich, die mittlerweile viele der Waren, die in England produziert wurden, selbst produzierten. Die englische Regierung wiederum störte sich an dem Handel der Siedler:innen in der Karibik, wo sie landwirtschaftliche Produkte und Fisch billiger verkauften als die Konkurrenz aus dem Mutterland. Die Siedler:innen importierten außerdem Zucker, Rum, Tabak und andere Waren aus der Karibik, ohne die Hilfe englischer Handelsunternehmen in Anspruch zu nehmen. Versuche der englischen Regierung, den direkten Handel zwischen Nordamerika und der Karibik mithilfe eines strengen Regelwerks und hoher Gebühren zu unterbinden, schlug fehl. Das Resultat waren ein kaum verhohlener Schleichhandel und immer weiter zunehmende Spannungen zwischen der Siedlergemeinde und der englischen Regierung.

Auch was den Grundbesitz betraf, hatten die Siedler:innen und die englische Regierung unterschiedliche Auffassungen. Als nach dem Sieg über Frankreich die neu gewonnen Gebiete aufgeteilt werden sollten, wurde dies besonders deutlich. Die Farmer Neuenglands, die Plantagenbesitzer des Südens und die Kaufleute der Kolonien beanspruchten alle Ländereien für sich, doch das taten auch englische Kapitalisten. Die englische Regierung löste die Streitigkeiten, indem sie die Gebiete selbst in Besitz nahm. Es folgte eine Phase wilder Grundspekulation, von der neben den englischen Kapitalisten auch privilegierte Gruppen unter den Siedler:innen profitierten (Kaufleute, Großgrundbesitzer und Staatsbeamte). Der Großteil der Siedler:innen profitierte jedoch nicht. Ihnen bestätigte das Vorgehen der englischen Krone eher, dass sie von Allianzen mit dem Mutterland wenig erwarten konnten.

Der Krieg mit Frankreich hatte in Neuengland zu einem ökonomischen Aufschwung geführt. Aus Europa floss viel Geld, um die Löhne der Soldaten zu bezahlen und ihre Versorgung sicherzustellen. Kaufleute nutzten den Wirrwarr des Krieges für lukrativen Handel mit allen Seiten. Für England war der Krieg teuer. Um einen Teil der Kosten zu decken, wurden 1767 neue Handelszölle eingeführt. Ein eigens dafür in Boston eingerichtetes Büro sollte diese erheben. Doch die Plantagenbesitzer, Kaufleute und Farmer der Siedlergemeinde waren in ihrem Widerstand gegen die Zölle vereint. Das Mutterland, so schien es, hatte kein anderes Interesse, als sie auszubeuten. Im Dezember 1773 erreichte der Konflikt mit der sogenannten Boston Tea Party seinen Höhepunkt. Als Handelsschiffe der Britischen Ostindien-Kompanie im Bostoner Hafen anlegten, um Tee auszuladen, kam es zu einem Streit um die Zollgebühren. Siedler:innen, als Mohawk verkleidet, stürmten die Schiffe und warfen 342 Truhen mit Tee ins Meer.

Die Konflikte zwischen der englischen Regierung und den Siedler:innen waren damit nicht zu Ende. Als die englische Regierung 1776 zusätzliche Truppen zur Aufrechterhaltung der Ordnung in die Kolonien schickte, erklärten die Siedler:innen ihre Unabhängigkeit. Es folgte der Amerikanische Unabhängigkeitskrieg, in dem die Siedlergemeinde im Kampf gegen das britische Militär und deutsche Söldner von französischen und spanischen Truppen unterstützt wurde. Vor allem die gut ausgebildeten französischen Truppen stellten sicher, dass die Siedler:innen zunehmend die Oberhand gewannen. 1783 wurde in Paris ein Waffenstillstand unterschrieben. England musste die Unabhängigkeit der Vereinigten Staaten von Amerika akzeptieren, behielt jedoch Kanada. Florida ging wieder an Spanien.

### *Der Aufstieg der USA zur Weltmacht*

Wie sahen die Klassenverhältnisse in den unabhängigen Vereinigten Staaten aus? Der Anteil der afrikanischen Bevölkerung lag bei ungefähr 20 Prozent, variierte jedoch stark von Region zu Region. In Neuengland lag er bei weniger als 3 Prozent, in New York bei 14 Prozent und in South Carolina bei 60 Prozent. Die europäischen Siedler:innen konnten in die folgenden Gruppen unterteilt werden: 10 Prozent Kapitalisten, Kaufleute und Plantagenbesitzer; 20 Prozent urbane Mittelschicht und Großfarmer; 40 Prozent Kleinfarmer; 10 Prozent Handwerker; 15 Prozent Hilfsarbeiter, die versuchten, eigenes Land zu bekommen; 5 Prozent Industriearbeiter. Das heißt, dass rund 80 Prozent der Siedler:innen zum Bürgertum und Kleinbürgertum gehörten. In der gesellschaftlichen Hierarchie unter den europäischen Siedler:innen standen die Immigrant:innen aus Lateinamerika und Asien sowie die Sklav:innen. Die europäischen Siedler:innen formten die Arbeiteraristokratie.

Anfang des 19. Jahrhunderts war die US-Ökonomie ein Spiegelbild der Weltökonomie. In England war es mithilfe des Kolonialismus zur Industrialisierung gekommen. In den USA kam es nun mithilfe eines internen Kolonialismus (Unterdrückung der indigenen Bevölkerung und Sklaverei) zur Industrialisierung.

Die Sklaverei wird meist mit den Baumwolle- und Tabakplantagen im Süden der USA in Verbindung gebracht. Doch die Sklaverei war lange vor der Blütezeit der Plantagenwirtschaft ein zentraler Bestandteil der nordamerikanischen Ökonomie. Niederländische Siedler:innen beuteten Sklavenarbeit in der Bau- und Landwirtschaft aus, und Sklav:innen dienten im ganzen Land als Dienstboten und Haushaltshilfen. 1820 gab es etwa zwei Millionen Sklav:innen in den USA. Ihr Gesamtwert wurde auf mehr als eine Milliarde US-Dollar geschätzt, das heißt, ungefähr 20 Prozent des Werts aller Besitztümer des Landes. Die Sklaverei war vollständig in die kapitalistische

Ökonomie integriert. Der Sklavenhandel und die Plantagenwirtschaft waren lukrativ und wurden von einem boomenden amerikanischen Banken- und Finanzsektor finanziert. Baumwolle war weltweit der wichtigste Rohstoff. Die Ökonomin Susan Grigsby schreibt:

> »1860 produzierte Sklavenarbeit im Süden der USA 88 Prozent der Baumwolle, die in britischen Textilfabriken verarbeitet wurde. ... Im Jahr 1802 machte Baumwolle 14 Prozent der US-Exporte aus. 1860 waren es 61 Prozent. Der US-Anteil am globalen Baumwollmarkt stieg von 1 Prozent 1801 auf 66 Prozent 1860.«[61]

Die US-Kontrolle des Weltmarkts für Baumwolle war ein deutliches Indiz für den Aufstieg der USA zur Supermacht im kapitalistischen Weltsystem.

Für den afroamerikanischen Theoretiker W.E.B. Du Bois waren Kapitalismus und Rassismus direkt miteinander verbunden. Die US-Baumwolle wurde von versklavten Afrikaner:innen auf dem Land produziert, von dem die indigenen Gesellschaften vertrieben worden waren. Die Sklaverei war eine kapitalistische Institution. In *Black Reconstruction in America* schrieb Du Bois 1935:

> »Schwarze Arbeit legte den Grundstein nicht nur für die gesellschaftliche Struktur des Südens, sondern auch für die Warenproduktion und den Handel des Nordens, und darüber hinaus für die Fabriken Englands, den Handel Europas, den Handel weltweit. Ganze Städte wurden mithilfe von Schwarzer Arbeit aus dem Boden gestampft.«[62]

Du Bois sah Schwarze Arbeiter:innen einer doppelten Unterwerfung ausgesetzt: der Unterwerfung unter das Kapital und der unter die weiße Bevölkerung. Die Sklavenplantagen Mississippis, die Finanzinstitutionen Manhattans und die Fabriken Manchesters gehörten alle zu ein- und demselben System. Die Geschichte der weißen Arbeiterklasse ist eng mit den Privilegien des Weißseins verbunden. Du Bois schrieb von den »Löhnen des Weißseins«, die allen Weißen zukamen, egal welcher Klasse, egal ob in Mississippi, Manhattan oder Manchester. Die weiße Arbeiterklasse in den USA beschwor die Idee der Freiheit, doch rassistische Praktiken und Gesetze waren gang und gäbe.

Zwischen 1790 und 1860 stieg die Bevölkerung der USA von 4 auf 32 Millionen Menschen an. Abertausende von Immigrant:innen kamen in das

---

61 Susan Grigsby, »Review of E. Baptist: The Half Has Never Been Told: Slavery and the Making of American Capitalism«, September 2014, www.dailykos.com.

62 W.E.B. Du Bois, *Black Reconstruction in America, 1860-1880* (New York: Atheneum, 1962 [1935]), 5. Zu den Verbindungen zwischen Rassismus, Kolonialismus und Kapitalismus siehe auch Kelly, *Biopolitical Imperialism*, a.a.O.

nun unabhängige Land, um ein neues, besseres Leben zu beginnen. Sie siedelten sich im ganzen Land an, selbst in den entlegensten Gebieten. Präsident Thomas Jefferson erklärte 1801:

> »Auch wenn wir uns im Moment auf die Gebiete unter unserer Kontrolle konzentrieren müssen, kommen wir nicht umhin, an die Zukunft zu denken, wenn unsere rasche Vermehrung uns unweigerlich über die Grenzen dieser Gebiete hinaustreiben wird. Wir werden den gesamten nördlichen Kontinent, vielleicht auch den südlichen einnehmen. Alle Menschen werden dieselbe Sprache sprechen und denselben Gesetzen unterliegen.«[63]

Wenige Jahre später wurde diese Haltung in der Monroe-Doktrin offiziell verankert. Der Monroe-Doktrin zufolge sollten die USA das europäische Erbe in ganz Amerika verteidigen. Die unausgesprochene Implikation war, dass die USA den gesamten Kontinent, Nord und Süd, beherrschen müssen.

### *Industrie und Landwirtschaft*

Die ökonomische Entwicklung der USA im 19. Jahrhundert war gekennzeichnet von einem Überfluss an Land und einem Mangel an Arbeitskraft (vor allem gelernter Arbeitskraft). Wurden Arbeitskräfte zu schlecht entlohnt, konnten sie sich in den Westen aufmachen und nach Land suchen. Das führte zu Löhnen, die doppelt so hoch waren wie die in England. In der zweiten Hälfte des 19. Jahrhunderts lag der Durchschnittslohn in den USA immer noch 50 Prozent über den Durchschnittslöhnen in den europäischen Ländern, obwohl die meisten der US-Arbeitskräfte ungelernt waren. Europäische Facharbeiter hatten wenig Grund zu emigrieren, da sie relativ gut bezahlte Arbeit zuhause finden konnten.[64]

Der Mangel an Arbeitskraft in den USA trieb die technologische Entwicklung voran, da diese half, Arbeitskraft zu sparen. Die USA setzten neue Standards, was das Ersetzen manueller durch maschinelle Arbeit betraf, sowohl in der Industrieproduktion als auch in der Landwirtschaft. Stahlpflüge waren ein Verkaufshit. Die US-Pflüge, die bei der ersten Weltausstellung 1851 in London ausgestellt wurden, waren den in Europa produzierten weit überlegen. Eine der wichtigsten neuen Maschinen war der von Pferden gezo-

63 Thomas Jefferson, Brief an den Gouverneur von Virginia James Monroe Washington, 24. November 1801, zitiert nach: Paul Leicester (Hg.), *Works of Jefferson, Vol. IX* (New York: G.P. Putnam's Sons, 1892), 315.

64 Adam Smith schrieb in *Der Wohlstand der Nationen* (1776): »England ist gegenwärtig sicher ein viel reicheres Land als irgendein Teil von Nordamerika. Der Arbeitslohn steht aber in Nordamerika weit höher als in irgendeinem Teile Englands.«

gene Mähdrescher. Er war 1833 von Cyrus McCormick erfunden worden, einem schottischen Einwanderer. 1855 wurden mehr als 10.000 dieser Mähdrescher in den USA eingesetzt. Sie wurden in Chicago von der International Harvester Company produziert, noch heute ein führendes Unternehmen in der Herstellung landwirtschaftlicher Maschinen. Der McCormick-Mähdrescher verdoppelte die Produktivität einer landwirtschaftlichen Arbeitskraft und löste das Problem des Arbeitsmangels während der Erntesaison. Mechanische Drescher und Sämaschinen waren schon in den 1830er-Jahren eingeführt worden, zu einer Zeit, als sie in Europa praktisch unbekannt waren. Die maschinellen Innovationen krempelten die US-Landwirtschaft grundlegend um: An der Ostküste dominierten nun große industrielle Farmen. Kleinfarmer gingen in Konkurs oder versuchten, im Westen neu anzufangen.

Die Steigerung landwirtschaftlicher Produktivität war eine Bedingung für die Industrialisierung der USA. Die landwirtschaftliche Produktion war nun so weit fortgeschritten, dass Überschüsse exportiert werden konnten, was zum weiteren Wachstum der US-Wirtschaft beitrug. Doch die Industrialisierung der Landwirtschaft bedeutete auch das Ende der Selbstversorgung. Vor der industriellen Revolution in den USA kam das meiste, was die Siedler:innen benötigten, aus eigener Produktion. Auf praktisch allen Farmen wurde auch Handwerk betrieben. Nun konzentrierten sich selbst die Kleinfarmer, die es noch gab, ausschließlich auf die Landwirtschaft, da diese profitabler geworden war. Zudem wurden viele der Waren, die früher zuhause hergestellt wurden, nun billiger in Fabriken hergestellt (und das aus langlebigeren Materialien). Aus selbstversorgenden Farmern waren Konsumenten landwirtschaftlicher Maschinen und industrieller Waren geworden.

Davon profitierte zunächst auch die englische Industrie, die Konsumwaren in die USA exportierte. Doch das änderte sich bald aus zwei Gründen: Erstens erließ die US-Regierung protektionistische Maßnahmen, und zweitens konkurrierte die US-Industrie bald mit der englischen. Auch hier war – paradoxerweise – der Grund der Mangel an gelernter Arbeitskraft bzw. das hohe Lohnniveau. Wie die Farmer waren auch die amerikanischen Industriellen gezwungen, den Mangel an Arbeitskraft mit mechanischen Innovationen zu kompensieren. In den 1840er-Jahren wurde das Fließband in den Schlachthäusern Chicagos eingeführt. Kadaver hingen an einem Haken von einem Drahtseil, das sich von Arbeitskraft zu Arbeitskraft bewegte. Eine schnitt die Kadaver auf, eine andere entnahm das Herz, eine dritte schnitt ein Bein ab usw., bis das ganze Fleisch zerteilt, gesalzen und verpackt war. Alle

Teile der Tiere wurden verwendet. Woraus sich kein Nahrungsmittel machen ließ, daraus machte man Lederprodukte, Seifen oder Kerzen.

Das Fließband wurde bald auch in anderen Branchen eingeführt. Der Waffenproduzent Eli Whitney begann, Waffen mit austauschbaren Standardteilen zu produzieren, nachdem er von der Regierung einen Auftrag über die Lieferung von 10.000 Gewehren bekommen hatte. In der Regel wurde jedes Gewehr damals aus Teilen zusammengebaut, die ein Büchsenmacher individuell herstellte und zusammensetzte. Whitney fand nicht genug gelernte Büchsenmacher, um die Bestellung zeitgerecht liefern zu können. Also entwickelte er Maschinen, die mit einer solchen Genauigkeit Standardteile produzierten, dass diese von ungelernten Arbeitskräften zusammengesetzt werden konnten. 1850 besuchte eine Delegation des britischen Parlaments Eli Whitneys Waffenfabrik. Whitney nahm zwei Gewehre auseinander und befahl einem seiner Arbeiter, sie wieder zusammenzusetzen. Die britischen Delegierten waren beeindruckt: Ein amerikanischer Arbeiter konnte nun 50 Gewehre pro Tag zusammenbauen. Ein britischer Büchsenmacher schaffte zwei. Ein Paradebeispiel für das Ersetzen manueller durch maschinelle Arbeit.

Bald wurden Standardteile für die Produktion aller möglichen Waren verwendet: Schlösser, Uhren, Nähmaschinen, Schreibmaschinen und Werkzeuge. Das Handwerk wurde durch diese Form der Massenproduktion praktisch ausgelöscht. Eine der ersten massenproduzierten Konsumwaren war der Eisenofen. Mehr als eine Million von ihnen wurden in den 1850er-Jahren in US-Fabriken hergestellt. Auch Möbel wurden massenproduziert. Der Möbelmarkt war sehr lukrativ, da immer mehr Menschen in die Städte zogen, wo sie ihre neuen Wohnungen einzurichten hatten.

Die industrielle Massenproduktion war nicht nur aufgrund technologischer Innovationen möglich geworden, sondern auch aufgrund einer immer effektiveren Organisation der Arbeit. James Bonsack erfand eine Maschine, die 120.000 Zigaretten pro Tag rollen konnte. Nachdem die American Tobacco Company sie als erstes Unternehmen einsetzte, dominierte sie bald die gesamte Tabakindustrie.

Mechanisierung und eine effiziente Arbeitsorganisation waren zentrale Faktoren im Aufstieg der US-Industrie und des US-Kapitals. Aber es gab weitere wichtige Faktoren: der heimische Markt wuchs und stellte sicher, dass sich die Investitionen in die Massenproduktion lohnten; eine Stärkung der Bundesregierung bedeutete die Abschaffung von Handelszöllen zwischen den Bundesstaaten; die Bundesregierung investierte enorm in die Infrastruktur des Landes und ließ Straßen, Eisenbahnlinien und Kanäle bauen; und es wurde eine gemeinsame Währung eingeführt.

Noch vor Ende des 19. Jahrhunderts überholte die industrielle Produktivität der USA jene Englands, der Wiege des Industriekapitalismus. Der US-Markt hatte auch stärkere Kaufkraft. Eine neue kapitalistische Supermacht war geboren.

### *Sklaverei, Migration und Imperialismus*

Die Profitraten des US-Kapitals im 20. Jahrhundert beruhten auf der Ausbeutung eines internen und eines externen Proletariats. Vor dem Zweiten Weltkrieg waren die meisten Gebiete Asiens und Afrikas unter europäischer Kontrolle. Der US-Außenhandel konzentrierte sich auf Lateinamerika und die Karibik. Obwohl es auch dort europäische Konkurrenz gab, dominierten die USA den Markt.

Das spanische Kolonialreich war Ende des 19. Jahrhunderts endgültig auseinandergefallen. Im Spanisch-Amerikanischen Krieg von 1898 eroberten die USA Puerto Rico, Kuba und die Philippinen. Aufgrund der dortigen Befreiungsbewegungen hatte Spanien die Kontrolle über die Gebiete de facto schon vorher verloren. Die Befreiungsbewegungen stellten während des Krieges ein größeres Problem für die USA dar als für die spanischen Truppen. Das galt besonders auf den Philippinen. Die USA schickten mehr als die Hälfte ihrer verfügbaren Truppen, 1,2 Millionen Mann, in das Land, um die Unabhängigkeitsbewegung niederzuschlagen. Der unbarmherzige Krieg dauerte drei Jahre. Eine Million Menschen verlor in ihm ihr Leben. Während die europäischen Regierungen Afrika unter sich aufteilten, dehnten die USA ihre Peripherie von Lateinamerika bis weit in den Pazifischen Ozean aus.

Während der Eroberung der Philippinen baute das US-Militär auf Erfahrungen auf, die es während der Niederschlagung indigener Aufstände in Amerika gesammelt hatte. Während der sogenannten Indian Wars hatte man es auf die Zerstörung der gesamten indigenen Kultur abgesehen. Dasselbe tat man nun auf den Philippinen. Es war eine in den Siedlerkolonien Nordamerikas entwickelte imperialistische Taktik, die im Laufe des 20. Jahrhunderts im Zuge der zahlreichen ausländischen Interventionen des US-Militärs immer wieder angewandt wurde. Sie garantierte die Ausbeutung eines externen Proletariats.

Das interne US-Proletariat war im 19. Jahrhundert stark angewachsen. Zwischen 1830 und 1860 kamen 4,5 Millionen neuer Einwander:innen ins

Land. Zwei Drittel von ihnen waren irischer oder deutscher Herkunft, und die meisten hatten in ihren Heimatländern zur industriellen Reservearmee gehört. Viele Menschen in Europa machten während der industriellen Revolution harte Zeiten durch. In Irland gab es eine enorme Arbeitslosigkeit und die verheerende Hungersnot der 1840er-Jahre. Auch die boomende US-Wirtschaft übte Druck auf Europa aus. In den USA landeten die neuen irischen, deutschen, italienischen und polnischen Arbeiter:innen neben Kolleg:innen aus Afrika, Lateinamerika und Asien. Die privilegierten Posten der Facharbeiter und Vorarbeiter blieben angelsächsischen Siedler:innen vorbehalten. Diese bekamen die höchsten Löhne aller Arbeiter:innen – nicht nur in den USA, sondern weltweit.

Die Sklaverei war in den USA 1865 offiziell abgeschafft worden. Doch befreite Sklav:innen hatten nach wie vor mit dem tief verwurzelten Rassismus zu kämpfen. Die entsprechenden gesellschaftlichen Hierarchien verschwanden nicht mit der Institution der Sklaverei. Schwarze Arbeiter:innen waren oft gewaltsamen Angriffen weißer Arbeiter:innen ausgesetzt, da diese sie nun als Konkurrenten auf dem Arbeitsmarkt wahrnahmen. Für Neuankömmlinge aus Europa war ›Weißsein‹ eine Art symbolisches Kapital, das höhere Löhne und bessere Arbeitsbedingungen versprach.

Anfang des 20. Jahrhunderts ließ sich die amerikanische Arbeiterklasse in drei wesentliche Kategorien aufteilen: An der Spitze der Pyramide befand sich die euroamerikanische Arbeiteraristokratie, eine privilegierte Schicht von Facharbeitern, die etwa 25 Prozent der industriellen Arbeiterklasse ausmachte, ein Monopol auf die bestbezahlten Jobs hatte und in der *American Federation of Labor* (AFL) gewerkschaftlich organisiert war. Ein Ebene darunter lag die jüngste Generation europäischer Einwander:innen, die 50 bis 75 Prozent der industriellen Arbeiterklasse ausmachten, in den großen Städten des Nordens wohnten, ungelernt, schlecht bezahlt und von den Gewerkschaften ausgeschlossen waren und keine Aussichten auf die besten Jobs hatten. Am untersten Ende kam schließlich das koloniale Proletariat, das aus afrikanischen, lateinamerikanischen und asiatischen Arbeitskräften bestand. Sie erledigten die härtesten Arbeiten in den Fabriken und Bergwerken, auf den Feldern und Baustellen und entlang der Eisenbahnlinien und bekamen dafür den geringsten Lohn. Die Baumwollindustrie, die immer eine zentrale Rolle für die US-Ökonomie gespielt hatte, war weiterhin von Schwarzer Arbeitskraft abhängig. Zwischen 1870 und 1910 verdreifachte sich die Baumwollproduktion und machte 25 Prozent der US-Exporte aus. Schwarze

Arbeitskraft war auch für die Kohlebergwerke Alabamas und die Stahlindustrie von großer Bedeutung. Im Südwesten arbeiteten mexikanische, asiatische und indigene Arbeitskräfte in der Landwirtschaft, oft auf Rinderfarmen und Schaffarmen, sowie in der Serviceindustrie.

Wer zum kolonialen Proletariat gehörte, verdiente etwa vier Dollar pro Woche. Die ungelernten europäischen Arbeiter:innen verdienten sechs bis zehn Dollar. Die Angehörigen der Arbeiteraristokratie fünfzehn bis zwanzig Dollar. Einer der Gründe für die relativ hohen Löhne der Arbeiteraristokratie war die Ausbeutung der anderen Arbeitskräfte, also jener, die nicht der Arbeiteraristokratie angehörten. In Europa existierte diese Aufteilung nicht in gleicher Weise.

Nach der Unabhängigkeit von England bauten die Siedler:innen in den USA eine starke Volkswirtschaft auf. Nordamerika wurde von einer Peripherie im kapitalistischen Weltsystems zum neuen Zentrum. Die USA hatten Anfang des 20. Jahrhunderts alle Voraussetzungen für eine rasche kapitalistische Entwicklung: einen großen heimischen Markt, starke Kaufkraft und hohe industrielle Profite. Der Wertfluss, der notwendig war, um protektionistische Maßnahmen aufrechtzuerhalten und die (weiße) Arbeiteraristokratie zufriedenzustellen, wurde durch die Privatisierung der Commons indigener Gesellschaften, die Ausbeutung des internen Proletariats und imperialistische Vorstöße in die Karibik, nach Lateinamerika und in die Pazifik-Region ermöglicht.

Die Transformation der USA von Kolonie zu imperialer Supermacht änderte die Machtstruktur des globalen Kapitalismus. 1913 war die weltweite Industrieproduktion sieben Mal so hoch wie 1860. Es gab jedoch bedeutende nationale Unterschiede: In England war sie um das Dreifache gestiegen, in Frankreich um das Vierfache, in Deutschland um das Siebenfache und in den USA um das Zwölffache. Die Tage Englands als globales Zentrum der Industrieproduktion waren gezählt.

## 2. Nationalismus und Internationalismus

In der frühen sozialistischen Bewegung spielte der Internationalismus eine zentrale Rolle. Marx und Engels prophezeiten im *Kommunistischen Manifest*, dass die nationalen Differenzen zwischen Menschen schrittweise verschwinden würden.[65] Das geschah nicht. Später verstand Marx, wie sehr Nationalismus und Kolonialismus die Arbeiterklasse spalteten. Der Mangel internationaler Solidarität enttäuschte ihn, zumal der Internationalismus als sozialistisches Ideal rhetorisch hochgehalten wurde.

Für Lenin war die Etablierung des Sozialismus gleichbedeutend mit der Weltrevolution. Er glaubte nicht, dass der sowjetische Staat würde überleben können, wenn sich die Revolution nicht auf Westeuropa ausdehnte.

Im Laufe des 19. Jahrhunderts war der Nationalismus, in Zusammenhang mit der Etablierung der Nationalstaaten, zu einem wesentlichen Faktor politischer Beziehungen geworden. Der Kolonialismus befeuerte die nationalen Rivalitäten. In der europäischen Bevölkerung fand er breite Unterstützung. Die ›Einheit der Nation‹, die man selbst in Anspruch nahm, wollte man Nationen außerhalb Europas nicht zugestehen.

Der Widerspruch zwischen Nationalismus und Internationalismus verursachte innerhalb der sozialistischen Bewegung zahlreiche Spannungen. In einer der mächtigsten Nationen Europas, nämlich in Deutschland, war das besonders deutlich.

### Der deutsche Imperialismus

Bis Mitte des 19. Jahrhunderts waren die deutschen Gebiete feudal und rückständig. Als sie sich 1871 zu einem deutschen Nationalstaat vereinten, bewegte sich dieser von einer semi-peripheren Position im kapitalistischen Weltsystem rasch Richtung Zentrum. Das kapitalistische Weltsystem war dank des britischen Kolonialismus stark und konnte sich eine Ausdehnung des Zentrums leisten. Die Junker, die adeligen Großgrundbesitzer Deutsch-

65 »Die Arbeiter haben kein Vaterland. Man kann ihnen nicht nehmen, was sie nicht haben. ... Die nationalen Absonderungen und Gegensätze der Völker verschwinden mehr und mehr schon mit der Entwicklung der Bourgeoisie, mit der Handelsfreiheit, dem Weltmarkt, der Gleichförmigkeit der industriellen Produktion und der ihr entsprechenden Lebensverhältnisse.« (Marx/Engels, *Das Manifest der kommunistischen Partei*, a.a.O.)

lands, wurden durch Nahrungsmittelexporte in das britische Weltreich sehr wohlhabend. Die deutsche Wirtschaft profitierte davon und sowohl der Industrie- als auch der Finanzsektor entwickelten sich rasch. Die Exporte stiegen zwischen 1840 und 1870 um 500 Prozent. Das Bürgertum wurde ein Machtfaktor. Als die führenden Industrienationen jener Zeit – England, Frankreich, die Niederlande und Belgien – Ende des 19. Jahrhunderts von ökonomischen Krisen heimgesucht wurden, übernahmen die USA und Deutschland die Vormachtstellung.

Sowohl die deutschen Großgrundbesitzer als auch die Industriellen verlangten von der Regierung, Kolonien zu etablieren, um Zugang zu Rohstoffen und Kolonialwaren wie Gummi, Pflanzenöl und Textilien zu erhalten. Das wurde als notwendig erachtet, um in der Konkurrenz mit England, Frankreich und den USA weiter bestehen zu können. Feldmarschall Paul von Hindenburg, später Präsident des Deutschen Reichs, war ein großer Fürsprecher des deutschen Kolonialismus. Andere Befürworter verwendeten gerne die Argumente Cecil Rhodes', darunter der Reiseschriftsteller Ernst von Weber, der unermüdlich für deutsche Kolonien agitierte. Weber meinte, dass sich nur so die Probleme der Überproduktion und Überbevölkerung lösen ließen; ansonsten sei eine gewaltsame Revolution in Deutschland unausweichlich.

Ende des 19. Jahrhunderts hatte Deutschland eine starke Handelsflotte aufgebaut. Sie operierte hauptsächlich im Mittelmeer, in Konkurrenz mit englischen und französischen Handelsschiffen, hatte aber Außenposten, die bis zur Südküste Chinas reichten. Auch die deutsche Kriegsflotte war mächtig. 1906 konnte Deutschland auf eine Reihe von Kolonien verweisen: Ostafrika (das heutige Tansania), Südwestafrika (das heutige Namibia), Kamerun, Neuguinea, Togo, die Karolinen, Palau, die Marianas, die Marshallinseln, Samoa und Kiautschou in China. In manchen dieser Kolonien ließen sich deutsche Siedler:innen nieder. Insgesamt war das deutsche Kolonialreich so groß wie Indien. Deutschland dominierte auch die Ökonomien Bulgariens, Rumäniens und der Türkei.

Die Idee einer ›Herrenrasse‹ entwickelte sich im Kontext der Kolonialgeschichte. Hier hat die rassistische Ideologie der Nationalsozialisten ihren Ursprung. Deutschland machte sich als Kolonialmacht des Völkermords schuldig, vor allem in Südwestafrika.[66] Die brutale Unterwerfung der He-

66 Die Deutschen töteten zwischen 70.000 und 80.000 Menschen, darunter 75 Prozent der Bevölkerung der Herero und 50 Prozent der Bevölkerung der Nama.

rero war ein Vorspiel für den Holocaust. Man richtete Konzentrationslager für bis zu 20.000 Gefangene ein (zwei Drittel davon Frauen und Kinder). Die Bedingungen waren fürchterlich. Viele Gefangene starben an Misshandlung, Erschöpfung und Krankheiten. 67 Prozent der Männer, die zum Bau der Eisenbahnlinien gezwungen wurden, überlebten die Arbeit nicht. Vergewaltigungen waren alltäglich. 90 Prozent der deutschen Soldaten, die in Südwestafrika dienten, bekamen Geschlechtskrankheiten. Die Herero waren auch Opfer rassistischer medizinischer Studien – Messungen ihrer Schädel und Genitalien sollten belegen, dass sie der ›weißen Rasse‹ unterlegen seien.

Einige der zentralen Begriffe der nationalsozialistischen Ideologie wurden erstmals in der kolonialen Periode verwendet, darunter ›Lebensraum‹ und ›Endlösung‹. Heinrich Göring, Vater des prominenten Nazis Hermann Göring, war der erste Gouverneur Südwestafrikas. Franz von Epp, verantwortlich für die Errichtung des Konzentrationslagers Dachau und die beinahe vollständige Auslöschung der jüdischen Gemeinde Bayerns, hatte in Südwestafrika als Offizier gedient. Der Arzt Eugen Fischer, dessen Theorien zu Eugenik und ›Rassenhygiene‹ Hitler stark beeinflussten, hatte in Südwestafrika Feldforschung betrieb. Als NSDAP-Mitglied erhielt er sein eigenes Institut, in dem Ärzte der SS dafür ausgebildet wurden, medizinische Studien in Konzentrationslagern durchzuführen. Militärs, die im Kolonialreich gedient hatten, verwalteten für die Nazis die deutsche Besatzung Osteuropas. Die Braunhemden der frühen SA machten die Verbindungen zwischen dem deutschen Kolonialregime und dem Dritten Reich besonders anschaulich: Die Nazis hatten die Uniformen als Überbleibsel der kolonialen Schutztruppen aufgekauft, nachdem Deutschland seine kolonialen Besitztümer im Ersten Weltkrieg verloren hatte.

Das deutsche Kolonialreich muss im Kontext der politischen Geschichte des Landes betrachtet werden. Unter Bismarck wurde ein Vorgänger des europäischen Wohlfahrtsstaats errichtet. 1883 wurde eine Krankenversicherung eingeführt, 1884 eine Unfallversicherung und ein Pensionssystem, 1889 eine eigene Invalidenpension. Gleichzeitig wurde Deutschland zu einem Zentrum der sozialistischen Bewegung Europas. Reformistische Sozialdemokrat:innen standen revolutionären Kommunist:innen gegenüber. Die SPD wurde das Flaggschiff des reformistischen Sozialismus und fand breite Unterstützung innerhalb der oberen Schichten der deutschen Arbeiterklasse. Wilhelm Liebknecht selbst, Mitbegründer der SPD und eines ihrer Aushängeschilder, bezeichnete auf dem Parteikongress 1892 die Anwesenden als ›Aristokraten‹

unter den Arbeiter:innen, etwa im Vergleich mit den Weber:innen Schlesiens und den Bergarbeiter:innen Sachsens.

Der führende Ideologe der deutschen Sozialdemokratie war Eduard Bernstein. Er kritisierte Marx in mehreren Punkten. In Bernsteins Buch *Die Voraussetzungen des Sozialismus und die Aufgaben der Sozialdemokratie* (1899), behauptete er, im Gegensatz zu Marx, dass der Kapitalismus nicht notwendigerweise zu einer Polarisierung zwischen Arm und Reich führen würde. Bernstein verwies darauf, dass sich die Lebensbedingungen der deutschen Arbeiterklasse verbessert hatten. Das diente ihm als Beweis dafür, dass die Arbeiter:innen innerhalb des Kapitalismus große Fortschritte erzielen konnten. Nachdem sie die Mehrheit der Bevölkerung stellten, sollte es möglich sein, die Staatsmacht auf demokratischem Wege zu ergreifen und den Sozialismus ohne Bürgerkrieg einzuführen. Bernsteins Umdeutung von Marx wurde zur DNA der europäischen Sozialdemokratie. Immer wieder sollten die sozialdemokratischen Parteien des Kontinents im Laufe der Geschichte die Interessen des Kapitals und der Nation über jene des Sozialismus stellen.

Bernstein vertrat nicht die Ansicht, dass »Arbeiter kein Vaterland« hätten, wie Marx und Engels es im *Kommunistischen Manifest* formuliert hatten. Bernstein zufolge möge das 1848 so gewesen sein, aber nicht mehr am Ende des Jahrhunderts. Arbeiter:innen waren nun zu Bürger:innen ihrer Nationalstaaten geworden, mit zivilen und politischen Rechten. Das hatten sie nicht zuletzt der Sozialdemokratie zu verdanken. Für Bernstein war es die Aufgabe der Sozialdemokratie, die Interessen der Arbeiterklasse mit denen der Nation zu vereinen. Nur das würde die Arbeiterbewegung weiterbringen. Das bedeutete auch, dass sich die Sozialdemokratie hinter den Kolonialismus stellen müsse. Für Bernstein war der Zugang zu Rohstoffen und Kolonialwaren wesentlich für den Fortschritt Deutschlands.

Die Überlegungen Bernsteins waren durchaus rational. Nur der Kolonialismus machte es möglich, dass sich die Lebensbedingungen der europäischen Arbeiter:innen immer weiter verbessern konnten. Die kolonialen Profite erlaubten es dem Kapital, die Widersprüche innerhalb der europäischen Gesellschaften im Zaum zu halten. Wie wir gesehen haben, machten sie die gefährlichen Klassen zu loyalen Staatsbürgern und hielten so das Gespenst der Revolution in Schach.

Die deutsche Sozialdemokratie gab sich nicht viel Mühe, koloniale und rassistische Einstellungen zu kaschieren. Die SPD unterstützte den Imperialismus in China und wandte sich gegen chinesische Einwanderung, da die

›Kulis‹ eine Konkurrenz für das europäische Proletariat darstellen würden. Beim SPD-Kongress im Jahr 1900 war Rosa Luxemburg die Einzige, die sich gegen den Imperialismus aussprach. In den USA hatte die *Socialist Party* bereits 1885 einen Beschluss gegen weitere Einwanderung aus China gefasst.

Mit ihrem Reformismus, ihrer Unterstützung des Kolonialismus und der Gleichsetzung der Interessen der Arbeiterklasse mit jenen der Nation gab die europäische Sozialdemokratie das Prinzip internationaler Solidarität auf und untermauerte den Imperialismus. Auch die Haltungen der Zweiten Internationalen machten das deutlich. Als bei deren Kongress in Stuttgart 1907 der Kolonialismus auf der Tagesordnung stand (nur drei Jahre nach dem Völkermord an den Herero in Südwestafrika), erklärte Bernstein, ohne Einspruch der SPD-Koryphäe Ferdinand Lassalle, Folgendes: »Eine gewisse Vormundschaft der Kulturvölker gegenüber den Nichtkulturvölkern ist eine Notwendigkeit, die auch Sozialisten anerkennen sollten. … Das Wohl unserer Wirtschaft beruht auf Produkten aus den Kolonien, mit denen die Eingeborenen nichts anzufangen wussten.«[67]

Die meisten Sozialist:innen Europas waren damals der Meinung, dass die Zeit für die Unabhängigkeit der Kolonien erst gekommen sei, wenn die Arbeiterklasse in den europäischen Ländern die Macht übernommen habe. Dass die kolonisierten Völker Asiens und Afrikas auch in einer kapitalistischen Welt unabhängig werden konnten, schien für sie undenkbar. Die Protokolle des Stuttgarter Kongresses sind aufschlussreich. Der Niederländer Hendrik van Kol, Plantagenbesitzer auf der Insel Java, meinte: »Wenn wir nun eine Maschine zu den Wilden Zentralafrikas bringen, was werden sie damit tun? Vielleicht werden sie einen Rundtanz darum aufführen. … Vielleicht werden sie uns auch totschlagen oder sogar fressen.«[68] Es gibt viele solcher Beispiele. Lenin, der beim Kongress anwesend war, kommentierte:

> »Im Namen der Mehrheit der deutschen Delegation sprachen Bernstein und David für die Anerkennung der ›sozialistischen Kolonialpolitik‹ und wetterten gegen die Radikalen wegen ihrer unfruchtbaren Verneinung, wegen ihres mangelnden Verständnisses für die Bedeutung der Reformen, wegen des Fehlens eines praktischen Kolonialprogramms usw.«[69]

Kommunist:innen, inklusive Lenin, sprachen in Bezug auf die Haltung der Sozialdemkrat:innen von ›Klassenverrat‹, ›Nationalchauvinismus‹ und ›So-

67 *Internationaler Sozialisten-Kongress Stuttgart 1907* (Berlin: Vorwärts, 1907), S. 28f.
68 ebda., 37.
69 V. I. Lenin, »Der Internationale Sozialistenkongress in Stuttgart«, 2007.

zialimperialismus‹. Es folgte eine Spaltung der Zweiten Internationalen. Der sozialdemokratische Flügel behielt den Namen, verlor jedoch an Einfluss. Die kommunistische ›Dritte Internationale‹, besser bekannt unter dem Namen ›Komintern‹, formulierte eine deutlich antikoloniale Position und spielte in den kommenden Jahrzehnten eine wichtige Rolle in der Weltpolitik.

In Deutschland hatte die sozialdemokratische Strategie, das nationale Interesse über das Interesse der Klasse zu stellen, großen Erfolg. Unter der ideologischen Führung von Karl Kautsky wurde die SPD zur stärksten und einflussreichsten sozialdemokratischen Partei Europas. Bei den Wahlen zum Reichstag 1912 erhielt sie 34,8 Prozent der Stimmen, mehr als alle anderen Parteien. 1914 genehmigten sie gemeinsam mit den Konservativen und Liberalen Kriegskredite, um den deutschen Militäreinsatz zu finanzieren, trotz verzweifelter Warnungen revolutionärer Sozialist:innen aus ganz Europa. Diese wollten einen Konflikt verhindern, der den Kontinent in Schutt und Asche zu legen drohte. Aber die SPD folgte dem nationalistischen Weg, den sie eingeschlagen hatte. Es galt, sich im Kampf um die Weltherrschaft, vor allem gegen England und Frankreich, auf die Seite des deutschen Kapitals zu stellen.

Deutschland verlor den Krieg. Die politische und ökonomische Krise, die folgte, war tief. Am 3. November 1918 kam es in Kiel zu einem Aufstand von Matrosen der deutschen Kriegsflotte. Rasch wurden in mehreren deutschen Städten Arbeiter- und Soldatenräte etabliert. Kaiser Wilhelm II. dankte ab und unter der Führung des Sozialdemokraten Friedrich Ebert übernahm eine republikanische Regierung die Macht.

Die SPD tat alles, um eine bolschewistische Revolution auf deutschem Boden zu verhindern. Sie suchten einen Kompromiss mit der Machtstruktur des deutschen Kaiserreichs, mit seiner Bürokratie, militärischen Führung und ökonomischen Ausrichtung. Verwaltung, Handel und Industrie blieben in den Händen der Bourgeoisie. Dafür wurde das allgemeine Wahlrecht eingeführt, der Acht-Stunden-Tag, eine Arbeitslosenversicherung und Tarifverträge.

Im Januar 1919 befahl Ebert, den Spartakusaufstand in Berlin niederzuschlagen, der von Rosa Luxemburg und Karl Liebknecht angeführt wurde. Der Einsatz wurde vom sozialdemokratischen Verteidigungsminister Gustav Noske geleitet. 1.500 Revolutionäre fanden den Tod. Die Niederlage der Revolution in Deutschland bedeutete, dass die russischen Revolutionäre isoliert blieben. Lenin hatte die Entwicklung in Deutschland als entscheidend für die Weltrevolution erachtet. Die Ereignisse in Deutschland verhinderten jede Etablierung eines Sozialismus in Westeuropa.

## Lenins Verständnis des Imperialismus

Mit der Niederlage der revolutionären sozialistischen Bewegungen in Westeuropa war die vollständige Integration der Arbeiterklasse in das parlamentarische System vollzogen. Millionen europäischer Arbeiter:innen unterstützten die sozialdemokratischen Parteien. Insofern überrascht es nicht, dass der wichtigste Beitrag zur Analyse des Imperialismus vom Rande Europas kam und in den Schriften Lenins seinen Ausdruck fand.

Friedrich Engels hatte prophezeit, dass der Verlust des industriellen Monopols Englands zu einer politischen und ökonomischen Krise in Europa führen würde, die wiederum die revolutionären Kräfte stärke. Doch dazu kam es nicht. Stattdessen setzte sich in Europa der Reformismus durch. Lenin wusste, dass der Grund dafür der Imperialismus war. Im August 1907 schrieb er:

> »Nur die Klasse der Proletarier, von deren Arbeit die ganze Gesellschaft lebt, ist imstande, die soziale Revolution zu vollziehen. Nun hat aber die ausgedehnte Kolonialpolitik für das europäische Proletariat *zum Teil* eine solche Lage geschaffen, dass die Gesellschaft als Ganzes *nicht* von seiner Arbeit, sondern von der Arbeit der fast zu Sklaven herabgedrückten kolonialen Eingeborenen lebt. Die englische Bourgeoisie z. B. zieht aus den Millionen und aber Millionen der Bevölkerung Indiens und anderer Kolonien größere Profite als aus den englischen Arbeitern. Unter solchen Verhältnissen entsteht in bestimmten Ländern eine materielle, ökonomische Grundlage für die Ansteckung ihres Proletariats mit dem Kolonialchauvinismus. Dies kann natürlich nur eine vorübergehende Erscheinung sein, nichtsdestoweniger aber muss man das Übel klar erkennen, seine Ursachen begreifen, um das Proletariat aller Länder zum Kampf gegen einen solchen Opportunismus zusammenschließen zu können.«[70]

Lenin kannte die Texte von Marx und Engels zur Arbeiteraristokratie:

> »Aber es war eine Besonderheit Englands schon seit der Mitte des 19. Jahrhunderts, daß dort mindestens zwei der wichtigsten Merkmale des Imperialismus vorhanden waren: 1. unermeßliche Kolonien und 2. Monopolprofite (infolge der Monopolstellung auf dem Weltmarkt). Sowohl in dieser wie in jener Beziehung war England damals eine Ausnahme unter den kapitalistischen Ländern, und Engels und Marx, die diese Ausnahmestellung Englands analysierten, zeigten klar und bestimmt ihren Zusammenhang mit dem (zeitweiligen) Sieg des Opportunismus in der englischen Arbeiterbewegung.«[71]

---

70 ebda.

71 V. I. Lenin, »Der Imperialismus und die Spaltung des Sozialismus«, 1916.

Lenin verstand, dass der imperialistische Opportunismus der Arbeiterklasse ein wesentliches Hindernis für den Sozialismus war. Er kritisierte deutlich die Entwicklung der Zweiten Internationalen.[72]

Der Konflikt zwischen Reform und Revolution in der sozialistischen Bewegung war eng mit der Frage des Imperialismus verknüpft. Im Oktober 1916 setzte sich Lenin in einem kurzen Text mit dem Titel »Imperialismus und Spaltung im Sozialismus« mit dieser Frage auseinander. Im selben Jahr, inmitten des Ersten Weltkriegs im Schweizer Exil, schrieb Lenin seinen berühmten Text *Der Imperialismus als höchstes Stadium des Kapitalismus*.[73] Der Text ist in seiner Bedeutung nicht mit Marx' *Kapital* zu vergleichen, aber er lieferte eine sehr treffende Beschreibung der globalen politischen und ökonomischen Verhältnisse zu Beginn des 20. Jahrhunderts. Neben den Schriften von Marx und Engels zum Kolonialismus hatte auch Rudolf Hilferdings 1910 erschienenes Buch *Finanzkapital* starken Eindruck auf Lenin gemacht. Zudem war er vom 1902 erschienenen Buch *Imperialism* des englischen Ökonomen John A. Hobson beeinflusst, der ersten ökonomischen Studie des imperialistischen Systems. Es war Hobsons Buch, das den Namen ›Imperialismus‹ geläufig gemacht hatte. Hobson erklärte, warum das Kapital von kolonialer Ausbeutung abhängig ist und koloniale Märkte braucht. Er war der Erste, der die Kolonialmächte als ›Parasiten‹ bezeichnete. Hobson prophezeite, dass die europäischen Länder in Zukunft aus einer wohlhabenden Elite, die im Finanzsektor tätig sei, regiert würden. Die Massen, so Hobson, würden durch relativ hohe Löhne im Dienstleistungssektor gefügig gehalten. Lenin übernahm die Begriffe ›Imperialismus‹ und ›Parasiten‹ von Hobson und vertiefte die Analyse.

*Der Imperialismus als höchstes Stadium des Kapitalismus* beschreibt die zunehmende Monopolisierung des Kapitals. Diese bedeutet, kurz gesagt, dass immer weniger Unternehmen einen immer größeren Teil des Marktes beherrschen. Die Studie beschreibt auch die nie enden wollende Suche des Kapitals nach neuen Investitionsmöglichkeiten und nach neuen Märkten, was sowohl die globale Ausdehnung des Kapitalismus als auch Konflikte zwischen kon-

---

72 Der KAK sammelte die wichtigsten Schriften Lenins zu diesem Thema in einem Buch, das 1973 unter dem Titel *Om imperialisme og opportunisme* erschien. 1974 erschien eine englische Ausgabe (*On Imperialism and Opportunism*), die 2018 mit einem aktuellen Vorwort von Zak Cope und Torkil Lauesen neu aufgelegt wurde.

73 Der Titel kann insofern kritisiert werden, als dass der Kapitalismus immer schon imperialistisch war.

kurrierenden kapitalistischen Mächten unausweichlich mache. Angesichts des Kapitalüberschusses in Europa und steigender Löhne war es für das Kapital notwendig, seine Profitrate durch koloniale Ausbeutung zu sichern. Lenin beschrieb in diesem Zusammenhang das Entstehen von ›Parasitenstaaten‹:

> »Die Kapitalausfuhr, eine der wesentlichsten ökonomischen Grundlagen des Imperialismus, verstärkt diese völlige Isolierung der Rentnerschicht von der Produktion noch mehr und drückt dem ganzen Land, das von der Ausbeutung der Arbeit einiger überseeischer Länder und Kolonien lebt, den Stempel des Parasitismus auf.«[74]

Unter Verweis auf Hobson beschrieb Lenin die politischen Konsequenzen wie folgt:

> »Die Perspektive der Aufteilung Chinas veranlaßt Hobson zu folgender ökonomischer Einschätzung: ›Der größte Teil Westeuropas könnte dann das Aussehen und den Charakter annehmen, die einige Gegenden in Süd-England, an der Riviera sowie in den von Touristen am meisten besuchten und von den reichen Leuten bewohnten Teilen Italiens und der Schweiz bereits haben: ein Häuflein reicher Aristokraten, die Dividenden und Pensionen aus dem Fernen Osten beziehen, mit einer etwas größeren Gruppe von Angestellten und Händlern und einer noch größeren Anzahl von Dienstboten und Arbeitern im Transportgewerbe und in den letzten Stadien der Produktion leicht verderblicher Waren; die wichtigsten Industrien wären verschwunden. die Lebensmittel und Industriefabrikate für den Massenkonsum würden als Tribut aus Asien und Afrika kommen. ... Mögen diejenigen, die eine solche Theorie [es müßte heißen Perspektive] als nicht der Erwägung wert verächtlich abtun, die heutigen wirtschaftlichen und sozialen Verhältnisse in jenen Bezirken Südenglands untersuchen, die schon jetzt in eine solche Lage versetzt sind, und mögen sie darüber nachdenken, welch gewaltiges Ausmaß ein derartiges System annehmen würde, wenn China der ökonomischen Herrschaft ähnlicher Gruppen von Finanziers, Investoren, von Beamten in Staat und Wirtschaft unterworfen würde, die das größte potentielle Profitreservoir, das die Welt je gekannt hat, ausschöpfen würden, um diesen Profit in Europa zu verzehren.‹ ... Man müßte nur hinzufügen, daß auch innerhalb der Arbeiterbewegung die Opportunisten, die heutzutage in den meisten Ländern vorübergehend gesiegt haben, sich systematisch und beharrlich gerade auf dieses Ziel ›zubewegen‹. Der Imperialismus, der die Aufteilung der Welt und die Ausbeutung nicht allein Chinas bedeutet, der monopolistisch hohe Profite für eine Handvoll der reichsten Länder bedeutet, schafft die ökonomische Möglichkeit zur Bestechung der Oberschichten des Proletariats und nährt, formt und festigt dadurch den Opportunismus.«[75]

74 V. I. Lenin, *Der Imperialismus als höchste Stufe des Kapitalismus*, a.a.O.
75 ebda.

Diese Einsichten sind bemerkenswert, wenn man bedenkt, wie die Weltwirtschaft heute aussieht. China ist der produktive Motor, während die Länder Westeuropas und Nordamerikas in erster Linie Parasitenstaaten und Konsumgesellschaften sind. Im Vorwort für die deutsche und französische Ausgabe von *Imperialismus als höchstes Stadium des Kapitalismus* betonte Lenin das parasitäre Element im imperialistischen System:

> »Einige Worte müssen über das Kapitel VIII: ›Parasitismus und Fäulnis des Kapitalismus‹ gesagt werden. Wie schon im Text des Buches vermerkt ist, hat Hilferding, der ehemalige ›Marxist‹, aber jetzige Mitstreiter Kautskys und einer der Hauptrepräsentanten der bürgerlichen, reformistischen Politik in der ›Unabhängigen Sozialdemokratischen Partei Deutschlands‹, in dieser Frage im Vergleich zu dem offenen Pazifisten und Reformisten, dem Engländer Hobson, einen Schritt zurück getan. Die internationale Spaltung der gesamten Arbeiterbewegung ist jetzt schon ganz offen zutage getreten (II. und III. Internationale). Auch die Tatsache des bewaffneten Kampfes und des Bürgerkriegs zwischen den beiden Richtungen ist zutage getreten: in Rußland Unterstützung Koltschaks und Denikins durch die Menschewiki und ›Sozialrevolutionäre‹ gegen die Bolschewiki, in Deutschland die Scheidemann samt Noske und Co. mit der Bourgeoisie gegen die Spartakusleute, desgleichen in Finnland, Polen, Ungarn usw. Was ist nun die ökonomische Grundlage dieser weltgeschichtlichen Erscheinung? Es sind eben der Parasitismus und die Fäulnis des Kapitalismus, die seinem höchsten geschichtlichen Stadium, d.h. dem Imperialismus, eigen sind. Wie in der vorliegenden Schrift nachgewiesen ist, hat der Kapitalismus jetzt eine *Handvoll* (weniger als ein Zehntel der Erdbevölkerung, ganz ›freigebig‹ und übertrieben gerechnet, weniger als ein Fünftel) besonders reicher und mächtiger Staaten hervorgebracht, die durch einfaches ›Kuponschneiden‹ die ganze Welt ausplündern. Der Kapitalexport ergibt Einkünfte von 8-10 Milliarden Francs jährlich, und zwar nach den Vorkriegspreisen und der bürgerlichen Vorkriegsstatistik. Gegenwärtig ist es natürlich viel mehr. Es ist klar, daß man aus solchem gigantischen *Extraprofit* (denn diesen Profit streichen die Kapitalisten über den Profit hinaus ein, den sie aus den Arbeitern ihres ›eigenen‹ Landes herauspressen) die Arbeiterführer und die Oberschicht der Arbeiteraristokratie *bestechen kann*. Sie wird denn auch von den Kapitalisten der ›fortgeschrittenen‹ Länder bestochen – durch tausenderlei Methoden, direkte und indirekte, offene und versteckte. Diese Schicht der verbürgerten Arbeiter oder der ›Arbeiteraristokratie‹, in ihrer Lebensweise, nach ihrem Einkommen, durch ihre ganze Weltanschauung vollkommen verspießert, ist die Hauptstütze der II. Internationale und in unseren Tagen die *soziale* (nicht militärische) *Hauptstütze der Bourgeoisie*. Denn sie sind wirkliche *Agenten der Bourgeoisie innerhalb der Arbeiterbewegung*, Arbeiterkommissare der Kapitalistenklasse, wirkliche Schrittmacher des Reformismus und Chauvinismus. Im Bürgerkrieg zwischen Proletariat und Bourgeoisie stellen sie sich in nicht geringer Zahl unweigerlich auf die Seite der Bourgeoisie, auf die Seite der ›Versailler‹ gegen die ›Kommunarden‹.

Ohne die ökonomischen Wurzeln dieser Erscheinung begriffen zu haben, ohne ihre politische und soziale Bedeutung abgewogen zu haben, ist es unmöglich, auch nur einen Schritt zur Lösung der praktischen Aufgaben der kommunistischen Bewegung und der kommenden sozialen Revolution zu machen.«[76]

## Lenin und Luxemburg

Die prominenteste Vertreterin des revolutionären Kommunismus in Deutschland war Rosa Luxemburg. Der wichtigste Unterschied zwischen Lenin und Luxemburg betraf die Analyse der Klassenverhältnisse, sowohl in den imperialistischen Ländern als auch in den Kolonien. Nach der Russischen Revolution unterstützte Lenin in den Kolonien nationale Unabhängigkeitsbewegungen. Für Luxemburg war die Arbeiterklasse der imperialistischen Länder die entscheidende Kraft der Weltrevolution. Antikolonialer Nationalismus war für sie bürgerlich und die Unterstützung von Unabhängigkeitsbewegungen hatte keine Priorität.

Für Luxemburg lag das grundlegende Problem des Kapitalismus in der Überakkumulation. Sie ging davon aus, dass dem Kapitalismus die Investitionsmöglichkeiten fehlen würden, wenn er sich einmal bis in den letzten Winkel der Erde ausgedehnt hatte. Das System würde kollabieren und eine sozialistische Revolution die Folge sein. Angeführt würde sie von der Arbeiterklasse der imperialistischen Länder. Das würde die Unabhängigkeit der Kolonien ermöglichen.

Vorläufig hielt der Imperialismus den Kapitalismus am Leben. Das sah auch Luxemburg so. Doch sie widmete Klassenformationen wenig Aufmerksamkeit, weder in den imperialistischen Ländern noch in den Kolonien. Wesentlich für sie war, dass der Imperialismus das Problem der Akkumulation löste, indem er Möglichkeiten für profitable Investitionen und starke Kaufkraft in den imperialistischen Ländern schuf. Damit war die Unterstützung des Imperialismus durch die europäische Arbeiterklasse eine logische Konsequenz ökonomischer und politischer Interessen. Das Gleiche galt für den Kampf um Kolonien zwischen den europäischen Staaten.

Als sich der Erste Weltkrieg abzuzeichnen begann, rief Luxemburg die europäischen Arbeiter:innen dazu auf, nicht gegeneinander in den Krieg zu ziehen. Ihre Anstrengungen waren vergebens. Das bestätigte die Stärke

76 V. I. Lenin, Vorwort zur französischen und deutschen Ausgabe von *Der Imperialismus als höchstes Stadium des Imperialismus.*

des Nationalismus und die Schwäche des Internationalismus. Unter sozialdemokratischer Führung stellte sich die Arbeiterklasse Europas auf die Seite ihrer jeweiligen nationalen Bourgeoisie und unterstützte den ersten großen imperialistischen Krieg um Kolonien und geopolitische Einflusssphären. Die Interessen der Bourgeoisie und der obersten Schichten der Arbeiterklasse überlappten dabei tatsächlich, zumindest zum Teil. Das Wohlergehen der Arbeiterklasse wurde mit dem Wohlergehen der Nation gleichgesetzt. Lenin stellte im Mai 1915 fest, dass die Zweite Internationale dem Nationalismus verfallen war:

> »Das Manifest [des Basler Kongresses der Zweiten Internationalen 1912] beweist doch, daß sie Sozialchauvinisten sind, das heißt Sozialisten in Worten, Chauvinisten in Wirklichkeit, die ›ihrer‹ Bourgeoisie, helfen fremde Länder zu berauben, andere Nationen zu unterjochen. Das ist eben das Wesentlich in dem Begriffe des Chauvinismus, daß man ›sein‹ Vaterland verteidigt, selbst wenn dessen Aktion auf Unterjochung fremder Vaterländer gerichtet ist. ... Worin besteht das ökonomische Wesen der ›Vaterlandsverteidigung‹ im Kriege des Jahres 1914/15? Die Bourgeoisie aller Großmächte führt den Krieg wegen der Aufteilung und Ausbeutung der Welt; wegen der Unterjochung der Völker. Einem kleinen Kreis der Arbeiterbürokratie, Arbeiteraristokratie und kleinbürgerlicher Mitläufer können Brocken von den großen Profiten der Bourgeoisie zufallen. Die Klassengrundlage des Sozialchauvinismus und des Opportunismus ist dieselbe: das Bündnis einer kleinen bevorrechteten Arbeiterschicht mit ›ihrer‹ nationalen Bourgeoisie gegen die Masse der Arbeiterklasse, das Bündnis der Lakaien der Bourgeoisie mit ihr *gegen* die von ihr ausgebeutete Klasse.«[77]

Rosa Luxemburgs Hoffnungen erhielten mit der Niederlage der Deutschen Revolution von 1918/19 einen enormen Rückschlag. Sie selbst wurde gemeinsam mit ihrem Genossen und engen Vertrauten Karl Liebknecht im Zuge des Spartakusaufstands ermordet. Die folgenden Jahrzehnte bewiesen, wie stark der Nationalismus in Deutschland war. Breite Teile der Arbeiterklasse unterstützten Bewegungen, die Deutschlands imperialistisches Erbe wiederbeleben wollten.

## Der Antiimperialismus

In demselben Jahr, in dem die Deutsche Revolution scheiterte, wurde der sozialistische Antiimperialismus in den Kolonien geboren. Paradoxerweise liegen dessen Ursprünge im Herzen Europas, wo in den frühen 1910er-Jahren

77 V.I. Lenin, »Der Opportunismus und der Zusammenbruch der II. Internationale«, 1916.

ein junger Mann aus Vietnam ankam, der später unter dem Namen Ho Chi Minh weltberühmt werden sollte. In Paris fand Ho Chi Minh Arbeit als Gärtner und Tellerwäscher, später in London als Straßenkehrer. Während seines Aufenthalts in England wurde er mit dem irischen Befreiungskampf vertraut und studierte diesen mit großem Interesse. Als er vom Tod eines republikanischen Hungerstreikenden erfuhr, weinte er vor Rührung angesichts der Opfer, die dieser Mann für sein Heimatland gebracht hatte. Ho Chi Minh soll erklärt haben: »Eine Nation mit solchen Bürgern wird niemals aufgeben.«[78] 1917 kehrte Ho Chi Minh nach Paris zurück, wo er als Restaurator in einem Fotolabor arbeitete und nebenher ›chinesische Antiquitäten‹ dekorierte. In seiner Nähe wohnte der spätere chinesische Premierminister Zhou Enlai. In dessen Haus traf Ho Chi Minh auch den damals 19-jährigen Deng Xiaoping.

Viele Menschen, die zu jener Zeit aus den französischen Kolonien nach Paris kamen, schlossen sich der kommunistischen Bewegung an. Zu ihnen zählten die algerischen Fabriksarbeiter Messali Hadj und Hadj Ali Abdelkader, die später den *Étoile Nord-Africaine* gründeten, eine zentrale Organisation für die Befreiung Algeriens. Ferhat Abbas, ein weiterer Algerier, wurde später eine führende Figur in der *Front de Libération Nationale*. Lamine Senghor aus Senegal war eines der bedeutendsten Mitglieder der Kommunistischen Partei Frankreichs bis zu seinem vorzeitigen Tod 1927. Arnold Mononutu aus Indonesien war ein Mitorganisator der Bandung-Konferenz, die 1955 Repräsentant:innen asiatischer und afrikanischer Staaten zusammenbrachte, von denen die meisten erst kurz zuvor die Unabhängigkeit gewonnen hatten. Der Peruaner José Carlos Mariategui wurde zu einem prominenten marxistischen Theoretiker und sein Landsmann Víctor Raúl Haya de la Torre einer der Mitbegründer der *Alianza Popular Revolucionaria Americana*.

Intellektuelle und Widerstandskämpfer aus den Kolonien sammelten sich Anfang des 20. Jahrhunderts in Paris und anderen europäischen Hauptstädten aus unterschiedlichen Gründen. Manche besuchten Universitäten, anderen suchten Arbeit (die Löhne in Europa waren höher als in den Kolonien), und manche waren bereits politisch tätig und wollten Revolutionäre rekrutieren. Was Frankreich betrifft, so blieben auch viele der 750.000 Soldaten aus den Kolonien, die im Ersten Weltkrieg für Frankreich gekämpft hatten, im Land, obwohl die französische Regierung alles daransetzte, sie

78 Zitiert nach: Peter Berresford Ellis, *A History of the Irish Working Class* (London: Pluto Press, 1996), 254.

in die Kolonien zurückzuschicken. Der Erfolg war jedoch mäßig. Alleine im Großraum Paris lebten nach dem Ersten Weltkrieg ungefähr 70.000 Nordafrikaner:innen und 15.000 Menschen aus anderen Kolonien. Die Lage war ähnlich in anderen europäischen Hauptstädten. Inder:innen zogen nach London, Indonesier:innen nach Amsterdam usw. In London organisierten sich antikoloniale Widerstandskämpfer aus Afrika und Indien. Sie gaben Zeitungen heraus und etablierten Kontakte mit Befreiungsbewegungen wie dem ANC in Südafrika. In den Kolonien nahm der Widerstand zu. 1919 formierten sich in China und Korea Massenbewegungen gegen den japanischen Kolonialismus und den europäischen Imperialismus. In Indien, Ägypten, Algerien, Tunesien und Marokko kam es fast täglich zu antikolonialen Demonstrationen.

Im Herbst 1919 trafen sich die mächtigsten Politiker:innen der Welt bei der Friedenskonferenz in Versailles, um die Nachkriegsordnung zu verhandeln. Die siegreichen Nationen stellten sicher, dass der Vertrag ihren Interessen diente. Delegierte aus den Kolonien hofften, dass die noblen Worte über ›Frieden‹, ›Gerechtigkeit‹ und ›Selbstbestimmung‹ auch für die Kolonien gelten sollten. Sie wurden enttäuscht. Für die Ökonomien der europäischen und nordamerikanischen Mächte waren die Kolonien weiterhin von großer Bedeutung. Den Vertreter:innen antikolonialer Bewegungen wurde klar, dass jede Hoffnung auf eine freiwillige Entkolonisierung vergeblich war. Aber sie verzweifelten nicht. Es gab andere Wege, den Kolonialismus in die Knie zu zwingen.

Zwei Monate nach der Konferenz in Versailles fand der Gründungskongress der Dritten Internationale in Moskau statt.[79] Die Delegierten stellten sich hinter Lenins »Thesen zu nationalen und kolonialen Fragen«, die für die Unterstützung antikolonialer Unabhängigkeitsbewegungen eintraten. Der Kongress verabschiedete ein Papier, das unter dem Namen »21 Bedingungen« bekannt wurde. Es forderte von den Parteien, die der Komintern beitreten wollten, diese 21 Bedingungen zu erfüllen. Die Position zur kolonialen Frage war deutlich:

> »In der Frage der Kolonien und der unterdrückten Nationen müssen die Parteien jener Länder, deren Bourgeoisie Kolonien besitzt und andere Nationen unterdrückt, eine besonders klare, eindeutige Stellung einnehmen. Jede Partei, die der III. Internationale anzugehören wünscht, ist verpflichtet, die Machinatio-

79 Die Ausführungen zur Geschichte der Komintern stützen sich wesentlich auf die drei von Jane Degras herausgegebenen Bände *The Communist International, 1919-1943* (Oxford: Oxford University Press, 1955/1960/1964).

nen ›ihrer‹ Imperialisten in den Kolonien rücksichtslos zu entlarven, jede Freiheitsbewegung in den Kolonien nicht nur mit Worten, sondern durch Taten zu unterstützen, die Verjagung ihrer eigenen Imperialisten aus diesen Kolonien zu fordern, in den Herzen der Arbeiter ihres Landes wirklich brüderliche Gefühle für die werktätige Bevölkerung der Kolonien und der unterdrückten Nationen zu wecken und unter den Truppen ihres Landes eine systematische Agitation gegen jegliche Unterdrückung der Kolonialvölker zu treiben.«[80]

Auch Ho Chi Minh enttäuschte die Konferenz in Versailles schwer. Er schloss sich der ›Französischen Sektion der Arbeiterinternationale‹ an (*Section française de l'Internationale ouvrière*, SFIO). In seinen Memoiren schrieb er:

> »Es gab hitzige Diskussionen darüber, ob die SFIO in der Zweiten Internationale bleiben, der Dritten Internationale beitreten oder eine ›Internationale Zweieinhalb‹ mitbegründen sollte. Ich war wöchentlich bei zwei bis drei Treffen und hörte aufmerksam zu. Aber ich verstand nie ganz, warum die Diskussionen so hitzig waren. ... Die Frage, die mich am meisten interessierten, wurden bei den Treffen nicht diskutiert: Welche Internationale stellte sich auf die Seite der kolonisierten Völker? Irgendwann stellte ich diese Frage. Die Antwort, die ich erhielt, war: ›Es ist die Dritte Internationale.‹ Außerdem gab mir ein Genosse Lenins ›Thesen zu nationalen und kolonialen Fragen‹ zum Lesen. Sie waren in der Zeitung *L'Humanité* veröffentlicht worden. Der Text beinhaltete einige politische Begriff, die mir nicht geläufig waren. Aber ich las ihn immer und immer wieder und schließlich verstand ich ihn. Was für eine Erfahrung! Diesen Zeilen Lenins verdanke ich so viel an Zuversicht, Verständnis und Enthusiasmus. Ich war zu Tränen gerührt. Obwohl ich allein in meinem Zimmer saß, sprach ich laut zu einer imaginären Menschenmenge: ›Liebe Märtyrer, liebe Landsleute, hier ist das, was wir brauchen! Hier ist das, was wir brauchen!! Hier ist der Pfad zu unserer Befreiung.‹ Ich hatte von nun an volles Vertrauen zu Lenin und der Dritten Internationale. Auf den Treffen der Partei hatte ich früher immer nur zugehört. Die allermeisten Argumente erschienen mir logisch, und ich konnte nicht ausmachen, wer recht hatte und wer nicht. Aber von nun an nahm ich selbst mit großem Eifer an den Diskussionen teil. Mir fehlten zwar immer noch französische Wörter, um all meine Gedanken auszudrücken, doch ich verteidigte Lenin und die Dritte Internationale gegen alle Vorwürfe so gut ich konnte. Das Argument, das ich immer wieder vorbrachte, war: ›Wenn ihr den Kolonialismus nicht verurteilt, wenn ihr euch nicht auf die Seite der kolonisierten Völker stellt, was wollt ihr dann für eine Revolution durchführen?«[81]

Beim Kongress der SFIO im Jahr 1920 trat die Mehrheit der Mitglieder aus, gründete die Kommunistische Partei Frankreichs und schloss sich der Komintern an. Ho Chi Minh war einer von ihnen. Er war ein sehr aktives Mitglied

80 »Resolution über die Bedingungen der Aufnahme in die Kommunistische Internationale«, 1920, www.international-communist-party.org.

81 Ho Chi Minh, »The Path Which Led Me to Leninism«, 1960, www.marxists.org.

der Partei und bestand darauf, dass sie die antiimperialistische Agitation in der französischen Arbeiterklasse priorisieren müsse. Ho Chi Minh schrieb regelmäßig für die Parteizeitung *L'Humanité*. In einem Artikel vom 25. Mai 1922 forderte er die Partei auf, gegen »die Gleichgültigkeit des Proletariats des Mutterlandes den Kolonien gegenüber« Stellung zu beziehen, ebenso wie gegen die Tatsache, dass französische Arbeiter:innen »nicht-europäische Menschen als unterlegen und vernachlässigbar betrachten, als unfähig, komplexe Zusammenhänge zu verstehen, und als noch unfähiger, sich politisch zu engagieren«.[82]

## Die Komintern und die koloniale Frage

Ho Chi Minh sah sich mit einem Problem konfrontiert, das Lenin in seinen Polemiken gegen den opportunistischen Imperialismus der europäischen Arbeiterklasse immer wieder angesprochen hatte. Lenin erachtete den Kampf gegen Opportunismus und Sozialchauvinismus als die wichtigste Aufgabe für Revolutionäre in Westeuropa.[83] Dies schuf starke Spannungen in der internationalen sozialistischen Bewegung und war einer der Hauptgründe für die Spaltung der Zweiten Internationale.

Für die Komintern waren Internationalismus und Antiimperialismus zentrale Fragen. Beim Gründungskongress 1919 versicherte Lenin den Delegierten, dass sie eines Tages »die Gründung der Weltföderation der Sowjets« erleben würden. Eine Resolution, die beim Kongress verabschiedet wurde, beinhaltete die Zeilen:

> »Auf Kosten der beraubten kolonialen Völker korrumpierte das Kapital seine Lohnsklaven, schuf die Interessengemeinschaft zwischen Ausgebeuteten und Ausbeutern gegenüber den unterdrückten Kolonien – gelben, schwarzen, roten Kolonialvölkern – fesselte die europäische und amerikanische Arbeiterschaft an das imperialistische Vaterland.«[84]

---

82 Zitiert nach: Jean Lacouture, *Ho Chi Minh: A Political Biography* (New York: Vintage, 1968), 32f.

83 Lenin verstand sich als ›Marxist‹ und kritisierte den ›Reformismus‹ und ›Revisionismus‹ der Sozialdemokratie. Er spielte eine wichtige Rolle in der Popularisierung von Marx' Arbeit. Das *Manifest der Kommunistischen Partei* war 24 Jahre lang nicht neu aufgelegt worden, und der erste Band des *Kapitals* wurde weitgehend ignoriert, als er 1867 erschien. In vier Jahren verkauften sich 1.000 Exemplare, und erst 1886 wurde der Band ins Englische übersetzt.

84 »Richtlinien der Kommunistischen Internationale«, 1919, www.sinistra.net.

Aber auch die Komintern setzte voraus, dass die entscheidenden Kämpfe um die Weltrevolution in Europa geführt würden. Die kommunistischen Parteien glaubten (oder wollten glauben), dass sich eine revolutionäre Orientierung letzten Endes über sozialdemokratische, reformistische und nationalistische Tendenzen im europäischen Proletariat hinwegsetzen würde. Leo Trotzki verfasste ein »Manifest der Kommunistischen Internationale an die Arbeiter der Welt«, in dem es hieß:

> »Die Arbeiter und Bauern nicht nur von Annam, Algier, Bengalien, sondern auch von Persien und Armenien erhalten die Möglichkeit einer selbständigen Existenz erst dann, wenn die Arbeiter Englands und Frankreichs Lloyd-George und Clemenceau gestürzt und die Staatsmacht in ihre Hände genommen haben. ... Kolonialsklaven Afrikas und Asiens! Die Stunde der proletarischen Diktatur in Europa wird auch die Stunde Eurer Befreiung sein!«[85]

Trotzkis Worte spiegelten die Sichtweise der Komintern zu jener Zeit wider. Lenins Hoffnungen ruhten vor allem auf den unteren Schichten des Proletariats, also nicht auf den am besten bezahlten und gewerkschaftlich organisierten Arbeiter:innen. Doch auch diese Hoffnung war vergebens. Die Revolutionäre innerhalb der Arbeiterbewegung vermochten gegen die dominierenden reformistischen Strömungen letztlich wenig auszurichten. Zwar blieben sie in Deutschland auch nach der Niederlage von 1919 einflussreich, doch alle kommunistischen Aufstände wurden von der SPD-Regierung gewaltsam niedergeschlagen.

In England und Skandinavien profitierte die Sozialdemokratie von der ökonomischen Krise, die dem Ersten Weltkrieg folgte. Doch die sozialdemokratischen Regierungen taten nichts, um die Krise zur Überwindung des Kapitalismus zu nutzen. Stattdessen brachten sie ihn wieder auf Trab, unterstützt von der Mehrheit der Arbeiter:innen. Reformen schienen der Sozialdemokratie sicherer als Revolution. Die staatliche Kontrolle des Arbeitsmarkts sowie eine Ausdehnung des Sozialsystems legten den Grundstein für den europäischen Wohlfahrtsstaat.

### *Der zweite Kongress der Komintern: Ost oder West?*

Beim zweiten Kongress der Komintern im Juli 1920 sollte deren revolutionäre und antiimperialistische Ausrichtung gestärkt und mit dem Eurozentrismus gebrochen werden. Lenin sprach von ›Betrug‹ bezüglich der Haltung

85 Leo Trotzki, »Manifest der Kommunistischen Internationale an das Proletariat der ganzen Welt«, 1919, www.sinistra.net.

der britischen Arbeiterklasse gegenüber den unterdrückten Nationen und deren Kampf um Freiheit:

> »Ich möchte noch auf die Bedeutung der revolutionären Arbeit hinweisen, die von den kommunistischen Parteien nicht nur in ihrem eigenen Lande, sondern auch in den Kolonialländern und insbesondere unter den Truppen zu leisten ist, deren sich die Ausbeuternationen bedienen, um die Völker ihrer Kolonien niederzuhalten. Genosse Quelch von der Britischen Sozialistischen Partei hat darüber in unserer Kommission gesprochen. Er sagte, der englische Durchschnittsarbeiter halte es für Landesverrat, die Aufstände der geknechteten Völker gegen die englische Herrschaft zu unterstützen. Es ist richtig, daß die jingoistisch und chauvinistisch gestimmte Arbeiteraristokratie Englands und Amerikas die größte Gefahr für den Sozialismus und die stärkste Stütze der II. Internationale ist, daß wir es hier mit dem schlimmsten Verrat der Führer und der Arbeiter zu tun haben, die dieser bürgerlichen Internationale angehören. … Die Parteien der II. Internationale haben versprochen, revolutionär zu handeln, aber von einer wirklich revolutionären Arbeit und Unterstützung der ausgebeuteten und abhängigen Völker bei ihren Aufständen gegen die Unterdrückernationen sehen wir bei den Parteien der II. Internationale nichts. Und auch bei den meisten Parteien, die aus der II. Internationale ausgetreten sind und sich der III. Internationale anschließen wollen, sehen wir, glaube ich, davon nichts. Diese Feststellung müssen wir vor aller Welt treffen. Sie kann nicht widerlegt werden. Wir werden sehen, ob man versuchen wird, sie zu widerlegen.«[86]

Lenin kritisierte auch das Zögern der Labour Party, den britischen Kolonialismus in Irland zu verurteilen:

> »Die Genossen heben hervor, daß die Arbeiteraristokratie in England stärker ist als in jedem anderen Land. Das ist wirklich so. Sie ist ja dort nicht in Jahrzehnten, sondern in Jahrhunderten entstanden … Diese Schicht ist bis ins Mark von bürgerlichen Vorurteilen durchdrungen und treibt eine ausgesprochen bürgerliche, reformistische Politik. So sehen wir, daß in Irland zweihunderttausend englische Soldaten die Iren durch furchtbaren Terror niederhalten. Die englischen Sozialisten treiben unter ihnen keine revolutionäre Propaganda. In unseren Resolutionen aber haben wir klar gesagt, daß wir nur diejenigen englischen Parteien in die Kommunistische Internationale aufzunehmen gewillt sind, die unter den englischen Arbeitern und Soldaten eine wirklich revolutionäre Propaganda treiben.«[87]

In ihrem Parteiprogramm von 1918 hatte die Labour Party dem Britischen Weltreich ihre Treue geschworen. Es war von der Pflicht die Rede, »die Rechte der britischen Bürger zu schützen, die Interessen im Ausland verfolgten«. Im Programm fanden sich auch die folgenden Zeilen: »Was die Ge-

86 V. I. Lenin, »Bericht der Kommission für die nationale und koloniale Frage«, 1920.

87 V. I. Lenin, »Rede über die Zugehörigkeit zur britischen Arbeiterpartei«, 1920.

meinschaft von Rassen und Völkern verschiedener Farben, Religionen und Zivilisationsstufen angeht, die wir das Britische Weltreich nennen, so ist die Labour Party entschlossen, es zu erhalten.«[88]

Formell unterstützte die Labour Party die Unabhängigkeit Indiens, tat aber nichts, um sie durchzusetzen. Stattdessen duldete sie den militärischen Einsatz gegen nationalistische Demonstrationen. In seinem Buch *India Today* zitierte der britische Marxist Rajani Palme Dutt einen Artikel aus dem *Manchester Guardian* von 1930, der keinen Hehl aus den Gründen machte, warum es in Großbritannien keine Unterstützung für die Unabhängigkeit Indiens gab:

> »England schaut auf sich selbst. Es gibt zwei Hauptgründe, warum man Indien nicht in die Unabhängigkeit entlassen will. Der erste ist, dass die Macht Englands wesentlich darauf beruht, sich in Indien mithilfe militärischer Macht Zugang zu Ressourcen zu verschaffen, die man sich zu eigen machen will. ... Der zweite ist, dass Indien ein wichtiger Markt für Großbritannien ist, und dass man dort Kapital in der Höhe von einer Milliarde Pfund investiert hat.«[89]

Selbst unter europäischen Kommunist:innen war die Unterstützung antiimperialistischer Kämpfe in den Kolonien oft halbherzig. Der eurozentrische Glaube, dass die Kämpfe in den imperialistischen Ländern die wichtigsten waren, war auch in der kommunistischen Bewegung weit verbreitet. Man meinte, dass die kommunistischen Parteien Europas die politisch fortgeschrittensten Arbeiter:innen organisierten. Was sollten die Bauern, Lumpen und unorganisierten Proletarier der Peripherie zur Weltrevolution beitragen?

Es war nur eine Frage der Zeit, bevor Kommunist:innen in den Kolonien diese Haltung kritisierten. Bak Jin Sun, der koreanische Delegierte beim Ko-

88 Zitiert nach: H. W. Edwards, *Labour Aristocracy: Mass Base of Social Democracy* (Stockholm: Aurora, 1978), 39.

89 Rajani Palme Dutt, *India Today* (London: Left Book Club, 1940) 497. Rajani Palme Dutt war ein führendes Mitglied der Kommunistischen Partei Großbritanniens und Autor des Buches *World Politics 1918-36*. In diesem Buch verwendet er den Begriff des ›ungleichen Tauschs‹: »Die Beziehung zwischen den Kolonien und dem Imperialismus ist wesentlich von Ungleichheit geprägt. Die kolonialen Völker werden gezwungen, Rohstoffe für Preise zu produzieren, die nur ihre grundlegendsten Lebensbedürfnisse decken. Ihnen werden Steuern auferlegt, das Land genommen usw. Gleichzeitig sind die Preise für die Waren, die in die Kolonien exportiert werden, viel zu hoch. Es ist ungleicher Tausch, der hier stattfindet und der die kolonialen Superprofite schafft, die in die Taschen der Kapitalisten der herrschenden Länder fließen. Aufrechterhalten wird dieser ungleiche Tausch mit Waffengewalt.« (Rajani Palme Dutt, *World Politics 1918-36*, New York: Random House, 1936, 198)

mintern-Kongress 1920 sagte mit Blick auf den Gründungskongress im Jahr zuvor:

> »Die ganze Aufgabe der Kommunistischen Internationale in der Kolonialfrage besteht darin, die Fehler zu verbessern, die die Führer der II. Internationale gemacht haben. ... Ich hoffe, dass unser Kongress jetzt in der Kolonialfrage Beschlüsse fassen wird, die die revolutionäre Gärung, die Revolution im Osten beschleunigen werden.«[90]

Der indische Delegierte Manabendra Nath Roy, Leiter der ›Abteilung Ferner Osten‹, betonte die strategische Bedeutung der Ausbeutung der Kolonien:

> »Der Extragewinn, der in den Kolonien erzielt wird, ist eine der Hauptquellen der Mittel des zeitgenössischen Kapitalismus. Der europäischen Arbeiterklasse wird der Sturz der kapitalistischen Ordnung erst dann gelingen, wenn diese Quelle endgültig verstopft ist. ... Infolge der Ausbeutung der Kolonialbevölkerung ist der europäische Imperialismus imstande, der Arbeiteraristokratie in Europa eine ganze Reihe von Almosen (Kompensationen) zu gewähren.«[91]

Die beim Gründungskongress formulierten »21 Bedingungen« wurden beim zweiten Kongress offiziell anerkannt. Von allen Mitgliedsparteien wurde verlangt, »die Machinationen ›ihrer‹ Imperialisten in den Kolonien rücksichtslos zu entlarven« und »die Verjagung ihrer eigenen Imperialisten aus diesen Kolonien zu fordern«.[92] Der Kongress machte zudem Lenins »Thesen zu nationalen und kolonialen Fragen« zu einem Teil ihrer offiziellen politischen Linie. Lenin betonte, dass der antikoloniale Kampf auf der Einheit der Arbeiterschaft und des Bauerntums aller Länder beruhen müsse. Gemeinsam müsse man revolutionär gegen die Bourgeoisie und die Großgrundbesitzer vorgehen. Lenin fügte allerdings hinzu, dass die kommunistischen Parteien primär die proletarischen Fraktionen der nationalen Befreiungsbewegungen unterstützen müssten.

Doch bei Weitem nicht alle kommunistischen Parteien folgten diesen Forderungen. Wenige Monate nach dem Kongress machte Lenin die koloniale Frage bei einem Treffen mit einer Delegation englischer Arbeiter zum Thema. Die Engländer rollten angeblich nur mit den Augen. Sie verstanden

---

90 »Fünfte Sitzung des II. Kongresses der Kommunistischen Internationale«, 1920, www.sinistra.net.

91 »Vierte Sitzung des II. Kongresses der Kommunistischen Internationale«, 1920, www.sinistra.net.

92 »Resolution über die Bedingungen der Aufnahme in die Kommunistische Internationale«, a.a.O.

nicht, warum man im Sinne der Weltrevolution der eigenen Regierung eine Niederlage wünschen sollte.[93]

Was die kommunistische Strategie in den Kolonien betraf, so gab es beim Kongress der Komintern 1920 eine intensive Debatte zwischen Manabendra Nath Roy und Lenin. Lenin hatte den kommunistischen Parteien in den Kolonien angesichts ihrer relativen Schwäche empfohlen, Bündnisse mit bürgerlichen Demokratiebewegungen einzugehen. Roy widersetzte sich jedoch jeder Zusammenarbeit mit dem Indischen Nationalkongress, den er als ›Diskussionsklub‹ bezeichnete. Lenin verwies darauf, dass ein kommunistischer Alleingang in Indien zum Scheitern verurteilt sei, da die Kommunistische Partei Indiens organisatorisch zu schwach war. Er fügte hinzu, dass eine ›nationale‹ Bewegung nur eine ›bürgerlich-demokratische‹ Bewegung sein könne.

In China, damals ein halbkoloniales Land, löste die ›Bewegung des 4. Mai‹ im Jahr 1919 einen nationalistischen Aufstand aus. Hier ließ sich die Strategie der Komintern testen. Die Kommunistische Partei Chinas (KPCh) überließ den bürgerlichen Nationalisten der Kuomintang im nationalen Befreiungskampf die Führung. Das führte 1927 zum Shanghai-Massaker, in dem Hunderte, vielleicht Tausende, Kommunist:innen den Tod fanden. Mao Tse-tung, Oberbefehlshaber der Roten Armee, stimmte mit der Komintern überein, dass die chinesische Revolution zunächst eine nationale sein müsse, forderte jedoch eine kommunistische Führung.

Eine interessante Figur, die am zweiten Kongress der Komintern teilnahm, war Mirsaid Sultan-Galijew, ein tatarischer Revolutionär und Vertreter eines ›muslimischen Nationalkommunismus‹. Sultan-Galijew hatte 1917 auf Seiten der russischen Revolutionäre gekämpft und wollte nun, dass sich die Komintern auf die antikolonialen Kämpfe im Osten konzentrierte. Er meinte, dass das Ende kolonialer Ausbeutung eine Voraussetzung für die Revolution im Westen sei: »Ohne den Osten, abgekapselt von Indien, Afghanistan, Persien und den restlichen asiatischen und afrikanischen Kolonien wird der europäische Imperialismus dahinsiechen und eines natürlichen Todes sterben.« Aus der Sicht Sultan-Galijews hatte die kommunistische Bewegung einen schweren strategischen Fehler begangen, als sie »die revolutionären Bewegungen in Westeuropa priorisierte«, da der »Schwachpunkt des Kapitalismus im Orient« lag. Sultan-Galijew räumte ein, dass es in den »östlichen

93 Nach: R. Pipes (Hg.), *The Unknown Lenin from the Secret Archives* (New Haven: Yale University Press, 1996), 99.

Nationen« keine entwickelte Arbeiterklasse gab, doch nichtsdestotrotz sah er sie als »proletarische Länder«, da sie vom kapitalistischen Weltsystem ausgebeutet wurden.[94] Ein ähnliches Argument wurde von Li Dazhao vorgebracht, einem der frühesten Marxisten Chinas. Auch er beschrieb China als »proletarisiert im Kontext des Weltsystems«.[95]

Das Problem der Analyse Sultan-Galijews lag darin, dass er die Klassenbeziehungen in den muslimischen Gebieten der Sowjetunion vernachlässigte. Auch seine Sicht, dass der islamische Fundamentalismus, den die Nationalisten des Kaukasus vertraten, sozialistisch sei, war umstritten, selbst wenn sein Versuch, das islamische Denken mit dem Marxismus zu verbinden, faszinierend war.

Sultan-Galijew sollte später gemeinsam mit Großgrundbesitzern und Klerikern einen anti-sowjetischen Kurs verfolgen. Nach seinem Bruch mit dem Bolschewismus 1923 landete er als ›nationalistischer Abweichler‹ immer wieder im Gefängnis und in Arbeitslagern. Der ›Verschwörung gegen die Sowjetregierung‹ angeklagt, wurde er 1940 hingerichtet.

### *Die Baku-Konferenz*

Obwohl sie keinen ›muslimischen Nationalkommunismus‹ vertrat, stellte sich die Komintern durchaus die Frage, wie die Menschen des Fernen Ostens und die muslimische Gemeinde des neuen Sowjetstaats in die sozialistische Revolution miteinbezogen werden konnten. Die frühere Annahme, dass es proletarischer Revolutionen im Westen bedurfte, um die proletarischen Massen der Kolonien zu befreien, wurde nicht zuletzt durch die Niederlage der Ungarischen Räterepublik 1919 infrage gestellt. Leo Trotzki vermittelte damals eine Nachricht an das Zentralkomitee der Kommunistischen Partei der Sowjetunion (KPdSU):

> »Es besteht nicht der geringste Zweifel daran, dass die Rote Armee in Asien eine unvergleichbar stärkere Kraft darstellt als auf dem europäischen Kontinent. … Der Weg nach Indien ist gegenwärtig kürzer und einfacher als der Weg ins sowje-

94 Zitiert nach: Alexandre Bennigsen und S. Enders Wimbush, *Muslim National Communism in the Soviet Union* (Chicago: University of Chicago press, 1979), 136; Alexandre Bennigsne, »Sultan Galiev: The USSR and the Colonial Revolution«, in: Walter Laqueur (Hg.), *The Middle East in Transition* (London: Routledge & Kegan, 1958), 404; Glenn L. Roberts, *Commissar and Mullah: Soviet-Muslim Policy from 1917 to 1924* (Boca Raton: Bookpump, 2007), 39.

95 Zitiert nach: Maurice Meisner, *Li Ti-chao and the Origins of Chinese Marxism* (New York: Atheneum, 1970), 401.

tische Ungarn. Der Weg nach Paris und London führt über die Städte Afghanistans, Punjabs und Bengals«.[96]

Im September 1920 organisierte die Komintern einen ›Kongress der Völker des Ostens‹ in Baku, Aserbeidschan. 1.900 Delegierte kamen, eine Mischung aus Kommunist:innen, Anarchist:innen und radikalen Nationalist:innen. Der Kongress war eines der ersten Foren, in denen antikoloniale Widerstandskämpfer:innen gemeinsam die Zukunft der Länder des Ostens diskutierten. Ziel war, zu einer gemeinsamen Strategie im Kampf gegen den Imperialismus zu gelangen. Bündnisse zwischen der Komintern und antikolonialen Befreiungsbewegungen sollten gefördert werden, um Letztere für den Kommunismus zu gewinnen.

Der Präsident der Komintern Grigori Sinowjew unterstrich in seiner Eröffnungsrede die Entschlossenheit der Komintern, Befreiungsbewegungen in der Türkei, in Persien und in den transkaukasischen Republiken Armenien, Aserbeidschan und Georgien zu unterstützen. Zwei Resolutionen wurden verabschiedet, ein »Manifest der Völker des Ostens« und ein »Aufruf an die Arbeiter Europas, Amerikas und Japans«. Der »Aufruf« forderte die Unterstützung des antiimperialistischen Kampfes durch die Arbeiterklasse in den imperialistischen Ländern. Für die Arbeit der Komintern im Nahen und Fernen Osten wurde ein eigenes Exekutivkomitee eingesetzt. Obwohl sich die Sowjetunion in ernsthaften ökonomischen Schwierigkeiten befand, und Menschen im Land hungerten, stellte Moskau 750.000 Rubel für zwei Radiosender mit einer Reichweite von 20.000 Kilometern bereit – damals einzigartig in der Welt. Einer der Sender sollte von Zentralsibirien aus antiimperialistische Propaganda in den kolonisierten Ländern Asiens verbreiten.

Die nationalen Befreiungsbewegungen im Fernen Osten gewannen bald an Stärke, inspiriert vom chinesischen Widerstand gegen die japanische Besatzung. Dass die Komintern sich auf diese Bewegungen konzentrierte, hatte natürlich auch damit zu tun, dass die revolutionären Bewegungen in Europa an Stärke verloren hatten. Im März 1925 beschrieb Nikolai Bucharin, der Sinowjew an der Spitze der Komintern nachgefolgt war, die koloniale Frage als »Beziehung zwischen Stadt und Land auf globaler Ebene«.[97]

---

96 Zitiert nach: Anthony Read, *The World on Fire: 1919 and the Battle with Bolshevism* (New York: Random House, 2009), 180.

97 Zitiert nach: Jane Degras (Hg.), *The Communist International, 1919-1943: Selected Documents, Volume 2, 1923-1928* (Oxford: Oxford University Press, 1956), 201.

Lenin versuchte bis zum Ende seines Lebens, das Scheitern der revolutionären Bewegungen Europas und das gleichzeitige Aufkommen revolutionärer Bewegungen in Ländern wie China, Ägypten oder Indien zu verstehen. Er zog den folgenden Schluss:

> »Der Ausgang des Kampfes hängt in letzter Instanz davon ab, daß Rußland, Indien, China usw. die gigantische Mehrheit der Erdbevölkerung stellen. Gerade diese Mehrheit der Bevölkerung wird denn auch in den letzten Jahren mit ungewöhnlicher Schnelligkeit in den Kampf um ihre Befreiung hineingerissen.«[98]

### *Der fünfte Kongress der Komintern und die Liga gegen Imperialismus*

Ende 1923 verließ Ho Chi Minh Paris und begab sich nach Moskau. Er begann, für die Komintern zu arbeiten. Lenin starb, bevor Ho Chi Minh Moskau erreichte, aber Ho Chi Minh traf dort auf prominente Bolschewisten wie Trotzki, Bucharin, Stalin und Karl Radek. Er nahm auch am fünften Kongress der Komintern 1924 teil. Dort kritisierte er die kommunistischen Parteien Europas dafür, die koloniale Frage zu ignorieren:

> »Ihr müsst meine Direktheit entschuldigen, aber die Reden der Genossen der Mutterländer erwecken bei mir den Eindruck, dass sie eine Schlange töten wollen, indem sie ihr auf den Schwanz steigen. Ihr wisst alle, dass das Gift der kapitalistischen Schlange heute in den Kolonien konzentrierter ist als in den Mutterländern. ... Trotzdem vernachlässigt ihr es, in unseren Diskussionen zur Revolution über die Kolonien zu sprechen. ... Warum vernachlässigt ihr die Kolonien, während der Kapitalismus auf ihnen beruht?«[99]

Ho Chi Minh setzte mit seiner Analyse fort:

> »Die britischen Kolonien zusammengenommen haben eine Bevölkerung, die achteinhalb Mal so groß ist wie die des Mutterlands. Ihre Fläche ist 232-mal so groß wie die des Mutterlands. Das Kolonialreich Frankreichs ist 19-mal größer als das französische Mutterland. In ihm leben fast 17 Millionen Menschen mehr als in Frankreich selbst. Daraus lässt sich nur folgender Schluss ziehen: Wenn die kommunistischen Parteien Großbritanniens und Frankreichs keinen engen Kontakt mit den Völkern in den Kolonien pflegen und ihre Politik nicht an diesen orientieren, dann kann ihre Politik nicht effektiv sein. Und auch nicht leninistisch. ... Lenin zufolge hängt der Erfolg der Revolution in Westeuropa von den Befreiungsbewegungen in den Kolonien und der nationalen Frage ab. Ohne diese Bewegungen und die nationale Frage zu berücksichtigen, lassen sich allgemeine Fragen zur proletarischen Revolution und Diktatur nicht beantworten. ... Was haben die kommunistischen Parteien Großbritanniens, Hollands, Belgiens und

98 V. I. Lenin, »Lieber weniger, aber besser«, 1923.

99 Zitiert nach Lacoutoure, *Ho Chi Minh: A Political Biography*, a.a.O., 41.

anderer Länder gegen die kolonialen Eroberungen der Bourgeoisien ihrer Länder getan? Was haben sie sich gedacht, als sie Lenins Programm des Internationalismus akzeptierten, das einen engen Kontakt zu den proletarischen Massen in den Kolonien fordert? Die kommunistischen Parteien Europas haben in dieser Frage nicht das Geringste erreicht. Ich bin der Sohn einer französischen Kolonie und Mitglied der Kommunistischen Partei Frankreichs, aber es ist wahr – und es tut mir sehr leid, das sagen zu müssen –, dass dies auch für unsere Partei gilt.«[100]

Auch diese deutlichen Worte konnten die kommunistischen Parteien Europas nicht aufrütteln. 1925 begab sich Ho Chi Minh nach Guangzhou, um seine Kontakte zur KPCh zu vertiefen. Im Auftrag der Komintern besuchte er auch Siam (das heutige Thailand) und andere asiatische Länder.

Das langfristige Ziel der Komintern war eine Allianz zwischen Ost und West. Mitte der 1920er-Jahre beauftragte sie den deutschen Kommunisten Willi Münzenberg damit, eine Organisation zu etablieren, um diese Allianz voranzutreiben. So entstand die *Liga gegen Imperialismus* (LgI). Ihre Hauptaufgabe war es, den antiimperialistischen Kämpfen in den Kolonien und in den imperialistischen Ländern eine gemeinsame Stoßrichtung zu geben. Eine breite antiimperialistische Front unter der Leitung der Komintern sollte isolierte antikoloniale Kampagnen ersetzen. In Moskau wurde eine Kommission eingesetzt, um die Aktivitäten der LgI zu begutachten und zu fördern. Man hatte die Arbeiterklasse in den imperialistischen Ländern noch nicht aufgeben. Wichtig schien, Freund und Feind klar voneinander zu trennen. Die sozialdemokratische Linie wurde als ›Unterstützung des Imperialismus‹ gebrandmarkt.

Der größte Teil der Arbeit der LgI wurde in Berlin verrichtet. Nachdem Deutschland all seine Kolonien im Ersten Weltkrieg verloren hatte, schenkte die deutsche Regierung antiimperialistischen Bewegungen keine besondere Aufmerksamkeit. Offiziell gegründet wurde die LgI 1927 in Brüssel. Anwesend waren 174 Delegierte aus 34 Ländern, die 134 Organisationen repräsentierten. Albert Einstein, der zum Ehrenpräsidenten ernannt wurde, schickte eine Grußbotschaft.

Auch Jawaharlal Nehru, nach der Unabhängigkeit Indiens 1947 erster Ministerpräsident des Landes, war anwesend. Er wurde ins Exekutivkomitee gewählt. Gemeinsam mit dem persischen Delegierten Ahmed Assadoff, der in Berlin lebte, nahm er an der Diskussionsrunde zum ›Britischen Imperialismus in Indien, Persien und Mesopotamien‹ teil. Nehru unterhielt sich mit

100 Ho Chi Minh, »The Path Which Led Me to Leninism«, a.a.O.

Delegierten aus Java, Indochina, Palästina, Syrien, Ägypten, Nordafrika und Subsahara-Afrika. Er war von der Haltung bekannter Persönlichkeiten wie Einstein, Song Qingling (›Madame Sun Yat-sen‹) und dem Nobelpreisträger Romain Rolland beeindruckt.

Auch Ho Chi Minh, mittlerweile ein erfahrener Komintern-Gesandter, nahm an dem Kongress teil. Er diskutierte unter anderen mit dem prominenten japanischen Sozialisten und späteren Ministerpräsidenten Katayama Tetsu und mit Sukarno, später erster Präsident des unabhängigen Indonesiens. Für viele Widerstandskämpfer:innen aus den Kolonien war der Kongress eine Möglichkeit, Gleichgesinnte aus anderen Kolonien zu treffen. Sie tauschten Erfahrungen aus und diskutierten antikoloniale Strategien. Der Kongress war ein bedeutendes historisches Ereignis. Als Sukarno, nun indonesischer Präsident, 1955 die Bandung-Konferenz eröffnete, verwies er auf den Gründungskongress der LgI als entscheidenden Schritt für die Entwicklung der antikolonialen Befreiungskämpfe.

In Lateinamerika hatte der Antiimperialismus eine besondere Form angenommen. Lateinamerikanische Antiimperialist:innen unterstützten den Widerstand gegen den europäischen Kolonialismus in Afrika und Asien, aber ihr eigener Kampf fand unter anderen Voraussetzungen statt. Die meisten lateinamerikanischen Länder waren bereits Anfang des 19. Jahrhunderts unabhängig geworden. Das Hauptproblem, dem sich die Antiimperialist:innen des Kontinents nun gegenübersahen, war das neokoloniale Joch der USA, eine weit weniger eindeutige Form der Unterdrückung als der traditionelle Kolonialismus. Doch trotz der unterschiedlichen Bedingungen kam es immer wieder zu Allianzen mit antiimperialistischen Kräften in Afrika und Asien.

Neben dem Hauptbüro in Berlin etablierte die LgI Büros in Paris, London, Amsterdam und Boston. Die Resultate waren bescheiden. Nach wie vor schenkten die kommunistischen Parteien Europas und Nordamerikas dem Antiimperialismus wenig Aufmerksamkeit. Sie wussten, dass die Frage für die europäische und nordamerikanische Arbeiterklasse keine brennende war, dass Teile der Arbeiterklasse antiimperialistische Aktivitäten sogar als ›unpatriotisch‹ betrachteten. Trotz aller Anstrengungen der Komintern blieb der antiimperialistische Kampf in Europa und Nordamerika ein Nebenschauplatz. Viele der kommunistischen Parteien bedienten sich einer nationalistischen Rhetorik und unterschieden sich in dieser Hinsicht kaum von der Sozialdemokratie. Sie wollten sich auf diese Weise die Unterstützung der Massen sichern.

Die LgI erfüllte nie die Erwartungen, die die Komintern in sie gesetzt hatte. 1933, als die Nazis in Deutschland die Macht übernahmen, übersiedelte die Zentrale von Berlin nach Paris. Der deutsche Einmarsch in Frankreich 1939 bedeutete das Ende der Organisation. Münzenberg wurde verhaftet, entkam und wurde kurze Zeit später tot aufgefunden – die Umstände sind bis heute ungeklärt.

Ho Chi Minhs Zweifel bezüglich des Mobilisierungspotenzials europäischer Arbeiter:innen für den Antiimperialismus waren berechtigt. In den Kolonien fand der Antiimperialismus jedoch immer mehr Anhänger. Dort waren auch die Anstrengungen der LgI nicht umsonst gewesen. Sie hatte eine entscheidende Rolle dabei gespielt, dass viele nationale Befreiungsbewegungen den Marxismus-Leninismus als ideologische Grundlage annahmen. Viele führende Persönlichkeiten der nationalen Befreiungskämpfe waren Kommunist:innen.

### *Der sechste Kongress der Komintern*

Trotz der Etablierung der LgI beschäftigte sich auch die Komintern selbst weiterhin mit der antiimperialistischen Frage. Beim sechsten Komintern-Kongress 1928 sollte die Aktivitäten im Osten neu geregelt werden, um die antikolonialen Kämpfe zuintensivieren. Vor allem Bündnisse mit nicht-kommunistischen Organisationen wurden diskutiert. Deren Programme und Taktiken sollten im Zuge einer antikolonialen Gemeinschaft kommunistisch beeinflusst werden. Palmiro Togliatti, Vorsitzender der Kommunistischen Partei Italiens, fasste auf dem Kongress die Haltung der europäischen Sozialdemokratie wie folgt zusammen:

> »Die Sozialdemokraten sind zu Kolonialpolitikern geworden. Sie meinen, dass es sich kein Land leisten könne, seine Kolonien aufzugeben, und dass es natürlich sei, wenn europäische Länder ohne koloniale Besitztümer nach eigenen Kolonien streben. Es gibt keine einzige sozialdemokratische Partei, die hier eine Ausnahme bildet.«[101]

Togliatti meinte, dass die Sozialdemokratie immer schon den bürgerlichen Kolonialismus unterstützt und von ihm profitiert hätte. In Frankreich hätte

101 Palmiro Togliatti, »Social Democracy and the Colonial Question«, in: *International Press Correspondence* (no. 68, 1928), 1234. Als Togliatti 1946 zum Justizminister ernannt wurde, bestand er darauf, dass Eritrea, Libyen und Somalia italienische Kolonien blieben. Er vertrat die Auffassung, dass die italienische Koalitionsregierung nun nicht mehr imperialistisch war (sondern eine ›Volksregierung‹), und dass das italienische Proletariat die Kolonien zur Unabhängigkeit führen würde.

beispielsweise die SFIO immer für koloniale Maßnahmen gestimmt. Bei ihrem Parteikongress 1927 erklärte die SFIO tatsächlich, dass das Nachkriegsproblem nicht ohne Kolonien zu lösen sei. Die Partei unterstützte die militärische Intervention in Syrien zur Niederschlagung der dortigen nationalistischen Bewegung, obwohl zahlreiche Übergriffe auf die Zivilbevölkerung durch französische Soldaten dokumentiert worden waren. Die Sozialistische Partei der Niederlande diskutierte nicht einmal die Frage, ob es Kolonien geben solle oder nicht. Sie beschäftigte sich einzig mit der Frage, wie diese zu regieren waren. Die von Kommunist:innen angeführten Massenrebellionen in West-Sumatra und Java 1926 deutete die niederländische Sozialdemokratie als »von Moskau oder Guangzhou« orchestriert. Die Massenhinrichtungen der Aufständischen beäugte sie kritisch –ihrer Meinung nach hätte es genügt, die Rädelsführer zu töten.

In Deutschland bedauerte die SPD immer wieder, dass Deutschland seine Kolonien verloren hatte. Noch 1928 verlangten sie deren Rückgabe. In Italien verabschiedeten die Sozialdemokrat:innen im selben Jahr eine Resolution gegen die im Vertrag von Versailles vorgesehene koloniale Ordnung, da sie auf die Bedürfnisse des italienischen Kapitals keinerlei Rücksicht nehme. Das Parteiprogramm der britischen Labour Party von 1918 sprach sich für die Aufrechterhaltung des Britischen Weltreichs und den Schutz der »Rechte der britischen Bürger mit Interessen im Ausland« aus. 1930 wies die Labour-Regierung unter Premierminister Ramsay MacDonald alle ägyptischen Forderungen zurück, britische Soldaten aus dem Land abzuziehen, britische Investitionen an Bedingungen zu knüpfen und die Kontrolle über den Suez-Kanal aufzugeben.

Immer wieder wurde die Sozialdemokratie zur Zielscheibe von Angriffen während des Komintern-Kongresses 1928. Dies entsprach der neuen Strategie der Komintern: ›Klasse gegen Klasse‹. Das jedoch reichte nicht, um die Probleme des mangelnden antiimperialistischen Engagements in den eigenen Reihen zu lösen. Der finnische Kommunist Otto Kuusinen, der sich nach der Niederlage der ›Roten‹ im Finnischen Bürgerkrieg von 1918 nach Moskau begeben hatte, präsentierte einen Bericht mit dem Titel »Thesen zur revolutionären Bewegung in kolonialen und halbkolonialen Ländern«. Er nahm kein Blatt vor den Mund, was die Halbherzigkeit der kommunistischen Parteien Europas in Bezug auf Imperialismus und Antiimperialismus betraf. Kuusinen meinte, dass kaum eine kommunistische Partei Lenins Aufforderung folgte, enge Beziehungen zu revolutionären Befreiungsbewegungen in den Kolonien aufzubauen, geschweige denn diesen aktiv Hilfe zukommen zu lassen. Für Kuusinen war dies eine der größten Schwächen der Komintern. Der Antiimperialismus sei vom Großteil der in der Komintern vertretenen Parteien seit der Gründung 1919 ignoriert oder gar als Zeitverschwendung betrachtet worden. Alle Anstrengungen der Leitung der Komintern, dies zu ändern, seien vergebens gewesen.

Kuusinen schlug eine Kommission vor, die unter der Leitung des britischen Kommunisten Robin Page Arnot Gespräche mit den kommunistischen Parteien Westeuropas über die Kolonialfrage führen und eine ›Kolonialkonferenz‹ 1929 vorbereiten solle. Arnot besuchte zunächst den Kongress der Kommunistischen Partei Großbritanniens 1929. Die Kolonialfrage wurde dort thematisiert, aber nur im Vorbeigehen und nur am letzten Tag. Die britischen Kommunist:innen hatten die Forderungen der Komintern schlicht missachtet. Danach reiste Arnot nach Paris. Das Interesse der französischen Kommunist:innen an der Kolonialfrage schien noch geringer als das der britischen. Arnot sah Ho Chi Minhs Kritik bestätigt. In Belgien und in den Niederlanden waren seine Erfahrungen ähnlich. Kurz, eine antikoloniale Politik in Europa existierte kaum, auch nicht in der kommunistischen Bewegung. Selbst die einfachsten Aufgaben, zum Beispiel die Kontaktaufnahme mit Widerstandsbewegungen in den Kolonien, wurden missachtet. Arnot fasste seine Eindrücke in einem Bericht zusammen, in dem er zu dem simplen Schluss kam, »dass im Moment nicht viel getan wird«.[102]

### Die Kolonialkonferenz 1929

Nachdem sie Arnots Bericht erhalten hatten, wollten die Kommissionäre, die die Kolonialkonferenz 1929 vorbereiteten, ein neues Positionspapier zur kolonialen Frage präsentieren. Dieses wurde bei dem in Ungarn geborenen Komintern-Mitarbeiter Lajos Magyar in Auftrag gegeben.

Auch Magyar ging mit den kommunistischen Parteien hart ins Gericht. In seinem Bericht mit dem Titel »Die Organisation der kolonialen Arbeit der europäischen kommunistischen Parteien« kam er zu folgendem Schluss:

> »Die wichtigste Aufgabe der kommunistischen Parteien der imperialistischen Länder bezüglich der kolonialen Frage ist es, direkten Kontakt zu den kommunistischen Parteien und den revolutionären Gewerkschaftsorganisationen in den

102 Zitiert nach: Frederik Petterson, *»We Are Neither Visionaries nor Utopian Dreamers«: Willi Münzenberg, the League against Imperialism, and the Comintern, 1925-1933* (Lewiston: Queenston Press, 2013), 258.

> Kolonien aufzubauen. … Die Beziehungen, die heute existieren, sind nicht zufriedenstellend. … Viele Parteien, die der Komintern angehören, scheinen die Bedeutung des engen Kontakts mit revolutionären Bewegungen in den Kolonien und deren aktiver Unterstützung noch nicht verstanden zu haben. Aber nur, wenn diese Bewegungen aktiv unterstützt werden, kann die Politik der kommunistischen Parteien in den imperialistischen Ländern als wirklich bolschewistische anerkannt werden. Hier zeigt sich, ob die Parteien einer revolutionären Linie folgen oder nicht.«[103]

Magyar konkretisierte fünf Aufgaben, denen sich die Parteien widmen müssten: die Produktion politischer Literatur für die Kolonien; die effektive Verteilung der Literatur vor Ort; das Entsenden wenig bekannter Mitglieder (keine Mitarbeiter der Komintern), um in den Kolonien Arbeit zu finden und die Basis zu organisieren; das Etablieren von Kontakten mit Seeleuten, Soldaten, Arbeiter:innen und Student:innen aus den Kolonien, die in Europa lebten; die ›kommunistische Beeinflussung‹ dieser Gruppen.

Mit den Fragen, wie man in den imperialistischen Ländern selbst gegen den Imperialismus agitieren oder deren Arbeiterklasse für den Kampf gegen den Kolonialismus und Rassismus gewinnen könne, setzte sich auch Magyar nicht auseinander.

### *Der siebte Kongress der Komintern: Vom Antiimperialismus zum Antifaschismus*

Wie wir sahen, trugen die Anstrengungen Lenins und der Komintern, die antikoloniale Frage unter den kommunistischen Parteien Europas zu einer Priorität zu machen, kaum Früchte. Viele Europäer:innen meinten, dass es die Kolonien gab, um den kolonisierten Völkern Entwicklung und Zivilisation zu bringen. Das, so war man in Europa überzeugt, liege nur in deren eigenem Interesse. Das nicht zu leugnende Leiden, das die Kolonisierung mit sich brachte, wurde als Kollateralschaden betrachtet. Wenige europäische Kommunist:innen wagten es, dieser chauvinistischen Einstellung zu widersprechen, zumal sie von vielen Arbeiter:innen geteilt wurde.

Manche Marxist:innen waren sich dessen bewusst und kritisierten Lenin und die Komintern dafür, unrealistische Erwartungen zu stellen. Der deutsche Ökonom Fritz Sternberg schrieb 1935:

> »Wenn Lenin sich so in der wirklichen Stärke des Reformismus täuschte, dann seine Epigonen noch weit mehr. Niemals wurde von ihnen eine systematische Analyse der soziologischen Voraussetzungen gegeben, die den Reformismus be-

103 ebda., 264f.

gründeten, die seine Erschütterung in der Epoche vor dem Sieg des Faschismus verlangsamten. Die Komintern hat sich hier mit Schlagworten begnügt. Sie hat niemals klargestellt, dass sich die Differenzierung innerhalb der Arbeiterschaft in der Vorkriegszeit auf der Basis der *steigenden* Löhne der *gesamten* Klasse herausbildete. Die Komintern hat die Fehler Lenins in der Frage der Arbeiteraristokratie und damit der Einschätzung der wirklichen Stärke des Reformismus nicht korrigiert. Im Gegenteil: sie hat sie noch vertieft.«[104]

Sternbergs Kritik muss im Kontext der deutschen Politik gelesen werden. 1933 waren die Nazis an die Macht gekommen, mit starker Unterstützung der Arbeiterklasse. Als Adolf Hitler von Präsident Paul von Hindenburg zum Reichskanzler berufen wurde, sprach sich die sozialdemokratische Parteiführung gegen Proteste aus. Nach langen internen Debatten befürwortete sogar eine Mehrheit der SPD-Reichstagsabgeordneten (48 von 65) Hitlers am 17. Mai 1933 im Reichstag gehaltene ›Friedensrede‹. Unter den SPD-Abgeordneten, die die Rede boykottierten, war Toni Pfülf, der sich wenig später das Leben nahm – ein besonders tragischer Ausdruck der Enttäuschung, die auch so mancher Sozialdemokrat empfand, als sich die SPD dem faschistischen Regime unterwarf. In ihrem Buch *German Social Democracy and the Rise of Nazism* schreibt die Historikerin Donna Harsch über diese schicksalshafte Stunde im Reichstag:

»Als sich die sozialdemokratischen Abgeordneten erhoben, um gemeinsam mit den bürgerlichen Parteien abzustimmen, brach der Saal, inklusive Hitler, in begeisterten Applaus aus. Die deutschen Nationalisten sangen ›Deutschland, Deutschland über alles‹ und viele Sozialdemokraten stimmten mit ein. Der bayrische SPD-Abgeordnete Wilhelm Hoegner meinte später: ›Es war, als hätte uns Sozialdemokraten, die man immer als die verlorenen Söhne des Vaterlands beschimpfte, einen unsterblichen Augenblick lang die gemeinsame Mutter Deutschland ans Herz gedrückt.‹«[105]

Nur wenige Monate später wurde die SPD verboten und die Parteiführung musste sich ins Exil begeben. Ihre sozialimperialistische Linie hatte nur dazu beigetragen, die Macht der Nazis zu zementieren. In Artikeln in den *Deutschland-Berichten der Sopade*, der Zeitschrift der Exil-SPD, erklärte man später, dass man die »kleinbürgerlichen Neigungen« von Teilen der europäischen Arbeiterklasse unterschätzt habe. Die Historiker Michael Burleigh und Wolf-

104 Fritz Sternberg, *Der Faschismus an der Macht* (Amsterdam: Contact, 1935), 91.
105 Donna Harsch, *German Social Democracy and the Rise of Nazism* (North Carolina: University of North Carolina Press, 1993), 236. Originalzitat Hoegner aus: Wilhelm Hoegner, *Flucht vor Hitler* (München: Nymphenburger Verlagshandlung).

gang Wippermann nennen das in ihrem Buch *The Racial State: Germany 1933-1945* trocken »eine Untertreibung«.[106]

Die Komintern hatte inzwischen angesichts der faschistischen Bedrohung ihre ›Klasse gegen Klasse‹-Strategie aufgegeben. Sie ersetzte diese nun durch die Strategie der ›Volksfront‹, in der man gemeinsam mit der Sozialdemokratie gegen den Faschismus kämpfen wollte. Die Priorität war dabei die Verteidigung der Sowjetunion. Ein neuer imperialistischer Krieg würde die Weltrevolution in weite Ferne rücken lassen. Also wurde alles zur Verteidigung der bisherigen sozialistischen Errungenschaften aufgeboten.

1935 fand der siebte und letzte Kongress der Komintern statt. Er machte deutlich, dass man der Weltrevolution keine Aufmerksamkeit mehr schenkte. Der Fokus auf die Länder des Ostens war in Vergessenheit geraten. Ein weiteres Mal ging man davon aus, dass die Zukunft der Sowjetunion in Westeuropa entschieden würde. Was den Opportunismus der dortigen Arbeiterklasse betraf, hatte Stalin keine Illusionen. 1934 schrieb er an Georgi Dimitroff, inzwischen Präsident der Komintern:

> »Ohne ihre Kolonien könnten die imperialistischen Mächte nicht existieren. Die Arbeiter wissen das und fürchten den Verlust der Kolonien. In dieser Furcht verbünden sie sich mit der Bourgeoisie. Sie folgen unserer antiimperialistischen Linie nicht. Sie haben sogar Angst vor ihr. Wir müssen uns diesen Arbeitern mit entsprechender Vorsicht nähern. ... Es wird nicht möglich sein, ohne Weiteres Millionen von ihnen auf unsere Seite zu bringen.«[107]

Während des letzten Kongresses der Komintern wurden die Kolonien kaum erwähnt. Nachdem mehrere Kräfte aufgelistet wurden, die im Kampf gegen den Faschismus hilfreich sein könnten (Sozialdemokratie, Katholizismus, Anarchismus, die unorganisierte Arbeiterschaft, das Bauerntum, das Kleinbürgertum, die Intellektuellen) bezeichnete Dimitroff die Kämpfe in den Kolonien als »eine der Hauptreserven des Weltproletariats«. Dimitroff machte klar, dass die Verteidigung der Sowjetunion die Priorität der kommunistischen Parteien sein müsse. Er erklärte: »Wir Kommunisten sind *unversöhnliche grundsätzliche* Gegner des bürgerlichen Nationalismus in allen seinen Spielarten. Wir sind aber *keine Anhänger des nationalen Nihilismus* und dürfen niemals als solche auftreten.« Kommunistische Parteien müssten zwar die Arbeiterklasse im

---

106 Michael Burleigh und Wolfgang Wippermann, *The Racial State: Germany 1933-1945* (Cambridge: Cambridge University Press, 1991), 294.

107 Zitiert nach: Ivo Barnac, *The Diary of Georgi Dimitrov, 1933-1949* (Yale: Yale University Press, 2003), 13.

»Geiste des proletarischen Internationalismus« erziehen, dürften aber nicht »alle nationalen Gefühle der breiten werktätigen Massen mißachten«.[108]

Dass die Komintern ihre Position bezüglich des Nationalismus in den imperialistischen Ländern geändert hatte, wurde auch in einer Erklärung zum 1. Mai 1936 deutlich. Man lobte den Bolschewismus dafür, die nationale Bourgeoisie in der Russischen Revolution besiegt zu haben, betonte jedoch gleichzeitig, dass »die Situation heute eine andere ist als 1914«. Eine Erklärung zum Abkommen von München 1938, das die Nazi-Herrschaft über Teile der Tschechoslowakei besiegelte, machte die Wende in der Nationalismus-Frage noch klarer. In dieser ließ die Komintern verlauten, dass die Arbeiterklasse ihre Beziehung zur Nation erneuert und »einen Platz in ihr gewonnen« habe. Im Grunde bedeutete das, dass sich die Komintern mit der Machtteilung zwischen der Bourgeoisie und der Arbeiterklasse in den imperialistischen Ländern abgefunden hatte. Die Leitung der Komintern klagte nun sogar bürgerliche Kräfte dafür an, »nationale Interessen zu verraten«; es seien die Arbeiterklasse und die kommunistischen Parteien, die »das Vermächtnis der bürgerlichen Revolution« verteidigten.[109]

Während die »21 Bedingungen« noch einen kompletten Bruch mit der Sozialdemokratie gefordert hatten, streckte die Komintern nun beide Hände in Richtung Zweite Internationale aus. Doch ohne Erfolg. Die sozialdemokratischen Parteien wiesen alle kommunistischen Avancen zurück.

Was motivierte die Kehrtwende der Komintern? Sie wollte unter allen Umständen einen deutschen Angriff auf die Sowjetunion und einen neuen Krieg zwischen den imperialistischen Ländern vermeiden. Antikoloniale Kämpfe wurden in diesem Kontext bedeutungslos. Im schlimmsten Fall, so fürchteten die sowjetischen Machthaber, würden sie die imperialistischen Länder vom Kampf gegen die Nazis ablenken. Die Komintern forderte die Arbeiterklasse Großbritanniens und Frankreichs sogar dazu auf, ihre Regierungen in der Verteidigung der asiatischen Kolonien zu unterstützen, da diese vom »japanischen Imperialismus« bedroht würden.

Der Zweite Weltkrieg brachte den Zusammenprall zweier imperialistischer Blöcke: die Achsen-Mächte unter der Führung Deutschlands und Japans standen den Alliierten um Großbritannien, Frankreich und den USA gegenüber. Die Bemühungen der Sowjets, eine militärische Konfrontation zu

---

108 Georgi Dimitroff, *Arbeiterklasse gegen Faschismus*, 1935, www.mlwerke.de.

109 Zitate in diesem Absatz aus: Niel Redfern, »The Comintern and Imperialism«, in: *Journal of Labor and Society* (no. 1, 2017), 50f.

vermeiden, fruchteten nichts. Deutschland griff die Sowjetunion 1941 an, woraufhin die Sowjets ein Bündnis mit den Alliierten eingingen. Mehr denn je fokussierte die Komintern nun auf die Verteidigung der nationalen Interessen der Sowjetunion. Die Weltrevolution war Schnee von gestern.

Für die Kolonien war diese Entwicklung ein Desaster. »Englands Schwierigkeiten sind unsere Möglichkeiten« hatten irische Revolutionäre 1914 erklärt. Eine solche Perspektive gab es nicht mehr. Der Opportunismus der Kommunistischen Partei Indiens mag als Beispiel dienen. Bis 1941 betrachtete die Partei jede Krise Großbritanniens als Möglichkeit. Noch beim Ausbruch des Zweiten Weltkriegs erklärte die Parteiführung: »Niemals wieder bekommen wir eine Möglichkeit wie diese! Das Imperium zerbricht. Es kann diese Krise nicht überleben.«[110] Aber im Sommer 1942, als es in ganz Indien zu Aufständen kam, hatte die Partei die Position der Komintern akzeptiert, der zufolge keine Schritte zur nationalen Befreiung unternommen werden durften, bis das Überleben der Sowjetunion gesichert war. Also half die Kommunistische Partei Indiens aktiv dabei, weitere Aufstände zu verhindern. Die indische Bevölkerung sollte lieber den britischen Kriegseinsatz unterstützen. Zur Belohnung legalisierten die britischen Behörden die Kommunistische Partei Indiens kurze Zeit später zum ersten Mal in ihrer Geschichte.

1943 entschied sich die sowjetische Regierung dazu, die Komintern aufzulösen. Stalin erklärte, dass aufgrund der Komintern kommunistische Parteien außerhalb der Sowjetunion ständig als sowjetische Agenten abgestempelt würden. Doch es schien, als war die Auflösung der Komintern in erster Linie ein Zugeständnis an die imperialistischen Bündnispartner.

Entgegen den Empfehlungen Stalins und der Komintern kämpften kommunistische Kräfte in China gegen die japanischen Besatzer. Man tat dies in einem Bündnis mit den bürgerlichen Nationalisten der Kuomintang. Nach der Kapitulation Japans stellte Mao klar, dass der kommunistische Kampf noch nicht zu Ende sei, sondern nun gegen die Kuomintang, die »heimischen Handlanger des Imperialismus«, fortgesetzt werden müsse.[111] Die Kommunistische Partei Vietnams nutzte 1946 die Nachkriegswirren, um einen bewaffneten Befreiungskampf zu initiieren.

---

110 ebda., 53.

111 In seinem Buch *Gespräche mit Stalin* (deutsche Ausgabe 1962) behauptet der jugoslawische Kommunist Milovan Djilas, dass Stalin 1948 Unstimmigkeiten mit der KPCh nach dem Ende des Japanisch-Chinesischen Krieges 1945 einräumte. Djilas gegenüber jedoch gestand er, dass »sie recht hatten und wir nicht«.

Für die Sowjetunion war das Hauptziel in der Nachkriegsperiode die ›friedliche Koexistenz‹ mit den imperialistischen Mächten. Dafür gab es mehrere Gründe: Erstens hatte der Krieg dem Land viel abverlangt; Millionen von Menschen hatten ihr Leben verloren, und die Ökonomie lag in Ruinen. Zweitens schien es gut möglich, dass jede militärische Konfrontation mit den imperialistischen Mächten in einer Katastrophe enden könnte, nachdem die USA in Hiroshima und Nagasaki bewiesen hatten, dass sie zum Einsatz von Atomwaffen bereit waren. Und drittens hatte sich der internationale Status der Sowjetunion geändert: Die Opferbereitschaft, mit dem die sowjetischen Truppen gegen die Nazis gekämpft hatten, hatte den imperialistischen Mächten viel Anerkennung abgerungen. Noch nie zuvor war der diplomatische Einfluss der Sowjets so groß gewesen.

Bei der Konferenz von Jalta 1945 teilten Roosevelt, Churchill und Stalin die Welt in Einflusssphären auf. Zwei Drittel gingen an die USA und Großbritannien, ein Drittel an die Sowjetunion. Italien und Frankreich, beide mit starken kommunistischen Parteien, landeten im westlichen Lager. Die kommunistischen Parteien der Länder akzeptierten ihre neue Rolle. Palmiro Togliatti, früher ein Hardliner im Kampf gegen die Sozialdemokratie, erklärte jetzt, dass die primäre Aufgabe des italienischen Proletariats nicht die Revolution sei, sondern der Wiederaufbau der Nation. Er verlangte Loyalität den Alliierten gegenüber. Das änderte sich auch nicht, als die Alliierten im April 1945 kommunistische Partisan:innen entwaffneten, die in Norditalien mehrere Städte eingenommen hatten. Die Kommunistische Partei Italiens signalisierte eine so starke Bereitschaft, die Herrschaft des Kapitals zu festigen, dass sie in die erste Nachkriegsregierung inkludiert wurde. In Frankreich war die Situation ähnlich. Auch dort trat die Kommunistische Partei in eine Koalitionsregierung ein. Diese war verantwortlich für die brutale Unterdrückung der antikolonialen Aufstände in Algerien und Indochina.

Der Flirt der Kommunist:innen mit der Bourgeoisie hielt jedoch nicht lange an. 1947 wurden sie sowohl in Italien als auch in Frankreich aus der Regierung gedrängt. Delegierte der Parteien gründeten daraufhin gemeinsam mit osteuropäischen Kommunist:innen das Kommunistische Informationsbüro (Kominform) als neue internationale Allianz kommunistischer Organisationen. Der sowjetische Delegierte Andrei Schdanow erklärte, dass die Welt jetzt in zwei Lager geteilt sei: ein imperialistisches, mit den USA an der Spitze, und ein antiimperialistisches, angeführt von der Sowjetunion. Einer der jugoslawischen Delegierten, Edvard Kardelj, kritisierte die italienischen und französischen Genoss:innen für ihre Regierungsbeteiligung nach dem Krieg. Man habe sich die Positionen der Sozialdemokratie zu eigen gemacht und es verabsäumt, für die Revolution zu kämpfen. Nun hofften die jugoslawischen Kommunist:innen mit der Gründung der Kominform auf eine Offensive gegen den Imperialismus. Für Stalin hingegen war die Organisation primär eine Verteidigungsmaßnahme. Ihn beunruhigte der Marshall-Plan, zumal die USA mit diesem versuchten, Spannungen zwischen den neuen sozialistischen Staaten in Osteuropa und der Sowjetunion zu schaffen.

Die unterschiedlichen Sichtweisen auf die Kominform führten zu einem ernsthaften Konflikt in der internationalen kommunistischen Bewegung. Die Kommunistische Partei Griechenlands hatte auch nach dem Ende der deutschen Besatzung ihre bewaffneten Einheiten behalten. Die jugoslawischen Kommunist:innen unterstützen dies. Stalin erachtete es jedoch als zu riskant; er wollte das Nachkriegsabkommen mit den Alliierten nicht gefährden. Bei einem Treffen mit Churchill hatte Stalin 1944 zugestimmt, dass Griechenland Teil der britischen Einflusssphäre bleiben sollte. Er gab den jugoslawischen Kommunist:innen gegenüber nicht nach. 1948 sagte er zu Milovan Djilas, einem prominenten jugoslawischen Partisanen und einer bedeutenden Persönlichkeit in der Kommunistischen Partei, dass der Aufstand der griechischen Kommunist:innen keinerlei Aussicht auf Erfolg habe und gestoppt werden müsse.[112] Die diplomatischen Beziehungen zwischen der Sowjetunion und Jugoslawien wurden daraufhin abgebrochen. Von der Kominform, auf die sie so viel Hoffnung gesetzt hatten, wurden die jugoslawischen Kommunist:innen nun zu ›Revisionisten‹ erklärt.

Was die Frage betrifft, wie aus einer internationalen kommunistischen Bewegung mit weltweiten revolutionären Ambitionen ein Verteidigungswall der Sowjetunion werden konnte, kommt der Historiker Neil Redfern zu folgendem Urteil:

> »Es ist eine der großen Ironien der Geschichte, dass die Komintern, das Resultat eines Bruchs mit ›Sozialpatrioten‹, selbst zu einer Organisation von Sozialpatrioten wurde, selbst wenn dies mit Verweisen auf die ›internationalistische Verteidigung der Sowjetunion‹ umschrieben wurde. Wie lässt sich das erklären? Der entscheidende Grund war ein materialistischer: die Stärke der bürgerlichen Ideologie in den imperialistischen Ländern, die sich auch in der kommunistischen Bewegung widerspiegelte.«[113]

112 Milovan Djilas, *Gespräche mit Stalin* (Frankfurt: Fischer, 1962).

113 Redfern, »The Comintern and Imperialism«, a.a.O., 56.

Ich würde diesem Urteil hinzufügen, dass die Stärke der bürgerlichen Ideologie seinen Grund im Imperialismus hat, das heißt, in der Tatsache, dass die Arbeiterklasse der imperialistischen Länder aus den imperialistischen Profiten Nutzen zieht.

Während der 1920er-Jahre war es das ehrliche Bestreben der Komintern, eine weltweite proletarisch-revolutionäre Bewegung zu etablieren. Dieser Versuch scheiterte. Die Spaltung der globalen Arbeiterklasse, die vom Imperialismus verursacht wurde, war ein zu großes Hindernis. In den imperialistischen Ländern herrschte tatsächlich ›Sozialpatriotismus‹. Arbeiter:innen identifizierten sich in erster Linie mit ihren jeweiligen Nationalstaaten, nicht mit der globalen Klasse. Sie waren in das politische System des Nationalstaats integriert, und die politischen Parteien, von denen sie repräsentiert wurden, waren oft Regierungspartner, manchmal sogar alleine an der Macht.

Die Entwicklung der Sowjetunion während und nach dem Zweiten Weltkrieg, Opportunismus und Eurozentrismus setzten den antiimperialistischen Bestrebungen der kommunistischen Bewegung ein Ende. Das erlaubte dem Imperialismus, die Krise der 1930er- und 40er-Jahre relativ unbeschadet zu überstehen. Mit neuem Elan ging es in eine erfolgreiche Periode unter der unumstrittenen Führung der USA. Deutschland, das den USA diesen Rang streitig machen wollte und deshalb den Zweiten Weltkrieg ausgelöst hatte, hatte eine vernichtende Niederlage erlebt.

## Der Nationalsozialismus, oder: Die Arbeiteraristokratie dreht durch

Im Zuge der gescheiterten Deutschen Revolution 1918/19 wurden Sozialdemokrat:innen und Kommunist:innen bittere Feinde. Um den Spartakusaufstand in Berlin und andere kommunistische Rebellionen niederzuschlagen, hatte die SPD die berüchtigten Freikorps engagiert, Milizen, die aus reaktionären deutschen Soldaten bestanden. Während der 1920er- und 30er-Jahre betrachteten die Kommunist:innen die Sozialdemokrat:innen als ›Sozialfaschisten‹, während die Sozialdemokrat:innen die Gefahr des Bolschewismus beschworen. Es waren die Nazis, die von der Spaltung in der Arbeiterbewegung profitierten. Die NSDAP brachte viele Arbeiter:innen auf ihre Seite, indem sie an deren nationalistischen Gefühle appellierte. Die ›Dolchstoßlegende‹ war weit verbreitet: Schuld an der Niederlage Deutschlands im Ersten Weltkrieg sei die fehlende Loyalität gewisser Teile der Bevölkerung gewesen: der Kapitalisten, der Politiker:innen, die nun in der Weimarer Republik regierten, und, nicht zuletzt, der jüdischen Gemeinde. Viele Deutsche, abertausende Arbeiter:innen inklusive, wollten eine Neugeburt des Landes sehen, eine Großmacht mit genug ›Lebensraum‹ für die deutsche Nation. Kolonien waren dafür wesentlich. Jawaharlal Nehru beschrieb diese Logik in seinem 1934 erschienenen Buch *Weltgeschichtliche Betrachtungen*:

> »Marx sagte voraus, dass der Kapitalismus eine Krise nach der anderen durchmachen würde, bis er irgendwann zusammenbricht, weil sich das Gleichgewicht, das er braucht, nicht aufrechterhalten ließe. Tatsächlich hat der Kapitalismus in den 60 Jahren, seit Marx diese Voraussage machte, viele Krisen erlebt. Aber er ist nicht zusammengebrochen. Im Gegenteil, er ging stärker aus diesen Krisen hervor – außer in Russland, wo er nicht mehr existiert. Nun jedoch, während ich diese Worte schreibe, scheint er tatsächlich ernsthaft erkrankt zu sein, überall auf der Welt. Die Ärzte geben ihm kaum noch Überlebenschancen. Und doch gibt es einen möglichen Ausweg – einen Faktor, den Marx vielleicht vernachlässigt hatte. Was den Kapitalismus immer wieder am Leben hielt, war die Ausbeutung der Kolonien durch die westlichen Industrienationen. Dies sorgte immer wieder für Aufwind unter den kapitalistischen Flügeln, für Wohlstand in den reichen Ländern auf Kosten der armen.«[114]

Die Rhetorik der Nazis gefiel dem deutschen Volk. Bei den Wahlen 1932 erhielt die SPD acht Millionen Stimmen, die KPD sechs, die NSDAP vierzehn. Als Hitler ein Jahr später zum Kanzler wurde, reagierten die Nazis auf die ökonomische Krise. Es gelang ihnen, die Arbeitslosigkeit zu reduzieren. Ein wichtiges Moment dabei waren ambitionierte Infrastrukturprojekte – der Bau der Autobahnen ist das am meisten zitierte Beispiel. Die Folge war ein Wachstum der deutschen Industrie und hohe Beschäftigungszahlen (1936 war die Zahl der Arbeitslosen gegen Null gesunken), aber auch Investitionsmöglichkeiten und ein neues Verlangen nach Konsumwaren.

Der Faschismus stützt sich auf eine extreme Form der Arbeiteraristokratie. Er entsteht, wenn Teile der Arbeiterklasse glauben, dass sich eine ökonomische Krise lösen lasse, indem sie sich von anderen Teilen der Klasse entlang nationaler und/oder ethnischer Linien abspalten. Diese Abspaltung ist von roher Gewalt geprägt und verschafft den Teilen der Klasse, die als überlegen gelten, Privilegien. Faschistische Regime versprechen, diese Privilegien zu verteidigen, solange die betreffenden Teile der Klasse bereit sind, sich der faschistischen Herrschaft zu unterwerfen.

---

114 Jawaharlal Nehru, *Glimpses of World History*, a.a.O. 548.

Der Erfolg der Nazis beruhte auf einer Allianz zwischen dem Kapital und der Arbeiteraristokratie. Trotz rhetorischer Angriffe auf ›Kapitalisten‹ (oft gleichgesetzt mit ›Juden‹) stellten die Nazis nie eine Gefahr für den Kapitalismus dar. Die kapitalistische Maschinerie lief unter ihrer Herrschaft wie geschmiert. Ihre wirklichen Feinde waren die traditionellen Organisationen der Arbeiterklasse. Die Nazis ersetzten Marxismus, Klassenkampf und Internationalismus durch ein ›höheres‹, ein nationalistisches Ziel: das Dritte Reich.

Dieses Ziel verfolgten sie erbarmungslos. Die Nazis inhaftierten und ermordeten Tausende von Sozialdemokrat:innen und Kommunist:innen. Die sozialistische Bewegung sollte zur Gänze ausgerottet werden. Die traditionelle Gewerkschaftsbewegung wurde durch eine Gewerkschaft unter Regierungskontrolle ersetzt, die Deutsche Arbeitsfront. Deren Vorsitzender Robert Ley erklärte in einer Rede 1940, dass »marxistische Gewerkschaften« nicht an Lösungen sozialer Probleme interessiert seien, weil die schlechten Lebensbedingungen der Arbeiter:innen ihnen mehr Macht verliehen. Die Vision Leys war, Deutschland von einer »Nation von Proletariern« in eine »Nation von Herrschern« zu verwandeln. Er erklärte: »In zehn Jahren wird Deutschland nicht wiederzuerkennen sein. Aus einem Proletariervolk wird dann ein Herrenvolk geworden sein. Der deutsche Arbeiter wird besser aussehen als heute ein englischer Lord.«[115]

Das Versprechen, deutschen Lebensraum auszudehnen, war ein wichtiger Teil der Nazi-Ideologie. In *Mein Kampf* beschrieb Hitler, wie England und Deutschland die Welt zwischen sich aufteilen würden. England hatte sein Reich bereits geschaffen, es war in den Westen (Amerika) und in den Süden (Indien) gegangen. Deutschland würde in den Osten gehen. Osteuropa und die Sowjetunion sollten Deutschlands Indien werden.

Der rassistische Charakter dieser Vision steht außer Zweifel. Der Eroberung der Gebiete im Osten sollte die Auslöschung der dortigen Bevölkerung folgen, um Platz für die arische Nation zu machen. Wer nicht getötet wurde, musste Zwangsarbeit für die deutsche Arbeiteraristokratie verrichten. Ley machte in einem Gespräch mit deutschen Wirtschaftsführern im Jahr 1942 deutlich, wie er sich das vorstellte: »Wenn ein russisches Schwein geschlagen werden muss, müsste es der gewöhnliche deutsche Arbeiter tun.«[116]

115 Zitiert nach: www.nebelspalter.ch.

116 Zitiert nach: de.wikibrief.org.

Der Rassismus und der Nationalchauvinismus der Nazis wurde von den europäischen Mächten verurteilt. Doch für den Mitbegründer der *Négritude*, den afrokaribisch-französischen Autor Aimé Césaire, war dies heuchlerisch:

> »Ja, es wäre schon die Mühe wert, klinisch genau und in allen Einzelheiten die Methoden Hitlers und des Hitlerismus zu untersuchen und dem ach so distinguierten, ach so humanistischen, ach so christlichen Bourgeois des 20. Jahrhunderts begreiflich zu machen, dass er selbst einen Hitler in sich trägt, ohne es zu wissen, dass Hitler ihn bewohnt, dass Hitler sein innerer Dämon ist, dass sein Wettern gegen ihn Mangel an Logik ist und dass im Grunde das, was er Hitler nicht verzeiht, nicht das Verbrechen an sich, das Verbrechen gegen den Menschen ist, nicht die Erniedrigung des Menschen an sich, sondern das Verbrechen gegen den weißen Menschen, die Erniedrigung des weißen Menschen und dass er, Hitler, kolonialistische Methoden auf Europa angewendet hat, denen bislang nur die Araber Algeriens, die Kulis Indiens und die N---- Afrikas ausgesetzt waren.«[117]

In den Kolonien sahen viele Menschen Parallelen zwischen dem Faschismus und dem Imperialismus. Für sie war der Faschismus kein neues, schockierendes Phänomen. In gewisser Weise schien er schlicht die Fortsetzung der kolonialen Erfahrung zu sein. W. E. B. Du Bois hatte in seinem Buch *Black Reconstruction in America* gezeigt, dass während der Wiedereingliederung der Südstaaten in die USA nach dem Bürgerkrieg weiße Südstaatler:innen versuchten, ihre Herrschaft über die Schwarze Bevölkerung mit roher Gewalt aufrechtzuerhalten – kurz gesagt, mit faschistischen Methoden. Du Bois war mit dieser Einschätzung nicht alleine. Der panafrikanische Autor George Padmore schrieb 1939, dass Unruhen in der britischen Kolonie von Sierra Leone von einem »verängstigten Imperialismus mit faschistischen Methoden« beantwortet wurden.[118]

Angesichts der Parallelen zwischen Imperialismus und Faschismus gibt es natürliche Parallelen zwischen Antiimperialismus und Antifaschismus. Das wird besonders in der Geschichte des Schwarzen Widerstands deutlich. Dazu später mehr.

Der Zweite Weltkrieg hatte die koloniale Frage überschattet. Doch als die Gefahr des Nationalsozialismus gebannt war, ließ sich die ungelöste Frage der Kolonien nicht mehr länger ignorieren. Während man in London, Paris und New York die Niederlage des Faschismus feierte, forderten Massendemonstrationen in der algerischen Stadt Sétif nationale Unabhängigkeit. Als Japan am 2. September 1945 kapitulierte, hatte sich eine riesige Menschenmenge

---

117 Aimé Cesaire, *Über den Kolonialismus* (Berlin: Alexander, 2017 [1950]), 15f.

118 George Padmore, »Fascism Invades West Africa«, in: *The Crisis* (no. 10, 1939), 297.

auf Hanois Ba-Dinh-Platz versammelt, wo Ho Chi Minh das unabhängige Vietnam ausrief. In China überlappten Antiimperialismus und Antifaschismus im Widerstand gegen die japanische Besatzung.

Angesichts der Machtergreifung der Nationalsozialisten in Deutschland hatte Fritz Sternberg mit seiner Kritik an Lenin und der Komintern wohl recht behalten. Sie hatten die Anziehungskraft des Reformismus unterschätzt. Die europäische Arbeiteraristokratie bestand nicht nur aus einer kleinen, privilegierten Schicht der Klasse. Sie machte einen beträchtlichen Teil der Bevölkerung aus. Lenin verstand dies am Ende seines Lebens. Ihm wurde immer klarer, dass die Zukunft der sozialistischen Revolution in den Kolonien und nicht in den imperialistischen Ländern lag. Er brach mit dem eurozentristischen Dogma, demzufolge die Weltrevolution nur vom imperialistischen Zentrum ausgehen konnte. Er analysierte die Klassenbeziehungen in den imperialistischen Ländern im Rahmen der globalen Ökonomie und zog entsprechende Schlüsse. Seine Unstimmigkeiten mit Rosa Luxemburg bezüglich der Rolle der Kolonien machten dies deutlich. Die Geschichte gab Lenin recht. Im 20. Jahrhundert kam es zu einer Welle revolutionärer Bewegungen in Afrika, Asien und Lateinamerika. Die Arbeiterklasse der imperialistischen Länder trug wenig dazu bei. Eher taten sie das ihre, um die revolutionäre Welle zu brechen. Das revolutionäre Feuer loderte fast ausschließlich in den Kolonien.[119]

## Die Zwischenkriegsjahre in den USA

Die USA waren der große Gewinner des Zweiten Weltkriegs. Aufgrund ihrer relativen geografischen Isolation waren sie von Kampfhandlungen kaum betroffen. Das erlaubte der US-Regierung auch, Zeit und Ort des eigenen militärischen Engagements genau abzuwägen. Der Krieg hatte die US-Wirtschaft beflügelt und der Aufschwung hielt nach Kriegsende an. Die Industrienationen Europas lagen zu jener Zeit in Ruinen. Die US-Arbeiteraristokratie erlebte ihre fettesten Jahre.

Die Ursprünge der US-amerikanischen Konsumgesellschaft finden sich in den 1920er-Jahren, als Hunderttausende moderner Eigenheime errichtet wurden und neue Industrien entstanden: für Haushaltsgeräte, Autos und al-

119 Der Historiker Eric Hobsbawm verfasste im Jahr 1970 einen exzellenten Artikel über Lenins Beitrag zur Imperialismustheorie: »Lenin and the ›Aristocracy of Labor‹«.

les Mögliche andere. Die Produktion von Gebrauchsgütern wuchs zweimal so schnell wie die von Verbrauchsgütern. Als General Electric im Jahr 1927 den Monitor-Top-Kühlschrank auf den Markt brachte, verkaufte sich das Modell eine Million Mal. Henry Ford hatte einige Jahre zuvor mit der Massenproduktion von Autos begonnen und das Fließband optimiert. Jeder Arbeitsschritt wurde so effizient wie möglich gestaltet. Ford hatte das Management modernisiert und Massenmarketing eingeführt. Die US-Autoindustrie war in den 1920er-Jahren auf einem Niveau, das in Europa erst 40 Jahre später erreicht werden sollte.

Die amerikanische Konsumgesellschaft war den Konsumgesellschaften aller anderen Länder um Jahrzehnte voraus. Zu den wichtigsten Konsument:innen zählten wohlhabende Arbeiter:innen und Farmer. Henry Ford erklärte 1908: »Ich werde ein Auto für die Massen bauen; es wird so billig sein, dass sich jeder Bürger mit einem guten Gehalt eines leisten kann.«[120] 15 Jahre später produzierten die USA 83 Prozent aller Autos weltweit. Von Fords Model T, dessen Produktion 1927 eingestellt wurde, wurden insgesamt 15 Millionen hergestellt. Ein Rekord, der erst ein halbes Jahrhundert später mit der Massenproduktion des VW-Käfers übertroffen wurde.

Mit der Autoindustrie wuchsen auch die Ölindustrie, die Gummiindustrie und die Glasindustrie. ›Fordismus‹ wurde zu einem geflügelten Begriff, um die Kombination von Massenproduktion und Konsumgütermarkt zu beschreiben. Henry Ford war überzeugt davon, dass Arbeitslöhne hoch genug sein mussten, damit sich Arbeiter:innen die Waren, die sie produzierten, auch leisten konnten. Nur ein Markt mit starker Kaufkraft garantierte in seinen Augen wirtschaftliches Wachstum. Der Fordismus fungierte in den kommenden Jahrzehnten als Leitprinzip der US-Ökonomie. Doch nicht alle Arbeiter:innen in den USA profitierten von ihm. Denn unter der Arbeiteraristokratie weißer Angelsächs:innen schuftete ein weit schlechter bezahltes Proletariat, das vorwiegend aus nicht-europäischen Immigrant:innen und den Nachkommen ehemaliger Sklav:innen bestand.

Im Jahr 1927 kam es zu einem interessanten Austausch zwischen Josef Stalin und amerikanischen Gewerkschaftsaktivisten, die die Sowjetunion besuchten. Als Stalin meinte, dass die geringe Mitgliedschaft in US-Gewerkschaften auf eine schwache amerikanische Arbeiterbewegung schließen ließ,

---

120 Zitiert nach: Steven Watts, *The People's Tycoon: Henry Ford and the American Century* (New York: Random House, 2005), 119.

antworteten ihm zwei Mitglieder der US-Delegation, John Brophy und Paul Douglas:

»*Brophy:* Die geringe Mitgliederzahl der Gewerkschaften ist nicht dadurch zu erklären, dass die von den Gewerkschaftsorganisationen angewandte Taktik etwa nicht die richtige wäre, sondern durch die allgemeinen wirtschaftlichen Verhältnisse im Lande, die nicht die ganze Masse der Arbeiter zur Organisierung drängen und die, eben weil sie, diese wirtschaftlichen Verhältnisse, günstig sind, die Notwendigkeit des Kampfes der Arbeiterklasse gegen die Kapitalisten einengen. Diese Verhältnisse werden sich natürlich ändern, und parallel mit der Änderung dieser Verhältnisse werden die Gewerkschaften wachsen, und die gesamte Gewerkschaftsbewegung wird einen anderen Weg einschlagen.

*Douglas:* Ich bin mit der Erklärung, die der Vorredner gegeben hat, einverstanden. Ich möchte noch hinzufügen, dass man erstens berücksichtigen muss, dass der Arbeitslohn in den Vereinigten Staaten in der letzten Zeit von den Kapitalisten selbst sehr stark erhöht wird. Dieser Prozess der Erhöhung des Arbeitslohnes war im Jahre 1917, im Jahre 1919 und später zu beobachten. Wenn man den heutigen Reallohn mit dem Lohn von 1911 vergleicht, so stellt sich heraus, dass er bedeutend höher ist. Die Gewerkschaftsbewegung gliederte sich im Prozess ihrer Entwicklung anfangs nach Branchen, nach Berufen und gliedert sich auch jetzt noch so, und die Gewerkschaften wurden vorwiegend für qualifizierte Arbeiter geschaffen. An der Spitze dieser Verbände standen bestimmte Führer, die eine in sich abgekapselte Organisation repräsentierten und für ihre Mitglieder gute Bedingungen durchzusetzen versuchten. Sie hatten keine Beweggründe, den Rahmen der Gewerkschaftsverbände zu erweitern und unqualifizierte Arbeiter in den Gewerkschaften aufzunehmen. ... In den letzten zehn Jahren treibt der amerikanische Kapitalismus eine aufgeklärtere Politik in der Hinsicht, dass er seine eigenen Gewerkschaften schafft, die so genannten Company Unions. Er zieht die Arbeiter zur Arbeit ihres Betriebs heran, interessiert die Arbeiter am Profit dieses Betriebs usw. Der amerikanische Kapitalismus hat die Tendenz, die horizontale Teilung durch eine vertikale Teilung zu ersetzen, das heißt, die Arbeiterklasse zu spalten, sie für die Interessen des Kapitalismus zu gewinnen und zu interessieren.

*Stalin:* Und noch eine weitere Frage: Warum sprechen sich die Führer der Arbeiterbewegung in Amerika, Green und andere, entschieden gegen die Schaffung einer selbstständigen Arbeiterpartei in Amerika aus?

*Brophy:* Ja, die Führer haben einen Beschluss gefasst, dass keine Notwendigkeit bestehe, eine solche Partei zu schaffen. Es gibt aber eine Minderheit, die die Meinung vertritt, dass die Schaffung einer solchen Partei notwendig ist. Jetzt sind in Amerika die objektiven Bedingungen so, dass, wie bereits gesagt wurde, die Gewerkschaftsbewegung in den Vereinigten Staaten sehr schwach ist, die Schwäche der Gewerkschaftsbewegung wiederum erklärt sich daraus, dass die Arbeiterklasse zunächst kein Bedürfnis hat, sich zu organisieren und den Kampf gegen die Kapitalisten zu führen, weil die Kapitalisten selbst den Lohn der Arbeiter erhöhen und ihnen eine befriedigende materielle Lage sichern.

*Stalin:* Dritte Frage: Wodurch ist es zu erklären, dass die Führer der Amerikanischen Arbeitsföderation [AFL] in der Frage der Anerkennung der UdSSR reaktionärer sind als viele Bourgeois?

*Brophy:* Ich kann die Ursachen nicht genau erklären, aber ich bin der Auffassung, dass die Führer der Amerikanischen Arbeitsföderation aus denselben Gründen, aus denen die Amerikanische Arbeitsföderation nicht der Amsterdamer Internationale angehört, auf dem Standpunkt der Nichtanerkennung Sowjetrußlands stehen. Der Unterschied besteht in einer besonderen Philosophie der amerikanischen Arbeiter; ferner handelt es sich um den ökonomischen Unterschied, der zwischen den amerikanischen und den europäischen Arbeitern besteht.«[121]

Während der 1920er-Jahre schien der amerikanische Kapitalismus unaufhaltbar und seine kolossale Zukunft gesichert. Doch dann kam 1929 die große Wirtschaftskrise. Grund war die Überproduktion, in Gang gesetzt von ungehemmter Spekulation. 1932 schrieb der Handelskettenmagnat Edward Filene: »Massenproduktion bedeutet nicht einfach viel Produktion. Sie bedeutet viel Produktion in dem Wissen, dass es für die Produkte auch einen Markt geben muss.«[122]

Doch die Krise 1929 markierte nur einen vorübergehenden Bruch in der Erfolgsgeschichte des US-Kapitalismus. Präsident Franklin D. Roosevelts ›New Deal‹ rettete den Markt. Der New Deal bestand aus einer Reihe von Reformen, die jenen der europäischen Sozialdemokratie ähnelten. Die USA blieben eine kapitalistische Gesellschaft, doch der Kapitalismus unterlag nun stärkerer staatlicher Kontrolle. Man folgte den Ratschlägen des britischen Ökonomen Jon Maynard Keynes, der meinte, dass staatliche Interventionen notwendig seien, um Märkte zu stabilisieren und soziale Spannungen zu vermeiden. Die US-Regierung reduzierte die Arbeitslosigkeit durch Infrastrukturprojekte, was auch den Konsum anregte. Sie führte ein Pensionssystem, eine Arbeitslosenversicherung und einen Mindestlohn ein. Die wöchentlichen Arbeitsstunden wurden reduziert und die Sozialleistungen ausgebaut.

Der New Deal war also von der europäischen Sozialdemokratie inspiriert. Die Nazis wiederum waren vom ökonomischen und politischen Aufstieg der USA zur Supermacht inspiriert. Die Eroberung der USA durch die europäischen Siedler:innen war ein Vorbild für die Eroberung Osteuropas durch die deutschen Soldaten. Der Völkermord an den indigenen Gesellschaften Amerikas diente als Vorbild für die Ausdehnung des deutschen Lebens-

---

121 J. Stalin, »Unterredung mit der ersten amerikanischen Arbeiterdelegation«, 9. September 1927.

122 Zitiert nach D. Hounshel, *From the American System to Mass Production, 1800-1932* (Baltimore: John Hopkins University Press, 1985), 307.

raums. Mehrere Stellen in *Mein Kampf* machen Hitlers Faszination für die europäische Eroberung des amerikanischen Kontinents deutlich. Die Nazis waren überzeugt, dass die USA ihre Macht dem Rassismus zu verdanken hatten. Dieser war mit dem Ende der Sklaverei nicht verschwunden. Es gab weiterhin zahlreiche diskriminierende Gesetze, nicht nur in den Südstaaten, sondern auch auf Bundesebene. Die Gesetze betrafen sowohl die Minderheiten, die in den USA seit Langem ansässig waren, als auch nicht-europäische Einwander:innen. Die Nürnberger Gesetze, die die rassistische Ideologie der Nazis institutionalisierten, orientierten sich an der weißen Vorherrschaft in den USA. Die Ökonomie spielte eine wichtige Rolle. Der Völkermord an den indigenen Gesellschaften, die Sklaverei, die Ausbeutung der Arbeiter:innen und der Imperialismus hatten die US-Ökonomie zur stärksten der Welt gemacht. 1870 hatten die USA noch die viertgrößte Volkswirtschaft der Welt. 1922 war die US-Ökonomie stärker als die von Großbritannien, Deutschland, Frankreich, Italien, Belgien, Russland und Japan zusammen.

Der revolutionäre Sozialismus hatte nie viel Einfluss in Nordamerika. Auch in Westeuropa verlor er seinen Einfluss in den 1920er-Jahren fast zur Gänze. Die Zentren des revolutionären Sozialismus lagen nun im Osten und Süden. In den letzten 100 Jahren kam es fast ausschließlich in der Peripherie oder Semiperipherie des kapitalistischen Weltsystems zu Revolutionen. Die Russische Revolution und die Chinesische Revolution sind die zwei berühmtesten Beispiele.

# 3. Antiimperialismus und Kalter Krieg

Mit den USA als unumstrittener kapitalistischer Supermacht änderte sich nach dem Zweiten Weltkrieg der Charakter des Imperialismus. Der Kolonialismus hatte an moralischer Legitimität verloren, und die Verwaltung der Kolonien wurde zu einer immer größeren Belastung für die europäischen Mächte. Es kam weltweit zu einer Entkolonisierung, nicht zuletzt aufgrund starker Befreiungsbewegungen, die die Nachkriegswirren zu ihren Gunsten zu nutzen wussten. Die Entkolonisierung wurde von den USA unterstützt, die sich dadurch mehr Einfluss in Asien und Afrika erhofften.

An der globalen Ordnung, die der Kolonialismus geschaffen hatte, änderte sich jedoch nichts. Die Welt war immer noch zwischen reichen und armen Ländern aufgeteilt. Die ökonomischen und politischen Strukturen, die für diese Teilung verantwortlich waren, blieben bestehen. Eine neuere Analyse globaler Ungleichheit betont die Bedeutung des kolonialen Vermächtnisses:

> »Obwohl das Kolonialsystem vor zwei Generationen sein Ende nahm, sind es immer noch ehemalige Kolonialmächte, die bei der Verteilung der globalen Ressourcen bevorteilt werden (weit über die höheren Löhne hinaus). Statistiken legen nahe, dass nationale Wohlfahrtsstaaten dazu dienen, die jeweilige nationale Arbeiterklasse und sogar marginalisierte Gruppen zu ›bestechen‹, indem sie ihnen einen Teil der Profite zukommen lassen, die sie immer noch der vom Kolonialismus geschaffenen Ordnung verdanken.
> Auch in den ehemaligen Kolonien ist das Vermächtnis des Kolonialismus noch zu spüren. Tatsächlich ist es so, dass die negativen Konsequenzen des Kolonialismus für die Kolonisierten stärker sind als die positiven Konsequenzen für die Kolonialherren. Das war immer schon so.
> Wenn wir von Umverteilung sprechen, gibt es ein weiteres wichtiges Vermächtnis, nämlich das des Staatssozialismus. Je weiter das Ende des Sowjetblocks zurückliegt, desto schwächer wird dieses Vermächtnis, aber seine Konsequenzen sind immer noch greifbar, statistisch relevant und richtungsweisend. *History matters*. Die Geschichte ist von Bedeutung. ...
> Die Welt ist heute so strukturiert, dass in den ärmsten Ländern der Welt nicht nur extrem niedrige Löhne gezahlt werden, sondern dass dort auch ein Mangel an Institutionen herrscht, die den gesellschaftlichen Reichtum umverteilen könnten. Das ist vor allem dann der Fall, wenn wir von ehemaligen Kolonien sprechen, in denen es nie einen Staatssozialismus gab. Die Hysterie, die wir heute erleben, wenn es um ›sozialschmarotzende‹ Migrant:innen geht, macht diese Ungleichheit auf brutale Weise deutlich. Ein nationalistisches Verständnis des Wohlfahrtsstaats ist fester Bestandteil der Bewegungen, die sich gegen Einwanderung, Asylrechte, teils sogar gegen die Menschenrechtscharta aussprechen. Das

ist, kurzgefasst, das Erbe, das der Kolonialismus und sein heutiger Wegbegleiter, der Neoliberalismus, der Menschheit hinterlassen.«[123]

## Der Imperialismus und die westliche Arbeiterklasse

Die Nachkriegszeit brachte viele Veränderungen. Die Sowjetunion und die neuen sozialistischen Staaten in Osteuropa vereinten sich in einem Block, der ökonomisch, politisch und militärisch vom Imperialismus unabhängig war. Dieser Block bildete ein Gegengewicht zu den alten Kolonialmächten und den USA und schuf damit Freiräume, in denen nationale Befreiungsbewegungen gedeihen konnten. Die Entkolonisierung war jedoch kein Werk der Sowjetunion, sondern von Volksbewegungen, die oft weit radikaler waren, als es Moskau lieb war. Indien wurde 1947 unabhängig, China 1949 und die Unabhängigkeit vieler weiterer asiatischer sowie afrikanischer Länder folgte in den 1960er-Jahren. Der Imperialismus trat in eine neue Phase ein, die bald als ›Neokolonialismus‹ bezeichnet wurde. Das bedeutete, dass die Kolonien formell unabhängig geworden waren, aber immer noch von den alten Kolonialmächten kontrolliert wurden.

1973 schlitterte der Imperialismus durch die drastische Erhöhung des Erdölpreises in eine ernsthafte Krise. Dieser Krise war eine 20-jährige Wachstumsperiode vorausgegangen, die half, den Wohlfahrtsstaat zu zementieren. Ich erinnere mich sehr gut an diese Zeit. Ich erlebte als Kind, wie sich der Lebensstandard meiner Arbeiterfamilie verbesserte. Meine Jugend war gekennzeichnet vom Aufkommen der Konsumgesellschaft. Zu meiner Konfirmation bekam ich meinen ersten Kassettenspieler, meine Hauptinteressen waren Kleidung und Musik. Mindestlohn, Arbeitslosenversicherung, Krankenfürsorge und andere staatliche Leistungen boten ein Sicherheitsnetz, wenn man seinen Job verlor oder krank wurde. Der soziale Wohlfahrtsstaat gab dem Kapitalismus ein menschliches Antlitz. In vielen europäischen Ländern waren sozialdemokratische Parteien an der Macht.

Nichts davon änderte jedoch den Charakter des Imperialismus, und auch nicht das Desinteresse europäischer Arbeiter:innen an dem Schicksal der Arbeiter:innen in Asien, Afrika und Lateinamerika. In den imperialistischen Ländern diente der Imperialismus nicht nur den Interessen der Bourgeoisie,

123 József Böröcz, »Global Inequality in Redistribution: For a World-Historical Sociology of (Not) Caring«, in: *Intersections: East European Journal of Society and Politics* (no. 2, 2016), 79f.

sondern auch den Interessen der Arbeiterklasse. Das Wohlergehen der Nation bedeutete das Wohlergehen *aller* Klassen. Der Kampf für den Sozialismus war ein nationaler Kampf.

Kurz nach Ende des Zweiten Weltkriegs schickte die britische Labour-Regierung unter Clement Attlee Kriegsschiffe in den Sudan, um dort für ›Frieden und Ordnung‹ zu sorgen. In Kenia ging dieselbe britische Regierung in den späten 1940er-Jahren brutal gegen Arbeiterproteste vor. Es wurde der Ausnahmezustand verhängt, Streiks wurden verboten, und Arbeiter mit Gewalt gezwungen, an ihre Arbeitsplätze zurückzukehren. Anstatt die erbärmlichen Löhne anzuheben, wurden sie eingefroren. Als Bergleute in Nigeria in einen Streik traten, erachtete die Labour-Regierung das als gesetzeswidrig und schickte Sicherheitskräfte, um den Streik zu beenden. 21 Bergleute starben.

In Frankreich war die Situation ähnlich. Auch die französische Arbeiterbewegung zeigte proimperialistische Tendenzen und einen Mangel an Solidarität mit dem Proletariat in den Kolonien. Für den algerischen Befreiungskampf gab es wenig Unterstützung. Selbst die Kommunistische Partei nahm eine proimperialistische und rassistische Haltung ein, nicht zuletzt deshalb, weil sie eine beträchtliche Anzahl an Mitgliedern unter den französischstämmigen Arbeiter:innen in Algerien hatte. Deren Rolle war mit jener der weißen Arbeiter:innen Südafrikas vergleichbar. Sie erhielten weit höhere Löhne als ihre algerischen Kolleg:innen und genossen eine Reihe von Privilegien. In ihrer Autobiografie schrieb Simone de Beauvoir über die Passivität der Kommunistischen Partei:

> »Sie machte keine Anstrengung, den Rassismus in der französischen Arbeiterschaft zu bekämpfen. Französische Arbeiter sahen die 400.000 Nordafrikaner, die in Frankreich lebten, als Konkurrenz auf dem Arbeitsmarkt – und gleichzeitig als ein Subproletariat, für das sie nur Verachtung übrighatten. ... Ab Juni 1955 gab es praktisch keinen Widerstand gegen den Krieg mehr. ... Die gesamte Bevölkerung des Landes (Arbeiter und Bosse, Bauern und Manager, Zivilisten und Soldaten) wurde von einer Welle des Rassismus und Chauvinismus erfasst. ... Dass sich so viele Menschen von dieser mitreißen ließen, entsetzte mich.«[124]

Auch in den USA unterstützte der Großteil der weißen Arbeiterklasse den US-Imperialismus. Die Gewerkschaftsbewegung stellte sich geschlossen hinter den Antikommunismus der Regierung und die US-Außenpolitik in Asien, Afrika und Lateinamerika. Die Proteste gegen den Vietnamkrieg wurden

124 Simone de Beauvoir, Force of Circumstances (London: Penguin, 1962), 339 & 366 (deutsche Ausgabe: *Der Lauf der Dinge*, Reinbek: Rowohlt, 1963).

nicht von der weißen Arbeiterklasse getragen, sondern von Student:innen, Intellektuellen und Schwarzen. Die Schwarze Befreiungsbewegung nahm eine klar antiimperialistische Haltung ein und verurteilte das Vorgehen der USA in den Ländern der Dritten Welt. Berühmt ist die Aussage von Muhammad Ali, Schwergewichtsweltmeister im Boxen, der meinte: »Kein Vietcong hat mich je einen N---- genannt.«

Wenn es unter der weißen Arbeiterklasse in den USA Vorbehalte gegen den Krieg in Vietnam gab, dann nur, weil viele Menschen aus der weißen Arbeiterklasse dort starben. Das allerdings hielt die größten Gewerkschaften des Landes nicht davon ab, im Mai 1967 einen Aufmarsch zur ›Unterstützung unserer Jungs‹ in New York zu organisieren. Auf der Fifth Avenue zeigten sie Schilder mit Aufschriften wie »Bomb Beijing« oder »Eine Atombombe für Hanoi«. An den Kongressen der 13 größten Gewerkschaften im Jahr 1967 nahmen insgesamt 3.542 Delegierte teil. Auf allen Kongressen wurden die Ansichten zum Krieg in Vietnam eingeholt. 1.448 Delegierte zeigten sich mit dem Vorgehen der Regierung zufrieden, 1.368 forderten einen stärkeren militärischen Einsatz, 471 einen schwächeren und ganze 235, also knapp 7 Prozent, einen Truppenabzug. Einige Monate später intensivierte die Nixon-Regierung nicht nur den Militäreinsatz in Vietnam, sondern fiel auch in das Nachbarland Kambodscha ein. Währenddessen wurden an der Kent State University bei einer Antikriegsdemonstration vier Student:innen erschossen und acht weitere durch Schusswaffen verletzt, aber der gewerkschaftlichen Unterstützung für den Krieg tat das keinen Abbruch – im Gegenteil, sie wurde noch größer. Joseph Beirne, Vizepräsident der AFL-CIO, erklärte in einer Rede, warum der Widerstand gegen den Krieg den Interessen der amerikanischen Arbeiterklasse schadete:

> »Denk dir, dass Präsident Nixon gestern Abend nicht angekündigt hätte, den Kriegseinsatz auf Kambodscha auszudehnen. Denk dir, er hätte gesagt: ›Wir ziehen alle Truppen sofort ab, mit Flugzeugen und Schiffen.‹ Wäre das geschehen, dann hätte das Pentagon heute Tausenden von Unternehmen ihre Verträge gekündigt und wir hätten vier Millionen zusätzliche Arbeitslose. Der Krieg hält unsere Wirtschaft am Leben, weil wir all die Sachen produzieren müssen, die im Krieg gebraucht werden. Wenn der Krieg morgen aufhören würde, könnten unsere Arbeiter nicht einfach dazu übergehen, Häuser zu bauen.«[125]

---

125 Zitiert nach Jack Scott, *Yankee Unions, Go Home! How the ALF Helped the U.S. Build an Empire in Latin America* (Vancouver: New Star Books, 1978), 265.

Die großen Antikriegsdemonstrationen im Mai 1970 wurden von Bauarbeitern mit Helmen, Knüppeln und Stahlrohren angegriffen. Mehrere Hundert Demonstrant:innen wurden verletzt. Die Polizei griff nicht ein. Die Angreifer waren keine marginalisierten Extremisten; in New York alleine mobilisierten die Gewerkschaften mehr als 100.000 Mitglieder für eine Demonstration, die Nixons Vorgehen in Indochina unterstützte. Der Präsident war vor Ort, um seine Dankbarkeit auszudrücken. Ihm wurde ein Schutzhelm mit der Aufschrift »Oberbefehlshaber« überreicht. Für den Ökonomen Michael Yates, der die amerikanische Arbeiterbewegung seit Jahrzehnten beobachtet, kam dies nicht überraschend:

> »Nirgends war die Arbeiterbewegung nationalistischer und stärker mit dem Imperialismus verbunden als in den USA. Ja, es gab einzelne Arbeiter, Gewerkschaften und auch Bewegungen, die der Idee der internationalen Solidarität verpflichtet waren und auch entsprechend handelten, doch sie waren immer in der Minderheit und erlitten entscheidende Niederlagen. Die historische Bilanz ist tragisch und beschämend. In jeder entscheidenden Frage verriet die Arbeiterbewegung den Internationalismus.«[126]

Was Dänemark anbelangt, so wäre es falsch zu behaupten, dass die Arbeiterklasse den Krieg in Vietnam unterstützte. Er war ihr einfach egal. Für dänische Arbeiter:innen ging es um nichts. Die Gewerkschaft der Seeleute, die in kommunistischer Hand war, verwehrte sich nicht dagegen, dass ihre Mitglieder nach Saigon segelten, solange sie die vertraglich vereinbarten Zulagen für Hochrisikogebiete bekamen. Wie in den USA wurde der Widerstand gegen den Krieg auch in Dänemark von jungen Menschen und Student:innen getragen.

## Antiimperialismus in der Dritten Welt

Die Entkolonisierung gab den ehemaligen Kolonien einen neuen Namen. Sie waren nun ›Entwicklungsländer‹. In seiner Antrittsrede 1949 bezeichnete der neue US-Präsident Harry S. Truman Afrika, Asien und Lateinamerika als »unterentwickelte Regionen«, während die USA »eine Vorreiterrolle in der Entwicklung industrieller und wissenschaftlicher Technologien« einnahmen.[127] Im Grunde beschwor Truman damit eine amerikanische Version des

---

126 Michael D. Yates, »Workers of All Countries, Unite: Will This Include the U.S. Labor Movement?«, in: *Monthly Review* (no. 3, 2000).

127 Harry S. Truman, »Inauguration Speech«, 30. Januar 1949, www.trumanlibrary.org.

Eurozentrismus. Dieser zufolge hatte die Entwicklung Nordamerikas begonnen, als die Europäer:innen ankamen. Europäische Gesellschaften waren das Ideal, dem alle Gesellschaften nacheifern mussten. In der Praxis bedeutete das weiteren (›postkolonialen‹) Imperialismus, ökonomisch, ideologisch und kulturell. Die vermeintlich entwickelten Nationen, insbesondere die skandinavischen Länder und Kanada, schickten Geld und Expertise in die Dritte Welt, um dabei zu helfen, die dortigen Lebensbedingungen zu verbessern. Der Kolonialismus hatte der Dritten Welt die Werte der Zivilisation gebracht, jetzt sollte er ihr Entwicklung bringen. Dies wurde als Alternative zum Kommunismus präsentiert, der angeblich mit Entwicklung nichts zu tun hatte.

Es gab einen weiteren Namen für die ehemaligen Kolonien, der jetzt populär und hier bereits mehrmals genannt wurde: Die ehemaligen Kolonien waren jetzt die ›Dritte Welt‹. Der Begriff beruht auf dem Konflikt zwischen dem kapitalistischen Westen und dem kommunistischen Osten. Im Jahr 1952 schrieb der französische Demograf Alfred Sauvy einen Artikel mit dem Titel »Drei Welten, ein Planet« für das französische Nachrichtenmagazin *L'Observateur*. Sauvy war der Meinung, dass die Teilung der Welt in zwei Lager zu einfach war. Es gab eine ›Dritte Welt‹, die weder zum westlichen Kapitalismus (der Ersten Welt) noch dem Staatssozialismus (der Zweiten Welt) gehörte. Der Begriff der Dritten Welt war dabei auch politisch aufgeladen. Sauvy führte ihn mit einem Verweis auf den besitzlosen dritten Stand ein, der sich in der Französischen Revolution gegen Adel und Klerus erhob: »Diese Dritte Welt – ignoriert, ausgebeutet und verachtet wie einst der dritte Stand – verlangt Respekt.«[128]

In den frühen 1960ern wurde der Begriff der Dritten Welt von vielen radikalen Bewegungen übernommen, die sich gegen die euroamerikanische Dominanz stellten. Für sie waren die Probleme der ›unterentwickelten‹ Länder eine Konsequenz des Kolonialismus und Neokolonialismus. Nationale Unabhängigkeit schien der Schlüssel zur Befreiung zu sein.

Unser heutiges gesellschaftliches, politisches und kulturelles Leben wurde in der 500-jährigen Geschichte des Kapitalismus geformt. Klassenkampf und Krieg haben die Machtstrukturen hervorgebracht, denen wir unterworfen sind. Der moderne Nationalstaat selbst ist ein Produkt des Kapitalismus. Der Kapitalismus braucht ihn, um seine Widersprüche zu glätten und sein Bestehen zu sichern. Ohne die Administration des Staates würde der Kapitalismus in vollem Tempo gegen die Wand rasen.

128 Alfred Sauvy, «Trois mondes, une planéte», in : *L'Observateur*, 14. August 1952, 14.

Die Form, die ein Nationalstaat annimmt, wird vom Klassenkampf bestimmt. Das Kapital hat darüber keine Macht. Der Staat kann auch in Konflikt mit dem Kapital kommen. Der Kampf für einen unabhängigen Nationalstaat kann progressiv oder reaktionär sein, je nachdem, welche Klassen involviert sind, wie die Machtbeziehungen zwischen ihnen aussehen und welche Rolle die betreffende Nation in der globalen Ordnung spielt. Der Nationalismus in Europa am Vorabend des Ersten Weltkriegs war reaktionär. Ebenso reaktionär ist die gegenwärtige Welle des Nationalismus in Europa und Nordamerika. In den Ländern der Ersten Welt wird das Prinzip nationaler Souveränität bemüht, um Privilegien zu verteidigen. Aber das macht den Kampf für nationale Unabhängigkeit nicht per se reaktionär. Die nationalen Befreiungskämpfe, die gegen Kolonialismus und Imperialismus geführt wurden, waren progressiv. Ihr Ziel war es, Menschen von Unterdrückung und Ausbeutung zu befreien. Wir können Kämpfe um nationale Souveränität nur bewerten, wenn wir die Position der betreffenden Nation in der globalen kapitalistischen Ordnung berücksichtigen und die Klassenverhältnisse verstehen, die diese Kämpfe prägen.

Ein bedeutendes Ereignis für den politischen Zusammenschluss der Dritten Welt war die Bandung-Konferenz 1955. Repräsentant:innen von 29 asiatischen und afrikanischen Ländern (inklusive China) sowie mehrere nationale Befreiungsbewegungen kamen auf der indonesischen Insel Java zusammen.[129] Das Ziel war, die ›blockfreien‹ Länder zu vereinen, das heißt, jene Länder, die weder dem westlichen Block unter US-Führung noch dem östlichen Block unter Sowjet-Führung zuzurechnen waren. Die Konferenz inspirierte eine Welle globalen Widerstands gegen den Imperialismus.

Der Grund, warum eine blockfreie Bewegung dieser Art entstehen konnte, lag in den Spannungen zwischen West und Ost während des Kalten Krieges. Diese öffneten eine Spalte, in der kleinere Länder ihre Stimme erheben und ihre eigenen Anliegen formulieren konnten. Nationalistische Führer wie Nehru in Indien, Sukarno in Indonesien und Nasser in Ägypten teilten ein gemeinsames Ziel mit den kommunistischen Parteien der Dritten Welt, nämlich ökonomische Unabhängigkeit. Allerdings gab es unterschiedliche Ansichten darüber, wie dieses Ziel zu erreichen war. War eine Bewegung, die von der nationalen Bourgeoisie geführt wurde, notwendig? Bedurfte es eines Bündnisses

---

129 Lateinamerikanische Länder waren nicht vertreten – teils, weil die meisten von ihnen in früheren Jahrhunderten unabhängig geworden waren, teils, weil sie den ›Hinterhof Amerikas‹ ausmachten.

von Bauerntum, Arbeiterschaft und der Mittelschicht unter kommunistische Führung? Hier gab es keinen Konsens, nicht einmal innerhalb der kommunistischen Bewegung. Die moskauloyalen Parteien behaupteten, dass die Arbeiterklasse und kommunistischen Organisationen der Dritten Welt nicht stark genug waren, um die nationalen Befreiungsbewegungen anzuführen, weswegen sie gezwungen waren, Bündnisse mit der nationalen Bourgeoisie einzugehen. Diese Bündnisse propagierten oft einen vagen ›nicht-kapitalistischen Weg‹. Ein besonders gutes Beispiel dafür war der Nasserismus Ägyptens. Die Kommunistische Partei Chinas hingegen war der Ansicht, dass nur ein kommunistisches geführtes Bündnis aus Bauerntum und Arbeiterschaft den Imperialismus besiegen konnte. Diese Unstimmigkeiten trugen zur Spaltung der internationalen kommunistischen Bewegung in den 1960er-Jahren bei.

Die Menschen der Dritten Welt hatten während der Entkolonisierung mit dem Nationalismus unterschiedliche Erfahrungen gesammelt. Zunächst schien der Nationalismus ein progressives Werkzeug zu sein, um unabhängig zu werden. Er stand für den Kampf gegen den Kolonialismus und das Versprechen, das Schicksal der Nation selbst zu kontrollieren. Aber die Konsequenzen eines erfolgreichen Kampfes um Unabhängigkeit hingen stark von den Klassenverhältnissen und dem Charakter der Unabhängigkeitsbewegung ab. Wer waren die Hauptakteure? Welche Interessen hatten sie? Wie verhielten sich Bürgertum, Kleinbürgertum, Arbeiterschaft und Bauerntum zueinander? Die Stärke der antiimperialistischen Bewegung in der Dritten Welt stärkte die Hoffnung, dass die Länder der Dritten Welt mit ihrer Unabhängigkeit zu Wohlfahrtsstaaten werden oder gar den Sozialismus einführen würden. Doch man übersah die Tatsache, dass der Wohlfahrtskapitalismus der Ersten Welt die Ausbeutung der Dritten Welt verlangte.

Trotz alledem: Der Sieg über den Kolonialismus war ein progressiver Schritt und brachte materielle Verbesserungen für die Menschen der Dritten Welt. Ein Beispiel: »Das fürchterliche Regime Mobutus im Kongo hat in 30 Jahren 40-mal mehr Gelder für das Bildungssystem bereitgestellt als die Belgier in 80 Jahren.«[130] Doch der Nationalismus in der Dritten Welt war nur progressiv, solange er einen klaren Bruch mit dem kapitalistischen System beinhaltete. Ohne diesen Aspekt diente er schlicht der Machtübernahme einer neuen nationalen Elite.

130 Samir Amin, »The Sovereign Popular Project: The Alternative to Liberal Globalization«, in: *Journal of Labor and Society* (no. 1, 2017), 12.

Trotz der oft radikalen Ursprünge der Befreiungsbewegungen verschrieben sich die meisten dem Kapitalismus, sobald sie an die Macht gekommen waren. Es gab selten eine grundlegende Landreform, Bergwerke, Fabriken und Banken wurden kaum verstaatlicht. Das höhlte die Vision der Bandung-Konferenz aus und führte zu einem Niedergang der Befreiungskämpfe mit sozialistischer Perspektive.

Antiimperialistische Theorie veränderte sich mit den antiimperialistischen Bewegungen der 1960er-Jahre. Die marxistische Theorie hatte sich seit den 1920er-Jahren kaum weiterentwickelt. Marxistische Intellektuelle waren primär damit beschäftigt, die Sowjetunion zu verteidigen. Wenn es überhaupt theoretische Innovationen gab, kamen sie aus dem trotzkistischen Lager. Doch jetzt kamen wertvolle Beiträge von Personen, die in antikoloniale und antiimperialistische Kämpfe involviert waren: Mao, Kwame Nkrumah, Amílcar Cabral, Che Guevara, Frantz Fanon und andere. Sie schufen die Grundlagen für das, was später als ›Dependenztheorie‹ bekannt wurde.

### *Kwame Nkrumah*

1957 wurde Kwame Nkrumah der erste Ministerpräsident im nunmehr unabhängigen Ghana. Drei Jahre später wurde er zum Präsidenten ernannt. Nkrumah war Panafrikanist und spielte eine Schlüsselrolle bei der Gründung der ›Organisation für afrikanische Einheit‹ 1963. 1966 wurde seine Regierung in einem vom Westen unterstützten Militärputsch gestürzt. Gemeinsam mit den Arbeiten Che Guevaras popularisierte Nkrumahs 1965 erschienene Buch *Neocolonialism, the Last Stage of Imperialism* den Begriff des Neokolonialismus. Nkrumah schrieb:

> »Die Essenz des Neokolonialismus ist, dass ein Staat, der ihm unterworfen ist, offiziell unabhängig ist und alle äußeren Anzeichen der Souveränität trägt. In Wirklichkeit jedoch werden sein ökonomisches System und seine Politik von außen bestimmt. ... Im Neokolonialismus dient ausländisches Kapital weiter der Ausbeutung und nicht der Entwicklung des Landes. Investitionen vertiefen die Gräben zwischen reichen und armen Ländern, anstatt sie zu überbrücken.«[131]

Nkrumah analysierte nicht nur traditionelle Formen imperialistischer Ausbeutung (Profite, die durch Investitionen gewonnen wurden, oder Zinsen, die für Kredite anfielen), er präsentierte auch Beispiele für das, was Arghiri Emmanuel später als ›ungleichen Tausch‹ bezeichnete:

---

131 Kwame Nkrumah, *Neo-Colonialism, The Last Stage of Imperialism* (London: Thomas Nelson & Sons, 1965).

> »Die Kontrolle des Weltmarkts durch das internationale Kapital, und damit auch der Preise der Waren, die auf dem Weltmarkt gehandelt werden, dienen den Interessen der westlichen Monopole und hemmen die Entwicklung in den ehemaligen Kolonien. Wenn wir das Erdöl außen vor lassen, dann fielen die Preise für Rohstoffe zwischen 1951 und 1961 um 33,1 Prozent, während die Preise für Fertigerzeugnisse um 3,5 Prozent stiegen. Die Preise für Maschinen und andere zur Industrialisierung notwendige Waren stiegen um 31,3 Prozent.«[132]

Nkrumah reflektierte auch über die Situation im imperialistischen Zentrum nach dem Zweiten Weltkrieg:

> »In den Industrieländern wurde der Kapitalismus gestärkt. Ein Ende des Kapitalismus schien in weiter Ferne zu liegen. Er erlangte diese neue Stärke, weil er zwei Prinzipien über Bord warf, die für den frühen Kapitalismus wesentlich gewesen waren, nämlich die gewaltsame Unterwerfung der Arbeiterklasse und das freie Unternehmertum. Diese Prinzipien wurden durch den Wohlfahrtsstaat ersetzt. Ein hoher Lebensstandard der Arbeiterklasse und ein staatlich regulierter Kapitalismus erlaubten es den Industrieländern, ihre internen Probleme zu exportieren. Der Kampf zwischen Arm und Reich war jetzt kein nationaler mehr, sondern ein internationaler. ... Heute müssen die Industrieländer den Wohlfahrtsstaat (der ein Parasitenstaat ist) erhalten und gleichzeitig die militärische Aufrüstung finanzieren. Daher müssen die Profite maximiert werden, die sie aus dem internationalen Finanzsystem gewinnen können. Für die Entwicklung des Lebensstandards in den ehemaligen Kolonien bleibt nicht viel übrig, zumal die Motivation gering ist, die Profite dafür einzusetzen. Die Herrschenden wissen, dass es ihnen verziehen wird, wenn sie nicht zur Entwicklung der ehemaligen Kolonien beitragen. Was ihnen nicht verziehen wird, ist, den Rüstungswettlauf zu verlieren oder den Wohlfahrtsstaat zu zerstören.«[133]

Nkrumah sah die Einheit der Länder der Dritten Welt und die panafrikanische Zusammenarbeit als unabdingbare Voraussetzungen, um den Neokolonialismus zu überwinden:

> »Es ist eindeutig, dass das Prinzip der Einheit die erste Voraussetzung für die Überwindung des Neokolonialismus ist. Es bedarf einer gemeinsamen Verantwortung auf dem politisch fragmentierten afrikanischen Kontinent. Wir müssen den Geist von Bandung und die *Afro-Asian People's Solidarity Organisation* stärken. Wir brauchen auch eine formal geregelte Unterstützung durch unsere lateinamerikanischen Brüder.«[134]

132 ebda.

133 ebda.

134 ebda. – Anmerkung des Übersetzers: Die Afro-Asian People's Solidarity Organisation war 1958 gegründet worden.

Obwohl sich Nkrumah der Gefahren des Neokolonialismus bewusst war und andere afrikanische Machthaber vor ihnen warnte, tappte er schließlich selbst in dessen Falle. Nkrumah erachtete das gigantische Akosombo-Wasserkraftwerk, das ursprünglich von der britischen Kolonialverwaltung geplant wurde, als Schlüssel zur Industrialisierung Ghanas. Er hoffte nicht nur, dass das Projekt die Elektrifizierung des Landes vorantreiben würde, sondern auch die Aluminiumproduktion, von der er sich Deviseneinnahmen versprach. Aber Nkrumah hatte große Schwierigkeiten, das Projekt zu finanzieren. Schließlich entschloss er sich, mit zwei US-Unternehmen zusammenzuarbeiten, Volta Aluminum und Kaiser Aluminum. Fördergelder kamen von der Internationalen Bank für Wiederaufbau und Entwicklung, die zur Weltbankgruppe gehört.

Der Damm wurde 1965 fertiggestellt. Die US-Unternehmen profitierten von der Energiegewinnung, die staatlich subventioniert wurde. Aber der notwendige Import von Bauxit hemmte Ghanas ökonomische Entwicklung. Nkrumahs Versuch, die Industrialisierung Ghanas mithilfe westlichen Kapitals zu beschleunigen, war gescheitert. Seine Regierung hatte die Kontrolle über den Prozess verloren. Noch schlimmer war, dass sich zunehmend Korruption breitmachte und Politiker:innen megalomanische Projekte finanzierten, die nur einen beschränkten – oder gar keinen – Nutzen für die Bevölkerung brachten. Gleichzeitig litt wegen fallender Preise am Weltmarkt Ghanas Kakao-Industrie, die für die meisten Devisen, die ins Land kamen, verantwortlich war. Die erste afrikanische Kolonie, die unabhängig geworden war, stand nun vor dem Bankrott. Nkrumah hatte sich zu diesem Zeitpunkt zu einem deutlichen Kritiker des Kapitalismus entwickelt und befürwortete einen ›afrikanischen Sozialismus‹. Das führte zu dem vom Westen unterstützten Militärputsch, der ihn der Macht entledigte. Nkrumahs Schicksal illustriert die Schwierigkeit, aus formaler auch tatsächliche Unabhängigkeit zu machen. Es dient als warnendes Beispiel.

### *Amílcar Cabral*

Amílcar Cabral war die führende Figur im Kampf gegen die portugiesische Kolonialherrschaft in Guinea-Bissau und Kap Verde und einer der wichtigsten antiimperialistischen Theoretiker seiner Ära. In einer Rede aus dem Jahr 1964 beschrieb er den Neokolonialismus wie folgt:

> »Nach dem Zweiten Weltkrieg trat der Imperialismus in eine neue Phase ein. Er bot den Kolonien ›Entwicklungshilfe‹ an; gleichzeitig priorisierte er Investiti-

onen in den europäischen Ländern. Es war ein Versuch, den Imperialismus zu rationalisieren. ... Aus unserer Sicht ist der Neokolonialismus für das globale Proletariat ein noch größeres Problem als für die kolonisierten Völker. Der Neokolonialismus arbeitet an zwei Fronten: in Europa und in den Kolonien. In den Kolonien operiert er unter dem Deckmantel der ›Entwicklungspolitik‹, mit dem Ziel, eine Pseudobourgeoisie zu schaffen, um das Kleinbürgertum als Bollwerk gegen die Revolution einzusetzen. Gleichzeitig investiert er in Frankreich, Italien, Belgien, England usw. Unserer Einschätzung nach geht es darum, die Arbeiteraristokratie und das Kleinbürgertum zu stärken, um die Revolution zu verhindern. Wir müssen den Neokolonialismus sowie die Beziehungen zwischen der internationalen Arbeiterbewegung und den kolonialen Befreiungsbewegungen in diesem Kontext analysieren.«[135]

Was die Klassenstruktur Guinea-Bissaus betraf, so betonte Cabral die reaktionären Neigungen der europäischen Arbeiterschaft:

»Die europäischen Siedler stehen im Allgemeinen der nationalen Befreiung feindselig gegenüber. Sie sind Werkzeuge des kolonialen Staates. Diejenigen, die am lautesten gegen die nationale Befreiung wettern, sind die Arbeiter. Im Kleinbürgertum finden wir hin und wieder Sympathien für unseren Kampf.«[136]

Eine industrielle Arbeiterklasse gab es in Guinea-Bissau kaum und die kleinbürgerlichen Kräfte dominierten die Befreiungsbewegung. Cabral sprach davon, dass das Kleinbürgertum ›Klassenselbstmord‹ begehen müsse. In seiner Rede auf der ersten ›Trikontinentalen Konferenz‹ in Havanna, Kuba, sagte er im Januar 1966:

»Die Macht, die das Kleinbürgertum im Zuge der nationalen Befreiung gewinnt, kann es nur auf eine Weise verteidigen: Es muss so bürgerlich wie möglich werden, es muss ein bürokratisches und kommerzielles Bürgertum werden, eine Mittelschicht. So verwandelt sich das Kleinbürgertum in eine nationale Pseudobourgeoisie, die die Revolution negiert und sich mit dem internationalen Kapital verbündet. Diese Entwicklung können die revolutionären Teile des Kleinbürgertums nur auf eine Weise verhindern: Sie müssen ihr revolutionäres Bewusstsein stärken, den Versuchen widerstehen, immer bürgerlicher zu werden, und sich mit der Arbeiterklasse identifizieren. Sie dürfen den natürlichen revolutionären Prozess nicht blockieren. Mit anderen Worten: Wollen sie ihre Rolle im nationalen Befreiungskampf erfüllen, müssen sie als Klasse Selbstmord begehen, um als revolutionäre Arbeiter wiedergeboren zu werden.«[137]

Es ist zweifelhaft, ob es Teile des Kleinbürgertums gab, die im Zuge der nationalen Befreiungskämpfe wirklich einen Klassenselbstmord begingen. In

135 Amilcar Cabral, *Revolution in Guinea*, 1964, www.marxists.org.

136 ebda.

137 Amilcar Cabral, *The Weapon of Theory*, 1966, www.marxists.org.

den meisten ehemaligen Kolonien wurde aus dem Kleinbürgertum nach der Unabhängigkeit eine mächtige nationale Bourgeoise. Keine Klasse hat jemals Klassenselbstmord begangen, obwohl Einzelne gegen die Interessen ihrer Klassen und für die Interessen einer anderen Klasse kämpften.

Cabral hatte, was den revolutionären Kampf betraf, eine wichtige Botschaft an die europäische Linke:

> »Es gibt einen weiteren Aspekt, den ich ansprechen will, und zwar jenen, dass die europäische Linke eine intellektuelle Verantwortung hat, die konkreten Bedingungen in den Kolonien zu analysieren und uns entsprechende Resultate zukommen zu lassen. Wir haben sehr wenige Unterlagen, wir sind wenige Intellektuelle, wir haben wenige Möglichkeiten, diese Arbeit selbst durchzuführen. Sie ist jedoch von besonderer Bedeutung. Hier könnt ihr also einen wichtigen Beitrag leisten. Ein weiterer wichtiger Beitrag wäre es, die revolutionären nationalen Befreiungsbewegungen mit allen euch zur Verfügung stehenden Mitteln zu unterstützen. Ihr müsst diese Bewegungen studieren und in Europa alle Mechanismen bekämpfen, die ihrer Unterdrückung dienen. ... Ihr müsst die Öffentlichkeit über all die nationalen Befreiungsbewegungen informieren, die vom Imperialismus unterdrückt werden. ... Und noch ein letzter Punkt zum Verhältnis zwischen der internationalen Arbeiterbewegung und den nationalen Befreiungsbewegungen in den Kolonien: Es gibt zwei Alternativen: Entweder sehen wir den Kampf gegen den Imperialismus als einen, der alle angeht, oder wir tun das nicht. Wenn wir der Ansicht sind, dass der Imperialismus nicht nur die nationalen Befreiungsbewegungen, sondern auch die Arbeiterklasse in den Industrieländern unterdrückt, dann kämpfen wir gegen einen gemeinsamen Feind. Wenn dem so ist, dann ist der wichtigste Aspekt der Solidarität sehr einfach: *zu kämpfen*. Ich denke nicht, dass es hier viel zu diskutieren gibt. In Guinea kämpfen wir mit der Waffe in der Hand, und ihr müsst in euren Ländern auf eure Weise kämpfen. Ich sage nicht, dass ihr zu den Waffen greifen müsst, ich sage euch nicht, wie ihr kämpfen sollt, das ist eure Sache; aber ihr müsst die effektivsten Mittel finden, um unseren gemeinsamen Feind zu besiegen. Das ist die beste Form der Solidarität. Andere Formen sind sekundär: die Publikation von Propagandamaterial, das Schicken von Medizin usw. Was nicht heißt, dass diese Formen nicht wichtig sind. Ich kann euch versprechen, dass auch wir euch Medizin schicken werden, wenn wir befreit sind und ihr in Europa mit der Waffe in der Hand gegen den Imperialismus kämpft.«[138]

Zur Kritik europäischer Linker an bestimmten Aspekten der nationalen Befreiungsbewegungen erklärte Cabral Folgendes:

> »Diese Kritik erinnert mich an eine Geschichte über eine Gruppe von Löwen: Man zeigt einer Gruppe von Löwen das Bild eines Mannes, der mit einem Gewehrkolben einen Löwen zu Boden drückt. Und einer der Löwen sagt: ›Wenn wir Löwen nur malen könnten.‹ So verhält es sich auch hier. Ich würde mir wün-

138 ebda.

schen, dass wir, die wir für die Befreiung der afrikanischen Kolonien kämpfen, die Zeit hätten, zu Kritikern der europäischen Linken zu werden und unsere Meinung zum Scheitern der Revolution in Europa kundzutun, zu der politischen Apathie in vielen europäischen Ländern, zu all den Enttäuschungen, die wir erfahren mussten... Aber diese Zeit haben wir nicht.«[139]

Amílcar Cabral wurde 1973 von portugiesischen Geheimagenten ermordet. Guinea-Bissau und Kap Verde erlangten kurze Zeit später ihre Unabhängigkeit.

### *Che Guevara*

Nicht nur Kwame Nkrumah und Amílcar Cabral war bewusst, dass die nationale Befreiung nur der erste Schritt zu wirklicher Unabhängigkeit war, und dass es eines starken Internationalismus bedurfte, um den antiimperialistischen Kampf erfolgreich zu Ende zu bringen. Das wusste auch Che Guevara. Bei der ›Afroasiatischen Konferenz‹ in Algier 1965 erklärte er:

> »Die politische Macht zu erlangen und die Klassen der Unterdrückung abzuschaffen, ist ein Gebot, doch gilt es danach, die zweite Etappe des Kampfes in Angriff zu nehmen, die womöglich noch schwierigere Züge trägt als die vorangegangene. Seit das Kapital der Monopole sich der Welt bemächtigte, hält es den größten Teil der Menschheit in Armut und teilt die Profite unter der kleinen Gruppe der mächtigsten Länder auf. Der Lebensstandard dieser Länder beruht auf dem Elend der unseren. Um das Lebensniveau der unterentwickelten Völker zu heben, heißt es also den Imperialismus zu bekämpfen. Jedesmal, wenn ein Land sich vom imperialistischen Stamm löst, ist nicht nur eine Teilschlacht gegen den Erzfeind gewonnen, sondern ein Beitrag zu seiner wirklichen Schwächung geleistet und ein Schritt vorwärts getan zum endgültigen Sieg. Es gibt keine Grenzen in diesem Kampf auf Leben und Tod. Wir dürfen uns nicht gleichgültig verhalten vor dem, was in irgendeinem Teil der Welt vor sich geht; der Sieg irgendeines Landes über den Imperialismus ist auch für uns ein Sieg, so wie das Scheitern irgendeiner Aktion für uns alle ein Scheitern ist. Die Durchführung des proletarischen Internationalismus ist nicht nur eine Pflicht für alle Völker, die um eine bessere Zukunft kämpfen, sie ist auch eine unausweichliche Notwendigkeit.«[140]

Das waren nicht nur schöne Worte. Che bereitete sich zu jener Zeit darauf vor, in den Kongo zu gehen, um die dortige Befreiungsbewegung zu unterstützen. 1966, bevor er auf eine weitere revolutionäre Mission aufbrach, dieses Mal nach Bolivien, schrieb Che eine »Nachricht an die Trikontinentale«,

139 Amílcar Cabral, *Revolution in Guinea*, a.a.O.

140 Che Guevara, »Wirtschaft und Außenhandel in der heutigen Welt«, 1965, www.marxists.org.

die neue ›Organisation der Solidarität mit den Völkern Asiens, Afrikas und Lateinamerikas‹. Er erklärte unter andem:

»In Asien, wie wir gesehen haben, ist die Situation explosiv – und nicht nur in Vietnam und Laos, wo gekämpft wird, gibt es Reibungsflächen. Auch in Kambodscha, wo jeden Augenblick die direkte nordamerikanische Aggression beginnen kann, in Thailand, Malaysia und, natürlich, Indonesien, von dem wir nicht meinen sollten, daß dort durch die Liquidierung der Kommunistischen Partei und die Übernahme der Macht durch die Reaktionäre das letzte Wort gesprochen worden sei, gibt es Reibungsflächen. Und selbstverständlich im Mittleren Osten. In Lateinamerika kämpft man mit der Waffe in der Hand in Guatemala, Kolumbien, Venezuela und Bolivien. Es tauchen schon die ersten Anzeichen des Kampfes in Brasilien auf. Auch andere Zentren des Widerstandes erscheinen kurz und verschwinden schnell wieder. Fast alle Länder des Kontinents sind für einen Kampf reif, der, um siegreich sein zu können, sich nicht mit weniger als der Einsetzung einer Regierung sozialistischen Typs begnügen darf. ... Dann wird das fortdauernde Beispiel der Guerrilla zu wirken beginnen ... die Festigung des nationalen Bewußtseins, die Vorbereitung auf die härtesten Aufgaben, um die gewaltsamsten Repressionen abzuwehren. ... Dann wird sich ein wahrer proletarischer Internationalismus herausbilden: mit internationalen proletarischen Armeen, in denen gekämpft wird unter der Fahne einer heiligen Sache, der Erlösung der Menschheit. Unter den Feldzeichen von Vietnam, Venezuela, Guatemala, Laos, Guinea, Kolumbien, Bolivien, Brasilien zu sterben – um nur die gegenwärtigen Schauplätze der bewaffneten Auseinandersetzung zu zitieren –, müßte gleich ehrenvoll und wünschenswert für einen Amerikaner, einen Asiaten, einen Afrikaner, ja sogar einen Europäer sein. ... Wie glänzend und nah wäre die Zukunft, wenn zwei, drei, viele Vietnam auf der Oberfläche des Erdballs entstünden, mit ihrer Todesrate und ihren ungeheuren Tragödien, mit ihren alltäglichen Heldentaten, mit ihren wiederholten Schlägen gegen den Imperialismus, mit dem Zwang für diesen, seine Kräfte unter dem heftigen Ansturm des zunehmenden Hasses der Völker der Welt zu zersplittern. Und wenn wir fähig wären, uns zu vereinen, um unsere Schläge fester und gezielter durchführen zu können, um den kämpfenden Völkern Hilfe jeder Art noch wirksamer leisten zu können, wie groß wäre dann die Zukunft und wie nah.«[141]

### *Mangelnde europäische Solidarität*

Aus Europa kam wenig Unterstützung für den antiimperialistischen Kampf. Im Jahr 1972 verglich der damalige Präsident Tansanias Julius K. Nyerere das europäische Proletariat des 19. Jahrhunderts mit den armen Nationen des 20. Jahrhunderts:

»›Gib dem, der hat‹, scheint ein kapitalistisches Gesetz zu sein. Reichtum produziert Reichtum, Armut produziert Armut. Außerdem: Die Armut der Armen

141 Che Guevara, »Botschaft an die Trikontinentale«, 1967, www.marxists.org.

ist direkt mit dem Reichtum der Reichen verbunden. ... Die armen Nationen von heute befinden sich in derselben Position, in der sich die europäischen Arbeiter des 19. Jahrhunderts befanden. ... Die europäischen Arbeiter des 20. Jahrhunderts profitieren davon. Sie leben in Ländern, denen der globale Kapitalismus Reichtum beschert. Und während sich im 19. Jahrhundert die Kapitalisten dieser Länder nur untereinander um die Verteilung der Profite stritten, streiten die Arbeiter heute mit.«[142]

Bereits im Jahr 1963 stellte D. N. Aidit, eine einflussreiche Figur in der Kommunistischen Partei Indonesiens (damals die drittgrößte in der Welt), den folgenden Vergleich an:

»Global gesehen sind Asien, Afrika und Lateinamerika die Dörfer der Welt, während Europa und Nordamerika die Städte sind. Soll die Weltrevolution erfolgreich sein, dann muss das internationale Proletariat den Revolutionen in Asien, Afrika und Lateinamerika besonderen Stellenwert zukommen lassen, also den Revolutionen in den Dörfern. Um die Weltrevolution zu gewinnen, ist das Weltproletariat auf diese drei Kontinente angewiesen.«[143]

Diese Perspektive teilte auch der ehemalige stellvertretende Ministerpräsident der Volksrepublik China Lin Biao. In seinem 1965 erschienenen Buch *Es lebe der Sieg im Volkskrieg!* bezog er sich auf die Erfahrungen der Chinesischen Revolution, in der eine Bauernarmee die Städte belagert und eingenommen hatte. Dieses Bild wandte er auf die Welt als ganze an. Die Länder der Dritten Welt sollten die Länder der Ersten Welt belagern und einnehmen.

Frantz Fanon, der berühmte Theoretiker und Widerstandskämpfer aus dem französischen Übersee-Département Martinique, thematisierte den entmenschlichenden Effekt des Kolonialismus auf die kolonisierten Völker. Sein berühmtestes Werk, *Die Verdammten dieser Erde*, war eine wichtige Inspirationsquelle für die Befreiungsbewegungen der Dritten Welt, aber auch für den afroamerikanischen Widerstand in den USA. Was die Beziehung zwischen der Arbeiterklasse in der Ersten und der in der Dritten Welt angeht, schrieb Fanon:

»Die Kapitalisten der Metropole gestehen den Arbeitern der Metropole höhere Löhne und soziale Privilegien in genau dem Maße zu, in dem der Kolonialismus es ihnen erlaubt, die kolonisierten Gebiete zu kontrollieren und auszubeuten. Sobald

142 Julius K. Nyerere, »A Call to European Socialists«, 1972, in: Nyerere, *Freedom and Development: A Selection from Writings and Speeches, 1968-1973* (Dar es Salaam: Oxford University Press, 1973), 374f. (Gesammelte Reden und Schriften von Julius Nyerere auf Deutsch: *Afrikanischer Sozialismus*, 1974, und *Freiheit und Entwicklung*, 1975.)

143 Dipa Nusantara Aidat, *Set Afire the Banteng Spirit! Ever Forward, No Retreat!* (Beijing: Foreign Language Press, 1964).

sich die kolonisierten Völker auflehnen und ihre Unabhängigkeit verlangen, wird die Lage kritisch; paradoxerweise scheinen dann die Interessen der Arbeiter und Bauern der Metropole denen der kolonisierten Völker entgegengesetzt zu sein.«[144]

### Die Zukunft der Revolution

All die Gedanken von revolutionären Theoretikern der Dritten Welt, die hier präsentiert wurden, bestätigen, dass es seit den Niederlagen der deutschen, finnischen und ungarischen Revolutionen von 1918/19 keine bedeutenden revolutionären Bewegungen in der westlichen Welt mehr gegeben hat (der irische Befreiungskampf mag als einzige Ausnahme gelten). Sie bestätigen auch, dass sich das revolutionäre Moment in den Süden verlagerte, wo es die Form antikolonialer und antiimperialistischer Bewegungen annahm. Algerien befreite sich von der französischen Herrschaft 1962. Der äthiopische Kaiser Haile Selassie wurde 1974 gestürzt. Der Befreiungskampf in Eritrea setzte sich fort. Es gab revolutionäre Bewegungen im Kongo und in den portugiesischen Kolonien von Angola, Mozambique, Guinea-Bissau und Kap Verde. Es gab den bewaffneten Widerstand gegen das Siedlerregime von Ian Smith in Rhodesien und den militanten Kampf gegen das Apartheidsystem in Südafrika ebenso wie gegen die südafrikanische Herrschaft in Namibia. In Asien wurde Indien 1947 unabhängig. 1949 wurde die Volksrepublik China ausgerufen. Die Menschen Vietnams besiegten die französischen Kolonialherren, bevor sie es mit der größten Supermacht der Welt, den USA, aufnahmen. Es gab revolutionäre Bewegungen im Nordosten Indiens, in Kambodscha, in Laos, in Thailand, auf den Philippinen und in anderen Ländern. In Ägypten, Syrien und dem Irak kamen nationalistische Regime, die vom Kleinbürgertum gestützt wurden, an die Macht. Der Befreiungskampf in Palästina erregte viel internationale Aufmerksamkeit. In Süd-Jemen etablierte sich eine linke Regierung. Der Befreiungskampf im Oman gewann an Boden. Im Iran gab es breiten Widerstand gegen den Schah. In Lateinamerika kam es 1959 zur Kubanischen Revolution. Sozialistische Bewegungen kämpften von Guatemala bis Chile. Wenn man sich Anfang der 1970er-Jahre eine Weltkarte ansah und an all die Länder dachte, in denen Befreiungsbewegungen aktiv waren, dann sah die Zukunft vielversprechend aus. Das Versprechen des Sozialismus mobilisierte Millionen von Menschen – zwischen 1945 und 1975 kam es zu mehr als 40 Revolutionsversuchen in der Dritten Welt.

144 Frantz Fanon, *Toward the African Revolution* (New York: Monthly Review Press), 145.

## 1968

Inmitten dieser revolutionären Periode kam es zur weltweiten Rebellion von 1968. Man spricht gerne über ›die 60er‹ als eine Zeit *kultureller* Umwälzungen, vergisst dabei jedoch, wie *politisch* die Ära war. Das Einzigartige an dem Jahr 1968 war, dass es in allen ›drei Welten‹ gleichzeitig zu Unruhen kam: junge Menschen und Student:innen rebellierten in Westeuropa und Nordamerika; der ›real existierende Sozialismus‹ wurde in Prag auf die Probe gestellt; und die Aufstände in den Städten der Dritten Welt reichten von Mexiko-Stadt bis Manila.

Im Westen wandte man sich vor allem gegen Autoritätsfiguren: Eltern, Lehrer, Staatsbeamte. Im Osten schien der real existierende Sozialismus nicht fähig, sein Versprechen einer gerechteren und demokratischeren Welt einlösen zu können. Die Sowjetunion war mit dem Imperialismus einen Kompromiss eingegangen und die Welt war nun in Einflusssphären aufgeteilt. Eine ›Neue Linke‹ kritisierte sowohl Kapitalismus als auch real existierenden Sozialismus und warf Fragen auf, die lange Zeit ein Schattendasein in der Linken gefristet hatten: Geschlechterverhältnisse, Sexualität, Rassismus, die Unterdrückung indigener Völker, Ökologie. Während frühere Generationen von Linken es also nicht notwendig erachtet hatten, sich mit diesen Fragen vor der Revolution zu beschäftigen, bestanden junge Aktivist:innen darauf, sie hier und jetzt zu diskutieren.

Die imperialistischen Staaten waren Ende der 1960er- und Anfang der 1970er-Jahre unter Druck: In der Dritten Welt wurden die Befreiungsbewegungen immer stärker, zuhause tobten Aufstände und die Ökonomie stagnierte. 1969 veröffentlichte das US-amerikanische Nachrichtenmagazin *Life* eine Reihe von Artikeln unter der Überschrift »Revolution: Was sind die Gründe? Wie beginnt sie? Kann sie hier geschehen?« In den USA fürchteten Kapitalisten das Ende der amerikanischen Hegemonie. 1976 veröffentlichten Leonard Silk und David Vogel ein Buch mit dem Titel *Ethics and Profits: The Crisis of Confidence in American Business*. Sie hatten dafür 360 leitende Angestellte großer US-Firmen interviewt. Einer von ihnen wurde mit den Worten zitiert: »Der amerikanische Kapitalismus steht vor seiner bisher größten Herausforderung. .... Wenn wir nicht zur Tat schreiten, erleben wir unseren Untergang und werden zu einer weiteren Sozialdemokratie.«[145]

---

145 Leonard Silk und David Vogel, *Ethics and Profits: The Crisis of Confidence in American Business* (New York: Simon and Schuster, 1976), 71.

Neoliberalismus und Militarismus retteten das System. Vom ›Geist von 1968‹ mag Ende der 1970er-Jahre nicht mehr viel zu spüren gewesen sein. Doch hatte er bleibende Auswirkungen: Autoritäten waren nicht mehr unangreifbar und die hegemoniale Macht der USA hatte Risse bekommen. Die radikale Linke war nun vielfältiger und weniger hierarchisch. Und es war zu theoretischen Entwicklungen gekommen, nicht zuletzt was die Analyse des Imperialismus betrifft.

Meine eigene politische Biografie wurde von all dem stark beeinflusst. Ich wurde im Kontext der Studentenrebellion in Dänemark und des antiimperialistischen Widerstands in der Dritten Welt politisiert. Von besonderer Bedeutung war meine erste Begegnung mit dem Kommunistischen Arbeitskreis im Jahr 1969.

## KAK: der Kommunistische Arbeitskreis

Der Kommunistische Arbeitskreis wurde 1963 gegründet, nachdem der Literaturhistoriker Gotfred Appel aus der Kommunistischen Partei Dänemarks (DKP) ausgeschlossen worden war. Appel war seit 1945 DKP-Mitglied gewesen. Wie viele Dän:innen seiner Generation hatte ihn die Rolle beeindruckt, die die DKP während des Zweiten Weltkriegs im Widerstand gegen die Nazis gespielt hatte. Appel wurde in der Parteihochschule der KPdSU in Moskau ausgebildet. Nach seiner Rückkehr nach Dänemark leitete er Studienzirkel über die Grundlagen des Marxismus für neue DKP-Mitglieder und lehrte Dänisch und Englisch an der chinesischen Botschaft. Später war er für den DKP-Verlag *Tidens* verantwortlich und schrieb für das Auslandsressort der DKP-Tageszeitung *Land og Folk*.

Die Entwicklungen in China gehörten zu Appels Hauptinteressen. Als sich Anfang der 1960er-Jahre die ideologischen Konflikte zwischen Moskau und Beijing verschärften, stellte er sich auf die Seite Beijings. Er teilte die chinesische Kritik am ›modernen Revisionismus‹ und der ›friedlichen Koexistenz‹. Für Appel stand die revolutionäre und antiimperialistische Rhetorik der Sowjetunion im Widerspruch zu der tatsächlichen Politik des Landes. Er stimmte auch der chinesischen Analyse zu, dass der Klassenkampf unter dem Sozialismus weiterging, und dass er sowohl in der Sowjetunion als auch in der Volksrepublik China eine Realität war. 1963 verließ Appel *Land og Folk* und schrieb nun für die Zeitung der chinesischen Botschaft, *Bulletin*. Kurze Zeit später kam es zum Ausschluss aus der DKP. Gemeinsam mit zwanzig anderen

DKP-Dissident:innen gründete er daraufhin den Kommunistischen Arbeitskreis. Dieser war Europas erste maoistische Organisation und stand in engem Austausch mit der KPCh. Appel besuchte China mehrere Male. Als KAK-Repräsentant durfte er Tausenden von Roten Garden zuwinken, die über den Tian'anmen-Platz marschierten.

Der KAK übersetzte und druckte die ›Mao-Bibel‹ und andere Publikationen der KPCh. *Kommunistisk Orientering* war die eigene Zeitschrift der Organisation. KAK-Mitglieder nahmen Jobs in der Werft Burmeister und Wain, der Maschinenfabrik F. L. Smith und den Brauereien von Tuborg und Carlsberg an. In Flugblättern, die sie vor den Toren und bei Gewerkschaftstreffen verteilten, kritisierten sie den Reformismus der DKP mit der Absicht, die Belegschaften zu radikalisieren.

Appel war in erster Linie Leninist. Wann immer ein Problem auftauchte, war seine erste Frage: »Was hätte Lenin dazu gesagt?« Gewöhnlich fand er in einem der 64 Bände von Lenins *Gesammelten Werken*, die ordentlich aufgereiht auf seinem Bücherregal standen, eine Antwort. Auch von Maos Schrift *Über den Widerspruch* war Appel begeistert. Er erachtete ihre Lektüre als unabdingbar, um die Hauptkonfliktlinien in der Welt zu verstehen.

Den Marxismus hielt Appel für eine exakte Wissenschaft, und er war immer auf der Suche nach den objektiven Kräften, die den Sozialismus vorantrieben. Eine sozialistische Zukunft war seiner Ansicht nach unvermeidlich, selbst wenn der Weg dorthin nicht geradlinig verlief. Das hatte auch praktische Konsequenzen. Im Gegensatz zu allen anderen Organisationen der dänischen Linken mobilisierte der KAK 1973 nicht gegen den Beitritt Dänemarks zur Europäischen Wirtschaftsgemeinschaft (EWG), der Vorläuferin der EU. Für den KAK schuf die EWG den politischen Rahmen, den das Monopolkapital benötigte, um den Kapitalismus weiter voranzutreiben. Damit, so die Analyse des KAK, trieb sie auch dessen Niedergang voran. Um für den Sozialismus wirken zu können, musste sich die dänische Arbeiterklasse im Zentrum der globalen kapitalistischen Dynamik befinden, nicht isoliert in einem gemütlichen und wohlhabenden kleinen Land.

Die Versuche des KAK, die dänische Arbeiterklasse zu radikalisieren, waren erfolglos. Dänische Arbeiter:innen waren nicht bereit, um etwas anderes zu kämpfen als höhere Löhne. Der Sozialismus oder die Solidarität mit dem Proletariat in der Dritten Welt hatten keine Anziehungskraft. Gleichzeitig wurden die antiimperialistischen Bewegungen in der Dritten Welt immer stärker. 1966 revidierte Appel sein Revolutionsverständnis, zweifelsohne in einer Auseinandersetzung mit Lenin, vor allem mit dessen Schriften zum Imperialismus. Diesen Schriften hatten westliche Marxist:innen lange keine Aufmerksamkeit geschenkt. Der KAK entwickelte ein eigenes Profil innerhalb der europäischen Linken und veröffentlichte eine Artikelserie unter dem Titel »Perspektiven für unseren Kampf« in *Kommunistisk Orientering*. In einem der Artikel stand: »Die Arbeiterklasse hat keine Chance, die kapitalistische Klasse zu stürzen und den Sozialismus aufzubauen, bevor die Völker Asiens, Afrikas und Lateinamerikas die Grundlagen des kapitalistischen Systems zerstört haben.«[146]

Für den KAK war der US-Imperialismus der Hauptfeind und Vietnam der Brennpunkt des antiimperialistischen Widerstands. Eine Revolution in den westlichen Ländern schien ausgeschlossen, solange der Ausbeutung der Kolonien kein Ende gesetzt wurde. Man musste Reformismus und Revisionismus in der Arbeiterklasse bekämpfen, die in den westlichen Ländern vor allem aus einer Arbeiteraristokratie bestand. Die Arbeiteraristokratie kämpfte für höhere Löhne und bessere Arbeitsbedingungen, aber diese Kämpfe konnten nur erfolgreich sein aufgrund der Superprofite des Imperialismus. Der Analyse des KAK zufolge reichte es für das Kapital, einigen der Forderungen der Arbeiter:innen nachzugeben, um jedes revolutionäre Potenzial zu bannen. Das Kapital konnte sich darauf verlassen, dass die Führungen der Arbeiterparteien und Gewerkschaften die Klasse ruhig hielten. Die Rolle der Klasse selbst war eine zwiespältige: »Einerseits eingekauft mit ein paar Krümeln der Superprofite, andererseits ausgebeutet – wobei die Bestechung temporär war, die Ausbeutung hingegen permanent.«[147] Der KAK schlussfolgerte:

> »Objektiv gesehen, ist die wichtigste gegenwärtige Aufgabe der dänischen Arbeiterklasse der Kampf gegen den US-Imperialismus und die aktive Unterstützung des vietnamesischen Volkes sowie der antiimperialistischen Kämpfe aller unterdrückter Völker. Die Hauptaufgabe revolutionärer Kommunisten in Dänemark ist es, dafür zu sorgen, dass die Arbeiterklasse dieser Aufgabe nachkommt.«[148]

Mit anderen Worten: Um in Europa wieder revolutionäre Bewegungen zu ermöglichen, musste in der Dritten Welt das Joch des Imperialismus abgeschüttelt werden. Die ehemaligen Kolonien mussten alle Verbindungen mit den reichen Ländern kappen und den Fluss der Superprofite stoppen.

---

146 KAK, »Perspektiverne for vor kamp«, in: *Kommunistisk Orientering*, 1966.

147 ebda.

148 ebda.

Der KAK verwendete Begriffe wie ›Bestechung‹ und ›Parasitenstaat‹, um seine Standpunkte deutlich zu machen. Aus heutiger Sicht scheint vor allem der Begriff der Bestechung fragwürdig. Er suggeriert ein bewusstes Motiv auf beiden Seiten: derer, die geben, und derer, die nehmen. Aber es gab keine individuellen Kapitalisten, die individuellen Arbeiter:innen irgendwelche Bestechungsgelder übergaben, um sie von revolutionären Aktivitäten abzuhalten. Die Arbeiterklasse kämpfte für höhere Löhne und bessere Arbeitsbedingungen. Das Kapital profitierte durch die höheren Löhne indirekt, da sie den Markt stärkten. Demokratische Institutionen und der Wohlfahrtsstaat folgten. Alles wurde ermöglicht durch die Ausbeutung der Kolonien. Somit bleibt der Begriff des Parasitenstaats zumindest analytisch korrekt.

Die Theorie vom Parasitenstaat führte zu hitzigen Diskussionen zwischen dem KAK und maoistischen wie moskauloyalen Gruppen in Dänemark, Norwegen und Schweden. Unter dem Titel »Zwei Linien« widmeten wir in *Kommunistisk Orientering* eine ganze Artikelserie polemischen Angriffen gegen den *Kommunistiska Förbundet Marxist-Leninisterna* (KFML) in Schweden, obwohl einzelne Mitglieder der Organisation sogar mit uns sympathisierten. Besonders wütende Attacken bekamen die DKP und maoistische Gruppen in Dänemark zu spüren. Es ist insofern nicht überraschend, dass der Kommunistische Arbeitskreis in der dänischen Linken nicht besonders beliebt war. Unser Ruf war besser bei den internationalistischen Solidaritätsgruppen, mit denen wir zusammenarbeiteten, um materielle Hilfe an Menschen und Bewegungen in der Dritten Welt zu schicken.

Unsere Skepsis hinsichtlich des revolutionären Potenzials der westlichen Arbeiterklasse hatte auch Konsequenzen für unser Verhältnis zur KPCh. In einem Brief an die chinesische Botschaft in Kopenhagen kritisierten wir die chinesische Berichterstattung zu den Entwicklungen in Europa und Nordamerika. Ein Artikel in der *Peking Review* vom März 1968 behauptete beispielsweise, dass das Volk der USA und Großbritanniens kein gemeinsames Interesse mit dem Monopolkapital hätte und von diesem »ausgeblutet« würde. Ähnliche Begriffe wurden verwendet, um die Situation in Indonesien zu beschreiben: »Das faschistische Militärregime Indonesiens befand sich in großen finanziellen Schwierigkeiten und ließ die werktätigen Massen ausbluten, um die Militärdiktatur aufrechterhalten zu können.«[149]

In unserem Brief schrieben wir:

149 *Peking Review*, no. 13, 1968.

»Liebe Genossen, lasst uns ehrlich und offen sein: Wir stimmen mit eurer Einschätzung der gegenwärtigen Situation in unserem Teil der Welt nicht überein. Ihr beschreibt diese Situation mit denselben Worten, mit denen ihr die Situation in Indonesien und Lateinamerika beschreibt. Wir fordern euch eindringlich dazu auf, hier zu differenzieren. Die Unterschiede in den Lebensbedingungen der werktätigen Massen in den kapitalistisch-imperialistischen Ländern und denen der werktätigen Massen in Asien, Afrika und Lateinamerika sind enorm. Ihr könnt diese nicht mit denselben Worten beschreiben. Das westliche Monopolkapital lässt die Arbeiterklasse nicht ›ausbluten‹. Ja, der Imperialismus und seine Lakaien vor Ort lassen die Massen in Indonesien ausbluten, in Indien – aber nicht in Dänemark, Schweden, Frankreich oder Großbritannien.«[150]

Anhand zahlreicher Beispiele illustrierten wir den Lebensstandard der Arbeiterklasse in Dänemark. Aber die KPCh war nicht gewillt, Kritik dieser Art zu akzeptieren und brach jeden Kontakt mit dem KAK ab. Das führte auch innerhalb des KAK zu Spannungen. Einige Mitglieder klagten die Führung ›arbeiterfeindlicher‹ Positionen an und traten aus.

## Antiimperialistische Praxis im Parasitenstaat

In den späten 1960er- und den frühen 1970er-Jahren war der Antiimperialismus für die europäische und nordamerikanische Linke wichtiger als heute. In Dänemark war der Widerstand gegen den Vietnamkrieg ein wesentlicher Bestandteil der Studentenrebellion. Für die Jugend bedeutete, gegen den Krieg zu sein, auch ›gegen das System‹ zu sein. Demonstrationen vor der US-Botschaft in Kopenhagen mobilisierten bis zu 25.000 Menschen. Als die Weltbank 1970 ein Treffen in Kopenhagen abhielt, kam es zu Straßenschlachten zwischen Demonstrant:innen und der Polizei. Linke Buchläden verkauften antiimperialistische Literatur und Solidaritätsgruppen mit den Widerstandsbewegungen in Vietnam, Palästina, den portugiesischen Kolonien Afrikas, Südafrika, Zimbabwe und Chile hatten viele Mitglieder, nicht nur in Kopenhagen, sondern auch in kleineren Städten.

Der KAK war eine der Organisationen, die die dänische Solidaritätsbewegung mit Vietnam mitanstießen. Viele junge Aktivist:innen schlossen sich dieser an. 1968 wurde der *Kommunistisk Ungdomsförbund* (KUF) als Jugendverband des KAK gegründet.

150 KAK, Brief an die Botschaft der Volksrepublik China in Kopenhagen, 29. März 1969, abrufbar auf www.snylterstaten.dk.

In den späten 1960er-Jahren fokussierte unser Aktivismus auf Demonstrationen. Sachbeschädigung als politisches Mittel war allgemein akzeptiert. 1969 kam es zur Kopenhagener Premiere von *Die grünen Teufel*, einem Film mit John Wayne über die US-Spezialeinheiten in Vietnam. In einem großen Kopenhagener Kino wurden die Stühle kaputtgeschlagen und Buttersäure auf dem Teppich verteilt. Auch an den militanten Demonstrationen gegen das Weltbank-Treffen nahmen wir teil. Wir waren nicht zufrieden damit, einfach nur unserem Protest Ausdruck zu verleihen, wir wollten das Treffen stoppen. Molotowcocktails flogen durch die Scheiben des Kongresszentrums, aber die Sprinkleranlage verhinderte ernsthaften Schaden.

Der Schwerpunkt unserer internationalen Solidaritätsarbeit lag auf den afrikanischen Befreiungsbewegungen und, zunehmend, auf Palästina. Zu jener Zeit war es schwierig, in Dänemark breite Unterstützung für den palästinensischen Widerstand zu gewinnen. Die Menschen begegneten dem israelischen Staat mit Achtung und Respekt aufgrund des Dritten Reichs und des Holocausts. Im Sechstagekrieg 1967 sah man Israel als Opfer und General Moshe Dayan als tapferen und cleveren Helden, der ein kleines Land erfolgreich gegen den koordinierten Angriff seiner Nachbarn verteidigte. Viele junge Dän:innen arbeiteten als Volontär:innen in israelischen Kibbuzim, was dem Siedlerkolonialismus in Palästina einen linken Anstrich gab. Der Zionismus, so schien es, hatte ein sicheres Rückzugsgebiet für die verfolgte jüdische Gemeinde geschaffen und eine ›leere Wüste‹ in Maisfelder und Orangenhaine verwandelt. Die Tatsache, dass Hunderttausende Palästinenser:innen aus ihren Häusern vertrieben worden waren, passte nicht in diese Erzählung. Als KUF 1969 eine Ausstellung über palästinensische Flüchtlingslager in Jordanien organisierte, wurde diese als ›antisemitisch‹ gebrandmarkt. Die öffentliche Wahrnehmung Israels änderte sich erst mit der Invasion des Libanon 1982 und den Massakern in den Flüchtlingslagern von Sabra und Schatila.

1971 intensivierte der KAK seine Anstrengungen, materielle Unterstützung für Befreiungsbewegungen in der Dritten Welt zu leisten. Unser Motto war: ›Solidarität ist etwas, das du in der Hand halten kannst.‹ Wir gründeten eine Organisation mit dem wenig anstößigen Namen ›Kleider für Afrika‹. Alle, die dort aktiv waren, waren Antiimperialist:innen, aber es war nicht unser Ziel zu missionieren. Wir wollten einfach so viele Kleider und andere Materialien wie möglich für monatliche Flohmärkte sammeln. Wir hatten Lokalgruppen in Kopenhagen und in vier anderen dänischen Städten. Zur besten Zeit zählten wir 100 Mitglieder. In den 1970er-Jahren unterstützten wir FRELIMO in Mozambique, die MPLA in Angola, ZANU in Rhodesien, SWAPO in Namibia und die PFLO im Oman. In den 1980er-Jahren unterstütze wir auch ein Black-Consciousness-Projekt in Südafrika mit dem Namen *Isandlwana Revolutionary Effort* sowie die Neue Volksarmee auf den Philippinen. Wir schickten Kleider, Schuhe und Medizin sowie das Geld, das wir auf unseren Flohmärkten verdienten – mehrere Hunderttausend Kronen pro Jahr.

Wir bewahrten die Sachen, die man uns als Spenden und zum Verkauf auf den Flohmärkten gab, in einer alten Maschinenfabrik auf. Jedes Wochenende sammelten wir alles ein, was wir kriegen konnten. In den 1970er- und 80er-Jahren waren die Menschen sehr großzügig. Wir hatten Berge an Kleidern. Wir sortierten und packten alles und schickten Paletten nach Hamburg, von wo sie an Orte weitergeschickt wurden, an denen sie die Befreiungsbewegungen entgegennehmen konnten. Wir hatten eine eigene Offsetdruckmaschine, mit denen wir Bücher, Broschüren, Poster und Flugblätter drucken konnten, sowohl für die Befreiungsbewegungen als auch für uns selbst.

Das war die legale Praxis. Es gab auch eine illegale. Manche KAK-Mitglieder begingen Betrügereien und Raubüberfälle, um an mehr Geld zu bekommen. Das meiste davon ging an die *Volksfront für die Befreiung Palästinas* (PFLP).[151]

Geldbeschaffung war nicht unsere einzige Aktivität. Wir hielten regelmäßige Studienzirkel ab, um unsere theoretischen Positionen zu schärfen und eine effektive Praxis zu entwickeln auf der Basis unserer Bedingungen und Möglichkeiten. Wir unternahmen zahlreiche Reisen in Länder der Dritten Welt, um die sozialen und ökonomischen Bedingungen vor Ort zu studieren und Kontakte mit Befreiungsbewegungen zu etablieren. Wir diskutierten regelmäßig mit den wenigen Organisationen in den imperialistischen Ländern, die unsere Perspektive teilten.

Politischer Aktivismus war eine Priorität im Leben der KAK-Mitglieder. Manche widmeten all ihre Zeit der Organisation und lebten von der Arbeitslosenbeihilfe. Wir waren überzeugt, dass das, was wir taten, von Bedeutung war. Unsere Praxis stimmte mit unserer Theorie überein. Wir sahen uns als kleines Rad in einer großen Maschine, die die Welt verändern würde.

Wie erwähnt, so hatten wir nicht viele Freunde in der europäischen Linken. Unser Sympathisantenkreis bestand aus kleinen Gruppen in Schweden und Norwegen sowie verstreuten Individuen im Rest Europas. Aber wir fühlten uns nie isoliert. Wir hatten regelmäßige Treffen mit Vertreter:innen von

151 Siehe dazu Gabriel Kuhn, *Bankraub für Befreiungsbewegungen*, a.a.O.

Befreiungsbewegungen, mit denen wir die meisten unserer politischen Diskussionen führten. Appels Verständnis von Politik und der Rolle der revolutionären Partei war von Lenin und dessen Verlangen nach rigider Organisierung geprägt. Appel war klug, ein guter Redner, kompromisslos und zielstrebig. Er sprach die radikaleren Kreise der 68er-Generation an. Es gelang ihm, eine kleine, aber hochmotivierte Gruppe um sich zu sammeln. Der KAK war eine sehr effektive Organisation und Appel wollte uns auf den Moment vorbereitet, an dem der Sozialismus in Europa wieder eine Chance hatte. Dafür brauchte es Wissen und Erfahrung. Appels Strategie war eine doppelte: Es galt, Befreiungsbewegungen in der Dritten Welt zu unterstützen, um den Imperialismus in eine Krise zu stürzen, was wiederum zu einer revolutionären Situation in Europa führen würde. Dafür galt es, eine disziplinierte und gut organisierte Partei aufzubauen, die fähig war, diese Situation auszunutzen. Beide Aspekte waren eng miteinander verbunden, was in der Praxis des KAK zum Ausdruck kam.

## Undercover

Das galt auch für die illegale Praxis. Einerseits ging es darum, Befreiungsbewegungen in der Dritten Welt materiell zu unterstützen; andererseits sollte sie KAK-Mitglieder an die illegale Arbeit gewöhnen, die in einer revolutionären Situation als notwendig erachtet wurde. Es bedurfte sicherer Kommunikationswege, konspirativer Wohnungen, der detaillierten Planung von Aktionen, Mechanismen, um ständiger Überwachung zu entgehen, und des Erwerbs praktischer Fähigkeiten wie dem Fälschen von Dokumenten, dem Knacken von Schlössern oder dem Stehlen von Autos. Wir dachten langfristig und wollten *undervocer* sein, nicht *underground*. Wäre unsere illegale Praxis offen politisch gewesen (mit Kommuniqués und dergleichen), so wären wir in Windeseile geschnappt worden. Wir wollten, dass unsere Aktionen wie gewöhnliche Verbrechen aussahen. Das erlaubte es uns, die illegale Praxis fast 20 Jahre lang auszuüben. Sich auf Raub und Betrug zu konzentrieren, war eine einfache Wahl. Die Befreiungsbewegungen brauchten Geld. Was sie von uns bekamen, bekamen sie bedingungslos.

Andere linke Gruppen in Europa mit illegaler Praxis wählten andere Strategien. Die RAF attackierte US-Militärbasen, um den antiimperialistischen Kampf in der Dritten Welt zu unterstützen. Ihre Aktionen waren offen politisch, sollten das Hinterland des Imperialismus wachrütteln, dem politischen System die ›demokratische Maske‹ herunterreißen und die Massen inspirieren. Aber die RAF war kein ›Fisch im Wasser‹. Ihr fehlte die Unterstützung der Massen. Sie wurden in einen defensiven Kampf im Untergrund getrieben, den sie nur verlieren konnten. Ihre Strategie beruhte auf einer falschen Analyse der Revolte von 1968: Westeuropa war keine trockene Prärie, wo du mit einem Funken ein Feuer entfachen konntest. Es war eine feuchte Wiese.

Unsere illegale Praxis endete am 13. April 1989. Mehrere Mitglieder unserer Gruppe wurden verhaftet und einer Reihe von Verbrechen angeklagt. Während der letzten Jahre unserer illegalen Praxis waren wir unvorsichtig geworden. Es war nicht ein bestimmter, einfach zu identifizierender Fehler, der zu unserem Ende führte, es war eine Nachlässigkeit, die sich eingeschlichen hatte und der Polizei schließlich erlaubte, uns zu fassen. Nach 20 Jahren *undercover* waren wir ein bisschen müde. Kurze Zeit nach unserer Verhaftung wurde einer unserer Genossen bei einem Autounfall schwer verletzt. Das Auto war voll von eindeutigen Beweisen, inklusive einer Telefonrechnung mit der Adresse unserer konspirativen Wohnung. So landeten wir vor Gericht und unsere Gruppe war Geschichte.

## Kontakte nach Nordamerika

In den USA unterschied sich die Lage in den 1960er- und frühen 1970er-Jahren von jener in Europa. 12 Prozent der US-Bevölkerung bestand aus Nachkommen afrikanischer Sklav:innen, es gab indigene Völker und eine immer größere Zahl lateinamerikanischer Einwander:innen. Das Land führte Krieg in Vietnam, wo Hunderttausende US-Soldaten Dienst verrichteten. Die Spaltungen in der amerikanischen Arbeiterklasse, der Rassismus und die toten Soldaten in Vietnam öffneten Möglichkeiten für antiimperialistischen Widerstand.

Wir erfuhren mehr über den Kampf in den USA, als Leute wie Eldridge Cleaver, Bobby Seale und Connie Matthews 1969 und 1970 nach Kopenhagen kamen. Wir waren besonders an den Beziehungen zwischen den Black Panthers und der weißen Linken interessiert. Was die dänische Arbeiterklasse anging, so hatten die Black Panthers keine Illusionen. Einen Preis, den Eldridge Cleaver[152] von den Studierenden an der Universität Århus verliehen bekam, kommentierte er Journalist:innen gegenüber so:

152 Während der 1970er-Jahre wurde Cleaver zu einer kontroversen Figur. Des versuchten Mordes angeklagt, floh er Ende 1968 nach Kuba. 1971 wurde er im Zuge von Fraktionskämpfen aus der Black Panther Party ausgeschlossen. Er ging nach Algiers und später nach Frankreich, wo er sich einer christlichen Erweckungsbewegung anschloss.

»Skandinavier sind die Bourgeoisie Europas. Es geht ihnen zu gut, und sie wollen sich aus allem heraushalten. Politisch bin ich gegen sie, selbst wenn ich sie in anderer Hinsicht vielleicht mag. Ihr sagt, dass Menschen ein Produkt ihrer Geschichte sind. Gut, dann verachte ich eure Geschichte. Ich denke, dass Skandinavier heuchlerisch sind, wenn sie auf ihren Ärschen sitzen und akzeptieren, was in Vietnam, Korea, Südafrika und in den USA geschieht. Sie haben die Möglichkeit zu helfen. Ich werde diesen Preis in Århus, oder wie auch immer dieser Ort heißen mag, annehmen, aber nur, damit sich die Menschen in Skandinavien aufregen können. Dann verschwinde ich.«[153]

Die Black Panthers baten nicht um Solidarität. Sie verlangten sie. Am 3. April 1970 gab Connie Matthews in einem Kopenhagener Kino eine Rede im Rahmen der Solidaritätskampagne für Bobby Seale, der während der Proteste gegen den Parteikongress der Demokraten 1968 in Chicago verhaftet worden war und nun gemeinsam mit sieben weißen Demonstrantionsteilnehmern vor Gericht saß. Alle waren der Aufwiegelung angeklagt. Als Seale während des Prozesses protestierte, wurde er gefesselt und geknebelt. Connie Matthews sagte in Kopenhagen:

»Die Black Panther Party sieht sich einem ernsthaften Problem gegenüber: Sollen wir einen Rassenkrieg oder einen Klassenkrieg starten? Die weiße Linke in den USA hat ihren Opportunismus bewiesen. Sie ist bereit, ihre Schwarzen Genossen für Publicity zu opfern. .... Der Rassismus ist so tief in dem Leben der meisten Menschen in den USA verankert, dass sie ihn nicht zur Kenntnis nehmen. ... Aber wir denken, es gibt Hoffnung für das weiße Amerika, und wir sagen unseren weißen Brüdern und Schwestern, dass es an der Zeit ist, aktiv zu werden und die Gunst der Stunde zu nutzen. Der europäischen Linken sagen wir dasselbe. Ihr müsst euch fragen, auf welcher Seite ihr steht, Brüder und Schwestern! Bobby Seale war vor einem Jahr hier. ... Und Bobby sagte euch, dass wir nicht Feuer mit Feuer bekämpfen. Wir bekämpfen nicht Rassismus mit Rassismus, sondern mit Solidarität. Die Menschen in diesem Land wissen mehr darüber, was in den USA geschieht, als die Menschen in jedem anderen Land Europas. Aber als sie aufgefordert wurden, gegen die Behandlung von Bobby Seale zu protestieren, kamen drei Menschen. In einem Land von fünf Millionen! Wir machen einen letzten Versuch und fragen euch: Werdet ihr weiter auf euren Ärschen sitzen, wie Eldridge Cleaver gesagt hat? ... Werdet ihr den Massenord in den USA hinnehmen, ohne irgendetwas zu tun? Wenn dem so ist, dann beweist ihr, dass ihr genauso rassistisch seid wie die Menschen in den deka-

---

In den 1980er-Jahren unterstützte er die Präsidentschaft Ronald Reagans. Cleaver, der mit Suchtproblemen zu kämpfen hatte, verstarb 1998 im Alter von 62 Jahren.

153 *Ekstra Bladet*, 30. März 1970.

> denten USA! Ihr habt alles in eurer Hand, aber es gibt nicht mehr viel Zeit. Für uns kann *Power to the People!* eine Wirklichkeit werden – aber für euch?«[154]

Matthews Rede machte großen Eindruck auf alle Anwesenden. Eine Woche später verteilten wir eine schriftliche Version bei einer großen Antikriegsdemonstration vor der US-Botschaft. Direkten Kontakt zu den Black Panthers hatten wir nie. Wir schätzten ihren radikalen Antiimperialismus, aber was die Möglichkeiten einer Revolution in den USA anging, waren wir skeptisch. In Anbetracht des repressiven Staatsapparates, der von der Mehrheit der Bevölkerung unterstützt wurde, schien ihre Strategie zum Scheitern verurteilt zu sein. Aber es gab eine andere, viel kleinere und weniger bekannte antiimperialistische Gruppe in Nordamerika, mit der wir eng zusammenarbeiteten: das *Liberation Support Movement* (LSM).

## Das Liberation Support Movement

Zum ersten Mal trafen wir Mitglieder des LSM 1971 in Dar es Salaam, Tansania. Wir waren alle dort, um unsere Kontakte zu den afrikanischen Befreiungsbewegungen zu stärken, von denen die meisten ihre Büros in Dar es Salaam hatten. Das LSM war drei Jahre zuvor von Leuten gegründet worden, deren politische Perspektive der des KAK sehr ähnlich war. In den USA herrschten damals spezielle gesellschaftliche Umstände. Die vietnamesische Tet-Offensive machte deutlich, dass ein militärischer Sieg in Indochina nicht einfach werden würde. Die Ermordung Martin Luther Kings hatte zu Schwarzen Aufständen in mehr als 100 Städten geführt. 46 Menschen starben, 2.500 wurden verletzt, und 70.000 Soldaten wurden mobilisiert, um die Aufstände zu unterbinden. Studentischen Protesten wurde mit Gewalt begegnet. Die Rebellion in den USA war direkt mit den Befreiungsbewegungen in der Dritten Welt verbunden. Die Gewerkschaften und eine Mehrheit der US-amerikanischen Arbeiterklasse war ihnen gegenüber feindlich eingestellt. Diese Menschen sahen sich als Patrioten und wollten ihre Arbeitsplätze sichern.

LSM war eine kleine Organisation mit Ortsgruppen in San Francisco, Seattle, New York und Vancouver. Ihr wichtigster Theoretiker war Don Barnett, ein Sozialanthropologe, der in den frühen 1960er-Jahren in Kenia gelebt hatte, um die antikoloniale Mau-Mau-Bewegung zu studieren. Er war, wie Appel zu je-

154 Unveröffentlichte Aufzeichnung der Rede.

ner Zeit, Maoist und sehr charismatisch.[155] 1967/68 verbrachte er Zeit in Dar es Salaam, wo er Kontakte zur angolanischen MPLA etablierte. 1967 schrieb er die Broschüre *Toward an International Strategy*, in der viele derselben Ansichten Ausdruck fanden, die der KAK in *Kommunistisk Orientering* verbreitete.[156] Für Barnett waren die Befreiungsbewegungen in der Dritten Welt die Avantgarde des antiimperialistischen Kampfes. Die US-Arbeiterklasse profitierte hingegen von den Superprofiten des Imperialismus. 1972 formulierte LSM drei Prinzipien als Grundlage der politischen Arbeit der Organisation:

> »Zu sagen, dass es Arbeiteraristokratien in der Ersten Welt gibt, bedeutet nicht, dass es dort keine potenziell progressiven Gruppen gibt. Wer ›progressiv‹ ist, dient nicht zwangsläufig revolutionären Interessen, kann aber in einer Weise politisch mobilisiert werden, die objektiv die Interessen der revolutionären Klassen fördern, die sich auch in den imperialistischen Gesellschaften finden lassen. Diese Gruppen können Propaganda für Befreiungsbewegungen und revolutionäre Klassen in der Peripherie betreiben und materielle Unterstützung leisten.
> Wir glauben, dass bestimmte Aktionen (legal und illegal, friedlich und militant) in der Metropole möglich sind, die die Macht der herrschenden Klasse und ihres militärischen Apparats schwächen, auch wenn dies im Moment nur in bescheidenem Maße möglich ist. Revolutionäre Gruppen müssen dabei spezielle Taktiken entwickeln, den Bedingungen gemäß, die in der Metropole vorherrschen.
> Auf dieser Basis lassen sich die LSM-Prinzipien antiimperialistischer Arbeit wie folgt zusammenfassen:
> 1. Der revolutionäre Prozess muss durch verschiedene konkrete Formen materieller Unterstützung, politischer Ausbildung und ideologischen Kampfes vorangetrieben werden, wobei unterworfene Klassen und Völker in der Peripherie die Avantgarde im Kampf gegen das imperialistische System sind und wesentlich zum Aufkommen eines postkapitalistischen sozialistischen Internationalismus beitragen werden.
> 2. Wir müssen entschlossen für eine internationale sozialistische Ausrichtung der Kampfe in der Metropole sorgen. Diese werden entstehen als Folge der Vertiefung der Widersprüche durch die revolutionären Kämpfe in der Peripherie, die sich verringernden Superprofite und die Schwierigkeiten der herrschenden Klasse, den ›Volksimperialismus‹ aufrechtzuerhalten.
> 3. Wir müssen für revolutionäre internationalistische Strukturen und effektive internationale Bündnisse kämpfen und gleichzeitig gegen jene Tendenzen, die ... zu einer postkapitalistischen Welt ungleich entwickelter, hierarchischer und

155 Wir veröffentlichten einen Nachruf auf Don Barnett in *Kommunistisk Orientering* (Nr. 5, 1975).

156 Die Broschüre wurde zunächst in Havanna gedruckt, danach erschien der Text auch (unter dem Pseudonym J. Michael Dawn) im *Monthly Review*. 1970 wurde die Broschüre in Nordamerika neu aufgelegt.

rivalisierender (wenn nicht gar kriegerischer) ›sozialistischer‹ Länder geführt haben.«[157]

Für das LSM gab es keinen Zweifel, dass die Befreiungsbewegungen in der Dritten Welt die wichtigsten Kräfte im Kampf gegen den Kapitalismus und den Imperialismus waren. 1968 besuchten LSM-Mitglieder Angola, um ein Buch über den Befreiungskampf der MPLA zu schreiben. Sie kehrten mit einer Liste technischer und medizinischer Waren zurück, die die MPLA benötigte. Die Praxis des LSM konzentrierte sich daraufhin auf zwei Aspekte: Erstens die Verbreitung von Information über die Kämpfe in der Dritten Welt in Nordamerika, und zweitens das Liefern von Kleidern, Medizin, Nahrungsmitteln, Radioausrüstung, Druckmaschinen und anderen Materialien an die MPLA in Angola, an FRELIMO in Mozambique, SWAPO in Namibia und die PFLO im Oman. Wir gründeten unsere Organisation ›Kleider in Afrika‹ nicht zuletzt unter diesem Eindruck. Eines unserer Mitglieder machte sogar ein halbjähriges Praktikum beim LSM in Kanada.

Gewöhnlich fanden unsere Treffen mit LSM-Mitgliedern in Afrika statt. Diese reisten regelmäßig dorthin, um Materialien für Informationskampagnen zu sammeln. In den 1970er-Jahren publizierten sie eine Reihe von Broschüren über Mitglieder in afrikanischen Befreiungsbewegungen. Sie spielten lange Interviews mit Guerrillakämpfern in Angola, Mozambique und Südafrika ein. Diese boten einen einzigartige Einblick in den Alltag der Bewegungen.[158] In Nordamerika unternahmen LSM-Mitglieder lange Tourneen, um über ihre Erfahrungen zu berichten, vor allem an Universitäten. Auch diese Arbeit war sehr inspirierend für uns.

Don Barnett starb 1975 im Alter von nur 45 Jahren. Das LSM löste sich 1981 aufgrund interner Konflikte und des Niedergangs der afrikanischen Befreiungsbewegungen auf. Viele ehemalige Mitglieder unterstützten Befreiungsbewegungen jedoch weiterhin. Sie leisteten technische Hilfe oder schlossen sich Bewegungen direkt an. Carroll Ishee starb 1981 als Mitglied der FMLN im Kampf in El Salvador.

157 Liberation Support Movement, *Principles of Liberation Support Movement's Anti-Imperialist Work* (Vancouver: LSM Information Center, 1972).

158 Manche der Broschüren sind auf www.aluka.rog abrufbar. Der KAK veröffentlichte 1974 eine Auswahl in dänischer Übersetzung.

## Die Weathermen: Militanter Kampf oder militante Propaganda?

Wir teilten auch viele Ansichten der *Weathermen* bzw. des *Weather Underground*. Auch die Weathermen erachteten den Gegensatz zwischen Metropole und Peripherie als Hauptwiderspruch des kapitalistischen Systems und die Befreiungsbewegungen der Dritten Welt als Avantgarde der Weltrevolution. Vietnam diente als herausragendes Beispiel. Ihr Motto war: ›Bringt den Krieg nach Hause!‹ Aber wer würde zu Hause kämpfen? In den Augen des Weather Underground waren es die unterdrückten Nationen in den USA: Afroamerikaner:innen, indigene Völker, Puerto-Ricaner:innen, Einwander:innen aus der Dritten Welt. Kurz, die Opfer des US-Rassismus. Teile der weißen Jugend waren potenzielle Verbündete.

Der Weather Underground wollte die bestehenden Konflikte verschärfen und mithilfe von sowohl zivilem Ungehorsam als auch bewaffnetem Kampf vom Protest zum Widerstand gelangen. Man war zuversichtlich, dass die antiimperialistischen Überzeugungen und die Wut von Teilen der Bevölkerung gegen das repressive US-Regime ein geeignetes Umfeld für militante Politik schaffen würden. Während sich das LSM auf die Unterstützung der Befreiungskämpfe in Afrika konzentrierte, führte der Weather Underground Aktionen im imperialistischen Zentrum selbst durch.[159] In dem ersten Kommuniqué, das die Gruppe 1969 unter dem Titel »You Don't Need a Weatherman to Know Which Way the Wind Blows« veröffentlichte, stand:

> »Wir befinden uns im Herzen eines Monsters, eines Landes, das aufgrund seiner weltweiten Raubzüge so reich wurde, dass selbst die Krümel der Beute, die den versklavten Massen zukommen, für einen Lebensstandard ausreichen, der weit über dem globalen Durchschnitt liegt. .... Das relative Wohlhaben, das in den USA existiert, ist direkt abhängig von der Arbeit und den natürlichen Ressourcen in Vietnam, Angola, Bolivien und dem Rest der Dritten Welt. Alle die United-Airlines-Astrojets, die Holiday Inns, die Hertz-Mietautos, die Fernseher, Fahrzeuge und Kleiderschränke in diesem Land gehören eigentlich Menschen ganz woanders.«[160]

Diese Sichtweise bedeutete einen Bruch mit der traditionellen US-Linken, deren Politik darauf ausgerichtet war, immer das Beste für Arbeiter:innen in den USA herauszuholen. Dem Weather Underground wurde vorgeworfen,

159 Für eine kritische Analyse sowohl des Liberation Support Movement als auch des Weather Underground siehe E. Tani und Kaé Sera, *False Nationalism False Internationalism* (Chicago: Seeds Beneath the Snow, 1985).

160 Zitiert nach: www.sds-1960s.org

nicht dem Volke zu dienen, sondern es zu bekämpfen. Bei einem Treffen der *Students for a Democratic Society* (SDS) im August 1969 antwortete Bill Ayers auf diese Kritik wie folgt:

> »Wir glauben nicht, dass man dem Volke dient, wenn man ein Restaurant eröffnet oder für eine Lohnerhöhung von einem Dollar kämpft. Man dient dem Volke – das heißt, *allen* Menschen, den Vietnamesen, allen – durch eine Revolution, das heißt, dadurch, den Krieg nachhause zu bringen, dadurch, eine Front zu eröffnen. Ich habe viel über den Vorwurf nachgedacht, demzufolge wir gegen das Volk kämpfen. ›Gegen das Volk kämpfen‹ ist sicher kein brauchbarer Slogan, aber auch nicht ganz falsch. Es gibt viel im weißen Amerika, das wir bekämpfen müssen, das wir aus Amerika verbannen müssen, das wir aus uns selbst verbannen müssen.«[161]

Die Weathermen sprachen vom ›Volk‹ aus einer globalen Perspektive. Es war eine mutige Haltung im Zentrum des Imperialismus.

Der Weather Underground war eine kleine Organisation, hatte aber viele Sympathisant:innen. Die Kommuniqués der Organisation fanden in der Form von Kopien und Faksimile viele Leser:innen. Der Chef des FBI, J. Edgar Hoover, erklärte im März 1971 vor dem US-Kongress, dass es mehr als 1.500 Menschen in den USA gäbe, die einer ›extremistischen Strategie‹ anhingen. Die US-Regierung sah die Mitglieder des Weather Underground als ›Verräter‹ und ›Terroristen‹; sie teilte diese Sichtweise mit Teilen der US-amerikanischen Linken.

Die Weathermen verfolgte zwei Arten von Aktionen mit unterschiedlicher Zielsetzung. Einerseits gab es Aktionen, die imperialistische Einrichtungen angriffen und sich direkt in antiimperialistische Kämpfe einschalteten. Andererseits gab es ›bewaffnete Propaganda‹, das heißt, Aktionen, die die Möglichkeit militanten Widerstands und die Schwächen des Systems aufzeigen sollten. Die meisten Aktionen des Weather Underground fielen in die letztere Kategorie. Die Ziele waren meisten symbolisch, zum Beispiel als im März 1971 eine kleine Bombe auf einer Toilette des US-Capitol in Washington DC, dem ›Herzen der Bestie‹, gezündet wurde. Im Mai 1972 kam es zu einer ähnlichen Aktion im Pentagon und im Juni 1974 bei Gulf Oil. Jedes Mal stellte der Weather Underground sicher, dass niemand verletzt wurde. Es war auch nicht die Absicht der Aktionen, maximalen Sachschaden anzurichten. Sie sollten eine Botschaft sein und andere inspirieren. Es ist ein Fehler, den Weather Underground mit Organisationen wie der RAF oder den Roten Brigaden zu vergleichen.

161 ebda.

Das LSM-Mitglied Carrol Ishee schrieb 1975 in der Zeitschrift *LSM News* eine solidarische Kritik am Weather Underground. Er stellte die Sinnhaftigkeit der symbolischen Aktionen infrage. Das LSM war nicht gegen den bewaffneten Kampf in den imperialistischen Ländern, meinte aber, dass dieser am effektivsten war, wenn er in direkter Beziehung zu den Kämpfen in der Dritten Welt stand. Ishee gab ein Beispiel aus Portugal, wo im April 1973 die *Brigadas Revolucionárias* in das Hauptquartier der portugiesischen Armee in Lissabon eindrangen und zahlreiche Dokumente mitnahmen, die für die Befreiungsbewegungen in den portugiesischen Kolonien von großem Nutzen waren.

Wir hatten nie direkten Kontakt mit dem Weather Underground. Unsere Strategie war eine andere. Unsere Aktionen waren weder direkte Angriffe auf den Imperialismus noch symbolische Propaganda. Sie hatten nicht zur Absicht, die Arbeiterklasse zu mobilisieren, sondern die Befreiungsbewegungen in der Dritten Welt materiell zu unterstützen. Trotz dieser Differenzen fand ich verblüffende Ähnlichkeiten zwischen dem Weather Underground und unserer Gruppe, als ich David Gilberts Autobiografie *Love and Struggle: My Life in SDS, the Weather Underground, and Beyond* (2011) las: die Bedeutung des Vietnamkriegs, das Verlangen, das imperialistische System zu bekämpfen, die Absicht, vom Protest zum Widerstand zu gelangen, all das war auch Teil unserer Geschichte. Es gibt Ähnlichkeiten zwischen dem Agieren *undercover* und dem Agieren *underground*. In beiden Fällen bedarf es gefälschter Dokumente, konspirativer Wohnungen, Vorsichtsmaßnahmen gegen Überwachung usw.

## Manifest – Kommunistische Arbeitsgruppe (M-KA)

1978 war für meine eigene politische Geschichte ein turbulentes Jahr. Aufgrund persönlicher Machtkämpfe spaltete sich der KAK in drei verschiedene Gruppen. Unmittelbarer Auslöser waren Diskussionen über männliche Dominanz innerhalb der Gruppe. Von den drei Nachfolgegruppen bestand ein Jahr später nur noch eine: Manifest – Kommunistischer Arbeitskreis (M-KA). Zu ihr gehörten ich und andere, die in die illegale Praxis des KAK involviert gewesen waren und diese nun weiterführten. Gotfred Appel gehörte nicht dazu. Er nahm jetzt wieder eine pro-chinesische Haltung ein; wir folgten einem streng antiimperialistischen Kurs. Die Position der KPCh zu antiimperialistischen Kämpfen war in den 1970er-Jahren alles andere als progressiv. Die Partei war vollständig eingenommen von ihrer Rivalität mit der Sowjetunion, und wenn die Sowjetregierung eine Befreiungsbewegung unterstützte, wandte Beijing sich gegen sie. Das ging so weit, dass China in der Dritten Welt einige derselben Bewegungen unterstützte wie die CIA, etwa UNITA in Angola.

Wir sahen M-KA als die legitime Nachfolgeorganisation des KAK. Wir hatten die gleichen Überzeugungen und die gleiche Praxis. Der wesentliche Unterschied war die interne Struktur. Nachdem Appel weg war, hatten einzelne Mitglieder nun mehr Einfluss. Entscheidungen wurden im Konsens getroffen.

Es gab auch theoretische Innovationen. Im KAK begannen und endeten alle Diskussionen mit Lenin. 1975 wollten einige von uns Lenins Analyse von *Imperialismus als höchstes Stadium des Kapitalismus* aktualisieren. Wenn wir die Direktinvestitionen westlicher Unternehmen betrachteten, so waren diese in der Dritten Welt geringer als in den imperialistischen Ländern. Die Profite, die sie generierten, waren in der Dritten Welt ein bisschen höher (bedeutend höher, wenn es um Erdöl und Mineralien ging), aber nicht hoch genug, um die extremen globalen Unterschiede bezüglich Reichtum und Lebensbedingungen zu erklären. Appel hatte immer große Vorbehalte gehabt, wenn es darum ging, dem (sehr engen) Kanon des KAK neue Theorien hinzuzufügen. Erst als M-KA konnten wir Lenins Analyse mithilfe der neuen Imperialismustheorien der 1960er- und 70er-Jahre auf den Stand der Zeit bringen.

# 4. Die goldenen Jahre der Imperialismustheorie

## Neuerungen

Bis in die 1960er-Jahre beruhte das marxistische Verständnis des Imperialismus beinahe ausschließlich auf Lenin. Gotfred Appel bildete hier keine Ausnahme. Doch dann kam es zu Änderungen. Neue Perspektiven tauchten auf, sowohl von Revolutionären in der Dritten Welt als auch von Akademikern. Letztere waren meist Teil der Neuen Linken und kritisierten sowohl das kapitalistische Weltsystem als auch den real existierenden Sozialismus.

Ein wichtiger Theoretiker war der in Polen und in der Sowjetunion aufgewachsene Paul Baran. Als die Nazis 1939 ihren Eroberungsfeldzug in Osteuropa begannen, emigrierte er in die USA, wo er Professor für Ökonomie an der Standford University wurde. Baran definierte den Monopolkapitalismus als transnationales Phänomen. Das spiegelte die Entwicklung des Kapitalismus in den USA nach dem Zweiten Weltkrieg wider. Ein besonderes Merkmal des transnationalen Monopolkapitalismus war die Unterentwicklung der Dritten Welt. 1957 wurde Barans Buch *The Political Economy of Growth* publiziert. 1966 erschien *Monopoly Capital*, verfasst gemeinsam mit Paul Sweezy.[162]

Baran schrieb weder über die Arbeiteraristokratie noch über den ungleichen Tausch. Sein Augenmerk galt vor allem dem Monopolkapital, Investitionen und Profiten. Er meinte, dass es irreführend sei zu behaupten, dass die Arbeiterklasse der Ersten Welt einen ›Teil der imperialistischen Beute‹ erhalte, doch seine Schriften veranlassten uns dennoch, Lenins Imperialismusanalyse, aber auch Rudolf Hilferdings Analyse des Finanzkapitals zu aktualisieren. Barans Fokus auf die Unterentwicklung stellte eine ernsthafte Herausforderung für das Mantra der Mainstream-Wirtschaftswissenschaften dar, demzufolge die Länder der Dritten Welt sich entwickeln würden, wenn sie nur dem Beispiel der westlichen Welt folgten.

Barans Arbeit war von großer Bedeutung für die prominenten Theoretiker des Imperialismus der 1960er-Jahre: Andre Gunder Frank, Samir Amin, Immanuel Wallerstein und Arghiri Emmanuel. Andre Gunder Frank schrieb, dass

162 Deutsche Ausgaben: *Politische Ökonomie des wirtschaftlichen Wachstums* (Neuwied: Luchterhand,1966) und *Monopolkapital* (Frankfurt: Suhrkamp, 1973).

eine Begegnung mit Baran 1964 nicht nur die Tore für ein neues Verständnis der Geschichte geöffnet hätte, sondern auch der Gegenwart und der Zukunft. Frank betonte vor allem Barans systematische Darstellung von kapitalistischer Entwicklung und Unterentwicklung als zwei Seiten derselben Medaille. Auch Che Guevara war ein Bewunderer von Baran. 1960 lud er ihn nach Kuba ein, um über Unterentwicklung und andere ökonomische Fragen zu diskutieren.

Der Kreis rund um die Zeitschrift *Monthly Review*, mit Theoretikern wie Paul Sweezy und Harry Magdoff, führte Barans Arbeit fort und wandte sie auf den US-Imperialismus an. Diese Arbeit war eng verbunden mit der Neuen Linken und der Antikriegsbewegung. In Kopenhagen sprachen Sweezy und Magdoff 1972 über den US-Imperialismus in einem zum Bersten vollen Saal der Hochschülerschaft.

Gemeinsam mit lateinamerikanischen Akademikern entwickelten die Theoretiker des *Monthly Review* die Dependenztheorie. Diese beschrieb den Imperialismus als System mit einem Zentrum, einer ›Metropole‹, die aus Nordamerika, Westeuropa und Japan bestand, und einer Peripherie, der Dritten Welt.[163] Die Länder der Dritten Welt versorgten die Metropole mit Rohstoffen und tropischen Waren, produziert mithilfe billiger Arbeitskraft. Das politische und ökonomische Machtzentrum lag in der Metropole. Die Entwicklung der Peripherie war der Dependenztheorie zufolge innerhalb des kapitalistischen Systems unmöglich. Entwicklung in Ländern der Dritten Welt konnte es nur im Falle einer Revolution geben, die die ökonomischen Verbindungen zur Metropole kappt.

Ich will nun näher auf jene drei Theoretiker eingehen, die M-KA am stärksten beeinflussten: Arghiri Emmanuel, Immanuel Wallerstein und Samir Amin.

### *Arghiri Emmanuel*

Arghiri Emmanuel war für M-KA der einflussreichste Theoretiker. Er wurde 1911 in Patras, Griechenland, geboren. 1942 schloss er sich dem griechischen Militär im Nahen Osten an, 1944 beteiligte er sich an einem linken Aufstand gegen die griechische Exilregierung in Kairo. Britische Soldaten schlugen die Rebellion nieder und Emmanuel wurde von einem griechischen Militärtribunal zum Tode verurteilt. Als der Zweite Weltkrieg endete, wurde er

163 Die Begriffe ›Zentrum‹ und ›Peripherie‹ wurden in diesem Kontext erstmals vom argentinischen Ökonomen Raúl Prebisch verwendet, der als einer der Gründer der Dependenztheorie gilt.

begnadigt. Er ging in den belgischen Kongo, wo seine Familie ein kleines Unternehmen führte. Dort unterstützte er die Unabhängigkeitsbewegung unter der Führung von Patrice Lumumba, übersiedelte 1957 jedoch nach Paris, um Kunstgeschichte zu studieren. Inspiriert von Frantz Fanons *Die Verdammten dieser Erde* begann er 1961, im Alter von 50 Jahren, bei Charles Bettelheim mit dem Studium der Volkswirtschaften. Ein Jahr später führte er in dem Artikel »Échange inégal et politique de développement« den Begriff des ›ungleichen Tauschs‹ ein. In dem Artikel stellte er die Frage: »Müssen wir in Hinsicht auf Lenins Begriff der Arbeiteraristokratie heute sagen, dass die Arbeiterklasse der entwickelten Länder eine globale Arbeiteraristokratie ist?« 1969 wurde Emmanuels Hauptwerk, *L'Échange inégal* (Der ungleiche Tausch), veröffentlicht. Es wurde in mehrere Sprachen übersetzt und erregte viel Aufmerksamkeit.

1974 etablierten wir persönlichen Kontakt mit Emmanuel. Seine Analyse stand unserer sehr nahe. Nachdem wir ihn in Paris besucht hatten, schrieb er uns folgenden Brief:

> »Ich fand die Bemühungen, eure Positionen deutlich zu machen, bemerkenswert. Besonders bewundere ich euren Mut, moralisch und intellektuell. Ich weiß aus eigener Erfahrung, wie schwierig es ist, dem Konformismus zu widerstehen. Es gibt sehr wenige Passagen in euren Texten, die ich nicht unterschreiben würde. ... Ihr arbeitet überzeugend heraus, dass der marxistische Begriff der Arbeiteraristokratie nicht notwendigerweise eine Minderheit meint. Wenn Lenin generell (wenn auch nicht immer) über die Arbeiteraristokratie als Minderheit schrieb, reflektierte das die damalige Realität. Aber es gibt nichts in den Theorien von Marx, Engels, Lenin oder anderen klassischen Marxisten, das die ›Aristokratisierung‹ des Proletariats in einem Land auf einen bestimmten Prozentsatz oder eine Maximalanzahl reduzieren würde. Ich selbst habe darüber geschrieben, aber ich verstehe jetzt, dass ihr das noch früher getan habt.«[164]

1978, nachdem der KAK aufgelöst worden war, besuchten wir Emmanuel ein weiteres Mal in Paris und etablierten engeren Kontakt. Es gab mehrere Gründe, warum wir von seiner Arbeit inspiriert waren. Am wichtigsten war, dass sein Verständnis von Außenhandel und ungleichem Tausch eine direkte Erweiterung der Werttheorie von Marx war. Marx wollte in einem vierten Band des *Kapitals* näher auf den Außenhandel eingehen, aber kam nie dazu, diesen Band zu schreiben.[165] Emmanuel griff den Faden auf.

---

164 Privates Archiv.

165 Im Vorwort zur *Kritik der politischen Ökonomie* schrieb Marx 1859: »Ich betrachte das System der bürgerlichen Ökonomie in dieser Reihenfolge: *Kapital*,

Emmanuel zufolge wurde die historische Grundlage für den ungleichen Tausch zwischen 1500 und 1800 im Kolonialismus gelegt. Mit dem Imperialismus erreichte der ungleiche Tausch neue Dimensionen. In den 1880er-Jahren war die ungleiche Beziehung zwischen Zentrum und Peripherie zementiert. Während in der Peripherie nur Subsistenzlöhne gezahlt wurden, waren die Löhne im Zentrum bedeutend höher. Der Unterschied ist seither ständig gewachsen, was das Resultat zweier simultaner Prozesse ist: dem Kampf der Arbeiterklasse im Zentrum für höhere Löhne und bessere Lebensbedingungen, und der Unterdrückung und Ausbeutung der Menschen in der Peripherie. Der Theorie des ungleichen Tauschs zufolge lässt sich an den Löhnen, die gezahlt werden, die Position eines Landes in der imperialistischen Ordnung erkennen. Emmanuel machte eine Realität zum Thema, die die liberale (und neoliberale) Wirtschaftswissenschaft lange verleugnete, nämlich, dass das Kapital um vieles mobiler ist als die Arbeitskraft. Nur Einschränkungen der Mobilität der Arbeitskraft können die enormen globalen Lohndifferenzen generieren, die heute Normalität sind. Wenn wir den tatsächlichen Wert von Waren betrachten, so werden Waren, die im Globalen Norden produziert werden, für einen relativ hohen Preis verkauft, während Waren, die im Globalen Süden produziert werden, für einen relativ niedrigen verkauft werden. Der tatsächliche Wert der Ware ergibt sich aus der gesellschaftlich notwendigen Arbeitszeit, die für Produktion aufgewandt wird. Der Begriff des ungleichen Tauschs steht damit in direktem Zusammenhang, da die im Globalen Süden produzierten Waren einen Wert beinhalten, der von ihren niedrigen Preisen kaschiert wird.

Emmanuel wurde von orthodoxen Marxist:innen dafür kritisiert, zu sehr auf die Zirkulation der Waren zu achten und ihre Produktion zu vernachlässigen. Aber selbst wenn wir einräumen, dass der Begriff des ungleichen Tauschs nicht ideal ist, so betrifft Emmanuels Theorie mehr als nur die Zirkulation. Sie verweist auf den Kern des Konflikts zwischen Kapital und Arbeit, der in den globalen Lohndifferenzen und verschiedenen Graden von Ausbeutung Ausdruck findet. Emmanuel wusste, dass Wert im Produktionsprozess geschaffen wird, doch er wusste auch, dass sich dieser Wert im Tausch verwirklicht.

Ausbeutung geschieht sowohl in der Produktion als auch in der Zirkulation der Waren. Keine Interpretation von Marx' Werttheorie kann die Rolle des Marktes in diesem Prozess vernachlässigen. Wert wird auf dem Markt ge-

---

*Grundeigentum, Lohnarbeit; Staat, auswärtiger Handel, Weltmarkt.«*

schaffen und verteilt, sowohl zwischen Kapitalisten als auch zwischen Kapital und Arbeit. Emmanuel wendete die Werttheorie schlicht auf den internationalen Handel an, etwas, das die meisten seiner Kritiker nie versucht hatten.

Ein weiterer Aspekt, der uns an Emmanuel gefiel, war seine Klarheit bezüglich der politischen Konsequenzen des ungleichen Tauschs, namentlich die Schaffung einer Arbeiteraristokratie:

> »Wenn die relative Ausbeutung eines nationalen Proletariats abnimmt, während dieses Proletariat gleichzeitig davon profitiert, Teil einer privilegierten Nation zu sein, dann kommt ein Punkt, an dem es für dieses Proletariat wichtiger wird, den nationalen Reichtum zu vergrößern, als diesen Reichtum innerhalb der Nation gerecht zu verteilen. Mit anderen Worten, der nationale Schulterschluss wird nicht mehr infrage gestellt, unabhängig davon, wie intensiv die nationalen Verteilungskämpfe sind. Das Resultat ist eine gemeinsame Front von Kapitalisten und Arbeitern in den privilegierten Ländern, die sich gegen die armen Länder richtet. Um den nationalen Verteilungskampf kümmern sich derweil die Gewerkschaften, die zunehmend auf sozialpartnerschaftliche Abkommen setzen. Es ist kein Zufall, dass es in den reichsten Ländern wie den USA kaum noch militante Gewerkschaftskämpfe gibt. Viele andere kapitalistische Länder sind auf einem ähnlichen Weg. Wir sehen Anpassung, Vereinnahmung, in manchen Fällen Gangstertum.«[166]

Für uns in M-KA ermöglichte der Begriff des ungleichen Tauschs die präziseste Beschreibung des Parasitenstaats. Emmanuels Analyse war um vieles aktueller als die Lenins. Wir erklärten das in unserem 1983 erschienenen Buch *Imperialismen i dag* (Imperialismus heute), in dem wir auch über die politischen Konsequenzen des ungleichen Tauschs schrieben. Den Inhalt des Buches hatten wir zuvor mit Emmanuel diskutiert, und er war so freundlich, ein Vorwort zu schreiben. Wir wollten den Begriff des ungleichen Tauschs so konkret wie möglich machen, indem wir Zahlen dafür lieferten, wie viel Wert aus der Dritten Welt in die imperialistischen Länder übertragen wird. Wir rechneten aus, dass im Jahr 1977 als Resultat des ungleichen Tauschs etwa 350 Milliarden US-Dollar an Wert von der Dritten Welt in die OECD-Länder geflossen waren. Diese Berechnung hätten wir niemals anstellen können, wenn wir uns ausschließlich an Lenin orientiert hätten.[167]

1974 wurde Emmanuels Buch *Le profit et les crises* veröffentlicht. Emmanuel untersuchte darin die Gründe für die immer wiederkehrenden Krisen

---

166 Arghiri Emmanuel, *Unequal Exchange: A Study of the Imperialism of Trade* (New York: Monthly Review Press, 1972), 180f.

167 Ich werde auf Berechnungen des ungleichen Tauschs in Kapitel 6 zurückkommen.

des Kapitalismus. Seine These war, dass die Produktion selbst nicht genug Kaufkraft schafft, um Preise und Profite so hoch zu halten, dass sie eine Steigerung der Produktion und weitere Akkumulation garantieren. Im Grunde war das Buch eine Kritik des französischen Ökonomen J. B. Say, eines Zeitgenossen von David Ricardo. Say hatte die These vertreten, dass die Produktion immer ihren eigenen Markt schafft. Emmanuel meinte jedoch, dass das Ungleichgewicht zwischen Angebot und Kaufkraft für den Kapitalismus charakteristisch sei. Der Kapitalismus hatte kein Problem, Waren zu produzieren; er hatte ein Problem, sie zu verkaufen. Der ungleiche Tausch war eine Lösung für dieses Problem, da er eine unverhältnismäßig starke Kaufkraft – und überhaupt eine unverhältnismäßig starke Ökonomie – in den reichen Ländern auf Kosten der armen Länder schuf.

Emmanuel zufolge hatten die Lohnerhöhungen im Globalen Norden ab Ende des 19. Jahrhunderts nicht nur eine polarisierte Welt geschaffen, sondern auch die Arbeiterbewegung geprägt: »In gewissem Sinne kann man sagen, dass seit 1870 gewerkschaftlicher Kampf und höhere Löhne das Hauptproblem des Kapitalismus lösen.«[168] Der ungleiche Tausch kaschierte dies, da er die höheren Löhne im Nordern mit geringeren Löhnen im Süden kompensierte. Um den globalen Kapitalismus verstehen zu können, müssen wir der Konsumtion genau so viel Aufmerksamkeit schenken wie der Produktion.

Emmanuel zog sich in den späten 1980er-Jahren vom akademischen Leben zurück. Seine letzte Arbeit war zur Schuldenkrise der Dritten Welt. Nach unserer Verhaftung im April 1989 wurde er von mehreren Journalisten nach seiner Beziehung zu uns befragt. Von unserer illegalen Praxis hatte er nichts gewusst; wir hatten mit ihm ausschließlich theoretische Fragen diskutiert. Er war nicht glücklich darüber, wie die Medien seine Kommentare interpretierten. Das wurde deutlich in Briefen, die ich erst Jahre später erhielt, da die dänischen Gefängnisbehörden sie mir nie ausgehändigt hatten. In einem Brief vom 7. Juni 1989 schrieb Emmanuel:

> »Ich bin nicht nur von der Reinheit eurer Motivationen völlig überzeugt, sondern auch von eurer Fähigkeit, unter allen Umständen die Mittel dem Ziel anzupassen. Was ich dem Journalisten während dieses langen Interviews deutlich zu machen versuchte, was aber in den ungeschickten Formulierungen des kurzen publizierten Ausschnitts nicht zum Ausdruck kommt, war das Folgende: Wenn der eigene Beitrag zum Kampf in der Dritten Welt auf das Schreiben von Büchern

168 Arghiri Emmanuel, »White Settler Colonialism and the Myth of Investment Imperialism«, in: *New Left Review* (no. 73, 1972), 56.

und Artikeln beschränkt ist – so wie momentan in meinem Fall –, dann steht es einem nicht zu, diejenigen zu kritisieren, die ihr Leben dafür riskieren.«

In einem Brief vom 31. Mai 1991 erklärte Emmanuel: »Mehr und mehr verstehe ich, warum ihr illegale Aktionen als notwendig erachtetet, um die hehren Ziele zu verfolgen, die eure legalen Aktionen motivierten.«

Nach meiner Entlassung setzte sich die Korrespondenz zwischen Emmanuel und mir fort. 1996 besuchte ich ihn ein letztes Mal in Paris. Er starb 2001, im Alter von 90 Jahren.[169]

In den 1970er- und 80er-Jahren vermieden die meisten westlichen Marxist:innen den Begriff des ungleichen Tauschs. Emmanuel zu kritisieren, war ein beliebter Zeitvertreib. In der Dritten Welt sah das anders aus. Von Theoretikern, die selbst in Befreiungskämpfe involviert waren, wurde er sehr positiv aufgenommen. In Kuba gab es großes Interesse an seiner Arbeit. Vor der Generalversammlung der Vereinten Nationen erklärte Che Guevara 1964:

> »Andererseits betonen wir erneut, daß die kolonialen Deformationen, die die Entwicklung der Völker hemmen, nicht nur in den politischen Beziehungen liegen. Die sogenannte Verschlechterung der Austauschverhältnisse ist nichts anderes als das Ergebnis des unterschiedlichen Austauschs zwischen den rohstoffproduzierenden Ländern und den industrialisierten Ländern, die die Märkte beherrschen und einen anscheinend wertmäßig gerechten Austausch durchsetzen.«[170]

In seiner Rede bei der Afroasiatischen Konferenz in Algier 1965 sprach Che über den Handel zwischen sozialistischen Staaten und den Ländern der Dritten Welt:

> »Jedesmal, wenn ein Land sich befreit, so haben wir gesagt, ist das eine Niederlage für das weltweite imperialistische System; doch wir müssen zugeben, daß dieses Sichlosreißen nicht dadurch erfolgt, daß man eine Unabhängigkeit proklamiert oder in einer Revolution einen Waffensieg erringt: es erfolgt erst dann, wenn die Herrschaft des Imperialismus über ein Volk aufhört. ... Wir glauben, daß in diesem Geist den abhängigen Ländern gegenüber verantwortliche Hilfe geleistet werden muß, und daß nicht mehr so viel von einem für beide Seiten gleich vorteilhaften Handel geredet werden sollte, denn er beruht auf Preisen, die durch das Wertgesetz und die internationalen Beziehungen ungleichen Austauschs – verursacht durch eben dieses Wertgesetz – gegen die rückständigen Länder gerichtet sind. Wie kann es auch ›gleich vorteilhaft‹ sein, zu Weltmarktpreisen Rohstoffe zu verkaufen, welche die unterentwickelten Länder unendliche Anstrengungen

169 Ein ehemaliger Kollege Emmanuels an der Universität Paris, Claudio Jedlick, verwaltet Emmanuels Nachlass.

170 Che Guevara, »Ansprache vor der Vollversammlung der UNO«, 11. Dezember 1964, www.marxists.org.

und Mühen kosten, und zu Weltmarktpreisen Maschinen anzukaufen, welche in automatisierten Großfabriken hergestellt werden, so wie es gegenwärtig geschieht? Wenn wir dieser Art Beziehung zwischen den beiden Gruppen von Nationen zustimmen, müssen wir uns darüber klar sein, daß die sozialistischen Länder sich in gewisser Weise zu Komplizen der imperialistischen Ausbeutung machen. Man mag einwenden, daß der Austausch mit den unterentwickelten Ländern nur einen unbedeutenden Prozentsatz im Außenhandel dieser Länder darstellt. Das ist völlig richtig, ändert aber nichts am unmoralischen Charakter eines solchen Austauschs.«[171]

Auch Fidel Castro bezog sich in seinen Reden auf den ungleichen Tausch. Hier ist ein längerer Auszug aus einer Rede, die er 1979 im Namen der *Bewegung der blockfreien Staaten* vor der UN-Vollversammlung hielt:

»Wir haben unsere große Besorgnis über den unbedeutenden Fortschritt bei den Verhandlungen zur Anwendung der Erklärung und des Aktionsprogramms über die Errichtung einer Neuen Weltwirtschaftsordnung zum Ausdruck gebracht und festgehalten, dass dies auf den Mangel an politischem Willen der Mehrheit der Industrieländer zurückzuführen ist. Wir lehnen ausdrücklich die von jenen Ländern angewandten Verzögerungs-, Zersetzungs- und Trennungs-Taktiken ab. Das Scheitern der 5. Sitzungsperiode der UNCTAD hat dazu gedient, diese Situation bloßzustellen.
Wir haben festgestellt, dass der ungleiche Handel in den internationalen Wirtschaftsbeziehungen, aufgeführt als wesentliches Merkmal des Systems, noch ungleicher geworden ist, wenn das überhaupt noch möglich ist. Während die Preise der Manufakturartikel, die Kapitalvermögen, die Lebensmittelerzeugnisse und die Dienstleistungen, die wir aus den Industrieländern importieren, sich ständig erhöhen, stagnieren im Gegensatz dazu die Preise der Grundstoffe, die wir exportieren, und sind ununterbrochenen Schwankungen ausgesetzt. Das Handelsaustausch-Verhältnis hat sich verschlechtert. ... Das erste Hauptziel unseres Kampfes besteht in der Verminderung des heute vorherrschenden ungleichen Austauschs – bis zu dessen Beseitigung –, der den Welthandel in ein der zusätzlichen Plünderung unserer Reichtümer dienendes Mittel verwandelt. Heutzutage wird eine Arbeitsstunde der Industrieländer gegen 10 Arbeitsstunden der Entwicklungsländer ausgetauscht. ... Der ungleiche Austausch ruiniert unsere Völker! Und ist zu beenden! ... Der wirtschaftliche Abgrund zwischen den entwickelten Ländern und jenen, die sich entwickeln wollen, wird größer anstelle sich zu verringern. Und muss verschwinden!«[172]

---

171 Guevara, »Wirtschaft und Außenhandel in der heutigen Welt«, a.a.O.

172 Fidel Castro, »Rede vor der Generalversammlung der UNO«, 12. Oktober 1979, www.fidelcastro.cu.

Emmanuels Arbeit half uns, die Theorie vom Parasitenstaat ökonomisch zu untermauern. Aber wir waren auch an nützlicher historischer und politischer Forschung interessiert. Von 1977 bis 1980 verbrachten wir viel Zeit damit, die Ursprünge des Kapitalismus und die Teilung der Welt zwischen Zentrum und Peripherie zu studieren. Wir waren sehr beeindruckt von Immanuel Wallersteins Studie *Das moderne Weltsystem*[173] und der Tatsache, dass er den afrikanischen Befreiungsbewegungen viel Aufmerksamkeit schenkte. Wir wurden sehr von Wallersteins Arbeit beeinflusst und veröffentlichten Artikel darüber in unserer Zeitschrift *Manifest*.

Wallerstein sah sowohl die Einheit (die globale Dimension) als auch die Teilung (Zentrum vs. Peripherie) des kapitalistischen Weltsystems. Er meinte, dass der Kapitalismus bereits in seiner frühesten Phase im 15. Jahrhundert ein Weltsystem gewesen sei. Es habe immer ein Zentrum, eine Peripherie und eine Semiperipherie gegeben. Die Semiperipherie besteht aus Ländern, die sich, in die ein oder andere Richtung, zwischen Zentrum und Peripherie bewegen. Die Semiperipherie ist somit nie stabil. Beispielsweise ist Südkorea gegenwärtig auf dem Weg ins Zentrum, während sich Rumänien Richtung Peripherie bewegt.

Politisch drückt sich die Teilung des kapitalistischen Weltsystems in einer Hierarchie zwischen den Nationalstaaten aus. In der Weltsystemtheorie sind die internationalen Beziehungen der wichtigste politische Faktor und nicht der einzelne Staat. Die Klassenverhältnisse sind davon nicht zu trennen. Der globale Status der Arbeiterklasse in den imperialistischen Ländern unterscheidet sich stark von dem globalen Status der Arbeiterklasse in den ausgebeuteten Ländern.

Klassenpolitik wird im nationalstaatlichen Rahmen am greifbarsten. Selbst wenn Parteien und Bewegungen, die behaupten, für die Arbeiterklasse zu sprechen, oft internationalistische Ansprüche haben, geht ihr Einfluss selten über den Rahmen des Nationalstaats hinaus. Dieses nationale Element von Arbeitskämpfen spielt eine wichtige Rolle für die globale Spaltung der Klasse. Die Teilung zwischen Zentrum und Peripherie in Kombination mit nationalistischen Einstellungen unterminiert die Solidarität der Klasse.

173 *Das moderne Weltsystem* erschien in drei Bänden. Die englischen Originalausgaben erschienen 1974, 1980 und 1989, die deutschen Übersetzungen 1986, 1998 und 2004.

Wallerstein griff Emmanuels Konzept des ungleichen Tauschs auf. Aber während Emmanuel sich auf die Ökonomie konzentrierte, konzentrierte sich Wallerstein auf den Staat:

> »Die Konzentration des Kapitals in Kernländern schuf sowohl eine ökonomische Grundlage als auch eine politische Motivation, um relativ starke Staatsmaschinerien zu kreieren, die neben vielem anderen auch dafür sorgten, dass die Staatsmaschinerien in den peripheren Ländern schwach blieben. So konnten die Länder des Zentrums die peripheren Länder zwingen, am unteren Ende der Produktionsketten eine strenge Arbeitsteilung einzuführen, niedrige Löhne zu zahlen und trotzdem das Überleben der Arbeiter zu sichern. So schuf der Kapitalismus Löhne, die innerhalb des Weltsystems extrem unterschiedlich sind.«[174]

Was die Konsequenzen des ungleichen Tauschs für die Arbeiterklasse der imperialistischen Länder betrifft, so stimmte Wallerstein nicht mit Emmanuel überein. Für Wallerstein profitierte in erster Linie das Kapital vom Imperialismus. Doch manche Theoretiker bemängelten die ökonomische Analyse der Weltsystemtheorie, die ihre Stärke in der Erklärung historischer, soziologischer und politischer Zusammenhänge hat. Donald A. Clelland, selbst Weltsystemtheoretiker, hat das Problem so zusammengefasst:

> »Weltsystemtheoretiker berücksichtigen selten die Arbeitswerttheorie, obwohl sie das Konzept des Mehrwerts, das aus dieser Theorie stammt, oft bemühen. ... Ich bin der Ansicht, dass die Weltsystemtheorie eine deutlichere Position zur Arbeitswerttheorie formulieren sollte. Alles andere ist eine Beleidigung des eigenen marxistischen Erbes und hinterlässt eine enorme Lücke in der Beschreibung des Weltsystems.«[175]

Was die politischen Konsequenzen der Wertübertragung von der Peripherie ins Zentrum angeht, schreibt Clelland Folgendes:

> »Zu den Nutznießern der Übertragung des Mehrwerts gehören gewöhnliche Menschen: Menschen aus der Arbeiterklasse der Metropole. Weder Linken noch Sozialwissenschaftlern in der Metropole gefallen solche Aussagen, was wahrscheinlich erklärt, warum Fragen zum ungleichen Tausch und der Übertragung des Mehrwerts kaum noch gestellt werden, jetzt, wo die Pioniere der Weltsystemtheorie nicht mehr unter uns weilen. Aber gerade wenn wir die Bedeutung der Übertragung des Mehrwerts betonen, wird die Weltsystemtheorie weiterhin jene sozialwissenschaftliche Schule sein, die den modernen Kapitalismus vom Standpunkt der Peripherie aus kritisiert.«[176]

---

174 Immanuel Wallerstein, *Historical Capitalism* (London: Verso, 1995), 32.

175 Donald A. Clelland, »Surplus Drain Versus the Labor Theory of Value«, 2013, unveröffentlichtes Manuskript.

176 Donald A. Clelland, »Surplus Drain and Dark Value in the Modern World-System«, in: Salvatore J. Babones und Christopher Chase-Dunn (Hg.), *Handbook of World-Systems Analysis* (London: Routledge, 2012), 203f.

Trotz möglicher Schwächen in ihrer ökonomischen Analyse ist die Weltsystemtheorie für die ökonomische Forschung durchaus hilfreich. Sie hilft uns zu verstehen, wie Klassenkämpfe die Nationalstaaten und die Beziehungen zwischen den Nationalstaaten geformt haben, wie Politik und Ökonomie interagieren und wie der Imperativ des Kapitalismus, nämlich die Akkumulation des Kapitals, funktioniert. Die Weltsystemtheorie erklärt, wie mithilfe des Staates das Marx'sche Wertgesetz zu einem *globalen* Wertgesetz wird. Sie zeigt, wie abstrakte Konzepte konkret zum Ausdruck kommen, zum Beispiel in der Einschränkung der freien Bewegung der Arbeitskraft.

Wallerstein, der 2019 verstarb, betonte stets, dass der Kapitalismus nicht nur einen Anfang hatte, sondern auch ein Ende haben wird. Hier folgte er Marx und dem dialektischen Materialismus. Zwar sind die Widersprüche innerhalb des Kapitalismus die Antriebsfeder für sein Wachstum und seine Ausdehnung, aber irgendwann werden sie ihn zerstören. Wallerstein meinte, dass der Kapitalismus eine strukturelle Krise erreicht habe, die noch innerhalb dieses Jahrhunderts zu seinem Ende führen würde.

### *Samir Amin*

Auch Samir Amins Arbeit war von großer Bedeutung für uns. Amin wurde 1931 in Ägypten geboren. Er studierte in Paris und verbrachte danach den Großteil seines Lebens in Dakar, Senegal. Er verstarb 2018 im Alter von 86 Jahren. Bis zu seinem Tod schrieb er Bücher und Artikel und stand in engem Austausch mit sozialen Bewegungen. Amin nahm immer eine kompromisslose Dritt-Welt-Perspektive ein, ein bedeutendes Gegengewicht zu dem Eurozentrismus der gängigen politischen Ökonomie. Amin war besonders an der Landbevölkerung der Dritten Welt interessiert. Es überrascht nicht, dass er Sympathien für den Maoismus hegte.

Grob gesprochen, teilte Amin die Klassen im globalen Kapitalismus in die folgenden ein:

1. die Bourgeoisie des Zentrums, die das Weltsystem dominiert;
2. das Proletariat des Zentrums, dessen Löhne in den letzten 150 Jahren bedeutend gestiegen sind;
3. die Bourgeoisie der Peripherie, die eine wichtige Rolle für die internationale Arbeitsteilung spielt;
4. das Proletariat der Peripherie, das überausgebeutet wird und daher ein besonderes Interesse daran hat, das Weltsystem zu verändern;

5. das Bauerntum der Peripherie, das sowohl von feudalen als auch von kapitalistischen Strukturen ausgebeutet wird und auf Seiten des Proletariats steht.

Für Amin ist der Hauptwiderspruch im kapitalistischen Weltsystem jener zwischen dem Kapital in den Ländern des Zentrums und dem Proletariat und Bauerntum in der Peripherie. Amins Ansichten zu den Arbeiterklassen des Zentrums standen unseren nahe. In manchen seiner Schriften wurde das besonders deutlich. Auf dem Klappendeckel einer Neuauflage von *The Law of Worldwide Value* aus dem Jahr 2010 können wir über den »imperialistischem Zins« lesen, der das Resultat der unterschiedlichen Löhne ist, die im Globalen Norden und im Globalen Süden gezahlt werden; ein Zins, der das Kapital des Globalen Nordens mit so viel Profit versorgt, dass dieses »für lange Zeit die Konflikte mit dem Proletariat eindämmen konnte«. Im Buch selbst schreibt Amin: »Die Reallöhne des Proletariats der Länder im Zentrum wachsen in etwa im gleichen Takt wie die Produktivität. Die Arbeiter des Zentrums akzeptieren im Großen und Ganzen die Hegemonie der Sozialdemokratie. Beide Phänomene sind miteinander verwoben und zudem mit dem Imperialismus.«[177]

Amin identifizierte fünf kapitalistische Monopole, die für den ungleichen Tausch von besonderer Bedeutung sind:

1. das Monopol auf Technologie;
2. das Monopol auf das globale Finanzwesen;
3. das Monopol auf den Zugang zu Rohstoffen;
4. das Monopol auf internationale Kommunikation und Massenmedien;
5. das Monopol auf Massenvernichtungswaffen.

Diese Monopole und die durch sie geschaffenen Superprofite ermöglichen es Amin zufolge, den Arbeiterklassen der imperialistischen Länder relativ hohe Löhne zu zahlen.

Ein zentraler Aspekt des Denkens Amins ist das Konzept der *déconnexion*, meist als ›Abkopplung‹ ins Deutsche übersetzt. Amin war davon überzeugt, dass der einzige Weg zur wirklichen politischen und ökonomischen Unabhängigkeit für Länder der Dritten Welt darin bestehe, sich vom kapitalistischen Weltmarkt abzukoppeln. Der ungleiche Tausch könne nur beendet

177 Samir Amin, *The Law of Worldwide Value* (New York: Monthly Review Press, 2013), 92.

werden, wenn die Länder der Peripherie nicht mehr länger die Bedürfnisse der Länder des Zentrums bedienen. Das breche die kapitalistische Logik und ermögliche eine sozialistische Gesellschaft. In der Metropole wäre dadurch eine Krise kommen, die den historischen Kompromiss zwischen Kapital und Arbeit auflöst. Für Amin hing die Zukunft des Zentrums von den politischen Entwicklungen in der Peripherie ab.

## Die Probleme der nationalen Befreiungskämpfe

Unsere antiimperialistische Strategie beruhte auf der Unterstützung von nationalen Befreiungskämpfen in der Dritten Welt. Wir glaubten, dass diese den Sozialismus in der Peripherie etablieren, den Imperialismus erschüttern und eine Krise in den imperialistischen Ländern heraufbeschwören würden. Danach würde es auch in der Ersten Welt wieder zu revolutionären Bewegungen kommen.

Wenn ich mich heute, 40 Jahre später, frage, wie viele dieser Annahmen sich als richtig erwiesen haben, ist die Antwort eindeutig: kaum welche.[178] Es scheint offensichtlich, dass wir zu naiv und optimistisch waren. Doch gleichzeitig ist das eine zu einfache Erklärung, die die damalige Zeit trivialisiert. In den 1970er-Jahren war die Revolution kein Hirngespinst. Millionen von Menschen in der Dritten Welt waren bereit, für sie zu kämpfen und zu sterben. Die USA wurden in Vietnam besiegt. Es gab Gründe, optimistisch zu sein. Daher verwehre ich mich gegen die Darstellung von uns als ›revolutionäre Romantiker‹. Die wirklichen Romantiker waren jene, die dachten, dass die Arbeiterklasse in den imperialistischen Ländern rebellieren würde. Trotzdem: Es stimmt, dass die Entkolonisierung und die Machtübernahme mehrerer nationaler Befreiungsbewegungen weder das Ende des Imperialismus noch den Beginn des Sozialismus brachten.

Auch die Erdölkrise 1973 führte nicht zum Fall des Kapitalismus. Sie leitete vielmehr eine neue Phase des Kapitalismus ein: den Neoliberalismus. Wenn es eine Sache gibt, die wir aus der Geschichte des Kapitalismus lernen können, dann die, dass er stets in der Lage ist, sich an neue Umstände anzupassen. Marxist:innen haben oft das Ende des Kapitalismus vorausgesagt, aber bis jetzt war er nicht unterzukriegen, sondern ist immer wieder auferstanden, mit neuer Kraft, wie ein Phoenix aus der Asche.

178 Siehe Gabriel Kuhn, *Bankraub für Befreiungsbewegungen*, a.a.O., für eine selbstkritische Analyse unserer politischen Praxis.

Warum brachten die nationalen Befreiungskämpfe in der Dritten Welt nicht den Sozialismus? Wie rettete sich das Kapital aus der Krise der 1970er-Jahre? Das sind die Fragen, denen ich mich nun zuwenden will.

Die 1980er-Jahre waren ein goldenes Jahrzehnt für den neoliberalen Kapitalismus. Aus dem Finanzkapitalismus wurde ein Casino-Kapitalismus, der riesige Profite ermöglichte, während die Dritte Welt in Schulden versank. Am Ende des Jahrzehnts wurde der Kapitalismus auch in der Sowjetunion und Osteuropa wieder eingeführt. In den 1970er-Jahren schien dies noch undenkbar. China öffnete sich dem Weltmarkt. Nationale Befreiungsbewegungen mit sozialistischer Perspektive gab es kaum noch. Auch die nationalen Befreiungsbewegungen, die sozialistisch orientiert gewesen waren und nun Regierungen bildeten, führten den Sozialismus nicht ein. Es hatte sich als zu schwierig erwiesen, nachdem sie die Macht übernommen hatten. Sie mussten einsehen, dass es viel leichter war, formelle Unabhängigkeit zu erlangen, als eine grundlegend andere Gesellschaft aufzubauen.

Die globale politische Situation war Ende des 20. Jahrhunderts alles andere als ermutigend. Die meisten Länder in Nordafrika und dem Nahen Osten wurden von religiösen Kräften oder despotischen Eliten regiert, obwohl manche von ihnen durch Volksbewegungen an die Macht gekommen waren. In West- und Zentralafrika kämpften in Bürgerkriegen unterschiedliche Gruppen bzw. Fraktionen der herrschenden Klasse um die Macht. Sogar in Ländern, wo die antiimperialistische Rhetorik noch stark war, zum Beispiel in Zimbabwe, blieb der Sozialismus ein ferner Traum. In Südafrika verfolgte der ANC nach der Machtübernahme 1994 einen neoliberalen Kurs. Die ökonomische Ungleichheit im Land – auch zwischen Schwarz und Weiß – ist heute viel größer als zur Zeit der Apartheid. In Palästina, einst Quelle enormen revolutionären Optimismus, waren sozialistische Befreiungsbewegungen durch eine neue liberale Elite einerseits und die Hamas andererseits ersetzt worden. Im Iran hatte die Revolution, die den Schah stürzte, zu einem klerikalen Regime und der Verfolgung der progressiven Kräfte geführt, die die Revolution erst möglich gemacht hatten. In Lateinamerika war die sozialistische Regierung Chiles durch einen Putsch gestürzt worden und die revolutionären Bewegungen in Guatemala, Nicaragua und El Salvador verloren gegen Ende der 1980er-Jahre an Einfluss. Kurz, die nationalen Befreiungsbewegungen haben keine beeindruckende Bilanz aufzuweisen, wenn es um den Aufbau des Sozialismus geht.

Wir standen immer in engem Kontakt mit den Befreiungsbewegungen, die wir unterstützten. Von der Aufrichtigkeit ihrer sozialistischen Überzeugungen bin ich bis heute überzeugt. Eine Analyse des sozialistischen Scheiterns der Befreiungsbewegungen darf aber nicht auf die Einsicht reduziert werden, dass Macht korrumpiert. Es gab andere Gründe, warum der Sozialismus nicht Wirklichkeit wurde. Alle Befreiungsbewegungen hatten ihre eigenen Charakteristika, aber ich werde mich hier auf drei Aspekte konzentrieren, mit denen sie zu kämpfen hatten: die Struktur der globalen Ökonomie, die Frage der Macht im Nationalstaat, und den Mangel an sozialistischen Vorbildern.

### *Die Struktur der globalen Ökonomie*

Nationale Selbstbestimmung reichte nicht, um den Sozialismus aufzubauen. Die äußeren Umstände waren alles andere als ideal, die nationalen Befreiungsbewegungen hatten keine Regierungserfahrung, und ihre Wirtschaftspolitik war unausgegoren. Als die Länder der Dritten Welt unabhängig wurden, hatten nur sehr wenige Menschen vor Ort Erfahrung mit Verwaltungsapparaten. Diese formten rasch eine neue politische Elite, wobei sich der Übergang von Befreiungsbewegung zu Regierungspartei oft als holprig erwies. Weder die Sowjetunion noch China waren von großer Hilfe, da beide während der Ära der Entkolonisierung mit internen Problemen zu kämpfen hatten. Die größte Herausforderung bestand jedoch darin, dass die neoliberale Idee ökonomischer Entwicklung ausschließlich an Freihandel und die Integration in den Weltmarkt gebunden war. Die ehemaligen Kolonien hatten als unabhängige Staaten nicht die Macht, dies zu ändern. Sie konnten nicht einfach die Weltmarktpreise für Kaffee, Kupfer und andere Waren erhöhen, was notwendig gewesen wäre, um den Arbeiter:innen höhere Löhne zahlen zu können. Zudem wurden die Länder zur Konkurrenz untereinander gezwungen, was in einer Abwärtsspirale für alle endete. Eine radikale Abkopplung vom Weltmarkt hätte die Volkswirtschaften in den Ruin getrieben. Die Befreiungsbewegungen waren nicht in der Lage gewesen, die Grundlagen für eine ökonomische Unabhängigkeit der Länder zu schaffen, die sie jetzt regierten. Sie hatten die ökonomischen Strukturen der Kolonialherren geerbt. Diese hatten nie den Interessen der Lokalbevölkerung gedient, sondern nur denen der Kolonialstaaten. Es gab nichts als Monokulturen und eine bescheidene Industrie, die ein paar wenige Rohstoffe verarbeitete. Jede größere Transformation der Ökonomie hätte Kapital verlangt, das es nicht gab. Wo hätte dieses herkommen sollen, wenn nicht vom Verkauf der einzigen Waren, die die koloniale Ökonomie hinterlassen hatte, und zwar auf dem einzigen

Markt (dem Weltmarkt), den die Kolonialmächte zu diesem Zweck geschaffen hatten? Es spielte keine Rolle, was man sich erhoffte oder ausmalte. Die Volkswirtschaften der neuen unabhängigen Staaten mussten sich den kapitalistischen Realitäten unterwerfen.

Im Jahr 1964 gründete sich die ›Gruppe der 77‹. 77 Länder der Dritten Welt verlangten neue globale Wirtschaftsinstitutionen. Die UN-Resolution 3201, die 1974 verabschiedet wurde, skizzierte eine ›Neue Internationale Wirtschaftsordnung‹. Kaum je war die Dritte Welt so geeint. 1979 beschrieb Julius Nyerere, der damalige Präsident Tansanias, die Situation, der sich die Gruppe der 77 gegenübersah:

> »Staaten, die sich gerade vom Kolonialismus befreit haben, und seit Langem unabhängige Staaten in Lateinamerika hören beide dasselbe von der vorherrschenden euroamerikanischen Kultur: ›Arbeitet hart und ihr werdet reich werden!‹ Aber wir haben in einem langen und schmerzhaften Prozess gelernt, dass harte Arbeit und Reichtum keineswegs Ursache und Wirkung sind. Äußere Kräfte verhindern diese Gleichung. Die angebliche Neutralität des Weltmarkts erwies sich als Neutralität zwischen Ausbeutern und Ausgebeuteten, zwischen einem Vogel und seiner Beute. … Obwohl wir nichts anderes tun, als das zu exportieren und zu importieren, was wir schon als Kolonien exportiert und importiert haben, werden wir immer ärmer, obwohl wir immer härter arbeiten.«[179]

In derselben Rede betonte Nyerere die Bedeutung der Neuen Internationalen Wirtschaftsordnung:

> »Die armen Nationen verzweifeln am gegenwärtigen System nicht einfach, weil sie arm sind. … Sie verzweifeln, weil sie in diesem System nicht reich werden können. Stattdessen werden sie relativ gesehen (also im Vergleich zu den reichen Nationen) immer ärmer. Die armen Nationen der Welt bleiben also arm, weil sie arm sind, während sie so agieren müssen, als wären sie mit den reichen Nationen, die die Welt regieren, gleichgestellt. Wenn wir eine Neue Internationale Wirtschaftsordnung verlangen, dann deshalb, weil es für die armen Nationen möglich sein muss, sich ihrer eigenen Interessen gemäß zu entwickeln und die Früchte ihrer Arbeit selbst zu ernten.«[180]

Den armen Ländern wird immer noch aufgrund ungleichen Tauschs Wert geraubt. Ihre politische Unabhängigkeit ändert daran nichts. Ein einziges Mal änderten arme Länder in einer gemeinsamen Anstrengung den Preis für eine ihrer Waren, nämlich als die ›Organisation Erdölexportierender Länder‹ (OPEC) zu Beginn der 1970er-Jahre den Rohölpreis anhob. Das war

179 Julius K. Nyerere, »The Plea of the Poor: New Economic Order Needed for the World Community«, in: *The Third World Quarterly* (no. 3, 1981 [1977]), 511.
180 ebda.

möglich, weil die OPEC praktisch ein Kartell war. Seither hat sie sowohl die Stärken als auch die Schwächen einer solchen Struktur offenbart: Auf der einen Seite hat sie es geschafft, den Weltmarktpreis für Erdöl zu beeinflussen, obwohl sie kein Monopol auf die Erdölproduktion hat. Auf der anderen Seite war sie nie eine progressive Organisation und beinhaltete immer Länder, die von Reaktionären regiert wurden. Diese haben jeden Versuch vereitelt, aus der OPEC eine progressive Kraft zu machen, die sich gegen die kapitalistische Weltordnung wendet. Die Regierungen von Saudi-Arabien, Kuwait und anderen Golfstaaten investieren in die imperialistischen Länder, und ihre herrschenden Klassen sind eng mit den herrschenden Klassen der imperialistischen Länder verbunden. Niemand von ihnen hat ein Interesse daran, die imperialistische Ordnung zu stürzen.

Ende der 1970er-Jahre verlor die Gruppe der 77 immer mehr an Einfluss. Die Versprechen der UN-Resolution 3201 wurden nie eingelöst. Ebenso wenig Effekt hatten die Berichte zum Nord-Süd-Gefälle, die Anfang der 1980er-Jahre vom deutschen Bundeskanzler Willy Brandt in Auftrag gegeben worden waren. Die Dritte Welt war keine politische Kraft mehr. Forderungen wurden durch Bittgesuche ersetzt, vor allem was den Schuldenerlass betraf. Diesen gab es freilich nie, nur neue Kredite, die an weitere Unterwerfungen unter die neoliberalen Glaubenssätze gebunden waren: Freihandel, Privatisierung und ›strukturelle Anpassungsprogramme‹.

Die Imperialismustheorie beschäftigte sich genau mit der Frage des Sozialismus in den ehemaligen Kolonien. Was die Hindernisse für den Aufbau des Sozialismus betraf, waren sich die Intellektuellen einig: Weltmarkt, ungleicher Tausch, die anhaltende Teilung zwischen Zentrum und Peripherie. Was die Lösung betraf, waren sie sich weniger einig. Amin propagierte die Abkopplung vom Weltmarkt, andere forderten eine Neue Internationale Wirtschaftsordnung und wieder andere eine verstärkte ›Süd-Süd-Kooperation‹. Ich werde auf diese Diskussionen unten zurückkommen.

## *Die Frage der Macht im Nationalstaat*

Die Geschichte des Sozialismus ist in vielerlei Hinsicht eine Geschichte von sozialistischen Bewegungen, die innerhalb der Grenzen moderner Nationalstaaten aktiv waren. Die Idee der Revolution kreiste vor allem darum, die Macht in diesen Staaten zu ergreifen. Der Begriff des Internationalismus legt nahe, dass selbst auf globaler Ebene die Nationalstaaten die politischen Hauptakteure sind. Der Fokus auf den Nationalstaat ließ (nationale) Revolutionen möglich erscheinen. Gleichzeitig stand er dem Sozialismus im Weg, da es schwierig ist, Sozialismus in Isolation und unter ständigem Druck von außen aufzubauen.

Ich werde versuchen, das anhand eines historischen Beispiels zu konkretisieren. Die Pariser Kommune von 1871 markierte die erste neuzeitliche kommunistische Rebellion. Die Kommunard:innen demonstrierten, dass ein internationaler Konflikt dazu verwendet werden kann, den nationalen Klassenkampf zu eskalieren. Sie erhoben sich, als Paris von der preußischen Armee belagert wurde. Aufgrund des Hungers, der Arbeitslosigkeit und des allgemeinen Elends, das der Deutsch-Französische Krieg geschaffen hatte, verschärften sich die gesellschaftlichen Gegensätze. Dies führte zu einer revolutionären Situation, und die Kommunard:innen ergriffen die Gelegenheit. Die kommunistische Rebellion wurde niedergeschlagen, als die Deutschen abzogen, und die französischen Truppen sich Paris zuwenden konnten. Aber warum zogen die Deutschen in genau jenem Moment ab? Die Antwort ist einfach: Sie wollten vermeiden, dass von Paris ein revolutionäres Signal ausgeht, das auch die deutschen Gebiete erreicht.

Für die Russische Revolution spielte der Erste Weltkrieg eine entscheidende Rolle. Der Bolschewismus nutzte den Konflikt zwischen Russland und Deutschland, um einen Bürgerkrieg zwischen ›roten‹ Revolutionären und ›weißen‹ Reaktionären auszulösen. Die Chinesische Revolution wiederum wäre ohne die japanische Besatzung Chinas während des Zweiten Weltkriegs kaum denkbar gewesen. Siege des Proletariats in nationalen Klassenkämpfen haben immer internationale Bedeutung. Aber das stellt auch ein Problem dar, denn damit wenden sich die Bourgeoisien aller kapitalistischen Nationen gegen sie. Die Russische Revolution sah sich mit mehreren ausländischen Kräften konfrontiert, die sie zerschlagen wollten. Die Weißen wurden im Bürgerkrieg sowohl vom Vereinigten Königreich als auch von den USA unterstützt. Auch die weitere Geschichte der Sowjetunion war von äußeren Drohungen geprägt, ob es sich nun um die Eroberungspolitik der Nazis oder Ronald Reagans Kreuzzug gegen das *Evil Empire* handelte. Die Situation war dieselbe in China, Vietnam, Kuba, Nordkorea, Angola, Nicaragua, El Salvador und allen anderen Ländern, in denen sozialistische Revolutionen erfolgreich waren. Die USA unterstützten zahlreiche konterrevolutionäre Bewegungen: UNITA in Angola, die Contras in Nicaragua, den ›Nationalen Widerstand‹ in Mozambique und andere. Der Rüstungswettlauf während des Kalten Krieges schuf einen klaustrophobischen, paranoiden und defensiven Sozialismus, der die Entwicklung eines demokratischen Sozialismus unmöglich machte.

Dieselben Umstände, die sozialistische Revolutionen ermöglichten (Kriege zwischen Nationen), machten auch von außen unterstützte konterrevolutionäre Attacken möglich. Das wiederum führte zu interner Unterdrückung und Militarisierung. Alle Revolutionen während des Kalten Krieges, von 1945 bis 1989, sahen sich mit dieser Dynamik konfrontiert. Auf der einen Seite machte die ständige Spannung zwischen den USA und der Sowjetunion Revolutionen in der Dritten Welt möglich; auf der anderen Seite begrenzte sie die politischen Optionen dieser Revolutionen. Es war schwierig, das politische Spielfeld zu verlassen, das die Supermächte definierten, selbst für Bewegungen, die das bewusst versuchten, etwa die antikolonialen Bewegungen in Asien und Afrika, die demokratischen Bewegungen Lateinamerikas oder die Black-Power-Bewegung in den USA. Am Ende waren sie alle Steine in einem Spiel, das von den Mächtigen der Welt bestimmt wurde – und gefährlich genug war, um die Welt an den Rand eines Atomkriegs zu bringen.

Als wir 1969 zum ersten Mal Kontakt mit der PFLP aufnahmen, war sie eine unabhängige marxistische Organisation mit Sympathien für den Maoismus und Che Guevaras Fokustheorie. Doch mit der Zeit näherte sich die PFLP immer mehr der Sowjetunion an. Ein Grund war, dass die Guerillastrategie, die in Asien und Lateinamerika erfolgreich gewesen war, im Nahen Osten nicht funktionierte. Das Terrain dort ist ein anderes, wie die Erfahrungen der Bürgerkriege in Jordanien und dem Libanon bestätigten. Wir wussten, dass die Annäherung an die Sowjetunion aus verschiedenen Gründen problematisch war, verstanden aber auch, dass die PFLP nicht viele Optionen hatte. Der Konflikt zwischen den Supermächten warf seinen Schatten auch auf den Nahen Osten.

Von China war die einzige Unterstützung, die die PFLP je erhielt, eine Kiste mit Mao-Bibeln. Von der Sowjetunion erhielt sie konkrete politische und materielle Unterstützung.[181] Dass der Kalte Krieg den Handlungsspielraum der Befreiungsbewegungen vergrößert hatte, wurde nach dem Zusammenbruch der Sowjetunion deutlich. Nicht nur war nun die konkrete politische und materielle Unterstützung verschwunden, sondern auch die einzige Alternative zum Kapitalismus, die existierte, nämlich der Staatssozialismus. In Palästina wandte man sich anderen Ideologien zu, um seiner Unzufriedenheit Ausdruck zu verleihen.

---

181 Diese bestand aus Waffen, Ausrüstung und Training, aber wenig Geld. Deshalb war unser finanzieller Beitrag, auch wenn er bescheiden gewesen sein mag, von Bedeutung.

Der globale Kapitalismus begrenzt die Unabhängigkeit des Nationalstaats. Auch antikoloniale Befreiungsbewegungen mussten das einsehen, nachdem sie (zur Gänze oder zum Teil) die Staatsmacht erobert hatten. Das machte es oft schwierig (oder unmöglich), ihre ursprünglichen Ziele zu realisieren. Aus heutiger Sicht ist es einfach zu sagen, dass dies vorhersehbar war und die antikolonialen Bewegungen es hätten wissen müssen. Aber was hätten sie tun sollen? Die Staatsmacht zu erobern war notwendig, um wenigstens die internationalen Machtverhältnisse durcheinanderzuwirbeln. Die zahlreichen Versuche, die politische Macht der ehemaligen Kolonien zu stärken, beweisen, dass man es damals für möglich hielt, die globalen Verhältnisse zu ändern.

### *Der Mangel an sozialistischen Vorbildern*

Die Spannungen zwischen dem Nationalstaat und dem Weltsystem wirkten sich nicht nur auf die Beziehung zwischen den neuen unabhängigen Staaten und den imperialistischen Ländern aus, sondern auch auf das staatssozialistische Lager. Zu Beginn der sozialistischen Bewegung wurde allgemein anerkannt, dass der Sozialismus nur global zu verwirklichen ist. Die Orientierung der Sowjetunion war anfangs eindeutig internationalistisch. Die Komintern unterstützte revolutionäre Bewegungen auf der ganzen Welt. Lenin war überzeugt, dass das Überleben der Russischen Revolution vom Erfolg der Revolution in Westeuropa abhing, vor allem in Deutschland. Im April 1918 erklärte er: »Unsere Rückständigkeit hat uns vorwärtsgetrieben, und wir werden untergehen, wenn wir uns nicht so lange zu behaupten verstehen, bis wir eine mächtige Unterstützung durch die aufständischen Arbeiter der anderen Länder erhalten.«[182] In einem »Offenen Brief an die amerikanischen Arbeiter« schrieb er im August 1918: »Wir befinden uns gleichsam in einer belagerten Festung, solange uns nicht andere Abteilungen der internationalen sozialistischen Revolution zu Hilfe kommen.«[183]

Als klar wurden, dass sich die Hoffnungen auf eine Revolution in Westeuropa nicht einlösen ließen, beunruhigte das Lenin zutiefst. Im März 1923, kurz vor seinem Tod, schrieb er: »Wir stehen somit gegenwärtig vor der Frage: Wird es uns gelingen, angesichts unserer klein- und zwergbäuerlichen Produktion, angesichts der Zerrüttung unserer Wirtschaft so lange durchzu-

---

182 V. I. Lenin, »Rede im Moskauer Sowjet der Arbeiter-, Bauern- und Rotarmistendeputierten«, 23. April 1918.

183 V. I. Lenin, »Brief an die amerikanischen Arbeiter«, 20. August 1918.

halten, bis die westeuropäischen kapitalistischen Länder ihre Entwicklung zum Sozialismus vollenden werden?«[184]

Auch nach Lenins Tod kam es zu keiner Revolution in Westeuropa. In den 1930er-Jahren nahm die Sowjetunion, jetzt unter der Leitung Josef Stalins, die Vorgabe ›Sozialismus in einem Land‹ an. Die Verteidigung der Sowjetunion wurde zur Priorität für die gesamte internationale kommunistische Bewegung. Der Sowjetstaat wurde als notwendige Basis für die Ausdehnung des Sozialismus erachtet, wann auch immer diese kommen würde. Die Komintern war nicht mehr länger eine kommunistische Internationale, sondern ein Werkzeug sowjetischer Auslandspolitik. In Osteuropa entstanden nach dem Zweiten Weltkrieg eine Anzahl pro-sowjetischer Staaten. Sie formten einen staatssozialistischen Block mit großem weltpolitischen Einfluss. Es wäre falsch, die Sowjetunion eines ökonomischen Imperialismus in Osteuropa anzuklagen, aber sie kontrollierte diese Länder politisch.

Die Revolution, die im Westen niemals kam, kam im Osten. 1949 rief die KPCh die Volksrepublik China aus. Der bevölkerungsreichste Staat der Erde wurde nun sozialistisch regiert. Während der 1950er-Jahre bekam er großzügige Unterstützung von der Sowjetunion. 38.000 Chines:innen erhielten in der Sowjetunion eine Fachausbildung, und 11.000 sowjetische Expert:innen halfen dabei, Chinas Infrastruktur und Industrie aufzubauen. China erhielt Pläne und Know-how, um alles von Lastwagen bis hin zu Atomkraftwerken bauen zu können. Man sprach von der größten Vermittlung von Wissen und Fachkompetenz zwischen zwei Ländern in der Geschichte der Menschheit – und das zu einer Zeit, als die Sowjetunion sich noch immer von den Folgen des Zweiten Weltkriegs erholte und die USA ihr immer feindseliger gegenüberstanden.

Aber die Beziehung zwischen der Sowjetunion und China war alles andere als perfekt. Anfangs wurden Unstimmigkeiten indirekt ausgedrückt. So kritisierte China das sozialistische Experiment Jugoslawiens, während die Sowjetunion die Beziehungen zum Tito-Regime normalisieren wollte. Mit der albanischen Führung wiederum war Beijing eng, obwohl Moskau die diplomatischen Beziehungen abgebrochen hatte. Zu offenen Konflikten in den 1960er-Jahren kam es bei internationalen kommunistischen Konferenzen. Der neue Sowjetführer Nikita Chruschtschow warf Mao ›Abenteuertum‹ vor, und Beijing nannte Chruschtschow einen ›Revisionisten‹. 1964 be-

184 V.I. Lenin, »Lieber weniger, aber besser«, a.a.O.

hauptete Mao, dass in der Sowjetunion die Konterrevolution gesiegt und den Kapitalismus wieder eingeführt habe. Die offiziellen Beziehungen zwischen den Ländern wurden für beendet erklärt, und es kam sogar zu Scharmützeln entlang der Grenze.

Für den Konflikt gab es mehrere Gründe. Einer war schlicht die Frage, wer an der Spitze der internationalen kommunistischen Bewegung stehen sollte. Die KPCh meinte, nur sie würde Stalins Erbe fortsetzen, Chruschtschow habe ihn denunziert. Mao galt als der versierteste aller kommunistischen Politiker:innen. Auch im Verhältnis zu den USA gab es Unterschiede. Aufgrund enormen ökonomischen und militärischen Drucks und der Gefahr eines Atomkriegs sprach die Sowjetunion einer ›friedlichen Koexistenz‹ mit dem Westen das Wort. Unter anderem bedeutete dies, dass die Sowjetunion die Förderung des chinesischen Atomprogramms zurückzog. In China war die Haltung eine andere. Chinesische Truppen hatten von 1950 bis 1953 gegen das US-Militär in Korea gekämpft. Außerdem legten die USA ihre schützende Hand über die abtrünnige chinesische Republik auf der Insel Taiwan. Dies war nicht die einzige auslandspolitische Frage, in der Moskau und Beijing nicht einer Meinung waren. Die Sowjetunion hatte sich beispielsweise geweigert, China im Grenzkonflikt mit Indien zu unterstützen. Mit dem riesigen, gerade unabhängig gewordenen Staat in Südasien wollte man auf gutem Fuße stehen.

Natürlich gab es auch ideologische Gründe für den Konflikt. Innerhalb der KPCh bekämpften sich zwei Fraktionen immer stärker. Mao stand für den linken Parteiflügel, Liu Shaoqi und Deng Xiaoping für den rechten. Maos ökonomisches Programm, bekannt unter dem Namen ›Der große Sprung nach vorne‹, hatte nicht die erhofften Resultate gebracht. Der rechte Flügel nutzte das für sich aus. Mao meinte, dass der rechte Flügel aus ›sowjetischen Agenten‹ bestand. Sein ideologischer Haupteinwand war, dass Moskau den Klassenkampf im Sozialismus leugnete. Die sowjetische Führung hatte die Klassengesellschaft für beendet erklärt. Sie meinte, dass der Staat nun in den Händen des Volkes lag. Mao wiederum sah in der Sowjetunion eine neue Bourgeoisie an der Macht. Er fürchtete, dass in China unter der Führung von Liu Shaoqi ähnliches passieren würde.

Mao hatte recht damit, dass sich der Klassenkampf in der Sowjetunion und in China auch nach der Revolution fortsetzte, doch er präsentierte seine Kritik auf sehr dogmatische Weise. Che Guevara sympathisierte mit Maos Analyse, war jedoch über den harten und polemischen Ton besorgt, in dem sie präsentiert wurde. So mancher Beobachter fürchtete angesichts der Atomgefahr auch, dass Mao die USA zu sehr provozieren könnte. In einem Interview mit der amerikanischen Journalistin Anna Louise Strong 1956 beschrieb Mao den US-Imperialismus (und alle Reaktionäre) als ›Papiertiger‹. Was er damit meinte, erklärte er ausführlicher auf einer Tagung des Politbüros der KPCh am 1. Dezember 1958:

> »Ebenso wie es nichts auf der Welt gibt, das nicht eine Doppelnatur hätte (das ist eben das Gesetz der Einheit der Gegensätze), so haben auch der Imperialismus und alle Reaktionäre eine Doppelnatur – sie sind wirkliche Tiger und zugleich Papiertiger. Im Laufe der Geschichte waren die Sklavenhalterklasse, die feudale Grundherrenklasse und die Bourgeoisie vor ihrem Machtantritt und eine Zeitlang nachher voller Lebenskraft, revolutionär und fortschrittlich; sie waren echte Tiger. In der Folgezeit kam es jedoch, da ihr jeweiliger Widerpart – die Klasse der Sklaven, die Bauernschaft und das Proletariat – allmählich erstarkte und gegen sie einen immer heftigeren Kampf führte, nach und nach zu einem Umschlag ins Gegenteil: Sie verwandelten sich in Reaktionäre, in Rückständige, in Papiertiger und wurden beziehungsweise werden letzten Endes vom Volk gestürzt.«[185]

Der Konflikt zwischen den kommunistischen Führungen der Sowjetunion und Chinas erreichte schließlich einen Punkt, an dem an eine Versöhnung nicht mehr zu denken war. Dies führte zu einer tiefen Spaltung in der internationalen sozialistischen Bewegung, die negative Konsequenzen für Sozialist:innen überall hatte.

Rückblickend glaube ich, dass die sowjetische Linie der ›friedlichen Koexistenz‹ richtig war. Chruschtschows Antwort auf Maos Kommentare zum US-Imperialismus war treffend: »Der Papiertiger hat Atomzähne.«[186] Der US-Regierung standen Hunderte von Atomsprengköpfen zur Verfügung, und in Hiroshima und Nagasaki hatte sie ihren Willen demonstriert, diese auch zu nutzen.

Im KAK-Verlag *Futura* erschienen Mitte der 1970er-Jahre unter dem Titel *Den store polemik* (Die große Kontroverse) nicht weniger als fünf Bände, die den Konflikt zwischen der Sowjetunion und China dokumentierten. Wenn ich mir die Bände heute ansehe, ist es schwierig, viel Substanz hinter all den großen Wörtern zu finden. Man machte sich wenig Mühe, komplexe Zusammenhänge zu analysieren, weder den Imperialismus noch den real existierenden Sozialismus. Das schwächte nicht nur die sowjetische, sondern auch die chinesische Position. Es mag ein Grund dafür sein, warum die chi-

185 Zitiert nach: www.infopartisan.net.

186 Zitiert nach: de.wiki5.ru.

nesische Führung in den späten 1970er-Jahren die ›Theorie der drei Welten‹ annahm. Diese behauptete, dass die Sowjetunion nicht nur revisionistisch, sondern eine aggressive ›sozialimperialistische‹ Macht war – so gefährlich, dass Beijing die Regierungen der Dritten Welt aufforderte, sich mit den USA und Westeuropa zu verbünden. Irgendeine ökonomische oder politische Evidenz dafür, dass die Sowjetunion eine gefährliche imperialistische Macht war, gab es nicht; die sowjetische Politik war damals sehr defensiv. Die chinesische Regierung schien schlicht das Prinzip ›Der Feind meines Feindes ist mein Freund‹ zu verfolgen. Sie unterstützten alle, die antisowjetisch waren, selbst wenn das Zusammenarbeit mit den USA oder Südafrika bedeutete; in Angola unterstützte man beispielsweise UNITA im Kampf gegen die sozialistische MPLA.

Der KAK wurde gegründet, weil Gotfred Appel Chinas Kritik am sowjetischen Revisionismus teilte. Der KAK teilte diese Kritik selbst dann noch, als die KPCh 1968 jeden Kontakt mit uns abbrach. Der ›Theorie der drei Welten‹ konnten wir jedoch nie etwas abgewinnen. Als M-KA sahen wir in der Sowjetunion einen taktischen Bündnispartner. Die enge praktische Zusammenarbeit mit den Befreiungsbewegungen in Afrika und im Nahen Osten zeigte uns, welche Bedeutung die Sowjetunion für diese Bewegungen hatte. Sie bildete Widerstandskämpfer:innen aus und ließ ihnen materielle Unterstützung zukommen. Außerdem stellte sie ein Gegengewicht zum globalen Einfluss der USA dar, was den Handlungsspielraum der Befreiungsbewegungen erweiterte. Außenhandel und Investitionen in anderen Ländern waren für die Ökonomie der Sowjetunion unbedeutend. Vielmehr verkaufte die Sowjetunion Erdöl an Länder in Osteuropa und der Dritten Welt weit unter dem Weltmarktpreis.

Die Sowjetunion war nicht das einzige sozialistische Land, dem gegenüber China feindlich eingestellt war. 1979 kam es zu einem bewaffneten Grenzkonflikt mit dem ehemaligen Verbündeten Vietnam. Auslöser war die Rolle Vietnams in Kambodscha. Während des Vietnamkriegs besetzten die USA Kambodscha, damals ein neutrales Land, und installierten ein Militärregime unter der Führung von Lon Nol. Vietnam unterstützte zunächst die Roten Khmer, die unter Pol Pot gegen das Militärregime kämpften. Doch nachdem die Roten Khmer die Macht übernommen hatten, verschlechterten sich die Beziehungen zwischen Kambodscha und Vietnam zusehends. Die Roten Khmer, deren politische Säuberungen einem großen Teil der Bevölkerung das Leben kosteten, näherten sich stattdessen China an. Ihre Feindseligkeit Vietnam gegenüber führte schließlich zu einer Invasion des Landes durch vietnamesische Truppen. Diese ersetzten die Roten Khmer durch eine Vietnam freundlich gesinnte Regierung. Als sich Kambodscha 1989 stabilisiert hatte, zogen die vietnamesischen Truppen ab. Pol Pot blieb auf Drängen der USA und Chinas für einige Jahre nach seinem Machtverlust der kambodschanische Vertreter bei den Vereinten Nationen. Sowohl den USA als auch China waren die Roten Khmer lieber als eine vietnamtreue Regierung. Beijing hatte die enge Zusammenarbeit zwischen Vietnam und der Sowjetunion während des Vietnamkriegs mit großer Skepsis betrachtet. Die vietnamesische Invasion Kambodschas galt als Bedrohung nationaler Interessen. Der Grenzkonflikt war ein Vorwand, um Soldaten nach Vietnam zu schicken. Doch die Entschlossenheit, mit der die hervorragend ausgebildeten vietnamesischen Truppen antworteten, führten zu einem raschen Rückzug.

Die sozialistischen Staaten stellten oft ihre nationalen Interessen über die internationale Solidarität im Kampf gegen den Imperialismus. Das trug zum Niedergang antiimperialistischer Politik Ende der 1970er-Jahre bei. Aber es gab Ausnahmen. Die kubanische Regierung unterstützte zahlreiche antiimperialistische Kämpfe in Lateinamerika, Afrika und Asien. Zwischen 1960 und 1999 wurden 28.000 Afrikaner:innen von Kuba ausgebildet. Mehr als 75.000 Kubaner:innen dienten in Afrika als medizinisches Personal, Lehrkräfte und in militärischen Einheiten. In den 1960er-Jahren war Che Guevara einer von vielen Kubanern, die in den Kongo gingen, um die dortige Befreiungsbewegung zu unterstützen. 1967 tat Che dasselbe in Bolivien, wo er schließlich gefangengenommen und ermordet wurde. Kuba unterstützte die revolutionären Bewegungen in Nicaragua, El Salvador und Guatemala. 1976 half man der MPLA in Angola, sich gegen die UNITA zu behaupten.

Nach dem Sieg der MPLA bildete Kuba Widerstandskämpfer:innen des südafrikanischen ANC in Lagern in Angola aus. Während der 1970er- und 80er-Jahre drangen regelmäßig südafrikanische Truppen in Angola ein, da die MPLA auch die Befreiungskämpfe in Südafrika und in dem von Südafrika kontrollierten Namibia unterstützte. 1987 startete Südafrika eine Großoffensive, woraufhin die angolanische Regierung Kuba um Hilfe bat. Die kubanische Regierung sandte umgehend Schiffe mit Truppen und militärischer Ausrüstung. Nachdem die südafrikanische Armee in einer Schlacht nahe des Dorfes Cuito Cuanavale besiegt worden war, musste Südafrika seine Rolle in der Region neu definieren. Es kam zu einer innenpolitischen Krise, aufgrund der sich die politische Führung des Landes gezwungen sah, den ANC anzuerkennen und Nelson Mandela freizulassen. Kubanische Soldat:innen blieben in der Region, bis auch Namibias Unabhängigkeit gesichert war und die SWAPO die erste Regierung des Landes formte. Kubas Beitrag zur Stabilität in Angola, zur Unabhängigkeit Namibias und zum Ende der Apartheidregimes in Südafrika war enorm; viele Kubaner:innen bezahlten dafür mit ihrem Leben. Das Engagement Kubas beruhte einzig auf dem Prinzip internationaler Solidarität, nicht auf nationalen Interessen. Kuba stand zu jener Zeit aufgrund des Zusammenbruchs der Sowjetunion vor großen ökonomischen und politischen Herausforderungen.

Auch die Praxis der PFLP beruhte auf dem Prinzip internationaler Solidarität. In den Ausbildungslagern der PFLP im Libanon wurden zahlreiche Mitglieder von Befreiungsbewegungen aus dem Nahen Osten, Afrika und Lateinamerika ausgebildet. Auf uns als KAK bzw. M-KA machte das großen Eindruck. Es war einer der Gründe, warum wir revolutionäres Potenzial in der weltweiten Zusammenarbeit von nationalen Befreiungsbewegungen sahen.

Nichts davon konnte vermeiden, dass die Hoffnungen auf eine sozialistische Zukunft in den 1980er-Jahren immer schwächer wurden. Natürlich spielten dafür die Hartnäckigkeit des Nationalstaats und des kapitalistischen Weltsystems eine Rolle. Doch Mängel in der sozialistischen Bewegung selbst lassen sich nicht verleugnen. Der Staatssozialismus zeigte uns nicht die bessere Welt, nach der wir strebten. Es gab weder demokratische Strukturen noch ökonomischen Fortschritt. Wir hatten keine positiven Beispiele sozialistischer Gesellschaften vorzuweisen. Zu sagen, dass der Staatssozialismus nicht der *wirkliche* Sozialismus war, und wir es eben noch einmal versuchen müssen, ist zu wenig. In einem Zeitraum von 100 Jahren gab es zahlreiche Versuche, den Sozialismus aufzubauen. Keinem gelang es, die Ideale einzulösen. Das gibt Anlass zum Nachdenken, denn unter diesen Umständen darf es nicht verwundern, wenn Menschen den Glauben an eine sozialistische Zukunft verlieren.

Die Massen der Dritten Welt verloren ihren Glauben an den Sozialismus jedoch nicht, weil das kapitalistische System plötzlich in der Lage gewesen wäre, ihre Bedürfnisse zu befriedigen. Die globale Verteilung des Reichtums ist immer noch ungerecht und führt immer noch zu Aufständen und bewaffneten Konflikten. Doch den heutigen Befreiungsbewegungen mangelt es an Visionen von Freiheit, Gleichheit und Solidarität. Millionen von Menschen wurden von den sozialistischen Befreiungsbewegungen so enttäuscht, dass sie sich heute einem rechten Antiimperialismus zuwenden, für den oft religiös-fundamentalistische Bewegungen stehen, die ursprünglich von den imperialistischen Mächten als konterrevolutionäre Kräfte ausgebildet und ausgestattet wurden, etwa in Afghanistan, Irak und Syrien. Am anderen Ende des Spektrums finden wir den naiven Glauben, dass Liberalismus und formale Demokratie jedem Land sofort zu westeuropäischen Lebensverhältnissen verhelfen wird. Im Nahen Osten und in Nordafrika, wo einst eine sozialistische, panarabische Vision vorherrschte und die Menschen von Irak bis Marokko vereinte, teilen sich die politischen Dissident:innen heute mit ihren Forderungen in zwei Lager: Sie fordern entweder einen islamischen Staat – oder den Parlamentarismus und freie Märkte. Es bedarf konkreter Visionen des Sozialismus; Visionen, die sowohl anziehend als auch realistisch sind. Es bedarf außerdem Strategien, um die Visionen verwirklichen zu können.

Der real existierende Sozialismus verschwand gemeinsam mit der antiimperialistischen Bewegung der 1970er- und 80er-Jahre, als sich die Sowjetunion 1991 auflöste. In den 1970er- und 80er-Jahren hatte die Pattstellung zwischen zwei Supermächten Handlungsspielraum eröffnet. Ab 1991 gab es diesen nicht mehr. Die materielle Unterstützung für Befreiungsbewegungen war Geschichte und für die ehemaligen Kolonien, die politische Unabhängigkeit erreicht hatten, war es nun schwieriger denn je, einen sozialistischen Kurs zu verfolgen. Der Neoliberalismus gab den Ton an und integrierte die ehemaligen Kolonien nach seinen eigenen Bedingungen in den kapitalistischen Weltmarkt. Sich von diesem abzukoppeln und ökonomische Unabhängigkeit zu erlangen, wurde zu einer schier übermächtigen Aufgabe, die die ehemaligen Kolonien nicht erfüllen konnten. Sie wurden weiterhin der Ressourcen beraubt, die für den Aufbau einer starken Volkswirtschaft notwendig gewesen wären. Die ehemaligen Kolonien waren dazu verurteilt, arm zu bleiben. Wer es trotzdem wagte, ein sozialistisches Wirtschaftsprogramm einzuführen, musste sich mit den USA messen, die, wenn es notwendig war, den Versuch einfach militärisch niederschlugen.

Die revolutionären Bewegungen des 20. Jahrhunderts brachten enorme Opfer in ihren Versuchen, die herrschende Ordnung umzuwälzen. Doch sie scheiterten und trafen dabei auf brutale Gewalt ebenso wie hinterlistige Vereinnahmung. Eines dürfen wir jedoch nicht vergessen: Jede dieser Bewegungen zwang dem Kapitalismus Zugeständnisse ab. Der Kapitalismus hat sich in den letzten 100 Jahren immer wieder verändert. Die nationalen Befreiungsbewegungen führten nicht zur Weltrevolution und sie schufen nicht einmal sozialistische Nationalstaaten; aber es wäre falsch zu behaupten, dass sie *nichts* erreicht haben. Sie brachten ein Ende des Kolonialismus in Afrika und Asien und des Apartheidregimes in Südafrika, sie stürzten Diktatoren in Lateinamerika und sie weckten ein weltweites Bewusstsein für das Schicksal der Palästinenser:innen.

Wie sieht die Lage heute aus? Die ehemaligen Kolonien sind dem Imperialismus immer noch unterworfen, trotz ihrer politischen Unabhängigkeit. Ihre herrschenden Eliten agieren (gewollt oder ungewollt) als Lakaien der neoliberalen Weltordnung. Arbeiterschaft und Bauerntum glauben nicht mehr an den Sozialismus und setzen ihre Hoffnungen in die liberale Demokratie oder den Islamismus. Das hat das Leben des Kapitalismus verlängert. Die Finanzkrise von 2007 war jedoch ein Zeichen, dass das Ende nahe ist. Die Gründe der Krise beschränken sich nicht einfach auf unverantwortliche finanzielle Spekulation. Die Gründe liegen tiefer und werden nicht verschwinden. In den kommenden 30 Jahren werden sich viele Handlungsspielräume für eine radikale Veränderung öffnen. Wenn die 1970er-Jahre von zu viel Optimismus geprägt waren, dann begegnen wir in der Gegenwart zu viel Pessimismus.

# Teil zwei

# Der globale Kapitalismus

# 5. Neoliberale Globalisierung

Im ersten Teil dieses Buches behandelten wir die Geschichte des Imperialismus sowie die Theorie und Praxis des Antiimperialismus. Im zweiten Teil will ich mich der gegenwärtigen Form des Kapitalismus zuwenden. Was hat sich seit den 1970er-Jahren verändert? Wie funktioniert das System heute? Wie entwickelt es sich weiter?

Ich sehe die Welt als System, in dem alles miteinander verbunden ist, ökonomisch wie politisch. Das ist kein bemerkenswerter Ansatz. Mit der Popularisierung des Begriffs der Globalisierung wurde eine solche Perspektive in den frühen 1990er-Jahren gängig.[187] Gleichzeitig verschwand ein anderer Begriff aus der Diskussion, nämlich jener der Dritten Welt. Ein Grund dafür war, dass der Begriff mit dem Verschwinden der Zweiten Welt (der Sowjetunion und dem staatssozialistischen Block) seine Bedeutung verloren hatte. Ein weiterer Grund war die immer stärkere Differenzierung zwischen Ländern der Dritten Welt. Manche, wie Südkorea und Taiwan, bewegten sich von der Peripherie zur Semiperipherie. Andere, wie Saudi-Arabien und die kleineren Golfstaaten, wurden sehr reich und importierten billige Arbeitskraft aus Nepal, Bangladesch und den Philippinen. Diese Arbeiter:innen machen heute ein migrantisches Proletariat aus, das 80 Prozent der Bevölkerung in diesen Ländern stellt. Zudem führte der Neoliberalismus zu einer Polarisierung zwischen Arm und Reich. Es gibt heute Gebiete in den imperialistischen Ländern, wo uns die Lebensbedingungen an die Dritte Welt erinnern. Wenn der Begriff der Dritten Welt heute überhaupt noch benutzt wird, dann vor allem als soziale Kategorie, nicht als geografische.

Mit der Publikation von *North-South: A Program for Survival*, dem ersten Bericht der sogenannten Brandt-Kommission, wurden 1980 die Begriffe ›Erste Welt‹ und ›Dritte Welt‹ in der politischen Debatte durch die Begriffe ›Nord‹ und ›Süd‹ ersetzt. Auch diese werden nicht in erster Linie als geografische, sondern eher als politisch-ökonomische Begriffe verwendet. Der ›Globale Norden‹ ist, einfach gesagt, identisch mit den OECD-Ländern, während der ›Globale Süden‹ die Niedriglohnländer meint. In diesem Buch verwende ich die Begriffe ›Erste Welt‹/›Globaler Norden‹ und ›Dritte Welt‹/›Globaler Süden‹ synonym, wobei ich im Kontext der Debatten bis

187 Unter den ersten, die den Begriff ›Globalisierung‹ verwendeten, waren Richard J. Barnet und Roland Müller in ihrem Buch *Global Reach: The Power of the Multinational Corporations* (1974).

1989 eher von ›Erster Welt‹ und ›Dritter Welt‹ spreche, und im Kontext danach von ›Globalem Norden‹ und ›Globalem Süden‹.

In der folgenden politisch-ökonomischen Analyse des gegenwärtigen kapitalistischen Weltsystems werde ich mich stark auf die Theoretiker der 1970er-Jahre Arghiri Emmanuel, Emmanuel Wallerstein und Samir Amin stützen. Aber ich habe im Laufe der Arbeit an diesem Buch auch viele neue Theorien kennengelernt. Nach einer Durststrecke in der Imperialismusanalyse während der 1990er- und frühen 2000er-Jahre, gibt es seither wieder wertvolle Beiträge zum Verständnis des globalen ökonomischen Systems und globaler Klassenformationen, unter anderem von Timothy Kerswell, John Smith und Zak Cope. Ein Indiz für das wiedererwachte Interesse an diesen Themen ist auch die Publikation der *Palgrave Encyclopedia of Imperialism and Anti-Imperialism* 2016, herausgegeben von Cope und Immanuel Ness. Das umfassende Werk beinhaltet 170 Artikel und ist ein außerordentlich wertvoller Beitrag zur Forschung in diesem Feld. Diese Entwicklung ist zweifelsohne eine Folge der jüngeren Geschichte des globalen Kapitalismus und der unleugbaren Rolle, die der Imperialismus in diesem immer noch spielt.

## Für eine integrierte Theorie von Kapitalismus und Imperialismus[188]

Im 20. Jahrhundert wurde die Imperialismusanalyse in erster Linie als Ergänzung zu Analysen des Kapitalismus gesehen. Einer der Gründe war, dass der Imperialismus vor allem Regionen betraf, die noch nicht voll in das kapitalistische Weltsystem integriert waren. Heute ist das anders. Die kapitalistische Produktionsweise wurde globalisiert. Das erfordert eine Integration der Theorien von Kapitalismus und Imperialismus.

Als Lenin über den Imperialismus schrieb, war die kapitalistische Produktionsweise in Europa und Nordamerika etabliert, aber nicht im Rest der Welt. Die imperialistischen Länder herrschten über die Kolonien mit roher Gewalt, nicht mittels ökonomischer Abhängigkeiten, und die Globalisierung

188 Dieser Abschnitt nimmt starke Anleihen an der Arbeit von John Smith. Smith wiederum bezieht sich stark auf Ellen Meiksins Wood, die in ihrem Buch *Empire of Capital* schrieb: »Wir warten immer noch auf eine systematische Theorie des Imperialismus für eine Welt, in der alle internationalen Beziehungen kapitalistischen Direktiven unterliegen. Ein Grund, warum es eine solche Theorie noch nicht gibt, ist, dass der globale Kapitalismus eine relativ junge Erscheinung ist.« (Ellen Meiksins Wood, *Empire of Capital*, New York: Verso, 2003)

der Beziehung zwischen Kapital und Arbeit stand erst an ihren Anfängen. Am weitesten fortgeschritten war sie in der Plantagenlandwirtschaft und der Ausbeutung von Rohstoffen. Globale Produktionsketten sind ein jüngeres Phänomen.

In *Imperialismus als höchstes Stadium des Kapitalismus* beschrieb Lenin die Formation von Monopolen und Kartellen sowie das Entstehen eines unabhängigen Finanzkapitals. Er beschrieb, wie Investitionen in den Kolonien Superprofite schufen, aber er analysierte Wert, Preis und Profit im Imperialismus nicht in einer Weise, die sich mit Marx' Analyse von Wert, Preis und Profit im Kapitalismus hätte vergleichen lassen.

*Imperialismus als höchstes Stadium des Kapitalismus* wurde 1917 veröffentlicht. Über 40 Jahre lang gab es keine Erneuerung von Lenins Theorie. Die Hegemonie der Sowjetunion über die internationale kommunistische Bewegung machte Lenins Thesen bis lange nach seinem Tod sakrosankt. Erst in den 1960er-Jahren wagten sich Theoretiker an eine Überarbeitung. Sie versuchten, mithilfe von Marx neue Formen der Wertübertragung im globalen kapitalistischen System zu beschreiben. Begriffe wie ›Abhängigkeit‹/›Dependenz‹, ›ungleicher Tausch‹, ›Zentrum‹ und ›Peripherie‹ waren dafür wesentlich. Es war ironisch, aber vielleicht vorhersehbar, dass diese Theorien genau dann wieder an Einfluss verloren, als sich die Globalisierung des Kapitalismus in den 1980er-Jahren beschleunigte. Die zentralen Fragen für die politische Ökonomie waren jetzt die Globalisierung des Finanzwesens und die Rolle des Nationalstaats. ›Imperialismustheorie‹ erschien als veraltete Modeerscheinung der 1970er-Jahre. Das führte dazu, dass die imperialistische Dynamik, die die Nord-Süd-Beziehungen prägt, oft übersehen wurde. Heute sind die ökonomischen Beziehungen zwischen den imperialistischen Ländern und den ehemaligen Kolonien ein integraler Teil des kapitalistischen Weltsystems und werden von dessen Logik bestimmt. Die kapitalistische Produktionsweise wurde mithilfe globaler Produktionsketten und Logistikzentren weltweit ausgedehnt. Eine der greifbarsten Konsequenzen ist die massive Verlagerung der Industrieproduktion in Niedriglohnländer.

Transnationale Unternehmen wollen ihre Produktionskosten niedrig halten und ihre Profite erhöhen, indem sie niedrigere Löhne zahlen. Das hat zu neuen Superprofiten und einer neuen Übertragung von Reichtum in der Form von billigeren Waren für die Konsument:innen in den imperialistischen Ländern geführt. Die neoliberale Globalisierung hat die parasitären Züge des Kapitalismus verstärkt. Die Beziehung zwischen Kapital und Arbeit wurde zu einer globalen Beziehung zwischen *nördlichem* Kapital und *südlicher* Arbeit. Sie steht für eine rein kapitalistische Form von Imperialismus, oder, mit anderen Worten, für eine Form der Ausbeutung, die auf ökonomischer Abhängigkeit anstatt auf roher Gewalt aufbaut. Das bedeutet nicht, dass die Beziehung von der Kolonialgeschichte losgelöst ist, oder dass es keine Formen roher Gewalt mehr gibt. In diesem Sinne ist kein ökonomisches System jemals ›rein‹. Aber es ist wichtig, die prinzipiellen Mechanismen zu betonen, auf denen der Imperialismus heute beruht. Der historische Materialismus hat uns gelehrt, dass ökonomische Entwicklung immer mit politischer Entwicklung verbunden ist. Der Motor beider Entwicklungen ist der Klassenkampf.

In den 1970er-Jahren zeigte die Dependenztheorie, wie die Entwicklung – oder eher: Unterentwicklung – der Peripherie von der Metropole verursacht wurde. Heute ist die Metropole abhängig von der Produktion in der Peripherie. Insofern ist die Begrifflichkeit der Dependenztheorie nicht mehr zeitgemäß. Wir sollten eher von ›Produktionsökonomien‹ und ›Konsumtionsökonomien‹ sprechen, die über globale Produktionsketten miteinander verbunden sind.[189] Das Proletariat im Süden spielt heute keine periphere, sondern eine zentrale Rolle im kapitalistischen Weltsystem. Die Ausbeutung der Arbeitskraft im Süden ist kein Detail des Systems, sondern eines seiner wichtigsten Charakteristika. Nur wenn wir unsere Theorien von Kapitalismus und Imperialismus integrieren, können wir das analytisch einfangen. Wir brauchen eine Theorie für das gesamte globale System.

Ich möchte den Imperialismus als eine Ausdehnung der kapitalistischen Produktionsweise beschreiben, die aufgrund ihrer inhärenten Widersprüche notwendig wurde. Das gilt sowohl für den historischen Überblick im ersten Teil dieses Buches als auch für die nun folgende Beschreibung des gegenwärtigen kapitalistischen Weltsystems im zweiten Teil. Es findet eine Wertübertragung statt, die das System polarisiert und ein Zentrum bzw. eine Peripherie schafft. Eine politische Konsequenz davon ist, dass Klassenkämpfe im Zentrum und in der Peripherie unter sehr unterschiedlichen Bedingungen geführt werden.

Einzelne Nationalstaaten kämpfen um globale Dominanz; imperialistische Länder konkurrieren miteinander und mit den Ländern der Peripherie. Der Kampf um Hegemonie ist permanent. Das wirkt sich auch auf die Öko-

189 Zum ersten Mal stieß ich auf diese Begriffe in Timothy Kerswells Dissertation *The Global Division of Labour and Division in Global Labour* (2011). Den Begriff der ›Konsumgesellschaft‹ kennen wir, aber wir haben nicht verstanden, dass die Konsumgesellschaft von einer ›Produktionsgesellschaft‹ abhängig ist.

nomie aus. Die Klassen versuchen, das System in ihrem Sinne zu optimieren oder es zu zerstören. Die Beziehung zwischen Klassenkampf und Kapital ist eine dynamische, und um diese Dynamik dreht sich das vorliegende Kapitel.

Die Ursprünge der neoliberalen Globalisierung liegen in den 1950er-Jahren, als immer mehr Unternehmen transnational wurden. Unternehmen, die zu den Monopolen der Triade (USA, Westeuropa, Japan) gehörten, etablierten Niederlassungen in anderen Ländern, um sich Zugang zu Rohstoffen und Märkten zu sichern. Die Erdölindustrie mit Unternehmen wie Exxon, Shell und BP ist dafür ein gutes Beispiel. Es war der Widerstand gegen die globale Ausdehnung dieser Unternehmen, die in den 1970er-Jahren die OPEC dazu brachte, die Preise für Rohöl drastisch anzuheben. Dies stürzte das globale Kapital in eine Krise.

Die Lösung war der Neoliberalismus. Schon der klassische Liberalismus hatte eine große Rolle für die Entwicklung des kapitalistischen Systems gespielt. Ende des 19. und Anfang des 20. Jahrhunderts kam es zu einem enormen Wachstum des internationalen Handels, integrierten Märkten, finanziellen Transaktionen und, nicht zuletzt, Migration.

Die grundlegenden ideologischen Prinzipien des Neoliberalismus wurden vom Ökonomen F. A. Hayek bereits in den 1930er-Jahren formuliert. 40 Jahre später wurde Hayeks Arbeit von einer Reihe liberaler Ökonomen wiederentdeckt, die unbedingt Alternativen zum Keynesianismus präsentieren wollten. Der Keynesianismus dominierte damals die ökonomische Theorie in den USA und Europa, nachdem er hilfreich dabei war, die Weltwirtschaftskrise der 1930er-Jahre in den Griff zu bekommen. Multinationale Unternehmen wandten sich begeistert den Ideen des Neoliberalismus zu, da dieser versprach, staatliche Regulierung zu schwächen. Dies war besonders wichtig, da multinationale Unternehmen im Begriff waren, *trans*national zu werden. Mit dem Neoliberalismus wurden die Verbindungen zwischen den USA, Westeuropa und Japan noch enger. Als Triade formten sie eine gemeinsame imperialistische Dominanz. Es wurden halbjährliche Treffen zwischen den mächtigsten kapitalistischen Nationen eingeführt (die sogenannten G-Treffen), transnationale Institutionen etabliert (wie die Welthandelsorganisation) und Freihandelsabkommen unterzeichnet.

Nichts davon hat mit einer ›Weltregierung‹ zu tun, von der manche fabeln. Staaten und ihre Klassen vertreten immer noch nationale Interessen. Die USA wollen das Beste für das US-Kapital, Deutschland will das Beste für das deutsche Kapital usw. Transnationale Unternehmen stehen nicht in

Opposition zu Nationalstaaten; sie verbünden sich mit den Nationalstaaten, die ihren Interessen dienen. Unterschiede zwischen den Staaten, etwa bei Löhnen und Steuern, sind wichtig, um Profite zu maximieren. Jeder Nationalstaat will dem Kapital die besten Bedingungen für Investitionen bieten (Infrastruktur, Sicherheit, Steuerfreiheit usw.). Transnationale Unternehmen profitieren von dieser Konkurrenz, vor allem von der tiefen Kluft zwischen den Ländern des Globalen Nordens und den Ländern des Südens. Die Zentren der Akkumulation (die administrativen, legislativen und fiskalischen ›Hauptquartiere‹) bleiben auf jene Staaten beschränkt, die aus historischen, politischen und ökonomischen Gründen mit den transnationalen Unternehmen am engsten verbunden sind, ihrem Kapital Sicherheit garantieren und ihre Interessen im Ausland schützen.

Der Nationalstaat schützt auch die Eigentumsrechte. Neoliberale Abkommen und Verträge, um transnationalen Handel, Investitionen und Urheberrechte (›geistiges Eigentum‹) zu regulieren, haben für eine neue globale ›institutionelle Architektur‹ gesorgt. Diese soll Stabilität für transnationale Unternehmen schaffen und deren Einfluss auf die staatliche Politik stärken, besonders, was Arbeitsverhältnisse anbelangt. Doch es ist immer noch der Nationalstaat, der diese Regelungen durchsetzt und als einziger die Macht hat, ökonomische, politische und militärische Sanktionen zu verhängen. Als der ehemalige US-Präsident Barack Obama im Mai 2015 eine Rede bei dem Sportartikelhersteller Nike hielt, machte er daraus keinen Hehl: »Wir müssen sicherstellen, dass Amerika die Regeln der globalen Ökonomie schreibt. Und wir sollten dies heute tun, solange unsere Ökonomie noch stark ist. Denn wenn wir es nicht tun, was wird dann geschehen? Ja, genau: Dann wird China es tun!«[190]

Zum Durchbruch des Neoliberalismus kam es, als liberale Thinktanks, Lobbyisten multinationaler Unternehmen und konservative Politiker:innen gemeinsame Sache machten. Margaret Thatcher in Großbritannien und Ronald Reagan in den USA vereinten sozialen und kulturellen Konservativismus mit einer liberalen Kritik staatlicher Kontrolle. Bald sprang auch die europäische Sozialdemokratie auf diesen Zug auf, mit Tony Blairs ›New Labour‹ an der Spitze. Die neue ›institutionelle Architektur‹ globaler Beziehungen nahm Form an. 1985 wurde das Schengen-Abkommen unterzeichnet, 1993 das Freihandelsabkommen NAFTA, 1995 das Gründungspapier der Welt-

190 Barack Obama, »Remarks of the President on Trade«, 8. Mai 2015, www.whitehouse.gov.

handelsorganisation. Neben den G-Treffen gibt es jedes Jahr das Weltwirtschaftsforum in Davos sowie zahlreiche weitere, mehr oder weniger formelle Treffen der herrschenden politischen und ökonomischen Klassen. Parallel zu dieser Entwicklung kam es zur Integration der ehemaligen Sowjetrepubliken, Osteuropas und Chinas in den kapitalistischen Weltmarkt. Es folgte ein 20-jähriger neoliberaler Triumphzug.

Der Neoliberalismus wäre nicht möglich gewesen ohne die Entwicklung der Produktivkräfte, vor allem im Transport und in der Kommunikation. Die Einführung von Malcolm McLeans Standard-Container 1956 war von besonderer Bedeutung. McLeans Container ließ sich leicht von Schiffen auf Züge und Lastwagen verladen. Das Entladen von Frachtschiffen, das einst Tage oder gar Wochen dauerte, dauerte damit nur noch wenige Stunden. Die Verladungskosten wurden auf diese Weise um 97 Prozent reduziert.

Während des Vietnamkriegs setzte sich McLeans Container endgültig durch. Die Menge der US-Militärausrüstung, die nach Asien geschickt wurde, führte zu seiner Verbreitung auf dem gesamten Kontinent. Der Trend hielt an. Seit dem Jahr 1980 ist der Container-Transport zur See um 1.550 Prozent gestiegen. Heute werden 95 Prozent der Nahrungsmittel, Kleider, Autos und Elektrogeräte, die wir konsumieren, in Containern transportiert. Mehr als 20 Millionen von ihnen sind täglich auf der Erde unterwegs, und die größten Frachtschiffe können 20.000 von ihnen befördern – das bedeutet 40.000 Autos, 117 Millionen Paar Schuhe oder 745 Millionen Bananen. Arbeitskraft ist heute ein viel größerer Kostenfaktor im Produktionsprozess als Transport. Einige Industrien, darunter die Automobilindustrie und die Elektronikindustrie, ziehen enormen Nutzen aus den niedrigen Löhnen im Globalen Süden. Das wäre ohne McLeans Container unmöglich; er wurde zum Bindeglied zwischen den Produktionsländern des Südens und den Konsumtionsländern des Nordens.

Laptops, Mobiltelefone, das Internet, E-Mail und andere neue Kommunikationstechnologien haben nicht nur den globalen Informationsfluss revolutioniert, sondern auch das unternehmerische Management. Ein Beispiel ist die Just-in-time-Produktion, die die Produktionszeit minimiert und Lagerkosten spart, indem sie die Materialien, die für die Produktion benötigt werden, genau zur richtigen Zeit an den richtigen Ort schickt. Kommunikation und Logistik sind zentral für den heutigen Produktionsprozess.

Die Innovationen im Transport- und Kommunikationswesen haben es ermöglicht, den Produktionsprozess in zahlreiche Schritte aufzuteilen, die nicht geografisch miteinander verbunden sein müssen. Die Produktion findet in ›Netzwerken‹ und ›Ketten‹ statt. Diese können verschiedene Stockwerke miteinander verbinden oder auch Produktionsstätten in der ganzen Welt. Das Kapital ist nicht länger an spezifische Orte gebunden, da die Produktion immer flexibler geworden ist. Arbeitskraft wird dort gefunden (oder dorthin verlagert), wo die Produktion am profitabelsten ist. Die Arbeitskräfte wiederum sind an die Orte gebunden, an denen sie ihren Lebensunterhalt verdienen. Das schafft ein enormes Ungleichgewicht.

Theoretiker wie Hobson, Lenin und Hilferding sahen in der Konzentration des Kapitals eines der Hauptkennzeichen des Kapitalismus des frühen 20. Jahrhunderts. Daran sollte sich im weiteren Verlauf des Jahrhunderts wenig ändern. Das Entstehen transnationaler Unternehmen ist dafür genauso ein Indiz wie das Entstehen von Monopolen. Samir Amin bezeichnete die gegenwärtige Form des Kapitalismus als ›Monopolkapitalismus‹. Mit ›Monopolen‹ sind dabei nicht einfach große Unternehmen gemeint, die bestimmte Industrien dominieren. Monopole bestehen aus Netzwerken, die das gesamte Produktionssystem beherrschen. Ein Schweizer Forschungsprojekt veranschaulicht den Besitz transnationaler Unternehmen: Von 37 Millionen Unternehmen weltweit stehen 147 für 40 Prozent des Gesamtreichtums aller Unternehmen. 737 stehen für 80 Prozent. In der Automobilindustrie stehen zehn Unternehmen für 76 Prozent, in der Flugzeugindustrie zwei Unternehmen für 95 Prozent, und ein einziges Unternehmen kontrolliert 60 Prozent des Welthandels für Mikroprozessoren. Sechs Unternehmen kontrollieren 85 Prozent des Weltmarkts für Autoreifen, sieben Unternehmen 90 Prozent des Weltmarkts für medizinische Geräte, und zwei Unternehmen 80 Prozent des Weltmarkts für gemahlenen Kaffee. Fünf Unternehmen kontrollieren 77 Prozent des Welthandels mit Mais, drei Unternehmen 90 Prozent des Welthandels mit Bananen, und vier Unternehmen 87 Prozent des Weltmarkts mit Tabak.[191] Kleine und mittlere Unternehmen dienen als Zulieferer der Monopolisten, die einen bedeutenden Teil der von den Zulieferern erwirtschafteten Profite in die eigene Tasche stecken.[192] So generieren sie den Superprofit, also den Anteil des Profits, der über der durchschnittlichen Profitrate liegt.

191 »The Network of Global Corporate Control«, Swiss Federal Institute of Technology, 2011.

192 Ein konkretes Beispiel ist die Landwirtschaft. Die Arbeit eines jeden ›unabhängigen‹ Bauern ist abhängig von Banken und Konzernen, was vom Einkauf des Saat-

›Geistige Eigentumsrechte‹ konstituieren eine neue Form kapitalistischer Monopolisierung. Es ist unmöglich, diese Rechte zu schützen ohne die Hilfe des Staates. Im Globalen Norden wurden zahlreiche Abkommen zu diesem Zweck unterschrieben. Vor allem das TRIPS-Abkommen (*Agreement on Trade-Related Aspects of Intellectual Property Rights*) soll die Superprofite der nördlichen Monopole schützen. Im Jahr 2010 standen diese für 98 Prozent aller Lizenzen für geistiges Eigentum. Sie verdienten daran 237 Milliarden US-Dollar. Manche Branchen sind von Patenten und Labels besonders abhängig: Mode, Design, Elektronik, Software und Arzneimittel. Die Pharmaindustrie illustriert die Gewinnspannen besonders deutlich: Die Organisation ›Ärzte ohne Grenzen‹ berechnete, dass die Kosten der Behandlung eines HIV-Patienten in Indien pro Jahr von 10.000 auf 150 US-Dollar sanken, als die Patente der benötigten Arzneimittel im Jahr 2000 ausliefen.

## Die globale Arbeitsteilung

Während der vergangenen 30 Jahre änderte sich die globale Arbeitsteilung grundlegend. Von den Anfängen des Kapitalismus bis zu den 1970er-Jahren dienten die Länder der Peripherie vor allem als Zulieferer von Rohstoffen und tropischen Waren. Mitte des 20. Jahrhunderts machten Industrieprodukte 15 Prozent des Exports aller Dritt-Welt-Länder aus. Anfang des 21. Jahrhunderts war diese Zahl auf 70 Prozent gestiegen. Die industrielle Produktion war im Eiltempo vom Globalen Norden in den Süden verlagert worden.

Die Verlagerung begann in den 1970er-Jahren mit dem Handelskapital (Tesco, Walmart u. a.), das die Produktion von Schuhen, Kleidern, Spielsachen und Küchenwaren in Niedriglohnländern etablierte. Die nächste Welle sah, wie US-Elektronik-Giganten wie Cisco, Sun Microsystems, Garmin und AT&T ihre Produktion nach Südkorea und Taiwan verlagerten. Dies war eine Antwort auf die zunehmende japanische Konkurrenz. Die jüngste (und stärkste) Welle kam mit der Integration Chinas in den Weltmarkt in den 1990er-Jahren. Im Laufe des Jahrzehnts wurden jährlich 100.000 Industriejobs von den USA in den Globalen Süden verlagert. Im Jahr 2002 waren es 200.000 Jobs, 2004 sogar 400.000. Erst mit der Finanzkrise 2007 begann diese Entwicklung zu stagnieren.

---

guts bis zur Verteilung der Waren reicht. Der ›unabhängige‹ Bauer ist heute schlicht ein Zulieferer.

Insgesamt stieg die Anzahl der Arbeiter:innen, die in der kapitalistischen Produktion tätig sind, zwischen 1980 und 2011 von 1,9 auf 3,1 Milliarden Menschen. Das ist eine Steigerung von 61 Prozent. (In demselben Zeitraum stieg die Weltbevölkerung um 55 Prozent, von 4,5 Milliarden auf 7 Milliarden.) Drei Viertel dieser Arbeiter:innen leben im Globalen Süden. China und Indien stellen gemeinsam 40 Prozent des Weltproletariats. Indien trat der Welthandelsorganisation 1995 bei, China 2001. Etwa zur selben Zeit wurden die ehemaligen Sowjetrepubliken und die Länder Osteuropas in den kapitalistischen Weltmarkt integriert. Das bedeutete eine enorme Ausdehnung des Kapitalismus, vergleichbar nur mit dem Ende des Feudalismus. Es handelte sich um eine moderne Form primitiver Akkumulation. Millionen von Menschen verloren ihre Jobs in staatlichen Industrien und dehnten den Niedriglohnsektor aus, der dem Kapital global zur Verfügung steht.

Die abgebildete Grafik illustriert die Änderungen in der globalen Arbeitsteilung zwischen 1950 und 2010. 1980 war die Anzahl der Industriearbeiter:innen im Globalen Norden und Globalen Süden ungefähr gleich groß. 2010 gab es 541 Millionen Industriearbeiter:innen im Globalen Süden, und im Norden nur noch 145 Millionen. Die Arbeiter:innen im Globalen Süden sind daher für die weitere Entwicklung der globalen Ökonomie

Grafik 1
Das globale Industrieproletariat, 1950-2010

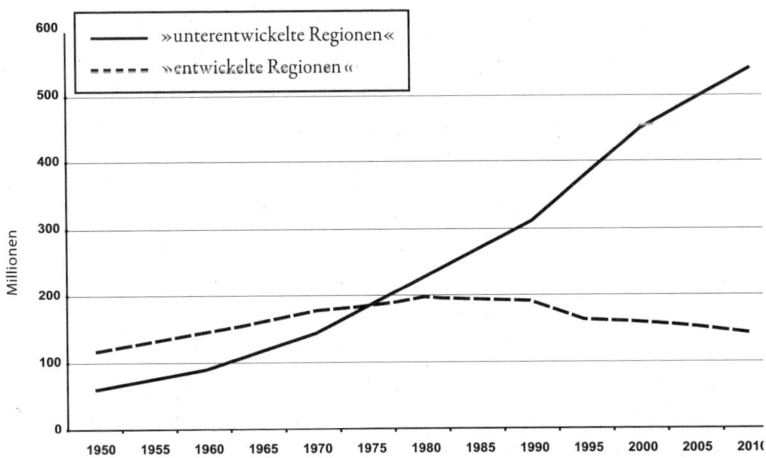


Quelle: *Global Discourse* (no. 1, 2011)

weit bedeutender. Das Epizentrum der industriellen Produktion liegt nicht mehr länger im Norden, sondern im Süden.

Die Entwicklung verläuft nicht in allen Ländern des Südens gleich. Die Industrialisierung konzentriert sich auf 23 Länder, die 76 Prozent der Gesamtbevölkerung des Globalen Südens ausmachen.[193] In den restlichen 107 Ländern, die die ›Internationale Arbeitsorganisation der Vereinten Nationen‹ (ILO) zum Globalen Süden rechnet, bilden immer noch der Export von Rohstoffen und landwirtschaftlichen Produkten das Rückgrat der Ökonomie. Zu den am stärksten industrialisierten Ländern des Globalen Südens zählen auch jene mit reichen Erdölreserven, darunter Saudi-Arabien, die kleineren Golfstaaten, Nigeria und Venezuela. Die Länder Zentralafrikas bleiben extrem marginalisiert. Auch innerhalb der industrialisierten Länder des Globalen Südens gibt es große regionale Unterschiede: Die Industrialisierung konzentriert sich oft auf Zollfreigebiete, in denen Unternehmen kaum Abgaben zahlen und vor gewerkschaftlicher Organisierung sicher sind. Im Jahr 2006 existierten 2.700 solcher Zonen im Globalen Süden, in denen 63 Millionen Menschen beschäftigt waren. In China ist die exportorientierte Produktion entlang des Perlflusses in den Städten Hongkong, Shenzhen und Guangzhou konzentriert.

Auch die Landwirtschaft im Globalen Süden hat sich stark verändert. Die landwirtschaftliche Produktion wurde in den Weltmarkt integriert, und ein neues Landproletariat entstand. Zu den wichtigsten Produkten zählen Holz, Pflanzenöle, Kaffee, Tee, Fleisch und Tierfutter. Effektive Transportmittel und Kühlketten haben den globalen Markt für Früchte, Gemüse und Blumen transformiert. Diese Waren sind nunmehr im Norden das gesamte Jahr über erhältlich, in den meisten Fällen zu günstigen Preisen. 80 Prozent der Arbeiter:innen im ›nicht-traditionellen Landwirtschaftssektor‹ sind Frauen, die oft ungeschützt Pestiziden ausgesetzt sind. Der Markt wird von einer Handvoll globaler Verteiler und Supermarktketten wie Tesco und Walmart beherrscht.

Eine Verlagerung von Arbeitsplätzen gibt es nicht nur in der Industrieproduktion und der Landwirtschaft, sondern auch im Dienstleistungssektor. Dienstleistungen, die verlagert werden können, werden verlagert. Mumbai ist zu einem globalen Zentrum für IT-Services geworden. Die Lohnkosten, die

193 Die Länder sind: Argentinien, Bangladesch, Brasilien, China, Ägypten, Indien, Indonesien, Israel, Malaysia, Mauritius, Mexiko, Marokko, Pakistan, die Philippinen, Singapur, Südafrika, Südkorea, Sri Lanka, Taiwan, Thailand, Tunesien, Türkei und Vietnam.

für einen indischen Software-Engineer, Programmierer oder Datenanalytiker anfallen, sind ein Bruchteil der Kosten, die in Nordamerika oder Europa gezahlt werden müssen. Auch telefonischer und elektronischer Kundendienst, Buchhaltung und Design werden vermehrt im Globalen Süden durchgeführt.

Für Arbeiter:innen im Globalen Norden bedeutet dies, dass sich die Konkurrenz um die lukrativsten und bestbezahlten Jobs weltweit intensiviert hat. Höhere Ausbildung ist wichtiger denn je. Alle versuchen, sich im Konkurrenzkampf einen Vorteil zu verschaffen. Auch im Globalen Süden gibt es immer mehr Fachausbildung vor Ort. Langfristig wird der Norden das Rennen, das er initiiert hat, verlieren.

In den 1980er-Jahren wurde die westliche Gesellschaft immer wieder als ›postindustriell‹ beschrieben. ›Immaterielle Arbeit‹, das heißt, Arbeit in den Bereichen der Wissensproduktion und Wissensvermittlung, der Information, Kommunikation, Dienstleistung, Kreativität und allem, was als ›Erfahrungsökonomie‹ bezeichnet wird, wurde immer wichtiger. Von einer postindustriellen Welt sind wir jedoch weit entfernt. Computer, Bildschirme, Smartphones und alle anderen modernen Waren, die wir in immer größeren Mengen konsumieren, werden von Menschen aus Fleisch und Blut gemacht. Global betrachtet gibt es heute mehr Industriearbeiter:innen als vor 40 Jahren, nicht weniger. Die Industrieproduktion verschwand nicht, man sieht sie nur nicht mehr, wenn man im Globalen Norden lebt. Doch auch wenn die Arbeit im Süden gemacht wird, wird sie vom Norden kontrolliert – und das gilt erst recht für die Finanzen, den Handel und den Schutz der Eigentumsrechte.

Die Industrialisierung des Südens geht mit dem Anstieg ›unproduktiver Arbeit‹ im Norden einher. Heute ist etwa die Hälfte der Arbeiter:innen im Globalen Norden in diesem Bereich beschäftigt. Ein *Economist*-Artikel fasste es im Jahr 2012 so zusammen: »Die Fabriken scheinen heute oft verlassen, während die Bürogebäude voll von Designern, IT-Spezialisten, Buchhaltern, Logistik-Experten, Marketing-Experten, Kundenbetreuern, Köchen und Reinigungskräften sind.«[194] Die Ökonomenpaar William Milberg und Deborah Winkler sehen in der gegenwärtigen Phase der Globalisierung »Produktion und Verwirklichung des Werts geografisch mehr denn je voneinander losgelöst«.[195]

194 *The Economist*, 21. April 2012.

195 William Milberg und Deborah Winkler, *Outsourcing Economics: Global Value Chains in Capitalist Development* (Cambridge: Cambridge University Press, 2013), 12f.

Es ist wichtig, zu bedenken, dass alles, was Arbeiter:innen konsumieren, aus dem produktiven Sektor kommt, unabhängig davon, ob sie selbst in produktiver oder unproduktiver Arbeit tätig sind. Nehmen wir das Sicherheitspersonal als Beispiel, das von Fabriken angestellt wird. Es schafft eine Ware: Sicherheit. Aber wenn die Anzahl des Sicherheitspersonals im Verhältnis zur Anzahl der Industriearbeiter:innen steigt, dann sinkt die durchschnittliche Produktivität der Industriearbeiter:innen. Der Anstieg der unproduktiven Arbeit im Globalen Norden steht also in direktem Zusammenhang mit der steigenden Ausbeutung der produktiven Arbeit im Globalen Süden. Sonst würden die Profite fallen. Bereits 1990 meinte der Ökonom James Devine, dass »Wert ins Zentrum übertragen wird, wenn es dort mehr unproduktive Arbeit als im Weltdurchschnitt gibt«.[196]

William Milberg hat darauf verwiesen, dass »viele ›produzierende‹ Unternehmen heute gar nichts produzieren, sondern nur Labels, Design, Marketing, Zulieferketten, Logistik und finanzielle Dienstleistungen zur Verfügung stellen«.[197] Milberg erklärt, wie dies direkt mit den fallenden Importkosten verbunden ist, die wesentlich für die hohen Profitraten sind. Auch der Finanzkapitalismus im Globalen Norden profitiert von den niedrigen Preisen der im Süden produzierten Waren. Verringerte Produktionskosten bringen höhere Profite, die auf neue Weisen investiert werden können. Die Korrelation zwischen der Finanzialisierung im Norden und der Wertproduktion im Süden drückt sich in der Tatsache aus, dass diejenigen Unternehmen, die am meisten von billigen Importen abhängig sind, auch in der Finanzialisierung eine Voreiterrolle spielen. Der Ökonom Steve Knauss zog den folgenden Schluss: »Die Ausdehnung des Finanzwesens, sowie des Marketings, der Logistik und anderer wichtiger Formen unproduktiver Arbeit, legt nahe, dass die Übertragung des Werts auch in der globalen politischen Ökonomie des 21. Jahrhunderts ein wesentlicher Faktor bleibt.«[198]

Seit rund 50 Jahren erklärt die Mainstream-Wirtschaftswissenschaft den Entwicklungsländern, dass sie mithilfe der Industrialisierung zu den reichen Ländern werden aufschließen können. Alles, was sie tun müssen, ist, Europa

196 James Devine, »The Utility of Value: The ›New Solution‹, Unequal Exchange, and Crisis«, unveröffentlichtes Manuskript, 1990.

197 William Milberg, »Shifting Sources and Uses of Profits: Sustaining US Financialization with Global Value Chains«, in: *Economy and Society* (no. 3, 2008), 425.

198 Steven Knauss, »Unequal Exchange in the 21st Century«, unveröffentliches Manuskript, 2015.

und Nordamerika nachzuahmen. Aber die gegenwärtige Industrialisierung des Globalen Südens lässt sich mit der Industrialisierung von Europa und Nordamerika vor über 100 Jahren nicht vergleichen. Die Bedingungen sind völlig andere. Die Industrialisierung des Nordens wurde durch Zollschranken und einen starken heimischen Markt ermöglicht – sie wurde durch Kolonialismus und Imperialismus ermöglicht. Die gegenwärtige Industrialisierung des Südens ist zur Gänze von Exporten abhängig. Es gibt keine industriellen Monopole im Globalen Süden. Im Gegenteil, es herrscht starke Konkurrenz. Die Monopole des Nordens (z. B. die großen Modelabels) können zwischen zahlreichen potenziellen Zulieferern wählen. Zudem hat der Globale Süden keine Peripherie, die er ausbeuten kann. Der Großteil der Profite landet im Norden. Höhere Löhne zu erkämpfen, ist für die Arbeiter:innen des Südens sehr schwierig. Die industrielle Reservearmee ist enorm groß; es gibt Millionen arbeitsloser Männer und Frauen, die verzweifelt nach Arbeit suchen, und Einwanderungsbestimmungen erlauben ihnen nicht, ohne große Risiken in Länder zu gehen, wo die Löhne höher sind. Die Tore in den Norden öffnen sich nur für jene Teile der Bevölkerung, die eine Ausbildung haben, für die es eine Nachfrage gibt. ›Unentdeckte Kontinente‹, in denen man sich niederlassen könnte, gibt es keine mehr.

Als die Industriejobs in den Süden verlagert wurden, blieben die Löhne im Norden. Das ist nicht überraschend. Ansonsten hätte es die Verlagerung nie gegeben. Die Industrialisierung hat manchen Ländern im Süden ein höheres Bruttoinlandsprodukt gebracht, aber davon profitieren in erster Linie die Mittel- und Oberschichten. Die Reallöhne der Arbeiter:innen sind kaum gestiegen. Die Industrialisierung Chinas, Südafrikas und Brasiliens brachte den dortigen Arbeiterklassen nicht die Lebensbedingungen Europas oder Nordamerikas. Es ist unmöglich, die Waren, die im Süden mithilfe niedriger Löhne produziert werden, in den Norden zu exportieren und gleichzeitig eine Konsumgesellschaft im Süden aufzubauen. Die Industrialisierung des Südens hängt von der Kaufkraft des Nordens ab. Während die kapitalistische Entwicklung im Norden von einem Gleichgewicht zwischen Angebot und Kaufkraft charakterisiert war, gibt es ein solches Gleichgewicht im Süden nicht – im gegenwärtigen kapitalistischen Weltsystem kann es ein solches Gleichgewicht nicht geben. Die niedrigen Löhne des Südens verlangen eine große industrielle Reservearmee.

Das wird von Zahlen belegt, die die ILO veröffentlicht hat. Sie teilte im Jahr 2011 die globale Arbeiterklasse folgendermaßen ein:

- ★ 1,4 Milliarden Lohnarbeiter:innen, manche Teilzeitarbeiter:innen mit prekären Anstellungsverhältnissen;
- ★ 1,7 Milliarden Arbeiter:innen im sogenannten informellen Sektor, darunter Dienstbot:innen, Straßenverkäufer:innen und das in der Subsistenzlandwirtschaft tätige Landproletariat; diese Menschen sind offiziell als arbeitslos registriert; sie formen, was Marx den »latenten Teil« der industriellen Reservearmee nannte;
- ★ 218 Millionen Arbeitslose, nach Marx der »fließende Teil« der industriellen Reservearmee;
- ★ 538 Millionen Menschen im ›primären Arbeitsalter‹ (25 bis 54 Jahre), die als ›ökonomisch inaktiv‹ gelten; es handelt sich um eine heterogene Gruppe, die aus Student:innen, Behinderten, Gefangenen und, in Marx'scher Terminologie, dem ›Lumpenproletariat‹ besteht.

Die letzten drei Kategorien ergeben weltweit eine industrielle Reservearmee von 2,4 Milliarden Menschen. Wenn wir das mit den 1,4 Milliarden Lohnarbeiter:innen vergleichen, ist die Reservearmee um 70 Prozent größer. Die allermeisten Menschen, die wir zur globalen industriellen Reservearmee zählen können, leben im Süden. Das ist einer der Hauptgründe dafür, warum Lohnerhöhungen dort höchst unwahrscheinlich sind.

## Der Aufstieg des Finanzkapitals

Die Profite des Industriekapitals entstehen in der Warenproduktion. Die Profite des Finanzkapitals stammen aus finanziellen Transaktionen. Finanzkapital ist Geld, das mehr Geld schafft – oder zumindest sieht es so aus. In Wahrheit ist das Finanzkapital in vielerlei Hinsicht vom Industriekapital abhängig.

Die ursprüngliche Form des Finanzkapitals war das Bankkapital. Banken verleihen Kapital von Unternehmen mit viel Kapital an Investoren und Kreditnehmer. Sie überweisen Geld von einem Konto auf ein anderes. Das ist seit Jahrhunderten ihre Aufgabe. In den Banken der italienischen Stadtstaaten wurde im 15. Jahrhundert Gold physisch von Tresor zu Tresor befördert. Heute braucht das Finanzkapital kein Gold mehr und auch keine Geldscheine, um Kapital zu schaffen. Wenn du dir eine Million Dollar ausleihst, ändern sich schlicht die Ziffern auf deinem Kontoauszug, und trotzdem schafft der Kredit unmittelbar Kaufkraft. Ob du das Geld investierst oder ausgibst, obliegt dir. Das Finanzkapital schafft damit nicht mehr Wert, aber es dehnt den Wert, der besteht, aus, indem es zukünftigen Wert vorwegnimmt.

Banken machen heute jedoch viel mehr, als nur Kapital umzuverteilen. Zum Beispiel verleihen sie Geld, das sie gar nicht haben. Das durchschnittliche Verhältnis von Krediten zu Einlagen liegt bei 20:1. Direkt vor der Finanzkrise von 2007 lag es bei 100:1. Indem es unmittelbare Kaufkraft schafft, verschleiert das Finanzkapital das größte Problem des Kapitalismus, nämlich das Ungleichgewicht zwischen Angebot und Kaufkraft. Das Finanzkapital verleiht nicht nur Geld, es handelt mit Devisen, Aktien, Rentenpapieren, sogenannten Derivaten. Indem es die Kaufkraft ausdehnt, trägt es zum wirtschaftlichen Wachstum bei. Aber dieses Wachstum beruht auf spekulativen Blasen, die jederzeit platzen können.

Die Finanzkrise von 2007 markierte das Ende der goldenen Ära des Neoliberalismus. 30 Jahre lang war es ihm blendend gegangen. Die Profitraten stiegen, Löhne und Steuern hingegen nicht. Im August 2007 jedoch waren die Europäische Zentralbank und die American National Bank gezwungen, dem internationalen Banksystem Geld zuzuschießen. Banken waren es so gewohnt, einander Geld zu leihen, dass nun ein kompletter Zusammenbruch des Bankwesens befürchtet wurde. Das war der Beginn einer Krise, die tiefe Risse im kapitalistischen Weltsystem verursachte.

Um die Finanzkrise von 2007 zu verstehen, muss man die Beziehungen zwischen den zwei wichtigsten Kennzeichen der neoliberalen Globalisierung verstehen: die Verlagerung der Produktion in den Globalen Süden und der Siegeszug des Finanzkapitals, das heißt, die ›Finanzialisierung‹ des Kapitalismus. Mit ›Finanzialisierung‹ meinen wir die zunehmende Bedeutung von Aktien, Rentenpapieren, Versicherungen, Immobiliengeschäften und Devisenhandel im Unterschied zur Warenproduktion. Ein großer Teil der heutigen Profite des Kapitals stammt aus finanziellen Transaktionen, hat also mit Produktion nichts zu tun. Gleichzeitig beruhen die Profite des Finanzkapitals wesentlich auf der Verlagerung der Produktion in den Globalen Süden. Es ist kein Zufall, dass beide Entwicklungen historisch zusammenfallen.

Um der Regulierung durch den Staat und Steuern so weit wie möglich zu entgehen, begannen transnationale Unternehmen in den späten 1970er-Jahren damit, sogenannte ›Offshore-Finanzplätze‹ einzurichten, wo sie mit Devisen und Wertpapieren handelten. Der Finanzkapitalismus kann nur als globales System verstanden werden, einerseits mit hoher Konzentration, andererseits mit viel Flexibilität. Alles dreht sich um Spekulationen. Das Internet und neue Kommunikationstechnologien haben den Finanzmärkten erlaubt, sich global zu vernetzen. Das Kapital bewegt sich 24 Stunden am

Tag zwischen Tokio, Hongkong, Singapur, London, Frankfurt, Paris, New York, San Francisco usw; Milliarden von Dollars gehen jede Sekunde von Kunde zu Kunde, von Ort zu Ort. Der Transfer transnationalen Kapitals wuchs zwischen 1982 und 1992 um das Zehnfache. Dieses globale Finanznetzwerk, das investiert und Profite einstreicht, lässt sich mit einem digitalen Kasino vergleichen, in dessen Händen das Schicksal von Unternehmen, die Ersparnisse gewöhnlicher Menschen und die Währungen ganzer Länder liegen. Die neuen Kommunikationstechnologien machen detaillierte Informationen über Produktionskosten, Infrastruktur, Marktbeziehungen, Lohnniveaus, politische Bedingungen und ökologische Voraussetzungen jederzeit zugänglich. Alles lässt sich zu Wertpapieren machen. Wir haben es mit einem Kapitalismus ohne Gesicht und einer nie enden wollenden Jagd von Geld auf Geld zu tun.

Die Finanzialisierung des Kapitalismus verlangt eine ständige Steigerung des Werts der Wertpapiere. Das setzt den produktiven Sektor unter Druck, der gezwungen wird, Kosten zu senken, zum Beispiel, indem die Produktion in den Globalen Süden verlagert wird. Dies resultiert in einer höheren Profitrate, sowohl wegen der geringeren Lohnkosten als auch wegen der geringeren Konsumpreise im Globalen Norden, was dem Kapital wiederum erlaubt hat, dort die Reallöhne einzufrieren. Die Profite schossen vor allem in die Höhe, als die ehemaligen Sowjetrepubliken, die Länder Osteuropas und China in den Weltmarkt integriert wurden. Es gab so viel neues Kapital, dass Investitionen im produktiven Sektor alleine dieses nicht erschöpfen konnten. Dies war ein Hauptgrund für die Spekulation, die zu jener Blase führte, die 2007 platzte.

Auch im Welthandel bedingen sich die Industrialisierung des Globalen Südens und der Aufstieg des Finanzkapitals. China hat einen enormen Handelsbilanzüberschuss gegenüber den USA. Das führt zu einer großen Menge US-Dollars in chinesischen Banken, von denen viele wieder an die USA verliehen werden. Das Resultat ist ein Kreislauf, in dem China amerikanische Schatzbriefe kauft, um den USA zu ermöglichen, chinesische Waren zu kaufen. Das ist ein Paradebeispiel für ein Phänomen, das in der Weltwirtschaft gängig geworden ist: Die armen Länder finanzieren die Überkonsumtion der reichen Länder. Das Kapital aus Ländern wie China und Brasilien, das verwendet wird, um Wertpapiere zu kaufen, hält die Zinsen niedrig. Die Kapitalströme, die vom Globalen Süden in den Norden fließen, sind das Resultat eines globalen Ungleichgewichts, das durch die Verlagerung der Produktion in Niedriglohnländer geschaffen wurde. Schulden, hochriskante Spekulation und finanzielle Verantwortungslosigkeit waren nur die oberflächlichen Gründe für die Krise von 2007. Der tiefere Grund war das Ungleichgewicht der globalen Finanzströme. Lasst uns genauer ansehen, was das praktisch bedeutet.

## Die Globalisierung der Produktion

Im 19. Jahrhundert wurden Waren gewöhnlicherweise in einer Fabrik produziert, in der aus Rohstoffen Fertigerzeugnisse hergestellt wurden. Im 20. Jahrhundert, und vor allem nach dem Zweiten Weltkrieg, wurden immer mehr Einzelteile von Zulieferern produziert. Diese befanden sich im gleichen Land. Auf dem Weltmarkt wurden Rohstoffe und Fertigerzeugnisse gehandelt. Die Industrialisierung des Globalen Südens und die parallele Deregulierung finanzieller Transaktionen führten jedoch zu einem explosiven Wachstum des Handels von Einzelteilen und Halbfabrikaten, oft zwischen Tochtergesellschaften derselben transnationalen Unternehmen. Der Welthandel wuchs zwischen 1980 und 2007 um das Zehnfache. Die Produktionsketten transnationaler Unternehmen waren schätzungsweise für 80 Prozent dieser Steigerung verantwortlich.

Globale Produktionsketten stehen heute für den Prozess, der von der Idee zum Fertigerzeugnis führt.[199] Die ersten globalen Produktionsketten wurden in den 1970er-Jahren in der Schuhindustrie, der Bekleidungsindustrie und der Spielzeugindustrie etabliert. Bald wurden sie überall angewendet, von der Elektronikindustrie bis zur Schwerindustrie.[200] Jeder Schritt im Produktionsprozess wird dorthin verlagert, wo die Bedingungen für die Unternehmen am günstigsten sind. Wenn sich die Lage ändert, zieht die Produktion weiter. Heute können die Einzelteile eines Autos in 20 verschiedenen Ländern produziert werden. Selbst die Zusammensetzung der Einzelteile lässt sich auf verschiedene Orte aufteilen. Ford lässt Autos in Mexiko zusammenstellen, Volkswagen in Brasilien und Toyota in mehreren asiatischen Ländern. Nikes Schuhe und Kleider werden an 40 verschiedenen Orten in Süd- und Südostasien produziert. Zunächst werden sie in den USA entworfen, dann werden in Taiwan Prototypen hergestellt und schließlich mithilfe fortgeschrittener

199 Der Begriff wurde von Terence K. Hopkins und Immanuel Wallerstein im Artikel »Commodity Chains in the World-Economy Prior to 1800« (*Review*, no. 1, 1986) eingeführt.

200 China steht für etwa 50 Prozent der weltweiten Stahlproduktion. Viele Bauprojekte im Globalen Norden sind von Stahl aus China abhängig.

Computertechnologie Vorlagen zur Massenproduktion nach China, Vietnam, Indonesien, Südkorea und Indien geschickt. Die Fertigerzeugnisse werden danach zum größten Teil in Nordamerika und Europa verkauft. Das ist ein Beispiel für eine ziemlich einfache Produktionskette. Andere sind komplizierter. Computer von Dell beinhalten 4.500 Einzelteile, die an 300 verschiedenen Orten produziert werden.

Ein gutes Beispiel sogenannter *fabless* (›fabrikloser‹) Unternehmen ist Apple. Apple entwirft, entwickelt und verkauft Produkte, lagert jedoch die gesamte Produktion aus. Apple ist eines der teuersten Unternehmen der Welt. Im Jahr 2016 lag Apples Börsenwert bei 530 Milliarden US-Dollar. Das meiste Geld kommt von Patenten. Ein Bericht zur Produktion von Apple-iPhones, der 2010 vom *Asian Development Bank Institute* kommissioniert wurde, kam zu dem Schluss: »Es ist beinahe unmöglich, zu definieren, wo genau ein Produkt im globalen Markt hergestellt wird. Auf dem Rücken von iPhones steht ›Entworfen von Apple in Kalifornien, zusammengesetzt in China‹.«[201]

Eine solche Information sagt wenig über den tatsächlichen Produktionsprozess aus. Die Einzelteile der Apple-Produkte werden von Unternehmen wie Toshiba und Samsung an verschiedenen Orten in Südostasien produziert. Dann werden sie nach Shenzhen in China geschickt, wo das Unternehmen Foxconn, mit Sitz in Taiwan, gigantische Fabriken besitzt. In der Longhua-Fabrik, wo iPhones und iPads zusammengestellt werden, arbeiten, schlafen und essen 400.000 chinesische Arbeiter:innen. Sie erhalten den chinesischen Mindestlohn, der im Jahr 2009 bei 0,83 USD pro Stunde lag. (Das Durchschnittseinkommen von Elektronik-Arbeiters:innen in China lag 2009 bei 1,36 USD.) Arbeiter:innen in den Fabriken Shenzhens arbeiten 12 Stunden am Tag, sechs Tage in der Woche. Apple-Mitarbeiter in Kalifornien nennen Foxconns Fabrikstadt ›Mordor‹, nach dem finsteren Land in J. R. R. Tolkiens *Herr der Ringe*. Eine Serie von Selbstmorden unter Foxconn-Arbeiter:innen im Jahr 2010 scheint zu belegen, dass diese Referenz nicht allzu weit hergeholt ist. Brian Merchants 2017 veröffentlichter Studie *The One Device: The Secret History of the iPhone* zufolge scheint sich an den Bedingungen in Foxconn-Fabriken nicht viel geändert zu haben.

---

201 Yuqing Xing und Neal Detert, »How the iPhone Widens the United States Trade Deficit with the People's Republic of China«, Arbeitspapier des Asian Development Bank Institute, 2010.

Wenn wir die Produktionskette weiterverfolgen, dann gelangen wir zu kongolesischen Bergleuten, die unter Lebensgefahr Metalle aus dem Erdboden holen, die für die Elektronikprodukte benötigt werden. Diese Bergleute, die Arbeiter:innen in China und die Apple-Mitarbeiter:innen in Kalifornien sind alle durch Produktionsketten miteinander verbunden, doch ihre Lebensstandards sind Welten voneinander entfernt.

Die globalen Produktionsketten lassen sich in zwei Kategorien aufteilen:

Zunächst gibt es die *produzentgetriebene* Produktionskette: Große transnationale Unternehmen koordinieren ein Netzwerk, in dem Einzelteile hergestellt und zusammengesetzt werden, je nachdem wo man die besten Bedingungen vorfindet. In einer Studie aus dem Jahr 2011 mit dem Titel *The Global Division of Labour and Division in Global Labour* beschreibt Timothy Kerswell die Produktionsketten in der Automobilindustrie im Detail. Als man noch vom ›Fordismus‹ sprach, um die industrielle Produktion einer gesamten Ära zu beschreiben, wurden Autos in einer Fabrik entlang eines Fließbands zusammengestellt. Heute ist die Automobilindustrie ein Paradebeispiel dafür, wie ›schlanke‹ und ›flexible‹ Produktionsketten funktionieren. Die Einzelteile eines Ford-Autos kommen aus 17 verschiedenen Ländern, werden *just in time* geliefert und an verschiedensten Orten zusammengestellt. Die Fertigerzeugnisse werden dann von unabhängigen Händlern vertrieben.

Die andere Art von Produktionsketten sind *konsumtgetriebene* Produktionsketten, für die globale Supermarktketten wie Tesco und Walmart, aber auch große Modemarken wie Zara, Vero Moda und H&M stehen. Diese Unternehmen lagern die Produktion von Waren zur Massenkonsumption quasi zur Gänze an Zulieferer im Globalen Süden aus, zeichnen jedoch selbst für das Design, das Branding, das Marketing und den Verkauf verantwortlich.

Alle globalen Produktionsketten starten im Norden und enden im Norden. Beinahe alle Fertigerzeugnisse werden dort verkauft. Einst war der Export von Waren ein Extraeinkommen für Unternehmen. Sie exportierten den Überschuss der Produktion, der sich nicht auf dem heimischen Markt verkaufen ließ. Die heutigen Industrien des Globalen Südens sind beinahe zur Gänze exportorientiert. Manche Industrien produzieren ausschließlich für Konsument:innen im Globalen Norden. Die niedrigen Löhne im Süden machen es unmöglich für Arbeiter:innen, auch nur einen Bruchteil dessen zu konsumieren, was sie produzieren. Es ist der Konsum im Norden, der den Wert der Produkte bestimmt. Den Profit machen andere, nicht sie.

Nicht nur Waren, die aus vielen Einzelteilen bestehen, sind auf Produktionsketten angewiesen. Auch Coca-Cola hat seine Produktion verlagert. In der US-Zentrale ist man vor allem mit Branding beschäftigt, während die Dosen und Flaschen von Brauereien in der ganzen Welt gefüllt werden, gegen beträchtliche Abgaben. Deshalb weigert sich Coca-Cola auch, Verantwortung für die fürchterlichen Bedingungen zu übernehmen, unter denen das in vielen Ländern geschieht, sowie für die Morde an Gewerkschafter:innen, die sich dagegen auflehnen.

Die Tatsache, dass die globalen Produktionsketten von Unternehmen im Globalen Norden kontrolliert werden, deren Zentralen oft Tausende Kilometer von den Fabriken entfernt sind, in denen produziert wird, ist der Grund für ihre hohen Profite. Unter diesen Bedingungen entstehen auch Monopole, die einen bedeutenden Anteil des Werts einstreichen, der in den Fabriken der Zulieferer geschaffen wird. Die Profite, die Foxconn zwischen 2000 und 2015 durch die Produktion von Apple-Produkten machte, lagen bei 2-3 Prozent des Verkaufspreises. Die Profite, die Apple machte, lagen bei 30 Prozent. Es gibt Zulieferer im Globalen Süden, die ausschließlich für ein bestimmtes Unternehmen im Norden produzieren. Wenn dieses Unternehmen droht, seine Produktion zu verlagern, geht der Zulieferer bankrott. Man kann sich vorstellen, welcher Druck auf das Management ausgeübt werden kann.

Einst hatten transnationale Unternehmen Niederlassungen in mehreren Ländern. Das war sogar die ursprüngliche Definition eines transnationalen Unternehmens. Heute ist ein transnationales Unternehmen schlicht ein Unternehmen, das die Macht hat, ökonomische Aktivitäten in mehreren Ländern zu koordinieren und zu kontrollieren. Unternehmen in den USA, Westeuropa und Japan konkurrieren nicht mit Unternehmen in China und Bangladesch. Die Industrieregionen des Globalen Südens bedrohen nicht die Macht nordamerikanischer, europäischer und japanischer Unternehmen. Unternehmen im Globalen Süden werden von den Unternehmen des Nordens schlicht benutzt. Die einzigen Konkurrenten der Unternehmen im Süden sind andere Unternehmen im Süden – genauso wie die einzigen Konkurrenten für die Unternehmen im Norden andere Unternehmen im Norden sind: Nike vs. Adidas, Apple vs. Microsoft usw.

## Arbeitsarbitrage

Die Globalisierung der Produktion bedeutet die Verlagerung der Produktion in Niedriglohnländer. Um diesen Prozess zu erklären, verwendet der Ökonom John Smith den Begriff der ›Arbeitsarbitrage‹.[202] ›Arbitrage‹ ist ein ökonomischer Begriff, der den Handel einer Ware (in diesem Fall der Arbeitskraft) auf unterschiedlichen Märkten beschreibt (in diesem Fall Länder mit hohen Löhnen auf der einen Seite und Länder mit niedrigen Löhnen auf der anderen). Die Arbitrage erlaubt einem Unternehmen, Profit zu machen, indem es billig auf einem Markt einkauft und teuer auf dem anderen verkauft. Je ungleicher die Märkte sind, desto höher der Profit. Es gibt kaum Märkte, die ungleicher sind als jene für Arbeitskraft im Globalen Norden bzw. Süden.

Die Arbeitsarbitrage kann zwei Formen annehmen: erstens die Verlagerung der Produktion in Niedriglohnländer, und zweitens den Import von Arbeitskraft aus Niedriglohnländern. Die erste Form ist heute bei Weitem die wichtigste. Die Mobilität der Arbeitskraft wird legislativ streng eingeschränkt, was die militarisierten Grenzen der EU und der USA schonungslos aufzeigen. Industrien, die ihre Produktion nicht so einfach verlagern können, etwa die Landwirtschaft, die Bauindustrie oder die Pflegeindustrie, tun, was sie können, um billige Arbeitskraft zu importieren. Migrantische Arbeitskräfte schuften auf den Gemüsefeldern der USA und auf europäischen Baustellen. Ihre Löhne sind niedriger als die der heimischen Arbeiterklasse, aber deutlich höher als in ihren Herkunftsländern. Gemäß Zahlen, die die Weltbank veröffentlichte, schickte jeder der 210.000 Bangladeschi, die 2013 im Vereinigten Königreich lebten, im Schnitt 4.058 US-Dollar an seine Familie in Bangladesch. Im selben Jahr lag das Durchschnittseinkommen eines Textilarbeiters in Bangladesch bei 1.380 US-Dollar. Das bedeutet, dass ein migrantischer Arbeiter aus Bangladesch im Vereinigten Königreich dreimal mehr Geld sparen konnte, als ein Arbeiter in Bangladesch in der Textilindustrie verdiente.

Länder wie Saudi-Arabien, Kuwait und andere Golfstaaten haben den Import von Niedriglohnarbeit zur Basis ihrer Volkswirtschaften gemacht. Migrantische Arbeitskräfte werden ins Land geholt, wenn sie gebraucht werden, und weggeschickt, wenn sie nicht mehr gebraucht werden. Besonders deutlich wird das in der Bauindustrie und in der Dienstleistungsindustrie. Die Skylines von Dubai und Katar wurden von Arbeitskräften aus Bangla-

202 Stephen S. Roach sprach zuerst von einer ›globalen Arbeitsarbitrage‹.

desch, Nepal und den Philippinen gebaut. Der Soziologe William Robinson hat ihre Situation so beschrieben: »Weder Arbeitergeber noch Staat will ohne migrantische Arbeitskraft sein. Im Gegenteil, beide wollen diese maximal ausbeuten – und sich ihr entledigen, wenn es notwendig wird.«[203]

Arbeiter:innen, die unter solchen oder ähnlichen Bedingungen arbeiten, machen heute einen Großteil des Weltproletariats aus. Millionen von ihnen arbeiten im Süden in Fabriken, Bergwerken und auf Plantagen. Der Weltmarkt wird von der globalen Arbeitsarbitrage bestimmt, die von der begrenzten Mobilität der Arbeitskraft und der riesigen industriellen Reservearmee bestimmt wird. Es gibt für alles unterschiedliche Preise in unterschiedlichen Ländern. Kein Preis unterscheidet sich jedoch so drastisch, wie der für Arbeitskraft.

Die Arbeitsarbitrage erlaubt eine Form von Ausbeutung, die nicht von politischer oder militärischer Unterdrückung abhängt. Sie funktioniert über den globalen Arbeitsmarkt. Das bedeutet nicht, dass Unterdrückung keine Rolle in diesem spielt. Sie ist immer noch notwendig, um die Staatsmacht, die globalen Produktionsketten und die Teilung des Arbeitsmarkts aufrechtzuerhalten. Eine der wichtigsten Funktionen des Staates ist es heute, Grenzübertritte zu kontrollieren, nicht von Waren und Kapital, sondern von Menschen.

## Grenzen und Migration

Die Bewegungsfreiheit von Kapital, Waren und reichen Menschen über Staatsgrenzen hinweg ist ein fester Bestandteil der neoliberalen Globalisierung. Das gilt auch für die Grenzen, die den Globalen Norden vom Süden trennen. Doch für Arbeiter:innen gibt es keine Bewegungsfreiheit über Staatsgrenzen hinweg, schon gar nicht zwischen dem Globalen Norden und Süden. Das ist einer der Gründe für die Lohnunterschiede, die in der Welt existieren. Deshalb wollen wir uns nun die historische Entwicklung des globalen Arbeitsmarkts ansehen.

Migration ist nichts Neues. Es gab viele Migrationswellen in der Geschichte des Kapitalismus. Die erste bestand aus dem Transport gefangener Afrikaner:innen nach Amerika vom 16. bis 19. Jahrhundert. Die zweite kam mit der Ausdehnung des Kapitalismus in Nordamerika, Australien und Neuseeland zwischen 1850 und dem Ersten Weltkrieg.

---

203 William Robinson, *Latin America and Global Capitalism* (Baltimore: John Hopkins University), 2008, 313.

Vor dem Ersten Weltkrieg war die menschliche Bewegungsfreiheit rechtlich kaum eingeschränkt. Reisepässe wurden selten verlangt, und man konnte leicht eine neue Staatsbürgerschaft annehmen (zumindest wenn man aus Westeuropa kam). Die Migration aus Europa nach Nordamerika und in andere Siedlerstaaten war eine Migration aus Ländern mit relativ hohen Löhnen in andere Länder mit relativ hohen Löhnen. Zwischen 1850 und 1920 emigrierten rund 70 Millionen Menschen aus Europa, nicht weniger als 17 Prozent der europäischen Bevölkerung. Dadurch wurde die industrielle Reservearmee in Europa wesentlich reduziert. Arbeiter:innen hatten eine gute Grundlage für Verhandlungen mit den Bossen. Lohnerhöhungen in Europa waren die Folge.

Menschen aus den Kolonien migrierten nicht unter denselben Bedingungen. Sie kamen als Kontraktarbeiter:innen in Nordamerika und Ozeanien an, mit wenig Rechten und keiner Aussicht auf Staatsbürgerschaft. ›Kulis‹ aus Indien und China wurden zur Arbeit auf Plantagen, in Bergwerken und im Eisenbahnbau eingesetzt. Sie arbeiteten härter als europäische Arbeitskräfte und verdienten weniger.

Zu einer dritten Migrationswelle kam es zwischen 1950 und 1975. Die keynesianische Rekonstruktion Europas nach dem Zweiten Weltkrieg schuf eine Nachfrage für Arbeitskraft, die nicht von europäischen Arbeitskräften alleine gestillt werden konnte. Deutschland rekrutierte migrantische Arbeitskräfte aus der Türkei, das Vereinigte Königreich aus Asien und Westindien, Frankreich aus den französischen Kolonien. Die ›Gastarbeiter‹ nahmen Niedriglohnjobs an, während heimische Arbeitskräfte in der Hierarchie aufstiegen. Die europäischen Länder begrüßten die migrantische Arbeitskraft, solange sie gebraucht wurde, doch mit der ökonomischen Krise der 1970er-Jahre wurden aus den ›Gastarbeitern‹ plötzlich ›Fremde‹ und zum Problem. Die Migration wurde dadurch jedoch nicht gestoppt. Aus dem Nahen Osten kam eine immer größere Anzahl von Menschen, die vor den dortigen Kriegen flohen.

Die Anzahl der Migrant:innen, die heute vom Globalen Süden in den Norden ziehen, ist verschwindend gering im Vergleich mit der Anzahl der Europäer:innen, die zwischen 1850 und 1920 emigrierten. Wie oben erwähnt, verließen 17 Prozent der europäischen Bevölkerung während dieser Periode den Kontinent. In den letzten Jahrzehnten zog weniger als 1 Prozent der werktätigen Bevölkerung des Globalen Südens in den Norden. Dass die Zahl nicht höher ist, ist besonders bemerkenswert, wenn wir die Umstände bedenken. Europäer:innen gingen in Länder, wo Löhne vergleichbar waren mit denen, die sie gewohnt waren. Migrant:innen aus dem Globalen Süden gehen in Länder, wo Löhne oft zehnmal so hoch sind wie die, die sie gewohnt sind. Der Transport ist heute schneller und sicherer, und es ist einfacher, mit Freund:innen und Familie in Kontakt zu bleiben. Was Menschen aus dem Globalen Süden trotz alledem von der Migration abhält, ist offenbar: ökonomische, rechtliche und physische Hindernisse. Nur 3 Prozent der Weltbevölkerung leben heute in einem Land, das nicht ihr Geburtsland ist, und nur 25 Prozent dieser Menschen zogen vom Globalen Süden in den Norden. Im Vergleich dazu lebten während der zweiten Hälfte des 19. Jahrhunderts etwa 10 Prozent der Weltbevölkerung nicht in ihrem Geburtsland.

Einem UN-Bericht von 2005 zufolge lag die absolute Zahl von Migrant:innen aus dem Globalen Süden im Norden bei 62 Millionen Menschen. Etwa 75 Prozent von ihnen lebten in den USA, die damals noch die liberalsten Einwanderungsgesetze im Norden hatten. Etwa 7,5 Millionen der Migrant:innen aus dem Globalen Süden lebten in der EU. Die meisten waren in den frühen 1990er-Jahren gekommen, bevor es immer schwieriger wurde, sich in der EU niederzulassen. In Japan gibt es weniger als eine Million Migrant:innen aus dem Globalen Süden, die 1,4 Prozent der Arbeiterschaft ausmachen. Oft handelt es sich bei der Migration aus dem Süden in den Norden um einen *brain drain*, da es um vieles leichter ist für hochqualifizierte Arbeitskräfte, Aufenthalts- und Arbeitsgenehmigungen zu bekommen, als für andere.

Der Kapitalismus hat von den Hierarchien auf dem internationalen Arbeitsmarkt enorm profitiert. Die Verlagerung der Produktion in den Globalen Süden steigerte seine Profite, wovon auch die Arbeiterklasse in den imperialistischen Ländern profitierte. Die Löhne blieben relativ stabil, und Konsumwaren wurden billiger. Wäre es dem Kapital nicht gelungen, den Fall der Profitrate in den 1970er-Jahren aufzuhalten, wären soziale Spannungen und das Ende des Klassenkompromisses wahrscheinlich gewesen. Das Kapital im Globalen Norden ist jedoch immer noch in Schwierigkeiten, und die Migration übt Druck auf es aus. Es hat ein Interesse an billiger migrantischer Arbeitskraft, aber es muss auch den Klassenkompromiss bewahren. Wir sehen, mit welcher Skepsis, ja Feindseligkeit, viele europäische Arbeiter:innen heute die Migration betrachten. Sie fürchten um ihre eigenen Löhne und Sozialleistungen und verwehren sich gegen mehr Konkurrenz am Arbeitsmarkt.

Der politische Rahmen des Klassenkompromisses ist die parlamentarische Demokratie. Heute wählen immer mehr Arbeiter:innen rechte Parteien.

Auch die sozialdemokratischen Parteien rücken nach rechts, in Wort und Tat. Neoliberale Parteien wandern auf einem Drahtseil: Einerseits können sie sich nicht für unbegrenzte Migranten aussprechen, andererseits wollen sie das System nicht ändern, das zwangsläufig Arbeitsmigration zur Folge hat.

Es gibt wenige Regionen der Welt, wo der Globale Süden direkt auf den Norden trifft. In diesen Regionen sollen Minen, Mauern, Stacheldrähte, Soldaten und Kriegsschiffe ›illegale‹ Grenzübertritte verhindern. Im 19. Jahrhundert träumten Migrant:innen von ihrem eigenen Stück Land. Heute träumen sie von einem Job. Niemals gab es so viele Menschen, die emigrieren wollten; und niemals gab es so viele, die dafür bezahlt wurden, sie daran zu hindern. Neoliberale Staaten stellen eine immer größere Anzahl von Polizei und Militär dafür ab, Grenzübertritte von Migrant:innen zu unterbinden. Das Mittelmeer und die Grenze zwischen den USA und Mexiko sind zu Todeszonen geworden, in denen Tausende von verzweifelten Menschen aus Niedriglohnländern jährlich bei dem Versuch sterben, das gelobte Land zu erreichen.

Selbst wenn der Grenzübertritt gelingt, ist das Glück nicht garantiert. Es ist sehr schwierig geworden, in Ländern des Globalen Nordens die Staatsbürgerschaft zu erhalten. Nur wenige Migrant:innen finden legale Arbeit und damit Zugang zum Wohlfahrtsstaat. Die Staatsbürgerschaft markiert eine biopolitische Grenze. Um sie zu bekommen, musst du dich in der migrantischen Hierarchie nach oben arbeiten: Es gibt Menschen mit temporärer Aufenthaltsgenehmigung, mit permanenter Aufenthaltsgenehmigung, mit der Erlaubnis, ihre Familien nachzuholen usw. Der Zugang zu den Einrichtungen des Wohlfahrtsstaats hängt von dem Status ab, den du erreicht hast.

Das Migrationssystem unterscheidet zwischen ›politischen‹ Flüchtlingen und ›ökonomischen‹ Flüchtlingen. Letzteren wird der Flüchtlingsstatus oft abgesprochen. Dieser Zynismus führt dazu, dass politische Verfolgung zu einer Voraussetzung wird, Armut zu entrinnen. Folter rechtfertigt Flüchtlingsstatus, Hunger tut das nicht. Dabei ist es nicht nur politische Verfolgung, die die Gesundheit und das Leben von Menschen in Armut gefährdet – das tut die Armut selbst. Auch eine liberale Flüchtlingspolitik fokussiert auf politische Intellektuelle, nicht Arbeiter:innen und die Landbevölkerung. Das Soziologenpaar Wilma A. Dunaway und Donald A. Clelland konstatierte:

> »Eine der augenfälligsten rassistisch motivierten Ungleichheiten des Weltsystems zu Beginn des 21. Jahrhunderts besteht in der Migrationspolitik der Länder des Zentrums. Während Medien und Politiker in den westlichen Ländern und Japan

> Ängste vor einer ›fremden Invasion‹ schüren, schieben sie die Herausforderungen an Länder ab, die über weit weniger ökonomische Ressourcen verfügen.«[204]

Obwohl die Länder der Peripherie unter ständiger Ausbeutung zu leiden haben, sollen sie für ›Flüchtlingskrisen‹ bezahlen, die die Länder des Zentrums geschaffen haben, nicht zuletzt durch militärische Interventionen. Im Jahr 2014 waren mehr als die Hälfte aller Flüchtlinge weltweit aufgrund militärischer Einsätze imperialistischer Länder auf der Flucht, vor allem in Afghanistan und im Nahen Osten. 48 Prozent dieser Flüchtlinge wurde in Ländern des Globalen Südens Sicherheit gewährt. In Ländern des Globalen Nordens erhielten nur 9 Prozent von ihnen Asyl. Eine Mehrheit der Flüchtlinge findet damit in Ländern ein neues Zuhause, in denen die Arbeitslosenrate bis zu achtmal höher ist als in den Ländern des Globalen Nordens. Mindestens die Hälfte der Flüchtlinge wohnt in Ländern, in denen eine Mehrheit der Bevölkerung mit weniger als 2 US-Dollar pro Tag auskommen muss.

## Der neue Rassismus

Seit Beginn des Millenniums ist die Migration das größte politische Thema im Globalen Norden. Der Rassismus ist heute ausgeprägter als vor 20 Jahren. Wenn über ›Kultur‹ und ›Tradition‹ gesprochen wird, dann schwingen Ethnizität und Klasse immer mit. Der gegenwärtige Rassismus hat wenig mit einer ›Angst vor dem Fremden‹ zu tun. Das sind ideologische Rechtfertigungen für die Spaltung der Arbeiterklasse. Rassismus ist kein psychologisches Phänomen und lässt sich nicht durch Erziehung oder Appelle an die Toleranz heilen. Im heutigen ökonomischen, politischen und gesellschaftlichen Klima ist Rassismus zur Gänze rational. Solange dieses Klima existiert, wird auch der Rassismus existieren.

Mit der Niederlage des Nationalsozialismus und der Ära der Entkolonisierung war der biologische und wissenschaftliche Rassismus diskreditiert. Heute drückt sich der Rassismus daher unter Verweis auf kulturelle Normen und Werte aus. Dass die Hautfarbe dabei keine Rolle spielt, und Menschen im Grunde alle gleich sind, würden fast alle unterschreiben. Alle sollen im Leben dieselben Möglichkeiten haben, solange sie nur den richtigen Normen und Werten folgen. In diesem Sinne ist der gegenwärtige Rassismus

---

204 Wilma A. Dunaway und Donald A. Clelland, »Moving toward Theory for the 21st Century: The Centrality of Nonwestern Semiperipheries to World Ethnic/Racial Inequality«, in: *Journal of World-Systems Research* (no. 2, 2017), 431.

›postkolonial‹. Die globalen Lohnunterschiede und die strenge Migrationsgesetzgebung haben angeblich nichts mit Rassismus zu tun. Gleichzeitig ist die Behandlung von Migrant:innen klar rassistisch motiviert. In seiner institutionellen Form bedeutet der Rassismus den Ausschluss von der Staatsbürgerschaft. Offen rassistische oder auch kulturelle Vorurteile mögen inakzeptabel sein, doch das Recht auf Staatsbürgerschaft bleibt in den Ländern des Globalen Nordens einer kleinen Minderheit der Weltbevölkerung vorbehalten. Offiziell sind die Gründe ökonomische. Aber das Resultat ist eindeutig: Die absolute Mehrheit der Menschen, denen die Staatsbürgerschaft in den Ländern des Globalen Nordens vorenthalten wird, sind nicht weiß. Für Migrant:innen, die den ökonomischen Eingangstest bestehen, gibt es sogar ein eigenes Wort: *Expat*. Es kann sich dabei um Ärzte, Ingenieurinnen oder IT-Spezialisten handeln. In jedem Fall um ›akzeptable Migrant:innen‹. Klasse spielt eine wichtige Rolle. Wer zu einer der nationalen Bourgeoisien des Globalen Südens gehört, kann in der Regel ohne Probleme in die Länder des Nordens reisen. Man hat eine Wohnung in Paris, geht am Wochenende in London shoppen und schickt die Kinder zur Ausbildung nach New York.

## Globale Löhne und Arbeitsverhältnisse

Anfang des 19. Jahrhunderts wurden Arbeitslöhne gezahlt, die das Existenzminimum abdeckten. Überall. Heute sind die globalen Lohnunterschiede enorm. Innerhalb der Staaten des Globalen Nordens wurden Anstrengungen unternommen, die Unterschiede nicht zu groß werden zu lassen. Die Folge wäre politische Instabilität. Ein Aspekt, der die relative Angleichung der Löhne innerhalb ein- und desselben Landes erleichtert, ist die Bewegungsfreiheit der Arbeitskraft. Für Waren existieren Weltmarktpreise. Für Arbeitskraft nicht. Die Preise für Kupfer, Kaffee oder Weizen mögen sich von Monat zu Monat unterscheiden, aber sie unterscheiden sich kaum von Land zu Land. Bei den Preisen für die Arbeitskraft ist es genau umgekehrt: Sie bleiben über lange Zeiträume relativ stabil, unterscheiden sich jedoch dramatisch von Ort zu Ort.

Die ILO sammelt seit 1924 Daten zu Arbeitslöhnen weltweit, aber viele kommen von staatlichen Einrichtungen, was sie unzuverlässig macht. Außerdem gibt es nur Daten zu Arbeitskräften, die angemeldet sind und zumindest den offiziellen Mindestlohn erhalten. Für die Länder des Globalen Südens bedeutet das, dass die Statistiken der ILO meist höhere Löhne suggerieren als die, die tatsächlich gezahlt werden. Seit 2005 führt die ILO auch unabhängige Forschungen durch, wodurch die Zahlen etwas genauer geworden sind.

Basierend auf dem *Global Wage Report* der ILO 2008/09 hat Zak Cope einen Überblick über die Lohnniveaus in zahlreichen Ländern der Welt zusammengestellt. Er bestätigt die enormen Lohnunterschiede, die weltweit existieren. In Wahrheit sind sie wahrscheinlich noch größer, als von Cope errechnet. Im Globalen Süden bezahlen Arbeitgeber oft weniger als sie offiziell angeben, um Steuern und Abgaben zu umgehen. Im Globalen Norden hingegen müssen Arbeitgeber in der Regel auch für Krankenversicherungen, Pensionen usw. aufkommen. Diese Unterschiede tauchen in keiner offiziellen Statistik auf. Die Unterschiede zwischen dem Norden und dem Süden werden besonders deutlich bei Landarbeiter:innen. Im Globalen Süden wird den Arbeitskräften, die Kaffee, Kakao oder Baumwolle produzieren, noch weniger gezahlt als Industriearbeiter:innen. Noch prekärer ist die Situation im informellen Sektor (Tagelöhner, Straßenverkauf usw.). Während ich diesen Text im Jahr 2017 schreibe, verdienen 1,7 Milliarden Menschen auf der Welt weniger als 2 US-Dollar pro Tag; 535 Millionen verdienen weniger als 1 US-Dollar.

Gemäß des *US Bureau of Labor Statistics* lag im Jahr 2008 das Durchschnittsgehalt eines Industriearbeiters in China bei etwa 4 Prozent des Durchschnittsgehalts eines Industriearbeiters in den USA (3 Prozent für die EU). Eine mexikanische Arbeiterin, die genau dieselbe Arbeit wie ihre US-amerikanische Kollegin macht, erhält im Schnitt 16 Prozent von deren Lohn. Auch die Produktion bestimmter Waren, zum Beispiel eines iPods, illustriert die globalen Lohnunterschiede. Im Jahr 2009 waren weltweit 40.000 Arbeitskräfte in der Produktion von iPods angestellt. 27.000 von ihnen befanden sich außerhalb der USA, praktisch alle in Niedriglohnländern. Die 14.000 Jobs in den USA verteilten sich auf Manager, Ingenieure, Marketing-Teams und Verkaufspersonal. Nur 30 Prozent der US-Jobs fielen in die Kategorie ›produktiver Arbeit‹. Die US-Löhne lagen im Schnitt bei 47.640 USD pro Jahr. Für Angestellte im Marketing und im Verkauf lagen sie bei 25.580 USD, für Manager und Ingenieure bei 85.000 USD. Chinesische Arbeitskräfte erhielten im Schnitt 1.540 USD pro Jahr. Das sind 30 USD pro Woche oder 3,2 Prozent des Lohnes, den ein US-Arbeiter im Schnitt für vergleichbare Arbeit erhält. Diese Zahlen sprechen Bände nicht nur über Apple, sondern über die Realitäten der neoliberalen Globalisierung überhaupt.

Wir dürfen nicht vergessen, dass es Länder gibt, in denen die Löhne noch niedriger sind als in China, etwa in Kambodscha, Vietnam, Indien, Nepal oder Bangladesch. Dorthin haben transnationale Unternehmen einen Großteil der Produktion in der Textilindustrie und der Leichtindustrie verlagert. Die Produktion liegt in den Händen lokaler Zulieferer, was bedeutet, dass die transnationalen Unternehmen weder für Hungerlöhne noch für Umweltverschmutzung, Arbeitsunfälle oder die Verfolgung von Gewerkschaftsaktivist:innen die Verantwortung zu übernehmen bereit sind. Im April 2013 starben 1.133 Textilarbeiter:innen in Bangladesch, als das Rana-Plaza-Gebäude einstürzte, in dem sich mehrere Fabriken befanden, die Kleider für viele der größten Modefirmen der Welt produzierten.

Im Jahr 2010 beschrieb ein Artikel in der *New York Times* die Praktiken der Hongkonger Firma Li & Fung.[205] Die Firma bewerkstelligte die Verlagerung von Produktionsstätten für Unternehmen wie Walmart und Liz Claiborne nach Bangladesch. Dort arbeiten mindestens drei Millionen (meist sehr junge) Frauen in der Textilindustrie zehn Stunden am Tag und sechs Tage pro Woche. Im Jahr 2010 erhielten sie einen durchschnittlichen Lohn von 64 USD pro Monat. In China waren die Löhne doppelt so hoch. Die in Bangladesch gezahlten Löhne reichen kaum, um die Reproduktionskosten der Arbeit zu decken. Das bedeutet, dass es eine extrem hohe Fluktuation unter den Angestellten gibt. Viele Frauen können den Anforderungen der Arbeit nicht länger als ein paar Jahre nachkommen.

Die heutigen Arbeitsverhältnisse im Globalen Süden sind in vielerlei Hinsicht mit dem Manchester-Kapitalismus der 1930er-Jahre vergleichbar. Die asiatische Elektronikindustrie bevorzugt unverheiratete Frauen als Angestellte. Wer keine familiären Verpflichtungen hat, kann länger schuften, bis zu 60 Stunden pro Woche, und das bei miesem Lohn. Nach drei oder vier Jahren an Fließbändern oder Mikroskopen sind Nervensystem und Sehstärke oft so beeinträchtigt, dass die Frauen nicht mehr mit der Geschwindigkeit und Genauigkeit arbeiten können, die von ihnen verlangt wird. Also werden sie entlassen und durch neue Frauen ersetzt. Euphemistisch ist dann davon die Rede, dass sie ›heirateten und in Pension gingen‹.

205 *New York Times*, 16. Juli 2010.

## Produktivität

Eine häufige Erklärung für die Lohnunterschiede zwischen dem Globalen Norden und dem Süden ist, dass die Arbeitskräfte im Süden weniger produktiv seien. Es gibt sogar Theorien, die meinen, dass Arbeiter:innen im Norden mehr ausgebeutet werden als im Süden. Das Argument lautet in etwa so: Im Norden ist nur ein kleiner Teil der Arbeitszeit *notwendige* Arbeitszeit, das heißt, die Zeit, die gearbeitet werden muss, um die Reproduktionskosten der Arbeitskraft zu decken. Der Rest wird als ›Überschussarbeit‹ bezeichnet. Im Globalen Süden ist ein viel größerer Teil der Arbeitszeit notwendige Arbeitszeit, also werden die Arbeitskräfte weniger ausgebeutet. Dieses Argument beruht jedoch auf einer Reihe von Missverständnissen, nicht zuletzt, was den Begriff der Produktivität selbst angeht.

Wir müssen zwischen *Produktivität* und *Intensität* der Arbeit unterscheiden. Bürgerliche Wirtschaftstheorie fokussiert gerne auf den ›Output‹ der Arbeitskraft, entweder in Form der Anzahl von Waren, die sie produziert, oder in der Form der Profite, zu der ihre Arbeit beiträgt. Ob der Output erhöht werden kann, indem die Warenpreise angehoben werden, indem neue Technologien angewandt werden oder indem der Arbeitsprozess effektiver gestaltet wird, all das ist von sekundärem Interesse. Selbst in der marxistischen Wirtschaftstheorie werden Produktivität und Intensität oft durcheinandergebracht. Man definiert Produktivität als die Menge der Waren, die in einem bestimmten Zeitraum produziert wird. Das erklärt jedoch nicht die Unterschiede in der Menge der produzierten Waren. Warum gibt es Unterschiede? Aufgrund neuer Technologien? Aufgrund härterer Arbeit? Aus einem anderen Grund? Um die Sache klarer zu machen, empfehle ich folgende Definitionen: *Intensität* betrifft die Arbeitskraft, das heißt, das Verhältnis von Arbeitszeit und Menge der produzierten Waren. *Produktivität* hingegen betrifft die technologischen Mittel und die Organisierung des Arbeitsprozesses. Sowohl die Steigerung von Intensität als auch die Steigerung von Produktivität schafft mehr Gebrauchswert, aber es ist nur die Steigerung der Intensität, die auch mehr *Wert* schafft.

Wie viel Wert haben Millionen von Arbeiter:innen in China Dell-Computern und iPhones hinzugefügt? Wenn wir der Mainstream-Wirtschaftswissenschaft glauben wollen, sehr wenig. Schließlich machen ihre Arbeitskosten nur einen kleinen Teil des Verkaufspreises aus. Aber wenn die Arbeit in den Fabriken Chinas ein so unbedeutender Faktor ist, warum werden dann jedes Jahr Millionen von Jobs dorthin verlagert? Das Kapital geht dorthin, wo der Wert ist. Wenn die Mainstream-Wirtschaftswissenschaft das nicht in ihre Analysen miteinbezieht, dann hat sie große Mängel in Bezug auf die Wertproduktion und die Wert-Preis-Transformation. Wert wird mit Preis vermischt, und die Produktivität wird über den Wert pro Arbeitsstunde definiert. Wenn wir diese Logik akzeptieren, scheint es tatsächlich so, dass chinesische Arbeiter:innen Produkten sehr wenig Wert hinzufügen, weil sie schlecht bezahlt werden. Das wird als niedrige Produktivität interpretiert, obwohl die Menschen zwölf Stunden am Tag unter strenger Aufsicht malochen, sich nicht mit ihren Kolleg:innen unterhalten dürfen usw. Und all das in Fabriken, die mit der neuesten Technologie ausgestattet sind. Aber es wird noch absurder. Es gibt Ökonomen, die behaupten, dass die Verlagerung der Produktion in den Globalen Süden die Produktivität der Arbeiter:innen im Norden gesteigert habe, obwohl Letztere nichts anderes tun als zuvor. Wahr ist nur, dass ihre Arbeit jetzt einen größeren Mehrwert abwirft.

Timothy Kerswell hat Produktivität in der Automobilindustrie und Textilindustrie untersucht. Seine Arbeiten zeigen, dass zwischen hohen Löhnen und hoher Produktivität keine Korrelation besteht. Die Automobilindustrie erreicht ihre höchste Produktivität in Mexiko, gefolgt von der Slowakei. In Deutschland ist die Produktivität am geringsten. In der Textilindustrie haben Brasilien und Thailand nicht nur eine höhere Produktivität als Deutschland, sondern auch als die USA. Insgesamt sind Arbeitskräfte in den Industrien, die Kerswell untersucht hat, im Globalen Süden mindestens so produktiv wie im Globalen Norden, wenn nicht produktiver. Das bestätigt, dass die globalen Lohnunterschiede nicht durch Unterschiede in der Produktivität erklärt werden können. Andere Faktoren sind wichtiger, vor allem die Einschränkungen der Mobilität der Arbeitskraft, die industriellen Reservearmeen und die politischen Machtstrukturen.

## Migrantische Arbeit

Migrantische Arbeitskräfte befinden sich in einer besonders prekären Lage. Sie sind oft undokumentiert und werden extrem ausgebeutet. Die 21 Millionen migrantische Arbeitskräfte in den Golfstaaten, von denen die meisten aus Nepal, Bangladesch und den Philippinen kommen, müssen sich in den meisten Fällen Geld von Agenturen leihen, die ihnen Jobs und Transport in den Persischen Golf organisieren. Sie müssen auf ihre Darlehen hohe Zinsen zahlen, ihre Reisepässe werden einbehalten, sie wohnen in Barracken, sie dürfen ihren Arbeitsplatz nicht verlassen und die geringen Löhne werden nicht selten erst Monate später ausbezahlt. In Zusammenhang mit der Fußball-WM in Katar 2022 wurde mehr über ihre Situation bekannt, da sie praktisch die gesamte Infrastruktur für das Turnier errichten. Eine Artikelserie im *Guardian* beschrieb die fürchterlichen Bedingungen, unter denen sie arbeiten.

Im Verhältnis zu seiner Bevölkerung hat Katar die meisten migrantischen Arbeitskräfte der Welt. Sie machen 90 Prozent der werktätigen Bevölkerung des Landes aus. Alleine um Stadions, Straßen, Häfen und Hotels für die Fußball-WM zu bauen, hat Katar 1,5 Millionen Arbeitskräfte ins Land geholt. 40 Prozent von ihnen kommen aus Nepal; alleine im Jahr 2012 kamen mehr als 100.000 Nepali nach Katar. Täglich riskieren sie am Arbeitsplatz ihr Leben. Zwischen dem 4. Juni und dem 8. August 2013 starben 42 Nepali bei Arbeitsunfällen. Ihre Löhne werden verspätet ausbezahlt, damit sie nicht verschwinden, ihre Reisepässe bleiben in den Händen ihrer Agenten oder Arbeitgeber und sie haben keinen Rechtsschutz. Mindestens 30 von ihnen suchten Schutz in der nepalesischen Botschaft. Eines der reichsten Länder der Welt verwendet also einige der ärmsten Menschen der Welt, um ein Fußballturnier zu veranstalten. Der nepalesische Gewerkschaftsführer Umesh Upadhyaya hat die Situation mit sehr einfachen und klaren Worten zusammengefasst: »Alle reden darüber, wie sich die extreme Hitze in Katar auf ein paar Hundert Fußballspieler auswirken wird. Das Leiden, das Blut und der Schweiß von Tausenden von migrantischen Arbeitskräften interessiert niemanden. Dabei bauen diese die WM-Stadien in Schichten, die achtmal so lang sind wie ein Fußballspiel.«[206] Die Situation in den Golfstaaten gleicht jener des Apartheid-Systems in Südafrika: Eine Minderheit wohlhabender und privilegierter Bürger:innen wird von armen und diskriminierten Massen erhalten. Es ist ein Spiegelbild der globalen Apartheid des kapitalistischen Weltsystems.

Es gibt zwei Gründe, warum das Wort ›Apartheid‹ hier angebracht ist. Erstens beinhaltet das kapitalistische Weltsystem rassische und nationale Hierarchien ebenso wie rechtliche und physische, nicht selten gewaltsame, Einschränkungen der Mobilität der Arbeitskraft. Zweitens teilen sich Produktion und Konsumtion entlang der Grenzen, die die Welt in Niedriglohnländer und Hochlohnländer teilt. Hat man die Staatsbürgerschaft in einem

206 Pete Pattisson, »Revealed: Qatar's World Cup ›Slaves‹«, *The Guardian*, 25. September 2013.

Land des Globalen Nordens, kommt es einer Belohnung gleich, hat man sie im Globalen Süden, ist es eine Strafe. Die Frage, wer belohnt und wer bestraft wird, wird in einer Geburtslotterie entschieden. Natürlich gibt es auch Unterschiede zwischen Staatsbürger:innen innerhalb des Globalen Nordens: Wenn du in eine reiche Familie geboren wirst, ein großzügiges Erbe erwartest und ein einflussreiches soziales Netzwerk hast, wirst du im Leben wenig materielle Probleme haben. Doch die Arbeiterbewegung und der Klassenkompromiss führten zu politischen Interventionen in der Form progressiver Besteuerung, Sozialleistungen usw., die diese Ungleichheit reduzierten und soziale Mobilität ermöglichten. Im Globalen Süden ist dies nicht der Fall. Selbst eine arme US-Staatsbürgerin ist im Vergleich zu fast allen mexikanischen Staatsbürger:innen reich. Letztere haben meist nur eine Chance, die soziale Leiter hochzuklettern, nämlich die Grenze zu den USA zu überqueren – wofür viele ihr Leben riskieren.

Historische und soziologische Forschung zu Ungleichheit hat sich oft auf die Mittelschichten des Globalen Nordens konzentriert, die 10-20 Prozent der Weltbevölkerung ausmachen. In den Mittelschichten des Globalen Nordens begannen sich die Löhne im späten 19. Jahrhundert anzugleichen. Erst mit dem Neoliberalismus wurden die Einkommensunterschiede wieder größer. Ein Jahrhundert an relativer Lohngleichheit im Globalen Norden kaschierte den enormen Unterschied zwischen den Löhnen im Norden und dem Rest der Welt. Dem Ökonomen Branko Milanović zufolge war die globale Ungleichheit 1870 viel geringer als heute und beruhte zu einem großen Teil auf den Klassenunterschieden innerhalb der imperialistischen Länder. Ungleichheit war in erster Linie ein Resultat ungleicher Verteilung innerhalb des Staates; in welchem Staat man geboren wurde, tat wenig zur Sache. Heute, so Milanović, sei, was den Lohn angeht, das absolut Entscheidende, in welchem Staat du geboren wurdest. Die Klasse, in die du hineingeboren wurdest, spielt statistisch gesehen eine geringere Rolle.[207]

Trotz der neuen globalen Arbeitsteilung hat sich die Ungleichheit der Lebensbedingungen zwischen dem Norden und dem Süden nicht verändert. Das Durchschnittseinkommen im Globalen Süden beträgt nach wie vor nur 5 Prozent des Durchschnittseinkommens in den Ländern der G7 (USA, Kanada, Japan, Vereinigtes Königreich, Deutschland, Frankreich und Italien).

207 Branko Milanovic, *The Haves and Have-Nots: A Brief and Idiosyncratic History of Global Inequality* (New York: Basic Books, 2011), 113.

Die Welt ist aufgeteilt zwischen denjenigen, die aufgrund ihres Reichtums reisen können, und denjenigen, die aufgrund ihrer Armut zuhause bleiben müssen.

Internationale Ungleichheit erfährt nicht die gleiche politische Aufmerksamkeit wie nationale Ungleichheit. Es wird schlicht akzeptiert, dass, von Generation zu Generation, kollektiver Reichtum vom Süden in den Norden transferiert wird. Wenn globale Ungleichheit überhaupt erklärt wird, dann in historischen und kulturellen Begriffen. Unser Reichtum ist demzufolge das Resultat von Unternehmergeist, Fleiß und gesunden Werten, die Armut im Süden das Resultat primitiver gesellschaftlicher Strukturen. Ökonomische und politische Erklärungen werden kaum angeboten. Sie würden kein gutes Licht auf den Norden werfen. Um ihr Gewissen zu erleichtern, investieren die Regierungen der nördlichen Länder insgesamt etwa 100 Milliarden US-Dollar jährlich in Entwicklungsprojekte. Wir können diese Zahl mit den 20 Milliarden US-Dollar vergleichen, die die Investmentfirma Goldman Sachs ihren Top-Managern jedes Jahr an Boni zahlt. Es ist keine Überraschung, wenn nationale Zugehörigkeit für die Identität der Arbeiter:innen der Ersten Welt wichtiger ist als ihre Klassenzugehörigkeit. Im globalen Klassenkampf ist das globale Apartheid-System eine effektive Waffe in den Händen der Bourgeoise, die es erlaubt, Profite zu maximieren und die globale Arbeiterklasse zu spalten.

# 6. Der ungleiche Tausch

## Der glückliche und der unglückliche Smiley

Was ›ungleicher Tausch‹ bedeutet, ist nicht schwierig zu verstehen, selbst wenn man keine ökonomischen Studien betrieben hat. Die meisten Menschen wissen, dass die Löhne in China, Ägypten oder Brasilien nur einen Bruchteil der Löhne in den USA oder in der EU ausmachen. Sie wissen auch, dass Menschen im Globalen Norden es sich leisten können, Elektrogeräte, Kleider, Schuhe, Kaffee und Bananen in riesigen Mengen zu kaufen, weil diese Waren mithilfe niedriger Löhne produziert werden.

Als wir uns nach dem Ende des KAK als M-KA organisierten, studierten wir die Daten, die in den frühen 1980er-Jahren zu Löhnen, Produktivität, Investitionen, Profiten und globalen Handelsbilanzen zugänglich waren. Wir fragten uns, warum das Kapital die industrielle Produktion nicht in den Globalen Süden verlagerte, um von den niedrigen Löhnen zu profitieren. Wir diskutierten die Frage mit Emmanuel, der praktische, technische, kulturelle und politische Gründe anführte. Damals hatten nur sehr große Unternehmen das Geld und das Know-how, um derart einschneidende Schritte zu realisieren. Transport und Kommunikation stellten weit größere Hindernisse dar als heute. Auch der politische Widerstand der Arbeiterklasse im Norden war stärker. Gewerkschaften hatten noch genug Macht, um sich neoliberalen Maßnahmen zu widersetzen. Das sollte sich ändern.

In den 1970er-Jahren dachten viele Dependenztheoretiker:innen, dass die Dritte Welt innerhalb des imperialistischen Systems nicht industrialisiert werden könne. Sie glaubten, dass die Länder der Dritten Welt weiterhin Rohstoffe und tropische Waren liefern würden. Die Industrie, so meinten sie, bliebe auf einfache, arbeitsintensive Produktion beschränkt, deren Output gering sei. Kurz, die Ökonomien der Länder der Dritten Welt würden sich nicht aus ihrer Abhängigkeit befreien können und immer die Peripherie des kapitalistischen Weltsystems bilden. Die Dependenztheorie vermochte es nicht, die massive Industrialisierung der Peripherie vorauszusehen, die wir seither beobachten konnten. Sie setzte voraus, dass es eines starken heimischen Marktes bedurfte, um eine Industrialisierung zu ermöglichen. Sie unterschätzten die Produktivkräfte, die zur Globalisierung des Produktionsprozesses führten bzw. zur Industrialisierung des Globalen Südens mit dem einzigen Ziel, Waren in den Norden zu exportieren. Zu jener Zeit konnte sich niemand den Zusammenbruch der Sowjetunion und die Integration Chinas in den Weltmarkt vorstellen. Es schien undenkbar, dass nur wenige Jahrzehnte später 80 Prozent des Industrieproletariats der Welt im Globalen Süden leben und der Norden deindustrialisiert sein würde.

Die exportorientierte Industrialisierung des Globalen Südens und globale Produktionsketten haben neue Formen des ungleichen Tauschs geschaffen. Diese sind komplexer als der Tausch von Rohstoffen gegen Industriewaren, der den ungleichen Tausch bis Ende der 1980er-Jahre charakterisierte. Globale Produktionsketten machen es möglich, Wert von Arbeitskräften im Süden auf Unternehmen im Norden zu übertragen. Die Theorie des ungleichen Tauschs stellt nicht nur liberale Handelstheorien infrage, sondern auch die neoliberale Theorie der Preisformation. Sie hilft uns, die Wert-Preis-Transformation in der neuen globalen Arbeitsteilung zu analysieren.

In neoliberaler ökonomischer Theorie wird die Formation des Marktpreises, zum Beispiel eines Computers, als ein Prozess beschrieben, in dem jeder Arbeitsschritt dem Produkt mehr Wert zuschreibt. Der Prozess beginnt im Norden, verlagert sich in den Süden und kehrt zur Konsumtion in den Norden zurück. Eine Kurve, die den schrittweise hinzugefügten Wert illustriert, sieht wie ein glücklicher Smiley aus: Am Anfang, wenn man sich im Norden um Finanzierung, Management, Entwicklung und Design kümmert, wird dem Produkt viel Wert hinzugefügt; dann, wenn das Produkt für niedrige Löhne im Süden hergestellt wird, wenig; und dann, wenn es im Norden mithilfe von Branding und Marketing verkauft wird, wieder viel (›heiße Luft‹ ist eine der wenigen Waren, deren Produktion noch nicht nach Asien verlagert wurde).

Ein Kennzeichen globaler Produktionsketten ist, dass sie verschiedene Arbeitsmärkte durchlaufen. Arbeitskräfte und Zulieferer im Süden sind auf stark konkurrenzorientierten Märkten aktiv. Transnationale Unternehmen können zwischen zahlreichen miteinander rivalisierenden Zulieferern wählen. Selbst gehören sie oft zu Monopolen. Die Verlagerung der Produktion hilft ihnen, sich ganz auf das Branding zu konzentrieren, um die Monopole zu verteidigen. Du kannst viele verschiedene Sneakers kaufen, die in China produziert werden, aber den dort produzierten Nike-Sneaker kannst du nur von Nike kaufen. Branding gibt der Ware und denjenigen, die sie konsumieren, eine Identität. Diese wird mithilfe gezielter Werbekampagnen geschaffen. 1998 zahlte Nike dem Basketballspieler Michael Jordan 45 Millionen US-Dollar, um Nike-Sneaker zu bewerben – ein Betrag, der damals dem

Grafik 2
Einfluss der Löhne auf Wertübertragung und Preisformation in der globalen Ökonomie

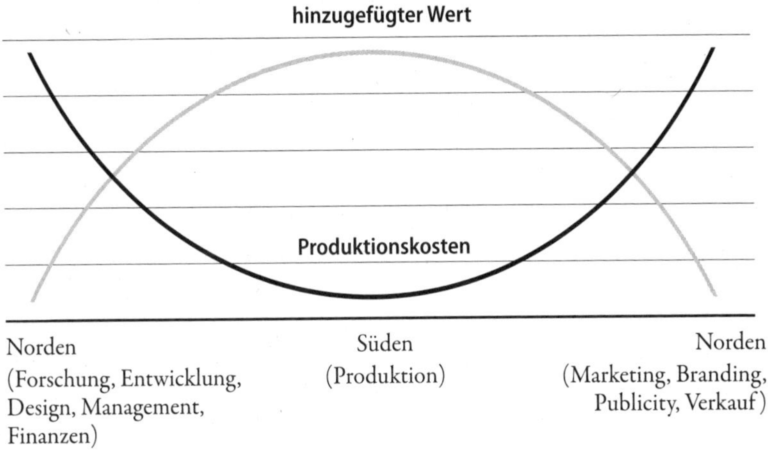


jährlichen Lohn von 30.000 indonesischen Arbeiter:innen entsprach, die die Nike-Sneakers produzierten. Die globale Produktionskette stellt also sicher, dass praktisch alle der Profite, die die Arbeit im Globalen Süden schafft, an Nike, Michael Jordan und die Konsument:innen im Norden gehen. Nicht die Ware dominiert den Markt, sondern das Warenzeichen. Die glückliche Smiley-Kurve suggeriert, dass der größte Teil des Werts im Norden geschaffen wird, doch die Kurve kommt nur aufgrund der niedrigen Löhne im Süden zustande.

Wenn wir von Marx ausgehen, sieht die Kurve anders aus. Die Wert-Preis-Transformation ist ein komplexer Prozess und Test für die Marx'sche Werttheorie. An welche Theorie wir ›glauben‹, ist irrelevant. Wir müssen uns an den *Gesetzen* des Kapitalismus orientieren. Der Wert einer spezifischen Ware beruht auf der gesellschaftlich notwendigen Arbeit, der es bedarf, um diese Ware zu produzieren. Zur Übertragung des Werts kommt es in der Sphäre der Zirkulation. Nur im Tausch wird menschliche Arbeit ein Maßstab des Werts. Wenn wir eine Kurve zeichnen, der den Wert illustriert, der Marx zufolge während der Produktion eines Computers der fertigen Ware hinzugefügt wird, sieht sie aus wie ein unglücklicher Smiley – das genaue Gegenteil der Kurve der neoliberalen Wirtschaftswissenschaft. Das bedeutet nicht, dass deren Kurve ›falsch‹ ist. Sie illustriert schlicht die Formation des Preises.

Der unglückliche Smiley hingegen illustriert das Schaffen des Werts. Wert und Preis sind zwei unterschiedliche Aspekte der Ware, auch wenn zwischen ihnen ein Zusammenhang besteht. Aber warum wird ein glücklicher Smiley, der die Formation des Preises illustriert, zu einem unglücklichen, wenn er das Schaffen des Werts illustriert?

## Die Wert-Preis-Transformation

Selbst wenn es Unstimmigkeiten zwischen verschiedenen wirtschaftstheoretischen Schulen gibt, scheinen alle darin übereinzustimmen, dass die Produktionskosten der Waren zwei Hauptelemente beinhalten: *konstantes* Kapital (Rohstoffe, Maschinen, Fabriken usw.) und *variables* Kapital (Löhne, aber auch Lizenzen, Patente, Zinsen für Kredite usw.). Aber was bestimmt den Preis der Waren? Hier beginnen die unterschiedlichen Ansätze deutlich zu werden: In der liberalen Wirtschaftstheorie ist es der Markt. Der Preis richtet sich schlicht danach, was Konsument:innen zu zahlen gewillt sind. Lässt sich eine Ware für einen Preis verkaufen, der höher ist als ihre Produktionskosten, macht man Profit. Im Kapitalismus gibt es keinen Grund zu produzieren, wenn man keinen Profit macht. In der marxistischen Wirtschaftstheorie hingegen ist es nicht der Markt, der den Preis bestimmt, sondern die Produktion. Hier sind also die Produktionskosten (der ›Kostpreis‹) das wesentliche Element in der Wert-Preis-Transformation.

Was aber bestimmt die Produktionskosten? Es reicht nicht, einfach die Kosten von Rohstoffen, Löhnen usw. zusammenzurechnen. Wir müssen schließlich auch verstehen, warum diese kosten, was sie kosten. Ein wichtiger Anhaltspunkt ist folgender: Allem, den erhältlichen Materialien sowie der zur Verfügung stehenden Infrastruktur, liegt menschliche Arbeit zugrunde. Alles, was für die Preisformation relevant ist, lässt sich auf die Konsumtion von Arbeitskraft zurückführen. Aber die Arbeitskraft ist eine besondere Ware. Ihr Preis wird nur teilweise von ihrer Reproduktion bestimmt, das heißt, von den Kosten für Nahrung, Kleidung, Unterkunft, Ausbildung usw. Er wird auch von der Politik bestimmt; mehr spezifisch, vom Klassenkampf, sowohl auf nationaler als auch auf internationaler Ebene. Die politischen Verhältnisse führen weltweit zu großen Unterschieden in den Preisen, die für Arbeitskraft gezahlt werden.

Die Arbeitskraft ist auch in einem anderen Sinn eine besondere Ware: Sie kann Wert schaffen, der größer ist als ihr eigener. Der Gebrauchswert der

Arbeitskraft für das Kapital besteht darin, dass die Arbeitskraft einer Ware einen Wert hinzufügen kann, der den des Lohnes übersteigt, der für die Arbeit gezahlt wird. Dieses Extra an Wert nennen wir ›Mehrwert‹. Allerdings: Das Kapital hält sich nicht lange mit Reflexionen über Arbeitskraft und Mehrwert auf. Das Kapital versteht, dass intensive Arbeit und niedrige Löhne Profite schaffen, aber die Arbeitskraft ist nur ein Werkzeug. Ein Sweatshop in Bangladesch generiert nicht notwendigerweise mehr Profit als eine automatisierte Elektronik-Fabrik. Der Kapitalismus existiert nicht, um Arbeiter:innen auszubeuten. Er existiert, um Profit zu machen. Das Kapital muss Waren zu Preisen verkaufen, die höher sind als die, die das Kapital gezahlt hat, um diese Waren zu produzieren. Darum werden Arbeiter:innen ausgebeutet.

Die marxistische Theorie bezeichnet das Verhältnis zwischen konstantem und variablem Kapital als ›organische Zusammensetzung des Kapitals‹. Diese wird von der Beziehung zwischen Arbeitskraft und Produktionsmitteln bestimmt. Das Kapital hat eine niedrige organische Zusammensetzung, wenn das variable Kapital einen größeren Teil des totalen Kapitals ausmacht als das konstante; das ist beispielsweise in der Textilindustrie der Fall. Das Kapital hat eine hohe organische Zusammensetzung, wenn das konstante Kapital den größeren Teil des totalen Kapitals ausmacht; das ist beispielsweise in der Erdölindustrie der Fall.

Was für den Kapitalismus wichtig ist, sind die Produktionskosten insgesamt, nicht das Verhältnis zwischen konstantem und variablem Kapital. Die Profitrate hängt vom totalen Kapital ab, das für die Produktion verwendet wird, nicht davon, wie es sich verteilt. Der Marktpreis reflektiert die Profitrate, und die organische Zusammensetzung des Kapitals hat keine besonderen Auswirkungen auf sie. Das Kapital bewegt sich schlicht dorthin, wo es sich die höchsten Profite versprechen kann.

Aus marxistischer Perspektive werden manche Waren unter ihrem Wert verkauft und andere über ihrem Wert. Der Preis ist nicht dasselbe wie der Wert. Der Preis bestimmt die Profitrate, aber auch die Verteilung des Mehrwerts, sowohl zwischen Kapital und Arbeit (in der Form von Profiten für das Kapital und Löhnen für die Arbeit) als auch zwischen Fraktionen des Kapitals mit unterschiedlichen organischen Zusammensetzungen (durch die durchschnittliche Profitrate).

Die Wert-Preis-Transformation ist von der politischen Beziehung zwischen Kapital und Arbeit sowie zwischen verschiedenen Kapitalfraktionen abhängig. Die Verteilung des Werts und Mehrwerts durch Marktpreise geschieht nicht nur national, sondern auch global, als Resultat transnationaler Bewegungen von Kapital, Waren und Produktion. Die Marx'sche Theorie der Wert-Preis-Transformation setzt einen Markt voraus, in dem Kapital, Waren und Arbeit integriert sind. Märkte dieser Art schaffen einen einheitlichen Preis für ein- und dieselbe Ware, gleichen die Profitraten zwischen unterschiedlichen Industrien an, und zahlen einen vergleichbaren Lohn für vergleichbare Arbeit. Das gilt für Europa, Nordamerika und Japan. Der Weltmarkt ist ein anderer. In ihm sind Kapital und Waren integriert, aber nicht die Arbeit. Daher können die Löhne, die für vergleichbare Arbeit gezahlt werden, extrem unterschiedlich ausfallen.

Das gilt auch für die globalen Produktionsketten. Der Einfluss der Arbeit auf den Preis hängt wesentlich davon ab, wo die Arbeit verrichtet wird. Der Mehrwert der Arbeit in einem Teil der Welt, dem Globalen Süden, erhöht die Profite und den Konsum in einem anderen Teil der Welt, dem Globalen Norden. Der Wert, der einer Ware in der glücklichen Smiley-Kurve hinzugefügt wird, inkludiert nicht nur den Wert, der von einem Unternehmen in seinem Heimatland hinzugefügt wird, sondern auch den Wert, der woanders hinzugefügt wird. Das Kapital eignet sich diesen Wert im Preis an. Der hinzugefügte Wert ist in Wirklichkeit ein *angeeigneter* Wert. Die Grundlage für die Profite, die Unternehmen im Norden machen, liegen im Süden.

Wert wird nicht nur mittels des Preises vom Süden in den Norden übertragen. In einer Welt, in der die Preise der meisten Waren von einem Weltmarktpreis bestimmt werden, dies jedoch für den Preis der Arbeitskraft nicht gilt, gibt es mehrere Wege, Wert zu übertragen. Die Arbeitskraft im Süden ist nicht billiger als im Norden, weil sie weniger Wert schafft. Sie ist billiger, weil Arbeiter:innen im Süden mehr unterdrückt und ausgebeutet werden. Die relativ hohen Löhne im Norden erlauben Arbeiter:innen dort, Waren zu konsumieren, deren Wert höher ist als jener, den sie selbst produzieren. Wert wird vom Süden in den Norden übertragen mittels der Profite der globalen Produktionsketten und der relativ niedrigen Preise für Waren, die im Süden produziert werden. Das ist die Essenz des heutigen Imperialismus.

Im Vorwort zum ersten Band des *Kapitals* kündigte Marx Pläne für vier weitere Bände an: einen zur Produktion, einen zur Zirkulation, einen zur Entwicklung des Kapitalismus und einen zur Theoriengeschichte. In einem Brief an Engels vom 31. Juli 1865 schreibt Marx, dass er die Bände als ›artistisches Ganzes‹ sieht. Wenn jemand nur den ersten Band liest, mag der Eindruck entstehen, dass die Produktion primär und die Zirkulation sekundär sei. Aber

Marx war sehr deutlich, was die Beziehung zwischen Produktion und Zirkulation angeht: »Kapital kann also nicht aus der Zirkulation entspringen, und es kann ebensowenig aus der Zirkulation nicht entspringen. Es muß zugleich in ihr und nicht in ihr entspringen.«[208]

Arbeit schafft Wert und Mehrarbeit schafft Mehrwert, aber die Transformation von Wert und Mehrwert zu Preis und Profit materialisiert sich in der Zirkulation. Das sichert die fortgesetzte Akkumulation des Kapitals. Wenn wir die Schaffung des Werts auf die Sphäre der Produktion begrenzen, wird Wert zu einer Essenz, die Arbeiter:innen auf die Waren übertragen, die sie produzieren. Wert erscheint dann als absolute Größe, während er in Wirklichkeit das Resultat gesellschaftlicher Beziehungen ist. Ausbeutung kommt in allen Sphären der kapitalistischen Ökonomie vor und ist nicht national begrenzt. Eine globale Perspektive auf die Wert-Preis-Transformation rückt die Superausbeutung der Arbeitskraft im Globalen Süden ins Zentrum der marxistischen Werttheorie.

## *Dark value*

Mit der Industrialisierung des Südens und den globalen Produktionsketten änderte sich die Schaffung des Werts. Der ungleiche Tausch wurde noch wichtiger. John Smith schreibt: »Die globalen Handelsbedingungen stahlen dem Globalen Süden seine Rohstoffe. Jetzt stehlen sie ihm seine Industriewaren.«[209] Die Produktion von Fertigerzeugnissen im Globalen Süden wuchs enorm, aber ihr wird wenig Wert zugeschrieben. Im Globalen Norden verringerte sich die Produktion, aber der Wert stieg.

Die Wertübertragung von Niedriglohnländern in Hochlohnländer lässt sich im Rahmen liberaler Wirtschaftstheorie nicht messen. Offizielle Statistiken über Bruttoinlandsprodukt und Außenhandel weisen ihn nicht aus. Sogar vermeintliche Marxisten wie Sam Ashman und Alex Callinicos gelangen auf der Basis offizieller Statistiken zu folgendem Schluss: »Die transnationalen Unternehmen, die den globalen Kapitalismus dominieren, neigen dazu, ihre Investitionen und ihren Handel auf fortgeschrittene Ökonomien zu konzentrieren; je näher, desto besser.« Ashman und Callinicos meinen, dass der Kapitalismus es nicht »auf den Globalen Süden abgesehen« habe, und dass

---

208 Karl Marx, *Das Kapital, Band 1*, a.a.O.

209 John Smith, *Imperialism and the Globalization of Production*, Dissertation, University of Sheffield, 2010, 217.

sich das Kapital von den ehemaligen Kolonien fernhält.[210] Aber eine kritische Studie der offiziellen Statistiken zeigt, dass sich das Kapital ganz und gar nicht vom Globalen Süden fernhält. Das Gegenteil ist der Fall: Das Kapital wird immer abhängiger von der Ausbeutung der dortigen Arbeitskraft.

Das Bruttoinlandsprodukt (BIP) eines Landes soll den Wert dessen anzeigen, was dort produziert wird. Aber welches Land kann den Wert eines iPad oder einer Barbie-Puppe, die entlang globaler Produktionskette produziert werden, für sich in Anspruch nehmen? Wenn das BIP tatsächlich die Produktivität eines Landes messen würde, dann wären Liechtenstein mit einem BIP von 89.400 USD pro Kopf, Bermuda (85.000 USD) und Luxemburg (102.000 USD) unter den fünf produktivsten Ländern der Welt. China läge mit einem Pro-Kopf-BIP von 15.400 USD auf Platz 104 und Vietnam mit 6.400 USD pro Kopf auf Platz 161.[211]

Der Grund für die hohen BIPs von Ländern wie Bermuda und Liechtenstein ist nicht, dass ihre Bevölkerungen so hart arbeiten und unglaublich produktiv sind, sondern dass diese Länder als Steuerhäfen fungieren und Offshore-Finanzdienstleistungen anbieten. In einfachen Worten: Sie erlauben es dem Kapital zu wachsen. BIP-Statistiken werden oft dafür kritisiert, Externalitäten (Umweltverschmutzung und die Ausbeutung nicht-erneuerbarer Ressourcen) sowie reproduktive Arbeit (z. B. unbezahlte Hausarbeit) zu vernachlässigen, aber das größte Problem ist, dass die Produktion vieler Waren nicht auf ein Land beschränkt ist.

Das wird anschaulicher, wenn wir betrachten, wie der Wert einer Ware, die entlang einer globalen Produktionskette hergestellt wird, im BIP aufscheint. Donald A. Clelland hat die Übertragung des Werts vom Globalen Süden in den Norden am Beispiel von Apple-Produkten nachgezeichnet. 2010/11 verkaufte Apple mehr als 100 Millionen iPads. Apple besitzt keine einzige Fabrik. Apple entwickelt, gestaltet und verkauft seine Produkte, aber lagert die Produktion aus. 748 Zulieferer von Apple formten eine globale Produktionskette. 613 befanden sich in Asien, 351 davon in China. Dort wurden die Apple-Produkte zusammengesetzt. Apples Copyright wird pedantisch geschützt. Apple ist das Unternehmen, das weltweit die meisten Klagen gegen die Verletzung von Patentrechten eingebracht hat.

210 Sam Ashman und Alex Callinicos, »Capital Accumulation and the State System«, in: *Historical Materialism* (no. 4, 2006), 124f.

211 Diese Zahlen stammen aus dem Jahr 2016.

2011 kostete ein iPad in einem Laden in den USA 499 USD. Die Produktionskosten beliefen sich auf insgesamt 275 USD. Das bedeutet, dass Apple pro verkauftem iPad einen Profit von 224 USD machte; das sind 45 Prozent des Verkaufspreises. Die Produktionskosten verteilten sich wie folgt: 150 USD für Entwicklung, Design und Marketing; 92 USD für Einzelteile; 33 USD für Foxconn, die Firma, die für die Produktion in China verantwortlich ist. Von diesen 33 USD bezahlte Foxconn etwa 8 USD an seine Arbeiter:innen. Wir können den Wert, der in offiziellen Statistiken und der glücklichen Smiley-Kurve sichtbar ist, als ›hellen Wert‹ bezeichnen. Nur ein Bruchteil dieses Werts spiegelt sich im BIP Chinas wider. Der Löwenanteil wird in das BIP der USA eingerechnet.

Wenn wir uns ausschließlich auf die BIP-Statistiken verlassen würden, müssten wir zu dem Schluss kommen, dass der wirkliche Wert eines iPad von Designer:innen und Marketing-Expert:innen in den USA geschaffen wird, nicht von den hart arbeitenden Menschen in chinesischen Fabriken. Aber selbst, wenn man das *Kapital* nicht gelesen hat, ist offensichtlich, dass die Profite, die Apple macht, zum größten Teil den niedrigen Löhnen für die Arbeit im Globalen Süden zu verdanken sind. Nur eine sehr spezielle Form der Wirtschaftstheorie kann den Preis, den Apple für seine Produkte verlangt, mit dem Wert gleichsetzen. Wie oben erwähnt, handelt es sich höchstens um einen *angeeigneten* Wert. John Smith erklärt: »Das BIP soll den Wert von Produkten widerspiegeln, doch es spiegelt primär Transkationen auf dem Markt wider. Aber auf dem Markt wird nichts produziert; auf dem Markt werden Geld und Eigentumsrechte getauscht. Die Produktion findet woanders statt, meist hinter verschlossenen Türen, in privatem Rahmen und unüberschaubaren Prozessen.«[212] Für Smith ist das BIP »eine Chimäre, die nicht nur das Ausmaß, sondern überhaupt die Existenz der Nord-Süd-Ausbeutung verleugnet«.[213]

Einem marxistischen Wertverständnis entsprechend gleicht die Weltwirtschaft einem Eisberg. Nur ein Bruchteil ragt über die Oberfläche, der größte Teil bleibt unsichtbar. Aber ein Eisberg ist solide, während die globale Ökonomie dynamisch ist. Wert wird von unten nach oben übertragen, wobei die Wertübertragung zwei Hauptformen annimmt: eine sichtbare (in der Form von Preisen) und eine unsichtbare (in der Form *unter*bezahlter und – im re-

212 John Smith, *Imperialism in the Twenty-First Century* (New York: Monthly Review Press, 2016), 262.
213 ebda.

produktiven Sektor – *un*bezahlter Arbeit sowie ökologischer ›Externalitäten‹). Donald A. Clelland spricht von einem ›dunklen Wert‹, einem *dark value*, um die unsichtbare Übertragung zu beschreiben. Der Begriff verweist auf den Begriff der dunklen Materie, *dark matter*, aus der Astrophysik. In derselben Weise, wie der Begriff der dunklen Materie benötigt wird, um die Ausdehnung des Universums zu erklären, benötigt man den Begriff des dunklen Werts, um die Ausdehnung des Kapitalismus zu erklären.

Clelland zufolge wird dunkler Wert auf verschiedene Weisen geschaffen. Ein Beispiel ist die Verwertung unterbezahlter Arbeit in der Produktion. Arbeit ist dann unterbezahlt, wenn der Lohn unter dem durchschnittlichen Marktpreis liegt; Clelland bezieht sich auf Emmanuels Konzept des ungleichen Tauschs. Aber dunkler Wert wird auch indirekt geschaffen. So ist einer der vielen Gründe, warum Arbeitskraft im Globalen Süden so billig ist, dass die Kosten für die Reproduktion der Arbeitskraft so niedrig sind. Viele Industriearbeiter:innen im Globalen Süden werden von einem unterbezahlten Landproletariat unterstützt sowie von Menschen des sogenannten informellen Sektors, die kochen, putzen, auf die Kinder aufpassen usw. Diese Menschen konstituieren die unterste Schicht in der Produktion des dunklen Werts. Sie machen es möglich, dass Industriearbeiter:innen im Globalen Süden auch mit einem Lohn von 1-2 US-Dollar pro Tag überleben können. Wenn im Jahr 2011 ein iPad von Arbeitskräften in den USA zusammengesetzt worden wäre, hätte das Apple 178 USD pro iPad gekostet, keine 33. Die Produktion der Einzelteile, die Apple 39 USD pro iPad kostete, hätte in den USA 186 USD gekostet.

Die Arbeiter:innen im Globalen Süden, die für Apple produzieren, bekommen ihre Jobs nicht, weil ihre Produktivitätsrate niedriger ist als jene von Arbeiter:innen im Globalen Norden. Wahrscheinlich ist sie sogar höher. Apples Zulieferer sind auf ihren Gebieten alle führend und verwenden die modernsten Technologien und modernstes Management. Die Intensität, die sie von ihren Arbeitskräften erwarten, wäre im Norden inakzeptabel. Als der damalige US-Präsident Barack Obama bei einem Dinner im Weißen Haus 2011 Apple-Gründer Steve Jobs fragte, wie die Produktion von Apple-Produkten wieder in die USA kommen könne, erhielt er eine ehrliche Antwort: »Die Jobs kommen nicht zurück.«[214]

214 *New York Times*, 23. Januar 2012.

Die Zerstörung von Ökosystemen ist eine Konsequenz industrieller Produktion. Unternehmen wie Apple können die Kosten für sogenannte Externalitäten vermeiden, indem sie ihre Produktion in Länder verlagern, in denen es weniger strenge Öko-Auflagen gibt. Für die Produktion eines iPad werden 12,2 kg an Mineralien und Metallen gebraucht, von denen viele selten sind. Die Produktion verlangt 360 l Wasser und stößt 105 kg an Treibhausgas aus. Die größte ökologische Last wird von China und anderen asiatischen Ländern getragen, nicht von den Konsument:innen im Globalen Norden. Donald A. Clelland hat berechnet, dass Apple durch die Verlagerung der Produktion rund 30 USD pro iPad an Öko-Abgaben spart, die ansonsten in den USA anfallen würden – und die Abgaben in den USA sind nicht besonders hoch.

Am Ende seiner (konservativen) Berechnungen kommt Clelland zu dem Resultat, dass der totale dunkle Wert eines iPad nicht weniger als 472 USD ausmacht. Ließe Apple iPads im Globalen Norden produzieren, würden sich die Produktionskosten beinahe verdoppeln und damit auch der Verkaufspreis. Ohne den dunklen Wert, der durch die Produktion in Asien gewonnen wird, würde Apple weniger iPads verkaufen und damit Profite verlieren. Aber der dunkle Wert nutzt nicht nur transnationalen Unternehmen. Der Löwenanteil kommt, in der Form niedriger Preise, Konsument:innen im Globalen Norden zugute. Mit anderen Worten profitieren Konsument:innen im Globalen Norden von der Ausbeutung der Arbeitskräfte im Süden. Von dem Geld, das sie während einer Arbeitsstunde verdienen, können Konsument:innen im Globalen Norden Waren kaufen, deren Produktion zahlreiche (unterbezahlte oder unbezahlte) Arbeitsstunden im Globalen Süden erfordert und zudem die dortigen Rohstoffe plündert und Ökosysteme zerstört.

## Dimensionen des ungleichen Tauschs

Als M-KA studierten wir die Mechanismen des Imperialismus und der Wertübertragung vom Süden in den Norden nicht für akademische Zwecke. Unsere politische Praxis war direkt mit der Frage verbunden. Wir wollten verstehen, warum die Lebensbedingungen in der Welt so unterschiedlich waren. Wir glaubten, dass die Befreiungskämpfe im Süden das System in eine Krise stürzen könnten, die auch im Norden wieder revolutionäre Bewegungen ermöglichen würde.

Nicht viele Theoretiker:innen haben versucht, den Wert zu berechnen, der insgesamt vom Globalen Süden in den Norden übertragen wurde. 1965 sprach Samir Amin von 22 Milliarden US-Dollar und 1980 von 300 Milliarden US-Dollar. Wie er zu diesen Zahlen kam, erklärte er nicht. Bei unseren eigenen Berechnungen, die wir 1977 anstellten, kamen wir auf 312 Milliarden US-Dollar. Doch genaue Berechnungen sind schwierig. Statistiken zu Löhnen und Anstellungsverhältnissen sind notorisch unzuverlässig. Auch die genauen Beziehungen zwischen Lohn, Preis und Produktivität sind schwierig zu bestimmen. Uns war es wichtig, nicht zu übertreiben. Wir sammelten die Daten, die wir finden konnten, und verwendeten die offiziellen Zahlen für die Länder des Globalen Südens, auch wenn wir wussten, dass die Reallöhne dort niedriger waren. Kurz, unsere Berechnungen waren sehr konservativ. Wir kamen zu dem Schluss, dass das Lohnverhältnis zwischen dem Globalen Süden und dem Norden etwa 1:15 war. Wir berechneten auch einen hypothetischen gleichen Tausch im Welthandel. Indem wir diesen mit den Zahlen verglichen, die auf dem tatsächlichen ungleichen Tausch beruhten, erhielten wir eine Indikation des totalen Werts, der vom Süden in den Norden übertragen wurde. Wir diskutierten unsere Berechnungen mit Emmanuel, während wir die englische Ausgabe unseres Buches *Imperialism i dag* (Imperialismus heute) vorbereiteten, und er hatte keine besonderen Einwände.

In den 1990er-Jahren berechnete der kanadische Ökonom und Computerwissenschaftler Gernot Köhler, ein Anhänger der Weltsystemtheorie, die gesamte Wertübertragung vom Süden in den Norden auf ähnliche Weise, aber auf einer viel breiteren Datenbasis.[215] Unter anderem berücksichtigte er globale Unterschiede der Kaufkraft. Köhler stellte den ungleichen Tausch im Jahr 1865 auf 0, woraus sich für ihn ergab, dass die gesamte Wertübertragung im Jahr 1965 bei knapp 19 Milliarden US-Dollar lag. 1980 hatte sie 300 Milliarden US-Dollar erreicht (was Amins Berechnungen entsprach), und 1995 rund 1.750 Milliarden. Die größten Verlierer des ungleichen Tauschs waren China, Mexiko und Indonesien. Die größten Gewinner die USA, Japan und Deutschland.[216]

---

215 Zu Köhlers bedeutendsten Büchern zählen *A Theory of World Income* (1999), *Globalization: Critical Perspectives* (2003) und *The Global Wage System* (2004).

216 Im Gegensatz zu Emmanuel sieht Zak Cope in *Divided World Divided Class* (2015) die Ausbeutung in zwei Aspekte geteilt: einerseits den ungleichen Tausch auf dem Weltmarkt, andererseits die Superprofite. Große transnationale Unternehmen können ganze Industrien dominieren und Oligopole bzw. Monopole etablieren. Sie können die Preise bestimmen und die Marktanteile unter sich aufteilen. Das geht auf Kosten der Zulieferer wie der Konsument:innen und schafft die Superprofite. Die großen weltweiten Lohnunterschiede sind die Grundlage für beide Aspekte der Ausbeutung.

Ein weiterer Forscher, der wichtige Beiträge zur Analyse der Wertübertragung geleistet hat, ist Zak Cope. Für sein Buch *Divided World Divided Class* (2012) verwendete er drei verschiedene Methoden, um die Gesamthöhe des ungleichen Tauschs zu ermitteln. Im Jahr 2009 sah er ihn bei 3.900 Milliarden US-Dollar. Wenn wir dem die Superprofite hinzufügen, die von Investitionen im Globalen Süden kommen (2.600 Milliarden), erhalten wir insgesamt 6.500 Milliarden. Die enorme Differenz zwischen Copes Berechnung der Gesamtsumme im Jahr 2009 (6.500 Milliarden) und unserer im Jahr 1977 (350 Milliarden) beweist die Bedeutung der Industrialisierung des Globalen Südens.

Wenn wir Copes Zahlen folgen, dann macht die Wertübertragung vom Süden in den Norden etwa 16 Prozent des addierten BIPs aller OECD-Länder aus. Das mag nicht viel erscheinen, wenn wir die enormen Unterschiede in den Lebensbedingungen bedenken, aber wir müssen uns vor Augen halten, dass die BIPs der imperialistischen Länder aufgeplustert sind. Sie basieren zum größten Teil auf unproduktiver Arbeit, Dienstleistungen und Management. Wir müssen auch die allgemeinen Effekte des ungleichen Tauschs berücksichtigen, der den Welthandel seit Jahrhunderten prägt, und uns an das Hauptproblem des Kapitalismus erinnern, also das Ungleichgewicht zwischen der Warenproduktion und der Kaufkraft. Krisen des Kapitalismus haben immer mit Überproduktion zu tun – oder dem Mangel an Märkten, je nachdem, wie man es sehen will. Die konstante Wertübertragung vom Süden in den Norden sichert dem Norden genug Kaufkraft und daher ein stabiles ökonomisches Wachstum. Gleichzeitig gibt es im Süden aufgrund der ständigen Wertaneignung durch den Norden keine ökonomische Stabilität. Die totale Kaufkraft in Kopenhagen, einer Stadt mit einer Million Einwohner:innen, ist stärker als die Kaufkraft in ganz Tansania, einem Land mit 46 Millionen Einwohner:innen. Ungleicher Tausch bedeutet nicht nur Milliarden US-Dollar an Wertübertragung, sondern auch die Voraussetzung ökonomischen Wachstums im Globalen Norden. Dazu kommen bis zu einer Trillion US-Dollar pro Jahr durch Korruption, Steuerflucht und Wirtschaftskriminalität.

Mit dem Neoliberalismus wurde der ungleiche Tausch noch weiter ausgedehnt. Wenige Forscher:innen und noch weniger Politiker:innen erkennen dies an. Der Ökonom Kunibert Raffer stellte 2006 fest, dass der ungleiche Tausch in der neoliberalen Ära praktisch aus der akademischen Diskussion verschwunden sei.[217] In den letzten Jahren hat sich dies etwas geändert. Ei-

217 Kunibert Raffer, »Differences between Inequalities and Unequal Exchange«, in: *Entelequia* (no. 2, 2006), 198.

ner der Gründe ist die Notwendigkeit, die steigende Anziehungskraft des Rechtspopulismus in den Arbeiterklassen des Globalen Nordens zu erklären.

## Ungleicher Tausch und die Dynamik des Kapitalismus

Ungleicher Tausch und ungleiche Entwicklung haben dieselbe Grundlage, nämlich die internationalen Lohnunterschiede. Die Wertübertragung vom armen Süden in den reichen Norden mittels des ungleichen Tauschs hat zu geringem Konsum im Süden und hohem Konsum im Norden geführt. Ausländisches Kapital, das in den Ländern des Südens investiert wird, schielt vor allem auf Exporte für den Weltmarkt, das heißt, in die imperialistischen Länder. Arghiri Emmanuel erklärt, warum Investitionen in den imperialistischen Ländern zu Entwicklung führen, während sie das in den ausgebeuteten Ländern nicht tun:

> »Warum hat das europäische Kapitel den USA und Australien genutzt? Warum hat das US-Kapital Kanada genutzt? Warum haben sich die Ökonomien in diesen Ländern entwickelt, während Investitionen in der Dritten Welt die ökonomische Entwicklung nicht vorantrieben, sondern nur Enklaven schufen? Was meine ich hier mit ›Enklave‹? Eine ausländische Investition, die nichts zur Reproduktion in dem Land beiträgt, in dem investiert wird. ... Die Société Générale de Belgique etablierte die Union Minière im Kongo und Canada Petrofina in Kanada. Das erste Unternehmen beutet Kupfervorkommen aus, das zweite Erdölquellen. Wenn die Investitionen ihr maximales Potenzial erreicht haben, baut Canada Petrofina eine Raffinerie. Dafür schießt das Unternehmen auch weiteres Kapital zu. ... Irgendwann will das Unternehmen dann expandieren und kauft Land für mehrere Verkaufsstandorte. Es baut eine petrochemische Industrieanlage, eine Fabrik zur Produktion von Tankfahrzeugen, vielleicht eine Ladenkette. ... Die *Union Minière* hingegen dehnt sich nicht weiter aus, wenn der maximale Profit aus den Kupferminen gewonnen wurde. Sie zahlt Dividenden aus und wird eine Enklave. Warum? ... Der einfache Grund ist, dass die hohen Löhne in Kanada, und ein entsprechender Lebensstandard, einen Markt für alles schaffen. Im Kongo hingegen sind Löhne und Lebensstandard so niedrig, dass sie bei den Kapitalisten kein Interesse wecken, das darüber hinaus geht, Bodenschätze auszubeuten und Rohstoffe zu exportieren.«[218]

Es ist ein Teufelskreis. Durch ungleichen Tausch und den Export des Großteils der produzierten Waren in die imperialistischen Länder werden die ausgebeuteten Länder jeder Grundlage einer dynamischen kapitalistischen Entwicklung beraubt. Je geringer die Investitionen, desto höher die Arbeits-

218 Arghiri Emmanuel, *Unequal Exchange*, a.a.O., 376f.

losenrate, desto niedriger die Löhne und desto schwächer die Kaufkraft und der heimische Markt, was die Länder unattraktiv für Investoren macht. In den imperialistischen Ländern schaffen die relativ hohen Löhne hingegen starke Kaufkraft und einen starken heimischen Markt, was Kapital anzieht und zur Entwicklung der Produktivkräfte beiträgt.

Angesichts dieser polarisierenden Dynamik gelangte die Dependenztheorie der 1970er-Jahre zu dem Schluss, dass die Industrialisierung der Dritten Welt im imperialistischen System unmöglich war. Man ging davon aus, dass zuerst heimische Märkte etabliert werden müssten. Doch man unterschätzte die Entwicklung der Produktivkräfte, die die Globalisierung der Produktion und der Konsumtion möglich machten bzw. die Industrialisierung des Globalen Südens mit dem primären Ziel, für die Konsument:innen im Globalen Norden zu produzieren.

Die exportorientierte Industrialisierung des Südens und die globalen Produktionsketten haben neue Formen des ungleichen Tauschs mit sich gebracht. Diese sind komplexer als der Handel mit Rohstoffen und Industrieprodukten, der den ungleichen Tausch bis in die 1980er-Jahre charakterisierte. Die globalen Produktionsketten machen es möglich, über die Preisformation Wert von den Arbeiter:innen im Süden zu den Unternehmen und Konsument:innen im Norden zu übertragen. Auf der einen Seite hält also die Wertübertragung und damit die globale Polarisierung an; auf der anderen Seite gibt es eine enorme Entwicklung der Produktivkräfte im Globalen Süden. Es sieht fast so aus, als würde die Prophezeiung des *Kommunistischen Manifests* wahr werden sein, der zufolge England »eine Welt nach ihrem eigenen Bilde« schafft. Aber die Industrialisierung des Südens lässt sich nicht mit der Industrialisierung Englands vergleichen. Die Industrialisierung des Südens beruht nicht auf einem heimischen Markt, sondern auf einer neuen globalen Arbeitsteilung, die den Süden zur Fabrik der Welt machte.

Die USA verlieren ihre globale Hegemonie, und zum ersten Mal in der Geschichte des Kapitalismus hat ein Land der Peripherie, China, die stärkste Volkswirtschaft aufgebaut. China hat die eindeutige Absicht, zu einer wichtigen Größe im Weltsystem zu werden. Das bedeutet einen radikalen Bruch mit früheren Formen kapitalistischer Entwicklung. In diesem Fall bewahrheiten sich die Prophezeiungen von Marx und Engels, die bereits Mitte des 19. Jahrhunderts eine kapitalistische Krise dieser Form voraussahen.

## Produktionsökonomien und Konsumtionsökonomien

Die neoliberale Arbeitsteilung, globale Produktionsketten und der ungleiche Tausch haben die Welt in Produktionsökonomien (im Globalen Süden) und Konsumtionsökonomien (im Globalen Norden) geteilt. Das kommt nicht von ungefähr. Das Kapital trachtet immer danach, billig produzieren und teuer verkaufen zu können.

Die Konsumtion ist der letzte Moment im Leben einer Ware: ein Hamburger wird bei McDonald's verspeist, ein Hemd geht über den Ladentisch usw. Der Handel ändert die Eigentumsrechte, aber er schafft keinen Wert. Das gilt für unproduktive Arbeit ganz allgemein, ob im Versicherungswesen, dem Marketing, der Sicherheitsbranche oder im Management. Gleichzeitig steht unproduktive Arbeit für einen großen Teil der BIPs im Globalen Norden. Wir sprechen von ›postindustriellen Gesellschaften‹, ›Informationsgesellschaften‹ und ›Erfahrungsökonomien‹. Unproduktive Arbeit hängt jedoch von produktiver Arbeit ab bzw. dem Wert, der von produktiver Arbeit geschaffen wird. Der Großteil der Information und Unterhaltung, die wir konsumieren, konsumieren wir auf physischen Geräten, die im Globalen Süden produziert werden.

Aufgrund der Mobilität der Produktion stehen die Arbeiterklassen unterschiedlicher Nationen in Konkurrenz zueinander. Das gilt vor allem für das Industrieproletariat. Im Dienstleistungssektor gibt es weniger Konkurrenz, weil Dienstleistungen (Putzen, Kochen, Liefern) nicht so leicht zu verlagern sind. Man kann jedoch billige Arbeitskraft importieren, was mehr und mehr geschieht. Aber selbst die billigste Arbeitskraft im Globalen Norden wird besser bezahlt als praktisch jede Arbeitskraft im Globalen Süden. Im Jahr 2002 überstiegen die Einnahmen von Walmart erstmals jene von General Motors. Eine Supermarktkette löste einen Autogiganten als größtes Unternehmen der USA ab. Das geschah zu einer Zeit, als Löhne in den USA und Europa stagnierten, und die Arbeitslosigkeit stieg. Wie konnte die Konsumtion unter solchen Bedingungen wachsen? Die Antwort ist einfach: Die Preise für Importwaren sanken. In den USA verdoppelte sich der Konsum von Kleidern und Schuhen, nachdem die Importpreise um die Hälfte gefallen waren.

Timothy Kerswell hat diese Entwicklung illustriert, indem der die Situation in den USA mit der in China verglich. Er wählte diese zwei Länder aufgrund ihrer Bedeutung für die Weltwirtschaft, aber auch, weil sie viel miteinander handeln. Was die Daten für die Arbeiterklasse in beiden Ländern angeht, musste sich Kerswell auf offizielle nationale Statistiken stützen. Er schloss daraus, dass 66,8 Prozent von Chinas Arbeiter:innen dem produktiven Sektor zuzurechnen sind, während 33,2 Prozent im Verkauf, im Service und im Transport arbeiten (dem sogenannten tertiären Sektor, den wir auch den ›Konsumsektor‹ nennen können). In den USA sehen wir das Gegenteil: Hier finden wir 27 Prozent der Arbeiter:innen im produktiven Sektor und 73 Prozent im Konsumsektor. China ist eine Produzentenökonomie und die USA eine Konsumentenökonomie.

Wie kann ein Land, in dem 73 Prozent der Beschäftigten im unproduktiven Sektor arbeiten, immer noch eine relativ starke Ökonomie haben? Dafür gibt es zwei mögliche Erklärungen: Entweder produzieren die 27 Prozent, die im produktiven Sektor arbeiten, so viel Wert, dass es allen materiell gut geht. Oder der Wert wird woanders erzeugt. Im Jahr 2010 hatten die USA ein Handelsdefizit von 497 Milliarden US-Dollar. Importe aus China überstiegen Exporte nach China um 365 Milliarden US-Dollar. Durch den Import chinesischer Waren wird also enormer Wert in die USA übertragen, doch scheint dies in keiner offiziellen Statistik auf. Der Wert ist im Preis versteckt, für den die Waren verkauft werden. Würden die 27 Prozent der US-Arbeiter:innen, die im produktiven Sektor arbeiten, genug Wert schaffen, um ökonomisches Wachstum zu sichern, gäbe es keinen Grund, all diese Waren aus China einzuführen. Wie der versteckte Wert, der in die Länder des Globalen Nordens übertragen wird, dort zwischen Kapital und Arbeit verteilt wird, hängt von der politischen Teilung der Macht bzw. vom Klassenkompromiss ab.

Die ökonomische Teilung der Welt hat im Globalen Norden eine wechselseitige Abhängigkeit von Kapital und Arbeit geschaffen. Das Kapital ist von Arbeiter:innen abhängig, die eine starke Kaufkraft haben, und die Arbeiter:innen sind vom Kapital abhängig, um ihren Lebensstandard zu sichern. In den exportorientierten Ländern des Globalen Südens sind sowohl Kapital als auch Staat abhängig vom Konsum im Norden. Den Preis dafür zahlen die Arbeiter:innen. Sie werden nicht nur von der nationalen Bourgeoisie ausgebeutet, sondern auch von den transnationalen Unternehmen und den Konsument:innen im Norden.

## Ökologische Nachhaltigkeit und ungleicher Tausch

Konsumgesellschaften sind nicht nur ein Ausdruck ökonomischer Ungleichheit. Sie stellen auch ein ernsthaftes Problem für die Umwelt dar. Mit anderen

Worten: Ungleicher Tausch ist nicht nur ein ökonomisches Problem, sondern auch ein ökologisches.

Im westlichen Denken werden Menschen und Natur oft als Gegensätze betrachtet. Im 17. Jahrhundert meinte Thomas Hobbes, es sei das Schicksal der Menschheit, die Natur zu erobern und zu kontrollieren, um das eigene Überleben zu sichern. Der Kapitalismus baut auf dieser Logik auf. Er stellt die Menschheit gegen die Natur und sieht vor, dass die Menschheit die Natur dominiert und ausbeutet. 500 Jahre Kapitalismus haben enorme Mengen nicht-erneuerbarer Rohstoffe verschlungen und ganze Ökosysteme zerstört. Wir sehen heute die Konsequenzen in der Form von Umweltverschmutzung und Klimaveränderung. Marx und Engels waren sich der Problematik früh bewusst:

> »Schmeicheln wir uns indes nicht zu sehr mit unsern menschlichen Siegen über die Natur. Für jeden solchen Sieg rächt sie sich an uns. Jeder hat in erster Linie zwar die Folgen, auf die wir gerechnet, aber in zweiter und dritter Linie hat er ganz andre, unvorhergesehene Wirkungen, die nur zu oft jene ersten Folgen wieder aufheben. ... Und so werden wir bei jedem Schritt daran erinnert, daß wir keineswegs die Natur beherrschen, wie ein Eroberer ein fremdes Volk beherrscht, wie jemand, der außer der Natur steht – sondern daß wir mit Fleisch und Blut und Hirn ihr angehören und mitten in ihr stehn, und daß unsre ganze Herrschaft über sie darin besteht, im Vorzug vor allen andern Geschöpfen ihre Gesetze erkennen und richtig anwenden zu können.«[219]

Spätere marxistische Theoretiker:innen und der real existierende Sozialismus nahmen diese Warnungen nicht ernst. Man war zu beschäftigt mit den ökonomischen und gesellschaftlichen Realitäten. Die Natur wurde kaum beachtet. Ökologische Nachhaltigkeit war in der Imperialismustheorie der 1970er-Jahre kein Thema. Heute ist es mir peinlich, wenn ich an meine Reaktion einem Genossen gegenüber denke, der mich damals auf das Loch in der Ozonschicht ansprach. Während wir Kleider für afrikanische Befreiungsbewegungen einpackten, sagte ich nur: »Ein Loch in der Ozonschicht? Du musst zu viele Comics lesen!«

Wenn Marxist:innen das Problem überhaupt beachteten, sahen sie es als Problem kapitalistischer Gesellschaften, das im Staatssozialismus nicht existierte. Arghiri Emmanuel war einer der wenigen Marxist:innen, die das Problem ansprachen. Er stellte fest, dass die Menschen der Ersten Welt nur deshalb gedankenlos konsumieren konnten, weil es der Rest der Welt nicht

219 Friedrich Engels, *Dialektik der Natur*, 1883.

konnte. Es war ein Ansatz, die ökonomische Theorie des Marxismus mit ökologischen Fragen zu verbinden; ein Schritt in die richtige Richtung.

Eine einfache Übung, um die ökologischen Dimensionen des ungleichen Tauschs zu illustrieren, besteht darin, sich in der eigenen Wohnung umzusehen. Öffne deinen Kühlschrank! Wenn du keinen hast, lebst du wahrscheinlich im Globalen Süden. Wenn du einen hast, belegen die Waren, die dort stehen, dass Waren im globalen Kapitalismus dort hinkommen, wo Menschen das Geld haben, sie zu konsumieren. Auch die meisten anderen Waren in deiner Wohnung werden das bestätigen. Die reichsten 20 Prozent der Erde konsumieren 89-mal mehr Papier, verwenden 55-mal mehr Energie und stoßen 22-mal mehr Kohlendioxid aus als die ärmsten 20 Prozent. 1993 war der Energiekonsum in Nordamerika 30-mal so hoch wie in Indien and 60-mal so hoch wie in Subsahara-Afrika.

Inzwischen haben manche Theoretiker:innen den ungleichen Tausch aus ökologischer Perspektive untersucht. Sie haben die natürlichen Ressourcen analysiert, die in der industriellen Produktion des Globalen Südens verwendet werden. Stephen G. Bunker hat beispielsweise zum Amazonasbecken geforscht. Er vergleicht eine ›Extraktionsweise‹ mit der Produktionsweise und gelangt zu dem Schluss, dass »die Ausbeutung von Energie und Materie in der Peripherie durch das Zentrum den ungleichen Tausch deutlicher macht als der Warentransfer«.[220] Bunker meint, dass der Wert vieler Waren (Holz, Metall, Erdöl, Fisch u. a.) vor allem von den Produkten selbst und nicht in erster Linie von der für die Produktion aufgewendeten Arbeit kommt. Doch auch wenn wir Bunker recht geben, erklärt das nicht, wie die Unterschiede zwischen Peripherie und Zentrum aufrechterhalten werden. Hier kommen wir an der Frage der Löhne nicht vorbei. Der deutsche Ökonom Jürgen Lipke versteht die ökologischen Aspekte des ungleichen Tauschs eher als Komplementierung der ökonomischen. Ungleicher Tausch schafft Konsumgewohnheiten, die ökologische Konsequenzen haben.[221]

Umweltaktivist:innen sprechen von ›natürlichem Kapital‹, wenn es um die natürlichen ökonomischen Voraussetzungen einer Region geht. Um nachhaltig zu sein, kann eine Gesellschaft ihr natürliches Kapital nicht erschöpfen,

220 Stephen G. Bunker, »Modes of Extraction, Unequal Exchange, and the Progressive Underdevelopment of an Extreme Periphery: The Brazilian Amazon 1600-1980«, in: *American Journal of Sociology* (no. 5, 1984), 1018.

221 Jürgen Lipke, »Unequal Exchange and Ecological Consumption – a Quantitative Study of Dependency Structures in the World System«, 2002, www.zyklotrop.de.

sondern muss (um es so auszudrücken) von dessen Zinsen leben. In einfachen Worten müssen Menschen die natürlichen Ressourcen so hinterlassen, wie sie sie erhalten haben. Lipke verweist auf eine Forschungsstudie, in der das natürliche Kapital berechnet wurde, das wir verwenden. Die Studie kam zu dem Schluss, dass im Weltdurchschnitt 2,85 Hektar pro Person benötigt werden, um ein Menschenleben zu erhalten. Als nachhaltig gelten 30 Prozent weniger, nämlich 2,18 Hektar pro Person. Der gegenwärtige Lebensstandard der OECD-Länder erfordert 7,22 Hektar pro Person. Dies bestätigt, was vielen klar ist: Wir, die Menschen im Globalen Norden, verschleißen den Planeten.

Die Globalisierung hat die Ausbeutung natürlicher Ressourcen noch einfacher gemacht, da die Menschen, die für sie verantwortlich sind, in den meisten Fällen die Konsequenzen nicht zu tragen haben (oder zumindest nicht unmittelbar). Wir erhalten nicht nur billige Waren aus China, wir zerstören auch die Umwelt Chinas. Aber wen kümmert es? Ich lebe in Kopenhagen, einer Stadt im Globalen Norden, die im Jahr 2025 ›CO2-neutral‹ sein will. Das Ziel kann durchaus erreicht werden, aber nur, weil wir die Konsequenzen unseres Konsums nicht miteinberechnen. Wenn die CO2-Ausstöße der Produktion der Waren, die die Bewohner:innen Kopenhagens konsumieren, in die CO2-Ausstöße Kopenhagens miteinberechnet würden, wäre es völlig unmöglich, CO2-neutral zu werden.

Überkonsumtion und die Zerstörung des Planeten führen zu stärkerer ökonomischer, politischer und militärischer Konkurrenz um natürliche Ressourcen. Reichtum und ungleicher Tausch in Kombination mit politischer und militärischer Macht erlauben es OECD-Ländern, weit mehr natürliches Kapital als das eigene zu importieren und zu konsumieren. Gleichzeitig zwingt der Weltmarkt die armen Länder dazu, ihr natürliches Kapital aufzugeben und nicht-nachhaltig zu produzieren, um die Ansprüche der Konsument:innen im Globalen Norden zu befriedigen.

Jürgen Lipke betont, dass die Unterentwicklung des Globalen Südens politische Gründe hat. Der Neoliberalismus ist mit seinen strukturellen Anpassungsprogrammen, dem Freihandel und der Mobilität des Kapitals nur an Wachstum und Akkumulation interessiert. Die gesellschaftlichen Implikationen der Warenverteilung sind von genauso geringem Interesse für ihn wie ökologische Nachhaltigkeit. Die Konsequenz ist, dass wir es nicht nur mit einer wachsenden Kluft zwischen Arm und Reich zu tun haben, sondern auch mit einem sterbenden Planeten.

Ein Unterschied zwischen den ökonomischen und den ökologischen Dimensionen des ungleichen Tauschs besteht darin, dass die Grenzen zwischen den Ländern, die von ihm profitieren, und den Ländern, die unter ihm leiden, im Falle der ökologischen Dimensionen weniger deutlich sind. Viele ökologische Probleme sind globale Probleme; sie sind nicht auf einzelne Länder beschränkt und können nicht von diesen alleine gelöst werden. Die Umweltverschmutzung Chinas macht sich bereits an der Westküste der USA bemerkbar. Weder die Verschmutzung der Atmosphäre und der Ozeane noch der Klimawandel nehmen Rücksicht auf nationalstaatliche Grenzen.

Das exponentielle Wachstum, das den Kapitalismus charakterisiert, ist wie eine Krebserkrankung. Nachhaltigkeit ist nicht möglich, solange Länder darum konkurrieren, ausländisches Kapital anzuziehen. Ökologische Bedenken werden zwangsläufig beiseitegeschoben. Das Kapital hat immer danach getrachtet, die Kosten der Umweltverschmutzung zu externalisieren. Müsste es für sie bezahlen, wären Profite und Akkumulation bedroht. In den kommenden Jahrzehnten wird der Mangel an Rohstoffen, sauberem Wasser und anderen ökologischen Lebensgrundlagen enorme Konsequenzen für unsere Gesellschaften haben, aber es wird politisch kaum etwas getan, um das zu verhindern. Im Gegenteil, die Politik tut alles, um entsprechende Anstrengungen zu sabotieren. Das Konzept der ›Resilienz‹ hat das der Nachhaltigkeit ersetzt. Aber was bedeutet ›Resilienz‹? Man überlebt die Katastrophe, anstatt sie zu verhindern. Aber ist das überhaupt möglich? In Wahrheit hängt unser Überleben von einem völlig neuen Verständnis von Wachstum, Konsum und der Beziehung zwischen Mensch und Natur ab. Das verlangt ebenso neue Werte wie eine Kritik der kapitalistischen Produktionsweise. Das Minimum, das wir brauchen, ist eine Art ›Rettungsboot-Sozialismus‹, wo gerechte Verteilung und ein nachhaltiger Gebrauch von Ressourcen den individuellen Konsum als Motor der Wirtschaft ablösen. Weniger reicht nicht, um zu überleben, und selbst das erfordert eine neue Weltordnung.

# 7. Die globale Teilung der Klasse

## Eine geteilte Welt, eine geteilte Arbeiterklasse

In den letzten 100 Jahren haben sich die Lebensbedingungen der reichsten 20 Prozent der Weltbevölkerung drastisch verbessert. Fast alle von ihnen leben im Globalen Norden. Fast alle der anderen 80 Prozent tun das nicht. Im Globalen Norden gibt es einen großen Unterschied in den Lebensbedingungen zwischen den Top-5-Prozent und dem Rest. Zwischen 1945 und 1975 verringerte sich dieser Unterschied, doch mit dem Neoliberalismus begann er wieder zu wachsen. Der Unterschied zwischen dem Globalen Norden und dem Globalen Süden wuchs hingegen ständig. 2015 verfügten die 20 reichsten Prozent der Weltbevölkerung über 94,5 Prozent des Gesamtreichtums der Erde. Das reichste Prozent der Weltbevölkerung verfügte über 48 Prozent des Gesamtreichtums. Mittlerweile wurde die 50-Prozent-Marke aller Wahrscheinlichkeit nach überschritten.

Die Ungleichheit der Lebensbedingungen ist ein Resultat der Klassengesellschaft und in unser politisches System eingeschrieben. Ich will in diesem Buch die Möglichkeiten des Widerstands der Arbeiterklasse gegen das globale Kapital erforschen. Die globale Arbeiterklasse teilt sich in ein Proletariat im Globalen Süden und eine Arbeiteraristokratie im Norden (oder vielleicht sollten wir eher sagen: eine ›Konsumentenaristokratie‹).

Lasst uns einen näheren Blick auf die Klassengesellschaft werfen. Der Begriff ›Klasse‹ wird verwendet, um Menschen mit ähnlichem ökonomischem Status zusammenzufassen. Die zwei wichtigsten Klassen im Kapitalismus sind die Bourgeoisie, die die Produktionsmittel besitzt, und das Proletariat, das seine Arbeitskraft verkauft. Diese zwei Klassen stehen einander gegenüber, sind aber auch voneinander abhängig: Um Profit machen zu können, braucht das Kapital die Arbeitskraft. Das gibt Arbeiter:innen eine gewisse Macht innerhalb des kapitalistischen Systems, da sie die Arbeit verweigern bzw. streiken können. Die Arbeiter:innen brauchen jedoch das Kapital, um einen Lohn zu erhalten und ihren Lebensunterhalt zu verdienen.

Mit der Globalisierung der kapitalistischen Produktion ist die Vereinigung der Arbeiterklasse über nationale Grenzen hinaus dringender denn je. Die zunehmende Mobilität des Kapitals hat das Machtverhältnis zwischen Kapital und Arbeit dramatisch zum Vorteil des Kapitals verschoben. Das Kapital kann die Produktion dorthin verlagern, wo die Arbeitskraft am billigsten und der Profit am größten ist. Die Konkurrenz innerhalb der globalen Arbeiterklasse ist hart, und Arbeiter:innen sind oft bereit, niedrige Löhne und schlechte Arbeitsbedingungen zu akzeptieren, um überhaupt einen Job zu bekommen. Der Kampf für die Interessen der Klasse muss dabei hintanstehen. Nur globale Solidarität unter den Arbeiter:innen kann das ändern. Das Kapital wiederum verlässt sich auf seine Macht, die Arbeiterklasse in unterschiedlichen Nationen gegeneinander auszuspielen. Wenn es nicht gelingt, diese Strategie auszuhebeln, ist eine grundlegende Veränderung des Systems unmöglich.

Der orthodoxe Marxismus hat sich immer an der strikten Trennung zwischen Bourgeoisie und Proletariat orientiert, die im *Kommunistischen Manifest* vorgenommen wurde. Selbst *Empire*, das einflussreiche Buch von Michael Hardt und Toni Negri aus dem Jahr 2000, hält an diesem Gegensatz fest, auch wenn die Autoren die Begriffe ›Empire‹ und ›Multitude‹ einführen. Auch der Occupy-Wall-Street-Slogan ›Wir sind die 99 Prozent‹ war eine Variation des Gegensatzes zwischen Bourgeoisie und Proletariat.

Mitte des 19. Jahrhunderts, als Marx und Engels das *Kommunistische Manifest* schrieben, war die Unterscheidung zwischen einer Bourgeoisie, die die Produktionsmittel besitzt, und einem Proletariat, das seine Arbeitskraft verkaufen muss, deutlicher als heute. Nach Marx wird der Preis für die Ware Arbeitskraft (der Lohn) von zwei Faktoren bestimmt: erstens den Kosten für die Reproduktion der Arbeitskraft, und zweitens dem, was Marx das »historische und moralische Element« nannte. Die Kosten für die Reproduktion der Arbeitskraft sind im Wesentlichen die Kosten, die notwendig sind, damit Arbeiter:innen überleben, zur Arbeit gehen und neue Generationen von Arbeiter:innen aufziehen können; dazu gehören die Kosten fürs Essen, Wohnen und den täglichen Bedarf. Wenn ein Lohn nur die grundlegendsten Kosten der Reproduktion deckt, sprechen wir von einem ›Subsistenzlohn‹. 1848 waren praktisch alle Löhne Subsistenzlöhne – in Europa wie in Indien oder China. Seither haben sich Löhne in Europa und den europäischen Siedlerstaaten dramatisch verändert. Diese Tatsache wird oft von Marxist:innen vernachlässigt, die meinen, dass Menschen, die keine Produktionsmittel besitzen, alle gleichermaßen zum Proletariat gehören und ausgebeutet werden – fertig.

Aber nur 20 Jahre nach der Publikation des *Kommunistischen Manifests* mit der berühmten Behauptung, dass Arbeiter:innen »nichts als ihre Ketten« zu verlieren hätten, schrieb Marx über Subsistenzlöhne Folgendes:

> »Andrerseits ist der Umfang sog. notwendiger Bedürfnisse, wie die Art ihrer Befriedigung, selbst ein historisches Produkt und hängt daher großenteils von der Kulturstufe eines Landes, unter andrem auch wesentlich davon ab, unter welchen Bedingungen, und daher mit welchen Gewohnheiten und Lebensansprüchen die Klasse der freien Arbeiter sich gebildet hat. Im Gegensatz zu den andren Waren enthält also die Wertbestimmung der Arbeitskraft ein historisches und moralisches Element. Für ein bestimmtes Land, zu einer bestimmten Periode jedoch, ist der Durchschnitts-Umkreis der notwendigen Lebensmittel gegeben.«[222]

Marx schrieb dies zu einer Zeit, als die Löhne in England langsam anstiegen und über das Subsistenzniveau hinausgingen. Es war der Anfang einer sehr unterschiedlichen Entwicklung der Löhne aus globaler Sicht. Marx musste dieser Veränderung Rechnung tragen. Mit der Einführung des ›historischen und moralischen Elements‹ wurde es möglich, zu erklären, was wir heute sehen: eine Konsumgesellschaft, die den Wert der Arbeitskraft neu definiert hat. Die untere Grenze ist immer noch der Subsistenzlohn. Die obere Grenze ist jedoch völlig offen. Marx schrieb 1867, im ersten Band des *Kapitals*:

> »Der Wert der Arbeitskraft, gleich dem jeder andren Ware, ist bestimmt durch die zur Produktion, also auch Reproduktion, dieses spezifischen Artikels notwendige Arbeitszeit. ... Der Wert der Arbeitskraft ist der Wert der zur Erhaltung ihres Besitzers notwendigen Lebensmittel. ... Durch ihre Betätigung, die Arbeit, wird aber ein bestimmtes Quantum von menschlichem Muskel, Nerv, Hirn usw. verausgabt, das wieder ersetzt werden muß. ... Wenn der Eigentümer der Arbeitskraft heute gearbeitet hat, muß er denselben Prozeß morgen unter denselben Bedingungen von Kraft und Gesundheit wiederholen können. Die Summe der Lebensmittel muß also hinreichen, das arbeitende Individuum als arbeitendes Individuum in seinem normalen Lebenszustand zu erhalten. Die natürlichen Bedürfnisse selbst, wie Nahrung, Kleidung, Heizung, Wohnung usw., sind verschieden je nach den klimatischen und andren natürlichen Eigentümlichkeiten eines Landes.«[223]

Wenn Löhne über das Subsistenzniveau hinausgehen, dann wird die einst deutliche Trennung von Bourgeoisie und Proletariat weniger deutlich. Arbeiter:innen haben jetzt finanzielle Ressourcen, die sie potenziell als Kapital gebrauchen können bzw. um Produktionsmittel zu erwerben. Ob sie dies tun, oder das Geld lieber für Konsumwaren ausgeben, bleibt ihnen überlassen. Sie können Kleider kaufen, Aktien erwerben oder auch ein Unternehmen starten. Sie haben jetzt die Chance, Geld zu akkumulieren und Kredite aufzunehmen.

---

222 Karl Marx, *Das Kapital, Band 1*, a.a.O.
223 ebda.

Alle Menschen, die keine Produktionsmittel besitzen und ihre Arbeitskraft verkaufen, als Proletarier zu bezeichnen, ist analytisch unzufriedenstellend, wenn wir gesellschaftliche Machtverhältnisse berücksichtigen. Im Jahr 2006 verdienten Fußballspieler in der englischen Premier League im Schnitt 676.000 Pfund pro Jahr, plus Prämien. Das ist natürlich ein extremes Beispiel, aber im Kapitalismus gehen auch Beamte, Manager, Akademiker usw. Lohnarbeit nach, konsumieren jedoch weit mehr Wert, als sie produzieren. Ab wann man mehr Wert konsumiert als man produziert, ist keine moralische Frage, sondern eine mathematische. Einfach darauf zu verweisen, dass eine Person Lohnarbeit nachgeht, ist nicht genug, um deren ökonomischen Status adäquat zu erfassen. Der ökonomische Status von Personen ist jedoch von politischer Bedeutung, nicht zuletzt deshalb, weil er ihr politisches Bewusstsein beeinflusst.

Als Marx und Engels 1848 das *Kommunistische Manifest* schrieben, schien die Aufforderung an die ›Proletarier aller Länder‹, sich zu vereinen, nicht utopisch. Heute tut sie das. Gibt es wirklich *eine* Arbeiterklasse, die in ihrem Ausgebeutet-Sein vereint ist?

Zwei Aspekte sind für die Spaltung der globalen Arbeiterklasse von besonderer Bedeutung. Erstens entwickelte sich der Kapitalismus im Rahmen einer politischen Ordnung, die sich auf den modernen Nationalstaat stützt. Zweitens ist der Kapitalismus historisch mit dem Imperialismus verbunden. Nationalismus wurde so zum Nationalchauvinismus, und die Loyalität zur Nation wurde wichtiger als die Loyalität zur Klasse. Nationalchauvinismus impliziert ein Überlegenheitsgefühl und eine tiefe Abneigung allen und allem ›Fremden‹ gegenüber. Die Verbindungen zwischen Imperialismus und Rassismus sind deutlich.

Die Spaltung der globalen Arbeiterklasse, zu der es im Zuge des Imperialismus kam, wird heute durch die begrenzte Mobilität der Arbeitskraft und der Teilung der Welt in produzierende und konsumierende Länder aufrechterhalten. Arbeiter:innen im Globalen Südens haben ein objektives Interesse an einer grundlegenden Veränderung des Systems; Arbeiter:innen im Globalen Norden haben ein objektives Interesse an der Aufrechterhaltung des Systems. Das ist eine praktisch unüberwindbare Hürde für die Einheit der globalen Klasse.

Wenn wir am strikten Gegensatz zwischen Bourgeoisie und Proletariat festhalten, kaschieren wir die enormen Unterschiede in den Lebensbedingungen des Proletariats weltweit. Das macht es unmöglich, zu verstehen, dass die Interessen von Arbeiter:innen (zumindest kurzfristig) sehr unterschiedlich sein können. Nur wenn wir dies anerkennen, können wir Strategien zur Überwindung der Hindernisse entwickeln, die der Imperialismus der Einheit der Arbeiterklasse in den Weg legt.

## Das Proletariat des Globalen Südens

Das Proletariat des Globalen Südens ist heute ein integraler Bestandteil des kapitalistischen Weltsystems. In den vergangenen drei Jahrzehnten wuchs es um 63 Prozent. Rund 80 Prozent der werktätigen Bevölkerung der Welt lebt heute im Globalen Süden. 1,6 Milliarden von ihnen sind Lohnarbeiter:innen, eine weitere Milliarde arbeitet in der Landwirtschaft und dem sogenannten informellen Sektor. In China, Indien, der ehemaligen Sowjetunion und Osteuropa alleine gibt es 1,5 Milliarden Proletarier:innen, die jetzt dem globalen Kapitalismus dienen.

Ein wichtiges Kennzeichen der Industrialisierung des Globalen Südens ist die wachsende Integration der Frauen in die Lohnarbeit. Frauen werden oft in den mobilsten Industrien, wie der Textilindustrie, angestellt. Ihre Löhne sind in der Regel die niedrigsten, und sie befinden sich am untersten Ende der Arbeiterhierarchie. Sie gehen oft Lohnarbeit nach, um bei der Versorgung ihrer Familie zu helfen, da ein einziger Lohn selten genug ist, um diese zu ernähren. Selbst in Ländern, wo patriarchale Strukturen Frauen historisch von der Lohnarbeit fernhielten, werden sie von der Armut auf den Arbeitsmarkt gezwungen. Im informellen Sektor machen Frauen ein Drittel aller Arbeitskräfte aus. (In asiatischen Ländern die Hälfte.) In Indien arbeiten 80 Prozent aller Arbeiter:innen im informellen Sektor. Hier finden wir Dienstboten, Reinigungskräfte und Kindermädchen genauso wie Straßenverkäufer:innen und Heimarbeiter:innen. Diese Menschen zahlen keine Steuern und sind nicht gewerkschaftlich organisiert, erhalten keinen Mindestlohn und haben keinen Rechtsschutz. Sie erhalten ihre Löhne unregelmäßig oder gar nicht.

Die globalen Produktionsketten reichen weit in den informellen Sektor hinein, und die in ihm tätigen Arbeiter:innen machen einen bedeutenden Teil der Weltwirtschaft aus. Der informelle Sektor ist ein Geschenk für das Kapital. Die Löhne sind extrem niedrig, die Flexibilität ist unendlich. Man kann Menschen nach Gutdünken anstellen und wieder entlassen. Ändert sich der Markt, bezahlen immer die Arbeiter:innen, nie das Kapital. Der informelle Sektor fungiert zudem als riesige industrielle Reservearmee. Das Kapital weiß dies zu nutzen, um die Arbeiter:innen im formellen Sektor unter

Druck zu setzen. Die Konkurrenz zwischen Arbeiter:innen im formellen und im informellen Sektor ist groß. Doch nicht nur auf diese Weise hilft der informelle Sektor dem Kapital, die Löhne im formellen Sektor niedrig zu halten. Der informelle Sektor stellt auch sicher, dass die Reproduktion der Arbeitskraft extrem billig bleibt.

## Das Bauerntum im Globalen Süden

Die Industrialisierung und Proletarisierung des Globalen Südens haben das Bauerntum verringert. Vom ›Verschwinden der Bauern‹ zu reden, ist jedoch übertrieben. Landwirtschaft ist immer noch die wichtigste Einkommensquelle für die Landbevölkerung der Erde, die im Jahr 2005 immerhin noch bei 46 Prozent der Gesamtbevölkerung lag. In asiatischen Ländern wie Indien, China, Bangladesch, Indonesien oder Pakistan ist der Prozentsatz höher. Die Landwirtschaft bleibt auch ein wichtiger Aspekt des imperialistischen Systems. Kaffee, Tee, Zucker, Kakao, Sojabohnen, Fleisch, Obst und Gemüse werden im Globalen Süden für Konsument:innen im Norden produziert. Landbesitz ist ein heißes politisches Thema.

Allgemeine Feststellungen zu den Lebensbedingungen der Bauern im Globalen Süden zu machen, ist schwierig. Diese sind sehr unterschiedlich. Mancherorts gibt es immer noch Leibeigenschaft und halbfeudale Produktionsweisen; an anderen Orten dominiert die Subsistenzwirtschaft. Der Überschuss wird auf lokalen und regionalen Märkten verkauft. Viele Bauern ergänzen ihr Einkommen durch zusätzliche Arbeit, vor allem im informellen Sektor.

Landbesitz im Kleinbauerntum ist selten. Meist wird das Land gepachtet und man ist gezwungen, Kredite aufzunehmen. Das ist eine der wesentlichen Formen landwirtschaftlicher Ausbeutung. Die Kredite kommen oft von Kaufleuten, die verlangen, dass man ihnen die Produkte weit unter dem Marktpreis verkauft. Jahr für Jahr wächst im Bauerntum die Schuldenlast. Auch was Samen und Dünger angeht, ist man von den Kaufleuten abhängig. Selbst für das Wasser zur Bewässerung der Felder muss oft gezahlt werden. Wer sich die Bestellung eigener Felder nicht mehr leisten kann, heuert als Arbeitskraft auf industriellen Farmen an. So entsteht im Globalen Süden ein neues Landproletariat. Arbeit gibt es auf den industriellen Farmen allerdings nur wenige Monate im Jahr, wenn gesät und geerntet wird. Landarbeiter:innen sind daher ständig unterwegs, um Arbeit zu finden. Nicht selten haben sie mit feindlichen gesellschaftlichen und kulturellen Bedingungen zu kämpfen, zum Beispiel dem Kastensystem in Indien.

## Die neue Mittelschicht

In den vergangenen Jahren wurde viel über die ›neue Mittelschicht‹ des Globalen Südens geschrieben, die mit der Industrialisierung entstand. Aber der Begriff ›Mittelschicht‹ sollte mit Vorsicht genossen werden. Wir sprechen nicht über Familien in einem schicken Einfamilienhaus mit einem SUV in der Garage und zwei Hunden im Garten. Der Weltbank zufolge gehört man zur Mittelschicht des Globalen Südens, wenn man 2-13 US-Dollar pro Tag verdient. Nur wer weniger als 2 US-Dollar pro Tag verdient, gilt als arm. Im Jahr 2005 gehörte dieser Definition zufolge die Hälfte der Bevölkerung des Globalen Südens zur Mittelschicht; in China waren es zwei Drittel, in Subsahara-Afrika 25 Prozent.

Die Ökonomin Nancy Birdsall, die viele Jahre lang für die Weltbank arbeitete, rechnet nur Menschen, die mindestens 10 US-Dollar pro Tag verdienen, zur Mittelschicht des Globalen Südens. Wenn wir diesen Maßstab akzeptieren, dann macht die Mittelschicht Chinas nur 3 Prozent der urbanen Bevölkerung und 1 Prozent der Landbevölkerung aus. In Südafrika läge die Mittelschicht bei 8 Prozent der Bevölkerung, in Brasilien bei 19 Prozent, in Mexiko bei 28 Prozent. Wenn wir denselben Standard auf die USA anwenden, sprechen wir von einer Mittelschicht von 91 Prozent der Bevölkerung.

Es gibt eine Mittelschicht im Globalen Süden, deren Lebensstandard dem der Mittelschichten des Globalen Nordens entspricht. Die pompösen Einkaufszentren Shanghais, Neu-Delhis oder Jakartas bestätigen dies. Aber die Größe dieser Mittelschicht lässt sich nicht in Prozent angeben, nur in Promille. Der Grund, warum sie in einem Land wie China trotzdem sichtbar ist, hat mit der enormen Bevölkerungsmenge zu tun. Es gibt rund 300.000 Dollar-Millionäre in China, und das Land ist zu einem lukrativen Markt für Unternehmen wie BMW geworden. Aus China und Indien kommen heute auch Tourist:innen auf der ganzen Welt. Doch das bedeutet keineswegs, dass die Massen in diesen Ländern auf dem Weg zu einem europäischen Lebensstil wären. In erster Linie hat die Industrialisierung des Globalen Südens ein neues Proletariat geschaffen, keine neue Mittelschicht.

Einen Wandel hat es freilich unter den reichsten 20 Prozent der Weltbevölkerung gegeben. Das oberste Prozent beinhaltet Dollar-Milliardäre aus

China, Indien, Saudi-Arabien, den kleineren Golfstaaten, Brasilien und Mexiko. Zu den anderen 19 Prozent zählen auch die Reichsten der neuen Mittelschichten des Globalen Südens. Die reichsten 20 Prozent entfernen sich mehr und mehr von den ärmsten 80 Prozent.

Es gibt auch hochqualifizierte Arbeiter:innen aus dem Globalen Süden, die in den Norden gehen. Sie arbeiten gewöhnlich im IT-Sektor und damit verbundenen Branchen. Es ist vergleichsweise einfach für sie, eine Arbeits- und Aufenthaltserlaubnis im Globalen Norden zu erhalten, wo ihre Löhne ein Vielfaches von dem ausmachen, was sie im Globalen Süden bezahlt bekämen. Manchmal werden sie sogar von Steuerabgaben befreit. Selten werden sie als ›migrantische Arbeitskräfte‹ bezeichnet, sondern eher in die Kategorie der ›Expats‹ mitaufgenommen. Für die Gesellschaften des Globalen Nordens sind sie aus zweierlei Gründen wichtig: Erstens halten sie die Hoffnung auf den sozialen Aufstieg am Leben, und zweitens schicken sie Geld nachhause.

## Arbeiter:innen im Globalen Norden (die mehr als ihre Ketten zu verlieren haben)

Für Marx und Engels bildete die Arbeiteraristokratie, die aus Facharbeitern bestand, die oberste Schicht der Arbeiterklasse; ihre Privilegien waren jedoch konjunkturabhängig. Für Lenin war die Arbeiteraristokratie mehr konstant, eine Art verbürgerlichtes Proletariat. Seit den Zeiten von Marx, Engels und Lenin sind Löhne und Lebensbedingungen noch um ein Vielfaches unterschiedlicher geworden. Im Jahr 1800 war der Globale Norden 1,3-mal reicher als der Globale Süden. Heute ist er 40-mal reicher.

Mehrere Faktoren binden die Interessen der Arbeiterklasse des Nordens an das globale Kapital. Die Superprofite der transnationalen Unternehmen, die von Investitionen im Globalen Süden kommen, ermöglichen relativ hohe Löhne im Norden, was die Kaufkraft der dortigen Arbeiter:innen stärkt. Die Löhne sind hoch genug, um ein Wohlfahrtssystem mithilfe von Steuergeldern zu finanzieren (auch wenn die Unterschiede zwischen, sagen wir, den USA und den skandinavischen Ländern groß sind). Die niedrigen Löhne im Globalen Süden sorgen dafür, dass die Preise für die dort produzierten Konsumwaren relativ niedrig sind. Auch davon profitieren die Arbeiter:innen im Globalen Norden. Manche können Teile ihres Einkommens sogar in den Erwerb eines eigenen Hauses investieren. Sie beginnen, sich mit dem Immobilienmarkt, Zinssätzen und Eigentumssteuern zu beschäftigen. Das sind keine traditionell proletarischen Sorgen. Die Pensionssysteme unterscheiden sich stark von Land zu Land und von Industrie zu Industrie, aber es gibt ein paar gemeinsame Merkmale. Pensionsfonds und Privatpensionen werden immer gewöhnlicher. Das bedeutet, dass Pensionen auf der Investition von Aktien und anderen Wertpapieren beruhen, manchmal sogar auf Immobilienspekulation. Die Tage, als der Staat alleine für die Pensionen der Arbeiter:innen verantwortlich war, sind lange vorbei.

Es ist keine Überraschung, dass Pensionen global stark variieren. Das entspricht den unterschiedlichen Löhnen. Am umfassendsten sind die Pensionssysteme in den OECD-Ländern, die damit auch die höchsten Pensionsausgaben haben. In den meisten OECD-Ländern zahlen mehr als 90 Prozent der Bevölkerung in Pensionssysteme ein; der Rest besteht aus Selbstständigen, Teilzeitangestellten und Arbeitslosen. In den ehemaligen Sowjetrepubliken und den Ländern Osteuropas wurden die Pensionssysteme durch den Neoliberalismus ausgehöhlt. In Südostasien und Subsahara-Afrika sind weniger als 10 Prozent der werktätigen Bevölkerung pensionsversichert.

In den USA waren die ersten Bürger, die eine Staatspension erhielten, die Veteranen des Unabhängigkeitskriegs. Nach dem Amerikanischen Bürgerkrieg wurde das Pensionssystem modernisiert, wiederum um Veteranen ökonomisch zu unterstützen. Im späten 19. Jahrhundert führten manche Bundesstaaten eigene Pensionssysteme ein. 1919 zahlten etwa 15 Prozent der US-Bevölkerung in Pensionsversicherungen ein. Nach dem Zweiten Weltkrieg dehnte sich das Pensionssystem im privaten Sektor rapide aus. 1950 waren 9,8 Millionen Arbeiter:innen im privaten Sektor pensionsversichert, 1999 waren es über 100 Millionen, 2013 über 130 Millionen. Im Juni 2014 lagen in den USA 24,5 Trillionen US-Dollar in Pensionsfonds.

Die Pensionsfonds werden gemeinsam von Kapital und Arbeit verwaltet. Die Summen sind enorm. In Nordamerika besteht rund 30 Prozent des Finanzkapitals aus Pensionsfonds, in Westeuropa sind es 40 Prozent. Pensionsfonds sind besonders wichtig für den Aktienmarkt, wo große institutionelle Investoren dominieren. Pensionsfonds sind weltweit führend, was Investitionen anbelangt, noch vor Investmentfonds, Versicherungen, Währungsreserven, Staatsfonds, Hedgefonds und privatem Eigenkapital. Der Pensionsfonds der japanischen Regierung ist der größte öffentliche Pensionsfonds der Welt und verwaltet 1,5 Trillionen US-Dollar.

Wenn wir uns die 300 größten Pensionsfonds zwischen den Jahren 2009 und 2014 ansehen, dann befanden sich die Hälfte der weltweiten Pensionsreserven in den USA (38 Prozent) und Japan (12 Prozent). Danach kommen die Niederlande (7 Prozent) mit einer Bevölkerung von nur 17 Millionen Menschen (0,23 Prozent der Weltbevölkerung). Norwegen und Kanada liegen mit 6 Prozent kurz dahinter. In Nordamerika machten im Jahr 2008 die Auslandsinvestitionen der Pensionsfonds 16 Prozent aller Auslandsinvestitionen aus; im Jahr 2014 waren es 21 Prozent. In Europa ist der durchschnittliche Prozentsatz der Pensionsfonds an Auslandsinvestitionen noch höher; im Jahr 2014 lag er bei 34 Prozent.

Die Pensionen vieler Arbeiter:innen im Globalen Norden sind also an Wertpapiere gebunden. Mit anderen Worten ist ihr Wohlergehen in der Rente vom Wohlergehen des Kapitalismus abhängig. Sie haben viel mehr zu verlieren als ›nur ihre Ketten‹. Große Teile der Bevölkerung des Globalen Nordens leben als Pensionäre vom Kapital. Der Parasitenstaat ist noch lange nicht tot.

## Die Arbeiteraristokratie heute

Die Löhne der Arbeiteraristokratie (›Konsumentenaristokratie‹) liegen weit über dem Subsistenzniveau, das einst auch im Globalen Norden die Arbeitslöhne definierte. Damit liegen die Löhne der Arbeiteraristokratie auch weit über dem durchschnittlichen Wert, der von einem Arbeiter geschaffen wird. Um zu den Top-20-Prozent der Menschen mit dem weltweit höchsten Verdienst zu gehören, brauchte man im Jahr 2010 ein jährliches Einkommen von 1.830 US-Dollar. Ein solches Einkommen haben praktisch alle, die in einem OECD-Land einer Lohnarbeit nachgehen. Das bedeutet, dass praktisch die gesamten Arbeiterklassen Westeuropas, Nordamerikas, Japans, Australiens und Neuseelands zur globalen Arbeiteraristokratie gehören.

Die globale Arbeitsteilung im Neoliberalismus hat die Arbeiteraristokratie im Globalen Norden zusätzlich gestärkt. Die Länder des Nordens bilden einen Konsummarkt mit enormer Kaufkraft. Dies stellt sicher, dass die produzierten Waren auch bei einer ständigen Steigerung der Produktion verkauft werden können. Es ist die Kaufkraft der Konsument:innen im Globalen Norden, die die Gefahr der kapitalistischen Überproduktion bannt.

Schließlich hat die Arbeiteraristokratie zur politischen Stabilität beigetragen. Die revolutionäre Arbeiterbewegung verschwand in Europa in den 1920er-Jahren, nachdem die Sozialdemokratie sich durchgesetzt hatte. Das gab dem Kapital Sicherheit für langfristige Investitionen und garantierte die

Loyalität der Arbeiteraristokratie während der imperialistischen Kriege. Nationale Interessen waren wichtiger als die Klasse und der Internationalismus.

Wenn du im Globalen Norden aufwächst, wird dir nicht gesagt, dass der Lebensstandard, den du genießt, das Resultat imperialistischer Ausbeutung ist. Dir wird gesagt, er sei das Resultat des liberalen Kapitalismus und der parlamentarischen Demokratie. Diese Erzählung verkauft sich in der ganzen Welt sehr gut. Sie trug zum Sturz des Staatssozialismus bei und inspirierte den Arabischen Frühling. Sie fachte die Hoffnung an, dass mit Kapitalismus und Demokratie automatisch ökonomischer und gesellschaftlicher Wohlstand kommen.

Anfang des 20. Jahrhundert bestand die Arbeiteraristokratie aus einer Minderheit von Facharbeitern in Schlüsselindustrien. Heute beinhaltet sie die Mehrheit der Arbeiter:innen der Ersten Welt. Zwischen den 1920er- und den 1970er-Jahren stellten sozialdemokratische Parteien und Gewerkschaften sicher, dass die Arbeiterklasse des Globalen Nordens im Wohlfahrtsstaat zu einem wichtigen politischen Faktor wurde. Der politische Einfluss des Industrieproletariats wurde durch die neoliberale Globalisierung zurückgedrängt, doch die Löhne blieben im Großen und Ganzen gleich, und auch der Kern des Wohlfahrtsstaats besteht nach wie vor. Gleichzeitig gibt es eine neue Schicht innerhalb der Arbeiterklasse, das sogenannte Prekariat, das heißt, Arbeitskräfte, oft migrantische, die mit unsicheren Anstellungsverhältnissen im Niedriglohnsektor tätig sind. Die Spaltung der Bevölkerung im Globalen Norden gleicht einer Sanduhr: Es gibt jene, die von der neuen globalen Arbeitsteilung profitieren, und jene, die für die Verlagerung der Jobs und die Kürzungen der Sozialleistungen bezahlen.

## Die globale Bourgeoisie

Traditionell bestand die Bourgeoisie aus Familien, die Produktionsmittel besaßen und an die nächste Generation weitergaben. Die Bourgeoisie als Klasse war eingebettet in die Nation und teilte deren Interessen, welche auch immer diese waren. Heute ist die Bourgeoisie weitgehend anonym. Sie versteckt sich hinter Unternehmensführungen und Fonds und ist vor allem im Handel und im Finanzwesen aktiv. 20 Prozent der Dollar-Milliardäre in der Welt verdanken ihren Reichtum finanziellen Transaktionen. Im Jahr 2015 berichtete die NGO Oxfam, dass der Besitz der 62 reichsten Menschen der Welt dem totalen Jahreseinkommen der ärmsten 3,6 Milliarden Menschen entspricht. Von 1996 bis 2004 wuchs die Anzahl der Dollar-Milliardäre von 422 auf 1.645. Die 100 reichsten von ihnen steigerten allein im Jahr 2012 ihren Gesamtbesitz um 240 Milliarden US-Dollar. Dem Ökonom Jeffrey Sachs zufolge würden 175 Milliarden US-Dollar ausreichen, um der extremen Armut auf der Welt ein Ende zu setzen (definiert als Einkommen von weniger als einem US-Dollar pro Tag).

Im Neoliberalismus wuchs die Ungleichheit auch national. In den USA hat sich das Einkommen des reichsten Prozents der Bevölkerung seit 1980 verdoppelt und macht heute 20 Prozent des Gesamteinkommens der Bevölkerung aus. Das Einkommen der reichsten 0,01 Prozent hat sich vervierfacht. Das ungleichste aller Länder ist Südafrika, das heute ungleicher als unter dem Apartheid-Regime ist. Auch in den ehemaligen Sowjetrepubliken und in China ist die Ungleichheit dramatisch angestiegen, seit die Länder in den kapitalistischen Weltmarkt integriert wurden.

In beinahe allen Ländern des Globalen Südens gibt es sehr reiche Bourgeoisien. Und auch diese wurden in den letzten Jahrzehnten reicher. 1996 gab es keinen einzigen Dollar-Milliardär in Russland oder China. Im Jahr 2010 gab es 70 in Russland und 72 in China. Im Jahr 2016 lebten 53 Prozent der reichsten Menschen der Welt im Globalen Süden. Zum ersten Mal gab es mehr Dollar-Milliardäre in China als in den USA (568 vs. 535). In Brasilien gab es mehr als in Frankreich, Kanada oder Australien. In Südkorea und der Türkei mehr als in Italien. Die Milliardäre des Südens bilden eine besondere Fraktion des globalen Kapitals. Ihr Reichtum ist eng an die Exportindustrie gebunden, und sie haben keinen Grund, irgendetwas an der globalen Arbeitsteilung zu ändern, der sie ihren Reichtum verdanken. Das lässt sie darüber hinwegsehen, dass diese Arbeitsteilung imperialistische und rassistische Ausbeutung reproduziert. Während der Neoliberalismus die globale Arbeiterklasse entlang nationaler Linien gespalten hat, ist die globale Bourgeoisie in transnationalen Institutionen zusammengerückt, um ihre Privilegien zu verteidigen. Zu diesen Institutionen gehören die Welthandelsorganisation, die Weltbank und der Internationale Währungsfonds.

## Der Aufstieg des globalen Neoliberalismus

Zwei Dinge waren für die Beschleunigung der neoliberalen Globalisierung der 1990er-Jahre von besonderer Bedeutung. Zunächst wurde die geopolitische Rolle der EU durch den Zusammenbruch der Sowjetunion und des osteuropäischen Staatssozialismus gestärkt; seitdem dient die EU als institutionelles Modell einer globalisierten Welt. Zweitens trat China in eine taktische

Allianz mit dem transnationalen Kapital ein. Die Rollen, die die EU bzw. China zukünftig in der Weltpolitik spielen werden, bleiben jedoch unklar. Die EU fürchtet sich vor einer ökonomischen Krise und weiß nicht, wie es das Dauerthema Migration bewältigen soll. Chinas Allianz mit dem Neoliberalismus war immer eine Zweckgemeinschaft: China liefert dem globalen Kapital billige Arbeitskraft, während die Investitionen des globalen Kapitals Chinas industrielle Entwicklung vorantreiben. Langfristig beabsichtigt die KPCh, weit weniger von Exporten in den Norden abhängig zu sein und stattdessen den heimischen Markt und die Süd-Süd-Kooperation zu stärken.

Bis vor Kurzem war es schwierig, sich das Ende des Neoliberalismus und der Globalisierung vorzustellen. Aber Brexit, die Erosion der EU, die Präsidentschaft von Donald Trump und der Anstieg des Rechtspopulismus haben die politische Landschaft dramatisch verändert. Vor Kurzem entdeckte ich einen frühen Text Lenins, der den Unterschied zwischen dem Objektivismus und dem historischen Materialismus beschreibt. In Zusammenhang mit den unerwarteten historischen Entwicklungen, die wir in den letzten Jahrzehnten sahen, fand ich die folgende Passage nützlich:

> »Der Objektivist spricht von der Notwendigkeit des gegebenen historischen Prozesses; der Materialist trifft genaue Feststellungen über die gegebene sozialökonomische Formation und die von ihr erzeugten antagonistischen Verhältnisse. Wenn der Objektivist die Notwendigkeit einer gegebenen Reihe von Tatsachen nachweist, so läuft er stets Gefahr, auf den Standpunkt eines Apologeten dieser Tatsachen zu geraten; der Materialist enthüllt die Klassengegensätze und legt damit seinen Standpunkt fest. Der Objektivist spricht von ›unüberwindlichen geschichtlichen Tendenzen‹; der Materialist spricht von der Klasse, die die gegebene Wirtschaftsordnung ›dirigiert‹ und dabei in diesen oder jenen Formen Gegenwirkungen der anderen Klassen hervorruft. Auf diese Weise ist der Materialist einerseits folgerichtiger als der Objektivist und führt seinen Objektivismus gründlicher, vollständiger durch. Er begnügt sich nicht mit dem Hinweis auf die Notwendigkeit des Prozesses, sondern klärt, welche sozialökonomische Formation diesem Prozeß seinen Inhalt gibt, welche Klasse diese Notwendigkeit festlegt. Im gegebenen Fall z. B. würde sich der Materialist nicht mit der Feststellung ›unüberwindlicher geschichtlicher Tendenzen‹ zufriedengeben, sondern auf das Vorhandensein bestimmter Klassen verweisen, die den Inhalt der gegebenen Verhältnisse bestimmen und die Möglichkeit eines Auswegs ausschließen, der nicht das Handeln der Produzenten selbst voraussetzt. Anderseits schließt der Materialismus sozusagen Parteilichkeit in sich ein, da er dazu verpflichtet ist, bei jeder Bewertung eines Ereignisses direkt und offen den Standpunkt einer bestimmten Gesellschaftsgruppe einzunehmen.«[224]

224 V. I. Lenin, »Der ökonomische Inhalt der Volkstümlerrichtung«, 1894.

Lenin bestätigt, dass ein materialistisches Verständnis der Geschichte komplexe Analysen erfordert – Analysen der Klassenverhältnisse, die die historische Entwicklung vorantreiben, der Widersprüche in diesen Entwicklungen und der Auswirkungen dieser Entwicklung auf die Klassenverhältnisse selbst. Wer behauptet, dass alles, was für die Ökonomie gut ist, auch für die Politik gut ist, offenbart ein lineares und deterministisches Verständnis der Geschichte. Ja, ökonomische Strukturen haben immer Auswirkungen auf den Klassenkampf, aber der Klassenkampf hat auch Auswirkungen auf die ökonomischen Strukturen. Die Geschichte endet nicht, die Welt verändert sich ständig. Ich war dankbar, dass Lenin mich daran erinnerte. Ich hatte mich eigentlich vor langer Zeit zum historischen Materialismus bekannte, schleppte aber offenbar immer noch objektivistisches Gepäck mit mir herum. In jedem Fall hatte ich mir die gegenwärtige Krise des Neoliberalismus und der Globalisierung nicht vorstellen können.

Vor dem Jahr 2000 schien es so, als würde der Neoliberalismus den Lebensstandard im gesamten Globalen Norden stetig verbessern. Auch die Peripherie der EU (Portugal, Spanien, Griechenland) profitierte. Im bürokratischen Apparat der EU dachte man (wohl naiv), dass die EU-Erweiterung in Osteuropa denselben Effekt hätte. Doch als es zu dieser Erweiterung kam, flaute die Konjunktur bereits ab. Die negativen Konsequenzen der Produktionsverlagerung wurden greifbar, und das Thema der Migration begann, die politische Debatte zu dominieren. Vor allem die ehemaligen Arbeitskräfte der Industrie und die untere Mittelschicht machten sich Sorgen. Der Kapitalismus schafft immer wieder Klassenkonflikte mit unsicherem Ausgang, was politische Konsequenzen hat. Verstehen kann man diese Konflikte nur, wenn man die politisch-ökonomischen Umstände und die Dynamik des Klassenkampfs berücksichtigt.

Der Kapitalismus entwickelt sich nicht linear, sondern in Sprüngen. Mit jedem Sprung ändert sich die Gesellschaft. Die meisten Änderungen vollziehen sich innerhalb der bestehenden Ordnung: Produktivkräfte werden angepasst, Klassenkonflikte eingedämmt usw. Doch irgendwann platzt der Rahmen. In diesem Moment wird grundlegender Wandel möglich.

Wir haben die Essenz des historischen Materialismus skizziert. Aber wie steht es mit dem dialektischen Materialismus? Mao schrieb in *Über den Widerspruch*: »Im Entwicklungsprozeß eines komplexen Dinges gibt es eine ganze Reihe von Widersprüchen, unter denen stets einer der Hauptwiderspruch ist; seine Existenz und seine Entwicklung bestimmen oder beeinflussen die Existenz und die Entwicklung der anderen Widersprüche.«[225] Was ist der Hauptwiderspruch im Kapitalismus? Es ist der Widerspruch, den der Imperialismus geschaffen hat; nicht nur zwischen imperialistischen und ausgebeuteten Nationen, sondern auch unter imperialistischen Nationen. Der Erste Weltkrieg war ein Krieg, in dem die imperialistischen Mächte um die Aufteilung der Welt kämpften. Lenin meinte: »Das Eigenartige der Lage besteht darin, daß in diesem Krieg die Geschicke der Kolonien durch den Krieg auf dem Kontinent entschieden werden.«[226] Das Resultat war, dass die siegreichen Länder ihre Kolonien behielten und Deutschland seine Kolonien an andere Länder verlor.

Auch der Zweite Weltkrieg war ein Krieg zwischen imperialistischen Mächten. Dieses Mal kämpfte die Achse um Deutschland, Italien und Japan gegen die Alliierten unter der Führung des Vereinigten Königreichs, Frankreichs und der USA. Die Alliierten wurden in einer Zweckgemeinschaft von der Sowjetunion unterstützt. Die Aufteilung der Welt unter den imperialistischen Mächten war der Hauptwiderspruch, der die anderen Widersprüche bestimmte und beeinflusste. Deutschland und Japan hofften, die Kontrolle über Europa zu erlangen, China zu einer Kolonie zu machen und sich die Besitztümer der alten Kolonialmächte in Asien und Afrika anzueignen. Auch die Sowjetunion wollte man langfristig zwischen sich aufteilen. Während des Krieges lag das Schicksal der Kolonien ausschließlich in den Händen der imperialistischen Länder, die einander bekämpften.

Doch ein neuer Hauptwiderspruch zeichnete sich während des Krieges am Horizont ab: jener zwischen dem Imperialismus und dem real existierenden Sozialismus. Dieser Widerspruch existierte seit der Russischen Revolution, erhielt jedoch nach dem Zweiten Weltkrieg eine neue Dimension, da die Beziehungen zwischen den USA und der Sowjetunion wichtiger wurden als die zwischen den USA und ihren europäischen Alliierten. Eines blieb jedoch gleich: Die USA, die einzige Nation, die vom Krieg profitiert hatte, dominierten.

Das Vereinigte Königreich musste Indien in die Unabhängigkeit entlassen, da die US-Regierung auf ein Ende der europäischen Kolonialreiche hinwirkte. Doch es gab einen Haken: Die US-Regierung wollte das Ende der Kolonialreiche nicht *um jeden Preis*. Die Entkolonisierung musste in ihrem Interesse verlaufen, das heißt, sie musste Investitionsmöglichkeiten für

225 Mao Tse-tung, *Über den Widerspruch*, 1937.
226 V.I. Lenin, *Sozialismus und Krieg*, 1915.

das US-Kapital schaffen. Sozialismus in den ehemaligen Kolonien war das Letzte, was man brauchen konnte. In diesem Punkt stimmten die USA und die europäischen Kolonialmächte vollends überein. Also steuerte man auf Kollisionskurs gegenüber der Sowjetunion.

Die Sowjetunion hatte während des Krieges ihren Einfluss ausgeweitet. Ihre Streitkräfte waren während des Kampfes gegen Deutschland und Japan weit herumgekommen. Ein Grund für den berühmten Marshall-Plan war, dass die USA den sowjetischen Einfluss in Westeuropa zurückdrängen wollten: Es durfte keine sozialistischen Regime in einer Region geben, die ein Markt für US-Exporte werden sollte. Der Fokus der USA auf Europa in der unmittelbaren Nachkriegszeit war einer der Gründe, warum die chinesischen Kommunist:innen ihr Land sowohl vom Imperialismus als auch vom Nationalismus Chiang Kai-sheks befreien konnten.

Die US-Haltung zu antikolonialen Kämpfen wurde von zwei Zielen bestimmt: dem Ende der alten europäischen Kolonialreiche und der eigenen Übernahme der ökonomischen und politischen Kontrolle in den ehemaligen Kolonien. Das führte zu unterschiedlichen Entscheidungen hinsichtlich der Unterstützung von Befreiungsbewegungen. In der britischen Kolonie Malaya standen die USA beispielsweise auf Seiten der britischen Krone, da die Befreiungsbewegung kommunistisch dominiert war. Im benachbarten Indonesien hingegen forderten die USA die Niederlande auf, sich als Kolonialmacht zurückzuziehen, da ihnen die Unabhängigkeitsbewegung unter Sukarno wohlgesonnen war. In Indochina wiederum unterstütze man die antikoloniale Repression, da man auch hier den kommunistischen Einfluss fürchtete; als die französischen Truppen 1954 bei Dien Bien Phu geschlagen wurden, intervenierten die USA sofort. Es war der Anfang des schicksalshaften militärischen Engagements der USA in der Region. Letzten Endes war es der Kapitalismus, der das koloniale System überflüssig machte.

Die Ökonomien Westeuropas und Japans erholten sich nach dem Zweiten Weltkrieg. Die Europäische Wirtschaftsgemeinschaft, die Vorgängerin der EU, wurde 1958 gegründet, und Frankreich und Deutschland wurden enge Partner. Das langfristige Ziel war, die globale Dominanz der USA zu brechen. Westeuropäische Länder hatten stärkere Wohlfahrtsstaaten und einen stärkeren öffentlichen Sektor. Als manche Dritt-Welt-Länder in den 1970er-Jahren versuchten, die Preise für Rohstoffe zu erhöhen, vor allem Erdöl, schlitterte der Kapitalismus in seine erste ernsthafte Krise nach dem Zweiten Weltkrieg, was auch die Spannungen zwischen den imperialistischen Ländern und dem sowjetischen Block erhöhte. Es kam zu einem Rüstungswettlauf, und ein möglicher Atomkrieg wurde zu einer ständigen Bedrohung. In der Dritten Welt standen von der Sowjetunion unterstützte Befreiungsbewegungen von den USA unterstützten konterrevolutionären Kräften gegenüber. Im Westen demonstrierten Sozialist:innen, im Osten pro-westliche Dissident:innen. In der Tschechoslowakei kam es 1968 zu einem Volksaufstand, der an jenen in Ungarn ein Jahrzehnt zuvor erinnerte. Der real existierende Sozialismus wurde zunehmend in die Defensive gedrängt und implodierte 30 Jahre später.

In den ehemaligen Sowjetrepubliken und den Ländern Osteuropas ersetzte der Neoliberalismus den Staatssozialismus. Die Menschen hatten den Glauben an die Nomenklatura verloren. Als der Neoliberalismus seine Versprechungen nicht halten konnte, kam es zu einer starken nationalistischen Wende, unterstützt von einem großen Teil der Arbeiterklasse. In China führte Deng Xiaoping eine Mischung aus Staatssozialismus und Neoliberalismus ein. Der Neoliberalismus veränderte zu jener Zeit die politischen Voraussetzungen im Zentrum, in der Semiperipherie und in der Peripherie. Die USA waren nun die einzige Supermacht. Trotz der Versuche von traditionellen Arbeiterparteien und Gewerkschaften, das nationale Kapital zu unterstützen, bestimmte das transnationale Kapital zunehmend die Wirtschaft. Es war der Beginn von drei goldenen Jahrzehnten für den Kapitalismus.

Kolonisierung, Entkolonisierung, Neoliberalismus und die Industrialisierung des Südens – all diese Entwicklungen waren das Resultat von Widersprüchen innerhalb des kapitalistischen Systems, vor allem im Zentrum. Wenn wir uns heute die Klassenverhältnisse in den ehemaligen Kolonien ansehen, dann wird bei allen Unterschieden deutlich, dass sie nicht von den Befreiungskämpfen oder der nationalen Unabhängigkeit geformt wurden, sondern von der Entwicklung der Produktivkräfte und der Klassenwidersprüche im Globalen Norden. Sie sind das Ergebnis eines kapitalistischen Weltsystems, das immer noch ein imperialistisches System ist.

Im Globalen Norden erfährt der Neoliberalismus heute Gegenwind von einem Rechtspopulismus, der in der Arbeiterklasse und Teilen der Mittelschicht starke Unterstützung genießt. Unterstützung kommt auch von den nationalkonservativen Fraktionen des Kapitals. Einmal mehr führen Widersprüche im Globalen Norden zu Änderungen im Weltsystem, aber der Einfluss des Südens ist stärker geworden. Chinas Position in der heutigen Weltordnung ist dafür der stärkste Beleg.

Die Widersprüche, die den Kapitalismus in den letzten 200 Jahren vorantrieben, waren im Globalen Norden konzentriert, und der Imperialismus war ein wesentlicher Faktor in der kapitalistischen Entwicklung. Ständige Akkumulation wäre ohne ihn nicht möglich gewesen. Er schuf eine polarisierte Welt, in der Krieg genauso jederzeit möglich ist wie ein Kollaps des Systems. Je zentraler die industrielle Produktion im Globalen Süden für das System wird, desto mehr verliert das alte Zentrum an Bedeutung. Die neue globale Arbeitsteilung hat im Globalen Süden Produktivkräfte geschaffen, die die Macht haben, die imperialistische Ordnung zu unterminieren und den Sozialismus einzuführen. Die objektiven Möglichkeiten für Länder des Globalen Südens, sich von imperialistischer Herrschaft zu befreien, sind heute um vieles größer als vor 50 Jahren. Die Frage ist, ob es den politischen Willen und die Fähigkeit zur Organisation gibt, um die Befreiung Wirklichkeit werden zu lassen.

China spielt eine besondere Rolle. Das Land wurde zu einer bedeutenden globalen ökonomischen und politischen Macht. Beim Kongress der KPCh 2017 erklärte Staatspräsident Xi Jinping, dass China bereit dazu sei, ein Hauptakteur auf der weltpolitischen Bühne zu werden. China wirkt heute nicht nur visionärer als die USA, sondern auch verlässlicher. Im Globalen Süden ist das Land eine Führungskraft und der Hauptrivale der USA. Während die USA versuchen, ihre globale Hegemonie durch imperialistische Politik zu bewahren, zielt China darauf ab, vom Globalen Norden ökonomisch und politisch unabhängig zu werden. Das globale Machtgleichgewicht wird bald wieder auf (mindestens) zwei Pole verteilt sein, was neue Möglichkeiten für radikalen gesellschaftlichen Wandel eröffnet.

Wenn wir im Objektivismus gefangen bleiben, werden wir diese Möglichkeiten wahrscheinlich verpassen und zynisch von ›notwendigen historischen Prozessen‹ sprechen. Das spiegelt sich wider im Pessimismus der heutigen Linken. Angesichts des 30-jährigen Triumphzugs des Neoliberalismus und des Niedergangs der antiimperialistischen und antikapitalistischen Bewegungen der 1970er-Jahre ist der Pessimismus verständlich. Aber er ist auch Wasser auf die Mühlen des Kapitalismus, da er Margaret Thatchers berühmte Aussage zu bestätigen scheint, der zufolge es »keine Alternative« gebe. Widerstand scheint zwecklos.

Vielleicht gab es in den 1970er-Jahren weniger Grund für Optimismus, als wir dachten. Aber Pessimismus hilft uns auch nicht weiter. Pessimismus führt zu einem Verlust radikaler Perspektiven. Reformen innerhalb des kapitalistischen Systems und der staatlichen Institutionen scheinen dann das Beste zu sein, das wir uns erhoffen können. Ich glaube jedoch fest daran, dass es Grund für Optimismus gibt. Das herrschende System befindet sich in einer Krise und ist außerordentlich instabil. Die objektiven Bedingungen für gesellschaftliche Veränderung sind gut. Das Problem sind die subjektiven Kräfte – und genau hier wird der Pessimismus zu einem großen Hindernis.

Wenn wir eine effektive Strategie entwickeln wollen, um die Welt zu verändern, müssen wir zwei Bedingungen erfüllen: Wir müssen die kapitalistischen Mechanismen verstehen, die den Imperialismus reproduzieren, und wir müssen die Klassenwidersprüche verstehen, die das System bedrohen. Wir müssen Mao folgen und die Hauptwidersprüche identifizieren, das heißt, jene Widersprüche, die vertieft werden müssen, um das System zum Einsturz zu bringen. Darauf werde in Teil drei des Buches zurückkommen.

## Die politische Krise des Neoliberalismus

In den 1980er- und 90er-Jahren brachte der Neoliberalismus Profite für das Kapital und billige Konsumwaren für die Arbeiterklasse des Globalen Nordens. Er wurde von den traditionellen Arbeiterparteien unterstützt, und Tony Blair formulierte mit ›New Labour‹ das neue Paradigma der sozialdemokratischen Parteien in ganz Europa. Es gab einen breiten politischen Konsens in Westeuropa, Nordamerika und Japan, der sich in Institutionen wie der Welthandelsorganisation und in Freihandelsabkommen wie NAFTA ausdrückte. Mit der Finanzkrise 2007 endete der Siegeszug des Neoliberalismus unerwartet plötzlich. Nicht nur hatte er sein Momentum verloren, sondern er sah sich mit starken nationalistischen Bewegungen im Globalen Norden konfrontiert.

Drei Jahrzehnte von Produktionsverlagerung und Privatisierung hatten sich letztendlich auch auf die Löhne im Norden ausgewirkt, und die Konsumrate stieg nicht mehr im selben Takt wie zuvor. Was an Löhnen im Globalen Süden eingespart werden konnte, reichte nicht aus, um die verlorenen Profite zu kompensieren. Aufgrund des Mangels an produktiven Investitionsmöglichkeiten wurde mehr in Wertpapiere, Devisen, Grundstücke und Immobilien investiert. Zunächst stiegen die Profite dadurch rasch an, und der sogenannte Casino-Kapitalismus wuchs exponentiell auf Kosten des produktiven Kapitalismus, aber das Finanzkapital schuf eine Blase, die platzte, als der US-Immobilienmarkt kollabierte und die Banken mit ihm.

Die ersten Opfer der Krise waren die am wenigsten flexiblen Arbeiter:innen in der industriellen Produktion. Bald aber fühlten auch die Mittelschichten die Auswirklungen. Das neoliberale Märchen, begeistert übernommen von sozialdemokratischen Cheerleadern, nahm plötzlich eine unerwartete Wendung. Der Staat konnte nicht viel tun. Der Neoliberalismus hatte seine Macht ausgehöhlt, und die traditionellen Arbeiterorganisationen, seit Langem in den Staat integriert, waren unfähig, auf die Situation zu reagieren.

In den 1970er-Jahren sprachen Menschen noch darüber, wie man transnationales Kapital regulieren könne. Mit der Finanzkrise 2007 ging es nur noch darum, transnationales Kapital durch die geringstmöglichen Regulierungen anzulocken. Wieder machten die sozialdemokratischen Parteien fleißig mit. Es ist keine Überraschung, dass die Sozialdemokratie nicht mehr länger als politische Kraft gesehen wird, die sich gegen das Kapital stellt. Das ist einer der Gründe, warum sich viele Menschen im Globalen Norden, die sich vom Neoliberalismus bedroht fühlen, der politischen Rechten zuwenden. Für sie liegt die Antwort auf die Probleme des Neoliberalismus in der Loyalität zur Nation und der Verteidigung des Wohlfahrtsstaates.

Menschen wenden sich oft der politischen Rechten zu, wenn sie den Verlust ihrer Privilegien fürchten. Die Finanzkrise 2007 bestätigte dies. Die Tea-Party-Bewegung in den USA und rechtspopulistische Parteien in Europa nutzten die Situation für nostalgische Appelle an eine Ära nationaler Souveränität, in der es niemals zu den nun als negativ erlebten Folgeerscheinungen des Neoliberalismus hätte kommen können: keine Verlagerung von Jobs, keine Verschlechterung der Lebensbedingungen, kein Abbau des Wohlfahrtsstaates und keine Migrant:innen, von denen nun angeblich viel zu viele kamen.

Der Druck auf das politische System wuchs. Der Parlamentarismus ist ein wichtiges Werkzeug für die Teilung der Macht zwischen Kapital und Arbeit, die die Länder des Globalen Nordens ein Jahrhundert lang geprägt hat. Sobald an die regierenden Parteien Forderungen gestellt werden, die unmöglich zu erfüllen sind (zum Beispiel die Wirtschaft zu regulieren), schlittert das System in eine Krise, deren Ausgang ungewiss ist. Die traditionellen Parteien aller Lager (konservativ wie sozialdemokratisch) suchen verzweifelt nach Möglichkeiten, den Graben zwischen Neoliberalismus und Nationalismus zu überbrücken. Bis jetzt waren sie nicht sehr erfolgreich. Das Brexit-Referendum und Donald Trumps erstaunlicher verblüffender Sieg bei den US-Präsidentschaftswahlen 2016 zeigten, wie tief die neoliberale Krise ist.

Was den Rechtspopulismus angeht, so müssen wir uns im Klaren darüber sein, dass seine Opposition gegen den Neoliberalismus nicht den geringsten antikapitalistischen Funken in sich trägt. Der moderne Nationalstaat ist selbst ein Produkt des Kapitalismus. Erst als die Grenzen des Nationalstaats zu eng für das Kapital wurden, kam es zur Gründung transnationaler Institutionen wie der EU. Der Rechtspopulismus fordert also den Kapitalismus nicht heraus, auch wenn er das Kapital verunsichert.

*»America first!«* sagt Donald Trump. *»Britain first!«,* sagen die Befürworter des Brexits. Ähnlich klingt es, wenn Vladimir Putin über Russland und Marine le Pen über Frankreich sprechen. In den letzten 30 Jahren wurde der Imperialismus vor allem von Kräften des Marktes vorangetrieben, was den Grundsätzen des Neoliberalismus entsprach. Doch die nationalistische Welle, die wir heute erleben, kann gut und gerne einen staatlich verwalteten Imperialismus wieder aufleben lassen. Es ist durchaus möglich, dass in der nahen Zukunft Staaten wieder imperialistische Kriege führen werden.

Zu beachten sind die Unterschiede zwischen kleineren und größeren Ländern. Die Ökonomien der meisten kleineren Länder sind heute, aufgrund der Globalisierung, fast zur Gänze von transnationalem Kapital abhängig. Die Rückkehr zu einem staatlich verwalteten Imperialismus hätte für sie enorme Auswirkungen. Der staatlich verwaltete Imperialismus ist zudem weniger effektiv und stabil als ein Imperialismus, der sich auf den Weltmarkt stützt. Es wird dem Rechtspopulismus schwerfallen, den Nationalstaat wieder zu alter Stärke zu führen. Die Industrieproduktion wird nicht in den Norden zurückkehren, Zollschranken werden die Preise der Konsumwaren anheben, und die Rückkehr zum keynesianischen Wohlfahrtskapitalismus ist eine Unmöglichkeit. Trotzdem schafft die Sehnsucht nach dem alten Nationalstaat für den Neoliberalismus ein Problem, und einige Kapitalfraktionen bereiten sich auf einen neuen Protektionismus vor. Eine Rede, die der CEO von General Electric, Jeff Immelt, im Mai 2016 hielt, illustriert dies

> »Ich arbeite seit 1982 für General Electric. Damals kamen 80 Prozent unserer Profite aus den USA. In diesem Jahr werden 70 Prozent unserer Profite aus anderen Ländern kommen. ... Doch die Globalisierung wird angefeindet wie nie zuvor. Nicht nur in den USA, sondern überall. ... Die Zukunft der EU ist völlig offen. In Asien und Afrika führt man protektionistische Zollschranken ein. China erneuert seine Ökonomie, um nachhaltiger und inklusiver zu werden. Die Globalisierung wird auch für die Arbeitslosigkeit und das Lohngefälle verantwortlich gemacht. ... Jedes Land will mehr Arbeitsplätze haben und trachtet nach seinem eigenen Vorteil. Also verändert sich die Globalisierung, mit der ich aufwuchs.

> Sie kann nicht mehr ausschließlich auf Handel und globale Integration setzen. In diesen Zeiten müssen wir uns mutig zeigen. General Electric macht einen Gewinn von 80 Milliarden US-Dollar außerhalb der USA. Globales Wachstum ist entscheidend für unseren Erfolg. Angesichts des zunehmenden Protektionismus müssen Unternehmen wie wir eigene Wege finden. Wir müssen Wege finden, auf denen sich die Regierungen uns nicht in den Weg stellen können. Das verlangt grundlegende Veränderungen. Wir werden uns also lokalisieren. Nachhaltiges Wachstum wird in der Zukunft verlangen, lokal Rechenschaft über seine Produktion abzulegen. General Electric hat 420 Fabriken, die über die ganze Welt verstreut sind. Das gibt uns enorme Flexibilität. Einst hatten wir eine einzige Fabrik, um Lokomotiven herzustellen. Jetzt haben wir viele, in mehreren Ländern. Das erleichtert auch den Zugang zu lokalen Märkten. Eine Strategie der Lokalisierung kann von protektionistischen Maßnahmen nicht ausgebremst werden. ... Unser Ziel ist es, das zu produzieren, was wir wollen, wo wir es wollen. ... Wenn wir mutig sind, dann bin ich zuversichtlich, dass wir weiter wachsen werden. Unsere globalen Verkäufe haben sich seit dem Jahr 2000 versechsfacht. Wir wollen, dass es so weitergeht.«[227]

Die globale Situation ist komplex und instabil. Die ökonomische Macht liegt in der globalisierten Produktion und in einem Finanzsektor, dessen Legitimität infrage gestellt wird. Auch die politische Ordnung ist ungewiss. Die Triade zeigt Zeichen des Verfalls, Russland will wieder ein globaler Faktor werden, China ist bereits einer. Doch auch das neue Proletariat im Süden wird sich zunehmend seiner Macht bewusst. Die Regime, die sich unfähig gezeigt haben, politischer Unabhängigkeit auch ökonomische Unabhängigkeit folgen zu lassen, haben an Unterstützung verloren und greifen auf immer autoritärere Maßnahmen zurück, um an der Macht zu bleiben. Die kommenden Jahre werden nichts weniger als dramatisch sein.

## Steht die Revolution vor der Türe?

Auf das kapitalistische Problem der Überproduktion stießen wir bereits des Öfteren. Historisch hat der Kapitalismus dieses Problem durch Expansion gelöst. Das jüngste Beispiel dafür war das Schaffen eines neuen Industrieproletariats im Globalen Süden. Aber eine Expansion dieser Art polarisiert. Das Versprechen, dass der Kapitalismus den Armen erlauben wird, die Reichen einzuholen, ist reine Propaganda. Die Polarisierung der Welt ist ein Produkt des Kapitalismus, und sie wird bestehen bleiben, solange es den Kapitalismus gibt. Aufrechterhalten wird sie auf verschiedene Weise, je nach Zeit und Ort.

---

227 Zitiert nach: *Fortune*, 20. Mai 2016.

Es gibt immer noch primitive Akkumulation, also Raub und Plünderei. Es gibt den Export von Kapital, es gibt Superprofite, es gibt ungleichen Tausch, es gibt eine Preisformation entlang globaler Produktionsketten. Das eine ersetzt nicht das andere, alles existiert gleichzeitig. Neue Mechanismen fügen den Mitteln der Ausbeutung schlicht ein weiteres hinzu.

Wie andere historische Systeme hat der Kapitalismus einen Anfang und ein Ende. Im Moment befindet er sich in einer tiefen Krise.[228] Eine Konjunkturschwankung lässt sich normalerweise anhand einer U-Kurve illustrieren: einer Rezession folgen Anpassungen und dann ein Aufschwung. Eine strukturelle Krise ist ernsthafter. Um sie zu lösen, muss das System grundlegend verändert werden. Das verlangt die Unterstützung der Bevölkerung. Wenn die wichtigsten Klassen nicht dafür gewonnen werden können, lässt sich die Krise nicht lösen. Die Ernsthaftigkeit der gegenwärtigen Krise wird dadurch deutlich, dass sie nicht – wie es in den 1970er-Jahren der Fall war – durch Druck ›von unten‹ zustande kam. Sie entstand, weil die jüngste Form der Kapitalakkumulation in einer Sackgasse endete. Das Kapital wird in den kommenden Jahrzehnten seine Profitrate kaum sichern können. Lasst uns die drei wichtigsten Faktoren betrachten, die die Profitrate beeinflussen: *Löhne*, *Externalitäten* und *Steuern*.

*Löhne*: Je niedriger der Lohn, desto höher die Profitrate. Eines der bewährtesten Mittel des Kapitals, die Löhne niedrig zu halten, ist es, Konkurrenz unter der Arbeiterschaft zu schüren, national wie international. Eine Hochkonjunktur erlaubt es dem Kapital, mit der Arbeiterklasse Kompromisse einzugehen, höhere Löhne zu zahlen und Aufruhr auf dem Arbeitsmarkt vorzubeugen. In einer Krise müssen die Löhne jedoch gekürzt werden. Ein Grund für die Verlagerung der Industrieproduktion war, dass das Kapital diesem Kompromiss entkommen wollte. Man wollte nicht ständig dazu gezwungen sein, die Löhne im Norden anzuheben. Aber seit der Finanzkrise 2007 schafft die Verlagerung der Produktion nicht mehr die Profite, die sie zuvor einbrachte. Heute haben alle Unternehmen ihre Produktion in den Süden verlagert, Konkurrenzvorteile gibt es keine mehr. Dazu kommen immer mehr Arbeitskämpfe im Globalen Süden. Auch das neue Proletariat will höhere Löhne. Die Konzentration von Arbeitskräften in Fabriken führt zu Organisierung und einem Verlangen nach gewerkschaftlichem Schutz, egal, wie

228 Die folgenden Absätze stützen sich auf Immanuel Wallersteins Artikel »Structural Crises« (*New Left Review*, no. 62, 2010).

sehr das Kapital und seine politischen Alliierten dies zu verhindern suchen. Die Löhne im Globalen Süden steigen bereits. Im Jahr 2005 lag der Durchschnittslohn eines Industriearbeiters in China bei 0,75 USD pro Stunde, 2011 lag er bei 2,25 USD. Das Kapital kann dies nicht kompensieren, indem es die Löhne im Globalen Norden kürzt; die Arbeiter:innen dort würden das nicht kampflos akzeptieren.

*Externalitäten:* Externalitäten sind Produktionskosten, die das Kapital nicht selber zahlen will. Seit Jahrhunderten wird Industrieabfall in der Erde, im Wasser und in der Luft entsorgt, was heute zu einem ernsthaften Problem geworden ist. Die Umweltverschmutzung hat Konsequenzen für unsere Gesundheit, der Klimawandel verursacht Naturkatastrophen. Im Globalen Norden wird das Kapital manchmal zur Rechenschaft gezogen und muss die Kosten selbst tragen, anstatt sie auf die Steuerzahler abzuwälzen. Im Globalen Süden bleiben die ökologischen Auflagen für das Kapital jedoch bescheiden. Aber auch das wird sich ändern: Weder die Massen des Globalen Südens noch die politisch Verantwortlichen können das Problem länger ignorieren. Ökologische Zerstörung kennt keine Grenzen. Der Klimawandel, die Verschmutzung der Weltmeere usw. sind globale Probleme.

*Steuern:* Als im Globalen Süden steuerfreie Produktionszonen errichtet wurden, konnte das Kapital die relativ hohen Steuerabgaben im Norden vermeiden. Auch die immer höhere Mobilität des Kapitals half dabei, der Besteuerung zu entkommen (auf mehr oder weniger legale Weise). Doch nun findet diese Art von Steuerflucht ihr Ende. Der Staat hat die Kosten für Sicherheit, Wohlfahrt und Verwaltung erhöht, und der Rüstungswettlauf geht weiter. Das Ende des Kalten Krieges führte nicht zur erhofften Friedensdividende. In Bezug auf das US-Militär schrieb der konservative Sicherheitsexperte Anthony Cordesmann 2017:

> »Die Kosten der Kriege in Afghanistan, dem Irak und Syrien belaufen sich selbst konservativen Schätzungen zufolge auf mindestens 2 Trillionen US-Dollar. … Das macht diese Kriege mehr als fünfmal so teuer wie den Ersten Weltkrieg, mehr als fünfmal so teuer wie den Korea-Krieg, beinahe zweieinhalbmal so teuer wie den Vietnamkrieg und mehr als 18-mal so teuer wie den Ersten Golfkrieg 1991.«[229]

Selbst die einzig verbliebene Supermacht der Welt, die USA, hat Probleme damit, ihre Kriege zu finanzieren. Die Kriege im Irak wurden zum größten Teil von Kuwait und Saudi-Arabien bezahlt. Gleichzeitig steigen im Globalen

229 Anthony Cordesman, *U.S. Military Spending: The Cost of Wars* (Washington: Center for Strategic and International Studies, 2017).

Norden die Sozialkosten, obwohl der Wohlfahrtsstaat abgebaut wird: Ausbildung, Gesundheitsfürsorge, Altersfürsorge, Pensionen – alles wird teurer. Einfach so aufgeben, lassen sich die Sozialleistungen nicht, ohne ein enormes politisches Risiko einzugehen. Menschen haben hart für sie gekämpft. In den 1960er-Jahren hoffte man, dass die Kosten für den Wohlfahrtsstaat sinken würden, da man beispielsweise damit rechnete, dass Investitionen im Gesundheitssystem zu weniger Krankheiten führen würden. Aber neue Technologien, Behandlungsmethoden und Medikamente haben trotzdem zu gesteigerten Kosten geführt. 2016 war die Bilanz des öffentlichen Kapitals in den USA, im Vereinigten Königreich und in Japan negativ. In Frankreich und Deutschland war sie gerade noch positiv. Die größten Nutznießer des Neoliberalismus, die transnationalen Unternehmen, tragen kaum zu den Staatshaushalten bei. Die Einkommenssteuer kann erhöht werden, wird aber auch zu Forderungen nach höheren Löhnen führen. Alle Länder des Globalen Nordens haben immer größere Probleme mit Haushaltsdefiziten und Staatsschulden. Die staatliche Verschuldung übersteigt heute das ökonomische Wachstum klar.

Wir sehen, warum es unwahrscheinlich ist, dass das globale Kapital weiterhin genug Mehrwert schaffen kann, um Profite zu sichern. Alle möglichen Lösungen gefährden den Kompromiss mit den Arbeiterklassen des Nordens. Auch die ökologischen Probleme werden immer größer. Die gegenwärtige Strukturkrise scheint kaum überwindbar. Die kommenden Jahrzehnte werden von starker ökonomischer Unsicherheit, Rezession und gesellschaftlichen Konflikten geprägt sein.

Das Ende des Kapitalismus wurde oft vorausgesagt: in den 1870er-Jahren, in den 1930er-Jahren, in den 1970er-Jahren. Doch der Kapitalismus kam immer wieder auf die Beine. Warum soll es diesmal anders sein? Kann keine neue Arbeiteraristokratie im Globalen Süden entstehen und neue Märkte schaffen? Nein. Teile der Arbeiterklasse und der Mittelschicht genießen auch im Globalen Süden Privilegien, aber ihre Löhne machen nur einen Bruchteil dessen aus, was im Globalen Norden an Löhnen gezahlt wird. Diese Menschen werden, gemeinsam mit allen Arbeiter:innen im Globalen Süden, irgendwann eine globale Umverteilung des Wohlstands fordern. Wie wir gesehen haben, sind die Löhne für chinesische Industriearbeiter:innen als Folge der Finanzkrise in jüngeren Jahren gestiegen. Auch Chinas Exporte litten unter der Finanzkrise, und die chinesische Regierung musste Maßnahmen ergreifen, um den heimischen Absatzmarkt zu stärken. Das schadete zwar dem

Kapital, aber für die KPCh ist die Stabilität der Volkswirtschaft wichtiger. In fast allen anderen Ländern des Globalen Südens verhält es sich anders. Es ist schwierig, politische Entscheidungen zu fällen, die den Forderungen des Neoliberalismus trotzen. Eine Lohnerhöhung im Globalen Süden würde neue Märkte eröffnen, doch dem Globalen Norden würde das schaden. Die globale Arbeiterarbitrage, die für die Kapitalakkumulation notwendig ist, wäre in Gefahr.

Eine andere Möglichkeit der kapitalistischen Krisenbewältigung ist es, die Proletarisierung auszudehnen. Das hat sich in den letzten 200 Jahren immer wieder bewährt. Das Problem ist, dass es heute kaum noch Gesellschaften zum Proletarisieren gibt. Die Landbevölkerung kann proletarisiert werden, aber sie wird immer kleiner. In China sind bald alle proletarisiert. Die traditionell ländlichen Regionen, die in Asien und Afrika noch bestehen, haben nicht den Verwaltungsapparat, die politische Stabilität und die Bevölkerungszahl, die für eine merkbare Proletarisierung notwendig sind.

Wer meint, dass höhere Löhne im Süden den Kapitalismus am Leben erhalten werden und China einfach die USA als hegemoniale Macht ersetzen wird, übersieht den grundlegenden Widerspruch im Kapitalismus: Du kannst nicht beides haben, niedrige Löhne, die für Profite sorgen, und einen florierenden Markt, der für Profite sorgt. Der Kapitalismus hat keinen florierenden Markt, wenn diesem nicht von außen Wert hinzugefügt wird. Ein kapitalistisches China wird mit demselben Widerspruch konfrontiert werden, den Europa und Nordamerika durch imperialistische Ausbeutung lösten. Aber China hat keine Peripherie, die es ausbeuten kann. China kann das Ende des kapitalistischen Systems nicht vermeiden. Die Zukunft des Landes hängt davon ab, ob es an einem sozialistischen Weg hin zu einem anderen Weltsystem festhalten kann.

Eine weitere Möglichkeit zur Rettung des Kapitalismus könnte es sein, mehr an landwirtschaftlicher Produktion vom Globalen Norden in den Süden zu verlagern, ähnlich der Verlagerung der industriellen Produktion. Die niedrigen Preise für Land und Arbeitskraft im Süden könnten eine Profitquelle sein, die Investoren anzieht. In Indien, Brasilien und mehreren afrikanischen Ländern wurde bereits viel Land zu diesem Zwecke aufgekauft. Aber eine massive Änderung globaler landwirtschaftlicher Produktion würde sowohl im Norden als auch im Süden auf Widerstand stoßen. Der politische Preis wäre hoch. Im Süden gibt es bereits Millionen landloser Bauern, von denen viele in die Slums der Großstädte ziehen. Im Norden haben landwirtschaftliche Lobbys großen politischen Einfluss und würden die Verlagerung der Produktion nicht einfach so hinnehmen.

Der Neoliberalismus war notwendig, um den Kapitalismus zu retten, als dieser von den Befreiungsbewegungen im Süden und den Forderungen nach höheren Löhnen im Norden unter Druck gesetzt wurde. Der Triumph des Neoliberalismus bedeutete eine enorme Niederlage für die Linke, inklusive dem reformistischen Lager. Jede Hoffnung, das System von innen zu verändern, erlosch. Niemand mehr wagte, die Legitimität des Kapitalismus infrage zu stellen. Wie der klassische Liberalismus bekennt sich der Neoliberalismus gerne zur ›Gleichheit‹ vor dem Gesetz und auf dem Markt: Alle sollen die gleichen Möglichkeiten haben, erfolgreich zu sein. Gleichzeitig wächst die reale Ungleichheit. Es stimmt nicht, dass alle reich werden können, wenn sie nur mit ihrem inneren Kapitalisten in Kontakt treten und Geld investieren. Genau das taten Millionen kleiner Sparer, bevor sie 2007 ihre Häuser, Pensionen und Wertpapiere verloren. Es gibt auch keinen Trickle-down-Effekt, wenn die Reichen noch reicher werden. Wenn dem so wäre, hätten wir das in der neoliberalen Ära beobachten können. Doch das Gegenteil war der Fall. Es gab auf der ganzen Welt Massenproteste gegen den Neoliberalismus, vor allem in Lateinamerika, aber auch in China, Indien und Südafrika. Selbst in europäischen Ländern, etwa in Griechenland und Spanien, ist der Neoliberalismus heute zum größten Teil diskreditiert.

Auch in Nordafrika und im Nahen Osten ist man mit dem Neoliberalismus unzufrieden. Bis in die 1970er-Jahre verliehen die nationalistischen Regime der Region den Menschen Grund zum Optimismus. Eine bessere Zukunft mit besseren Lebensbedingungen schien vor ihnen zu liegen. Aber mit dem Neoliberalismus wurden die Regime immer korrupter und verloren die Unterstützung des Volkes. Vetternwirtschaft breitete sich aus, und die Opposition bestand nun aus religiösen Bewegungen, die ein besseres Leben nicht nur in der Zukunft, sondern sogar im Jenseits versprachen. Die ständige politische Unruhe in der Region zeigt, dass es revolutionäres Potenzial gibt, doch die Linke ist kaum präsent. Dafür nutzten die NATO-Mitgliedsstaaten den sogenannten Arabischen Frühling, um sich alter Feinde zu entledigen.

Heute ist die Region geteilt zwischen Kräften, die mit den imperialistischen Ländern verbunden sind, und Kräften, die gegen diese opponieren. Fundamentalistische Bewegungen wie ISIS wenden sich gegen jeden westlichen Einfluss. Liberale, prowestliche Kreise versuchen, das europäische Modell einzuführen, aber sie haben keine Verbindung zu den Massen, die sehr genau wissen, dass sie dieses Modell nicht aus der Armut befreien wird. Progressive kurdische Kräfte haben einen gewissen Einfluss, riskieren jedoch zu Figuren im imperialistischen Spiel zu werden; imperialistische Mächte verbinden sich mit ihnen an einem Tag, um sie am nächsten fallen zu lassen. Viele Menschen sind des politischen Chaos müde und sehen ihre einzige Chance für eine bessere Zukunft in der Migration nach Europa, wo sie nicht willkommen sind. Die sozialen, politischen, ethnischen und religiösen Spannungen geraten außer Kontrolle. Keiner weiß, was die Folgen sein werden.

## Eine dreifache Krise

Es scheint, dass wir auf dem Weg in eine dreifache Krise sind: *ökonomisch*, *ökologisch* und *politisch*.

*Ökonomisch*, weil die Arbeiterklasse des Globalen Südens höhere Löhne fordern wird, es aber keine neuen Peripherien im kapitalistischen Weltsystem gibt. Die fallenden Profite des Industriekapitals werden Investitionen verlangsamen und damit auch die Kapitalakkumulation.

*Ökologisch*, weil uns jede ernstzunehmende wissenschaftliche Studie sagt, dass wir auf ein Desaster zusteuern, das sich in Naturkatastrophen, Dürren und schwachen Ernten ausdrücken wird. Der Norden mag einen großen Teil seiner industriellen Produktion in den Süden verlagert haben, aber den ökologischen und klimatischen Konsequenzen entrinnt niemand.

*Politisch*, weil die verschiedenen Fraktionen von Kapital und Arbeit im Globalen Norden unterschiedliche Vorstellungen davon haben, wie die gegenwärtige Krise zu lösen ist, und miteinander in Konflikt geraten. Es gibt Kapitalfraktionen, die die neoliberale Globalisierung fortsetzen wollen; andere fordern eine Rückkehr zu nationaler Kapitalakkumulation, einem autoritären Regime und kriegerischen Auseinandersetzungen, um sich den Löwenanteil der globalen Reichtümer zu sichern. Und dann gibt es Fraktionen, die industrielle Produktion vollständig aufgegeben haben und sich ausschließlich auf die Finanzspekulation konzentrieren. In der Arbeiterklasse gibt es Gewinner und Verlierer der Globalisierung. Es überrascht nicht, dass ihre Reaktionen auf die Krise unterschiedlich sind. Ob man sich in den Versuchen zur Bewältigung der Krise auf die Nation oder die Klasse stützt, führt zu höchst unterschiedlichen Resultaten.

Alle Aspekte der Krise sind eng miteinander verbunden und stellen eine reelle Gefahr für das kapitalistische System dar. Auch wenn wir im Augenblick keine realistische Alternative erkennen können: Aus dem erbitterten Kampf zwischen progressiven und reaktionären Kräften wird eine neue Weltordnung hervorgehen.

# Teil drei

# Politik in einer geteilten Welt

# 8. Ein Fenster öffnet sich

»Es herrscht große Unordnung unter dem Himmel, die Lage ist ausgezeichnet.« Dieses Zitat wird Mao Tse-tung zugeschrieben. Es beschreibt die Situation, vor der wir heute stehen. In den kommenden Jahrzehnten werden wir eine ökonomische und politische Achterbahnfahrt erleben. Die Krise des Kapitalismus öffnet ein Fenster, das radikale Veränderung möglich macht. Aber zu radikaler Veränderung kommt es nicht automatisch, und eine gerechtere und demokratischere Welt ist nicht garantiert. Die Krise kann genauso gut zu mehr Hierarchie, Ausbeutung und Ungleichheit führen. Die Geschichte schenkt niemandem etwas.

In einer strukturellen Krise wird politischer Aktivismus besonders wichtig. Das System ist aus den Fugen geraten und die richtigen Aktionen können zu der Veränderung führen, die wir uns wünschen. Ob es zu diesem Schritt kommt, liegt an uns. Ohne langfristige Vision haben wir wenig Chancen. Wir können nicht einfach ideologischen Moden folgen, und wir dürfen uns nicht von selbsterklärten Rettern mit kurzsichtigen Interessen verführen lassen. Wir brauchen ein Ziel und eine Strategie.

In den ersten beiden Teilen dieses Buches diskutierte ich Geschichte und Ökonomie. Jetzt wende ich mich der politischen Praxis zu. Dabei werde ich mich zunächst der politischen Institution widmen, mit der wir tagtäglich konfrontiert sind: dem Staat. Danach werde ich wichtige politische Akteure diskutieren: die Arbeiterbewegung, soziale Bewegungen, Befreiungsbewegungen im Globalen Süden und politische Parteien. Schließlich werde ich Visionen und Strategien antiimperialistischen Widerstands in den Blick nehmen, nicht zuletzt im Globalen Norden.

## Der Staat

Der real existierende Kapitalismus ist das Resultat einer komplexen Dynamik ökonomischer und politischer Kräfte. Im Zentrum der kapitalistischen Produktionsweise steht die Akkumulation. Ohne Akkumulation stirbt das System. Doch wir sprechen nicht über ein Naturgesetz. Das ökonomische System wird von Menschen geschaffen, genauso wie der Widerstand dagegen. Akkumulation wird vom Klassenkampf beeinflusst, der sich sowohl direkt vollzieht (Kapital vs. Arbeit) als auch indirekt (vermittelt durch den Staat). Der Klassenkampf ist ein wesentlicher Aspekt in zwischenstaatlichen

Konflikten; die Staatsmacht nimmt sowohl auf die nationale als auch auf globale Kapitalakkumulation Einfluss. Klassen kämpfen gegeneinander, um ihre ökonomischen Interessen innerhalb des staatlichen Rahmens zu verteidigen. Sie formen auch zwischenstaatliche Allianzen. Kämpfe in der Fabrik, Kämpfe um die Regierungsmacht und Kämpfe um die Herrschaft im Weltsystem (inklusive Krieg) sind alle miteinander verbunden. Im 19. Jahrhundert versuchte das Vereinigte Königreich, sich die besten Akkumulationsbedingungen weltweit zu verschaffen. Im 20. Jahrhundert taten die USA dasselbe. Heute versuchen Westeuropa, die USA und Japan gemeinsam, ihre globale Dominanz zu verteidigen.

Die Macht des Staates verringerte sich im Laufe der neoliberalen Globalisierung. Noch in den 1970er-Jahren diskutierte man darüber, die Macht transnationaler Unternehmen einzuschränken. Heute konkurrieren Regierungen darum, transnationalen Unternehmen die besten Investitionsbedingungen zu bieten, in der Hoffnung, Kapital anzuziehen und Arbeitsplätze zu schaffen für Menschen, die nicht in andere Länder ziehen können, um ihre Arbeitskraft zu verkaufen. Das politische Paradigma wechselte vom sozialdemokratischen Keynesianismus zum Neoliberalismus. Dies war nicht das Resultat politischer Entscheidungen, sondern technologischer Entwicklungen und einer neuen Organisierung der Produktivkräfte. Die globale Akkumulation sollte so effektiv wie möglich werden. Volkswirtschaften in der Form, wie sie in den 1960er-Jahren existierten, sind heute nicht mehr möglich. Der Staat hat dem Kapital gegenüber zu viel von seiner Unabhängigkeit eingebüßt. Es ist heute viel schwieriger für ihn, die Ökonomie zu regulieren. Das globale Finanzkapital wuchs so rasch, dass selbst die größten Zentralbanken enorme Schwierigkeiten damit haben, ökonomische Entwicklungen zu kontrollieren.

Einst agierten Staaten als Vermittler zwischen globalen und nationalen ökonomischen Interessen. Die Hauptaufgabe des Staates war es, die volkswirtschaftlichen Interessen der herrschenden Klasse zu verteidigen. Aber je weiter sich die transnationale, globale Ökonomie entwickelte, desto mehr musste sich der Staat den Anforderungen transnationaler Unternehmen und Institutionen wie der Welthandelsorganisation und dem Internationalen Währungsfonds beugen. Die Volkswirtschaften der meisten europäischen Länder werden heute von der EU reguliert. Einst ein Bollwerk *gegen* globale ökonomische Kräfte, setzt sich der Staat heute *für* diese ein.

Das bedeutet jedoch nicht, dass der Staat im Begriff ist zu verschwinden, wie Liberale gerne behaupten. Der neoliberale Staat ist kein ›Minimalstaat‹, und er hat auch nicht all seine Macht verloren. Seine Rolle ist neu definiert und er übernimmt spezifische Aufgaben innerhalb der globalen Ordnung. Die neoliberale Globalisierung wäre ohne die militärische Macht der USA und die Kontrolle des US-Dollars durch die US-amerikanische Zentralbank nicht möglich. Der *New-York-Times*-Autor Thomas Friedman schrieb 1999: »Die versteckte Hand des Marktes kann nicht ohne die versteckte Faust operieren. McDonald's konnte nicht gedeihen ohne McDonnell Douglas, den Designer der F-15-Bomber. Die versteckte Faust, die den Technologien des Silicon Valley weltweit den Weg bahnt, besteht aus US Army, Air Force, Navy und Marine Corps.«[230]

Das Kapital braucht den Staat, damit er das Militär, die Währung und anderes verwaltet. Er übernimmt Aufgaben, die der Markt nicht bewältigen kann. Das Kapital braucht den Staat als regionalen Anker für seine globale Tätigkeit. Ansonsten hat es wenig Interesse an ihm und ist nicht von einzelnen Staaten abhängig. Es kann die Staaten für seine Aktivitäten wählen, die die besten Bedingungen bieten, ob es sich nun um billige Arbeitskraft, starke Kaufkraft, geringe Steuern, Kontrolle, Überwachung oder eine moderne Infrastruktur handelt. Wenn das Kapital mit einem bestimmten Staat unzufrieden ist, kann es zum nächsten gehen. Kapital mit verheißungsvollen Bedingungen anzulocken, ist für Regierungen weltweit zu einer politischen Priorität geworden. Wir leben in der Ära des konkurrenzorientierten neoliberalen Staates.

In ihrem Buch *Empire* lieferten Michael Hardt und Toni Negri eine radikale Interpretation der politischen Konsequenzen der Globalisierung. Für sie wurde ein ›Imperium‹ geschaffen (ein globales ökonomisches und politisches System), das nationale und transnationale Institutionen innerhalb eines einzigen Paradigmas vereint, dem globalen Kapitalismus.[231] Wenn wir vom ›globalen Kapitalismus‹ sprechen, hat das keine rein geografische Dimension. Es geht um die Kommodifizierung aller Lebensaspekte. Alles ist der umfassenden Logik des Kapitalismus unterworfen. Nicht nur der öffentliche Sektor wird privatisiert, sondern auch Wissen, Information, genetische Sequenzen und die menschliche Erfahrung selbst. Freizeit, Kultur und Sport – alles folgt den Regeln des Kapitals. Transnationale Unternehmen regeln

230 Thomas Friedman, »A Manifesto for the Fast World«, *New York Times*, 28. März 1999.

231 Hart und Negri fokussieren in *Empire* vor allem auf politische und rechtliche Strukturen; was die ökonomische Analyse betrifft, ist das Buch eher schwach.

nicht nur Produktion und Verkauf, sie strukturieren das Imperium, indem sie Arbeit verteilen, Geld beschaffen, Technologien entwickeln und Bedürfnisse und Identitäten produzieren. Sie definieren unsere Normen und Werte, unsere Körper und Seelen.

Der Imperialismus wird heute vor allem von Institutionen und Abkommen verwaltet, in denen verschiedene Nationalstaaten zusammenarbeiten: EU, WHO, NATO, NAFTA usw. Aber von einer ›Weltregierung‹ sind wir immer noch weit entfernt, egal, wie sehr uns manche, vor allem von rechter Seite, davor warnen wollen. Ja, transnationale Unternehmen nutzen die globalen Strukturen für ihre Zwecke, aber sie nutzen auch die Nationalstaaten, in denen sie ihren Sitz haben. Immer geht es darum, neue Märkte zu erschließen, Investitionen zu ermöglichen und sich Vorteile im Kampf um die globale ökonomische Vorherrschaft zu verschaffen. Die USA nutzt die NATO, um amerikanischem Kapital zu dienen, Deutschland die EU, um deutschem Kapital zu dienen usw. Wir dürfen den transnationalen Charakter der Macht nicht überbewerten; der Nationalstaat bleibt ein wichtiger politischer Faktor. Kapitalistische Staaten sind sich nicht alle gleich, und es wird immer Spannungen innerhalb der globalen Bourgeoisie geben.

Hardt und Negri vernachlässigten in ihrer Analyse das imperialistische Element bzw. die Ungleichheit zwischen dem Globalen Norden und Süden. Es ist wahr, dass es heute im Globalen Norden Wohnviertel gibt, die an das Leben im Globalen Süden erinnern, und es ist wahr, dass es Wohnviertel im Globalen Süden gibt, die an das Leben der Mittelschicht im Globalen Norden erinnern. Alles in allem jedoch bleiben die Unterschiede enorm. Die Durchschnittsbürgerin in den USA, Westeuropa, Japan, Australien oder Neuseeland lebt ein sehr anderes Leben als die Durchschnittsbürgerin in Brasilien, Mexiko, Nigeria, Ägypten, China oder Indien. Es ist daher irreführend, migrantische Viertel in imperialistischen Ländern als ›interne Dritte Welt‹ zu bezeichnen. Auch wenn viele der Menschen, die dort wohnen, den Wohlfahrtsstaat nicht zur Gänze nutzen können, haben sie ein verlässliches Stromnetz, sauberes Wasser, relative Sicherheit und die Möglichkeit, einen Lohn zu verdienen, der weit über dem liegt, was sie in ihren Ursprungsländern verdienen könnten. Wäre das nicht der Fall, würden sie nicht ihr Leben riskieren, um in die imperialistischen Länder zu kommen.[232]

232 Die bedeutendsten der hochmilitarisierten Staatsgrenzen sind das Mittelmeer zwischen Afrika und Europa, die Timorsee zwischen Indonesien und Australien und die Landgrenze zwischen den USA und Mexiko.

Einerseits unterminiert das Kapital die Staatsmacht, wenn es um die Ökonomie geht, andererseits nutzt es zwischenstaatliche Rivalität zu seinem Vorteil. Die Entwicklung der globalen Produktionsketten ist dafür ein gutes Beispiel. Sie begann in den 1970er-Jahren, als japanische Unternehmen arbeitsintensive Produktion in Billiglohnländer verlagerten, um mit Unternehmen aus den USA und Europa konkurrieren zu können. Die USA antworteten, indem sie die exportorientierte Industrialisierung Taiwans und Singapurs vorantrieben,[233] während europäische Länder Schwierigkeiten hatten, sich in Asien zu etablieren. Aus diesem Grund bemühten sich Deutschland und Frankreich um die rasche Integration der ehemaligen staatssozialistischen Länder Osteuropas in die EU. Dies sollte ihrem eigenen Kapital Zugang zu billiger Arbeitskraft verschaffen.

Imperialistische Rivalität war ein wichtiger Aspekt bei der Verlagerung der Produktion in Niedriglohnländer. Heute bildet die Triade eine imperialistische Allianz, die sich gegen den Süden richtet, wo sich Länder wie China, Indien, Südafrika und Brasilien in den transnationalen Institutionen an die Seite Russlands stellen, um ihre eigenen Interessen durchzusetzen. Hardt und Negri gingen fehl in der Annahme, dass globale ökonomische Produktion auch globalen politischen Konsens bedeutet.

## Krieg

Wenn wir die Bedeutung des Imperialismus einschätzen wollen, reicht es nicht, die gegenwärtigen Formen der Wertübertragung zu betrachten. Es gilt auch, das zu berücksichtigen, was Anouar Abdel-Malek den ›historischen Mehrwert‹ genannt hat. Dieser bezieht die Auswirkungen von Gewalt und Krieg in die Analyse mit ein:

> »Der historische Mehrwert ist das Resultat der Plünderungen aller großen Kontinente seit dem 15. Jahrhundert und der Akkumulation ihres Reichtums in den Händen der westlichen Bourgeoisie. Die Wurzeln von globaler Gewalt und globalem Krieg liegen in der historischen Umstrukturierung der Weltordnung, das heißt, in der Etablierung der westlichen Hegemonie, die sich ihrerseits dem historischen Mehrwert verdankt. Dies wird von den Mainstream-Wirtschaftswissenschaften ignoriert. Sie betrachten den kapitalistischen Mehrwert, als wäre er das Produkt der höchsten Stufe der Menschheitsgeschichte bzw. der letzten Phase des Klassenkampfs. Aber der historische Mehrwert ist nicht auf Rohstoffe, Land,

233 Damit sollte während des Kalten Krieges auch der Druck auf China und Nordkorea erhöht werden.

Energie usw. beschränkt. Er ermöglichte die globale Hegemonie europäischer Macht. Auch die Gründe für die wissenschaftlichen und technologischen Revolutionen liegen im historischen Mehrwert. ... Europa kontrollierte die Seehandelswege und verbreitete seine Ideen und Werte mithilfe moderner Kommunikationstechnologien in der Dritten Welt. Ironischerweise nehmen Linksliberale eine ethisch-normative Haltung ein, die Gewalt als Pathologie oder als externes Phänomen betrachtet, wenn sie tatsächlich tief im europäischen Imperialismus verwurzelt ist. ... Obwohl der Imperialismus der zentrale Faktor der modernen globalen Machtstruktur ist, wird er nur oberflächlich betrachtet.«[234]

Für Abdel-Malek sind imperialistische Kriege nicht nur wesentlich für den Prozess der Akkumulation, sondern auch für die Abschöpfung des Mehrwerts. Wir dürfen uns nichts vormachen: Die Zeiten imperialistischer Kriege sind noch lange nicht vorbei. Der Markt mag das Militär als wichtigsten Faktor für den Bestand der imperialistischen Ordnung abgelöst haben, aber Gewalt spielt immer noch eine wichtige Rolle. Imperialistische Kriege sind ein Teil des globalen Klassenkampfs, in dem es um geopolitische Macht und globale Wertübertragung geht. In seinem Buch *The Cordon Sanitaire* erklärt der Ökonom Ali Kadri, wie Sweatshops in Asien mit US-Militärbasen und heutigen Kriegen zusammenhängen. Angesichts der Kriege in Syrien und im Irak schreibt er Folgendes:

»Der Preis einer Ware beruht auf einem durch den internationalen Klassenkampf vermittelten Wert. Der Klassenkampf fungiert als Produktionssphäre, und die Preise reflektieren die historische Akkumulation imperialistischer Mächte. Gleichzeitig verschleiern sie den wirklichen Wert der Waren. Je unterdrückter die Arbeiterbewegung ist, desto größer der Betrug. Die schlimmste Form des Betrugs sind imperialistische Kriege. .... Militarismus stärkt imperialistische Macht und schwächt die Arbeiterklasse. Die Preise vieler Waren liegen weit unter ihrem Wert. Wenn wir den Klassenkampf als eine Form von Produktion ansehen, und Krieg als Ausdruck des Klassenkampfs, dann schaffen die Opfer des Krieges Mehrwert. ... Kriege verwandeln die geringe Lebenserwartung eines Soldaten, der einen beschämenden Lohn erhält, in lebenslange Produktivität.«[235]

Aus kapitalistischer Sicht ist Krieg alles andere als Geldverschwendung, sondern eine Investition. Kriege schaffen gute Bedingungen für globale Akkumulation, nationale Akkumulation und primitive Akkumulation. Zusätzlich

---

234 A. Abdel-Malek, *Social Dialectics: Nation and Revolution, Vol. 2* (New York: SUNY Press, 1981), 71ff.

235 Ali Kadri, »Imperialist Reconstruction or Depopulation in Syria and Iraq«, 2017, www.networkideas.org.

erlaubt die Kriegsökonomie, öffentliche Ausgaben in private Profite umzuwandeln.

Nachdem die Sowjetunion und die sozialistischen Staaten Osteuropas 1991 zusammengebrochen waren, glaubten manche, dass die NATO ihren Zweck erfüllt habe und wir in eine Ära der Abrüstung eintreten würden. Dieser Glaube war naiv. Die NATO zeigte sich vielmehr aggressiv. Während des Jugoslawien-Konflikts ermöglichte sie einen Regimewechsel in Serbien und unterstützte die Unabhängigkeit von Kroatien, Bosnien-Herzegowina und dem Kosovo. Ihre Tätigkeiten blieben nicht auf Europa beschränkt. Es gab den Ersten Golfkrieg und später den ›Krieg gegen den Terror‹ mit den Invasionen in Afghanistan und dem Irak. Die NATO intervenierte auch in Libyen während der Rebellion gegen Gaddafi sowie im Krieg gegen ISIS in Syrien. Die USA und ihre NATO-Partner waren erpicht darauf, die nationalistischen Regime im Nahen Osten zu beseitigen, die während der Ära der Entkolonisierung an die Macht gekommen waren. Diese Regime hatten anfangs die US-Vorherrschaft zurückgewiesen und ihre Märkte für transnationale Unternehmen geschlossen. Mit der Zeit jedoch wurden sie korrupt und despotisch. Die NATO hoffte anlässlich des Arabischen Frühlings auf eine Balkanisierung des Nahen Ostens und die Etablierung schwacher, pro-westlicher Regime. Dazu kam es nicht. Die nationalistischen Regierungen wurden nicht durch neoliberale Regierungen ersetzt (zumindest nicht durch funktionierende). Anstelle dessen öffneten die Interventionen der NATO eine Büchse der Pandora, voll mit sektiererischen Konflikten. Am meisten von den Interventionen profitierten fundamentalistische Kräfte. In vielen Fällen waren diese zunächst von den USA unterstützt wurden, um die Region zu destabilisieren.

Die NATO steht auch Russland wieder feindselig gegenüber. Russland versucht, sich als globale Macht ins Spiel zu bringen, dieses Mal unter kapitalistischer Flagge. In der Ukraine unterstützte die NATO 2014 einen rechtsgerichteten Putsch. Moskau annektierte daraufhin die Krim und unterstützte aktiv den Widerstand russischer Kräfte in der Ukraine. Die Spannungen zwischen Russland und den USA wurden auch durch die Unterstützung gestärkt, welche die USA, gemeinsam mit Saudi-Arabien, den salafistischen Kräften zukommen ließen, die Assad in Syrien bekämpften. Russland mischte sich in den Syrien-Konflikt 2015 ein. Man wollte verhindern, dass ISIS das Assad-Regime stürzt, und den USA nicht das Feld überlassen. Trumps versöhnliches Verhältnis zu Russland markierte eine Änderung der US-Strategie. Der Hauptfeind war nun China. Dies folgte schlicht ökonomischen Realitäten.

Kriege sind eine unvermeidliche Konsequenz der imperialistischen Produktionsweise, egal, ob sie sich gegen Diktaturen, linke Regierungen, soziale Bewegungen oder imperialistische Rivalen richten. Mit jeder Konjunktur wird die politische Macht neu geformt. Heute spiegelt sich das, zeitgemäß, vor allem in den transnationalen Institutionen wider. Während der ersten Hälfte des 20. Jahrhunderts führten ökonomische Turbulenzen zu Kriegen zwischen den imperialistischen Mächten. Heute dienen internationale Partnerschaften dazu, in diesen Konflikten zu vermitteln. Die USA führen eine Allianz an, die sie gerne ›die freie Welt‹ nennen. Diese beinhaltet die EU, Japan, Australien und Neuseeland, aber auch Länder wie Saudi-Arabien. Insgesamt gehören dieser ›freien Welt‹ jedoch nur 15 Prozent der Weltbevölkerung an. Während des Kalten Krieges waren die USA eine Hegemonialmacht, vereint mit Westeuropa und Japan. Heute sind die USA in vielerlei Hinsicht von Westeuropa und Japan abhängig, und nicht nur ideologisch. Ohne Westeuropa und Japan wären beispielsweise die Militärausgaben der USA nicht zu decken. 2015 verzeichneten die USA höhere Militärausgaben als sieben nach ihr folgenden Rüstungsnationen zusammen (China, Russland, Saudi-Arabien, das Vereinigte Königreich, Frankreich, Japan und Indien).

Die Feinde der gegenwärtigen Weltordnung, die ein Resultat des Zusammenbruchs des real existierenden Sozialismus ist, sind nicht länger auf bestimmte Territorien beschränkt. Sie sind vielfältig und können überall sein. Der kleinste gemeinsame Nenner ist, dass sie, in irgendeiner Form, ›Widerstand leisten‹. Von den Herrschenden werden sie nicht als politische Gegner gesehen, sondern als ›Kriminelle‹ und ›Terroristen‹. Krieg wird als moralische Verpflichtung präsentiert, nicht als politische Notwendigkeit, und Truppen werden im Namen der ›Menschenrechte‹ und ›Demokratie‹ in die Welt geschickt. Ihr Auftrag zur ›Zivilisierung‹ erinnert an die ideologische Legitimation des frühen Kolonialismus. Wenn es um autoritäre Regime an der Seite der NATO geht, spielen diese noblen Prinzipien keine Rolle. Nach dem Zweiten Weltkrieg nahm die NATO Portugal unter Salazar und Spanien unter Franco in ihre Reihen auf. Heute ist die Türkei ein wichtiger Mitgliedsstaat, und die enge Zusammenarbeit mit Saudi-Arabien scheint kein Problem darzustellen.

Moderne Kriegsführung kennt keine Grenzen von Raum und Zeit. Es gibt keine deutlichen Momente, an denen ein Krieg beginnt oder endend – alles ist undeutlich und fließend. Der ›Krieg gegen den Terror‹ reicht von Afghanistans Helmland-Provinz über den Nahen Osten bis in die Städte Europas und Nordamerikas. Militärische Interventionen im Globalen Süden sollen dem Schutz des Globalen Nordens dienen. Regierung und Sicherheitspolitik sind kaum noch voneinander zu unterscheiden; Militär, Polizei, Geheimdienst, alles geht ineinander über. Auch das Justizwesen wurde globalisiert, vor allem nach den Attacken des 11. September 2001. Die USA arbeiten eng mit der EU zusammen, was die Repression politischer Gegner betrifft. Die Überwachung der Bürger:innen, vor allem ihrer Kommunikation, übersteigt Orwell'sche Niveaus. Was die technologischen Voraussetzungen anbelangt, lassen sich die heutigen Geheimdienste mit der berüchtigten STASI nicht vergleichen.

Militärische Interventionen im Globalen Süden sollen die Kapitalakkumulation sichern und vermeiden, dass Rebellionen in den Globalen Norden überschlagen. Politischer Protest, Krankheiten, Migrant:innen – nichts soll den Weg in die reichen Länder finden. Wichtig bei den militärischen Interventionen ist nur, die eigenen Verluste im Rahmen zu halten, vor allem, wenn es um das Leben der Truppen geht. Das ist die Lehre des Vietnamkriegs: Als die Zahl gefallener Soldaten immer mehr in die Höhe schoss, nahm die Unterstützung für den Krieg in den USA ab. Heute haben Spezialkräfte mit High-Tech-Ausrüstung gewöhnliche Truppen zum größten Teil ersetzt, und Drohnen töten Menschen, ohne dass militärisches Personal auch nur in der Nähe sein muss.

Militärisch und politisch ist die Welt viel chaotischer und instabiler geworden, als sie es während des Kalten Krieges war. Mit zwei Supermächten, den USA und der Sowjetunion, gab es etwas Gleichgewicht. Die Sowjetunion gibt es heute nicht mehr, und die USA verlieren zunehmend an Macht. Den Verlust ökonomischer Dominanz versuchen die USA mit militärischem Imponiergehabe zu kompensieren. Sie setzen alles daran, ihre Stellung als führende Atommacht zu verteidigen. Dies soll sie befähigen, überall auf der Welt einen atomaren Schlag durchzuführen (auch in Russland), ohne fürchten zu müssen, selbst zerstört zu werden. Die Gefahr, die dies beinhaltet, darf nicht unterschätzt werden, vor allem, wenn jemand wie Donald Trump am roten Knopf sitzt. Nur eine neue Weltordnung kann diese Gefahr bannen. Sehen wir uns einige der Akteure an, die auf dem Weg dorthin eine wichtige Rolle spielen können.

# 9. Die Gewerkschaftsbewegung

Seit Ende des 19. Jahrhunderts hat sich die Gewerkschaftsbewegung auf die Organisierung der Arbeiterschaft innerhalb nationalstaatlicher Grenzen konzentriert. Im Globalen Norden war sie wesentlich in die Etablierung des sozialdemokratischen Wohlfahrtsstaats involviert, was ihr eine gewisse Kontrolle über die Ökonomie sowie (begrenzte) Möglichkeiten der Umverteilung brachte. Der Staat vermittelte zwischen Arbeit und Kapital, sorgte für Tarifverträge, Mindestlöhne, Arbeitslosengeld, Pensionen usw.

Es gibt internationale Gewerkschaftsorganisationen, aber ihnen wird keine Priorität eingeräumt. Außerdem werden sie von Gewerkschaften aus dem Globalen Norden dominiert, obwohl Gewerkschaften im Süden nicht einfach deren Taktiken übernehmen können. Der Klassenkompromiss im Norden war nur aufgrund der Ausbeutung des Südens möglich.

Unter den Ländern des Globalen Südens besteht harte Konkurrenz. Wenn Arbeitskräfte in einem Land höhere Löhne verlangen und die dortigen Machthaber nachgeben, zieht das Kapital woanders hin. Das ist ein Hauptgrund für die politische Repression, die wir im Süden sehen und die auch gegen den Aufbau unabhängiger Gewerkschaften gerichtet ist. Selbst in Ländern, wo diese zugelassen sind, z. B. auf den Philippinen oder in Kolumbien, werden sie bekämpft. Der einzige Weg nach vorne für die Gewerkschaftsbewegung ist internationale Zusammenarbeit. Nur so kann sie globale Stärke erlangen. Bleibt sie auf die nationale Ebene beschränkt, wird es schwierig, das System grundlegend zu verändern.

Ich werde mich daher zunächst Organisationen zuwenden, die einen globalen Anspruch haben. Die beiden wichtigsten davon sind die Internationale Arbeitsorganisation der Vereinten Nationen (ILO) und der Internationale Gewerkschaftsbund (IGB). Ich bin vor allem daran interessiert, wie und ob diese Organisationen den kollektiven Arbeiterkampf gegen das Kapital stärken. Danach werde ich mir die Gewerkschaftsbewegungen in drei Ländern genauer ansehen: in China, Südafrika und Indien. Die chinesische Arbeiterklasse ist die größte und bedeutendste der Welt. China bietet eine Kombination, die für das globale Kapital sehr attraktiv ist: Das Land besitzt eine moderne Infrastruktur, und die Gewerkschaften werden streng von der Regierung kontrolliert. Seit China 1979 seine Grenzen für fremdes Kapital öffnete, sind mehr als eine Trillion US-Dollar in das Land investiert worden. Südafrika hat starke und sehr politische Gewerkschaften, die oft für die Interessen des Proletariats des Globalen Südens eintreten und wichtige Kritiken sowohl der internationalen Gewerkschaftsbewegung als auch der neoliberalen Politik des ANC formulieren. In Indien gibt es sogenannte ›soziale Gewerkschaften‹, deren Ansatz breiter ist als jener traditioneller Gewerkschaften.

## ILO

Die ILO soll internationale Arbeitsbeziehungen beobachten und sicherstellen, dass diese den Richtlinien der UNO entsprechen. Jeder Mitgliedsstaat der UNO ist in der ILO mit vier Delegierten vertreten. Zwei kommen von der Regierung, einer vom Arbeitgeberverband und einer von den Gewerkschaften. Als UN-Organisation sind in der ILO also international anerkannte Staaten repräsentiert, die auf der Basis nationaler Interessen argumentieren und abstimmen. Das ist dem Interesse der weltweiten Arbeiterklasse nicht unbedingt förderlich. Gewerkschaften stellen nur ein Viertel aller Delegierten, und viele von ihnen sind alles andere als regierungsunabhängig.

Die ILO wurde im Rahmen des Friedensvertrages von Versailles 1919 gegründet. Sie war zunächst mit dem Völkerbund assoziiert, seit 1946 ist sie eine Unterorganisation der Vereinten Nationen. Zur Zeit ihrer Gründung war der Erste Weltkrieg gerade zu Ende gegangen, die Russische Revolution war zwei Jahre alt und die Revolution in Deutschland knapp gescheitert. Ein wichtiges Motiv für die Gründung der ILO war es, die Lage der Arbeiter:innen zu verbessern, um revolutionären Aufständen vorzubeugen. Dies wird in den Gründungsdokumenten explizit festgehalten.

Von Anbeginn wurde die ILO von der sozialdemokratischen Zweiten Internationale unterstützt. 75 Prozent der gewerkschaftlichen Delegierten beim Gründungskongress der ILO waren ehemalige Mitglieder der Zweiten Internationale. Während der Weltwirtschaftskrise der 1930er-Jahre wurde das sozialdemokratische Profil der Organisation besonders deutlich. Noch in den 1960er und frühen 70er-Jahren stand die ILO für einen Keynesianismus, der großen Einfluss auf die Arbeitsmarktpolitik im Globalen Norden hatte. Im Globalen Süden hingegen blieb der Einfluss der ILO immer bescheiden. Die Staaten des Nordens waren an den dortigen Arbeitsbedingungen nicht interessiert, und Sozialdemokratie und Keynesianismus waren in der Peripherie des Weltsystems kaum relevant. 1998 schrieb der Politologe Kenneth M. Roberts bezüglich der Situation in Lateinamerika:

»Die historischen Bedingungen, die die Sozialdemokratie bedeutend machten, sind in Lateinamerika nicht gegeben. Unter einem transnationalen, neoliberalen Kapitalismus werden sie das höchstwahrscheinlich auch nie werden. Es gibt keine zentralisierten und streng organisierten Arbeiterorganisationen, die enge Kontakte mit sozialistischen Parteien pflegen; es fehlen die finanziellen Ressourcen, um Bürgerrechte geltend zu machen; und es gibt keinen institutionalisierten Klassenkompromiss bzw. kein Machtgleichgewicht zwischen Kapital und Arbeit, das es erlauben würde, eine gewisse demokratische Kontrolle über das Kapital auszuüben.«[236]

Mit der Schwächung der Sozialdemokratie im Globalen Norden wurde auch die ILO schwächer. Die USA verließen die Organisation 1975, demselben Jahr, in dem sie sich voll und ganz dem Neoliberalismus verschrieben. Die US-Regierung gab zwei Gründe für den Rückzug an: Erstens die Bestellung eines Sowjetdelegierten zum stellvertretenden Vorsitzenden, und zweitens eine ›zu politische‹ Erklärung der Organisation zur Lage der palästinensischen Arbeiterschaft. Nicht nur der US-Arbeitgeberverband unterstützte den Rückzug, sondern auch AFL-CIO, der größte Gewerkschaftsverband der USA. Der US-Rückzug machte eines der wesentlichen Probleme der ILO deutlich, nämlich die Abhängigkeit von den Geldern mächtiger Länder. Vor ihrem Rückzug hatten die USA 25 Prozent des Haushalts der ILO bestritten.

Als die neoliberale Offensive gestartet wurde, hatte die ILO keine Antwort. Sie sprang auf die neoliberale Welle auf und wurde im Grunde eine Entwicklungshilfeorganisation, die versuchte, Armut zu bekämpfen, indem sie ökonomisches Wachstum förderte. Die USA waren zufrieden und traten 1985 wieder bei. Wie schwach die ILO geworden war, zeigte sich, als es ihr 1994 nicht gelang, einen Passus für Sozial- und Arbeitsstandards im Gründungsdokument der Welthandelsorganisation durchzusetzen.

1998 publizierte die ILO eine »Erklärung über grundlegende Prinzipien und Rechte bei der Arbeit«. Diese machte die neue Orientierung deutlich. Es wurden vier Ziele formuliert: »Die Vereinigungsfreiheit und die effektive Anerkennung des Rechts zu Kollektivverhandlungen; die Beseitigung aller Formen von Zwangs- oder Pflichtarbeit; die effektive Abschaffung der Kinderarbeit; die Beseitigung der Diskriminierung in Beschäftigung und Beruf.«[237] Doch nicht einmal diese bescheidenen Ziele ließen sich umset-

---

236 Kenneth M. Roberts, *Deepening Democracy? The Modern Left and Social Movements in Chile and Peru* (California: Stanford University Press, 1998), 104.

237 ILO, »Erklärung über grundlegende Prinzipien und Rechte bei der Arbeit«, 1998, www.ilo.org.

zen. Für den Kampf zwischen Arbeit und Kapital ist die ILO heute nahezu bedeutungslos.

Wie andere Unterorganisationen der Vereinten Nationen hat die ILO kaum Möglichkeiten, Beschlüsse durchzusetzen. Die Rhetorik kann noch so entschlossen wirken, die Auswirkungen bleiben immer minimal. 2008 dokumentierte ein Bericht des IGB zahlreiche Verletzungen der ILO-Richtlinien durch die chinesische Regierung. Beispielsweise gibt es in China keine ›Organisationsfreiheit und die Anerkennung des Rechts auf Tarifverhandlungen‹. Dasselbe gilt für Länder wie Brasilien, Indien, den Iran – und die USA. Alle chinesischen Arbeitskräfte sind im staatlich kontrollierten ›Gesamtchinesischen Gewerkschaftsbund‹ organisiert. Kinderarbeit ist weit verbreitet, obwohl China die ILO-Konvention gegen Kinderarbeit unterzeichnet hat. Der IGB-Bericht kam zu dem Schluss, dass China es sich einfach leisten kann, die Richtlinien und Konventionen der ILO zu ignorieren. Es folgen keine Konsequenzen.

Ein weiteres Beispiel für die begrenzte Macht der ILO betrifft die ILO-Konvention 100, die denselben Lohn für dieselbe Arbeit verlangt. In vielen Ländern wird die Konvention bemüht, um die Diskriminierung von Frauen auf dem Arbeitsmarkt zu kritisieren. Niemand jedoch wagt es, den offensichtlichsten Verstoß gegen die Konvention auszusprechen, nämlich die enormen Unterschiede in Löhnen für dieselbe Arbeit weltweit. Auch die Perspektive der ILO bleibt auf den nationalstaatlichen Rahmen beschränkt.

## Die internationale Gewerkschaftsbewegung

Im Unterschied zur ILO ist die internationale Gewerkschaftsbewegung an keinen institutionellen Rahmen gebunden, in dem nationalstaatlichen Interessen zwangsläufig Priorität eingeräumt wird. Zumindest theoretisch ist die Perspektive eine internationalistische. Sie kann Arbeiterbewegungen politisch und materiell unterstützen, ungeachtet ihrer Beziehungen zu Regierungsinstitutionen. Die internationale Gewerkschaftsbewegung kann auch Solidarität über nationale Grenzen organisieren, was sie zu einer potenziell stärkeren Waffe im globalen Klassenkampf macht als die ILO.

Die internationale Gewerkschaftsbewegung umfasst einerseits etwa 15 internationale Gewerkschaftsorganisationen, die Arbeiter:innen spezifischer Industrien vereinen: Transport, Metall, Bau usw. Auf der anderen Seite ist der 2006 als Zusammenschluss zweier früherer internationaler Gewerkschaftsverbände gegründete Internationale Gewerkschaftsbund (IGB) für alle Industrien offen und versucht, die Aktionen, Kampagnen und Strategien nationaler Gewerkschaftsverbände zu koordinieren.

Die wichtigste Kampagne, in die der IGB in den letzten Jahrzehnten involviert war, betraf die Forderung, dass die Welthandelsorganisation ihrem Regelwerk Sozial- und Arbeitsstandards hinzuzufügt. Das war eine der Hauptforderungen während der Proteste gegen das Treffen der Welthandelsorganisation in Seattle 1999. Gewerkschaftsaktivist:innen arbeiteten hart für diese Kampagne, im Norden wie im Süden. Doch sie taten das erfolglos. Ein Grund war der Widerstand der Regierungen des Globalen Südens, die fürchteten, dass entsprechende Regelungen es erschweren würden, Kapital anzuziehen.

Der norwegische Gewerkschaftsverband LO veröffentlichte 2001 einen langen Bericht zum Scheitern der Kampagne. Der Bericht war von Mark Anner verfasst wordem, einem Gewerkschafter mit langer Erfahrung in Lateinamerika. Anner betonte die mangelnde Unterstützung der Forderung von Gewerkschaften im Globalen Süden; selbst an der Basis gab es Widerstand. Interessante Beobachtungen in dem Bericht kommen jedoch von zwei Mitgliedern des südafrikanischen Gewerkschaftsverbandes COSATU. Die beiden sahen große allgemeine Unterschiede zwischen dem Globalen Norden und dem Süden, wenn es um die Beziehung Gewerkschaft-Regierung geht. Während Lobbying für die Gewerkschaften des Nordens von großer Bedeutung ist, sind gewerkschaftliche Erfolge im Süden von Massenmobilisierungen abhängig. Ein Vertreter des brasilianischen Gewerkschaftsverbandes CUT schlug in die gleiche Kerbe: »Wenn du Lobbyarbeit machst, musst du dich auf ein paar Schlüsselfiguren konzentrieren. Wenn du die Massen mobilisieren willst, musst du große Gruppen von Arbeitskräften informieren und ausbilden.«[238]

Nachdem der IGB in seiner Kampagne zu den Sozial- und Arbeitsstandards vor allem auf Lobbying setzte, war die Wirkungskraft im Süden zwangsläufig begrenzt. Der LO-Bericht vermittelt den Eindruck, dass es internationalen Gewerkschaftsfunktionären leichter falle, Diplomaten und Vertreter von Arbeitgeberverbänden in Konferenzräumen zu treffen, als Arbeitskräfte in Fabriken. Der Bericht bestätigt in vielerlei Hinsicht, dass es

238 Mark Anner, »Evaluation Report: ICFTU Campaign for Core Labour Standards in the WTO, Working USA«, in: *Journal of Labor and Society* (no. 1, 2001).

tatsächlich große Unterschiede zwischen Gewerkschaften im Globalen Norden und Süden gibt. Für Gewerkschaften in Südafrika oder Brasilien sind das Schaffen von Arbeitsplätzen und die ökonomische Entwicklung von zentraler Bedeutung. Gewerkschaften im Globalen Norden sorgen sich vor allem um den Verlust von Arbeitsplätzen und die Verlagerung industrieller Produktion in den Süden. Hier ist eine charakteristische Erklärung der AFL-CIO aus dem Jahr 2010:

> »Seit 2001 haben die USA mehr als 2,5 Millionen Jobs in der Produktion verloren und mehr als 850.000 im Dienstleistungs- und Informationssektor. ... Millionen mehr Jobs sind in den nächsten fünf bis zehn Jahren gefährdet. .... Die zunehmende Verlagerung der Arbeit ins Ausland wirkst sich negativ auf die Löhne und Arbeitsbedingungen in den Jobs aus, die es noch gibt. Langfristig ist unsere gesamte Wirtschaft in Gefahr.«[239]

Der LO-Bericht unterstrich, dass Gewerkschaften im Globalen Süden nicht den Status und Einfluss haben wie im Globalen Norden. Das zeigt sich auch innerhalb des IGB. Timothy Kerswell hat das Verhältnis industrieller Arbeitskräfte und gewerkschaftlicher Organisierung im Globalen Norden und Süden genauer untersucht. Er zeigt, dass die Arbeitskräfte des Globalen Nordens, die 18 Prozent der globalen Arbeiterschaft ausmachen, 36 Prozent der Delegierten im IGB stellen. Nur 3 Prozent aller Arbeitskräfte im Globalen Süden sind gewerkschaftlich organisiert. Im Norden sind es 17 Prozent. Auf 3,26 Millionen Arbeitskräfte im Süden kommt ein IGB-Delegierter; im Norden gibt es einen IGB-Delegierten für 1,27 Millionen Arbeitskräfte. Dieses Ungleichgewicht erklärt, warum der IGB selten die Interessen des Proletariats des Globalen Südens priorisiert. Eine der wichtigsten Aufgaben für die internationale Gewerkschaftsbewegung ist es, die gewerkschaftliche Organisierung dort zu stärken. Angesichts des Tempos der Industrialisierung, der Größe des informellen Sektors und der starken politischen Repression stellt dies eine enorme Herausforderung dar.

## Die Gewerkschaftsbewegung in China

China ist heute in der Industrieproduktion weltweit führend. Es gibt eine immer noch wachsende und potenziell sehr mächtige Arbeiterklasse, die bessere Lebensbedingungen und stärkere Bürgerrechte fordert. China ist auch

239 AFL-CIO, »Shipping Jobs Overseas: How Real Is the Problem?«, 2010, www.aflcio.org.

Dreh- und Angelpunkt vieler globaler Produktionsketten. Bedeutende Lohnerhöhungen in China würden das gesamte kapitalistische System bedrohen. Die gegenwärtig wichtigste Frage für den globalen Klassenkampf ist daher, ob das chinesische Proletariat eine neue Arbeiterbewegung im Globalen Süden anführen wird.

Mit der Integration Chinas in den Weltmarkt und die Privatisierung von Staatsunternehmen Anfang der 1990er-Jahre wurde die politische Macht der chinesischen Arbeiterklasse geschwächt. In der Mao-Ära hatten Arbeiter:innen viele ökonomische und politische Rechte, es gab Jobsicherheit, und dem Management war es nicht erlaubt, Arbeitskräfte zu entlassen. Die Arbeitslosigkeit war ausgesprochen niedrig, Löhne waren stabil, Wohnen, Ausbildung und Krankenpflege billig oder kostenlos. Es gab eine Sozialversicherung und eine staatliche Pension. Arbeiter:innen konnten auch auf administrative Entscheidungen Einfluss nehmen, während von Managern erwartet wurde, sich an der manuellen Arbeit zu beteiligen. Arbeitskräfte hatten ›vier große Rechte‹: Redefreiheit, Meinungsfreiheit, Diskussionsfreiheit sowie das Recht, ›Poster mit großen Buchstaben zu schreiben‹.[240] Das erlaubte ihnen, Staatsbeamte öffentlich zu kritisieren.

In den 1980er-Jahre schuf die chinesische Regierung bewusst eine industrielle Reservearmee. Das war Teil der ›Neuen ökonomischen Politik‹ Chinas. Zwischen 1993 und 2006 verschwanden in Staatsunternehmen mehr als 60 Millionen Jobs. Als die Migration von ländlichen in städtische Gebiete gefördert wurde, urbanisierte sich die chinesische Gesellschaft im Eiltempo. Im Jahr 1978 lebten weniger als 20 Prozent der chinesischen Bevölkerung in Städten, heute sind es mehr als 60 Prozent. In den letzten 30 Jahren zogen 200 Millionen migrantische Arbeitskräfte in eine Stadt, um Arbeit zu finden.[241] Ihnen sind die massiven Exporte der chinesischen Industrie zu verdanken. Offiziellen Statistiken zufolge lag im Jahr 2009 die durchschnittliche wöchentliche Arbeitszeit migrantischer Arbeitskräfte bei 58,4 Stunden – der allgemeine Durchschnitt lag bei 44 Stunden. 60 Prozent aller migrantischen Arbeitskräfte hatten keinen formellen Arbeitsvertrag, und Manager zögerten nicht, Gewalt anzuwenden, um sie zu disziplinieren.

240 Hao Qi, »The Labor Share Question in China«, in: *Monthly Review* (no. 8, 2014).

241 Diese Zahl übersteigt die Gesamtzahl der Industriearbeiter:innen im Globalen Norden um 50 Millionen.

Ein besonderes Problem für migrantische Arbeitskräfte ist das Hukou-System, das den Zugang zu sozialen Einrichtungen (Wohnungen, Schulen, Kliniken usw.) an den Geburtsort bindet. Migrantische Arbeitskräfte können also woanders hinziehen, aber ihre Rechte folgen ihnen nicht. Millionen haben deshalb ihre Hukou-Rechte verloren, nur weil sie gezwungen waren, woanders nach Arbeit zu suchen. Es ist möglich, sich an einem neuen Ort registrieren zu lassen, aber der Beschluss hängt von den lokalen Behörden ab. Viele Anträge werden abgelehnt.

Der Rückgriff auf die Landbevölkerung, um das industrielle Proletariat zu stärken, erinnert an die Entwicklung in England und Teilen Westeuropas im 19. Jahrhundert. Doch was damals 50 Jahre dauerte, dauerte in China nur zehn. Die industrielle Reservearmee, die geschaffen wurde, führte nicht nur zu niedrigeren Löhnen, sondern schuf auch Spannungen zwischen Festangestellten und migrantischen Leiharbeitskräften. Das unterminierte die Solidarität am Arbeitsplatz.

Die rasche Proletarisierung Chinas kann nicht ewig weitergehen. Selbst in China ist die Landbevölkerung nicht endlos. Schon 1997 schrieb der damalige Vizepräsident der *International Finance Corporation*, Jannik Lindbæk, einen Artikel mit dem Titel »Emerging Economies: How Long Will the Low-Wage Advantage Last«. Lindbæk verwies darin auf die extremen Lohnunterschiede in der Textilindustrie: Im Schnitt waren die Löhne in den OECD-Ländern 21-mal so hoch wie in Pakistan, Indonesien und China. Demografische Berechnungen führten Lindbæk dazu, bedeutende Lohnerhöhungen in China ab 2020 vorauszusagen. Dieselbe Prognose wagte der *Economist* 2010. Die Erschöpfung der industriellen Reservearmee, so das Wirtschaftsmagazin, würde gemeinsam mit wachsendem Aufruhr auf dem chinesischen Arbeitsmarkt zu einem Ende der großen Profite führen, die Produktion und Handel in China in den vergangenen Jahrzehnten brachten:

> »Chinesische Arbeitskräfte sind nun, zumindest in den Städten, genauso teuer wie Arbeitskräfte in Thailand oder auf den Philippinen. ... Zudem wird die Bevölkerung der ›Weltfabrik‹ zunehmend älter. Es bedarf immer höherer Löhne, um ältere Arbeitskräfte von den Dörfern in die Küstenstädte zu locken. ... Zum Ende der Mehrarbeit kommt es nicht von heute auf morgen, es handelt sich um einen Prozess. Und dieser Prozess ist am Laufen.«[242]

Minqi Li, ein linker Intellektueller, der nach dem Tiananmen-Aufstand 1989 aus China flüchtete, sah das chinesische Industrieproletariat im Jahr 2010

242 »The Next China«, *The Economist*, 29. Juli 2010.

mit 970 Millionen Arbeiter:innen an seinem Höhepunkt angekommen. Er sagte voraus, dass es sich in den kommenden Jahrzehnten verringern werde, was die Ausgangslage der Arbeiter:innen bei Lohn- und Arbeitsverhandlungen stärken und einschneidende Veränderungen in China möglich machen würde.[243] Die Entwicklung seit 2010 scheint ihm recht zu geben: Dem nationalen Statistikbüro zufolge stieg die Zahl von ›Episoden des Aufruhrs am Arbeitsplatz‹ von 8.700 im Jahr 1993 auf 87.000 im Jahr 2005. Für die Jahre seit 2005 gibt es keine offiziellen Statistiken, doch Beobachter sind sich einig, dass die ›Episoden‹ ständig zunehmen.

Der Gesamtchinesische Gewerkschaftsbund ist eng mit der Regierung verbunden. China wird international heftig dafür kritisiert, dass die chinesische Arbeiterklasse keine unabhängigen Gewerkschaften hat, aber der staatliche Gewerkschaftsbund steht vielen Arbeiter:innen im ganzen Land zur Seite. Die Löhne in China sind in den letzten Jahren mehr gestiegen als in Ländern mit unabhängigen Gewerkschaften.

Zu einem der wichtigsten jüngeren Arbeitskämpfe in China kam es bei Tonghua Stahl, einem ehemaligen Staatsunternehmen in der Provinz Jilin. Das Unternehmen wurde 2005 privatisiert und änderte seinen Namen auf Jianlong. Zwei Drittel der 36.000 Angestellten verloren ihre Jobs und die damit verbundenen Sozialleistungen. Statt ihnen wurden für die Hälfte des früheren Lohnes migrantische Arbeitskräfte eingestellt. Das neue Management kassierte saftige Boni, und eine neue Gesetzgebung erlaubte drakonische Sanktionen bei Arbeitskampfmaßnahmen. Ab 2007 gab es steigenden Widerstand unter den Arbeiter:innen, und im Juli 2009 traten sie in den Streik. Als ein Manager drohte, die gesamte Belegschaft zu entlassen, wurde er zu Tode geprügelt. Die Polizei, die zu diesem Zeitpunkt bereits mit Tausenden Beamten vor Ort war, wagte es nicht einzuschreiten. Seither hat es in der Provinz Jilin keine Privatisierungen mehr gegeben.

2010 hörten die Löhne in China auf zu fallen. Die Beziehung zwischen Kapital und Arbeit hatte einen Wendepunkt erreicht, und die städtische Arbeiterklasse hatte nun bedeutend mehr Macht. Die neue Generation migrantischer Arbeitskräfte hat höhere Erwartungen, was Löhne und Konsum betrifft. Sie ist besser ausgebildet, politischer und eher bereit, Widerstand zu leisten. Ein Beispiel war der Honda-Streik in der Provinz Guangdong. 2.000

---

243 Minqi Li, »The Rise of the Working Class and the Future of the Chinese Revolution«, in: *Monthly Review* (no. 2, Juni 2011). Li unterrichtet seit 2006 an der University of Utah; von 1990 bis 1992 war er politischer Gefangener in China.

Arbeitskräfte traten im Mai 2010 in der Honda-Fabrik Nanhai in den Streik. Sie verlangten eine Lohnerhöhung von 800 Yuan pro Monat, 80 Prozent ihres damaligen Lohnes. Innerhalb von zwei Wochen hatten sich Arbeiter:innen in mehreren anderen Honda-Fabriken der Provinz dem Streik angeschlossen, und viele Honda-Fließbänder standen still. Die Verluste für das Unternehmen waren groß, was erklärt, warum Honda schließlich nachgab. Die Arbeiter:innen bekamen die Lohnerhöhung, die sie verlangt hatten.

Im Frühjahr 2014 kam es zu Streiks bei Yue Yuen Industrial, dem größten Hersteller von Sportschuhen der Welt. Die Firma produziert 100 Millionen Paar Schuhe jährlich für Unternehmen wie Nike, Adidas, ASICS, Reebok, Salomon und Timberland. Doch jahrelang zahlte das Management nicht in die Pensionskassen und Krankenversicherungen der Arbeiterschaft ein. Nachdem 100.000 Arbeitskräfte zwei Wochen die Arbeit verweigert hatten, verpflichtete das Sozialministerium Yue Yuen Industrial, die fehlenden Beiträge nachzuzahlen. Die Entscheidung inspirierte eine Welle weiterer Streiks, zum Beispiel bei Masstop Liquid Crystal Display in Dongguan, wo Apple Touchscreens produzieren lässt. 2015 gab es mehr als doppelt so viele Streiks in China wie im Jahr zuvor: 2.775 vs. 1.379.

### *Klassenbewusstsein in China*

Auch wenn chinesische Arbeiter:innen höhere Löhne und bessere Arbeitsbedingungen fordern, bleiben Arbeitskämpfe oft auf einzelne Fabriken beschränkt – der Honda-Streik 2010 war eine Ausnahme. Das führt uns zu der Frage nach dem Klassenbewusstsein unter chinesischen Arbeiter:innen. Klassenbewusstsein besteht, wenn individuell erfahrene Probleme als Ausdruck einer kollektiven ökonomischen Realität verstanden werden. Mit anderen Worten: Es kommt zu Klassenbewusstsein, wenn das einzelne Mitglied der Klasse sich der gemeinsamen Interessen der Klasse bewusstwird. Klassenbewusstsein macht es möglich, von ökonomischen Kämpfen zu politischen Kämpfen überzugehen.

Wenn wir uns die Arbeiteraufstände in China ansehen, dann sind die Forderungen der Arbeiter:innen gewöhnlich auf höhere Löhne und bessere Arbeitsbedingungen an ihrem Arbeitsplatz begrenzt. Forderungen an die Politik sind selten, weder auf lokalem noch auf nationalem Niveau. Es gibt auch nicht viele Beispiele für Arbeiter:innen, die versucht haben, unabhängige Gewerkschaften zu bilden. Aber die chinesische Arbeiterklasse hat Erfahrung im Klassenkampf. Viele Arbeiter:innen wissen, dass die Situation, in der sie sich befinden, nicht von einzelnen Kapitalisten geschaffen wurde, sondern dass sie das Resultat anhaltender Klassenkämpfe in der chinesischen Gesellschaft ist. In einem Artikel zum Arbeitskampf beim Motorenhersteller Chongqing Kangmingsi zitiert der Autor Zhong Qinan einen Arbeiter, der aufgrund der Privatisierung seines staatlichen Arbeitgebers seinen Job verlor: »Vor der Privatisierung hatten die Arbeitskräfte die Fabrik in der Hand, wir waren Brüder und Schwestern einer Klasse. Massive Entlassungen wären unmöglich gewesen. Aber nach der Privatisierung wurden die Arbeiter auf Lohnempfänger reduziert; sie haben nicht länger die Fabrik in der Hand. Das ist der wahre Grund für die Entlassungen.« Der Aktivist meint, dass Arbeitskämpfe nicht auf einzelne Arbeitsplätze beschränkt sein dürfen, da die grundlegenden Interessen der Arbeiter im öffentlichen Eigentum der Produktionsmittel liegen.[244]

Die Privatisierungen staatlicher Unternehmen haben die Quote der Industrieproduktion unter staatlicher Kontrolle in China auf weniger als 30 Prozent gesenkt. Aber der Staat kontrolliert immer noch die zentralen Sektoren. Im Jahr 2008 waren es 59 Prozent des Kohlebergbaus, 96 Prozent der Erdöl- und Gasförderung, 72 Prozent der Erdöl- und Kohleverarbeitung, 42 Prozent der Eisen- und Stahlindustrie, 45 Prozent der Transportindustrie und 92 Prozent der Energieindustrie. Und selbst wenn Arbeiter:innen in staatlichen Unternehmen heute nur 20 Prozent des Industrieproletariats ausmachen, so arbeiteten alleine 20 Millionen Arbeiter:innen in der Schwerindustrie und dem Energiesektor. Weil diese Sektoren von großer strategischer Bedeutung für die Volkswirtschaft sind, kommt diesen Arbeitskräften, zumindest potenziell, große ökonomische und politische Macht zu.

Wie wir sahen, brachten Arbeitskämpfe in jüngerer Vergangenheit durchaus Resultate. Kapitalisten wurden gezwungen, höhere Löhne zu zahlen, und die Politik fühlte sich verpflichtet, den Mindestlohn anzuheben. Der monatliche Mindestlohn in Shenzhen stieg von 150 USD im Jahr 2010 auf 301 USD im Jahr 2014. In Shanghai stieg er im selben Zeitraum von 160 USD auf 303 USD. Heute lässt sich das Durchschnittseinkommen in China mit jenem der ärmsten EU-Länder vergleichen (die alle in Osteuropa liegen). Dieser Trend kann sich jedoch innerhalb des gegenwärtigen politischen Systems nicht endlos fortsetzen. Die Kooperation zwischen chinesischem und globalem Kapital kann sich keine zu hohen Löhne leisten. Die niedrigen Löhne haben China

244 Zhong Qinan, »The Class Experience of the Chongqing Kangmingsi Workers' Struggle to Defend Their Proper Rights«, 2010, www.zggr.net.

zur weltweit führenden Exportmacht gemacht, doch steigende Arbeitskosten stellen eine Bedrohung dar. Der Ökonom Minqi Li schreibt: »Im späten 20. Jahrhundert schuf Chinas kapitalistische Öffnung Bedingungen für die globale Arbeitsarbitrage, die dem Neoliberalismus zugutekam. Wird China im frühen 21. Jahrhundert die globalen Machtverhältnisse wieder grundlegend beeinflussen, diesmal als Zentrum einer neuen Arbeiterbewegung?«[245]

Wir dürfen die gegenwärtige Situation in China nicht mit der in Europa im späten 19. Jahrhundert vergleichen. Selbst wenn die langfristigen Ziele der chinesischen Regierung eine geringere Abhängigkeit von Exporten und ein stärkerer heimischer Markt sind, kann China nicht die europäische Sozialdemokratie kopieren. China hat kein externes Proletariat, das es ausbeuten kann. Wir werden wachsende Widersprüche in der chinesischen Gesellschaft selbst sehen.

## Die südafrikanische Gewerkschaftsbewegung

Die Gewerkschaftsbewegung in Südafrika illustriert all die Probleme, denen das Proletariat des Südens gegenübersteht. Die südafrikanische Bevölkerung befreite sich nach langem und hartem Kampf vom Apartheidregime und einer kolonialen Regierung. Doch der *African National Congress* (ANC), die führende Organisation im Befreiungskampf, vermochte den historischen Moment nicht für eine soziale Revolution zu nutzen. Seit der ANC 1994 an die Macht kam, verfolgt er einen neoliberalen Kurs. Heute ist die Kluft zwischen Arm und Reich in Südafrika größer als unter dem Apartheidregime.

Südafrika hat einige der radikalsten und am besten organisierten Gewerkschaften des Globalen Südens. Südafrikanische Gewerkschaften haben genug Stärke, um ökonomischen und politischen Kampf zu verbinden und einen Systemwandel zu fordern. Sie sind es auch, die am lautesten die Dominanz der Gewerkschaften des Nordens im IGB kritisieren. Bonganu Masuku, internationaler Sekretär von COSATU, dem bedeutendsten der südafrikanischen Gewerkschaftsbünde, hat zu den Gewerkschaften des Globalen Nordens Folgendes zu Protokoll gegeben:

> »Zunächst gibt es die großen Vier: AFL-CIO in den USA, den DGB in Deutschland, TUC in Großbritannien und RENGO in Japan. Alle stehen im Grunde für eine konservative Politik, vor allem, was den Imperialismus angeht. .... Wenn es

245 Minqi Li, »China's Changing Class Structure and National Income Distribution 1952-2015«, in: *Journal of Labor and Society* (no. 1, März 2017), 81.

um internationalen Handel, Unterentwicklung und Außenpolitik geht, sagen sie nichts anderes als die herrschenden Klassen. Dann gibt es die sozialdemokratischen Gewerkschaften der Niederlande und Skandinaviens. Sie sind in der Regel einer Meinung mit uns, wollen sich aber nicht mit den großen Vier anlegen. ... Man kann sich daher nicht auf sie verlassen, schon gar nicht, wenn es um die entscheidenden Kämpfe geht: Unterentwicklung, Handel, Imperialismus. Dann gibt es die südeuropäischen Gewerkschaften wie CGIL in Italien, CCOO in Spanien und CGT in Portugal. Sie sind historisch betrachtet progressive Gewerkschaften mit einer antiimperialistischen Haltung. Doch auch hier stehen die Zeichen auf Rückzug. In kleinen Dingen fordert man die großen Vier vielleicht heraus, doch man ist vollkommen still, wenn es um die großen Themen geht. Es gibt auch progressive Gewerkschaften, die zu Gewerkschaftsverbänden gehören, die nicht progressiv sind. Solche Gewerkschaften gibt es auch innerhalb der großen Vier. .... Progressive Gewerkschaften teilen die Sicht COSATUs zum Welthandel, zu Palästina und zur Entwicklung Afrikas.«[246]

Es überrascht nicht, dass COSATU 2012 den Beschluss fasste, sich auch dem kommunistischen und klassenkämpferischen Weltgewerkschaftsbund (WGB) anzuschließen. Der WGB wurde nach dem Zweiten Weltkrieg gegründet und lange von Moskau kontrolliert. Nach dem Zusammenbruch der Sowjetunion und des osteuropäischen Staatssozialismus blieb von der Organisation wenig mehr übrig als eine kleine Gruppe von Funktionären. Viele ehemalige Mitgliedsorganisationen, vor allem aus Europa, schlossen sich dem IGB an. Beim WGB-Kongress 2005 in Havanna wurde der Organisation jedoch neues Leben eingehaucht. Eine neue Führung wurde gewählt, mit dem erfahrenen griechischen Gewerkschafter Georges Mavrikos an der Spitze, und das Büro übersiedelte von Prag nach Athen. Seither richtet der WGB einen starken Fokus auf Gewerkschaften im Globalen Süden und arbeitet mit der *Organisation of African Trade Union Unity*, der *International Confederation of Arab Trade Unions*, dem *Congreso Permanente de Unidad Sindical de los Trabajadores de América Latina y el Caribe* und Gewerkschaftsverbänden aus den ehemaligen Sowjetrepubliken zusammen. Auch einige europäische Gewerkschaften sind zum WGB zurückgekehrt. Bongani Masuku schätzt die Organisation wie folgt ein:

»Um eine Diskussion zu führen, die weder dogmatisch noch rein emotional ist, muss man zu einer fairen und evidenzbasierten Einschätzung des IGB und des WGB gelangen. ... Der IGB wird der Kontrolle durch die großen Vier nicht entkommen können. Tatsächlich verschärft sich diese eher aufgrund der Kritik von

---

246 Bongani Masuku, »ITUC World Congress and ILO«, 2010, www.economics.arawakcity.org.

> COSATU und anderen. Die Tatsache, dass Ofer Eini, Vorsitzender von Histadrut, der israelischen Apartheidgewerkschaft, ins 25-köpfige Exekutivkomitee des IGB gewählt wurde und dazu noch einer der Vizepräsidenten im Generalrat ist, bestätigt den Einfluss der großen Vier auf die Organisation. Es ist nur eines von vielen Beispiel, die dies demonstrieren. Ein weiteres, wichtigeres Beispiel ist, dass die Organisation jede Kritik am globalen kapitalistischen System zurückweist. Sie begnügt sich damit, an kleinen Schrauben zu drehen. Grundlegenden Wandel scheut sie. Ich will die Sache nicht zu sehr vereinfachen, aber eine Veränderung des IGB wird Jahrzehnte in Anspruch nehmen – wenn sie überhaupt je gelingen wird. Für uns stellt sich die Frage, ob es wert ist, sich dafür zu engagieren. Vielleicht sollten wir unsere Energien eher für etwas anderes einsetzen? Am wichtigsten für die internationale Gewerkschaftspolitik ist die Organisierung im Globalen Süden. Dort müssen wir eine starke, militante und progressive Bewegung aufbauen; die Gewerkschaften müssen im Interesse der Arbeiter:innen agieren. Die Organisierung in Afrika ist dafür wesentlich. Der Kontinent will die Unterentwicklung und die Herrschaft des globalen Kapitals überwinden. SIGTUR hat das Potenzial, eine wichtige strategische Plattform in diesem Prozess zu sein.«[247]

SIGTUR steht für *Southern Initiative on Globalisation and Trade Union Rights*. Die Initiative wurde in den 1980er-Jahren von COSATU als Antwort auf den Neoliberalismus ins Leben gerufen mit dem Ziel, Süd-Süd-Zusammenarbeit zu stärken.

In jüngeren Jahren radikalisierte sich die südafrikanische Gewerkschaftsbewegung weiter. Die Metallarbeitergewerkschaft NUMSA hat eine Führungsrolle übernommen, was die Kritik an der neoliberalen Linie des ANC angeht. Zwar hat die Wirtschaftspolitik des ANC eine kleine Schwarze Mittel- und Oberschicht geschaffen, doch die große Mehrheit Schwarzer Arbeiter:innen ist ärmer als unter dem Apartheidregime. Vor allem Bergleute und das Landproletariat treten immer wieder in den Streik. Viele dieser Streiks wurden mit brutaler Polizeigewalt niedergeschlagen. Das berühmteste Beispiel war das Massaker von Marikane im August 2012, als die Polizei das Feuer auf streikende Bergleute eröffnete, 44 von ihnen tötete und 78 verletzte. Das Ereignis wurde zu einem Wendepunkt in der jüngeren Geschichte Südafrikas und wird mit dem Sharpeville-Massaker von 1960 verglichen.

NUMSA hat 230.000 Mitglieder und war die größte Gewerkschaft in COSATU, bevor sie 2014 ausgeschlossen wurde. Der Grund war, dass NUMSA jede Verbindung mit dem ANC kappen wollte, während die Mehrheit der COSATU-Gewerkschaften an den historischen Beziehungen zum ANC festhielt, mit dem sie im Kampf gegen das Apartheidregime eng zusam-

247 ebda.

menarbeitete. Als beim NUMSA-Kongress 2013 der kurz zuvor verstorbene Nelson Mandela geehrt wurde, erinnerte man auch an Mandelas Worte beim COSATU-Kongress 1993: »Ihr müsst wachsam sein! Wie oft unterstützte nicht eine Arbeiterbewegung eine Befreiungsbewegung, nur um am Tage der Befreiung betrogen zu werden? Es gibt viele Beispiele dafür in Afrika. Wenn der ANC nicht das hält, was er verspricht, müsst ihr dafür sorgen, dass ihm dasselbe widerfährt wie dem Apartheidregime!«

NUMSA kritisiert den ANC vor allem dafür, die ›Freedom Charter‹ von 1955, ein militantes Programm, dass eine radikale Transformation der Eigentumsverhältnisse in Südafrika vorsieht, durch Maßnahmen ersetzt zu haben, die die herrschenden Eigentumsverhältnisse zementieren, um das Industriekapital und das Finanzkapital zufriedenzustellen. NUMSA zufolge gibt es in COSATU einen internen Streit zwischen ANC-Loyalisten und Befürwortern einer unabhängigen, antikapitalistischen Gewerkschaftsbewegung. Man forderte COSATU auf, sich vom ANC loszusagen und eine Basisbewegung zur Koordination von Arbeitsplatzkämpfen aufzubauen. NUMSA meint, dass diese Strategie, die sich während des Kampfes gegen das Apartheidregime als erfolgreich erwies, jetzt für den Aufbau einer ›Bewegung für den Sozialismus‹ eingesetzt werden sollte.

Für COSATU brachte NUMSA das Fass zum Überlaufen, als sich die Gewerkschaft 2014 weigerte, den ANC imWahlkampf zu unterstützen. Das war der unmittelbare Grund für den Ausschluss NUMSAs aus dem Gewerkschaftsverband. Die Anklage zurück, dass der ANC eine Allianz mit dem weißen Monopolkapital eingegangen sei, weist die Führung COSATUs zurück.

2017 gründete NUMSA den Gewerkschaftsverband SAFTU, mittlerweile mit 24 Mitgliedsorganisationen und insgesamt 700.000 Arbeitskräften, der zweitgrößte Gewerkschaftsverband nach COSATU. Viele frühere COSATU-Mitglieder haben sich SAFTU angeschlossen.

Nach dem Sturz des Apartheidregimes wurde der nationale Befreiungskampf in Südafrika nicht auf sozialer und ökonomischer Ebene fortgesetzt. Der Großteil des Landes ist immer noch im Besitz der Nachkommen weißer Siedler:innen. Südafrikas reiche Gold- und Diamantenvorkommen sind in den Händen transnationaler Unternehmen. Die Niederlage des Apartheidregimes ging mit dem Ende des real existierenden Sozialismus und der neoliberalen Offensive einher, was den ANC dazu brachte, den liberalen Parlamentarismus zu akzeptieren und für eine ›nationale Versöhnung‹ zu plädieren, in der die Eigentumsverhältnisse nicht angetastet wurden. Für die

Arbeiterklasse war es frustrierend, dass die Befreiung auf dem halbem Wege stehenblieb. Das ist ein Grund, warum radikale Gewerkschaften in Südafrika gedeihen. Das Land ist ein Pulverfass. Die sozialen Probleme sind riesig, es gibt viele Basisbewegungen und eine lebhafte öffentliche Diskussion. Südafrikas politische Entwicklung in den kommenden Jahren wird für den gesamten afrikanischen Kontinent von großer Bedeutung sein.

## Soziale Gewerkschaften in Indien

Historisch sind indische Gewerkschaften eng mit politischen Parteien und damit, seit der Unabhängigkeit 1947, mit dem Parlamentarismus verbunden. Gewerkschaftlich organisiert sind beinahe ausschließlich Festangestellte im formellen Sektor. Arbeitskräfte im informellen Sektor, die 94 Prozent des indischen Proletariats ausmachen, werden von den gewerkschaftlich organisierten Arbeitskräften in erster Linie als Konkurrenz betrachtet. Das gilt auch für die Leiharbeitskräfte im formellen Sektor. Festangestellte verdienen in Indien fünfmal so viel wie Leiharbeitskräfte. Indische Gewerkschaften versuchen seit Langem, Teilzeitverträge an gewerkschaftlich organisierten Arbeitsplätzen zu unterbinden, doch sie waren in diesem Kampf nie erfolgreich. Der Konflikt zwischen Festangestellten und Leiharbeitskräften ist jedoch nur einer, der die indische Arbeiterklasse spaltet. Das Kastensystem und religiöses Sektierertum sind weitere Faktoren.

Die indische Regierung antwortet auf Arbeitskämpfe mit harter Repression. Gewerkschaftsaktivist:innen und Militante werden misshandelt und eingesperrt. Die großen Gewerkschaften legen sich weder mit dem Kapital noch mit dem Staat an. Doch an vielen Arbeitsplätzen entstehen neue unabhängige Gewerkschaften, oft mit syndikalistischem Anstrich. Sie propagieren Solidarität, auch zwischen Festangestellten und Leiharbeitskräften. Diese neue Arbeiterbewegung nahm zunächst in Indiens schnell wachsender Automobilindustrie Form an. Heute ist sie besonders stark in der industriellen Region von Gurgaon, westlich von Delhi.

Die wichtigste Form der Organisation im informellen Sektor ist seit Jahrzehnten die ›soziale Gewerkschaft‹. Soziale Gewerkschaften unterscheiden sich von traditionellen Gewerkschaften dadurch, dass sich ihre Aktivitäten nicht auf Lohnverhandlungen und Verbesserungen am Arbeitsplatz beschränken. Sie nehmen eine breitere Perspektive ein. Ein Beispiel ist die *Self-Employed Women's Association* (SEWA), die bewiesen hat, dass sich selbst eine der vermeintlich schwächsten Gruppen am Arbeitsmarkt gegen das globale Kapital organisieren kann.

Anfangs gehörte SEWA einer traditionellen Gewerkschaft an, der *Textile Labour Association* (TLA), die 1920 von Mahatma Gandhi gegründet wurde. SEWA war die TLA-Sektion für Heimarbeiterinnen und Straßenverkäuferinnen; Frauen ohne festes Einkommen oder Arbeitsverträge. 1982 wurde SEWA aus der TLA ausgeschlossen, da ihr wachsender Einfluss den Festangestellten Sorgen bereitete. Doch auch auf sich alleine gestellt wuchs SEWA weiter. 2012 hatte die Gewerkschaft 1,3 Millionen Mitglieder. Sie erhalten eine Krankenversicherung, Mikrokredite und Rechtshilfe. SEWA organisiert Kinderbetreuung und betreibt Schulen, in denen Frauen Lesen, Schreiben und Mathematik lernen können. Die Aktivitäten gehen über das Angebot der traditionellen Gewerkschaften weit hinaus. So vermittelt SEWA auch Kontakt zwischen Frauen in der Heimarbeit und Geschäftsleuten, damit man Mittelmänner und deren Gebühren umgehen kann. Auf dem Land hat SEWA Genossenschaften aufgebaut, und auf internationaler Ebene hat die Gewerkschaft die Aufmerksamkeit der ILO auf die Bedürfnisse und Interessen von Heimarbeiterinnen gelenkt. In Südafrika, Jemen und der Türkei gibt es heute ähnliche Organisationen.

Trotz der Proteste traditioneller indischer Gewerkschaften wurde SEWA 2006 in den IGB aufgenommen. Aber der IGB tut immer noch wenig, um Arbeiter:innen im informellen Sektor zu unterstützen. Es gibt keine Komitees oder Projekte, die sich dieser Aufgabe widmen.

SEWA wächst besonders in Regionen, wo die Desillusionierung gegenüber der traditionellen indischen Gewerkschaftsbewegung besonders groß ist. Es wird interessant sein, zu sehen, ob SEWAs Anstrengungen im Aufbau von Genossenschaften für Heimarbeiterinnen einen Einfluss auf die globalen Produktionsketten in der Textilindustrie haben werden. Heimarbeit ist von großer Bedeutung für Unternehmen wie H&M.

## Die Aussichten der internationalen Gewerkschaftsbewegung

Weder die ILO noch der IGB sind in der Lage, ihre (bescheidenen) Ziele zu erreichen. Ein Grund ist, dass die Mitglieder nationale Interessen priorisieren. Da die nationalen Bedingungen sehr unterschiedlich sind, ist es praktisch unmöglich, gemeinsame arbeitspolitische Ziele zu formulieren. Die

Konsequenz ist, dass Regierungen (in der ILO) und Gewerkschaften (im IGB) noch mehr auf die nationalen Interessen fokussieren. Ein Beispiel ist die Antwort auf den neoliberalen Freihandel. Die unterschiedlichen Weisen, in denen Gewerkschaften im Globalen Norden und Süden die Frage angehen, hat anlässlich des Treffens der Welthandelsorganisation 2008 große Spannungen verursacht. Der Europäische Metallgewerkschaftsbund präsentierte dort gemeinsam mit dem Europäischen Automobilherstellerverband einen Plan, um die Stellung der Automobilindustrie im Globalen Süden zu stärken. Für COSATU war dies ein Verrat an den Prinzipien des IGB.

Weder die ILO noch der IGB unterstützen die wachsende Arbeiterbewegung in China. Das unterminiert ihre Glaubwürdigkeit. Der IGB ignoriert auch die Kritik an der Dominanz der Gewerkschaften des Globalen Nordens. Wenn die ILO und der IGB für die Arbeitskämpfe im 21. Jahrhundert relevant sein wollen, müssen sie das nationale Paradigma aufgeben und eine globale Perspektive einnehmen. Aber es ist unwahrscheinlich, dass dies geschehen wird, vor allem im Fall der ILO. Als UN-Organisation ist sie praktisch dazu gezwungen, dem nationalen Paradigma zu folgen. Was den IGB angeht, so gibt es zumindest Anzeichen für eine Veränderung. Eine Kongress-Resolution von 2010 besagt:

> »Die ökonomische Krise hat eindrucksvoll demonstriert, wie abhängig Menschen und Staaten auf der ganzen Welt im Zuge der Globalisierung voneinander geworden sind. Sie hat auch die Grenzen und Schwächen der globalen politischen Ordnung aufgezeigt. Ein neues Globalisierungsmodell muss weltweit gesellschaftliche und ökonomische Gerechtigkeit, Solidarität und Demokratisierung fördern. Unser Kongress fordert eine grundlegende interne Reform zwischenstaatlicher Organisationen, vor allem des Internationalen Währungsfonds, des *Financial Stability Boards*, der Weltbank und der Welthandelsorganisation. Dies ist notwendig, um die Einbindung der Entwicklungsländer zu stärken und demokratische Kontrolle und Entscheidungsfindung zu garantieren.«[248]

Der IGB hat das Potenzial, eine Strategie zu entwickeln, die sich gegen das globale Kapital richtet, doch dies wird nur gelingen, wenn der Fokus auf nationale Interessen überwunden wird. Am wichtigsten ist es, die historische Dominanz der Gewerkschaften des Nordens zu brechen. Der IGB muss so umstrukturiert werden, dass die Interessen der Mehrheit des globalen Proletariats im Zentrum stehen. In einer beim IGB-Kongress 2014 verabschiedeten Erklärung ist Folgendes zu lesen:

---

248 ITUC, »Resolution on Changing Globalisation«, 2010, www.ituc-csi.org.

»Die Gewerkschaftsbewegung trägt zu Veränderung auf der ganzen Welt bei: Sie unterstützt Heimarbeiter:innen und Arbeiter:innen, die in Katar und anderen Ländern einer modernen Form der Sklaverei ausgesetzt sind, sie fordert die Macht der Konzerne heraus, sie formalisiert informelle Arbeit, sie organisiert Migrant:innen über Staatsgrenzen hinweg, sie sorgt für Sozialleistungen, sie handelt Tarifverträge und Mindestlöhne aus, sie verteidigt die bestehenden Rechte von Arbeiter:innen und sie erkämpft neue. Die Gewerkschaftsbewegung steht auch an vorderster Front im Kampf um Klimagerechtigkeit. Auf diesen Errungenschaften müssen wir aufbauen, durch einheitliche und globale Aktion. So lässt sich weltweit ein demokratisches und progressives Gesellschafts- und Wirtschaftssystem aufbauen.«[249]

Das sind hehre Ideale, doch es ist schwierig, sie zu verwirklichen, solange die internationale Gewerkschaftsbewegung von den mächtigen Arbeiterorganisationen des Globalen Nordens dominiert wird. Es bleibt abzuwarten, ob der IGB wirklich eine langfristige, globale Perspektive entwickeln kann. Wenn nicht, dann wird die Organisation dort irrelevant bleiben, wo sie ihren größten Einfluss haben könnte, nämlich unter den Millionen unorganisierten Arbeiter:innen in Asien.

Bis jetzt besteht die Priorität des IGB weiterhin darin, den kapitalistischen Wohlfahrtsstaat zu verteidigen, egal, wie aussichtslos dieses Bemühen ist. Der IGB kritisiert die neoliberale Globalisierung, aber nicht den Kapitalismus als solchen. Er glaubt, dass die Gewerkschaften des Globalen Südens Kopien der Gewerkschaften des Nordens sein müssen. In China will man eine vom Staat unabhängige Arbeiterbewegung sehen, wobei als Vorbild die *Solidarność* zu Zeiten des polnischen Staatssozialismus dienen soll. Es scheint, als ginge es dem IGB eher darum, dem chinesischen Regime zu schaden, als der chinesischen Arbeiterklasse zu helfen. Der Gesamtchinesische Gewerkschaftsbund hat sich, was die Verbesserung der Arbeitsbedingungen angeht, als effektiver erwiesen als jede unabhängige Gewerkschaft im Globalen Süden.

In der Öffentlichkeit spielt der IGB kaum eine Rolle. Die Organisation vertritt 176 Millionen Arbeiter:innen aus 161 Ländern, die 325 Gewerkschaften angehören. Nach Zahlen betrachtet, macht sie das zur größten transnationalen Bewegung der Welt. Aber wie oft hört man vom IGB in den Medien? Wie relevant ist die Organisation für das Leben ihrer Mitglieder? Wie viele wissen überhaupt, dass es die Organisation gibt?

Die traditionelle Gewerkschaftsbewegung im Globalen Norden wurde in den jüngsten Jahrzehnten bedeutend geschwächt. Neoliberalismus und

249 ITUC, »Building Workers' Power«, 2014, www.ituc-csi.org.

Deindustrialisierung haben sie ins politische Abseits gedrängt. Die weltweite Arbeiterklasse ist jedoch größer denn je. Die Frage ist: Wie wird sie sich organisieren? Die meisten Gewerkschaften des Globalen Südens haben ihren Ursprung im antikolonialen Kampf und waren oft eng mit den nationalistischen Parteien verbunden, die diesen Kampf anführten und, in vielen Fällen, schließlich an die Macht kamen. Das bedeutet, dass die meisten Gewerkschaften im Globalen Süden korporatistisch orientiert sind.

Während der letzten 40 Jahre wurden viele nationalistische Regierungen im Globalen Süden korrupt und despotisch. Ökonomisch wurden sie von der neoliberalen Globalisierung überrollt. Die Gewerkschaften, die existieren, haben für das neue industrielle Proletariat kaum Bedeutung. Sie sind nicht in der Lage, für die Mehrheit der Arbeiter:innen höhere Löhne und bessere Arbeitsbedingungen durchzusetzen.

Hoffnung kommt von den neuen Arbeiterbewegungen, die in China, Vietnam, Bangladesch, Indien und Südafrika entstanden sind. In diesen Ländern gibt es Streiks und Fabriksbesetzungen ohne Unterstützung der traditionellen Gewerkschaften. Es ist unwahrscheinlich, dass die neuen Militanten der Arbeit das traditionelle Gewerkschaftsmodell kopieren werden, mit seiner hierarchischen Organisation, seiner Bürokratie, seiner Nähe zu politischen Parteien und seiner Unterwerfung unter staatliche Regeln. Will die Gewerkschaftsbewegung in Zukunft von Relevanz sein, muss ihre Basis in den radikalen Arbeitskämpfen im Globalen Süden bestehen. Diese Kämpfe richten sich nicht nur gegen das Kapital, sondern auch gegen jene Gewerkschaften, die in ihrer Kooperation mit dem Staat zu Agenten des Neoliberalismus geworden sind.

Die Millionen neuer Proletarier:innen in den Fabriken des Globalen Südens werden die schreienden Ungerechtigkeiten des globalen Kapitalismus nicht viel länger akzeptieren. Wenn die vergangenen Jahrzehnte von der Etablierung eines globalen Markts für Waren und Finanzen charakterisiert waren, dann werden die kommenden Jahrzehnte von Forderungen nach einer globalen Angleichung der Löhne und der Bewegungsfreiheit der Arbeitskraft charakterisiert sein. Die Gewerkschaftsbewegung kann in diesem Prozess eine wichtige Rolle spielen, aber nur, wenn sie sich von den Hierarchien in Organisationen wie dem IGB befreit. Es muss einen Neuanfang von unten geben durch die migrantischen Arbeitskräfte Chinas, die Bergleute Südafrikas und die Heimarbeiterinnen Indiens.

# 10. Kommunistische Parteien und sozialistische Bewegungen

In den 1980er-Jahren verloren die meisten nationalen Befreiungsbewegungen und kommunistische Parteien an Stärke. Am Ende des Jahrzehnts wurden sie mit einer Realität konfrontiert, die wenige Jahre zuvor noch undenkbar schien: Die Sowjetunion war auseinandergefallen, und Russland verschrieb sich dem neoliberalen Kapitalismus. Die neue russische Bourgeoisie bestand aus ehemaligen Apparatschiks und anderen Nutznießern der Situation. Der Lebensstandard der Arbeiterklasse fiel. Zwischen 1989 und 1993 sank die Geburtenrate um 36 Prozent und die Lebenserwartung von 65,5 auf 57,3 Jahre, eine Zahl, die jener Indiens glich. Die Reallöhne lagen 1995 bei der Hälfte der Löhne, die vor dem Ende der Sowjetunion gezahlt wurden. Die Gesamtbevölkerung der ehemaligen Sowjetrepubliken hatte sich im Jahr 2000 um knapp zwei Millionen Menschen verringert. Der Historiker Curt Sørensen schreibt:

> »Neue Forschung zeigt, dass während dieser Periode zwischen sechs und sieben Millionen Menschen aufgrund der gesellschaftlichen und ökonomischen Umwälzungen starben. Wenn diese Zahlen korrekt sind, dann ist die Todesrate der ökonomischen Schocktherapie der 1990er-Jahre mit jener der Hungersnot vergleichbar, die Stalins Zwangsmodernisierung der 1930er-Jahre zur Folge hatte. In beiden Fällen wurden der Bevölkerung Maßnahmen von oben auferlegt.«[250]

Es geht hier nicht darum, das Ende der Sowjetunion zu analysieren. Relevanter für dieses Buch ist die Entwicklung Chinas und der kommunistischen Partei des Landes. Um diese einschätzen zu können, muss man die revolutionäre Geschichte Chinas in Betracht ziehen, den gegenwärtigen Status Chinas als größte Industrienation der Erde, sowie die Tatsache, dass das Land von der größten kommunistischen Partei der Welt regiert wird.

Auch auf das Vermächtnis der nationalen Befreiungskämpfe will ich eingehen. Ich habe dafür die Zapatistas als Beispiel gewählt. Sie mögen eine bescheidene Bewegung in einem Teil der Welt darstellen, der für das kapitalistische Weltsystem nicht besonders wichtig ist, aber sie haben radikale Theorie und Praxis erneuert.

Schließlich will ich einen Blick auf die Netzwerke werfen, die geschaffen wurden, um den globalen Kapitalismus zu bekämpfen. Das Beispiel, das ich hier gewählt habe, ist das Weltsozialforum.

---

250 Curt Sørensen, »Massemord og udryddelser«, in: *Kritisk debat*, Juni 2015.

## Sozialismus, der chinesische Weg

China hat sich in den letzten drei Jahrzehnten enorm verändert und ist zu einer globalen Großmacht geworden. Von einer isolierten, vom Weltmarkt abgekoppelten Planökonomie ging man zu einer einzigartigen Form des Staatskapitalismus über. China ist ein zentraler Bestandteil der globalen Produktionsketten, die Industrie ist vorwiegend exportorientiert. Der Außenhandel macht 70 Prozent der ökonomischen Umsätze aus. In den USA, wohin ein großer Teil der chinesischen Waren exportiert wird, sind es nur 24 Prozent. Um die Industrieproduktion am Laufen zu halten, importiert China Kapital, Energie, Rohstoffe, Technologien und Design. Seine wichtigsten Beiträge zu den globalen Produktionsketten sind billige Arbeitskraft und die Bereitschaft, ökologische Schäden in Kauf zu nehmen, die im Globalen Norden nicht mehr als akzeptabel erachtet werden. China hatte viele Jahre lang die höchste ökonomische Wachstumsrate der Welt. Bedeutet all das, dass die KPCh den Sozialismus verraten hat? Ist China auf dem Weg, ein kapitalistisches Land wie Taiwan oder Südkorea zu werden? Ist es jetzt schon eine neue imperialistische Supermacht? Um diese Fragen zu beantworten, müssen wir uns die KPCh und ihre sozialistische Strategie genauer ansehen.

### *Die Chinesische Revolution*

Schon 1820, als China für 33 Prozent der weltweiten Produktion verantwortlich war, hatte das Land die bedeutendste Volkswirtschaft der Welt. 1950 lag Chinas Anteil an der weltweiten Produktion bei weniger als 5 Prozent. China wurde nie wirklich kolonisiert, aber es entstand ein semikoloniales Reich, in dem ausländische Mächte, die sich in Enklaven rund um Shanghai und andere Großstädten niedergelassen hatten, sehr einflussreich waren. Die Enklaven wurden selbstverwaltet, es gab ein unabhängiges Justizwesen und eigene Polizeikräfte. Nachdem China die Opiumkriege Mitte des 19. Jahrhunderts verloren hatte, überfluteten britische und amerikanische Handelsleute das Land mit Opiaten. Millionen von Chines:innen wurden abhängig, und viele Silbermünzen verschwanden ins Ausland. Das Vereinigte Königreich und Frankreich hatten China außerdem Entschädigungszahlungen von 32 Millionen Unzen Silber auferlegt, die sich China nun von britischen und französischen Banken leihen musste.

Die Schwächung des chinesischen Reichs schuf in der Bevölkerung Ressentiments gegen die ausländischen Niederlassungen und Handelsunternehmen. 1898 kam es zum sogenannten Boxeraufstand. Acht ausländische Mächte (Japan, Russland, die USA, das Vereinigte Königreich, Frankreich, Deutschland, Österreich-Ungarn und Italien) schickten Soldaten, um den Aufstand niederzuschlagen. Dieses Mal lagen die China auferlegten Entschädigungszahlungen bei 450 Millionen Silberunzen. Das mächtige Reich früherer Tage war in die Knie gezwungen worden.

1905 brachte der Russisch-Japanische Krieg im Nordosten des Landes eine revolutionäre nationalistische Bewegung unter der Führung von Sun Yat-sen hervor. Diese beendete mit der Xinhai-Revolution 1911 die Qing-Dynastie und damit 4.000 Jahre monarchischer Herrschaft. China war nun eine Republik. Doch das Land war zersplittert. Es gab keine nationale Einheit, und die folgenden Jahre waren von Bauernaufständen und Fehden zwischen Warlords geprägt.

1921 wurde in Shanghai von 13 chinesischen Delegierten und zwei Vertretern der Komintern die Kommunistische Partei Chinas gegründet. Sie war loyal zu Moskau und betrachtete die Arbeiterklasse als Avantgarde der Revolution. Nach dem Shanghai-Massaker von 1927, bei dem Tausende von Arbeiter:innen und viele kommunistische Führungspersönlichkeiten ermordet wurden, änderte die Partei ihre Strategie. Hinsichtlich der bedeutenden Bauernbewegung in der Provinz Hunan schrieb Mao:

> »Es dauert nur noch eine sehr kurze Zeit, und in allen Provinzen Mittel-, Süd- und Nordchinas werden sich Hunderte Millionen von Bauern erheben; sie werden ungestüm und unbändig wie ein Orkan sein, und keine noch so große Macht wird sie aufhalten können. Sie werden alle ihnen angelegten Fesseln sprengen und auf dem Weg zur Befreiung vorwärtsstürmen. Sie werden allen Imperialisten, Militärmachthabern, korrupten Beamten, allen *Tuhao* und *Liäschen* das Grab schaufeln. Sie werden alle revolutionären Parteien, alle revolutionären Genossen überprüfen, um sie entweder zu akzeptieren oder abzulehnen. Soll man sich an ihre Spitze stellen, um sie zu führen? Soll man hinter ihnen hertrotten, um sie wild gestikulierend zu kritisieren? Oder soll man ihnen in den Weg treten, um gegen sie zu kämpfen? Es steht jedem Chinesen frei, einen dieser drei Wege zu wählen, aber der Lauf der Ereignisse wird dich zwingen, rasch deine Wahl zu treffen.«[251]

251 Mao Tse-tung, »Untersuchungsbericht über die Bauernbewegung in Hunan«, 1927. Anmerkung des Übersetzers: Erklärung zu ›Tuhao‹ und ›Liäschen‹ auf marxists.org: »Mit *Tuhao* (örtliche Despoten) sind solche Grundherren, Großbauern, Beamte außer Dienst und Reiche gemeint, die in der alten chinesischen Gesellschaft durch ihre Machtstellung zügellose Willkürherrschaft im Dorf und in der Stadt ausüben konnten. Unter *Liäschen* (üble Vornehme) versteht man jene Tuhao, die einen relativ hohen Bildungsgrad besaßen und eine relativ hohe politische und soziale Stellung innehatten. Die Tuhao und Liäschen gehörten im jeweiligen Ort zu den

Die KPCh entschied sich, die Bauernbewegung in einen Volkskrieg zu führen. Anstatt den Bauern eigenes Land zu versprechen, garantierten die Kommunisten ihnen das Recht, Land zu nutzen, das den Großgrundbesitzern und den japanischen Besatzern in der Revolution weggenommen werde. So wurde der Entwicklung einer kapitalistischen Landwirtschaft in China ein Riegel vorgeschoben.

Das Konzept des Volkskriegs war mehr als nur eine militärische Strategie; es war auch eine politische Strategie, die eine Landreform, ein neues revolutionäres Subjekt und eine neue Form kommunistischer Demokratie, die ›Massenlinie‹, beinhaltete. Nicht nur Arbeiter:innen würden die Revolution tragen, sondern auch – und sogar vor allem – die bäuerliche Bevölkerung. Die revolutionären Komitees bestanden fast ausschließlich aus Menschen, die den niedersten sozialen Schichten entstammten. Sehr wenige Komiteemitglieder hatten einen anderen Hintergrund. Maos Motto war: ›Von den Massen für die Massen!‹ Er war davon überzeugt, dass man zu den Massen gehen, von ihnen lernen und entsprechend handeln müsse. Politik musste eine Politik der Massen sein. Die chinesischen Kommunist:innen waren nicht daran interessiert, die Massen aufzuklären.

Verglichen mit der Russischen Revolution war die Chinesische Revolution ein langer, zwanzigjähriger Prozess. Das maoistische Revolutionsverständnis war komplexer als das leninistische, für das die Übernahme der Staatsmacht zentral war. Für Mao bestand die Revolution aus Wellen und Stufen. Der Klassenkampf war mit der Ausrufung der Volksrepublik 1949 nicht zu Ende; er ging weiter, und damit auch der revolutionäre Prozess. Diese unterschiedliche Sichtweise war zentral für den ideologischen Konflikt, zu dem es zwischen China und der Sowjetunion in den 1960er-Jahren kam. Die Sowjetführer behaupteten, dass der Klassenkampf im real existierenden Sozialismus sein Ende gefunden hatte. Für Beijing war das ›revisionistisch‹. Der KPCh zufolge hatte in der Sowjetunion eine neue Oberschicht die Macht übernommen. Die ›Große Proletarische Kulturrevolution‹, die in China 1965 initiiert wurde, war, nach dem Motto Maos, die ›fortgesetzte Revolution unter der Diktatur des Proletariats‹. Die Idee, dass die Revolution ein sich lange hinziehender Prozess ist, mit Durchbrüchen und Rückschritten und dialektischem Hin und

---

politischen Repräsentanten der Grundherrenklasse. Sie waren korrupt und in ihrer Lebensführung durch und durch verfault, sie begingen alle nur erdenklichen Übeltaten und unterdrückten die Volksmassen, indem sie die örtlichen Machthaber unter Kontrolle hatten und die Drahtzieher bei Gericht waren.«

Her, ist immer noch tief in der KPCh verankert. Das muss berücksichtigt werden, wenn man die gegenwärtige Situation in China analysiert.

### *Die Mao-Ära*

Die Landreform, die der Revolution 1949 folgte, vergesellschaftete Eigentum und gab Kleinbauern das Recht, Land zu nutzen. Die Bedeutung der Reform kann nicht überbetont werden: Indem die KPCh Menschen Land zum Gebrauch überließ, gab sie ihnen einen Grund, den kommunistische Staat zu unterstützen. Das brachte eine zersplitterte Nation zusammen.

1949 lag die Lebenserwartung in China bei 38 Jahren. 1970 lag sie bei 68 Jahren. Vor allem auf dem Land verbesserte sich die Gesundheitsversorgung drastisch. Das System der ›Barfußärzte‹ wurde von den Vereinten Nationen ausdrücklich gelobt. Es fokussierte auf die arme Landbevölkerung, arbeitete präventiv und kombinierte traditionelle chinesische mit westlicher Medizin.

Zwischen 1952 und 1978 wuchs Chinas BIP im Durchschnitt um 6,2 Prozent pro Jahr. Am Ende dieser Periode hatte es sich verdreifacht. Die Industrieproduktion trug bereits damals mehr zum BIP bei als die Landwirtschaft. Chinas industrieller Sektor war stärker als der beinahe aller Entwicklungsländer. Selbst wenn die Industrialisierung die Entwicklung in den ländlichen Regionen verzögerte, da weniger Kapital für den landwirtschaftlichen Sektor zur Verfügung stand, hatte sich auch der Lebensstandard auf dem Land wesentlich verbessert. Die ökonomische Entwicklung Chinas lag immer noch Jahrzehnte hinter jener der USA, doch was Kindersterblichkeit, Ausbildungsniveau und Lebenserwartung betraf, lag das Land bereits mit vielen Ländern der Ersten Welt gleichauf. Ein Weltbank-Bericht aus dem Jahr 1983 erkannte dies an:

> »Der herausragendste Fortschritt, den China in den letzten drei Jahrzehnten zu verzeichnen hatte, war die Verbesserung der Lebensbedingungen von Niedriglohnarbeitern. Grundlegende Bedürfnisse werden in weit größerem Maße befriedigt als in den meisten armen Ländern. Die Menschen haben Arbeit und Zugang zu Grundnahrungsmitteln, der durch eine Mischung aus staatlichen Rationen und eigener, kollektiver Produktion garantiert wird. Die meisten Kinder gehen zur Schule, und der Unterricht ist gut. Eine große Mehrheit der Menschen hat Zugang zu Krankenversorgung und Familienplanung. Die Lebenserwartung … ist erstaunlich hoch für ein Land mit einem immer noch geringen Pro-Kopf-Einkommen. Da die Lebenserwartung von vielen sozialen und ökonomischen Variablen abhängt, ist sie in der Regel der wichtigste Indikator für das Ausmaß realer Armut.«[252]

252 World Bank, »China: Socialist Economic Development«, www.documents.worldbank.org.

Infrastrukturprojekte waren ein Schlüsselfaktor für Chinas Entwicklung in der Mao-Ära. Am wichtigsten war es, die großen Flüsse zu erschließen: Zwischen 1949 und 1976 wurden Uferdämme mit einer Gesamtlänge von 200.000 Kilometern gebaut, dazu 302 große, 2.110 mittelgroße und 82.000 kleine Dämme. Dies ermöglichte moderne Bewässerungssysteme, brachte Elektrizität in entlegene Gebiete und gebot den Überschwemmungen Einhalt, die in der Geschichte Chinas Tausende Menschenleben gefordert hatten.

Chinas Entwicklung unmittelbar nach der Revolution war wesentlich von der Unterstützung durch die Sowjetunion abhängig. China hatte sich vom kapitalistischen Weltmarkt abgekoppelt. Diese Entscheidung war freilich nicht ganz freiwillig, da die USA und Westeuropa eine ›gelbe Gefahr‹ ausmachten, die sie für noch gefährlicher als die ›rote‹ hielten und isolieren wollten. Doch mit der Hilfe der Sowjetunion entwickelte China Industriemaschinen, Industrieanlagen, Flugzeuge, Raumfahrzeuge sowie Atom- und Wasserstoffbomben. Effektive Gesundheits- und Bildungssysteme wurden aufgebaut. Die Macht der Arbeiterschaft und des Bauerntums stieg enorm, vor allem verglichen mit anderen Ländern der Peripherie und Semiperipherie. Der Aufbau einer sozialistischen Gesellschaft hatte begonnen.

### *Die Dialektik von Nationalismus und Sozialismus*

Antiimperialistische Bewegungen trugen sowohl nationalistische als auch sozialistische Züge. Ihr Ziel war ein zweifaches: erstens, sich vom Imperialismus zu befreien und politisch unabhängig zu werden, und zweitens, die ökonomische Ausbeutung zu beenden und den Sozialismus einzuführen. Letzteres erwies sich als schwieriger als Ersteres. Das galt in China genauso wie in anderen Ländern. Die KPCh war marxistisch-leninistisch, aber der Nationalismus spielte eine wichtige Rolle. Die nationale Einheit war ein wesentlicher Aspekt des chinesischen Sozialismus und die mächtige Vergangenheit Chinas ein wichtiger ideologischer Bezugspunkt.

Mao war sich der Spannungen zwischen Nationalismus und Sozialismus bewusst. Er versuchte sicherzustellen, dass die Volksrepublik sozialistisch war und das Ziel der klassenlosen Gesellschaft nicht aus dem Auge verlor. Während des Konflikts mit der nationalistischen Kuomintang unter Chiang Kaishek und des Krieges gegen die japanischen Besatzer etablierte die Volksbefreiungsarmee in den Gebieten unter ihrer Kontrolle sozialistische Formen der Verwaltung und Produktion. Diese Anstrengungen setzten sich nach der Revolution fort. Der Historiker Zheng Zhenqing schreibt:

»Von 1952 bis 1956 stieg der Anteil von Staatsunternehmen in der Volkswirtschaft von 19,1 auf 32,2 Prozent. Joint Ventures stiegen von 0,7 auf 7,3 Prozent, Genossenschaften von 1,5 Prozent auf 53,4 Prozent. Privatunternehmen fielen von 71,8 auf 7,1 Prozent, kapitalistische Großunternehmen von 6,9 auf 0 Prozent. Staatsunternehmen, Joint Ventures und Genossenschaften machten also 92,9 Prozent der Volkswirtschaft aus.«[253]

## *Der ›Große Sprung nach vorne‹*

Mao war kritisch, was die volkswirtschaftliche Entwicklung der Sowjetunion betraf. Seiner Ansicht nach wurde der landwirtschaftliche Sektor dazu verwendet, die Industrie zu finanzieren und eine bürokratische Elite zu schaffen. Mao bestand auf eine spezifisch chinesische Form des Sozialismus, in der die Kollektivierung der Landwirtschaft und Modernisierung der Industrie Hand in Hand gehen. Das war der ›Große Sprung nach vorne‹, den man von 1958 bis 1961 unternahm.[254]

Manche Studien malen ein düsteres Bild dieser Periode. Sie behaupten, dass es zu Hungersnöten kam, die in der Geschichte Chinas einzigartig waren. Als Deng Xiaoping 1978 die Macht übernahm, veröffentlichte die chinesische Regierung Zahlen, die nahelegten, dass im Laufe jener drei Jahre 16,5 Millionen Menschen gestorben seien. Zahllose Bücher übernahmen diese Zahl und zeichneten schreckenerregende Bilder der Mao-Ära. Der erste Satz von Jung Chang und Jon Hallidays Buch *Mao: The Unknown Story* lautet: »Mao Tse-tung, der Jahrzehnte lang absolute Macht über das Leben eines Viertels der Weltbevölkerung hatte, war, in Friedenszeiten, für den Tod von mehr als 70 Millionen Menschen verantwortlich.«[255] In seinem 2010 erschienenen Buch *The Tragedy of Liberation* schätzt der Historiker Frank Dikötter die Todeszahl des Großen Sprungs auf 45 Millionen.

Der indische Ökonom Utsa Patnaik bestreitet diese Behauptungen und sieht sie als ideologisch motiviert.[256] Der Gewerkschaftsaktivist Joseph Ball

---

253 Zheng Zhenqing, »An Interactive Evolution Between Capitalism and Statism in Modern China«, in: *Chinese Studies in History* (no. 47, 2013), 359.

254 Von besonderer Bedeutung für diesen Abschnitt sind die Arbeiten von Gao Mobo, Autor von *Gao Village: A Portrait of Modern Life in Rural China* (Honolulu: University of Hawaii Press, 1999).

255 Jung Chang und Jon Halliday, *Mao: The Unknown Story* (New York: Random House, 2005). (Deutsche Ausgabe: *Mao: Das Leben eines Mannes, das Schicksal eines Volkes*, München: Blessing, 2005.)

256 Utsa Patnaik, »Revisiting Alleged 30 Million Famine Deaths During China's Great Leap«, in: *Monthly Review* (no. 2, 2011).

meint, dass es »unmöglich sei, diese Zahlen unabhängig zu bestätigen, da niemand weiß, wie sie gesammelt wurden; sie wurden erst zwei Jahrzehnte später öffentlich gemacht.«[257] Auch der Historiker Dongpin Han, der während des Großen Sprungs auf dem chinesischen Land aufwuchs und die Periode gründlich erforscht hat, stellt die Zahlen infrage. Niemand leugnet, dass die Landbevölkerung während des Großen Sprungs zu leiden hatten. Aber China wurde zu jener Zeit von großen Naturkatastrophen heimgesucht, und das Leiden war nicht notwendigerweise die Konsequenz der Wirtschaftspolitik. Menschen aus der Stadt Baoding in der Provinz Hebei veröffentlichten eine Sammlung von Erinnerungen unter dem englischen Titel *During the Difficult Days*.[258] Sie beschreibt, wie die Menschen sich angesichts des Mangels an Getreide gegenseitig unterstützten. Die Staatsbeamten teilten dabei das Leiden der gewöhnlichen Menschen. William H. Hinton, ein amerikanischer Farmer, der mehrere Jahre in China lebte und das einflussreiche Buch *Fanshen: A Documentary of Revolution in a Chinese Village* schrieb, äußerte sich so: »Ist es nicht seltsam, dass zu jener Zeit niemand die Hungersnot auch nur erwähnte, dann aber 20 Jahre später auf der Basis von Volkszählungen horrende Todeszahlen präsentiert werden?«[259]

Eine Studie des Historikers Gao Mobo bestätigt, dass es in China 1959/60 eine Hungersnot gab, doch dass unklar ist, welche Rolle der Große Sprung für diese spielte. Naturkatastrophen und Hungersnöte waren nichts Neues in der chinesischen Geschichte. Sie geißelten die Bevölkerung seit Jahrhunderten und forderten immer wieder Millionen von Menschenleben. Die Hungersnot von 1959/60 war die erste und einzige während der 30-jährigen Herrschaft Maos, ja überhaupt in der Geschichte der Volksrepublik. Das ist kein glücklicher Zufall, sondern die Folge massiver Infrastrukturprojekte und technologischen Fortschritts, eingeleitet in der Ära Maos.

Die Schwierigkeiten, mit denen China in den frühen 1960er-Jahren zu kämpfen hatte, schwächten die Position Maos. Ein rechter nationalistischer Flügel innerhalb der KPCh, damals unter der Führung von Liu Shaoqi, machte sich immer bemerkbarer. Maos Antwort war die ›Große proletarische Kulturrevolution‹.

---

257 Joseph Ball, »Did Mao Really Kill Millions in the Great Leap Forward?«, in: *Monthly Review* (no. 4, 2006).

258 *During the Difficult Days*, Baoding City, Selected Historical Materials, 1998.

259 William Hinton, »On the Role of Mao Zedong«, in: *Monthly Review* (no. 4, 2004). S. auch Hintons Buch *Through a Glass Darkly: U.S. Views of the Chinese Revolution* (2006).

### *Die Große proletarische Kulturrevolution*

Chinas Planökonomie schuf eine technokratische Elite mit sozialen und materiellen Privilegien. Das war dem, was Mao an der Sowjetunion kritisiert hatte, sehr ähnlich, und er wollte dieser Entwicklung ein radikales Experiment direkter Demokratie entgegensetzen. Schon 1957 äußerte Mao die oft zitierten Worte »Lasst hundert Blumen blühen, lasst hundert Schulen miteinander wetteifern«, um Menschen zu ermutigen, die KPCh und ihre Führung zu kritisieren. Als dies nicht die erwünschten Resultate brachte, entschied sich Mao 1965 dafür, die Massen unter dem Slogan ›Bombardiert das Hauptquartier‹ zu mobilisieren. Es war der Startschuss für die ›Große proletarische Kulturrevolution‹.

Die grundlegenden Ideen der Kulturrevolution wurden in einem Dokument zusammengefasst, das unter dem Namen »Sechzehn Punkte« bekannt ist. Es definiert drei Aspekte der Revolution: den Kampf mit den Behörden, die Kritik kapitalistischer Tendenzen und die Durchsetzung von Reformen. Die Bevölkerung Chinas wurde aufgefordert, sich gegen herrschende Vorstellungen und Gewohnheiten aufzulehnen, besonders jene der sozialen Eliten, alt und neu. Alle staatlichen Institutionen sollten reformiert werden, Kritik und Selbstkritik waren die Grundlage gesellschaftlichen Fortschritts.

Zu den wichtigsten Errungenschaften der Kulturrevolution zählten die Ermächtigung gewöhnlicher Menschen und die Demokratisierung der Gesellschaft. Die Kulturrevolution folgte dem Ideal der Gleichheit: Von Beamten wurde verlangt, auch körperliche Arbeit zu verrichten, während allen Arbeitskräften auch administrative Aufgaben übertragen wurden. Denken und Handeln der Menschen sollten sich grundlegend ändern. Ziel war tatsächlich eine *Kultur*revolution. Aber wurde das erreicht?

Im Mai 1966 schickte Mao einen Brief an Lin Biao, den Oberbefehlshaber der Volksbefreiungsarmee. Mao verlangte, dass Soldaten und Offiziere nicht nur an militärischen Übungen teilnehmen sollten, sondern auch an kulturellen Studien und landwirtschaftlichen Einsätzen. Es ging darum, die kapitalistische Mentalität zu überwinden. Der Sinn der Arbeit lag nicht darin, Geld zu verdienen, sondern sich als revolutionäres Subjekt zu verwirklichen. Mao wusste, dass die Arbeitsteilung nicht vollständig abzuschaffen war. Aber Industriearbeiter:innen konnten zu landwirtschaftlicher Arbeit beitragen, und Landarbeiter:innen konnten zur industriellen Produktion beitragen. Von Soldaten, Studierenden und Parteifunktionären wurde erwartet, sich vielseitig zu beschäftigen. Die Kulturrevolution sollte sicherstellen, dass der

Kampf gegen den Kapitalismus in China und in der KPCh weiterging. Mao erachtete das für den Aufbau des Sozialismus als unabdingbar, national wie global.

Die Kulturrevolution vertiefte den Konflikt in der KPCh zwischen der klassenkämpferischen Linie Maos und der nationalistischen Linie Liu Shaoqis und Deng Xiaopings. Alle wollten China wieder zu einer Weltmacht machen, hatten aber sehr unterschiedliche Auffassungen zur Rolle des Kapitalismus. Mao wusste, wie eng der Kapitalismus mit dem Imperialismus verknüpft war, und wie leicht es war, vom kapitalistischen Weltsystem korrumpiert zu werden. Die Kulturrevolution sollte helfen, das zu vermeiden. Mao schrieb 1964:

> »Der Klassenkampf, der industrielle Kampf und der wissenschaftliche Kampf definieren die drei revolutionären Kämpfe, auf denen ein mächtiges sozialistisches Land aufbaut. ... Fehlen diese Kämpfe, dann können die Großgrundbesitzer, die reichen Bauern, die Konterrevolutionäre, die asozialen Elemente und Monster jeder Art aus ihren Löchern kriechen. Dann wäre es unseren Kadern in vielen Fällen nicht möglich, zwischen Freund und Feind zu unterscheiden. Sie wären gezwungen, mit dem Feind zusammenzuarbeiten, und liefen Gefahr, korrumpiert zu werden. Es würde nicht lange dauern – vielleicht nur wenige Jahre oder ein Jahrzehnt oder maximal ein paar Jahrzehnte –, bevor unweigerlich die Konterrevolution kommt und unsere Partei zu einer revisionistischen oder faschistischen Partei macht. China würde einen völlig anderen Weg einschlagen.«[260]

Mao prangerte die Kader an, die Chinas Macht mithilfe des Kapitalismus restaurieren wollten. Er nannte sie ›Wegbereiter des Kapitalismus‹. Doch er setzte sich mit seiner Ansicht nicht durch. Während die Parteispitze Maos Klassenkampfrhetorik gerne gegen traditionelle Klassenfeinde wie Großgrundbesitzer und Imperialisten anwandte, weigerte sie sich, diese auf die Partei selbst anzuwenden. Die neue politische Elite meinte, dass sie ihre Privilegien verdiente, und sie war nicht gewillt, sie aufzugeben.

Mao hatte keinen wirklichen Plan für die Kulturrevolution. Vieles wurde der Spontaneität und Improvisationskunst überlassen, was zu unerwarteten Entwicklungen führte. Fred Engst wuchs in China auf. Seine Eltern waren in den 1950er-Jahren aus den USA dorthin gezogen, um Teil der Revolution zu sein. Für Engst war die ›Unreife der Arbeiterklasse‹ der Hauptgrund für das Scheitern der Kulturrevolution:

---

260 Mao Tse-tung, Korrespondenz mit der sowjetischen Führung 1963-1964, hier zitiert nach: »Quotations from Chairman Mao«, www.marxists.org.

»Die Widersprüche innerhalb der Arbeiterklasse ließen sich nicht überwinden. Es gab zu viele verschiedene Fraktionen. Anfangs bestand das Problem, die Massen zu mobilisieren. Nachdem das gelungen war, hätte man sich den Fraktionskämpfen widmen müssen. Am deutlichsten zeigte sich die Unreife der Arbeiterklasse, als die konservativen Fraktionen jene, die die Parteiführung kritisierten, mit Waffengewalt unterdrückten. Wenn du gegen die Kritik anderer mit Waffengewalt vorgehst, dann gibst du dein eigenes Recht zu kritisieren auf. Das ist es, was ich mit ›Unreife der Arbeiterklasse‹ meine. Und während die Arbeiterklasse tief gespalten war, waren die ›Wegbereiter des Kapitalismus‹ vereint. Die Optionen der revolutionären Fraktionen wurden immer weniger, und sie wurden in die Ecke gedrängt.«[261]

Mao war noch immer an der Macht. Doch der Einfluss von Lio Shaoqi und Deng Xiaoping wurde immer größer. Beim Kongress der KPCh 1969 fühlte Mao, dass ihm die Macht entglitt. Die Kulturrevolution hatte an Kraft verloren, und die zukünftige Führungsrolle Deng Xiaopings zeichnete sich immer mehr ab. Maos Ängste wurden bestätigt: Die KPCh war bereit, einen Pakt mit dem Kapitalismus einzugehen.

Deng Xiaoping übernahm die Parteiführung offiziell 1978, zwei Jahre nach Maos Tod. Die Kulturrevolution hatte zu politischer wie ökonomische Instabilität geführt, die Sowjetunion war mit ihren eigenen Problemen beschäftigt und die globale Linke schwach. Deng wollte China mithilfe des Kapitalismus zu seiner glorreichen Vergangenheit zurückführen. Maos Linie wurde aufgegeben. Was den Sozialismus betraf, so meinte Deng: »Es ist egal, ob eine Katze weiß oder schwarz ist – Hauptsache, sie fängt Mäuse.«[262]

### *Dengismus*

Deng Xiaoping wollte kapitalistische Mittel nutzen, um eine starke und wohlhabende Nation unter kommunistischer Führung zu kreieren. Er führte keine ökonomische Schocktherapie durch, wie es Boris Jelzin in Russland getan hatte. Kapitalistische Elemente wurden schrittweise in die chinesische Ökonomie eingeführt. Das Motto war ›Nach den Steinen tastend den Fluss überqueren‹.

Zuerst wandte sich Deng der Landwirtschaft zu. Die Kollektivierung hatte das Land unter den bäuerlichen Familien aufgeteilt. Doch die Wa-

261 »The Struggle for Actually Building Socialist Society«, Interview mit Fred Engst, 2017, www.moronline.org.

262 Aus einer Rede vor dem Kommunistischen Jugendverband, 2. September 1986, www.china.usc.edu.

rendistribution folgte nun marktwirtschaftlichen Prinzipien. 1980 wurden Sonderwirtschaftszonen für ausländische Investoren eingeführt. 1988 wurde das Verbot innerchinesischer Arbeitsmigration aufgehoben, was dazu führte, dass Millionen von Niedriglohnarbeitern aus ländlichen Regionen in die Industriestädte im Süden zogen. Das war ein wichtiger Schritt für die Entwicklung Chinas hin zur führenden Industrienation der Welt.

Die Gesetze des Marktes schufen rasch wachsende Ungleichheit und gesellschaftliche Widersprüche in China, die mit ein Grund für den Volksaufstand von 1989 waren. Deng ließ sich davon nicht beeindrucken, fuhr mit seiner einzigartigen Version sozialistischer Modernisierung fort und popularisierte den Slogan ›Lasst einige zuerst reich werden‹. In einem Interview mit dem US-Fernsehsender CBS hatte er drei Jahre zuvor erklärt, was er damit meinte:

> »Während der Kulturrevolution herrschte die Auffassung, dass es besser sei, arm im Kommunismus als reich im Kapitalismus zu leben. … Doch im marxistischen Sinne ist die kommunistische Gesellschaft eine Gesellschaft des Überflusses. Nur wenn es materiellen Überfluss gibt, kann das Prinzip der kommunistischen Gesellschaft, ›Von jedem nach seinen Fähigkeiten, zu jedem nach seinen Bedürfnissen‹, verwirklicht werden. Sozialismus ist die erste Stufe des Kommunismus. Sie erstreckt sich über einen sehr langen Zeitraum. … Wenn Armut herrscht, kann es keinen Kommunismus geben, auch keinen Sozialismus. Reich zu werden, ist keine Sünde. Aber was wir mit Reich-Werden meinen, ist etwas anderes als das, was Sie meinen. In einer sozialistischen Gesellschaft gehört der Reichtum dem Volke. Reich zu werden in einer sozialistischen Gesellschaft bedeutet Wohlstand für alle. Die Prinzipien des Sozialismus sind, erstens, die Entwicklung der Produktion und, zweitens, gesellschaftlicher Wohlstand. Wir erlauben manchen Menschen und manchen Regionen, diesen Wohlstand zuerst zu erreichen. Damit helfen wir auch den anderen, früher Wohlstand zu genießen. Deshalb wird unsere Politik nicht zu einer Polarisierung führen, zu einer Situation, wo die Reichen reicher werden, während die Armen ärmer werden. Das Aufkommen einer neuen Bourgeoisie werden wir nicht erlauben.«[263]

Allerdings erlaubte die KPCh 1992 ihren Mitgliedern, Manager von Privatunternehmen zu werden. Wenige Jahre später wurden die meisten der kleinen und mittleren Unternehmen des Landes privatisiert, für Preise, die weit unter ihrem Marktwert lagen. Die Käufer waren hohe Parteimitglieder, ehemalige Manager von Staatsunternehmen sowie Kapitalisten mit guten Verbindungen zum Regime. Die Großunternehmen in den Schlüsselindustrien blieben in staatlicher Hand, was der Partei half, die Kontrolle über die Ökonomie zu behalten.

263 Interview mit Mike Wallace, 2. September 1986, www.china.usc.edu.

Nach Deng Xiaopings Tod 1997 setzte Jiang Zemin seine Politik fort. Die Partei legte ihre schützende Hand über die neue kapitalistische Klasse, die im Land entstanden war, und 2002 trat China der Welthandelsorganisation bei. Beim Parteikongress im selben Jahr wurde verlautbart, dass die Partei nicht nur die Interessen der Massen repräsentiere, sondern auch der ›am meisten fortgeschrittenen Produktivkräfte‹, ein Euphemismus für die neuen Kapitalisten. Wie wir im vorigen Kapitel sahen, nahmen chinesische Arbeiter:innen diese Entwicklungen nicht tatenlos hin. Es gab viel Widerstand gegen den Dengismus. Unter Hu Jintao, der Jiang Zemin 2004 ablöste, verbesserten sich Arbeitsrechte, das Pensionssystem, die Krankenversicherung und andere Sozialleistungen. Es wurde das Ziel ausgegeben, eine ›harmonische sozialistische Gesellschaft‹ zu kreieren. Das war eine direkte Antwort auf die Arbeitskämpfe.

Aus nationalistischer Perspektive war der Dengismus ein Erfolg. China ist heute wieder eine Großmacht. Aus sozialistischer Perspektive ist die Bilanz des Dengismus zweifelhaft. China wurde von einem der Länder der Welt mit den geringsten Einkommensunterschieden zu einem mit den höchsten. Der Gini-Index misst die Ungleichverteilung in einem Land: 0 bedeutet vollkommene Gleichverteilung, 1 vollkommene Ungleichverteilung. Letztere würde bestehen, wenn der gesamte Reichtum eines Landes im Besitz einer einzigen Person wäre. Der heutige Gini-Index von China ist 0,7. Während der Mao-Ära war er 0,29. Im Jahr 2006 waren 70 Prozent des Reichtums in China im Besitz von 0,4 Prozent der reichsten Familien. Im selben Jahr hatten 3.200 Menschen ein persönliches Kapital von über 100 Millionen Yuan (etwa 15 Millionen US-Dollar). Von diesen 3.200 Menschen waren 2.900 (90 Prozent) Kinder von Regierungs- und Parteibeamten.

Der Wohlstand der neuen kapitalistischen Klasse beruht auf dem Reichtum, den Staatsunternehmen und Genossenschaften während der Mao-Ära angehäuft haben. Es wird geschätzt, dass durch Privatisierungen etwa 30 Trillionen Yuan (etwa 4.500 Milliarden US-Dollar) von öffentlichen auf private Konten transferiert wurden. Viele von diesen stehen im Besitz von Geschäftsleuten mit engen Verbindungen zur Regierung. Ein ehemaliger Minister, Wen Jiabao, ist heute einer der reichsten Menschen der Welt. Sein Sohn leitet das größte Privatunternehmen Chinas, und seine Frau Zhang Peili (die ›Diamantenkönigin‹) spielt eine Schlüsselrolle in der Juwelenindustrie. Wens Familie besitzt rund 30 Milliarden Yuan (etwa 4,3 Milliarden US-Dollar). Der Reichtum von Jiang Zemin wurde auf 7 Milliarden Yuan geschätzt, der von Zhu Rongji, einem ehemaligen Ministerpräsidenten, auf 15 Milliarden Yuan.

Das ist ein großer Unterschied zu Mao, der keinen persönlichen Besitz hatte und, als er starb, nichts hinterließ.

Chinas Integration in das kapitalistische Weltsystem glich nicht der von Indien, Südafrika oder Brasilien. All diese Länder ziehen ausländische Investoren an, weil sie eine moderne und effektive Infrastruktur haben sowie gut ausgebildete, gesunde, disziplinierte und billige Arbeitskräfte. Der Unterschied zu China ist, dass Chinas Integration in den Weltmarkt nicht auf einer national-neoliberalen Wirtschaft beruht, sondern auf einem Staatskapitalismus, der rund um eine Planökonomie errichtet wurde. Im Alltag der Arbeiter:innen spielt das freilich kaum eine Rolle. Wer die niedrigen Löhne und die gefährlichen Arbeitsbedingungen in chinesischen Sweatshops und Fabriken sieht, tut sich, trotz aller Beteuerungen der KPCh, schwer damit, dies als Weg zum Sozialismus zu akzeptieren.

Der KPCh zufolge hat die staatskapitalistische Entwicklung drei Ziele: erstens, einen hochentwickelten, integrierten und vielfältigen Industriesektor zu schaffen; zweitens, ein gesundes Gleichgewicht zwischen Industrie und Landwirtschaft zu erreichen; und drittens, eine nationale Planökonomie im weltkapitalistischen System aufrechtzuerhalten, inklusive staatlichem Grundbesitz und einem staatlich kontrollierten Finanzsektor. Die entscheidende Frage ist, ob Chinas Industrialisierung wirklich eine Grundlage für den Sozialismus schaffen kann, oder ob sie einfach zu einer kapitalistischen, von der nationalen Bourgeoisie kontrollierten Ökonomie führt, die jede Form des Sozialismus unmöglich macht.

Von 1954 bis 1980 wurden Grundstücke und Unternehmen in China verstaatlicht und die Planökonomie eingeführt. Die Produktivität der Landwirtschaft wurde erhöht und Infrastrukturprojekte legten den Grundstein für die Industrialisierung des Landes. Damit schuf man auch die Voraussetzungen für das heutige staatskapitalistische System. Die Auflagen für Privatunternehmen wurden in den 1980er-Jahren gelockert, in den 1990er-Jahren wurde ihre Bildung aktiv gefördert. Doch wird das private Kapital staatlich reguliert und auf die Planökonomie abgestimmt. Kapitalisten können nicht einfach tun, was sie wollen. Es gibt Einschränkungen bezüglich des Standorts, der Form und der Ausrichtung von Privatunternehmen.

Die KPCh argumentiert, dass Privatunternehmen notwendig seien, um die ökonomische Stagnation zu vermeiden, die die Sowjetunion erlebt hatte. Was die Produktivität betrifft, so hat Chinas Staatskapitalismus tatsächlich erstaunliche Resultate aufzuweisen. In den letzten 20 Jahren wurden Industriejobs für 400 Millionen Menschen geschaffen, was in etwa der Bevölkerung Europas entspricht. Chinas Ökonomie ist heute vielfältig und hochentwickelt. Es ist nur ein paar Jahrzehnte her, dass China wenig mehr als Textilien und Schuhe exportierte. Heute dominieren Maschinen und Elektrogeräte die Exportwaren, Autos, Hochgeschwindigkeitszüge und Flugzeuge sind im Kommen. Was die Produktion von Zement angeht, steht China für 50 Prozent der weltweiten Produktion. Innerhalb eines Zeitraums von 65 Jahren entwickelte sich China von einem armen, primär landwirtschaftlichen Land zur wichtigsten Industrienation der Welt. Gleichzeitig bleibt die Ökonomie des Landes relativ unabhängig, und Chinas Planökonomie sorgt weiterhin für enorme Infrastrukturprojekte: Wohnsiedlungen für Millionen von migrantischen Arbeitskräften sowie Straßen, Häfen, Dämme und Stromleitungen für die Allgemeinheit und die Industrie.

Die Zukunft wird zeigen, ob die Planökonomie Chinas die Integration des Landes in den globalen Kapitalismus übersteht, oder ob aus China ein neoliberales Land wie alle anderen wird. Chinas ökonomisches Wachstum lässt sich jedenfalls vom Neoliberalismus nicht trennen. Es war der Neoliberalismus, der die Unternehmen des Globalen Nordens in den Süden trieb, auf der Suche nach billiger Arbeitskraft und moderner Infrastruktur. Sie wurden in China fündig. Aber sowohl die Finanzkrise von 2007 als auch die zunehmenden Arbeitskämpfe haben die Erfolgsgeschichte zum Stottern gebracht. Die KPCh fokussiert immer mehr auf den heimischen Markt und die Entwicklung vernachlässigter Regionen wie den Westen des Landes.

Gemeinsam mit Ländern wie Indien, Südafrika und Brasilien wird China manchmal als ›subimperialistisch‹ bezeichnet. Man verweist auf die Präsenz Chinas in Afrika, wo chinesische Unternehmen Rohstoffe beziehen und in der lukrativen Bergbauindustrie tätig sind. Aber der Begriff ›subimperialistisch‹ verschleiert die fundamentalen Unterschiede, die zwischen China, Indien usw. und imperialistischen Mächten bestehen. China bezieht in Afrika Rohstoffe, aber das Ergebnis ist eine Wertübertragung in den Globalen Norden, denn die meisten Rohstoffe werden von China für die Produktion von Exportwaren genutzt. Hinter allem steht also der Konsum im Globalen Norden, der als chinesischer Konsum erscheint. Trotzdem hat die chinesische Präsenz in Afrika (und anderswo) eine ausbeuterische Dimension, die auch bestehen bliebe, wenn sich China vom westlichen Imperialismus abkoppeln würde. Sollte China in seiner Wirtschaftspolitik einen Kompradorkapitalismus über die nationalen Bedürfnisse stellen, wird sich diese Dimension noch verschärfen.

Wir hören immer wieder, dass China die Triade als hegemonische Weltmacht ersetzen und damit den Kapitalismus retten werde. Dagegen spricht jedoch ein demografisches Argument, auf welches das Chuang-Kollektiv verweist, das über die ökonomische Entwicklung Chinas und dortige Arbeitskämpfe berichtet:

> »In der Phase seiner Öffnung bot China der kapitalistischen Produktion ein enorm großes, erfahrenes und gut ausgebildetes Proletariat. Das chinesische Proletariat war in etwa so groß wie das Proletariat aller entwickelten Industrieländer, inklusive Japan, zusammen. Es gibt kein Land in der Welt, das eine Bevölkerung dieser Größe hat – und kein Land mit einem Proletariat dieser Größe, das noch nicht in die globale Produktion integriert ist. Ein Wirtschaftsboom durch chinesische Investitionen bräuchte ein Stimuluspaket, das die sehr unterschiedlichen Völker in Süd- und Südostasien, dem Nahen Osten, Lateinamerika und vor allem Afrika zusammenbringen kann. ... Die imperiale Ausdehnung des Vereinigten Königreichs und später der USA fanden dort statt, wo die demografischen Voraussetzungen gut waren, und diese Voraussetzungen formten die hegemoniale Macht der imperialistischen Staaten. ... Es ist extrem unwahrscheinlich, dass China hegemoniale Macht entwickeln wird. Es fehlen die entsprechenden demografischen Voraussetzungen. Wohin soll sich die Macht Chinas ausdehnen? Außerdem steht die anhaltende militärische Macht der USA im Wege. Chinas Aufstieg zur alleinigen Weltmacht wäre von einer riesigen globalen Katastrophe abhängig. Selbst die USA konnten nicht ohne zwei Weltkriege und eine Weltwirtschaftskrise zur Weltmacht aufsteigen, trotz günstiger demografischer Voraussetzungen.«[264]

Das gegenwärtige chinesische Modell kapitalistischer Akkumulation beruht auf der Ausbeutung billiger Arbeitskraft. Aber die Quelle der billigen Arbeitskraft wird bald versiegen. Die Industrialisierung Chinas hat zu einer massiven Ausbeutung der natürlichen Ressourcen des Landes und zu enormen ökologischen Problemen geführt. Chinas Industriestädte haben mit massiver Umweltverschmutzung zu kämpfen, nicht zuletzt, weil die Energiegewinnung in China zu 75 Prozent auf Kohle beruht. Aber die Verschmutzung der Luft ist nur eines von vielen Umweltproblemen in China. Die Internationale Finanz-Corporation erwartet, dass China im Jahr 2030 ein Wasserdefizit von 25 Prozent verzeichnen wird aufgrund des ständig zunehmenden Bedarfs an Wasser für die Landwirtschaft, die Industrie und die städtische Bevölkerung. Als Resultat des Klima- und Wassermangels schätzt man, dass Chinas Maisproduktion bis zum Jahr 2040 um 18 Prozent fallen wird. Ohne grundlegende Reformen werden die sich überlappenden öko-

264 »The Contradictory Rise of China: An Interview with Chuang by InfoAut«, 14. Juni 2017, www.chuangcn.org.

nomischen, politischen und ökologischen Krisen die chinesische Regierung stark unter Druck setzen.

Es stellt sich auch die Frage, wie lange sich Chinas Kapitalakkumulation auf Exporte stützen kann. Chinas Industrialisierung hat zu einer Überproduktion, einer nicht-nachhaltigen Energiewirtschaft und der Ausbeutung nicht-erneuerbarer Ressourcen geführt. Kommt es zu einer Rezession, wird Chinas Exportvolumen sinken. Auch der protektionistische Rechtspopulismus im Globalen Norden könnte den Handel einschränken. Eine mögliche Lösung ist es, durch höhere Löhne den heimischen Markt zu stärken. Die chinesische Regierung versucht das bereits. Seit der Finanzkrise 2007 sehen wir immer deutlicher, wie die KPCh versucht, sich von der Exportabhängigkeit zu lösen und die heimische Konsumtion zu stärken. Höhere Löhne stoßen sich jedoch mit den Interessen sowohl des chinesischen als auch des transnationalen Kapitals.

Während Chinas Renaissance als Großmacht mit dem Siegeszug des Neoliberalismus einherging, unterscheiden sich Chinas langfristige Interessen von denen des transnationalen Kapitals. China versucht, internationale Beziehungen zu erneuern. Es fordert die globale Herrschaft der Triade heraus und zielt auf eine polyzentrische Machtverteilung ab. In internationalen Debatten steht die chinesische Regierung für die Interessen des Südens ein. Ihr Einfluss in Asien, Afrika und Lateinamerika wächst. Sie investiert in Infrastrukturprojekte, etabliert Entwicklungsbanken und versucht, den Geist von Bandung wieder aufleben zu lassen. Um ihre Glaubwürdigkeit zu bewahren, wird sie jedoch irgendwann ihre Zweckgemeinschaft mit dem Kapitalismus beenden und ein ökonomisches Modell entwickeln müssen, das eine wirkliche Alternative verspricht.

### *Der Klassenkampf in China*

Mao verwies stets darauf, dass sich der Klassenkampf in China fortsetzt. Dieses Problem ist alles andere als gelöst. Die heutige Regierung Chinas verleugnet es nicht, aber spielt es herunter. Der Klassenkampf drückt sich sowohl in der Partei als auch in der Gesellschaft aus. Während der Chinesischen Revolution unterstützten Teile der Mittelschicht die KPCh, weil die Partei nationale Befreiung versprach. Die aus der Mittelschicht stammenden Fraktionen der Partei formten den rechten Flügel. Durch die Wiedereinführung von Privatunternehmen in den 1980er-Jahren wurden sie gestärkt. Nicht nur Geschäftsleute wurden nun reich, sondern auch Parteifunktionäre, die mit dem Kapital kooperierten. Manchmal artete diese Kooperation in schlichte Korruption aus. Die Marktreformen ließen ein neues chinesisches Bürgertum entstehen.

Viele Chines:innen, die diesem neuen Bürgertum angehören, sind überzeugt, dass eine Kopie der kapitalistischen Länder des Globalen Nordens auch China Wohlstand bringen würde. Doch nicht alle von ihnen sind dieser Ansicht. Es gibt junge Intellektuelle, die der chinesischen Zweckgemeinschaft mit dem Kapital kritisch gegenüberstehen. Der Literaturprofessor Wang Hui, ein prominenter Vertreter der ›Neuen Linken‹ Chinas, meint, dass der Volksaufstand von 1989, der in der Besetzung des Tiananmen-Platzes gipfelte, nicht unbedingt eine liberale Demokratie nach westlichem Vorbild zum Ziel hatte, sondern sich primär gegen die Marktreformen richtete. Offiziellen Zahlen zufolge fand ein Viertel aller chinesischer Hochschulabsolvent:innen im Jahr 2010 keinen Job. Und diejenigen, die Jobs fanden, mussten Löhne akzeptieren, die denen ungelernter Arbeiter:innen entsprachen. Etwa eine Million junger chinesischer Intellektueller leben in Armut an den Rändern der Großstädte. Die Kosten für das Wohnen, die Gesundheitsfürsorge und die Ausbildung erhöhen sich ständig. Vom Traum eines bürgerlichen Lebens bleibt nicht viel übrig, und viele wenden sich linken Ideen zu.

Auch das chinesische Bauerntum kann nicht zur politischen Rechten gezählt werden. In der Chinesischen Revolution spielte es eine zentrale Rolle. Anders als in Russland war das Bauerntum in China nie eine reaktionäre Kraft. Die Kollektivierungen sind vorbei, doch das Land ist immer noch in Staatsbesitz. Die Bauern verlangen nicht, dass es privatisiert wird. Viele sind skeptisch, was die Kompromisse der KPCh mit dem Kapital angeht.

Wen Tiejun ist der Sprecher für eine Bewegung ländlicher Erneuerung, die international unter dem englischen Namen *New Rural Reconstruction Movement* bekannt ist. Er meint, dass Bauern, die in den Sonderwirtschaftszonen arbeiten, nicht als Proletarier im klassischen Sinne betrachtet werden können. Viele haben weiter einen starken Bezug zu dem Land, das von ihren Familien bearbeitet wird. 35 Jahre kapitalistischer Reformen haben diese Bezüge nicht zunichtegemacht. Migrantische Arbeitskräfte können in Krisenzeiten in ihre Dörfer zurückkehren. Viele von ihnen taten das 2008, als 25 Millionen Menschen ihre Arbeit verloren. Das Geld, das sie in den Fabriken verdienen, ist ein zusätzliches Einkommen, das ihnen hilft, ein Haus zu kaufen, sich zu verheiraten, ihre Kinder in die Schule zu schicken usw. Selbst Angehörige des traditionellen ländlichen Kleinbürgertums teilen die proletarische Sichtweise, dass die globale Ökonomie für China Probleme schafft, vor allem in der Form sozialer Ungleichheit und ökologischer Zerstörung.

Wen Tiejun kritisiert das kapitalistische Wachstumsparadigma. Seine Bewegung spricht sich für ein kollektives Leben aus. Sie verwehrt sich dem Gedanken, dass bessere Lebensbedingungen nur von kapitalistischem Fortschritt kommen können. Die kollektive und ökologische Orientierung der Bewegung spricht auch Arbeiter:innen in den Städten an, die genauso unter der ökologischen Zerstörung zu leiden haben. Viele Bewohner:innen des Landes wie der Städte hoffen, dass die KPCh die negativen Konsequenzen des Dengismus ernstnehmen wird. Sie empfinden es als ungerecht, dass diejenigen, die ›zuerst reich‹ wurden, von Krisen weniger betroffen sind als andere, da sie Essen importieren, Luftreiniger installieren oder umziehen können.

Der Konflikt zwischen dem linken und rechten Flügel der KPCh charakterisiert die chinesische Volksrepublik seit ihrer Gründung 1949. In den 1960er-Jahren ging der linke Flügel in die Offensive, verlor aber die Kontrolle über die Kulturrevolution und wurde durch diese geschwächt. Seither ist der rechte Flügel am Steuer. In den 1990er-Jahren wurde es um die Linke in China sehr still, doch in jüngeren Jahren gibt es ein Comeback. Auf dem Land ist das New Rural Reconstruction Movement einflussreich, und linke Websites nehmen einen Einfluss auf die öffentliche Debatte. Selbst Plattformen, die der KPCh nahestehen, publizieren linke Beiträge. Gedenkfeiern für Mao bieten Linken oft die Möglichkeit, in offiziellem Rahmen Aufmerksamkeit auf sich zu ziehen; manchmal werden die Feierlichkeiten zu antikapitalistischen Protesten. An Maos Geburtstag kommt es zu Treffen von Arbeiter:innen und Student:innen in ganz China, und am Tag des chinesischen Neujahrsfests pilgern Hunderttausende nach Shaoshan, der Heimatstadt Maos in der Provinz Hunan. Die chinesische Regierung weiß, dass der linke Flügel der KPCh immer mehr Unterstützung erfährt. Das ist einer der Gründe, warum es in jüngerer Zeit zu Reformen im Gesundheitswesen, Bildungswesen, in der Wohnpolitik und bei den Pensionen gekommen ist. Die Zwiespältigkeit der KPCh wurde deutlich in einer Rede, die der gegenwärtige Staatspräsident Xi Jinping 2013 unter dem Titel »Sozialismus chinesischer Prägung« gab:

> »Der Aufbau des Sozialismus unter der Führung unserer Partei lässt sich in zwei Perioden teilen: vor der Reform- und Öffnungspolitik und nach der Reform- und Öffnungspolitik. Die Perioden haben große Unterschiede, sind jedoch miteinander verbunden. Gemeinsam ist ihnen, dass die Partei das Volk zum Sozialismus führt. Der ›Sozialismus chinesischer Prägung‹ wurde in der Periode nach der

Reform- und Öffnungspolitik geschaffen, aber auf der Grundlage der sozialistischen Errungenschaften, zu denen es bereits gekommen war. ... Wenn unsere Partei 1978 sich nicht für die Reform- und Öffnungspolitik entschieden hätte, dann wäre es heute um den Sozialismus in China schlechter bestellt. Wir wären möglicherweise in eine ähnliche Krise geschlittert wie die Sowjetunion und die Länder Osteuropas. ... Die sozialistische Praxis der Reform- und Öffnungspolitik ist darauf ausgerichtet, die Errungenschaften der vorangegangenen Periode zu erhalten und weiterzuentwickeln.«[265]

Eine neue antikapitalistische Politik ist in China jederzeit möglich. Sie kann von sozialen Bewegungen angestoßen werden oder von der KPCh selbst. Unabhängige Basisbewegungen wie das New Rural Reconstruction Movement oder die gegenwärtige Arbeiterbewegung sind außerordentlich wichtig. Sie fordern, die Staatsmacht zu ändern. Das kann freilich nur durch eine Massenbewegung geschehen. Der linke Flügel der KPCh alleine wird nicht fähig sein, eine solche Änderung durchzusetzen. Es ist von großer Bedeutung, progressive Basisbewegungen zu unterstützen, und sicherzustellen, dass Menschen das Recht haben, sich unabhängig zu organisieren und frei auszudrücken. Es muss zu einer Demokratisierung am Arbeitsplatz kommen. Wenn die KPCh selbst eine progressive Rolle in der Zukunft spielen will, wird sie sich an diesen Kämpfen beteiligen müssen; sie muss ›zu den Massen gehen‹ und eine neue Politik formulieren.

Ich denke, dass eine sozialistische Lösung der ökonomischen und politischen Widersprüche Chinas immer noch möglich ist. Der Hauptgrund dafür ist die militante Geschichte der chinesischen Arbeiterklasse. Es ist eine Arbeiterklasse, die seit Langem für den Sozialismus kämpft und die Kontrolle der Schlüsselindustrien übernehmen kann. Sie kann Bündnisse mit migrantischen Arbeitskräften, dem Bauerntum und dem proletarisierten Kleinbürgertum eingehen. Dazu braucht es eigene Gewerkschaften und einen offenen Konflikt mit dem rechten, prokapitalistischen Flügel der KPCh.

Global könnte China eine wichtige Rolle in den Kämpfen gegen den Neoliberalismus spielen, die wir im Globalen Süden sehen. Chinas Rolle könnte jener entsprechen, die die Sowjetunion im 20. Jahrhundert für die Befreiungsbewegungen in der Dritten Welt spielte. Dazu kann es nur kommen, wenn die Menschen Chinas den Versuchungen des nationalen Chauvinismus widerstehen.

---

265 Xi Jinping, »Some Questions on Maintaining and Developing Socialism with Chinese Characteristics«, Rede vom 5. Januar 2013, hier zitiert nach www.andrewbatson.com.

Die Bedeutung eines wirklich sozialistischen Chinas kann nicht genug unterstrichen werden. Ein wirklich sozialistisches China könnte die globalen Machtverhältnisse radikal verändern und dem Proletariat im globalen Klassenkampf einen entscheidenden Vorteil verschaffen.

## Die Zapatistas

Es gibt immer noch Befreiungsbewegungen mit sozialistischer Perspektive, selbst wenn sich seit den 1970er-Jahren viel verändert hat. Die PFLP besteht nach wie vor, Teile der kurdischen Bewegung sind sozialistisch, in der West-Sahara kämpft POLISARIO für die Unabhängigkeit, auf den Philippinen und in Indien sind maoistische Bewegungen seit den 1960er-Jahren aktiv, in Nepal kamen Maoisten 2008 nach vielen Jahren des Kampfes sogar and die Macht, und in Kolumbien hat die FARC einen Friedensvertrag unterzeichnet und formiert sich als politische Partei neu (mit welchem Resultat, wird sich zeigen). Diese Beispiele belegen, dass das Vermächtnis der Befreiungskämpfe noch am Leben ist. Dazu gibt es Bewegungen, die in dieser Tradition stehen, ihr jedoch einen neuen Charakter verleihen. Das vielleicht bekannteste Beispiel dafür sind die Zapatistas im mexikanischen Bundesstaat Chiapas.

Der Aufstand der Zapatistas begann 1994. Er überraschte fast alle. Nach dem Fall der Berliner Mauer, der Niederlage der Sandinistas in Nicaragua und der Konterrevolution in El Salvador und Guatemala befanden sich die meisten revolutionären Bewegungen in der Defensive – bis die Zapatistas zuschlugen.

Freilich fiel der Aufstand nicht vom Himmel, sondern war gut vorbereitet worden. Revolutionäre Bewegungen in Mexiko haben eine lange Geschichte. In den 1920er-Jahren brachten sie uns so illustre Figuren wie Pancho Villa und Emiliano Zapata. 1968 war Mexiko-Stadt ein Epizentrum der globalen Protestwelle. Es kam zu zahlreichen Streiks und Demonstrationen. Zehn Tage vor der Eröffnung der Olympischen Spiele töteten Sicherheitskräfte Hunderte Demonstrant:innen im Viertel von Tlatelolco. Wir folgten den Ereignissen in Dänemark und organisierten eine Solidaritätskampagne. Diese inkludierte ein kontroversielles Poster, das die politische Situation der olympischen Propaganda gegenüberstellte: »Die Unterdrückten verlangen Revolution! Die Mächtigen verlangen Unterhaltung? Wir stehen auf der Seite der Unterdrückten. Auf welcher Seit stehst du?«

Bei der Siegerehrung des 200-Meter-Laufs der Herren streckten Tommie Smith und John Carlos ihre Fäuste in schwarzen Handschuhen in die Höhe, um ihre Solidarität mit der Black-Power-Bewegung auszudrücken. (Heute strecken Leichtathlet:innen ihre Schuhe in die Höhe, um Sponsoren zufriedenzustellen.) Die Verhaftungen in Mexiko gingen währenddessen weiter und Jahre brutaler Repression folgten. Viele Aktivist:innen gingen in den Untergrund und schlossen sich den Stadtguerillabewegungen der 1970er-Jahre an. Der Erfolg dieser Bewegungen war mäßig. Die starke Repression durch die Regierung erschwerte die Verbindungen zur Bevölkerung.

In den späten 1980er-Jahren war Mexiko wie viele andere lateinamerikanische Länder gezwungen, ›strukturelle Anpassungsmaßnahmen‹ zu akzeptieren, um die Forderungen des Neoliberalismus zu erfüllen. Etwa 70 Prozent der lukrativen staatlichen Erdöllindustrie wurden privatisiert. Auf dem Land kam es zu einem Höfesterben, als transnationale Unternehmen die Landwirtschaft industrialisierten. In Chiapas, einem vernachlässigten Bundesstaat an der Grenze zu Guatemala, wurde in den frühen 1990er-Jahren viel Land privatisiert. Am 1. Januar 1994 wurde schließlich das Freihandelsabkommen NAFTA zwischen den USA, Kanada und Mexiko unterzeichnet.

In Chiapas gibt es eine Tradition indigenen Widerstands. Das erste Mal, als eine Widerstandsbewegung Teile des Bundesstaats für autonom erklärte, war 1979. Die Regierung antwortete mit Gewalt und Repression. Einige Jahre später zog sich eine kleine Gruppe ehemaliger Stadtguerillas, inklusive dem mittlerweile berühmten Subcomandante Marcos, in den Lacandonischen Urwald in Chiapas zurück. Sie hatten der maoistischen *Fuerzas de Liberación Nacional* angehört und glaubten, dass Chiapas ein fruchtbarerer Boden für ihre Politik sei als Mexiko-Stadt. Zehn Jahre lang lernten sie von den Menschen vor Ort und gewannen ihr Vertrauen. Die Zapatistische Befreiungsarmee EZLN entstand aus dieser Verbindung maoistischer Überzeugungen mit Traditionen indigenen Widerstands.

Am selben Tag, als NAFTA unterzeichnet wurde, starteten ein paar Tausend zapatistische Guerrilleros eine militärische Offensive. Sie besetzten zahlreiche Städte in Chiapas, das urbane Zentrum San Cristóbal inklusive. Ihr Slogan war *Ya Basta!*, ›Jetzt reicht es!‹ Die Botschaft war deutlich: Die indigenen Gesellschaften hatten genug von 500 Jahren ökonomischer Ausbeutung, Unterdrückung und Rassismus.

Die mexikanische Regierung schickte Soldaten. 500 Menschen starben in den Kämpfen. Die Repression gegen die Zapatistas war hart, doch als die Regierung den Zapatistas eine Amnestie anbot, wenn sie ihre Waffen niederlegen würden, antworteten sie in einem offenen Brief:

> »Wofür sollen wir um Verzeihung bitten? Was werden sie uns verzeihen? Daß wir nicht stillschweigend Hungers sterben? Daß wir nicht demütig die gigantische historische Bürde der Mißachtung und Verwahrlosung akzeptieren? Daß wir uns mit Waffen erhoben haben, als wir alle anderen Wege verschlossen vorfanden? ... Daß wir dem Rest des Landes und dem ganzen Globus gezeigt haben, daß die menschliche Würde noch lebt und auf seinen am meisten verarmten Bewohnern beruht?«[266]

Die Zapatistas erklärten, dass sie bereit seien, 30 Jahre lang zu kämpfen, sollte es notwendig werden. Sie meinten damit nicht nur den militärischen Kampf. Nach der bewaffneten Revolte von 1994 fokussierten sie auf andere Mittel.

Im Gegensatz zu traditionellen Befreiungsbewegungen war für die Zapatistas das Ziel nicht die Eroberung der Staatsmacht. Sie wollten in Chiapas autonome Regionen einrichten, frei von der Unterdrückung des Staates und neoliberaler Politik. Sie wollten ihre eigene Macht ausüben und ihre eigenen Institutionen schaffen. Durch selbstverwaltete Kliniken und Schulen und direkte Demokratie beabsichtigten sie, eine konkrete Alternative zum Neoliberalismus und korrupter parlamentarischer Herrschaft zu etablieren.

Ein Teil ihrer Strategie war es, transnationale Allianzen zu formen, die auch die neuen sozialen Bewegungen im Globalen Norden inkludieren sollten. Sie waren Meister in der Anwendung eines damals neuen Mediums, des Internets. Die Zapatistas waren unter den Ersten, die es für politische Zwecke nutzten. Sie luden Aktivist:innen aus der ganzen Welt ein, um mit ihnen Erfahrungen im Kampf gegen die neoliberale Ordnung auszutauschen. Die Tatsache, dass viele Leute aus dem Ausland nach Chiapas kamen, zwang die mexikanische Regierung dazu, sich teilweise zurückzuziehen. Das schuf einen Freiraum für die Zapatistas, um, wie geplant, ihre eigenen Institutionen aufzubauen.

Ich war einer von vielen, die nach Chiapas reisten, um sich in den dunklen Zeiten der neoliberalen Offensive inspirieren zu lassen. Neben Tausenden anderer internationaler Besucher:innen nahm ich 1996 am ›Ersten Treffen für Humanität und gegen Neoliberalismus‹ im Dorf La Realidad teil. Ich kam als Teil einer siebenköpfigen Delegation der dänischen Solidaritätsorganisation *Internationalt Forum*. Es war eine großartige Erfahrung – ich war gerade aus dem Gefängnis entlassen worden und musste mich politisch neu orientieren.

---

266 Subcomandante Marcos, »Wer muss um Verzeihung bitten, und wer kann sie gewähren?«, 18. Januar 1994, www.chiapas.at.

Ein Aspekt des Treffens war es, Solidarität mit dem zapatistischen Aufstand auszudrücken. Ein anderer war es, gemeinsame Analysen und Praktiken für den Kampf gegen den Neoliberalismus zu entwickeln. Es kamen etwa 3.000 Menschen nach La Realidad, die meisten aus Lateinamerika, Nordamerika und Europa, aber auch aus Australien, Neuseeland und von den Philippinen. Leider waren nicht viele Menschen aus Afrika und dem Nahen Osten dort.

Internationale Treffen dieser Art finden gewöhnlich in klimatisierten Konferenzräumen im Globalen Norden statt. Dieses Treffen war sehr anders. In den Tagen vor dem Beginn der Konferenz tröpfelte eine wilde Mischung von Delegierten aus 43 Ländern in Chiapas ein: ehemalige lateinamerikanische Guerilleros; ehemalige Mitglieder der RAF und der Roten Brigaden; Mütter der unter der argentinischen Militärdiktatur Verschwundenen; Dissident:innen von 1968, die ihre Batterien wieder aufladen wollten; junge anarchistische Punks aus Kanada; indigene Aktivist:innen aus den USA; Autonome aus Deutschland; Sozialarbeiter:innen aus London; Gewerkschafter:innen aus Manila; Öko-Aktivist:innen aus Australien; Intellektuelle aus Paris. Jedes Alter war vertreten, das Geschlechterverhältnis war ausgeglichen.

Ins Dorf La Realidad gelangte diese bunte Mischung in einem Bus-Konvoi auf Schotterstraßen durch den Regenwald. Die Reise dauerte 17 Stunden. Um 5 Uhr morgens kamen wir an, inmitten eines tropischen Unwetters. Die Straße hörte in La Realidad einfach auf. Das Dorf war von dichtem Dschungel umgeben. Wir packten unsere Isomatten und Schlafsäcke aus und suchten unter einem improvisierten Dach Schutz, um den Schlaf zu bekommen, den wir dringend nötig hatten. Währenddessen spielte eine Band lateinamerikanischen Pop, um uns zu begrüßen. Die Leute, die nun herumliefen, verwandelten die Straßen des Dorfes in Nullkommanichts in ein Schlammbad. Wir wurden von Insekten aufgegessen und eine monströse Spinne machte es sich in meinem Schuh bequem. Alles war ein bisschen surreal, aber auch eine Erinnerung an die Lebensbedingungen im Globalen Süden.

Das Treffen in La Realidad bestätigte, dass das globale Bewusstsein Ende der 1990er-Jahre am Wachsen war. Menschen versuchten, eine weltweite Gegenmacht zum Neoliberalismus aufzubauen. Dass die Zapatistas in der Lage waren, das Treffen trotz der Repression der mexikanischen Regierung abzuhalten, zeugte von ihren organisatorischen Fähigkeiten.

Der Frieden in Chiapas war fragil. Regierungssoldaten patrouillierten nur wenige Kilometer von unserem Treffen entfernt, Militärflugzeuge kreisten über unseren Köpfen. Die Zapatistas verstanden von Anfang an, dass mediale Präsenz in Chiapas eines ihrer wichtigsten Verteidigungsmittel war. Sie wussten, wie sie Aufmerksamkeit erregen und Menschen mobilisieren konnten, national wie international. Sie bestimmten die Agenda. Berühmtheiten wie Oliver Stone und Gabriel Garciá Márquez kamen auf Besuch. Unter den aufmerksamen Augen eines internationalen Publikums wären militärische Konfrontationen und Tote für die mexikanische Regierung ein hohes Risiko gewesen. Die Regierung wollte unbedingt den Eindruck vermitteln, dass die Lage in Mexiko stabil sei und sie alles unter Kontrolle habe.

Es war wunderbar, so viele Menschen in La Realidad zu treffen, die ihren Beitrag für eine bessere Welt leisten wollten. Es erinnerte uns daran, dass wir nicht alleine, sondern Teil eines globalen Netzwerks waren.[267]

### *Die Zapatistas, Macht und Strategie*

Manche meinen, dass die Strategie der Zapatistas vor allem aus schönen Worten bestehe. Ihre Ziele seien jedoch unrealistisch und die politischen Taktiken nicht effektiv. Aber die Zapatistas denken ›Macht‹, ›Stärke‹ und ›Revolution‹ anders, als wir es gewohnt sind. Das führt auch zu anderen Formen des Widerstands. Sind die Ziele der Zapatistas wirklich unrealistischer als die der traditionellen Linken? Sind ihre Taktiken ineffektiver? Auf den folgenden Seiten werde ich versuchen, das Verständnis der Zapatistas von ›Macht‹ und ›Strategie‹ zu erklären.

Das ehemalige Sprachrohr der Zapatistas, Subcomandante Marcos, sagt: »Die Regierung hat das Militär; wir sind mit der Wahrheit bewaffnet.«[268] Aber was ist ›Wahrheit‹, und warum spielt sie im Befreiungskampf eine Rolle?

Wahrheit wird im Kampf definiert. Was wir als wahr erachten, wirkt sich auf unser Verständnis der Wirklichkeit und der Wissenschaft, von Gut und Böse, vom Möglichen und Unmöglichen aus. Politiker:innen bezeichnen das gerne als ›Kulturkampf‹, postmoderne Akademiker:innen als ›diskursiven Konflikt‹.

Als 1989 die Berliner Mauer fiel, erklärte der damalige US-Präsident George H. W. Bush, dass kapitalistische Märkte und bürgerliche Demokratien jetzt eine bessere Welt für alle schaffen würden. Es war eine ›Wahrheit‹,

267 Ein Erfahrungsbericht von mir wurde auf Spanisch veröffentlicht unter dem Titel »Estrategia para un anti-capitalismo global«, 1996, www.piensachile.com.

268 John Holloway, »Der Begriff der Macht und die Zapatistas«, 1996, www.chiapas.at.

die uns aufgezwungen wurde. Heute – gezwungen, Anpassungen vorzunehmen – versuchen die herrschenden Klassen, uns eine andere Wahrheit zu verkaufen: Kapitalistische Märkte und bürgerliche Demokratien seien zwar nicht fehlerlos, aber immer noch die beste Option, die wir haben. Der Sozialismus habe seine Chance gehabt, aber es habe sich sich als aussichtslos erwiesen, für eine bessere Welt zu kämpfen. Es bleibe uns also nichts anderes, als das Beste aus dem zu machen, was wir haben, oder: »Es gibt keine Alternative«, wie die ehemalige britische Ministerpräsidentin Margaret Thatcher es ausdrückte.

Doch die Zapatistas weisen diese Wahrheit zurück: »Eine neue Lüge wird uns als Geschichte verkauft: Die Lüge der Niederlage der Hoffnung, die Lüge der Niederlage der Würde, die Lüge der Niederlage der Menschlichkeit.«[269] Die Zapatistas wollten die Hoffnung auf eine bessere Welt wiederbeleben; eine Hoffnung, die einst Millionen von Menschen verspürten, vor den revolutionären Fehlschlägen und dem staatssozialistischen Fiasko der 1980er-Jahre. Die Medien nennen die Zapatistas gerne ›Profis der Hoffnung‹, weil sie eine andere Wahrheit schaffen als jene, die uns die Herrschenden aufzwingen. Sie sagen:

> »Dies ist ein Dialog, der nicht gerecht ist, es ist kein Dialog unter Gleichen. Aber in diesem Dialog ist nicht die EZLN der schwache Teil, sie ist der starke Teil. Auf unserer Seite stehen die moralische Autorität und die geschichtliche Vernunft. Auf Seiten der Regierung sind nur die militärische Gewalt und die Lügen, die einige Kommunikationsmedien verbreiten, zu finden. Und Gewalt und Lüge werden niemals, niemals stärker sein als die Vernunft.«[270]

Empirisch scheint diese Behauptung absurd. Es gibt zahllose Beispiele dafür, dass militärische Macht über die Wahrheit siegt. Aber es gibt auch Beispiele für Wahrheiten, die militärische Macht besiegt haben.

Der Kampf um die Wahrheit berührt die ganze Gesellschaft. Er läuft von den obersten Schichten bis zu den untersten und zurück. Um die Wahrheit wird gekämpft, sobald Menschen aufeinandertreffen. Die herrschende Ordnung hat ihre Werte und Normen, und Gegenmacht aufzubauen bedeutet unter anderem, andere Werte und Normen zu schaffen. Dies geschieht nicht zuletzt durch politische Praxis. Zum Beispiel, indem Macht auf eine andere Art ausgeübt wird, als wir es gewohnt sind. Der Staat hat die Polizei, das Mi-

---

269 ebda.
270 ebda.

litär und die Justiz, aber um die Welt (und die Wahrheit) zu verändern, reicht es nicht, diese zu übernehmen.

Die Werkzeuge der Staatsmacht sind Werkzeuge der Unterdrückung, nicht des gesellschaftlichen Wandels. Die NATO hat enorme militärische Macht und ein riesiges Zerstörungspotenzial, aber kann sie neue Werte und Normen etablieren? Die USA konnten Saddam Hussein und die Taliban stürzen, waren aber unfähig, Nationalstaaten nach ihrem Vorbild (oder überhaupt funktionierende Nationalstaaten) zu hinterlassen. Um im Irak und in Afghanistan wenigstens Regime zu installieren, die ihren Interessen dienten, war die NATO auf die Unterstützung von Kräften angewiesen, die für andere Werte und Normen stehen. Ein Wandel von gesellschaftlichen Werten und Normen ist ein langwieriger Prozess. Das ist eine der Lehren, die man aus den Einsätzen im Irak und in Afghanistan gewinnen konnte, ebenso aus jenen in Somalia, Libyen und Syrien.

Der mexikanische Staat würde nichts lieber tun, als die Rebellion der Zapatistas niederzuschlagen. Aber die Zapatistas konfrontieren die Staatsmacht nicht direkt, sondern konzentrieren sich auf ihre Autonomie. Der Staat wird nur konfrontiert, wenn es zur Verteidigung notwendig ist. Deshalb behalten die Zapatistas ihre Waffen.

Das zapatistische Verständnis der Macht impliziert ein großes Wagnis. Schlüsselfrage ist das Verhältnis von Wahrheit und Macht. Dies wird anschaulich in der Weise, in der die Zapatistas ihre Macht ausüben. Sie folgen dem Motto ›Zu führen bedeutet zu folgen.‹ Das erinnert an Maos Massenlinie: Revolutionäre Politik bedeutet, von den Massen zu lernen. Aber das zapatistische Verständnis der Demokratie entspricht nicht dem demokratischen Zentralismus der kommunistischen Parteien. Die Zapatistas befürworten eine direkte und konsensorientierte Demokratie: Entscheidungen werden bei Versammlungen getroffen, auf denen sich alle äußern dürfen. Das kann dauern, aber das Resultat ist ein gemeinsamer Beschluss, was zu tun ist. ›Räte guter Regierung‹ sind für die tägliche Verwaltung der autonomen Regionen verantwortlich. Die Mitglieder der Räte rotieren. Die Zapatistas sind überzeugt, dass alle Entscheidungsträger sein können, und dass die Gesellschaft eine stärkere ist, wenn alle Entscheidungsträger sind. Subcomandante Marcos wurde sicherlich zu einer charismatischen Galionsfigur der Zapatistas, mit seiner ikonischen Sturmhaube, der Pfeife und seiner Eloquenz. Aber Marcos handelte stets in Einklang mit der EZLN-Führung, die aus vielen Menschen besteht.

Die Zapatistas wollen keine leninistische Avantgarde-Partei sein. Ihr Ziel ist es nicht, militärisch stark genug zu werden, um gegen die Regierung in den Krieg zu ziehen. Für die Zapatistas ist Macht nichts, das man erben oder sich nehmen kann. Macht besteht aus den Aktivitäten, die den Alltag formen. Als die ›Revolutionäre Volksarmee‹ (EPR), eine Guerilla-Bewegung, die im Süden Mexikos aktiv ist, auf die Zapatistas mit dem Angebot einer Zusammenarbeit herantrat, lehnte Subcomandante Marcos ab: »Wir wollen nicht die Macht ergreifen, sondern sie ausüben. Ich weiß, dass ihr das für utopisch haltet, aber es ist der Weg der Zapatistas.«[271]

Hat sich die zapatistische Strategie bewährt? Nun, die zapatistische Bewegung überlebt seit mehr als 20 Jahren, trotz ständiger Versuche des mexikanischen Staates, sie zu zerstören. Das Überleben ist nicht der militärischen Stärke der EZLN zuzuschreiben. Diese ist sehr begrenzt. Es verdankt sich in erster Linie der internationalen Unterstützung – nicht von Staaten, sondern von sozialen Bewegungen, progressiven Organisationen und gewöhnlichen Menschen. Die Zapatistas üben ihre Macht immer noch aus, indem sie Menschen involvieren, in die Leitung der Schulen und Kliniken, die Produktion und Verteilung von Nahrungsmitteln, die politische Entscheidungsfindung. In einem Land, dessen Regierung immer mehr an Legitimität verliert, ist das von großer Bedeutung.

Wir müssen uns der verschiedenen Formen bewusst sein, die Macht annehmen kann. Macht wird von dem geformt, was wir tun, individuell und kollektiv. Was hilft es uns, wenn alle mehr Gemeinschaft fordern, aber individualistisch handeln? Macht wird ständig ausgeübt, aber dasselbe gilt für den Widerstand. Im Widerstand müssen wir alle Werkzeuge anwenden, die wir haben. Um die effektivsten auszumachen, müssen wir die spezifische Situation analysieren, in der wir uns befinden. Das verlangt auch eine Analyse der Machtstrukturen. So gelangen wir zu einer effektiven Strategie und effektiven Taktiken.

Es wird deutlich, warum die Zapatistas trotz ihrer begrenzten militärischen Möglichkeiten so gefährlich für die mexikanische Regierung sind. Sie nehmen den Schlachtruf *Ya Basta!* ernst. Sie fordern Menschenwürde in einer Welt, die sie dieser beraubt. Sie sind bewaffnet mit einer Wahrheit, die das neoliberale System zu einer Lüge macht. Aber den Neoliberalismus zu bekämpfen ist nicht einfacher, als die Staatsmacht zu bekämpfen. Ganz und

271 EZLN, Kommuniqué, 29. August 1996, hier zitiert nach: www.struggle.ws.

gar nicht. Die neoliberale Macht baut nicht nur auf ökonomischen Grundlagen auf. Sie hat das Patriarchat, Rassismus, Militarismus, Naturzerstörung, Konsumgesellschaft und die Medien auf ihrer Seite. Doch der Neoliberalismus wird uns nicht nur von außen auferlegt. Er läuft durch unsere Venen, ein Virus des Individualismus und der Gier. Es wird immer schwieriger, ihn loszuwerden.

Die Staatsmacht wurde oft erobert, doch wir müssen darüber hinausgehen Es ist eine große Herausforderung, konkrete Alternativen zu den herrschenden Produktions- und Regierungsformen zu entwickeln. Doch diese Aufgabe ist mindestens so wichtig wie das Erobern der staatlichen Institutionen. Die Zapatistas sind mehr als irgendeine revolutionäre Bewegung in einem weit entfernten Land. Sie stellen eine theoretische wie praktische Herausforderung für alle dar, die die Welt verändern wollen.

## Das Weltsozialforum

Es gab mehrere Versuche in den 1990er-Jahren, globale Netzwerke zu bilden, um sich der Globalisierung von oben zu widersetzen. Ein Beispiel ist die Bewegung ATTAC, die eine Steuer auf alle internationalen Finanztransaktionen verlangte (›Tobin-Steuer‹). Dazu kamen Massenmobilisierungen gegen Gipfeltreffen der Welthandelsorganisation und der G-Gruppen sowie Initiativen wie das Weltsozialforum, das versucht, soziale Bewegungen aus der ganzen Welt zu vereinen.

Die Zapatistas waren für diese Ansätze eine wichtige Inspirationsquelle. Lose Netzwerke, ermöglicht durch das Internet, wurden zur Norm. Die Proteste gegen das Treffen der Welthandelsorganisation in Seattle 1999, die zu einem vorzeitigen Abbruch des Treffens führten, wurden zum Symbol für diese neue Art des Aktivismus. Viele ähnliche Proteste folgten. Manchmal kam es dabei zu ernsthaften Auseinandersetzungen mit den Sicherheitskräften, etwa beim EU-Gipfel in Göteborg im Juni 2001 oder dem G8-Gipfel in Genua einen Monat später.

Die Proteste wurden auch von den Thesen Michael Hardts und Toni Negris angespornt, die in ihrem Buch *Empire* meinten, dass transnationale Organisationen wie die Welthandelsorganisation, die Weltbank und der Internationale Währungsfonds wichtiger für die neoliberale Ordnung seien als staatliche Regierungen, und dass effektiver Widerstand die gleiche globale Reichweite haben müsse. Doch in der Organisierung der neuen sozialen Bewegungen erwies es sich als schwierig, über das bloße Netzwerken hinauszukommen. Der Widerstand war vielfältig, aber nicht vereint. Ein loses Netzwerk ersetzte das nächste. Soziale Medien spielen für das Netzwerken eine wichtige Rolle, haben neben ihren Stärken aber auch Schwächen. Sie erlauben, Informationen schnell zu verbreiten und wichtige Fragen zu diskutieren, doch oft fehlt der Schritt hin zur Praxis, die für die Veränderung der Welt notwendig ist.

Ein konkretes organisatorisches Resultat der globalen Netzwerke sind internationale Treffen. Das Weltsozialforum (WSF) sticht dabei heraus. Das erste WSF-Treffen fand 2001 in Port Alegre, Brasilien, statt. In vielerlei Hinsicht folgte es dem Beispiel, das die Zapatistas mit ihrem Treffen in La Realidad gesetzt hatten. Viele der Organisatoren des WSF hatten daran teilgenommen. Es gab eine Reihe regionaler Vorbereitungstreffen, in Europa in Prag und Madrid. Man wollte die Erfahrung von La Realidad fortsetzen. Die Linke befand sich immer noch in einer Krise.

Der Name ›Weltsozialforum‹ bezieht sich auf das ›Weltwirtschaftsforum‹, das jedes Jahr in Davos in der Schweiz stattfindet. Dort treffen sich die politischen und ökonomischen Eliten der Welt, um globale Strategien von oben zu formulieren. Das Ziel des WSF ist das genaue Gegenteil, nämlich das Formulieren globaler Strategien von unten. Im Zentrum stehen die Interessen der Menschheit, nicht des Kapitals. Das WSF ist horizontal organisiert, nicht zuletzt in bewusster Opposition gegen die vertikale Organisation traditioneller linker Parteien. ›Offene Räume‹ ersetzen ›demokratischen Zentralismus‹. Alle sollen eine Stimme haben. Direkte Demokratie ist wichtiger als parlamentarische Politik, entfremdet vom täglichen Leben der Menschen. Das WSF bringt NGOs, Gewerkschaften und Basisbewegungen zusammen.

Anfang der 2000er-Jahre schossen NGOs wie Pilze aus dem Boden und wurden rasch sehr einflussreich. Sie beanspruchten, die ›Zivilgesellschaft‹ zu repräsentieren. Die meisten NGOs werden durch Mitgliedsbeiträge und Zuschüsse privater wie öffentlicher Spender finanziert. Oft gibt es einige Angestellte, doch viel Arbeit wird ehrenamtlich erbracht. Manche NGOs, etwa Greenpeace oder Amnesty International, sind tatsächlich von staatlichen Institutionen unabhängig, aber gerade im Globalen Süden werden viele NGOs von staatlichen Institutionen im Globalen Norden gesponsert. Sie sind daher alles andere als *Non-Governmental Organizations*, wie es ihr Name suggeriert. NGOs pflegen manchmal eine radikale Rhetorik, aber die Wahrscheinlichkeit, dass ihre Tätigkeiten zu radikaler Veränderung führen, ist minimal. Sie sind viel zu abhängig von Schirmherren, die das gegenwärtige System bewahren wollen, genau so, wie es ist. Ein ›gutes Arbeitsklima‹ ist wichtiger als Konfrontation, strukturelle Anpassungen sind wichtiger als grundlegender Wandel.

Das WSF inkludiert NGOs, da sie helfen, Unterstützer zu gewinnen und Regierungen wie transnationalen Institutionen die ein oder andere Reform abzuzwingen. Aber das bedeutet auch, dass die Grenzen zwischen radikalen sozialen Bewegungen, NGOs und der Staatsmacht im WSF undeutlich werden. So verwehrt man sich im WSF der Zusammenarbeit mit Bewegungen, die in bewaffnete Kämpfe involviert sind, wie die PKK in Kurdistan oder die Naxaliten in Indien. Gleichzeitig ist es aufgrund der losen Struktur des WSF schwierig zu kontrollieren, wer teilnimmt. Reisekosten, Registrierungsgebühren und Visabestimmungen schließen Menschen aus dem Globalen Süden oft aus.

Die treibenden Kräfte hinter dem ersten WSF-Treffen waren brasilianische NGOs und die Bewegung ATTAC. Seit 2001 ist es unter anderem zu WSF-Treffen in Indien, Venezuela, Pakistan, Kenia, Senegal, Tunesien und Kanada gekommen. Es gab auch zahlreiche regionale, nationale und kontinentale Sozialforen. Die Anzahl der Teilnehmer ist gewöhnlich beeindruckend. Sie kommen aus vielen Ländern und gehören verschiedenen Klassen an. Aber wie effektiv sind die Treffen, wenn wir die Ziele des WSF in Betracht ziehen? Stärken sie den Widerstand gegen Neoliberalismus und Imperialismus? Helfen sie dabei, eine ›andere Welt‹ aufzubauen, mit neuen Beziehungen unter den Menschen sowie zwischen den Menschen und der Natur? Am positivsten wird das WSF von sozialen Bewegungen und NGOs betrachtet, die es als offenes, horizontales Netzwerk schätzen, das ihnen erlaubt, ihre Aktivitäten zu koordinieren und voneinander zu lernen. Im Buch *Globalize This!* drücken Kevin Danaher und Roger Burbach dies so aus:

> »Wenn wir genau hinsehen, lassen sich die Konturen der ersten globalen Revolution ausmachen. Bisher war jede Revolution eine nationale Revolution, mit dem Ziel, die Regierung zu übernehmen. Aber die unverhohlene Fixierung auf Konzerninteressen durch mächtige globale Institutionen wie dem IWF, der Weltbank und der WHO haben demokratische Basisbewegungen dazu gebracht, eine globale Revolution zu planen. Es handelt sich um eine Revolution der Institutionen, aber auch der Werte. Geld steht nicht mehr im Zentrum, sondern wirkliche Demokratie.«[272]

272 Kevin Danaher und Roger Burbach (Hg.), *Globalize This! The Battle Against the World Trade Organization and Corporate Rule* (Monroe: Common Courage, 2000), 9.

Chico Whitaker, eine einflussreiche Figur im WSF, beschreibt die Vorteile wie folgt: ein starkes globales Netzwerk, keine zentrale Leitung, gemeinsame Verantwortung. Er meint, dass sich so die Probleme repräsentativer Demokratie und parteipolitischen Hickhacks überwinden lassen. Whitaker sieht das WSF als Alternative zur liberalen parlamentarischen Politik – aber er hat nie erklärt, wie seine demokratische Vision außerhalb des WSF implementiert werden kann.

Zentrale WSF-Entscheidungen werden von einem ›Internationalen Rat‹ mit 120 Mitgliedern getroffen. Es gibt informelle Machtstrukturen, wie in jeder Organisation. Manche Menschen haben mehr Einfluss als andere, ohne dass dies deutlich ist. Ein Mitglied des Internationalen Rates wurde mit den Worten zitiert: »Es entsteht oft der Eindruck, dass das WSF ›von oben‹ kontrolliert wird, auch wenn immer das Gegenteil betont wird. Ich habe auch gehört, dass sich die Teilnahme am WSF so anfühlt, als sitze man im Politbüro ohne zu wissen, wer Stalin ist.«[273]

Kurz, das WSF hat Schwierigkeiten, sich als politische Kraft zu beweisen. Es mag informelle Netzwerke ermöglichen und offene Räume schaffen, hat aber wenig mehr vorzuweisen. Es gibt Papiere, die im Namen des WSF veröffentlicht werden und konkrete Forderungen enthalten wie einen Schuldenerlass für Länder des Globalen Südens, Abgaben auf internationale Finanztransaktionen, die Abschaffung von Steueroasen, die Unterstützung von ›fairem Handel‹ und anderes.[274] Aber selbst was diese relativ vagen Forderungen betrifft, ist es schwierig, eine gemeinsame Basis zu finden.

Es gibt zwei Hauptströmungen im WSF: Eine, die den Netzwerk-Charakter schätzt, und eine andere, die deutlichere Strukturen und eine politische Plattform fordert. Wir können von einem ›postmodernen‹ und einem ›klassischen‹ Flügel sprechen.[275] Der postmoderne Flügel fokussiert auf das, was die jüngste Phase des Kapitalismus kennzeichnet: Wissen, Information, Kommunikation, das Finanzwesen. Die Arbeit von Hardt und Negri ist für diesen Flügel sehr wichtig. Der klassische Flügel wird von Leuten wie Samir Amin repräsentiert, der ein regelmäßiger Teilnehmer an WSF-Treffen und ein Mitglied des Internationalen Rates war. Für Amin war das Finanzwesen

---

273 Heikki Patomäki und Teivo Teivainen, »The Social Forum: An Open Space or a Movement of Movements?«, in: *Theory Culture Society* (no. 6, 2004).

274 Siehe zum Beispiel das »Porto Alegre Conensus Manifesto«.

275 ›Postmodern‹ im Sinne der postindustriellen Entwicklung in Westeuropa und Nordamerika.

immer von der industriellen Produktion abhängig. Der postmoderne Flügel fokussiert auf kulturelle Macht, während sich der klassische Flügel auf institutionelle Macht konzentriert. Der postmoderne Flügel will horizontale Netzwerke formen und im Konsens entscheiden, der klassische Flügel will effektivere Organisationsformen bilden.

Ich denke, dass der postmoderne Flügel ein differenzierteres Verständnis von Staatsmacht und partizipatorischem und demokratischem Aktivismus hat. Aber die strukturelle Analyse und die organisatorischen Prinzipien des klassischen Lagers sind alles andere als überholt. Lose Netzwerke, Textnachrichten und Soziale Medien sind nicht genug, um mächtige ökonomische und politische Systeme zu stürzen. Das wurde am Beispiel des Arabischen Frühlings deutlich. In Ägypten profitierte die Muslimbruderschaft mit ihren starken organisatorischen Strukturen weit mehr von den gesellschaftlichen Unruhen als jede progressive Kraft.

Die Menschen, die bei WSF-Treffen zusammenkommen, meinen es mit ihren Beschwörungen der ›Globalisierung von unten‹ sicher ernst. Sie wollen eine Globalisierung sehen, die auf den alltäglichen Erfahrungen der Menschen aufbaut, am Arbeitsplatz, in der Nachbarschaft usw. Aber ohne breite Bündnisse kann es dazu nicht kommen. Proteste, bei denen die Jugend an vorderster Front steht, sind großartig, aber ihr Potenzial bleibt beschränkt. Gipfelproteste bringen verschiedene Bewegungen zusammen, geben ihnen ein größeres Publikum und inspirieren andere, aktiv zu werden, aber das System ist gegen sie immun geworden. Es ignoriert die Forderungen der Protestierenden schlicht, weil es keine Konsequenzen fürchten muss. Die Proteste sind wichtig, großteils jedoch zu einem Ritual verkommen. Sie helfen nicht dabei, starke und nachhaltige Bewegungen aufzubauen. Das hat auch das WSF nicht geschafft. Selbst wenn das Verständnis von Macht und Widerstand jenem der Zapatistas ähnlich ist, wird das, anders als in Chiapas, von den WSF-Treffen nicht reflektiert.

# 11. Praxis

Wir haben uns einige Akteure linker Politik angesehen. Nun will ich mich der Frage politischer Praxis im Allgemeinen zuwenden. Wie können wir Einfluss auf ökonomische und politische Strukturen nehmen? Auf welchen historischen Erfahrungen können wir aufbauen? Wie sehen die gegenwärtigen Praktiken der Linken aus, im Globalen Süden wie im Norden? Welche sind die vielversprechendsten Taktiken und Strategien für unsere zukünftige politische Arbeit?

## Revolutionäre Erfahrungen

Eine gerechte und nachhaltige Welt verlangt eine radikale Veränderung der Eigentumsverhältnisse sowie eine globale Neuverteilung unserer Ressourcen. Historisch betrachtet kommen radikale Veränderungen nicht von parlamentarischer Politik, sondern von breiten Basisbewegungen. Im Parlament wird selten über den Besitz der Produktionsmittel abgestimmt. Demokratische Prozeduren können nützlich sein, aber sich ausschließlich auf den Parlamentarismus zu verlassen, steht radikaler Veränderung im Wege. Ich will eine radikale Veränderung sehen, deshalb bin ich Revolutionär. Aber was bedeutet Revolution? Das ist die Frage, die ich zu Beginn dieses Kapitels diskutieren will.

Viele Menschen leben in Armut und werden jahrzehntelang unterdrückt, ohne sich zu wehren. Dann riskieren sie plötzlich ihr Leben, um die Ordnung, der sie unterworfen sind, umzustürzen. Warum? Was sind die objektiven und subjektiven Gründe für ihr Aufbegehren? Warum kommt es plötzlich zu Widerstand, obwohl die Herrschenden so lange unangreifbar schienen? Warum kommt das System plötzlich ins Wanken? Woher kommen der Mut und die Hoffnung der Aufständischen?

Ich definiere Revolution als einen plötzlichen, radikalen Wandel der Eigentumsverhältnisse. Das gilt für den Grundbesitz ebenso wie für die Produktionsmittel. Auch die Staatsmacht wird durch einen Aufstand von unten, durch eine *Klassenrevolte*, neu bestimmt. Ökonomische und politische Veränderung gehen Hand in Hand, die Chinesische Revolution und die Kubanische Revolution machten dies besonders deutlich. Der Reformismus stellt weder die kapitalistischen Produktionsverhältnisse noch das gegenwärtige politische System infrage.

Es ist jedoch nicht alleine die *Form*, die den Klassenkampf revolutionär oder reformistisch macht. Gewalt ist kein notwendiges Kennzeichen revolutionärer Politik. Es gab gewaltfreie Revolutionen: in Bolivien 1952, in Chile 1970, in Grenada 1979. Aber diese Revolutionen wurden mit Waffengewalt von konterrevolutionären Kräften bekämpft, was es unmöglich machte, die radikalen Veränderungen durchzusetzen, die man sich vorgenommen hatte. Ich werde zur Frage der Gewalt weiter unten zurückkehren.

Für sein Buch *Taking Power* betrachtete der amerikanische Soziologe John Foran 39 Revolutionen, die sich zwischen 1910 und 2005 in der Dritten Welt ereignet haben. Foran versuchte, den Erfolg bzw. das Scheitern von Revolutionen zu verstehen. Er berücksichtigte sowohl die strukturellen Voraussetzungen der Revolutionen als auch ihre Taktiken und Strategien und identifizierte letztlich fünf Bedingungen, die für erfolgreiche Revolutionen notwendig waren: ökonomische Abhängigkeit; ein unterdrückerisches Regime; eine Kultur des Widerstands; eine revolutionäre Situation, geschaffen von einer ökonomischen und politischen Krise; und internationale Machtverhältnisse, die eine Möglichkeit zur Veränderung eröffnen. Wir wollen uns diese fünf Bedingungen näher ansehen.

*Ökonomische Abhängigkeit*: Die ökonomischen und politischen Realitäten des Globalen Südens sind eine Konsequenz des imperialistischen Systems. Die Ökonomien der Kolonien waren nie unabhängig. Foran meint, dass die ökonomische Abhängigkeit breite Klassenallianzen in den Kolonien ermöglichte. Alle revolutionären Aufstände des letzten Jahrhunderts ereigneten sich in der Peripherie oder Semiperipherie des imperialistischen Systems. Die erste Revolution, die erfolgreich war, war die in Russland 1917, einem semiperipheren Land. Die Russische Revolution verschob das Zentrum der kommunistischen Bewegung von der Metropole zur Peripherie. Dies war für die revolutionäre Geschichte des 20. Jahrhunderts von großer Bedeutung.

*Ein unterdrückerisches Regime*: Um Recht und Ordnung in einer abhängigen Ökonomie aufrechtzuerhalten, ist ein repressiver Staat notwendig: Batista in Kuba, Somoza in Nicaragua, der Schah im Iran. Sie waren alle Herrscher, die sich auf ein unterdrückerisches Regime stützten und dieses personifizierten. Sie waren in der Bevölkerung nicht beliebt, und die Unterdrückung der Armen und die politische Marginalisierung der Mittelschicht (manchmal sogar der nationalen Oberschicht) ermöglichte breite, widerständige Klassenallianzen. Dasselbe gilt für den Kolonialstaat, eine spezielle Form des unterdrückerischen Regimes. Es gab keine parlamentarischen Demokratien im Globalen Süden, wo sich revolutionäre Parteien offen hätten organisieren und mithilfe des Wahlzettels an die Macht gelangen können. Die Kombination einer abhängigen Ökonomie und eines repressiven Regimes schuf die Basis für revolutionäre Entwicklungen. Diese Kombination findet sich überall im Globalen Süden, aber sie führt nicht immer zu einer revolutionären Bewegung. Dazu braucht es auch Revolutionäre.

*Eine Kultur des Widerstands*: Jede revolutionäre Bewegung baut auf sozialen Gruppen und Klassen auf, die fähig sind, die Massen zu mobilisieren und mit anderen sozialen Gruppen und Klassen Allianzen zu formen. Das verlangt gründliche Analyse, politische Vision und effektive Propaganda. Es verlangt auch die Fähigkeit, organisatorische Strukturen, Kommunikationskanäle, Bildungsprogramme und gesellschaftliche wie kulturelle Institutionen aufzubauen und zu verteidigen.

*Eine revolutionäre Situation*: Zu einer revolutionären Situation kommt es, wenn eine ökonomische und politische Krise plötzlich zu einer Verschlechterung der Lebensbedingungen führt. Aber damit aus einer revolutionären Situation eine Revolution wird, reicht es nicht, dass die Massen sich das wünschen. Die Krise muss so tief sein, dass die Herrschenden gezwungen sind, diesem Wunsch nachzugeben. Nur wenn die herrschenden Klassen die Kontrolle verlieren, können revolutionäre Bewegungen erfolgreich sein. Der Wunsch nach einer anderen Gesellschaft muss mit einer Krise zusammenfallen, die die Widersprüche des herrschenden Systems unlösbar macht. In allen 39 Revolutionen, die Foran studierte, galt: *misery matters*.

*Eine Möglichkeit zur Veränderung*: Ob eine revolutionäre Bewegung erfolgreich ist oder nicht, hängt schließlich von der geopolitischen Lage ab. Sie kann nur erfolgreich sein, wenn diese eine Veränderung zulässt. Kriege können diese Möglichkeit schaffen, aber auch andere Ereignisse, die die globalen Machtverhältnisse durcheinanderwirblen. Dazu gehören Rivalitäten zwischen Supermächten wie der Kalte Krieg, aber auch interne Krisen von Supermächten wie jene, die die USA aufgrund des Vietnamkriegs und einer starken Bürgerrechtsbewegung in den 1960er-Jahren erlebten.

Es gibt eine weitere Bedingung, die in der Sozialwissenschaft oft vergessen wird: Die emotionale Reaktion auf Ungerechtigkeit, die Revolutionäre antreibt. Es ist eine Bedingung, die schwierig zu messen ist, weswegen sie trotz ihrer Bedeutung in den meisten Analysen nicht vorkommt (wie vorzüglich diese auch sonst sein mögen). Das erklärt, warum in der Politik und Wissenschaft Revolutionen so selten vorhergesehen werden, selbst wenn sie direkt

Grafik 3
Die Entwicklung einer revolutionären Situation

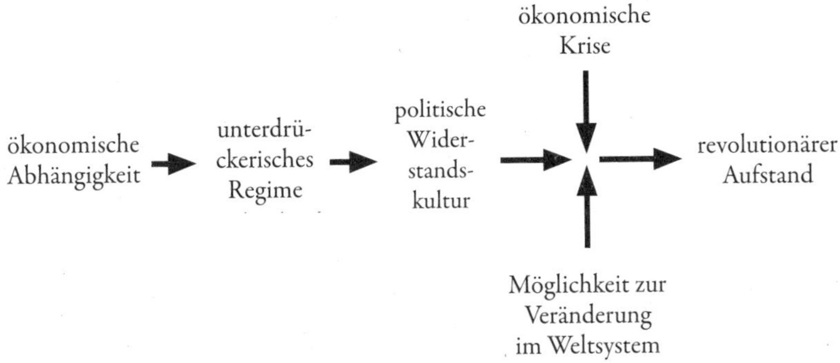


vor der Türe stehen. Es ist unmöglich, den revolutionären Prozess ohne das emotionale Element zu verstehen. Am Beginn jeder Revolte steht ein emotionaler Aufschrei der Wut und Empörung gegen die herrschende Klasse. Irgendwann muss diese Emotion ein Ventil finden. Und wenn das geschieht, kümmert sie sich nicht um Kosten-Nutzen-Rechnungen oder Eigeninteressen. Wer vom Feuer der Revolution angetrieben wird, handelt ohne Rücksicht auf gesellschaftliche Konventionen, Erwartungshaltungen oder auch das eigene Leben. Eine Revolution ist kein mechanischer Prozess. Was zählt, ist die Entschlossenheit. Geschichten sind wichtig, über heroische Taten, Daten, Orte, Ereignisse, Schlachten. Und über die Zukunft. Visionen einer besseren Welt sind für jede Revolution von Bedeutung, aber wir dürfen nicht vergessen, dass die Revolution nur der erste Schritt zum Sozialismus ist. Die Staatsmacht zu übernehmen, schafft Möglichkeiten, aber der revolutionäre Prozess endet damit nicht. Der Klassenkampf setzt sich fort, auf vielen Ebenen und in vielen Formen.

Nur wenn Forans fünf Bedingungen gegeben sind, können Revolutionen gelingen. Damit meine ich, dass die revolutionären Klassen genug Macht erlangen, um radikale ökonomische und politische Änderungen durchzuführen.

Jede Revolution provoziert konterrevolutionäre Angriffe, die Geschichte hat dies immer wieder gezeigt. Nicht nur der sich fortsetzende Klassenkampf und die verbleibenden Elemente des Kapitalismus gefährden die Revolution, sondern auch feindliche Geheimdienste und Streitkräfte. Jeder Versuch, den Sozialismus aufzubauen, hat interne und externe Feinde. Wie kann man diesen Gefahren widerstehen? Wie lassen sich Revolutionen verteidigen? Das ist die nächste Frage, der ich mich zuwenden will.

### Langfristige Revolutionen

Welche sind die klassischen Revolutionen des 20. Jahrhunderts? Die Russische Revolution 1917, die Chinesische Revolution 1949 und die Kubanische Revolution 1959. Wir können die Mexikanische Revolution der 1910er-Jahre und die Nicaraguanische Revolution 1979 hinzufügen. Zu Revolutionen als Resultat antikolonialer Befreiungskämpfe kam es in Algerien, Vietnam, Mosambik und Angola.

Viele der Revolutionen der 1970er-Jahre (Chile 1970, Jamaika 1972, Vietnam, Angola und Mosambik 1975, Simbabwe, Nicaragua und Grenada 1979) nutzten eine Möglichkeit, die durch die anhaltende innenpolitische Krise der USA sowie die globale Erdölkrise geschaffen wurde. Für die portugiesischen Kolonien war zudem die politische Krise in Portugal von großer Bedeutung, die dem Sturz des faschistischen Regimes durch die Nelkenrevolution 1974 folgte. In den 1980er-Jahren führte die palästinensische Intifada genauso wenig zu einer Revolution wie Anfang der 1990er-Jahre das Ende des Apartheidregimes in Südafrika. Bot sich aufgrund der damaligen weltpolitischen Lage keine Möglichkeit für einen revolutionären Durchbruch? Die Sowjetunion war am Ende, die NATO hatte keine militärische Konkurrenz, und der Neoliberalismus erlebte seine glücklichsten Jahre.

Auch die anderen Bedingungen, die Foran nennt, lassen sich historisch untermauern. Vietnam bietet ein gutes Beispiel für die Bedeutung einer Widerstandskultur. Erstaunlich am Vietnamkrieg war nicht, dass die USA ihn verloren haben, sondern dass das vietnamesische Volk ihn gewann. Es besteht kein Zweifel daran, dass die Stärke und Tiefe der vietnamesischen Widerstandskultur eine entscheidende Rolle dabei spielte. General Vo Nguyen Giap drückte dies folgendermaßen aus:

> »Wir wollten den Willen der amerikanischen Regierung brechen. Wir wollten, dass sie es als zu kostspielig erachteten, diesen Konflikt weiterzuführen. ... Wir kämpften einen Volkskrieg, einen vietnamesischen Krieg, einen totalen Krieg, in dem jeder Mann, jede Frau, jede militärische Einheit, groß oder klein, von einer mobilisierten Bevölkerung unterstützt wurde. Amerikas hochentwickelte Waffen, die elektronische Ausrüstung und all der Rest, all das nutzte ihnen nichts. Die USA schätzten die Grenzen ihrer militärischen Macht falsch ein. Im Krieg verbinden sich zwei Faktoren: Menschen und Waffen. Am Ende sind die Menschen der entscheidende Faktor. Die Menschen! Die Menschen!«[276]

---

276 Zitiert nach: Stanley Karnow, *Vietnam: A History* (New York: Penguin Books, 1997), 20f.

Ein weiteres Beispiel bietet der Koreakrieg, in dem eine schwach ausgerüstete chinesische Bauernarmee, ohne Kriegsflotte oder Luftwaffe, die von den USA angeführten UN-Kräfte von der chinesischen Grenze bis zum 38. Breitengrad zurücktrieb. Dies rettete die Zukunft der Volksrepublik.

### *Kurzfristige Revolutionen*

Viele Revolutionen wurden von konterrevolutionären Kräften beendet, bevor sie radikale Änderungen durchsetzen konnten. Beispiele sind das Mossadegh-Regime im Iran (1951-53), die Regierung Salvador Allendes in Chile (1970-73) und die Revolutionäre Volksregierung in Grenada (1979-83). Die Bolivianische Revolution von 1952 und die Nicaraguanische Revolution von 1979 hielten sich zehn Jahre. Alle genannten Revolutionen wurden mithilfe des US-Militärs und der CIA zerschlagen. Sehen wir uns das Beispiel Chile näher an.

Das Ziel der *Unidad Popular*, der Partei Salvador Allendes, wurde im ersten Satz des Parteiprogramms deutlich: »Die zentralen Ziele der Unidad Popular sind es, das gegenwärtige ökonomische System zu überwinden, die Macht der nationalen und ausländischen Monopolkapitalisten und Großgrundbesitzer zu brechen und den Sozialismus aufzubauen.«[277]

Das waren nicht nur Worte. Sobald Allende an die Macht gekommen war, wurde der Mindestlohn angehoben. Die meisten Großunternehmen, auch die Kupferminen der US-Firmen Anaconda und Kennecott wurden verstaatlicht. Das galt auch für das Telekommunikationsservice ITT und zwei Drittel des Finanzsektors, inklusive drei der vier größten ausländischen Banken. Chiles Ökonomie erlebte einen Aufschwung, und die Arbeitslosigkeit fiel innerhalb von drei Jahren von 6,3 Prozent auf 2,9 Prozent. Die Inflation war gering, und die Reallöhne der Arbeiter stiegen um 25 Prozent. Zudem führte die Regierung eine Landreform durch. Innerhalb von weniger als zwei Jahren wurden 50 Prozent von Chiles Agrarland enteignet, teils durch ein staatliches Programm, dass die Enteignung aller Besitztümer von mehr als 70 Hektar vorsah, teils durch Landarbeiter:innen, die Grundstücke besetzten und Genossenschaften bildeten. In den ländlichen Regionen Chiles war es zu einem grundlegenden Wandel gekommen.

Als Reaktion auf diese Entwicklungen versuchten die USA, die Allende-Regierung zu destabilisieren. Wobei das zu schwach formuliert ist. Man be-

277 Zitiert nach: Alex Segura-Ubiergo, *The Political Economy of the Welfare State in Latin America: Globalization, Democracy, and Development* (Cambridge: Cambridge University Press, 2007), 181.

reitete aktiv ihren Sturz vor. Das geschah unter der Anleitung von Außenminister Henry Kissinger selbst. Dieser hatte ohne jede Ironie erklärt: »Ich sehe nicht, warum wir es zulassen sollen, dass ein Land marxistisch wird, nur weil seine Menschen verantwortungslos handeln.«[278] Präsident Nixon schrieb in einer Nachricht an das FBI: »Bringt die Wirtschaft zum Bluten!«[279] Die USA riefen zu einem ökonomischen Boykott Chiles auf und taten alles in ihrer Macht, um die internationale Finanzwelt dazu zu bringen, der Aufforderung Folge zu leisten. Der US-Botschafter in Chile, Edward M. Korry, machte keinen Hehl aus seinen Absichten: »Keine Schraube darf Chile unter Allende erreichen. ... Wir werden alles, was in unserer Macht steht, um Chile und seine Bevölkerung zur Armut zu verurteilen.«[280] Für die USA war das Beispiel Chile noch gefährlicher als das Beispiel Kuba. Dass man es in Chile geschafft hatte, den Sozialismus auf friedlichem Wege einzuführen, hatte in ganz Lateinamerika großen Eindruck hinterlassen.

Allende gewann die Wahlen 1970, wurde Präsident und ernannte eine Regierung. Formal hatte er die politische Macht, aber er kontrollierte nicht den gesamten Staatsapparat. Die Justiz und das Militär waren seiner Regierung gegenüber feindlich eingestellt. Die meisten Militäroffiziere waren in den USA ausgebildet worden. Auch die Medien, die Oberschicht und der Großteil der Mittelschicht waren gegen Allende. Die CIA unterstützte die Opposition finanziell und logistisch. Sie bereitete den Putsch vor, der General Augusto Pinochet 1973 an die Macht beförderte. Pinochets Regierung wurde von den USA unmittelbar anerkannt.

Die Regierung Allendes hatte eine soziale Revolution begonnen, war aber nie fähig gewesen, eine politische Revolution in Gang zu setzen. Allende und seine Partei hatten nicht die militärische Macht, die dazu notwendig gewesen wäre. Allende hoffte, dass das Militär die Transformation Chiles letzten Endes akzeptieren würde. Das war wahrscheinlich naiv. Pläne, Arbeiter und Bauern zu bewaffnen, wurden auf Eis gelegt, um die Generäle nicht zu provozieren. Der Staatsapparat wurde nicht revolutioniert, im falschen Glauben,

278 Zitiert nach: Benjamin Keen und Keith Haynes, *A History of Latin America* (Boston: Houghton-Mifflin, 2000), 349.

279 Zitiert nach: Peter Kornbluh, »›Make the Economy Scream‹: Secret Documents Show Nixon, Kissinger Role in Backing 1973 Chile Coup«, 2013, www.democracynow.org.

280 Zitiert nach Michael Parenti, *The Sword and the Dollar: Imperialism, Revolution and the Arms Race* (New York: St. Martin's Press, 1989), 57.

dass er der neuen Regierung dienen würde. Aber wenn es eine Lehre aus den Revolutionen des 20. Jahrhunderts gibt, dann diese: Du musst immer auf die Konterrevolution vorbereitet sein, denn sie kommt bestimmt.

### *Südafrika*

Der lange Befreiungskampf in Südafrika führte letzten Endes zum Ende des Apartheidregimes, aber zu keiner Revolution. Der ANC, der den Kampf angeführt und sozialistische Ziele ausgegeben hatte, feierte bei den ersten freien Wahlen des Landes einen triumphalen Sieg. Nelson Mandela wurde Präsident. Aber es folgten keine radikalen ökonomischen oder politischen Veränderungen. Heute ist der Einkommensunterschied zwischen weißen und Schwarzen Südafrikaner:innen größer als während der Apartheid. Das ist eine eindrucksvolle Bestätigung dafür, dass institutionelle Veränderung – in diesem Fall das Ende einer legal sanktionierten Rassentrennung – nicht zwangsläufig zu gesellschaftlicher Veränderung führt. Während manche Schwarze Südafrikaner:innen heute Privilegien genießen, die einst für Weiße reserviert waren, lebt die überwiegende Mehrheit der Schwarzen Bevölkerung immer noch in einem de facto Apartheidsystem. Grundbesitz, Bergwerke, Großunternehmen – beinahe alles ist nach wie vor in weißer Hand. Nelson Mandela, im Westen einst als ›Terrorist‹ verschrien, wurde im Neoliberalismus als globaler Held gefeiert.

Die meisten der Bedingungen, die Foran als notwendig für eine Revolution erachtete, waren in Südafrika gegeben: ökonomische Abhängigkeit, ein repressiver Staat und eine starke Widerstandskultur. Doch in den frühen 1990er-Jahren fehlten die geopolitischen Voraussetzungen für eine radikale Veränderung. Der Zusammenbruch der Sowjetunion ließ die sozialistischen Überzeugungen des ANC veraltet und unrealistisch erscheinen. Der ANC hatte seine ehemaligen Verbündeten verloren und wandte sich nun dem Neoliberalismus zu. Es schien, als hätte er keine andere Wahl. Es gab keine Landreform, die Bergwerke wurden nicht verstaatlicht usw. Anstelle dessen wurden die Wasserversorgung, die Energieproduktion und der öffentliche Verkehr privatisiert. Aufstände und Streiks wurden gewaltsam niedergeschlagen. Nur Mandelas Prestige und das Vermächtnis des Anti-Apartheid-Kampfes hielt den ANC an der Macht.

Einige Gewerkschaften wurden zu starken Kritikern des ANC. Die Metallarbeiter, die sich in NUMSA organisieren, bleiben dem Sozialismus verpflichtet. Es gibt neue politische Organisationen mit sozialistischer Orientierung, etwa die *Economic Freedom Fighters*. Ihr Vorsitzender ist der ehemalige Präsident der *ANC Youth League* Julius Malema. Sie genießen große Unterstützung in Schwarzen Townships und erreichten bei den Wahlen 2019 mehr als 10 Prozent.

### *Palästina*

Forans Modell hilft uns nicht nur, Revolutionen der Vergangenheit zu verstehen, sondern auch, mögliche Revolutionen der Zukunft einzuschätzen. Nehmen wir das Beispiel Palästina. Das palästinensische Volk lebt unter Besatzung des Siedlerstaats Israel. Die Gründung des Staates Israel geht auf die erste Hälfte des 20. Jahrhunderts zurück, als Palästina eine britische Kolonie war. In seinem Buch *Der Judenstaat* schrieb der Gründer des Zionismus Theodor Herzl 1896: »Für Europa würden wir dort ein Stück des Walles gegen Asien bilden, wir würden den Vorpostendienst der Cultur gegen die Barbarei besorgen.«[281] Diese Haltung entspricht der kolonialen Perspektive. Cecil Rhodes sah die Kolonisierung Afrikas als Möglichkeit, der proletarischen Überbevölkerung Großbritanniens ein neues Zuhause zu geben. Herzl zufolge sollte die Kolonisierung Palästinas ein weiteres europäisches Problem lösen: die »Judenfrage«.

Die Gründung des Staates Israel ist von der Geschichte des Antisemitismus nicht zu trennen. Insofern ist Israel ein spezieller Fall unter den europäischen Siedlerstaaten. Die Judenverfolgung in Europa in den 1930er-Jahren verlieh dem jahrhundertealten Traum einer eigenen jüdischen Heimstätte eine neue Dringlichkeit. Jüdische Siedlungen wurden in Palästina etabliert, was für arabische Gemeinden oft Zwangsumsiedlung bedeutete. 1948 wurde der Staat Israel proklamiert. Er fand enge Verbündete in den USA und den westeuropäischen Ländern und wurde zu einem Außenposten des Globalen Nordens im Nahen Osten – genau wie von Herzl prophezeit.

Die palästinensische Ökonomie ist keine ›abhängige Ökonomie‹ im Sinne der Dependenztheorie. Sie spielt für das imperialistische System keine bedeutende Rolle. Aber was Palästina an ökonomischer Bedeutung fehlt, wird durch seine politische Bedeutung wettgemacht. Historische Umstände machen den palästinensischen Kampf zu einem Symbol für die Konflikte der gesamten Nah-Ost-Region, bei denen es primär um Zugang zu den großen Erdölvorkommen geht, und damit für den arabischen Widerstand gegen den Imperialismus.

281 Theodor Herzl, *Der Judenstaat. Versuch einer modernen Lösung der Judenfrage* (Leipzig und Wien: M. Breitenstein, 1896), 29.

Die Palästinenser:innen leben unter politischer und militärischer Besatzung. Das bedeutet, dass die strukturellen Voraussetzungen für eine revolutionären Aufstand gegeben sind. Tatsächlich gab es zahlreiche Aufstände in den letzten Jahrzehnten, vor allem die erste (1987-1993) und die zweite (2000-2005) Intifada. Aber, wie im Falle Südafrikas, so eröffnete die Weltlage keine Möglichkeit der Revolution in Palästina. Solange Israel von den USA und den Ländern Westeuropas unterstützt wird, ist eine palästinensische Revolution sehr unwahrscheinlich.

Das hat auch Einfluss auf die Widerstandskultur. In den 1970er-Jahren wurde der palästinensische Widerstand von marxistischen Organisationen angeführt, aber der Mangel an Erfolg führte dazu, dass diese an Unterstützung verloren. Heute wird der palästinensische Widerstand einerseits von liberalen Kräften im Westjordanland angeführt und andererseits von der Hamas in Gaza. Es kommt immer noch zu Aufständen aufgrund der politischen und ökonomischen Lage, aber es ist unklar, wie viel sie unter den gegebenen Umständen erreichen können. Eine Änderung der globalen Machtverhältnisse könnte einen großen Unterschied ausmachen. Sollten die USA gezwungen werden, ihre geopolitischen Prioritäten zu ändern und Israel fallen zu lassen, wäre das israelische Regime ungemein verwundbar, ökonomisch, politisch und militärisch. Das könnte auch eine neue Widerstandskultur in Palästina schaffen, die über kleinbürgerliche und religiöse Versprechungen hinausgeht.

Eine palästinensische Revolution ist nur möglich, wenn die widerständigen Kräfte gebündelt werden, was wiederum nicht ohne Widersprüche möglich ist. Diese werden auch in einem unabhängigen Staat nicht verschwinden. Die Zukunft Palästinas hängt davon ab, welche Fraktionen sich durchsetzen werden. Ein unabhängiges Palästina könnte ein inspirierendes Beispiel für die Menschen im Nahen Osten sein – aber es könnte genauso gut eine Enttäuschung sein und die gegenwärtigen ökonomischen und politischen Machtstrukturen unangetastet lassen.

## Revolution in einer globalisierten Welt

Die Idee der sozialistischen Revolution wurde in Westeuropa geboren. Die Pariser Kommune von 1871 war der erste Versuch, sie zu realisieren. Doch nach dem Ersten Weltkrieg verschob sich der Brennpunkt des revolutionären Sozialismus an die Peripherie des imperialistischen Systems. Von 1917 bis 1980 gab es eine Welle antiimperialistischer Kämpfe, die Menschen in der Dritten Welt Hoffnung und Optimismus brachten, doch die Welle ebbte in den 1980er-Jahren ab. Die Gründe waren der Zerfall der Sowjetunion sowie interne Widersprüche. Die ökonomische Befreiung vom Imperialismus erwies sich als schwierig, nicht nur weil es im Globalen Süden keine starken Volkswirtschaften gab, sondern auch aufgrund fehlender politischer Visionen in der globalen Arbeiterbewegung. Vieles hätte anders laufen können, hätte sich die Arbeiterklasse in den imperialistischen Ländern nicht dem Nationalchauvinismus verschrieben.

Anfang der 1980er-Jahre überwand der Kapitalismus seine Krise dank des Neoliberalismus. Neue politische und militärische Strategien sowie eine rasche technologische Entwicklung bescherten dem Kapitalismus eine goldene Ära, die jener zwischen 1890 und 1914 ähnelte. Dieses Mal reichte sie bis ins Jahr 2007, dann kam die Finanzkrise. Was bedeutet das für die Möglichkeit zukünftiger Revolutionen? Lassen sich nationale Revolutionen in einer globalisierten Welt überhaupt durchführen? Und geht das ohne eine Staatsmacht, die fähig ist, die USA und die NATO herauszufordern?

John Foran zufolge ist ökonomische Abhängigkeit die erste Bedingung für eine Revolution. Die Ökonomien der meisten Länder der Welt sind abhängig (ich bevorzuge das Wort ›ausgebeutet‹). Außerdem sind die meisten Regime im Globalen Süden unterdrückerisch, was von transnationalen Unternehmen verlangt wird. Das Kapital erwartet vom Staat, Recht und Ordnung aufrechtzuerhalten. Staatliche Repression ist heute nicht weniger brutal als früher, eher das Gegenteil. Der Staat ist ein Instrument der Unterdrückung, und jede Revolution muss ihn angreifen. Die meisten Versuche, den Staatsapparat zu nutzen, um die Gesellschaft radikal zu verändern, scheiterten. Wir müssen über andere Wege nachdenken. Einen Mangel an revolutionären Situationen wird es in den kommenden Jahrzehnten auf jeden Fall nicht geben.

Das bringt uns zur Frage der subjektiven Kräfte der Revolution. Hier wird es kompliziert. Die meisten Revolutionen des 20. Jahrhunderts werden heute als gescheitert betrachtet, und es gibt wenig Hoffnung auf zukünftige Revolutionen. Geplatzte Träume bedeuten aber nicht das Ende revolutionärer Leidenschaft. Es wird eine neue Welle des Widerstands geben, der Neoliberalismus fordert das heraus. Er mag dafür gesorgt haben, dass die politische Unabhängigkeit der ehemaligen Kolonien ihre Versprechen nicht einlösen konnte, aber aufgrund von Habgier und der Notwendigkeit der Akkumulation hat er auch ein riesiges Proletariat im Globalen Süden geschaffen. Der Kapitalismus hat dadurch ein wenig Extrazeit gewonnen, und es schien sich zu bestätigen, dass die Ära der Revolution endgültig vorbei war. Doch zur Ruhe kommt die Welt nicht.

Die Aufstände in Nordafrika und dem Nahen Osten, die unter dem Namen ›Arabischer Frühling‹ bekannt wurden, waren ein Vorspiel, das unter anderem eine Unzufriedenheit mit der ersten Welle der antiimperialistischen Kämpfe ausdrückte. Menschen wollten dem Vermächtnis von Nasser in Ägypten, Gaddafi in Libyen und den Baath-Parteien im Irak und Syrien ein Ende setzen; ihre nationalistischen Regime waren korrupt geworden. Aber die Aufstände offenbarten, was notwendig ist, um die gesellschaftlichen Umstände wirklich verändern zu können. Ohne ein organisiertes Proletariat und Bauerntum geht das nicht. Der ägyptische Aufstand wurde von einer unzufriedenen urbanen Mittelschicht getragen, vor allem gut ausgebildeten Jugendlichen mit schlechten Zukunftsaussichten. Es gab eine Spaltung zwischen der modern-urbanen Bevölkerung und der konservativ-ländlichen. Auch Letztere wünschte sich ökonomischen und politischen Wandel, aber sie war leichte Beute für die gut organisierte Muslimbruderschaft.

Es ist unwahrscheinlich, dass Aufstände in der Form, wie wir sie während des Arabischen Frühlings sahen, radikale Veränderungen bringen. Heute glauben manche in der Region an das Wunder der liberalen Demokratie, andere an religiöse Dogmen. Sektierertum ist weit verbreitet. Viele gesellschaftliche Gruppen scheinen nur daran interessiert zu sein, ihre eigene Situation zu verbessern. Während des Arabischen Frühlings waren die Aufstände hauptsächlich gegen den Staatsapparat gerichtet und nicht gegen die nationale Bourgeoisie und deren Verbündete im Globalen Norden. Sie waren kein Ausdruck eines revolutionären Klassenkampfs. Nur ein grundlegender Wandel der Eigentumsverhältnisse kann grundlegenden gesellschaftlichen Wandel bringen. Das verlangt die aktive Teilnahme der Arbeiterschaft und des Bauerntums.

In Lateinamerika gibt es nicht nur die Zapatistas, sondern auch einflussreiche soziale Bewegungen, vor allem in Venezuela, Ecuador, Bolivien und Brasilien. Aber es ist das riesige neue Proletariat Asiens, das eine zentrale Rolle in der globalen Ökonomie einnimmt und für die revolutionären Entwicklungen der Zukunft von besonderer Bedeutung sein wird. Bevor wir darauf genauer zurückkommen, will ich mich der ewigen Frage zuwenden, wie sich die Gewalt zur Revolution verhält.

## Gewalt und Revolution

Revolutionen werfen immer die Frage der Gewalt auf. Viele Menschen empören sich gerne über die menschlichen Opfer, die Revolutionen fordern, während sie den Opfern imperialistischer Konterrevolutionen wenig Beachtung schenken. Nehmen wir ein Beispiel: Im Oktober 1965 begann die indonesische Armee unter der Führung des zukünftigen Präsidenten Suharto damit, die Kommunistische Partei des Landes auszulöschen. Mehr als 500.000 Menschen fanden den Tod (manche Schätzungen sprechen von einer Million). Die tatsächlichen oder verdächtigten Kommunist:innen wurden von Regierungssoldaten und lokalen Milizen ermordet.

Wenn man Politiker:innen im Globalen Norden zuhört, könnte man meinen, dass Gewalt als Mittel zur Konfliktlösung völlig inakzeptabel sei. Sie sprechen gerne von Dingen wie ›demokratischem Dialog‹. Die Wirklichkeit sieht jedoch anders aus. Die liberalsten aller Staaten unterhalten einen Apparat, dessen Zweck Überwachung, Kontrolle und Gewaltausübung ist, im eigenen Land wie in anderen Ländern. Weist man darauf hin, meinen die vermeintlichen Befürworter der Gewaltfreiheit, dass es für liberale Staaten leider notwendig sei, Gewalt gegen undemokratische Bewegungen oder totalitäre Regime einzusetzen.

In der Linken scheint es zwei einander entgegengesetzte Positionen zu geben: die einen glauben nicht an den Gebrauch von Gewalt und pochen auf parlamentarische Politik; die anderen erachten den Gebrauch von Gewalt als unvermeidbar, da das Gewaltmonopol beim Staat liegt. Beide Positionen machen es sich zu einfach.

Gewalt ist für Revolutionäre kein Ziel an sich. Gewaltfreiheit ist in den seltensten Fällen ein absoluter Wert für Liberale. Gewalt bzw. Gewaltfreiheit sind politische Mittel, und es gibt keine notwendige Verbindung zwischen politischen Mitteln und Zielen. Wenn es um die Verteidigung der liberalen Ordnung geht, nehmen nur wenige Liberale Abstand von Gewalt. Wer stellt den Gebrauch von Gewalt gegen eine ausländische Okkupationsmacht infrage? Wir können auf das Beispiel der dänischen Widerstandsbewegung gegen die Nazis während des Zweiten Weltkriegs verweisen. Gleichzeitig würden selbst die ungeduldigsten Revolutionäre gerne einen Bürgerkrieg vermeiden, wenn es möglich wäre, die Macht gewaltfrei zu übernehmen.

›Gewaltfrei‹ darf freilich nicht mit ›legal‹ verwechselt werden, und ›gewalttätig‹ nicht mit ›illegal‹. Reformismus ist nicht notwendigerweise mit

Gewaltfreiheit verbunden, und Revolution nicht notwendigerweise mit Gewalt. Leider werden diese Dinge oft verwechselt.

Die Geschichte ist voll von Konflikten zwischen Menschen, die nicht verschiedene Klassen oder Ideologien repräsentierten, sondern einfach gegeneinander um die Macht kämpften. Die Frage ›Gewalt oder Gewaltfreiheit?‹ ist eine taktische. Wie wir sie beantworten, hängt von unseren ethischen Prinzipien ab und den Umständen, in denen wir uns befinden. Es gibt keine verbindliche Antwort darauf, ob gewaltsame oder gewaltfreie Mittel nützlicher sind. Die entscheidenden Fragen sind ›Welche Mittel lassen sich ethisch rechtfertigen?‹ und ›Welche Mittel sind die effektivsten?‹. Die Wahl der politischen Mittel verlangt immer ethische und praktische Reflexionen.

Militanten wird oft erklärt, dass ›das Ziel die Mittel nicht rechtfertigt‹. Moralische Überlegenheit fühlt sich immer gut an. Das führt dazu, dass diese Behauptung als gesellschaftlicher Konsens durchgeht. Aber ist sie haltbar? Schauen wir uns das genauer an. Wenn die Behauptung ›Das Ziel rechtfertigt die Mittel‹ bedeutet, dass jedes Mittel erlaubt ist, um sein Ziel zu erreichen, ungeachtet der Konsequenzen, dann ist sie offensichtlich absurd. Aber wie steht es mit ›Das Ziel rechtfertigt niemals die Mittel‹? Ist diese Behauptung richtig? Nein. Warum sollte ein Ziel keine Mittel rechtfertigen, die ethisch vertretbar sind? Dogmatische Aussagen bringen uns nicht weiter. Es gibt eine dritte Behauptung, die weit vernünftiger ist als die beiden anderen: ›Nicht jedes Ziel rechtfertigt jedes Mittel, aber manche Ziele rechtfertigen manche Mittel.‹ Wenn wir dieser Behauptung folgen, dann müssen politische Akteure ihre Ziele klar machen und erklären, warum die Mittel, die sie anwenden, gerechtfertigt sind, um diese Ziele zu erreichen. So kommen wir von einer dogmatisch-moralischen Debatte zu einer ethisch-politischen.

Gewalt wird am ehesten akzeptiert, wenn die Ziele wichtig erscheinen und eine Notlage besteht. Kehren wir noch einmal zur Besatzung Dänemarks durch die Nazis zurück. Es besteht heute ein breiter Konsens in Dänemark (in allen politischen Lagern) dass der Gebrauch von Gewalt in der Widerstandsbewegung gerechtfertigt war, ethisch und politisch. Während der Besatzung war das jedoch nicht der Fall. Bis 1943 betrachtete die dänische Regierung (die die Nazis an der Macht ließen, da sie ihre Forderungen erfüllte) und weite Teile der Bevölkerung den Widerstandskampf als ›terroristisch‹. Die Widerstandskämpfer:innen wurden erst zu Nationalhelden, als Dänemark 1945 befreit wurde. Sie hatten Gewalt angewandt, um Nazi-Deutschland zu schwächen. Sie sabotierten Eisenbahnlinien und Fabriken, die von der deutschen Kriegsindustrie genutzt wurden, und sie ermordeten Informanten. Das bedeutet nicht, dass die Widerstandskämpfer alle Mittel als gerechtfertigt ansahen. Die Mittel, die sie wählten, werden heute akzeptiert, auch wenn es umstrittene Aktionen gab, zum Beispiel die Ermordung mutmaßlicher Informanten ohne starke Beweislage.

Es ist schwierig, klare Grenzen zu ziehen zwischen Aktionen, die gerechtfertigt sind, und Aktionen, die nicht gerechtfertigt sind. Es gibt immer eine Grauzone. Letzten Endes liegt es an den Akteuren selbst, diese Grenzen zu ziehen, was nicht einfach für sie ist. Ihre Entscheidungen begleiten sie für den Rest ihres Lebens, aber diese Herausforderung ist Teil des politischen Engagements.

Wie die Diskussion ›Gewalt oder Gewaltfreiheit?‹ geführt wird, hängt natürlich auch davon ab, was wir unter Gewalt verstehen. Wenn es bedeutet, anderen Menschen Schaden zuzufügen, dann müssen wir zwischen physischer und struktureller Gewalt unterscheiden. Schlagen wir in Wörterbüchern nach, fokussieren die Definitionen meist ausschließlich auf physische Gewalt. Aber es gibt auch gesellschaftliche Strukturen, die Menschen Schaden zufügen. Strukturelle Gewalt kann viele Formen annehmen: Armut (mit Hungersnöten und Krankheiten als Folge), politische Unterdrückung, Apartheid, Rassismus und andere.

Der Staat verwendet Gewalt, um seine Institutionen zu verteidigen. Aber gesellschaftliche Institutionen werden von Menschen geschaffen und lassen sich daher auch von Menschen ändern. Der Unterschied zwischen repressiver Gewalt und revolutionärer Gewalt besteht darin, dass repressive Gewalt gebraucht wird, um die bestehenden gesellschaftlichen Institutionen zu bewahren, während revolutionäre Gewalt gebraucht wird, um sie zu beseitigen. So lässt sich ein marxistisches Verständnis von Gewalt zusammenfassen. Die Wörterbuchdefinitionen sagen nichts über Armut, und strukturelle Gewalt wird gerne zu einer ›gesellschaftlichen Dynamik‹ verklärt: ›Du hungerst, weil du keine Arbeit findest‹, ›Du bist obdachlos, weil du deine Miete nicht zahlen kannst‹, und so weiter. Von Gewalt spricht man erst, wenn Menschen sie gebrauchen, um die Ungerechtigkeiten, die dieser Dynamik zugrunde liegen, zu beseitigen – und dann wird sie gewöhnlich als inakzeptabel angesehen. Aber physische und strukturelle Gewalt lassen sich nicht trennen.

Bewaffneter Kampf ist kein revolutionäres Prinzip. Bewaffneter Kampf ist ein Mittel, das Menschen unter bestimmten Umständen als notwendig erachten, für gewöhnlich dann, wenn alle andere Mittel erschöpft sind. Der Staat, das Kapital und der Imperialismus stehen gewaltfreiem Fortschritt gewaltsam im Wege. Es kann im Globalen Süden keinen bleibenden Frieden geben, solange die strukturelle Gewalt des Neoliberalismus herrscht. Es ist naiv zu glauben, dass strukturelle Gewalt nicht irgendwann auf gewaltsamen Widerstand treffen wird. Die Kosten der Gewalt sind dabei immer enorm, und jede revolutionäre Bewegung muss danach trachten, sie zu begrenzen. Zynismus ist keine Antwort; für die Opfer von Gewalt haben Diskussionen über Prinzipien und Rechtfertigungen wenig Bedeutung. Aber nicht nur die Gewalt hat Kosten, sondern auch die politische Passivität. Ausbeutung und Unterdrückung sind Teil des täglichen Lebens, und ihre Konsequenzen werden oft stillschweigend akzeptiert. Aber das macht sie nicht weniger gewaltsam. Revolutionäre müssen Mittel finden, sie zu beenden.

## Transnationale Strategien

Das komplizierte Verhältnis zwischen Nationalismus und Internationalismus in der kommunistischen Bewegung wurde in diesem Buch bereits des Öfteren angesprochen. Der kommunistische Internationalismus ist dabei für uns von theoretischem, historischem und strategischem Interesse.

Er ist von *theoretischem* Interesse, weil er immer ein Kern des marxistischen Ideals war. Er ist von *historischem* Interesse, weil dieses Ideal mehr als 150 Jahre lang revolutionäre Hoffnungen entfachte. Und er ist von *strategischem* Interesse, weil wir seit Mitte der 1990er-Jahre neue Formen transnationalen Widerstands beobachten können. Diese sind eine Antwort auf die Globalisierung von oben. Sie inkludieren die zapatistische Bewegung genauso wie Protestbewegungen gegen die Weltbank, den IWF und andere transnationale Institutionen, aber auch Anstrengungen von progressiven Ländern im Globalen Süden, stärkere Süd-Süd-Beziehungen zu etablieren. Die Frage des Internationalismus wird für die kommenden Kämpfe zwischen dem neuen Proletariat im Süden und dem globalen Kapital wesentlich sein. Ohne eine starke internationalistische Bewegung ist es unmöglich, die globalisierten Produktionsverhältnisse herauszufordern.

Neue soziale Bewegungen verweisen oft auf historische Beispiele internationalistischer Politik, analysieren diese aber selten. Wenn die neuen transnationalen Formen des Widerstands erfolgreich sein wollen, müssen Lehren aus der Vergangenheit gezogen werden. Der Internationalismus hat lange als Ideal gedient, war jedoch schwierig umzusetzen. Es hängt von unseren Analysen ab, ob er wieder zu einer praktischen Kraft werden kann oder ins Reich der Utopie verbannt bleibt. Im schlimmsten Fall wird der Internationalismus als unrealistisch abgetan und landet auf dem sprichwörtlichen ›Müllhaufen der Geschichte‹.

Die theoretische Basis für den Internationalismus ist die Überzeugung, dass die Klassenidentität für Arbeiter:innen wichtiger ist als ihre nationale Identität. Leider ist das nicht immer der Fall. Der Imperialismus hat die Klassenidentität geschwächt und das nationale Zugehörigkeitsgefühl gestärkt. Nationalistische Haltungen haben sich über die ganze Welt verbreitet und viele Kulturen und Ideologien infiltriert. Ironischerweise waren die Regierungen progressiver Nationalstaaten einst unter den wichtigsten internationalistischen Akteuren. Manche Individuen sowie gewisse Parteien und soziale Bewegungen machten den Internationalismus zu einem Fokus ihrer Politik, doch diese Beispiele sind selten. Ein besonders positives Beispiel war die internationalistische Unterstützung für die republikanischen Bewegung im Spanischen Bürgerkrieg.

Es gibt gute Gründe zu glauben, dass der Nationalismus immer stärker sein wird als der Internationalismus. Er hat sich als mächtiges emotionales Werkzeug erwiesen und im Kontext antiimperialistischer Kämpfe hatte er revolutionäre Implikationen. Wir können den Nationalismus moralisch verurteilen, doch politische Bedeutung hat das kaum. Stattdessen müssen wir revolutionäre Bestrebungen mit dem internationalistischen Ideal verbinden und entsprechende Formen politischer Praxis entwickeln.

Der Kampf um nationale Unabhängigkeit wird weiter ein Faktor internationaler Politik bleiben. Es ist schwierig, sich vorzustellen, dass der Kapitalismus überall auf der Welt gleichzeitig verschwinden und Platz für den Sozialismus machen wird. Der Sozialismus lässt sich nicht von heute auf morgen etablieren, sondern das wird Jahrzehnte dauern. Es wird Durchbrüche geben, aber auch Rückschläge, und der Prozess wird nicht überall gleich verlaufen. Die Nationalstaaten werden nicht einfach verschwinden. Es wird Konflikte zwischen Staaten geben und innerhalb von Staaten. Die Globalisierung des Sozialismus verlangt antikapitalistische Projekte unter den Bedingungen, die die Nationalstaaten vorgeben. Nur so lässt sich der globale Kapitalismus unterminieren.[282]

Der Nationalismus hat sich immer wieder als großes Hindernis für die Entwicklung des Sozialismus erwiesen, auch dort, wo er ursprünglich pro-

282 Für eine gegenwärtige Diskussion der Rolle des Nationalstaats für das imperialistische System, siehe Gabriel Kuhn, »Oppressor and Oppressed Nations: Sketching a Taxonomy of Imperialism«, 2017, www.kersplebedeb.com.

gressiven Charakter hatte. Die nationalen Befreiungsbewegungen des 20. Jahrhunderts brachten dem Globalen Süden keinen Sozialismus, die Sowjetunion vernachlässigte irgendwann ihre internationalistische Orientierung und fokussierte in erster Linie auf nationale Interessen, und die Konflikte zwischen China und der Sowjetunion (sowie Vietnam) schwächten die globale sozialistische Bewegung. Wenn wir den Nationalismus in einem bestimmten Land analysieren, müssen wir dessen Klassenverhältnisse und dessen Position im Weltsystem berücksichtigen. Es bestehen große Unterschiede zwischen dem Nationalismus eines imperialistischen Landes und dem Nationalismus eines ausgebeuteten Landes.

Im Zeitalter der Globalisierung sind die internationalistischen (oder transnationalen) Aspekte des antiimperialistischen Kampfes wichtiger denn je. Ohne starke Süd-Süd-Beziehungen sind nationale Widerstandsbewegungen im Globalen Süden zum Scheitern verurteilt. Das Weltsystem kann nur ins Wanken geraten, wenn antikapitalistische und antiimperialistische Kräfte globale Unterstützung erfahren. Ein Antiimperialismus, der auf nationalstaatliche Grenzen beschränkt bleibt, ist eine Farce. Eine entscheidende Frage für die revolutionäre Politik der Zukunft wird sein, ob die Arbeiter- und Bauernbewegungen Chinas den internationalistischen Geist wiederbeleben können oder im Nationalchauvinismus münden.

Die Entwicklung einer transnationalen Strategie muss die Identifikation revolutionärer Akteure sowie eine Analyse der ökonomischen, sozialen und politischen Gegebenheiten beinhalten. Zudem bedarf es einer überzeugenden Erklärung, warum sie das Leben der Mehrheit der Weltbevölkerung langfristig besser machen kann.

Der primäre revolutionäre Akteur der nahen Zukunft wird das neue Proletariat des Südens sein. Angesichts der Globalisierung der Produktion ist es unvermeidlich, dass dieses Proletariat eine globale Perspektive entwickeln wird. Seine Kämpfe können nicht erfolgreich sein, wenn es nur innerhalb nationalstaatlicher Grenzen agiert. Dies würde zu einer Konkurrenz unter nationalen Arbeiterklassen führen, die verzweifelt versuchen, nicht am untersten Ende der globalen Hierarchie zu landen. Nationale Taktiken und Strategien sind wichtig, aber sie müssen in internationale Organisation eingebettet sein und sich an internationalistischen Prinzipien orientieren.

Der Kapitalismus hat den Markt für Waren und Kapital globalisiert, aber nicht für die Arbeitskraft. Die globale Arbeitsteilung wird von Nationalstaaten kontrolliert, die ihre Grenzen sichern und die Rechte ihrer Staatsbürger:innen priorisieren. Der Kapitalismus kann die Globalisierung nicht zu Ende bringen, eine globale Ökonomie wird nie zu einem globalen Staat führen. Der Nationalstaat erfüllt immer noch wichtige Aufgaben für das globale Kapital. Transnationale Institutionen dienen den Interessen der Globalisierung, kommen aber selten in Konflikt mit nationalstaatlicher Souveränität.

## Taktiken und Strategien im Globalen Süden

Seit die ehemaligen Kolonien unabhängig geworden sind, haben sie versucht, ihre Volkswirtschaften zu stärken. Die Strategie der ›Abkopplung‹, die vor allem mit Samir Amin verknüpft wird, verlangte einen Fokus auf die Volkswirtschaft und die Anstrengungen, vom kapitalistischen Weltmarkt unabhängig zu werden, um dem ungleichen Tausch ein Ende zu setzen. Das erwies sich jedoch als schwierig. Ein Grund war, dass die kolonialen Ökonomien eng mit dem Weltmarkt verknüpft waren. Die politische Unabhängigkeit änderte nichts daran, dass die ehemaligen Kolonien weiter Rohstoffe in die imperialistischen Länder exportieren mussten, wenn sie überhaupt irgendwelche Rendite haben wollten. Die Exporte bestanden vor allem aus Zucker, Gold, Silber, Öl, Mineralien, Metallen und tropischen Waren. Monokulturen bestimmten die Landwirtschaft in den Kolonien, die Industrieproduktion war kaum entwickelt, und Nahrungsmittel wurden oft importiert. Eine Änderung der ökonomischen Bedingungen verlangte den Import von Technologie und Know-how, was wiederum Devisen verlangte. Doch diese konnten nur von Exporten kommen. Man landete in einem Teufelskreis, dem kaum eine Regierung im Globalen Süden entkam.

Um ihre Exporte zu steigern, müssen Länder im Globalen Süden Handel mit transnationalen Unternehmen treiben. Das führt zu einer Konkurrenz darum, wer die niedrigsten Löhne, die niedrigsten Unternehmenssteuern und die niedrigsten Umweltstandards anzubieten hat, was wiederum viele Regierungen zwingt, Kredite bei der Weltbank aufzunehmen, um die grundlegendsten Sozialleistungen aufrechtzuerhalten. Zu den Bedingungen für die Weltbank-Kredite gehören Freihandelszonen sowie die Privatisierung von Wasser, Energie und öffentlichem Verkehr. Wer das Spiel richtig spielt, kann große Profite machen. Aber selbst diejenigen Länder, die die meisten transnationalen Unternehmen anziehen, gelingt es selten, die Investitionen für den Aufbau einer sozial und ökologisch nachhaltigen Volkswirtschaft zu nutzen. Der Großteil der Profite landet in den Taschen transnationaler Unternehmen, der Konsument:innen des Globalen Nordens und einer kleinen nationalen Oberschicht, die gemeinsam mit den politischen Machthabern mit dem Neoliberalismus kollaboriert. Beispiele sind die Situation in Ägypten unter Mubarak, in Syrien unter Assad oder in Südafrika unter der Regierung des ANC.

Trotz der enormen Herausforderungen haben manche Länder im Globalen Süden tatsächlich versucht, sich vom kapitalistischen Weltsystem abzukoppeln, beispielsweise Nordkorea, Kuba, der Iran nach dem Fall des Schah und China zwischen 1949 und den 1980. Der Erfolg war bescheiden. Wenige Regierungen außer der chinesischen hatten die Macht und die organisatorischen Fähigkeiten, zufriedenstellende Resultate zu produzieren. Eine Anstrengung dieser Dimension verlangt eine ungeheure Entschlossenheit der Massen. Es ist bemerkenswert, dass sich Kuba trotz des Zusammenbruchs der Sowjetunion und des ökonomischen Embargos ein so hohes Maß an Unabhängigkeit bewahrt hat.

Die Industrialisierung des Globalen Südens hat neue Möglichkeiten geschaffen. Manche Länder in Asien und Lateinamerika haben ein Niveau technologischer Entwicklung erreicht, das ihnen erlaubt, Rohstoffe selbst zu verarbeiten und weniger abhängig von Exporten zu werden. Sie haben unabhängige Finanzinstitutionen etabliert und sind damit auch von der Weltbank und den großen kommerziellen Banken des Nordens etwas weniger abhängig. Süd-Süd-Kooperation im Austausch von Waren, Dienstleistungen, Kapital und Technologie ist heute eine viel realistischere Option, als sie es in den 1970er-Jahren war. Es ist nicht mehr utopisch, sich eine ökonomische Entwicklung im Globalen Süden vorzustellen, die das imperialistische System unterminiert, die Süd-Süd-Zusammenarbeit stärkt und damit auch die heimischen Märkte. Die technologischen und logistischen Voraussetzungen sind da. Die Frage ist, ob es auch den politischen Willen gibt. Aber auch hier werden erste Schritte unternommen.

## Süd-Süd-Allianzen

Die ›Bolivarianische Allianz für Amerika‹ (ALBA) wurde 2001 von Hugo Chávez, dem damaligen Präsidenten Venezuelas, initiiert. Sie sollte als Alternative zum Freihandelsabkommen FTAA dienen.[283] Die Allianz war eine Re-

283 Dieser Abschnitt bezieht sich stark auf Artikel von Martin Hart-Landsberg in *Monthly Review*: »Learning from ALBA and the Bank of the South« (September 2009) und »ALBA and the Promise of Cooperative Development« (Dezember 2010).

aktion auf die Abhängigkeit der Länder des Globalen Südens vom Weltmarkt – eine Abhängigkeit, die eine Abkopplung vom kapitalistischen Weltsystem nahezu unmöglich macht. ALBA sollte die Voraussetzungen für eine zumindest partielle Abkopplung schaffen. ALBA sprach sich für die Förderung des öffentlichen Sektors aus, für eine Produktion, die den heimischen Märkten und nicht dem Weltmarkt dient, für die Priorität von Sozialleistungen über Profite, und für eine Ökonomie auf der Basis von Solidarität statt Wettbewerb.

Mit der Finanzkrise 2007 wuchs das Interesse an ALBA in ganz Lateinamerika. Venezuela und Kuba hatten bereits 2004 ein Abkommen über ökonomische Zusammenarbeit im Rahmen von ALBA unterzeichnet. Seither haben sich zehn weitere Länder ALBA angeschlossen: Antigua und Barbuda, Bolivien, Dominica, Ecuador, Grenada, Honduras, Nicaragua, Saint Kitts and Nevis, Saint Lucia sowie Saint Vincent und die Grenadinen (Ecuador und Honduras traten nach einigen Jahren wieder aus).

ALBA wird von einem Rat geführt, der aus den Präsidenten der Mitgliedsländer besteht. Es gibt auch einen Ministerrat und einen ›Rat sozialer Bewegungen‹. Von den Mitgliedsländern wird erwartet, je nach Ressourcen und Möglichkeiten Waren und Dienstleistungen zu tauschen, wobei der Tausch nicht den Bedingungen des Weltmarkts folgen soll. So ist beispielsweise keine Bezahlung mit harten Devisen notwendig. Stattdessen liefert Venezuela Erdöl nach Kuba und erhält dafür Medizin und medizinisches Know-how. Auch Sojabohnen, Reis, Geflügel und Milchprodukte werden zwischen den Ländern getauscht. Stahlwerke in Kuba produzieren für beide Länder. ALBA will die Zusammenarbeit zwischen den Mitgliedsländern auch durch eine gemeinsame Transportgesellschaft stärken. Venezuela und Kuba unterzeichneten ein Abkommen mit Bolivien, um beim Ausbau der dortigen Erdgasversorgung zu helfen. Kuba unterstützt auch die Gesundheits- und Bildungssysteme Boliviens. In Dominica führten kubanische Ärzte Tausende Augenoperationen durch und bildeten lokale Ärzte aus. 2008 führte ALBA eine eigene Währung ein, den SUCRE. Erstmals wurde der SUCRE verwendet, als Venezuela 2010 Reis nach Kuba lieferte. Heute wird die Währung von Unternehmen in Bolivien, Kuba, Ecuador und Venezuela für Transaktionen innerhalb von ALBA verwendet. Auf lange Sicht will ALBA von der Weltbank und dem IWF unabhängig werden. Die Weltbank und der IWF werden weitgehend für die Etablierung des Neoliberalismus in Lateinamerika verantwortlich gemacht. Die ALBA-Bank vergibt

Darlehen mit niedrigem Zins an Mitgliedsländer, investiert in die Industrieproduktion und Infrastruktur und finanziert den Bau von Schulen und Krankenhäusern.

ALBA kann als Projekt von oben kritisiert werden. Es ist in der Tat zu abhängig von den politischen Machthabern. Das Proletariat ist in die wichtigsten Entscheidungen nicht mit eingebunden, was den sozialistischen Ansprüchen von ALBA widerspricht. Die dominante Rolle Venezuelas ist ein besonderes Problem. ALBA wird zum größten Teil von venezolanischem Erdöl finanziert und ist von der Förderung durch die linksgerichtete venezolanische Regierung abhängig. Die Instabilität des Erdölpreises und die politische Krise in Venezuela haben sich negativ auf ALBA ausgewirkt. Trotzdem beweist ALBA, dass lateinamerikanische Länder gemeinsam eine progressive ökonomische Entwicklung möglich machen können. Eine Allianz wie ALBA erlaubt den Mitgliedsländern, sich zumindest teilweise vom kapitalistischen Weltmarkt abzukoppeln und ihre Volksökonomien zu stärken. ALBA demonstriert auch, dass ökonomische Kooperation zwischen Regierungen möglich ist, die nicht die gleichen ideologischen Grundlagen haben.

Einige Regierungen der ALBA-Mitgliedsländer sind dem Sozialismus verpflichtet, auch wenn sie ihn unterschiedlich interpretieren. Der Sozialismus ist in Lateinamerika wieder zu einer Kraft geworden. Auch viele soziale Bewegungen verpflichten sich sozialistischen Prinzipien, lehnen das traditionelle kommunistische Parteimodell jedoch ab. Ihr Ziel ist nicht die Übernahme der Staatsmacht, sondern sie wollen Schritt für Schritt Bedingungen für eine sozialistische Gesellschaft schaffen. Aber ALBA inkludiert auch Länder, deren Regierungen sozialdemokratisch sind und sich in erster Linie gegen die Vorherrschaft der USA und den Freihandel wenden. Die USA sind der größte Gegner von ALBA. Aber sie müssen akzeptieren, dass Lateinamerika nicht mehr ihr Hinterhof ist.

Eine weitere lateinamerikanische Initiative ist die ›Bank des Südens‹, die 2007 gegründet wurde. Ihre Ziele sind weniger ehrgeizig als die von ALBA, aber ihre Reichweite ist größer, da ihr die meisten südamerikanischen Länder angeschlossen sind. Die Bank wurde von den Regierungen Venezuelas und Argentiniens initiiert, die für zwei Blöcke südamerikanischer Länder stehen, deren Interessen in diesem Fall sehr ähnlich sind: Beide wollen mehr Unabhängigkeit von den USA. Der eine Block besteht aus Ländern mit sozialistischen Regierungen, der andere aus Ländern, deren Regierungen das kapitalistische Modell nicht infrage stellen, aber die nationale Unabhängigkeit stärken wollen. (Ein dritter Block südamerikanischer Länder unterstützt den Freihandel mit den USA und Kanada.)

Ein wichtiger Teil des Versuchs, die Süd-Süd-Zusammenarbeit zu stärken, ist die Zusammenarbeit der ›BRICS‹-Länder: Brasilien, Russland, Indien, China und Südafrika. Vertreter dieser Länder treffen sich jedes Jahr, um ökonomische und politische Fragen zu diskutieren. Die BRICS-Länder sind geografisch, gesellschaftlich, ökonomisch und politisch sehr verschieden und das Ziel ihrer Zusammenarbeit ist nicht der Sozialismus, aber sie haben mehrere Sachen gemeinsam: Sie wollen kein Teil eines globalen Systems sein, dessen Bedingungen vom Globalen Norden vorgegeben werden; sie verstehen, dass das gegenwärtige System nicht ihren Interessen, sondern denen der USA, Westeuropas und Japans dient; und sie wollen eine Stimme haben, wenn es um Entscheidungen globaler Entwicklung geht.

Süd-Süd-Zusammenarbeit ist nicht einfach. Auch im Globalen Süden unterscheiden sich die ökonomischen und politischen Realitäten von Land zu Land. Chinas rasche Industrialisierung hat einen enormen Bedarf an Rohstoffen geschaffen. Das beeinflusst auch Länder in Lateinamerika, Afrika und dem Nahen Osten, Länder, die bisher primär in den Globalen Norden exportiert haben. Ist es möglich, dass der natürliche Reichtum, der bisher von den imperialistischen Ländern ausgebeutet wurde, in Zukunft der Entwicklung des Globalen Südens zukommt? Kann eine solche Entwicklung auf Abkommen und gerechten Bedingungen aufbauen, die sowohl den Zulieferern der Rohstoffe als auch den industrialisierten Regionen im Süden dienen?

China hat sich zu einem Rivalen der imperialistischen Triade gemausert. Während sich populistische Bewegungen in Nordamerika und Europa hinter Schlagworten wie *America First* und *UK First* vereinen, will China die Süd-Süd-Zusammenarbeit stärken. China investiert in zahlreiche Projekte in Ländern des Globalen Südens, darunter in eine 5.300-Kilometer lange Eisenbahnstrecke von Peru nach Brasilien. Projekte dieser Größenordnung lassen sich nur mit der Hilfe starker Ökonomien stemmen. Außerdem müssen sie der gesamten Bevölkerung dienen, ansonsten ist es unmöglich die Unterstützung zu gewinnen, die notwendig ist – nicht zuletzt deshalb, weil es ohne jeden Zweifel Versuche des globalen Kapitals geben wird, die Süd-Süd-Zusammenarbeit zu destabilisieren. Eine weitere Voraussetzung für eine produktive Süd-Süd-Zusammenarbeit sind politische Ideen zur Überwindung der neoliberalen Hegemonie. An solchen muss auch China noch arbeiten.

## Staatssozialismus oder Staatskapitalismus?

Die Integration Chinas in die globale Ökonomie ist eine bewusste Strategie der chinesischen Regierung. Als nach dem Zusammenbruch der Sowjetunion die neoliberale Offensive begann, wählte die KPCh weder Unterwerfung noch Opposition. Ihre Antwort war pragmatische. Man wollte entwicklungsmäßig zu den reichen Ländern aufschließen. China sollte wieder eine Weltmacht werden. Der rechte Parteiflügel entschied sich dafür, Teil des Weltmarkts zu werden und die Technologie und das Management der imperialistischen Länder zu kopieren. Doch es gibt immer noch Fraktionen in der Partei, für die der Aufbau des Sozialismus das primäre Ziel ist. Diese Spannung hat zur gegenwärtigen Form des chinesischen Staatskapitalismus geführt.

China unterwirft sich den Gesetzen des Weltmarkts nicht bedingungslos. Die Regierung verteidigte die nationale Planökonomie und zwang das ausländische Kapital, sich diesem Umstand anzupassen. China wollte einen starken und vielfältigen Industriesektor aufbauen, nicht zuletzt mithilfe von Joint Ventures mit transnationalen Unternehmen. Die Voraussetzungen dafür lassen sich mit keinem anderen Land im Globalen Süden vergleichen. Die Industrialisierung wird von der chinesischen Regierung streng kontrolliert. Gemäß einem ausgearbeiteten Plan werden bestimmte Regionen zuerst industrialisiert. China hat starke Banken und eine starke Währung mit wachsender globaler Bedeutung. Die Landwirtschaft wurde modernisiert, bleibt jedoch ebenso unter strenger Regierungskontrolle. Privaten Landbesitz gibt es nicht. China entgeht auch einem Wettrüsten, in das die Sowjetunion eingebunden war. Aber es bleiben Fragen: Lässt sich der Einfluss der transnationalen Unternehmen wirklich kontrollieren? Wird China eine starke nationale Bourgeoisie entwickeln, die die Macht ergreifen und China zu einem gewöhnlichen kapitalistischen Land machen kann? Wird der Reiz der Konsumgesellschaft stärker sein als sozialistische Prinzipien? Kann aus Staatskapitalismus wirklich Sozialismus werden?

Das einzige Land, dessen Situation mit der von China vergleichbar ist, ist Vietnam. Außer in diesen zwei Ländern gibt es wenige starke und unabhängige Volkswirtschaften im Globalen Süden. Russland ist wieder ein wichtiger geopolitischer Akteur und versucht, den Einfluss der USA und der EU in den ehemaligen Sowjetrepubliken und in Osteuropa zurückzudrängen. Die militärischen Interventionen in der Ukraine und im Nahen Osten beweisen das. Aber selbst wenn Russland ökonomisch von den USA und der EU unabhängig wird, wird es von den Monopolen der Oligarchen abhängig bleiben, die sich unter der ersten postsowjetischen Regierung, mit Boris Jelzin an der Spitze, herausgebildet haben. Die Oligarchen haben kein Interesse am Sozialismus. Der Konflikt zwischen Russland und der US/EU-Allianz ist ein klassischer Konflikt zwischen Mächten mit imperialistischen Ambitionen.

Indiens Wirtschaftspolitik ist liberal. Das hat zu mehr Armut auf dem Land geführt. Millionen von Menschen haben ihren Grund verloren. Ähnlich ist die Situation in Brasilien, mit dem Unterschied, dass die Armut dort durch Sozialleistungen abgeschwächt wird, die die sozialdemokratische Arbeiterpartei eingeführt hat. Auch in Südafrika, wo der ANC jetzt seit über 20 Jahren an der Macht ist, folgt man der neoliberalen Doktrin.

Es gibt kein Indiz dafür, dass eine kapitalistische Entwicklung des Südens bzw. der von der Weltbank und vom IWF geforderte Fokus auf gesteigerte Produktivität und ökonomische Liberalisierung die Lebensbedingungen der Menschen im Globalen Süden verbessert. Die Lebensbedingungen im Süden können sich nicht jenen im Norden angleichen, da die Lebensbedingungen im Norden auf der Ausbeutung des Südens beruhen. Weder hat der Süden eine Peripherie, die er ausbeuten kann, noch kann sich die Erde eine globale Ausdehnung des ökologisch nicht nachhaltigen Lebensstils im Norden leisten. Aber selbst die sozialen Standards, die die BRICS-Länder verlangen, lassen sich im Kapitalismus nicht erfüllen. Würden sie der Mehrheit der Bevölkerung im Globalen Süden zugestanden, würde sich die Krise des Kapitalismus verschärfen, da ein Teil des globalen Mehrwerts des Kapitals zur Finanzierung entsprechender Sozialleistungen verwendet werden müsste. Dazu wird und kann es nicht kommen. Die Welt ist schlicht nicht reich genug, um auch nur der Hälfte der Weltbevölkerung den Lebensstandard der Bevölkerung der USA zuzugestehen, wenn Kapitalisten immer noch Profite machen und Kapital akkumulieren wollen.

Ohne eine Allianz zwischen Arbeiterschaft und Bauerntum im Globalen Süden und ohne eine Abkopplung vom kapitalistischen Weltsystem wird es keine sozialistische Zukunft geben. Die erste Welle antiimperialistischer Kämpfe fokussierte auf nationale Unabhängigkeit. Die nächste Welle wird auf ökonomische Unabhängigkeit fokussieren. Nationale Kämpfe und globaler Widerstand müssen zusammenkommen.

## Der Parasitenstaat heute

Selbst wenn der Feind der gleiche ist, gibt es große Unterschiede zwischen den Kämpfen gegen das kapitalistische Weltsystem im Süden und im Norden. Die ökonomischen Bedingungen sind unterschiedlich, was auch unterschiedliche Formen des Kampfes erfordert.

Der Parasitenstaat ist ein kapitalistischer Staat. Er basiert auf Kapitalakkumulation und Profit, privates Eigentum ist gesetzlich geschützt. Aber der Parasitenstaat ist gleichzeitig eine spezielle Form des kapitalistischen Staates: Die von ihm bevorzugte politische Form ist die parlamentarische Demokratie, es gibt allgemeine Wahlen und ein staatliches Sozialsystem. Selbst wenn die neoliberale Politik den Wohlfahrtsstaat unter Druck setzt, bekennen sich politische Parteien aller Lager zu seinen grundlegenden Ideen. Der Parasitenstaat ist keine Diktatur der Bourgeoisie. Aber wer hat die Macht im Parasitenstaat? Und wie steht es um den Klassenkampf?

Die Form, die ein bestimmter Staat annimmt, hängt von der Geschichte des Klassenkampfs in diesem Staat ab. Der kapitalistische Staat schützt die kapitalistische Produktionsweise, muss aber auch ein gewisses Machtgleichgewicht zwischen den Klassen schaffen. Der absolutistische Staat des 17. Jahrhundert schuf ein Machtgleichgewicht zwischen der feudalen Aristokratie und dem aufkommenden Bürgertum. Der moderne demokratische Staat schuf ein Machtgleichgewicht zwischen Kapital und Arbeit. Die Regierung des demokratischen Staates repräsentiert weder die Interessen der kapitalistischen noch der proletarischen Klasse, sondern die Interessen der kapitalistischen Produktionsweise. Der moderne demokratische Staat ist ein Kompromiss, der es möglich gemacht hat, die Lebensbedingungen der Arbeiterklasse innerhalb der kapitalistischen Ordnung zu verbessern. In einer Reihe von Artikeln, die zwischen 1848 und 1850 unter dem Titel »Die Klassenkämpfe in Frankreich« veröffentlicht wurden, beschrieb Marx den bürgerlichen, republikanischen Staat des 19. Jahrhunderts. Die Verfassung des Staates gab den ausgebeuteten Klassen gewisse politische Rechte. Der Staat wurde nicht alleine von der Bourgeoisie kontrolliert. Marx schrieb:

> »Der umfassende Widerspruch aber dieser Konstitution besteht darin: Die Klassen, deren gesellschaftliche Sklaverei sie verewigen soll, Proletariat, Bauern, Kleinbürger, setzte sie durch das allgemeine Stimmrecht in den Besitz der politischen Macht. Und der Klasse, deren alte gesellschaftliche Macht sie sanktionierte, der Bourgeoisie, entzieht sie die politischen Garantien dieser Macht. Sie zwängt ihre politische Herrschaft in demokratische Bedingungen, die jeden Augenblick

den feindlichen Klassen zum Sieg verhelfen und die Grundlagen der bürgerlichen Gesellschaft selbst in Frage stellen. Von den einen verlangt sie, daß sie von der politischen Emanzipation nicht zur sozialen fort-, von den anderen, daß sie von der sozialen Restauration nicht zur politischen zurückgehen.«[284]

Die Verfassungen der heutigen liberalen Demokratien dienen demselben Zweck. Sie schützen das Privateigentum und garantieren die ökonomische Herrschaft der Bourgeoisie, verteilen aber Bürgerrechte an alle, die Arbeiterklasse inklusive. Der Klassenkampf wird dadurch auf die Frage reduziert, welche Klasse aus einem ökonomischen Wettbewerb den größten politischen Vorteil ziehen kann. Am Beispiel Englands illustrierte Friedrich Engels diese Frage bereits in der Einführung zur englischen Ausgabe seines ursprünglich 1880 erschienenen Buches *Die Entwicklung des Sozialismus von der Utopie zur Wissenschaft*:

»Es scheint ein Gesetz der historischen Entwicklung, daß die Bourgeoisie in keinem europäischen Land die politische Macht – wenigstens nicht für längere Zeit – in derselben ausschließlichen Weise erobern kann, wie die Feudalaristokratie sie während des Mittelalters sich bewahrte. ... Eine langjährige Herrschaft der Bourgeoisie war bis jetzt nur möglich in Ländern wie Amerika, wo der Feudalismus nie bestand und die Gesellschaft von vornherein von bürgerlicher Grundlage ausging. Und selbst in Frankreich und Amerika klopfen die Nachfolger der Bourgeoisie, die Arbeiter, schon laut an die Tür. ... So hatte also die industrielle und kommerzielle Mittelklasse es noch nicht fertiggebracht, die Grundaristokratie vollständig von der politischen Macht zu vertreiben, als der neue Konkurrent, die Arbeiterklasse, auf der Bühne erschien. ... Allmählich aber wurden die Ansprüche der Arbeiter auf das Stimmrecht unwiderstehlich; während die Whigs, die Führer der Liberalen, noch angstmeierten, bewies Disraeli seine Überlegenheit; er nutzte den günstigen Moment für die Tories aus, indem er das Household-Stimmrecht (das jeden einschloß, der ein apartes Haus bewohnte) in den städtischen Wahlbezirken einführte und damit eine Änderung der Wahlbezirke verband. ... Durch alles dies wurde die Macht der Arbeiterklasse bei den Wahlen so sehr vermehrt, daß sie jetzt in 150 bis 200 Wahlkreisen die Mehrzahl der Wähler stellt. Aber keine bessere Schule des Respekts vor der Überlieferung als das parlamentarische System! Wenn die Mittelklasse mit Andacht und Ehrfurcht auf die Gruppe schaut, die Lord John Manners scherzweise ›unsern alten Adel‹ nennt, so blickte damals die Masse der Arbeiter mit Respekt und Ehrerbietung auf die damals sogenannte ›bessere Klasse‹, die Bourgeoisie. ... Jedoch die englischen Bourgeois waren gute Geschäftsleute und sahen weiter als die deutschen Professoren. Nur widerwillig hatten sie ihre Macht mit den Arbeitern geteilt. ... Seitdem war ihnen der größere Teil der Volks-Charte aufgenötigt und Landesgesetz geworden. Mehr als je galt es jetzt, das Volk im Zaum zu halten durch moralische Mittel; das erste und

284 Karl Marx, *Die Klassenkämpfe in Frankreich 1848-1850*, 1850.

wichtigste moralische Mittel aber, womit man auf die Massen wirkt, blieb – die Religion.«[285]

Die Bedeutung des Staates für das kapitalistische Weltsystem haben wir bereits diskutiert. Der Staat stellt sicher, dass die notwendige Infrastruktur für Produktion und Handel besteht, er kontrolliert die öffentlichen Institutionen und manchmal auch die Produktionsmittel. Aber die demokratische Ordnung des Parasitenstaats darf nicht als bloßes politisches Management missverstanden werden. Ali Kadri schreibt: »Demokratie ist ein anderer Name für die Verteilerfunktion des Staates; sie hilft, die internationale Arbeitsteilung durchzusetzen.«[286]

Der Klassenkampf im Globalen Norden geht weiter, findet jedoch in einem kapitalistischen Rahmen statt. Innerhalb dieses Rahmens wiegt er hin und her. Doch die Arbeiteraristokratie forderte nie das kapitalistische System selbst heraus. Vor allem zwischen den späten 1950er und der Mitte der 1970er-Jahre gelang es ihr, ihre eigenen Interessen im demokratisch-kapitalistischen Staat zu stärken.

Mit der neoliberalen Offensive gewann die Bourgeoisie wieder die Oberhand. Der ständige Anstieg des Lebensstandards der westlichen Arbeiterklasse erfuhr ein abruptes Ende. Ob in einem Land liberale oder sozialdemokratische Regierungen an der Macht waren, spielte keine Rolle. Alle politischen Parteien mussten sich den ökonomischen Wirklichkeiten anpassen und die weitere Akkumulation des Kapitals garantieren. Die Wahlen im Parasitenstaat tragen dazu bei, die Früchte des Imperialismus innerhalb des Staates zu verteilen. Ansonsten haben sie keine große Bedeutung. Regierungswechsel sind oft die Folge globaler ökonomischer Transformationen, über die nationale Akteure wenig Kontrolle haben. Die liberale Demokratie passt sich der Ökonomie an, sie kontrolliert die Ökonomie nicht.

Der kapitalistische Wohlfahrtsstaat hat neue Wege zur Kontrolle der Bevölkerung entwickelt. Er ist nicht auf rohe Unterdrückung angewiesen. Der Staat versucht stattdessen, die Regierung und die Bevölkerung in einer nationalen Symbiose zu vereinen: Nur Staatsbürger erhalten staatliche Leistungen, Nicht-Staatsbürger bleiben ausgeschlossen. So entsteht ein nationales Interesse, das mit den Interessen des Staates und der Staatsbürger zusammenfällt.

285 Friedrich Engels, Einleitung zur englischen Ausgabe von *Entwicklung des Sozialismus von der Utopie zur Wissenschaft*, 1892.

286 Ali Kadri, *The Cordon Sanitaire: A Single Law Governing Development in East Asia and the Arab World* (London: Palgrave Macmillan, 2017), xi.

Staatsbürger dürfen es sich im Schoße des Wohlfahrtsstaats bequem machen, auch die Angehörigen der Arbeiterklasse.

Die Transformation der ›gefährlichen Klassen‹ des Globalen Nordens zu loyalen Staatsbürgern wurde durch den Imperialismus ermöglicht. Dieser stellte sicher, dass die Menschen der armen Länder nicht dieselben Leistungen in Anspruch nehmen konnten. Der Philosoph M. G. E. Kelly nennt dies ›biopolitischen Imperialismus‹. Er schreibt:

> »In meinen Augen ist die Biopolitik das fehlende Element der Erklärung, wie der Imperialismus die Massen der Ersten Welt auf seine Seite bringt. Die Biopolitik schafft einen Mechanismus, mithilfe dessen die Profite des Imperialismus der ganzen Bevölkerung zugutekommen. Indem sie uns alle in *einer* Bevölkerung vereint, schafft die Biopolitik ein Band der Solidarität zwischen gewöhnlichen Menschen und Eliten.«[287]

Der Parasitenstaat drückt sich nicht nur in der Konsumgesellschaft aus, sondern auch darin, dass der Staat für seine Bevölkerung sorgt. Die ärmsten Menschen in sozialen Wohlfahrtsstaaten können staatliche Leistungen in Anspruch nehmen, die das Durchschnittseinkommen einer indischen Arbeitskraft um das Vielfache übersteigen. Es ist daher kein Wunder, dass die Lebenserwartung in den europäischen Wohlfahrtsstaaten im Schnitt fünfzehn Jahre über der in Indien liegt.

Die starke Identifizierung der Menschen mit der eigenen Nation schafft Probleme für das globale Kapital. Sie steht dem ›transnationalen Staat‹ im Wege, der die Akkumulation des Kapitals besonders einfach machen würde. Dies drückt sich in der gegenwärtigen Krise der EU aus.

Wohlfahrt ist nichts an sich Imperialistisches. Aber die historische Entwicklung des Wohlfahrtsstaats lässt sich nicht vom Imperialismus trennen. Immer noch werden die Superprofite der Ausbeutung des Globalen Südens unter der Bevölkerung des Nordens verteilt. Es macht keinen Sinn, gegen die Idee des Wohlfahrtsstaats zu kämpfen. Vielmehr muss das, was der Wohlfahrtsstaat verspricht, global eingefordert werden: Krankenversorgung, Bildung usw. Im Kapitalismus lässt sich das nicht realisieren.

---

287 Mark G. E. Kelly, *Biopolitical Imperialism* (Winchester: Zero Books, 2015), 19.

## Die Krise des Parasitenstaats

Die strukturelle Krise des Kapitalismus hat auch zu einer Krise des Parasitenstaats geführt. Die Spannungen zwischen Kapital und Arbeit im Globalen Norden sind wieder angestiegen. Aufgrund der Anforderungen des Neoliberalismus sind die Regierungen der sozialen Wohlfahrtsstaaten nicht mehr in der Lage, Macht und Reichtum im gleichen Maße zwischen Kapital und Arbeit zu verteilen. Der Wohlfahrtsstaat wird abgebaut. Doch Forderungen nach einer Rückkehr in die 1970er-Jahre schlagen fehl, da eine solche Rückkehr keine Option ist. Der Neoliberalismus kam, weil sich der Wohlfahrtsstaat nicht mehr aufrechterhalten ließ. Außerdem haben die Forderungen, die eine ›gute alte Zeit‹ beschwören, oft nationalistische Züge. So vermischen sich die Verteidigung des Wohlfahrtsstaats und nationaler Industriestandorte oft mit der Forderung nach ›stärkeren Grenzen‹ (wobei sich selten jemand über die billigen Waren beschwert, die aus dem Globalen Süden kommen). Die Menschen verlangen einen starken Nationalstaat, um die Gewinne des transnationalen Kapitals zu schützen. Das ist ein politisches Klima, in dem faschistische Bewegungen gedeihen. Wir sehen in den rechtspopulistischen Bewegungen von heute, wie Protektionismus und Rassismus überlappen.

Abgesehen von den verheerenden ethischen Implikationen kann diese Strategie auf lange Sicht nicht aufgehen. Es ist heute schwierig geworden für die Arbeit, das Kapital unter Druck zu setzen, und es ist für den Staat schwierig geworden, seine Vermittlerrolle zur Zufriedenheit aller einzunehmen. Der frühere Zusammenhalt der Länder der Ersten Welt wurde von der Globalisierung ausgehöhlt. Das zeigt sich auch in den Reaktionen der Menschen, die heute um ihre Privilegien fürchten: Entweder wenden sie sich neoliberalen Parteien zu, in der Hoffnung, dass diese weiter Reichtum produzieren werden, an dem sie partizipieren können, oder sie wenden sich rechten Parteien zu, in der Hoffnung, dass diese zumindest den Reichtum bewahren werden, zu dem sie noch Zugang haben. Weder die eine noch die andere Reaktion wird das Problem lösen. Aber sie widersprechen einander und führen so zu starken politischen Spannungen.

Auch im Globalen Norden gibt es Armut und Unterdrückung. Afroamerikaner:innen in den USA und Migrant:innen in Europa haben täglich damit zu kämpfen, nicht zuletzt im Verhältnis zur Polizei und dem Justizsystem. Aber Kämpfe gegen Armut und Unterdrückung im Globalen Norden dehnen sich selten aus. Ein Grund mag sein, dass sie Minderheiten betreffen und die Massen nicht zu mobilisieren vermögen. Vor allem aber lassen sich die Probleme innerhalb des gegenwärtigen Systems nicht lösen. Viele Linke verstehen nicht, dass diese Probleme keine isolierten Probleme einzelner Nationalstaaten sind. Sie sind die Folge eines globalen Systems von Unterdrückung und Ausbeutung. Wenn in einem Land gewisse Sozialleistungen auf neue Bevölkerungsgruppen ausgedehnt werden, müssen andere dafür bezahlen – und es sind nicht die Kapitalisten.

Die Politik im Globalen Norden hat sich in der jüngeren Vergangenheit klar nach rechts verschoben. Heute gibt es drei Hauptströmungen: die neoliberale Sozialdemokratie, den Rechtspopulismus und den linken Nationalismus.

Die *neoliberale Sozialdemokratie*, angeführt von ›New Labour‹ in den 1990er-Jahren, unterscheidet sich kaum von anderen Formen des Neoliberalismus. Ihre ›Arbeiterpolitik‹ besteht darin, Arbeitskräfte im Globalen Norden zu ermutigen, sich die besten Jobs in den globalen Produktionsketten zu sichern: im Management, im Design, in der Werbung, im Verkauf und in der hochspezialisierten Warenproduktion, die noch im Globalen Norden verbleibt. Ansonsten bemühen sich die neoliberalen sozialdemokratischen Parteien um das, worum sich alle Parteien bemühen, nämlich Investitionsmöglichkeiten für transnationale Unternehmen zu schaffen. Es ist kein Wunder, dass Menschen aus der Arbeiterklasse den sozialdemokratischen Parteien in Scharen den Rücken gekehrt haben. Die bestbezahlten von ihnen wechseln zu den ›richtigen‹ neoliberalen Parteien, die als kompetenteste Verteidiger des Privateigentums und niedriger Besteuerung gelten, während andere ihr Glück im Rechtspopulismus oder linken Nationalismus suchen. Die sozialdemokratischen Parteien, einst Massenparteien, riskieren, in ganz Europa unbedeutend zu werden. In Ländern wie Dänemark und Österreich kollaborieren sie mit Rechtspopulisten, um sich über Wasser zu halten.

Es sind also die immer deutlicheren Widersprüche im kapitalistischen System, die dazu führen, dass Teile der Arbeiterklasse ihr Heil in reaktionärer Politik suchen. Diese, so meinen sie, würde ihre Privilegien am ehesten verteidigen. Der *Rechtspopulismus* erfährt viel Unterstützung aus der Arbeiterklasse und ist die am schnellsten wachsende politische Kraft im Globalen Norden. Dafür gibt es zahlreiche Beispiele: den Front National in Frankreich, die AfD in Deutschland, die Dänische Volkspartei, UKIP in England, Trump in den USA usw. Nationalchauvinistische, rassistische, sexistische, einwanderungsfeindliche und islamophobe Kommentare sind zu einem selbstverständlichen Bestandteil der politischen Debatte geworden. Man baut einen Verteidigungswall auf, in die sich viele Angehörige der weißen Arbeiterklasse einreihen.

Mit sozialdemokratischen Parteien und Gewerkschaften im Niedergang suchen Arbeiter:innen im Globalen Norden nach anderen Organisationen, die ihre Privilegien innerhalb der globalen Arbeitsteilung zu schützen versprechen. Protektionismus soll sowohl die Produktionsverlagerung als auch die Arbeitsmigration stoppen. Der Wohlfahrtsstaat soll einzig den Staatsbürgern der Nation dienen. Das wird nicht selten damit gerechtfertigt, dass es angeblich die Arbeiterklasse des Globalen Nordens war, die ihn geschaffen haben. Die Menschen des Globalen Südens hatten, diesem Narrativ zufolge, nichts damit zu tun. Migrant:innen werden hier als Bedrohung wahrgenommen, als Menschen, die in den Norden kommen, um den Wohlfahrtsstaat auszunutzen. Dieser biopolitische Imperialismus drückt sich in Forderungen nach verschärften Einwanderungsgesetzen und militarisierten Grenzen aus. Doch eines muss klar sein: Die Unterstützung von großen Teilen der Arbeiterklasse für den Rechtspopulismus beruht nicht auf falschem Bewusstsein oder politischer Naivität, sondern auf nationalem Egoismus. Nichts macht die Krise der Linken deutlicher als die Tatsache, dass sich so viele Menschen, die ein Unbehagen am globalen Kapitalismus verspüren, der Rechten zuwenden.

Manche Politiker:innen, die sich an traditionelle sozialdemokratische Werte halten, hatten in jüngeren Jahren auch Erfolg. Nehmen wir Bernie Sanders als Beispiel. Dass er sehr gemäßigte Positionen vertritt, bestätigt, dass die radikale Linke kaum noch Einfluss auf die öffentliche Debatte hat. Man meint, dass jede radikalere linke Position Wähler:innen abschrecken würde.

In den 1970er-Jahren gab es Menschen in linken Parteien, die den Parlamentarismus als Verlängerung außerparlamentarischer Politik begriffen. Heute findet man so eine Sichtweise selten. Sie gilt als ›revolutionäre Romantik‹. Stattdessen stellt man PR-Profis für den Stimmenfang bei den nächsten Wahlen an. Die sozialdemokratischen Parteien versuchen vor allem Wähler:innen zurückzugewinnen, die von der neoliberalen Wende der Sozialdemokratie enttäuscht sind und sich nach dem alten Wohlfahrtsstaat sehnen. Manchmal wendet man sich auch explizit den Wähler:innen rechtspopulistischer Parteien zu, deren Sorgen man ernstnehmen müsse. In der Praxis bedeutet dies, Ressentiments gegen ›Fremde‹ zu schüren und den Wähler:innen zu versprechen, ihre relativen Privilegien zu verteidigen. Der

Faschismus erscheint oft in sozialistischen Kleidern. Das ist nicht verwunderlich bei einem Wohlfahrtsstaat, der seit jeher auf imperialistischer Ausbeutung beruht. Er bedeutet Sozialismus für manche, aber nicht für alle – was letzten Endes heißt, dass es sich nicht um Sozialismus handelt. Die Zusammenarbeit mit den Rechtspopulisten legitimiert Rassismus, macht die extreme Rechte salonfähig und erhöht die faschistische Gefahr. Wenn wir die nationalistischen Dimensionen des Wohlfahrtsstaats nicht berücksichtigen, und wenn wir uns nicht auf den globalen Konflikt zwischen Kapital und Arbeit konzentrieren, können wir diese Tendenzen nicht effektiv bekämpfen.

Die Linke im Globalen Norden hat keine Vision, die die ökonomische Befreiung des Südens inkludieren würde. Aber gerade in einer Zeit, in der sich die strukturelle Krise des Kapitalismus vertieft, muss eine solche Vision entwickelt werden, um Widerstand aus der Arbeiterklasse im Süden und Norden zu verbinden. Ansonsten werden wir weiterhin beobachten müssen, wie sich Arbeiter:innen im Globalen Norden revolutionären Bewegungen im Süden gegenüber feindselig verhalten.

Was in diesem Kontext für Verwirrung sorgen kann, sind jene Kapitalfraktionen im Norden, die sich ebenfalls gegen die Globalisierung wenden. Sie investieren in Industrien, die nicht verlagert werden können und daher nicht mit der billigen Arbeitskraft im Süden konkurrieren müssen. Nationalkonservative Strömungen neigen dazu, globale Privilegien mithilfe militärischer Macht aufrechtzuerhalten. Sie warnen vor den Gefahren einer ›multikulturellen Globalisierung‹. Auch diese Haltung wurde durch die Finanzkrise 2007 gestärkt, die gegenwärtige Krise der EU ist eine der Konsequenzen. Transnationale Unternehmen und der Finanzsektor befürworten weiterhin uneingeschränkte Globalisierung und versuchen, die EU zu stärken, um diese zu sichern. Gleichzeitig bilden die nationalkonservativen Kapitalfraktionen Allianzen mit Arbeiter:innen, die dem starken Nationalstaat nachtrauern. Politische Parteien, die dem Parlamentarismus verpflichtet sind, können diese Entwicklungen nicht ignorieren, und so suchen die traditionellen Großparteien der europäischen Parasitenstaaten verzweifelt nach Möglichkeiten, sowohl den Bedürfnissen der Arbeiterklasse als auch denen des transnationalen Kapitals Genüge zu tun.

In den USA verhält es sich etwas anders. Sozialdemokratische Parteien hatten dort nie den Einfluss, den sozialdemokratische Parteien in Europa hatten. Eine Ausnahme stellt die Regierung unter Franklin D. Roosevelt dar, die die USA in den 1930er-Jahren mithilfe des New Deals aus der Wirtschaftskrise führte. Im Allgemeinen wird die Politik in den USA seit Langem von Geld und dem Markt bestimmt. Die Macht des Präsidenten und das Zweiparteiensystem begrenzen die demokratischen Möglichkeiten, Veränderungen durchzuführen. Dementsprechend nimmt rechte Politik in den USA besonders autoritäre Formen an. Es handelt sich nicht um Faschismus in seiner klassischen Form. Trump hat keine Sturmtruppen, die auf den Straßen patrouillieren. Doch es geht um hegemoniale Macht, die auf staatliche Institutionen wie den Kongress, die Justiz, die Polizei, das Militär, lokale Behörden usw. abzielt, aber auch auf die Medien und Bildungsinstitutionen. Trumps Anhängerschaft findet sich in erster Linie in der unteren Mittelschicht und den privilegierten Schichten der Arbeiterklasse: weiße Facharbeiter (fast ausschließlich Männer) in Industrien mit hohem Lohnniveau, Menschen, die das Gefühl haben, einiges verlieren zu können. Trump hat sie mithilfe des Versprechens, ›Amerika wieder groß zu machen‹, mit den nationalkonservativen Fraktionen des Kapitals vereint. Er verspricht Protektionismus in Kombination mit militärischer Macht. Doch es ist ein riskantes Projekt. Auch Trump kann an den Effekten des Neoliberalismus nichts ändern. Apple-Geräte, Nike-Schuhe und Levi's-Jeans werden nie wieder in den USA produziert werden; zumindest so lange nicht, wie die Löhne dort zehnmal höher als in China sind. Zollschranken können bestenfalls Sand ins Getriebe der globalen Produktionsketten streuen, aber die Auswirkungen werden minimal sein.

## Die Sanduhr-Gesellschaft

Es bilden sich neue Klassenallianzen im Globalen Norden. Diese verursachen Spaltungen sowohl innerhalb des Kapitals als auch innerhalb der Arbeiterklasse. Sie sind das Resultat ökonomischer Entwicklungen und bedrohen nicht nur die EU und andere neoliberale Institutionen, sondern auch den Parasitenstaat selbst. Wir bewegen uns hin zu einer Sanduhr-Gesellschaft, die mehr und mehr Druck auf die privilegierte Arbeiterklasse und die Mittelschicht Westeuropas und Nordamerikas ausübt. Der Neoliberalismus hat im Globalen Norden zu einer gesellschaftlichen Polarisierung geführt, die Preise für Konsumwaren gingen nach unten, doch zunehmend gilt das für die Reallöhne auch. Die Entwicklung der Textilindustrie illustriert dies besonders gut, doch es gibt viele andere Beispiele. Die Lohnunterschiede vergrößern sich, da sie immer mehr von der neuen globalen Arbeitsteilung bestimmt werden. Illegalisierte wie legale Arbeitsmigration spielt eine wichtige Rolle.

Die Arbeiterklasse des Globalen Nordens lässt sich heute in die folgenden Hauptgruppen einteilen:

★ *Illegalisierte Migrant:innen*, die in der Landwirtschaft arbeiten (zum Beispiel als Erdbeerpflücker in Spanien oder als Tomatenpflücker in Italien), als Reinigungskräfte, Tellerwäscher usw. Sie gehören zur ›Untergrundökonomie‹ und erhalten die niedrigsten Löhne. Einen großen Teil ihres Einkommens schicken sie an ihre Familien im Heimatland. Sie beeinflussen die Löhne für ungelernte Arbeit, bleiben aber außerhalb des Wohlfahrtsstaats. Sie sind Opfer von sozialem Ausschluss und Rassismus.

★ *Legale Migrant:innen*, die in der Bauindustrie, in der Pflege, im Catering, im Transportwesen und in anderen Industrien arbeiten, die nicht leicht verlagert werden können. Manche sind gewerkschaftlich organisiert, andere nicht. Sie akzeptieren oft niedrigere Löhne als die traditionelle Arbeiterschaft. Sie beeinflussen die Löhne sowohl von gelernten als auch von ungelernten Arbeiter:innen. Auch sie sind Opfer von Rassismus.

★ *Gelernte und ungelernte Arbeiter:innen* in allen Industrien: Textilien, Maschinen, Elektronik, Auto, Schiffbau. Ihre Löhne werden von der Verlagerung der Produktion in den Süden und die Konkurrenz durch legale und illegalisierte Migrant:innen beeinflusst. In jüngeren Jahren stagnierten ihre Löhne oder fielen sogar. Das gilt besonders für Länder mit schwachen Gewerkschaften, zum Beispiel die USA. Viele dieser Arbeiter:innen unterstützen rechte Bewegungen und Parteien.

★ *Facharbeiter:innen* in industriellen Nischen wie der Biotechnologie, der Pharmaindustrie, der Ökotechnologie usw. Ihre Löhne steigen weiterhin, und sie verbleiben an der Spitze der Arbeiteraristokratie. Doch es gibt keine Garantie für sie, dass ihre Jobs in der Zukunft nicht verlagert werden. Viele dieser Arbeiter:innen unterstützen die neoliberale Sozialdemokratie.

★ *Angestellte in administrativen und kreativen Jobs* wie dem Management, Design, Branding und Marketing, der Buchhaltung, Logistik und Entwicklung. Sie stehen am Ende der globalen Produktionsketten im Globalen Norden und ihre Löhne steigen weiterhin. Sie neigen dazu, die neoliberale Globalisierung zu unterstützen.

Daneben gibt es eine wachsende Anzahl von Menschen, die für niedrige Löhne Teilzeitarbeit machen oder auf Sozialleistungen angewiesen sind. Das ist das sogenannte *Prekariat*. Allerdings gibt es im Kontext der globalen Produktionsketten auch Teilzeitjobs, die sehr gut bezahlt werden, etwa in der Forschung.

Die Einkommensunterschiede wachsen auch deshalb, weil es Besserverdienenden leichter fällt, Steuern zu umgehen und in Pensionsfonds und Immobilien zu investieren. Die Reichen werden reicher, die Armen werden ärmer. Die Klassengesellschaft gleicht immer mehr einer Sanduhr, was in den kommenden Jahrzehnten noch deutlicher werden wird. Die Verlierer werden das nicht akzeptieren, und die Spannungen zwischen ihnen und der neoliberalen Elite werden intensiver werden. Noch mehr Menschen aus der Arbeiterklasse werden sich auf die Seite der nationalkonservativen Kapitalfraktionen, dem militärisch-industriellen Komplex und der Sicherheitsindustrie schlagen. Auch in der Landbevölkerung, die stark unter der neoliberalen Monopolisierung des Kapitals zu leiden hat, werden sie Verbündete finden. All das ist in kapitalistischen Krisenzeiten unvermeidlich. Um die Profitrate aufrechtzuerhalten, muss das Kapital Druck auf die Arbeit ausüben.

In ihrem Kampf gegen das Kapital steht die Arbeiterklasse des Globalen Nordens vor einem Dilemma: Auf der einen Seite baut der Neoliberalismus den Wohlfahrtsstaat ab, der unter anderem das Resultat von Arbeitskämpfen war; auf der anderen Seite ist der Neoliberalismus eine Voraussetzung für die globale Produktion, die notwendig ist, um den Wohlfahrtsstaat zu erhalten. Die Beziehung zwischen der Arbeiteraristokratie und dem Kapital ist demnach ambivalent. Auf globaler Ebene profitiert die Arbeiteraristokratie immer noch von der kapitalistischen Ordnung, aber auf nationaler Ebene muss sie härter und härter um ihre Anteile kämpfen. Sie will den Kapitalismus erhalten, aber in einer Form, die ihre Privilegien schützt, was immer schwieriger wird. Eine Konsequenz ist, dass die Angehörigen der Arbeiteraristokratie ihre Klassenidentität zum größten Teil über Bord geworfen haben. Sie sehen sich in erster Linie als Bürger eines privilegierten Nationalstaats. Das erklärt die Abkehr von sozialdemokratischen Parteien und die Unterstützung der politischen Rechten. Letzteres wird die Probleme jedoch nicht lösen. Ein rechtsnationalistisches Projekt ist genauso abhängig vom globalen Kapital wie es die traditionelle Sozialdemokratie war.

Die Zukunft in den imperialistischen Ländern wird von zwei Klassenallianzen geprägt sein: die eine vereint die Menschen in der unteren Hälfte der Sanduhr mit Teilen der Mittelschicht und nationalkonservativen Kapitalfraktionen; die andere bringt das transnationale Kapital, die obere Mittelschicht und die Facharbeiter in den Nischenindustrien zusammen. Der historische Kompromiss zwischen Kapital und Arbeit wird immer instabiler. Der Parasitenstaat und die Arbeiteraristokratie markieren nicht das Ende dieses Konflikts. Er wird sich noch in vielen Formen ausdrücken, zumal die Spannungen zwischen Kapital und Arbeit durch die strukturelle Krise des Kapitalismus ansteigen werden: Das Kapital muss Löhne senken, um Profite zu sichern. In den Klassenkämpfen des Globalen Nordens werden viele weiterhin nur um ihren Teil des Kuchens kämpfen, andere werden sich jedoch auf die Klassenkämpfe im Globalen Süden beziehen. Wenn wir diese Widersprüche innerhalb der Arbeiterklasse des Globalen Nordens ignorieren, bleiben unsere Analysen des Parasitenstaates und der Arbeiteraristokratie unvollständig. Es reicht nicht, auf die Überwindung des Kapitalismus durch das Proletariat des Globalen Südens zu waren. Wir, die Revolutionäre im Norden, müssen zu dieser Überwindung das unsere beitragen. Wie das möglich ist, soll im folgenden und letzten Kapital dieses Buches besprochen werden.

# 12. Visionen und Strategien

## Optimismus und Pessimismus

Seit Jahrzehnten herrscht im Globalen Norden ein großer Pessimismus, was die Möglichkeiten radikaler gesellschaftlicher Veränderung betrifft. Angesichts der vielen fehlgeschlagenen Versuche, den Sozialismus aufzubauen, ist das verständlich. Die starke, weltweite antikapitalistische Bewegung fand in den 1980er-Jahren ihr Ende. Wir waren damals wahrscheinlich zu optimistisch. Aber auch das war verständlich. Millionen von Menschen forderten eine Revolution. In der Dritten Welt kam es zu zahlreichen revolutionären Aufständen, und 1968 erreichten diese Aufstände auch die Erste Welt. Das vietnamesische Volk besiegte die Supermacht USA. Die subjektiven revolutionären Kräfte waren stark, aber wir unterschätzten das Vermögen des Kapitalismus, ökonomisch, politisch und militärisch zurückzuschlagen.

Das Waffenarsenal des Kapitals war noch nicht erschöpft, und der Kapitalismus schaffte die Wende. Der Neoliberalismus brachte ihm sogar ein neues goldenes Zeitalter. Das ›Ende der Geschichte‹ schien erreicht. Aber dem war nicht so. Heute befindet sich der Kapitalismus erneut in der Krise. Die objektiven Bedingungen für eine radikale Veränderung sind gut, und diese Veränderung wird kommen. Doch die Frage ist, in welcher Form. Momentan profitieren vor allem rechte Bewegungen von ihr. Wir sehen uns mit wachsendem Nationalismus, Rassismus, Faschismus und Fundamentalismus konfrontiert. Das Problem für Revolutionäre sind heute die subjektiven Kräfte. Der Pessimismus wirkt sich hier verheerend aus: ›Es ist nutzlos zu kampfen‹, ›der Kapitalismus ist unangreifbar‹, ›der Kapitalismus überlebt jede Krise‹, ›alle Versuche, den Sozialismus zu etablieren, haben in Desastern geendet‹, ›der Kapitalismus ist die einzig realistische Option‹ usw. Was bleibt, ist eine zynische, defensive und zahnlose Kritik des Kapitals, ohne globale Perspektive. Ich wähle den Optimismus.

Optimismus ist nicht mit Naivität zu verwechseln. Der Sozialismus wird den Kapitalismus nicht zwangsläufig ersetzen. Es ist nicht einfach eine Frage der Zeit, bis die Massen ›es kapieren‹. Wenn ich von Optimismus spreche, dann von einem *realistischen* Optimismus, der die ökonomische, politische und ökologische Krise des Kapitals berücksichtigt und die Millionen neuer Proletarier:innen im Globalen Süden in Betracht zieht, die sich ihrer Macht immer bewusster werden und tatsächlich nichts zu verlieren haben als ihre Ketten.

Die globalen Produktionsketten schaffen neue Widerstandsmöglichkeiten, im Süden wie im Norden. Der heutige Antiimperialismus konzentriert sich nicht mehr auf nationale Befreiung wie in den 1970er-Jahren. Heute geht es um ökonomische Befreiung vom globalen Neoliberalismus, und antiimperialistische Kämpfe haben ein stärkeres antikapitalistisches Profil. Die Menschen des Globalen Südens beabsichtigen, sich von neoliberaler Ausbeutung zu befreien, indem sie sich vom kapitalistischen Weltsystem abkoppeln und die Süd-Süd-Zusammenarbeit stärken. (Oder indem sie, wie im Fall Chinas, eine Zweckgemeinschaft mit dem Kapitalismus eingehen.) Arbeitsplatzkämpfe werden sich intensivieren, was auch zu politischen Kämpfen führen wird. Der Antiimperialismus der Zukunft wird eine deutlich klassenkämpferische Perspektive haben.

Revolutionäre im Globalen Norden dürfen diesen Prozess nicht nur passiv beobachten. Es reicht nicht, auf die Wundertaten des Proletariats im Süden zu warten. Auch im Globalen Norden ändern sich die ökonomischen und politischen Bedingungen. Menschen spüren die Krise, was in Griechenland und Spanien besonders deutlich wurde. Es garantiert keine Wende zum Besseren, aber es eröffnet Möglichkeiten.

Die strukturellen Probleme des Kapitalismus werden nicht verschwinden. Wir werden Spekulationsblasen sehen, unberechenbare Immobilien- und Aktienmärkte, ideologische und kulturelle Konflikte und eine immer größere Konkurrenz um Wasser, Energie und saubere Luft. Die Bevölkerungen der BRICS-Länder werden einen höheren Lebensstandard einfordern, was die Profitrate und die Akkumulation des globalen Kapitals bedroht. Ökonomische Unsicherheit wird zu mehr Forderungen nach protektionistischen Maßnahmen führen. Politische Konflikte und Regierungskrisen werden die Folge sein, Naturkatastrophen und Pandemien werden immer häufiger auftreten, die Konsequenzen des Klimawandels werden sich verschärfen. Kurz, wir leben in unsicheren Zeiten für das Kapital, den Staat und uns alle. Auch Investitionen und Konsum werden abnehmen. Wir glauben gerne, dass alles immer so sein wird, wie es gerade ist, aber das ist nicht der Fall. Wenn wir es voraussetzen, wird die Zukunft nur noch schlimmer. Wir stehen vor einer dramatischen Ära. Von seiner Gefängniszelle aus prophezeite Antonio Gramsci den Aufstieg des italienischen Faschismus: »Die Krise besteht gerade in der Tatsache, dass das Alte stirbt und das Neue nicht zur Welt kommen kann: in diesem Interregnum kommt es zu den unterschiedlichsten Krankheitserscheinungen.«[288] Das gilt auch für die gegenwärtige Situation.

## Eine dreifache Strategie

Der Niedergang nationaler Befreiungsbewegungen mit sozialistischer Orientierung und der Zerfall der Sowjetunion bedeuteten nicht das Endes des Sozialismus, aber es wurde klar, dass der Weg zum Sozialismus lang und mühsam ist. Doch das galt auch für den Weg zum Kapitalismus. Eine Art Protokapitalismus entstand erstmals in den italienischen Stadtstaaten des 15. Jahrhunderts – wirklich etabliert war der Kapitalismus jedoch erst 400 Jahre später, und zwar nicht in Italien, sondern in England. Ob der Kapitalismus durch den Sozialismus ersetzt wird, wissen wir nicht mit Sicherheit. Was geschieht, wenn es zwischen den Massen des Südens und den reaktionären Kräften des Nordens zu einem Krieg kommt? Aber das ist kein Szenario, mit dem ich mich hier beschäftigen will. Ich will mich mit den Möglichkeiten für ein positives Ende des Kapitalismus beschäftigen.

Wie wir sahen, sind die objektiven Bedingungen für radikale Veränderung heute gut. Das Problem sind die subjektiven Kräfte. Werden diese imstande sein, die Strategien und Organisationsformen zu entwickeln, die wir brauchen? Die drei Hauptfragen, die wir uns stellen müssen, sind die folgenden: Wie sieht ökonomische und politische Revolution in einer globalisierten Welt aus? Wie lässt sich die Spaltung der globalen Arbeiterklasse überwinden? Wie werden wir den schlechten Ruf des Sozialismus los?

### *Globalisierung und Revolution*

Bis in die 1920er-Jahre setzte man im sozialistischen Lager voraus, dass die einzig realistische Möglichkeit für eine sozialistische Zukunft in einer Weltrevolution lag (oder zumindest in gleichzeitigen Revolutionen in den mächtigsten Ländern der Welt). Lenin war davon bis zu seinem Tod 1923 überzeugt. Er meinte, dass die Russische Revolution nur überleben könne, wenn Revolutionen in den am weitest entwickelten kapitalistischen Ländern folgen würden. Aber das taten sie nicht. Der Nationalismus hatte eine stärkere Zugkraft. In ganz Europa setzten sozialdemokratische Parteien die Interessen der Arbeiterklasse mit den Interessen der Nation gleich. Schließlich wurden

288 Antonio Gramsci, *Gefängnishefte, Heft 3* (Hamburg: Argument, 1999 [1929]), S. 354f.

nationalistische Stimmungen auch in der Sowjetunion stärker. Für die Befreiungskämpfe in der Dritten Welt waren sie zentral. In ihrem Kampf für politische Unabhängigkeit stellten unterdrückte Völker dem reaktionären Nationalismus der imperialistischen Länder einen progressiven Nationalismus gegenüber.

Die Geschichte gab Lenin recht. Die Hindernisse, den Sozialismus in einer kapitalistischen Welt zu etablieren, sind enorm. Der Kapitalismus zwingt uns, die globalen Ansprüche des Sozialismus zurückzuschrauben, aber ohne sie kann es keinen wirklichen Sozialismus geben. Es ist richtig, dass unsere politischen Realitäten von Nationalstaaten definiert werden, und unser politisches Engagement nationale Bedingungen berücksichtigen muss. Aber langfristig muss unsere Strategie global sein.

Die Beziehung zwischen Globalisierung, Nationalstaat und Revolution ist nicht auf eine geografische Dimension beschränkt, sie berührt die globalen Machtverhältnisse. Wir müssen Revolution neu denken. Bisher waren unsere Machtanalysen zu sehr auf den Staat zentriert; wir dachten, dass radikale Veränderung davon kommt, den Staatsapparat zu übernehmen, obwohl die Geschichte immer wieder zeigte, dass das nicht der Fall ist. Dafür gibt es zwei Gründe: erstens wird die Staatsmacht von der globalen ökonomischen Ordnung begrenzt; und zweitens werden viele der wichtigsten Machtverhältnisse gesellschaftlich reproduziert, nicht nur in staatlichen Institutionen. Die Sowjetregierung war 75 Jahre lang an der Macht, aber gesellschaftlich gab es in den Sowjetrepubliken keine fundamentalen Veränderungen, nicht einmal in der Arbeitswelt. In einer Fabrik zu arbeiten, unterschied sich in der Sowjetunion nicht wesentlich davon, in einem kapitalistischen Land in einer Fabrik zu arbeiten. Das Familienleben, die Schule oder die Stadtplanung waren in der Sowjetunion nicht grundlegend anders als in der kapitalistischen Welt.

Die Staatsmacht steht für Repression und Kontrolle, nicht für Kreativität und Innovation. Sie ist ein nützliches Werkzeug, um zu regieren, aber kein sehr nützliches Werkzeug, um die Normen und Werte der Menschen zu ändern. Nachdem die Staatsmacht verwendet wird, um Revolutionen zu vermeiden, ist es wichtig, sie zu ergreifen, um Revolutionen zu ermöglichen. Aber eine Revolution muss über den staatlichen Rahmen hinausgehen. Tut sie das nicht, bleibt sie unvollständig. Eine Revolution ist viel komplexer als die Staatsmacht; sie betrifft Machtverhältnisse, die tief in unsere Alltagsbeziehungen eingebettet sind, in Wahrnehmungen, Haltungen, Gewohnheiten usw. Der revolutionäre Kampf ist ein Kampf um Wahr und Falsch, um Gut und Böse. Es ist ein Kampf um die Herzen der Menschen. Er findet überall statt und nimmt viele Formen an. Als Revolutionäre müssen wir das anerkennen und uns entsprechend vorbereiten.

### *Eine gespaltene Arbeiterklasse*

Der Kapitalismus hat die Lohnarbeit zu einem universalen Prinzip gemacht. Mehr und mehr unserer sozialen Beziehungen gleichen Lohnarbeitsverhältnissen. Lohnarbeit ist für die meisten ein zentraler Teil ihres Lebens. Das macht sie für den politischen Kampf so wichtig. Aber wir leben in einer geteilten Welt mit einer gespaltenen Arbeiterklasse. Lokale Kämpfe ohne globale Perspektive dienen nur lokalen Interessen. Die Gewerkschaftsbewegung ist ein Paradebeispiel: Die Reaktion beinahe aller Gewerkschaften auf die Globalisierung war der Versuch, den bestmöglichen Deal für die nationale Arbeiterklasse zu verhandeln. Kapitalismuskritik ist in den Gewerkschaften heute quasi nicht existent.

Während die globale Arbeitsteilung zu einer Spaltung zwischen den Arbeiter:innen des Nordens und des Südens geführt hat, bringen die globalen Produktionsketten sie zusammen. Arbeitskräfte im Süden und Norden arbeiten oft für dieselben Unternehmen oder Konglomerate. Das eröffnet Möglichkeiten für transnationalen Widerstand. Es würde revolutionäre Perspektiven ungemein stärken, hätte die Gewerkschaftsbewegung eine globale Strategie, die der des Finanzkapitals und der transnationalen Unternehmen entspricht. Was wenn der IGB, als ›Weltgewerkschaft‹, gegen die Welthandelsorganisation vorginge? Freilich wäre das nur möglich, wenn Gewerkschaften ihre nationalen Komfortzonen verlassen und sich global engagieren. In ihren Kämpfen würde es dann nicht mehr nur um höhere Löhne gehen, sondern auch um Arbeitermacht, Partizipation, Selbstverwaltung, ökologische Fragen, technologische Entwicklung usw. Idealiter würden sich Gewerkschaften auch mit sozialen Bewegungen verbinden, die stark genug sind, die Hegemonie des Neoliberalismus herauszufordern.

Wenn wir eine gerechtere Welt wollen, müssen die Löhne angeglichen werden. Die internationale Gewerkschaftsbewegung verlangt garantierte Mindestlöhne im Globalen Süden. Das ist ein wichtiger Schritt, reicht aber nicht aus. Es muss eine Forderung nach *weltweit gleichen Löhnen* geben. Nur eine internationale Gewerkschaftsbewegung, die auf globaler Solidarität beruht, kann eine solche Forderung stellen. Es ist eine sehr einfache Forderung, die nichts anderes als Fairness und Gerechtigkeit verlangt. Ungleicher Tausch ist das Resultat von ungleicher Bezahlung für Arbeit gleichen Werts. Es ist unfair und ungerecht, Menschen weniger zu bezahlen, nur weil sie in einem anderen Land leben. Wir müssen dasselbe Prinzip anwenden, das wir auf Geschlechterverhältnisse anwenden: Eine Frau darf nicht weniger verdienen als ein Mann, nur weil sie eine Frau ist.

Es mag unrealistisch scheinen, weltweit gleiche Löhne zu verlangen. Würde das nicht zum Zusammenbruch des ökonomischen Systems führen? Oder zu noch mehr Konsum und ökologischer Zerstörung? Am Ende hängt alles vom politischen Willen ab. Die Gesetze des Marktes sind keine Naturgesetze, denen wir uns anpassen müssen, egal welche Opfer sie verlangen. Die Gesetze des Marktes werden von Menschen gemacht und sie können von Menschen geändert werden, zum Beispiel, indem über Produktion und Verteilung demokratisch bestimmt wird. Selbst innerhalb des kapitalistischen Weltsystems könnten Löhne angeglichen werden, wäre es für die Politik eine Priorität. Menschen sind zweifelsohne fähig, ihre Lebensstile und Konsumgewohnheiten zu ändern. Eine hohe Lebensqualität und ökologische Nachhaltigkeit schließen einander nicht aus.

Kämpfe für weltweit gleiche Löhne und gleiche Arbeitsbedingungen bedeuten nicht, den sozialistischen Kampf für die Abschaffung der Lohnarbeit und für eine Wirtschaft, die auf den Bedürfnissen und Fähigkeiten aller beruht, aufzugeben. Doch Menschen werden diesen Kampf nur dann führen, wenn sie sich vom Sozialismus ein besseres Leben erwarten dürfen. Die Idee des Sozialismus muss attraktiv sein, und die neoliberale Lohnarbeit muss kritisiert werden. Wir brauchen Beispiele, die zeigen, wie wir das, was wir für ein gutes Leben benötigen, auch ohne den Kapitalismus produzieren können. Das führt uns zur dritten Frage, die für die Zukunft revolutionärer Politik wesentlich ist: der Ruf des Sozialismus.

### *Der Ruf des Sozialismus*

In den 1970er-Jahren waren Millionen Menschen dazu bereit, für den Sozialismus zu kämpfen und zu sterben. Heute will kaum jemand über den Sozialismus auch nur reden. Darauf zu pochen, dass er weit größeres Potenzial hat als jenes, das er bisher gezeigt hat, überzeugt nicht viele. Im Neoliberalismus gab es für sozialistische Ideen in politischen Debatten keinen Platz. Wenn wir wollen, dass er wieder zu einer ernstgenommenen politischen Kraft wird, müssen wir neue sozialistische Visionen präsentieren.

Für Marx waren Fragen zu Freiheit und Demokratie nicht primär politische Fragen im Sinne von: ›Gibt es freie Wahlen?‹, ›Gibt es eine freie Presse?‹, ›Werden die Menschenrechte respektiert?‹ Für Marx wurden Freiheit und Demokratie in gesellschaftlichen Beziehungen geschaffen; diese reichten vom Familienleben zum Wirtschaftsleben. Im Globalen Norden sind wir stolz darauf, in Demokratien zu leben, doch in der Wirtschaft gibt es keine Demokratie. Investitionen werden von privaten Profitmotiven bestimmt, Arbeitsplätze sind autoritär und hierarchisch organisiert, und die Früchte unserer Arbeit sind ungleich verteilt. Das Privateigentum der Produktionsmittel widerspricht der grundlegenden Idee der Demokratie.

Im real existierenden Sozialismus bedeutete demokratische Kontrolle der Ökonomie die Vergesellschaftung der Produktionsmittel. De facto gehörten die Produktionsmittel dem Staat. Doch Arbeiter:innen hatten selten das Gefühl, dass die Fabriken, in denen sie arbeiteten, ihnen gehörten. Egal, was die Propaganda der Regierung sagte, die Arbeiter:innen und der Staat waren nicht eins. Der real existierende Sozialismus entwickelte niemals eine wirklich sozialistische Form der Produktion. Er agierte als Konkurrent zum Kapitalismus. In einer vom Kapitalismus dominierten Welt konnte er nie er selbst werden.

Im Sozialismus geht es darum, die Bedürfnisse der Menschen zu befriedigen. Doch was sind ihre Bedürfnisse? Wer kann das besser definieren als die Menschen selbst? Es bedarf Institutionen und Mechanismen, die garantieren, dass Menschen einen Einfluss auf die Entscheidungen haben, die für ihr Leben relevant sind. Beinahe alle Menschen wollen über ihr Leben selbst bestimmen, aber nur wenige haben ein Interesse an Politik. Das sagt viel aus. Wirkliche Demokratie bedeutet, dass Menschen einen Einfluss darauf haben, wie ihre Arbeitsplätze und ihre Nachbarschaften gestaltet sind. Wir brauchen eine Repolitisierung des Alltags. Repräsentative Politik muss durch partizipatorische Politik ersetzt werden. Das würde verdeutlichen, wie abhängig das Individuum und die Gesellschaft voneinander sind. Wir würden lernen, Kompromisse zu machen und gemeinsame Ziele zu formulieren. Wie partizipatorische Politik genau aussehen kann, hängt von den lokalen Bedingungen ab. Die Zapatistas geben uns hier ein Beispiel. Wenn unsere Politik jedoch nur auf lokale Bedingungen achtet, kann sie leicht reaktionär werden. Das Lokale muss immer mit dem Globalen verbunden sein.

Auch im Rahmen partizipatorischer Politik ist es notwendig, dass manche ökonomischen Entscheidungen mithilfe repräsentativer Versammlungen auf zentralem Niveau getroffen werden. Das kann das Verhältnis zwischen Produktion und Konsumtion betreffen, Investitionen oder anderes. Ob für eine bestimmte Entscheidungsfindung eine lokale, regionale, nationale oder globale Versammlung nötig ist, hängt von der Frage ab. Zu berücksichtigen sind die Bedürfnisse und Interessen derjenigen, die am stärksten von der Frage betroffen sind. Das ist eine sozialistische Vision. Der Ruf des Sozialismus verbessert sich, je konkreter und realistischer unsere Vorstellungen der sozialistischen Gesellschaft sind. Wir müssen von der ideologischen auf die praktische Ebene gelangen.

## Kurzfristig, mittelfristig, langfristig

Wie steht es um Strategien, die den Sozialismus vorantreiben können? Meiner Ansicht nach müssen wir in drei Zeiträumen denken: kurzfristig (1-5 Jahre), mittelfristig (5-20 Jahre) und langfristig (20-50 Jahre).[289]

Was *kurzfristige* Strategien betrifft, müssen sie von den Regierungen, Parteien und sozialen Bewegungen ausgehen, die es momentan gibt. Wir müssen über unseren Lebensstil und unser Konsumverhalten reflektieren. Essen, Arbeiten, Einkaufen – vieles, was wir machen, entscheiden wir kurzfristig. In der Politik denken wir darüber nach, wem wir bei den nächsten Wahlen unsere Stimmen geben oder ob wir überhaupt zu den Wahlen gehen. Die politischen Fragen, die wir mit unseren Freund:innen und Kolleg:innen diskutieren, sind oft von der Tagespolitik abhängig. Vielleicht überlegen wir, ob wir zu einer Demonstration gehen oder einen Streik unterstützen wollen. Sollten wir uns einer politischen Organisation anschließen? Oder uns doch eher auf die berufliche Karriere konzentrieren? Die drängenden Fragen auf globaler Ebene, die wir in den kommenden Jahren zu erwarten haben, lassen sich wie folgt zusammenfassen: das Proletariat im Globalen Süden wird höhere Löhne fordern; Arbeitskräfte im Globalen Norden werden den Wohlfahrtsstaat verteidigen; und das Kapital wird alles daran setzen, seine hegemoniale Macht zu bewahren.

Der *mittelfristige* ist der aus strategischer Perspektive interessanteste Zeitrahmen. Hier können wir entscheidenden Einfluss nehmen, wenn wir effektive Formen der Organisierung entwickeln und kluge Entscheidungen

289 Dieser Abschnitt ist von einem Artikel Immanuel Wallersteins inspiriert: »Remembering Andre Gunder Frank While Thinking About the Future«, in: *Monthly Review* (no. 2, Juni 2008).

treffen. Leider wird genau dieser Zeitrahmen von der Linken seit Langem vernachlässigt. Man diskutiert über kurzfristige Fragen (›Was soll am Wochenende auf dem Transparent stehen?‹) und über langfristige (›Wie soll eine sozialistische Gesellschaft aussehen?‹), aber die strategisch wichtigste Dimension des politischen Kampfes kommt kaum vor. Dabei hängt es von dieser Dimension ab, ob die kapitalistische Krise im Sozialismus enden wird oder in etwas, das die Gegenwart an Grausamkeit noch in den Schatten stellt.

Was den *langfristigen* Zeitrahmen angeht, so sehe ich zwei Möglichkeiten: Die erste ist, dass die kapitalistische Krise zu mehr Zusammenhalt, Gleichheit und Demokratie führen wird; die zweite ist, dass die kapitalistische Krise zu einer fragmentierten Welt führen wird, geplagt von gewaltsamen Konflikten zwischen Gruppen, die sich über nationale, kulturelle oder religiöse Identitäten definieren. Eine solche Welt wird von autoritären Staaten und roher Ausbeutung geprägt sein. Unsere Visionen und Strategien müssen den Unterschied ausmachen.

### *Kurzfristig*

Unsere kurzfristige politische Arbeit ist oft defensiv. Wir verteidigen das, was wir haben, und vermeiden Schlimmeres. Das kann zu Opportunismus führen. Wir wählen oft das geringere von zwei (oder mehreren) Übeln. Im Hier und Jetzt ist Menschen klar, was ihre Bedürfnisse sind und was sie wollen. Es ist schwierig, über die Zukunft zu diskutieren, wenn die unmittelbaren Bedürfnisse nicht befriedigt werden.

Eine solche Politik kann das System nicht ändern. Das gilt vor allem für den Globalen Norden. Im Globalen Süden lassen sich Kämpfe für unmittelbare Verbesserungen der Lebensbedingungen leichter mit Kämpfen für grundlegende langfristige Veränderungen verbinden. Die kurzfristigen Interessen der Menschen im Globalen Norden sind von den langfristigen Interessen der Menschen im Globalen Süden weit entfernt. Sie stehen sogar mittelfristigen Perspektiven im Globalen Norden selbst im Wege, darunter dem Aufbau einer starken internationalistischen Gewerkschaftsbewegung.

Wenn wir nur kurzfristig denken, können wir die Krise des Kapitalismus nicht verstehen. Wir sahen im letzten Jahrzehnt Wahlerfolge von linkspopulistischen Parteien wie Syriza in Griechenland und Podemos in Spanien. Kurzfristig mögen diese Erfolge das Leben bestimmter gesellschaftlicher Gruppen verbessert haben, aber mittel- und langfristig machten sie keinen großen Unterschied. Wieder zum Wohlfahrtsstaat zurückzukehren, ist unmöglich. Wir leben nicht mehr in den 1970er-Jahren. Keine dieser Parteien zeigt irgendein Interesse an den Kämpfen im Globalen Süden. In ihrer Wählerschaft finden sich manche mit radikalen Ideen, aber auch viele, die einfach nur der traditionellen Parteien müde sind. Linkspopulistische Parteien tun sich sehr schwer damit, ihre Versprechen einzulösen, wenn sie einmal an der Macht sind. Sobald sie versuchen, Druck auf das Kapital auszuüben, werden sie vom Markt bestraft. Es folgt eine Rezession, und sie werden zu Kompromissen gezwungen, die sowohl ihre radikalen als auch ihre reformistischen Anhänger enttäuschen.

Es ist die Macht des globalen Kapitals, die die Möglichkeiten des Linkspopulismus einschränkt. Es kann nur radikalen Wandel geben, wenn die unmittelbare Verbesserung der Lebensbedingungen mit mittel- und langfristigen Perspektiven verbunden ist. Es ist nicht das Ziel, die Krise des Kapitalismus in Griechenland, Spanien oder den USA zu lösen. Es ist nicht das Ziel, den Wohlfahrtskapitalismus wieder auferstehen zu lassen. Das Ziel ist, Lösungen *jenseits* des Kapitalismus zu finden.

Viele Linke scheinen zu vergessen, dass eine ökonomische und politische Krise revolutionäre Möglichkeiten eröffnet. Das heißt nicht, dass wir eine Krise und Leid für Millionen von Menschen herbeisehnen. Aber wir müssen darauf vorbereitet sein. Wir müssen fähig sein, die Krise mithilfe einer radikal anderen Produktionsweise zu bekämpfen. Das ist nicht nur die einzig revolutionäre Lösung, es ist überhaupt die einzige Lösung. Nichts anderes kann die Krise des Kapitalismus beenden. Reformen werden sie nur verlängern. Profitierte Griechenland von den Verhandlungen mit der EU? Ein radikaler Wandel, basierend auf der Zusammenarbeit linker Kräfte auf dem Balkan, in der Türkei und im gesamten Mittelmeerraum, wäre sicherlich vielversprechender gewesen.

Auch in den kommenden Jahren wird es immer wieder so aussehen, als hätte der Kapitalismus sich erholt. Aber dieser Anschein trügt. Der Kapitalismus als historisches System kann nicht überleben, und sein Ende ist nicht weit entfernt.

### *Mittelfristig*

Mittelfristig besteht unsere Politik aus dem Entwickeln von Organisationen, Strategien und Praktiken, die in der Lage sind, die strukturelle Krise des Kapitalismus zu einem positiven Ende zu bringen. Wir müssen die wichtigsten Widersprüche des Kapitalismus verstehen, um in unserer politischen Arbeit so effektiv wie möglich zu sein. Das verlangt Wissen, Erfahrung, Analyse, Diskussion, Ideen, Basisorganisierung und Bündnisse. Auf die Hierarchien des Staates können wir uns nicht verlassen. Wir brauchen Bewegungen, die stark und einheitlich genug sind, um selbst agieren zu können, gleichzeitig aber die Bereitschaft zeigen, mit anderen zusammenzuarbeiten. Kurzfristige Politik ist von Kompromissen geprägt, mittelfristige Politik nicht. Das Ziel mittelfristiger Politik ist nicht, unmittelbare Probleme zu lösen, sondern langfristig radikale Veränderungen zu ermöglichen. Das macht mittelfristige Politik nicht weniger realistisch als kurzfristige. Ihr Realismus ist jedoch nicht von Opportunismus geprägt, sondern vom Aufbau einer anderen Welt.

Es ist schwierig, für radikale Politik im Globalen Norden Massenunterstützung zu finden. Menschen profitieren zu sehr vom gegenwärtigen System, um dessen Ende herbeizusehnen. Aufgrund der strategischen Bedeutung der Metropole für die imperialistische Ordnung sind die politischen Kämpfe dort von großer Bedeutung. Angesichts des politischen Rechtsrutsches dominieren Konflikte unter imperialistischen Mächten wieder die Weltpolitik. Antiimperialist:innen im Globalen Norden sind eine Minderheit, aber eine wichtige. Angehörige der Arbeiteraristokratie und der Mittelschicht können ›Klassenselbstmord‹ begehen, auch wenn das ihren objektiven Interessen widerspricht. Es gibt viele solcher Beispiele in der Geschichte. Es gab radikale Unterstützung in der Ersten Welt für die Kämpfe in Vietnam, Palästina, Südafrika und Chile. Aber wir dürfen uns nicht der Illusion hingeben, dass ein bisschen Aufklärung reicht, um die Haltung der Arbeiteraristokratie im Norden grundlegend zu verändern.

Wir erwarten ökonomische Instabilität und militärische Konflikte. Selbst wenn sich nur 5 bis 10 Prozent der Bevölkerung des Globalen Nordens für einen radikalen Wandel des Weltsystems einsetzen, wird es für die Kämpfe im Globalen Süden einen großen Unterschied machen. Das Ende des Imperialismus wird näher rücken. Nicht wenige Menschen im Globalen Norden werden dies als Verrat gegen ihre Nation oder sogar ihre Klasse sehen. Die Regierungen im Globalen Norden brandmarken bereits jetzt internationale Solidarität mit sozialistischen Bewegungen als Unterstützung von ›Terroristen‹.

Die politischen Gruppen, in denen ich während der 1970er- und 80er-Jahre aktiv war, sprachen gerne darüber, wo *kein* revolutionäres Potenzial zu finden war. Wir meinten damit vor allem die Arbeiterklasse der Ersten Welt. Das half uns kaum dabei, die Massen zu mobilisieren, aber es erlaubte uns, auf die Unterstützung der antiimperialistischen Bewegungen in der Dritten Welt zu fokussieren. Diese sahen wir als entscheidend an.

Die globale Perspektive ist heute nicht weniger wichtig als damals. Der globale Kapitalismus verlangt, dass wir die Klassenverhältnisse und ökonomischen Entwicklungen überall auf der Welt verstehen, um politisch effektiv arbeiten zu können. Wir müssen die Bewegungen und Organisationen identifizieren, die den Kapitalismus herausfordern können, und wir müssen die vielversprechendsten Formen politischer Aktion definieren.

Der Kampf des neuen Proletariats im Globalen Süden drückt sich aus durch Arbeitskämpfe, soziale Bewegungen, politische Parteien und andere Formen. Es gibt einige progressive Regierungen, die diese Anstrengungen fördern. Ein Bedürfnis nach materieller Unterstützung besteht immer, aber politischer Unterstützung bedarf es ebenso. Die Entwicklungen in China, einem Land von großer ökonomischer und politischer Bedeutung, sind von besonderem Interesse. Die Zusammenarbeit mit den Aktivist:innen Chinas muss auf einem Verständnis der Bedingungen ihres Kampfes beruhen. Das Chuang-Kollektiv äußerte sich dazu wie folgt:

> »Wenn eine Gruppe von Arbeiter:innen in China in den Streik tritt, wissen wenige Menschen in Europa davon. Und selbst wenn sie davon wissen, ist es schwierig, den Streik materiell zu unterstützen. Einzahlungen in Streikkassen riskieren die Sicherheit der Streikenden und derjenigen, die ihnen das Geld vermitteln. ... Doch die Transnationalität vieler Unternehmen ermöglicht auch transnationale Aktionen, um Druck auszuüben. ... Als Arbeiter:innen bei Yue Yuen Footwear 2014 in den Streik traten, kam es zu Boykotten von Geschäften im Globalen Norden, in denen die vom Unternehmen produzierten Waren verkauft werden. Das war insofern positiv, als dass der Ausgangspunkt der Boykottkampagne die Initiative der chinesischen Arbeiter:innen war. Gleichzeitig hatten die Boykotte in erster Linie symbolischen Charakter. Eine effektivere Form des Widerstands wäre es, in die globalen Lieferketten zu intervenieren und den Übergang von der Produktion zur Verteilung überhaupt zu stören. Das verlangt allerdings intensive Kommunikation unter Beschäftigten im Logistiksektor. Momentan gibt es dafür keine ausreichend starken Netzwerke. Lagerarbeiter:innen in Italien haben jedoch angedeutet, was möglich ist. ... Die größten Hindernisse scheinen der Mangel an Bewusstsein und an konkreten Verbindungen unter den Arbeiter:innen verschiedener Länder zu sein – wobei selbst die Kommunikation unter den Arbeiter:innen ein- und desselben Unternehmens im selben Land oft begrenzt ist. China ist federführend, was neue Sicherheitsmechanismen angeht, technische wie politische. Sie sollen verhindern, dass Chinas Integration in den Weltmarkt zu transnationaler proletarischer Solidarität führt. Gleichzeitig sind transnationale Unternehmen darauf angewiesen, Arbeiter:innen über die Grenzen des Nationalstaats hinaus zu verbinden. Nicht wenige chinesische Arbeiter:innen

wissen das Internet zu nutzen, um Informationen über Arbeitskämpfe in anderen Ländern zu finden und zu verbreiten. Sie nutzen ihre internationalen Kontakte, um internationale Unterstützung für Arbeitskämpfe in China zu mobilisieren. ... Arbeiter:innen außerhalb Chinas müssen wissen, dass im 21. Jahrhundert alle in irgendeiner Form mit China verbunden sind. Eine kommunistische Revolution ist ohne das Proletariat Chinas nicht denkbar angesichts der Rolle, die China in der globalen Ökonomie spielt, und nicht zuletzt aufgrund der schieren Größe der chinesischen Bevölkerung. Bewegungen, die den Kapitalismus herausfordern wollen, müssen persönliche Beziehungen zu chinesischen Arbeiter:innen aufbauen und die Geschichte Chinas sowie die gegenwärtigen Bedingungen im Lande verstehen. Sich an irgendwelchen Mythen zu orientieren, hilft nicht, egal ob sie von Feinden oder Freunden genährt werden.«[290]

Radikaler antikapitalistischer Widerstand in Ländern wie China, Indien, Südafrika und Brasilien hat viel mehr revolutionäres Potenzial, als es die nationalen Befreiungsbewegungen vor 40 Jahren hatten. Die Länder gehören nicht länger zur Peripherie der globalen Ökonomie. Im Süden wird enormer Wert geschaffen, und der Konsum im Norden ist davon abhängig. Die kommenden revolutionären Bewegungen des Südens werden weltweit Einfluss nehmen. Es wird zu koordinierten Aktionen zwischen Arbeiter:innen im Globalen Süden und Norden kommen, oder zumindest werden diese möglich sein. Wenn im Süden an einem Arbeitsplatz gegen schlechte Arbeitsbedingungen protestiert wird, kann man im Norden Unternehmen boykottieren, die dort produzieren lassen. Es gibt viele Möglichkeiten.

Eine bedeutende Frage ist, wie sich die politischen und ökonomischen Beziehungen im Norden gestalten werden, wenn es keinen ungleichen Tausch mehr gibt. Materiell werden wir ärmer werden. Das jedoch bedeutet nicht, dass unsere Leben ärmer werden. Sie mögen stattdessen reicher werden, wenn sie auf anderen Prinzipien aufbauen als Konsum und Wachstum. Es gibt keinen Grund, bis zur Umverteilung des globalen Reichtums zu warten, um sozialistischen Prinzipien gemäß zu leben. Das kann und muss jetzt beginnen. Heute ist ›Fair Trade‹ eine Konsummöglichkeit, es kann aber genauso gut zu einem leitenden Prinzip internationaler Beziehungen werden. Wir müssen gewillt sein, höhere Preise für Waren zu bezahlen, die im Globalen Süden produziert werden. Das verlangt, weniger und anders zu konsumieren als heute. Einige der Waren, die wir konsumieren, werden wir in Zukunft vielleicht sogar wieder selbst produzieren.

290 »Overcoming mythologies: An interview with the Chuang Project«, 2016, chuangcn.org.

Die Prinzipien, auf denen eine solche Transformation basiert, sind Gemeinschaft statt Privatkonsum und Commons statt Privateigentum. Lasst uns zwei wichtige Institutionen als Beispiel nehmen: Universitäten und Krankenhäuser. Vor 20 Jahren gab es einen Konsens unter allen politischen Lagern in Westeuropa, dass diese Institutionen nicht dem Profitmotiv und dem Markt überlassen werden dürfen. Heute ist ihre Privatisierung weit verbreitet. Doch im Gegensatz zu dem, was die Apologeten des Neoliberalismus uns weismachen wollen, gibt es Alternativen. Öffentlicher Verkehr kann wirklich öffentlich bleiben, Finanzen und Banken lassen sich gesellschaftlich kontrollieren, und Medikamente können auf der Basis menschlicher und nicht unternehmerischer Bedürfnisse produziert werden. Menschen auf der ganzen Welt würden von einer Zügelung der Finanzspekulation, von höheren Unternehmenssteuern und dem Schließen von Steuerparadiesen profitieren. Entsprechende Kampagnen sind ein wichtiger Schritt hin zu einer gerechteren Wirtschaftsweise und zeichnen ein Bild der Ökonomie der Zukunft.

Es wäre naiv, zu glauben, dass die herrschenden Klassen das einfach akzeptieren werden. Die NATO wird in der nahen Zukunft in zahlreiche militärische Konflikte involviert sein. Krieg und Imperialismus gehen Hand in Hand. Kriegsopposition war daher immer Teil des Antiimperialismus. Das betrifft Konfrontationen zwischen imperialistischen Ländern genauso wie Aggressionen gegen den Globalen Süden. Militante im Globalen Norden müssen die Basis des Imperialismus schwächen. Teile der Arbeiterklasse – und, natürlich, die Regierung – werden darüber nicht begeistert sind, doch die Antikriegsbewegung hat das Vermögen, unterschiedliche gesellschaftliche Schichten zu vereinen. Von großer Bedeutung ist auch die Opposition gegen NATO-Basen im Globalen Süden.

Sollte sich die Krise des Kapitalismus verschärfen, könnten sich im Globalen Norden faschistische Regimes etablieren. Der Rechtspopulismus ist jetzt schon stark. Sollten die rechten Kräfte die Regierung übernehmen, werden sie Militär und Polizei vollständig unter ihre Kontrolle bringen und Druck auf die Justiz, die Medien und das Bildungssystem ausüben. Die Sicherheitskräfte wurden bereits während des ›Kriegs gegen den Terror‹ mit neuen Vollmachten ausgestattet. Wir müssen uns darauf vorbereiten, gegen einen besonders feindseligen Staat zu kämpfen. Dafür sind nicht zuletzt starke antifaschistische Bewegungen notwendig. Die Nazis kamen über parlamentarische Wahlen an die Macht. Viel zu lange waren sich Sozialdemokrat:innen und Kommunist:innen im Widerstand gegen sie uneinig. Es ist wichtig, im

Kampf gegen Rechtspopulismus und Faschismus breite Bündnisse zu bilden. Sektierertum schwächt den Widerstand.

Im globalen Neoliberalismus gibt es keine Grenzen für Geld und Waren. Gleichzeitig werden Menschen, vor allem arme Menschen, davon abgehalten, Grenzen zu überqueren, egal ob sie vor Krieg, Naturkatastrophen, Armut oder politischer Unterdrückung fliehen. Migrant:innen werden als Belastung und Bedrohung wahrgenommen und aus der Gesellschaft ausgeschlossen. Die Grenzen zum Globalen Norden sind tragische Symbole von Rassismus, Nationalchauvinismus und militarisierter Staatsgewalt.

Rassismus und Nationalchauvinismus dienen seit Langem dazu, die globale Arbeiterklasse zu spalten. Der Kampf gegen Rassismus und Nationalchauvinismus muss wesentlicher Bestandteil antiimperialistischer Politik sein. Wir müssen das menschliche Recht auf Bewegungsfreiheit einfordern und auf das Prinzip pochen, dass ›niemand illegal ist‹ – nicht als humanitäre Geste Migrant:innen gegenüber, sondern weil es die Gerechtigkeit verlangt. Die Migration, die wir heute sehen, ist ein Resultat des Imperialismus. Menschen machen sich in den Globalen Norden auf, weil der Imperialismus (von der kolonialen bis zur neoliberalen Phase) die Lebensgrundlagen der Menschen im Globalen Süden zerstört hat. Antirassistische Projekte und Solidaritätsnetzwerke mit Migrant:innen im Globalen Norden müssen ausgedehnt werden. Die entscheidende Frage ist jedoch, ob sich Verbindungen mit den Bewegungen des Globalen Südens etablieren lassen.

In Kapitel 11 dieses Buches habe ich die Bedingungen diskutiert, die John Foran als wesentlich für den Erfolg einer Revolution erachtet. Zu diesen Bedingungen gehören eine starke Widerstandskultur und eine geopolitische Situation, die Möglichkeiten für gesellschaftliche Veränderung eröffnen. Aufruhr in einem Land kann zu Aufruhr in anderen Ländern führen; auch das ist eine Konsequenz des globalen politischen Systems, das auf Nationalstaaten beruht. Transnationale Allianzen sozialer Bewegungen werden für effektiven Widerstand wesentlich sein. Eine starke Widerstandskultur kann Menschen inspirieren, auf dieselbe Weise, wie die Revolution in Russland, der Befreiungskampf in Vietnam und die Autonomie in Chiapas Menschen inspiriert haben. Der Einfluss, den eine bestimmte Widerstandskultur gewinnt, hängt davon ab, mit welchen Kräften sie sich verbinden und welche gesellschaftlichen Institutionen sie aufbauen kann. Psychologische Faktoren wie Entschlossenheit, Opferbereitschaft und Mut sind von großer Bedeutung. Soziale Bewegungen können einander mit materiellen Ressourcen und

Know-how behilflich sein, sie können die Sicherheitskräfte des Staates binden und eine Möglichkeit zur Veränderung schaffen. Eine solche ergibt sich, sobald eine Supermacht durch einen internen Konflikt ins Wanken gerät und die Kontrolle über die gesellschaftlichen Entwicklungen verliert. Dies verringert die Fähigkeit des Staates, revolutionäre Kräfte zu unterdrücken. Eine starke Widerstandskultur und das Eröffnen einer Möglichkeit zur Veränderung bedingen einander: Die Widerstandskultur eröffnet die Möglichkeit zur Veränderung, und die Möglichkeit zur Veränderung stärkt die Widerstandskultur.

Wir beobachten die jüngste Krise des Kapitalismus seit mehr als zehn Jahren. Es gibt zahlreiche Bewegungen, die den Neoliberalismus kritisieren, aber keine einheitliche Strategie oder führende Kraft. Die Motivationen für antiimperialistischen Widerstand im Globalen Norden unterscheiden sich von denen im Globalen Süden. Im Globalen Norden kannst du es dir aussuchen, ob du dich gegen den Imperialismus engagieren willst oder nicht; es hängt von deinen persönlichen Umständen und politischen Überzeugungen ab. Das führt zu einer hohen Fluktuation unter antiimperialistischen Aktivist:innen und zu vielen kurzlebigen Organisationen. Im Globalen Süden ist antiimperialistischer Widerstand direkt mit täglichen Kämpfen gegen Unterdrückung und Ausbeutung verbunden. Die Kämpfe im Süden müssen jenen im Norden ein Beispiel sein und sie radikalisieren.

In der Linken wird viel über ›Einheit‹ und ›Mobilisierung‹ diskutiert, über ›vertikale‹ und ›horizontale‹ Organisationsformen. Die Organisationen, zu denen ich gehörte, hatten eine starke Einheit, aber ein schwaches Mobilisierungspotenzial. Wir waren nicht an Bündnissen interessiert. Heute bin ich davon überzeugt, dass es weder realistisch noch wünschenswert ist, *eine* revolutionäre Organisation zu haben. Die Tage der Komintern sind vorbei. Wir brauchen Organisationen, die die Effizienz und die strategische Perspektive des Bolschewismus mit einer Offenheit für Bündnisse vereint. Zwischen Autonomie und Zusammenarbeit besteht kein Widerspruch. Wir können und müssen, Platz für beides schaffen. Wir müssen auch zentrale und dezentrale Formen der Macht anerkennen. Die Staatsmacht zu ergreifen, ist notwendig für radikale Veränderung, aber nicht ausreichend. Der Kapitalismus beruht nicht nur auf der Macht von Institutionen, sondern auch auf der von sozialen Beziehungen, Normen, Werten und Gewohnheiten. Die Generation, die mit dem Neoliberalismus aufgewachsen ist, trägt den Neoliberalismus in ihrem Blut. Der Kampf, soziale Beziehungen, Normen, Werte und

Gewohnheiten zu ändern, muss mit der Übernahme der Staatsmacht einhergehen und darf nicht mit ihr enden.

### *Langfristig*

Eine neue Weltordnung wird nicht vom Himmel fallen. Es wird vieler Anstrengungen bedürfen, um sie zu etablieren, und es wird viele Rückschläge geben. Der Übergang von präkapitalistischen Produktionsweisen zur kapitalistischen Produktionsweise brauchte Jahrhunderte.

Als im 19. Jahrhundert die ersten sozialistischen Visionen formuliert wurden, fokussierten sie auf Europa: Man erwartete die entscheidende revolutionäre Schlacht in den entwickelten kapitalistischen Ländern. Die Kolonien, so dachte man, könnten erst danach befreit werden. So wurde die sozialistische Weltrevolution auch im *Kommunistischen Manifest* skizziert. Diese Vision fand mit dem Ersten Weltkrieg ihr Ende, als die europäische Sozialdemokratie den Internationalismus zugunsten des Imperialismus aufgab. Mit der Russischen Revolution verschob sich das Zentrum der Weltrevolution in den Osten. Aber nachdem der Kapitalismus sich in der Metropole hatte behaupten können, war es schwierig, das Weltsystem zu ändern. Lenin wusste das und fürchtete um das Überleben der Russischen Revolution.

In China wurde der Aufbau des Sozialismus immer als langer Prozess betrachtet, nicht als plötzliches Ereignis. Die KPCh wusste, dass sich der Klassenkampf auch in sozialistischen Ländern fortsetzt, solange das kapitalistische Weltsystem existiert. Moskau verleugnete das, was zum Sturz der Sowjetunion beitrug. Wie es in China weitergehen wird, ist offen.

Die globale Lage wird gegenwärtig von der Krise des neoliberalen Kapitalismus und der Auflösung der US-Hegemonie definiert. Die Welt, die wir kennen, bricht auseinander. Bewegungen, die danach trachten, eine andere Welt zu schaffen, sind fragmentiert und desorientiert. Das Problem ist: Wir haben nicht viel Zeit, weniger als 100 Jahre. Die Kräfte des Kapitalismus bedrohen den Planeten, und das menschliche Waffenarsenal ist fähig, diesen zu zerstören.

Es ist unmöglich vorherzusehen, was in den nächsten 50 Jahren geschehen wird. Das Schicksal der Menschheit wird in den Kämpfen entschieden, die unweigerlich kommen werden. Das Resultat kann eine gerechtere und demokratischere Welt sein, aber auch ein System, das von Hierarchie und Ungleichheit geprägt ist. Es könnte sich eine Art Neofeudalismus durchsetzen, oder von Eliten regierte Kleinstaaten mit exklusiven ethnischen und kulturellen Identitäten, die einander bekämpfen. Auch ein ›freundlicher Faschismus‹ scheint möglich: 20 Prozent der Weltbevölkerung würden in relativer Gleichheit leben auf Kosten der restlichen 80 Prozent, die unterdrückt, ausgebeutet und überwacht würden.

Wir können die Zukunft nicht vorhersehen, aber wir müssen sie uns vorstellen. Wir brauchen Visionen, die uns inspirieren und Hoffnung geben. Das ist notwendig, um die Herausforderungen, vor denen wir stehen, anzugehen, kurzfristig wie langfristig. Wir brauchen ökonomische und politische Vorstellungen, die uns von den Problemen befreien, mit denen wir heute zu kämpfen haben. Die Geschichte muss als dynamischer Prozess begriffen werden.

Frühe sozialistische Theorien beschrieben die Probleme des Kapitalismus und skizzierten andere Gesellschaftsformen. Proletarisierung, Fabrikarbeit, Modernisierung usw. kamen mit dem Kapitalismus, sind aber gleichzeitig Werkzeuge, die uns erlauben, über ihn hinauszugehen. Auch die Globalisierung und die neuen Informationstechnologien kamen mit dem Kapitalismus, und auch sie sind Werkzeuge, um über ihn hinauszugehen. Die Globalisierung wird zu Auseinandersetzungen zwischen reichen und armen Ländern führen, die der Kapitalismus vielleicht nicht überleben wird. Hoffentlich wird die Welt demokratischer werden, und hoffentlich werden wir ein Ende nationaler Konflikte sehen. Der neoliberale Fokus auf das Individuum wird unweigerlich neue kommunale Bewegungen hervorrufen, die Respekt für Differenz und Autonomie bewahren. Das Paradox des globalen Kapitalismus ist, dass er uns alle Mittel zur Verfügung stellt, menschliches Leiden zu überwinden, dieses jedoch täglich reproduziert.

Wir stehen an der Schwelle zu entscheidenden Kämpfen. Die kapitalistisch-imperialistische Offensive, die wir in den letzten 30 Jahren erlebt haben, verliert an Kraft, und es wird immer schwieriger, die Krise des Systems zu lösen. Es steht viel auf dem Spiel. Wird das System sich selbst durch eine ökologische oder nukleare Katastrophe zerstören, die die ganze Welt mit sich in den Abgrund reißt? Wird es sich in der Form eines globalen Apartheidsystems neu gestalten? Oder werden wir starke antikapitalistische und antiimperialistische Bewegungen sehen? Wenn die Arbeiter:innen im Süden die globalen Produktionsketten sprengen, wird die Wirtschaft im Norden bluten.

## Die globale Perspektive

Es ist schwierig, sich vorzustellen, dass die ungleiche Welt, in der wir heute leben, noch viel länger bestehen wird. Die Millionen neuer Proletarier:innen, die für niedrige Löhne im Globalen Süden ihre Gesundheit riskieren, werden das auf Dauer nicht hinnehmen. Die neuen Informations- und Kommunikationstechnologien machen globale Ungleichheit und Ungerechtigkeit für jeden sichtbar. Das neue Proletariat hat Macht. Das Kapital ist auf es angewiesen. China, Indien und Brasilien sind zu wichtigen Akteuren der Weltwirtschaft geworden. Die Menschen dieser Länder haben ein gemeinsames Interesse daran, ein System zu ändern, in dem andere die Früchte ihrer Arbeit ernten. Zukünftige Aufstände sind unvermeidlich, und sie können den Kapitalismus gut und gerne zu Grabe tragen. Aber nicht ohne Organisierung. Nur organisierter Widerstand kann Empörung und Wut in eine politische Praxis transformieren, die tatsächliche Veränderung verspricht. Ob die alten Organisationen der Linken, sozialistische Parteien und Gewerkschaften, dazu bereit sind, wird sich zeigen. Ihre einzige Chance besteht darin, neue sozialistische Visionen zu entwickeln.

Es bedarf einer gemeinsamen Front der Arbeiterklasse im Globalen Südens und Norden. Im Moment scheint dies unwahrscheinlich, aber das kann sich schnell ändern. Die Krise des Kapitalismus wird sich verschärfen, und auch die Menschen im Globalen Norden werden sie immer deutlicher zu spüren bekommen. Das wird auch dort zu neuen antikapitalistischen Bewegungen führen. Anstatt sich linkem Reformismus oder rechtem Populismus zuzuwenden, wird die Arbeiterklasse weltweit hoffentlich ihr revolutionäres Potenzial wiederentdecken.

Wenn wir John Foran folgen, so sind die objektiven Bedingungen für erfolgreiche Revolutionen gegeben: Der Kapitalismus befindet sich in einer strukturellen Krise, das Proletariat des Globalen Südens fordert seine Befreiung, und die meisten Länder des Südens werden von repressiven Regimen regiert, die den Auflagen der transnational-neoliberalen Institutionen folgen (Weltbank, Welthandelsorganisation usw.) und sich der NATO unterwerfen. Revolutionäre Situationen werden entstehen, so viel wissen wir. Was wir nicht wissen, ist, zu welchen Resultaten das führen wird. Kann die Linke sich effektiv organisieren? Kann sie der imperialistischen Gegenoffensive widerstehen? Kann sie sich über nationale Grenzen hinweg vereinen? Kann sie die Menschen mobilisieren? Kann sie die Menschen davon überzeugen, dass sie selbst die Veränderungen durchsetzen können, die sie sehen wollen?

Zukünftige antiimperialistische Kämpfe werden in erster Linie antikapitalistische Kämpfe sein. Das wird sie von den antiimperialistischen Kämpfen der 1970er-Jahre unterscheiden, die in erster Linie nationalistische Kämpfe waren. Der Nationalstaat hat gegen Ende des 20. Jahrhunderts an Bedeutung verloren, was die Wahrscheinlichkeit erhöht, dass die antikapitalistischen Kämpfe des 21. Jahrhunderts transnationalen Charakter haben.

Nur eine Minderheit der Weltbevölkerung hat von der Globalisierung des Kapitalismus profitiert. Der Globale Süden wird immer noch ausgebeutet, und die Gesellschaften des Globalen Nordens werden immer ungleicher. Ausbeutung gab es schon vor dem Kapitalismus, doch dieser spaltete die Arbeiterklasse. Die herrschenden Klassen wurden so mächtig, dass sie ihre Herrschaft auf fremde Territorien ausdehnen konnten. Das folgte einer ökonomischen Logik: Das Kapital kann nicht *eine* Arbeiterklasse endlos ausbeuten, ohne die Profitrate zu riskieren. Irgendwann muss es diesen Arbeiter:innen Löhne zahlen, die hoch genug sind, um Kaufkraft zu schaffen. Um die höheren Löhne kompensieren zu können, muss es Arbeitskräfte finden, denen es woanders weniger (oder gar nichts) zahlt. Es ist kein Zufall, dass Sklav:innen gewöhnlich nicht aus der eigenen Gesellschaft stammen. Das Konstruieren von moralischen und kulturellen Unterschieden war für die Legitimation der Sklaverei immer entscheidend. Menschen aus der eigenen Gesellschaft zu versklaven, wirft ethische Fragen auf, die sich nicht in der gleichen Form stellen, wenn europäische Siedler:innen afrikanische Sklav:innen zu Tode arbeiteten oder indigene Gesellschaften massakrieren.

Geteilte Arbeitsmärkte sind eine Fortsetzung dieser Geschichte. Auch sie sind Ausdruck eines tief verwurzelten Rassismus. Die ›Color Line‹ legitimiert seit jeher die Unterdrückung und Ausbeutung von als minderwertig betrachteten Völkern. Die Arbeiterklasse der imperialistischen Länder akzeptiert dies. Immer noch gibt es Vorurteile gegen ›Ausländer‹ und ›Fremde‹, besonders wenn sie aus dem Globalen Süden kommen.

Die Nord-Süd-Teilung des Arbeitsmarkts wird heute in der Teilung des Arbeitsmarkts im Norden reflektiert. Migrantische Arbeitskräfte aus dem Süden werden von ›Expats‹ unterschieden, die meist aus anderen Ländern des Nordens kommen. Wohn- und Bildungssegregation sind weit verbreitet. Rassismus lässt sich dämpfen und in weniger vulgären Formen ausdrücken, aber er ist in der kapitalistischen Gesellschaft tief verankert und wird solange existieren, wie die Spaltung der Arbeiterklasse existiert.

Manche meinen, dies sei unvermeidlich. Menschen seien eigennützig und würden immer dazu neigen, Schwächere auszunutzen. Diese Meinung teile ich nicht. Wie Menschen handeln, wird von den gesellschaftlichen, politischen und ökonomischen Rahmenbedingungen bestimmt, die ihr Leben definieren. Wollen wir, dass Menschen anders handeln, müssen wir diese Rahmenbedingungen ändern. Heute mag Pessimismus herrschen, doch dies ist alles andere als unmöglich. Der Kapitalismus selbst gibt uns die Werkzeuge, die wir brauchen, um eine ›Wir-gegen-sie-Mentalität‹ zu überwinden.

Als globales System führt der Kapitalismus Menschen zusammen. Sobald sich Menschen ihrer Gemeinsamkeiten bewusst werden, werden globale revolutionäre Bewegungen zu realen Möglichkeiten. Dann wird die Identität der Klasse wichtiger als die Identität der Nation. Dann kommen nicht die USA, das Vereinigte Königreich oder irgendein anderer Nationalstaat zuerst, sondern die Menschheit. Aus Staatsbürger:innen müssen Weltenbürger:innen werden.

Ein entsprechendes Bewusstsein formt sich bereits. Die Bilder eines grünen und blauen Planeten in der Mitte einer dunklen Galaxie symbolisieren unser gemeinsames Schicksal. Es wird immer deutlicher, dass wir alle miteinander verbunden sind, ökonomisch, politisch und ökologisch. Wir wissen, dass Staatsgrenzen der Umweltverschmutzung keinen Einhalt gebieten, und die politische, moralische und rechtliche Bedeutung universaler Menschenrechte lässt sich nicht verleugnen. Die Krise des Kapitalismus ist global.

Der Begriff ›Internationalismus‹ ist an ›Nation‹ und ›Nationalitäten‹ gebunden. Er muss ersetzt werden mit einem Begriff, der über die nationale Identität hinausgeht. Es bedarf einer globalen Solidarität zwischen Menschen, nicht zwischen Nationen. Die kommenden Jahrzehnte werden entscheiden, ob unsere Zukunft von einer solchen Solidarität geprägt sein wird oder von militärischen Konflikten und ökologischem Raubbau. Letzteres hätte katastrophale Folgen. Die gute Nachricht ist, dass die Zukunft *von uns* abhängt. Die tiefe Krise des Kapitalismus wird radikale Veränderung unweigerlich zum Thema machen. Wenn wir stark genug und organisiert genug sind, dann wird die Zukunft vielversprechend sein, nicht katastrophal. Was wir vor allem brauchen, ist eine globale Perspektive.

GABRIEL KUHN (HG.)
BANKRAUB FÜR
Die Geschichte der Blekingegade-Gruppe
BEFREIUNGSBEWEGUNGEN